Arabisch

ohne Mühe heute

Die Methode für jeden Tag

Arabisch

ohne Mühe heute

von

Dominique HALBOUT

und

Jean-Jacques SCHMIDT

Deutsche Übersetzung und Bearbeitung von

Daniel KRASA

Zeichnungen von J.L. Goussé

ASSiMiL
Der Sprachverlag

Körnerstrasse 12

50823 Köln

Deutschland

ISBN 978-3-89625-025-4

Der Assimil-Verlag bietet folgende Sprachlernmethoden an:

Grundkurse Niveau A1-B2 / Reihe „ohne Mühe“

Amerikanisch • Arabisch
Brasilianisch • Bulgarisch
Chinesisch (2 Bände) • Chinesische Schrift
Dänisch • Deutsch (als Fremdsprache)
Englisch • Finnisch • Französisch
Griechisch • Hindi • Italienisch
Japanisch (2 Bände) • Kanji Schrift
Niederländisch • Norwegisch • Polnisch
Portugiesisch • Russisch • Schwedisch • Spanisch
Tschechisch • Türkisch • Ungarisch • Vietnamesisch

Vertiefungskurse Niveau B2-C1 / Reihe „in der Praxis“

Englisch • Französisch • Italienisch • Spanisch

Weitere Titel/Sprachkurse in Vorbereitung

Hebräisch • Kroatisch • Lateinisch

... und vieles mehr unter **www.Assimilwelt.com**

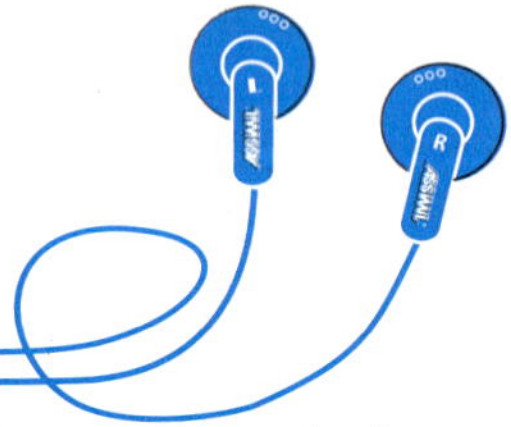

Die Tonaufnahmen

mit den fremdsprachigen Texten aller Lektionen und Verständnisübungen aus diesem Kurs - insgesamt 165 Min. Spieldauer - können Sie bei Ihrem Buchhändler bestellen:

اللّغة العربيّة

4 Audio-CDs ISBN 978-2-7005-1242-7
1 mp3-CD ISBN 978-2-7005-1288-5

Die Methode für jeden Tag

Arabisch
ohne Mühe heute

(Lektionsteil)

Aus der Kurseinleitung, die Sie vorne im Buch finden, wissen Sie, dass arabischsprachige Veröffentlichungen „von hinten nach vorne“ gedruckt und gelesen werden. Unser Kurs stellt eine Mischform dar: Sie finden die Kurseinleitung „vorne“ im Buch, Lektion 1 jedoch fängt „hinten“ an, d.h. direkt hier auf der nächsten Seite.

Bevor Sie nun beginnen, sollten Sie, falls Sie es noch nicht getan haben, sehr gründlich die Einleitung lesen. Sie enthält nicht nur zahlreiche wichtige Informationen über die Struktur und die Aussprache des Arabischen, sondern auch viele nützliche Hinweise zum Aufbau der Lektionen und zur Arbeitsweise mit diesem Kurs.

Hier auf der **rechten Seite** finden Sie den arabischen Lektionstext und die Lautschrift. Sie werden sich schnell daran gewöhnen, dass die Lese-/Schreibrichtung im Arabischen von rechts nach links verläuft.

١ أَلدَّرْسُ ٱلأَوَّلُ

كَتَبَ ①

١ كَتَبَ ٱلْكَاتِبُ ②

AUSSPRACHE

[AD-DaRßu‿(A)L-AWWaLu]
[KaTaBa]
[1 KaTaBa‿(A)L-KATiBu]

Auf der **linken Seite** sehen Sie die deutsche sinngemäße und wörtliche Übersetzung des Lektionstextes sowie Erklärungen zu Besonderheiten im Text.

Erste Lektion (der-Lektion der-erste)

Er schrieb

1 Der Schriftsteller hat geschrieben. (schrieb-er der-Schreiber)

Vergessen Sie nicht, sich die Kurseinleitung anzusehen. Sie beinhaltet viele Informationen über den Umgang mit diesem Kurs.

ANMERKUNGEN

① كَتَبَ [*KaTaBa*] „er schrieb/hat geschrieben". Das Verb (Tätigkeitswort) steht gewöhnlich am Satzanfang vor dem Subjekt (Satzgegenstand) und beinhaltet die Person, hier „er".

② Vor dem Nomen (Hauptwort) steht der bestimmte Artikel (Geschlechtswort) [*AL*] „der" bzw. hier أَلْـ geschrieben.

Buchstaben erkennen und lesen

Hier ist die arabische Lektion erneut abgedruckt, zusammen mit der spiegelverkehrten lateinischen Transkription. Die arabischen Buchstaben sind abwechselnd schwarz und blau eingefärbt, analog zu den darunter stehenden Umschriftbuchstaben. Hier sind die Konsonanten groß und die Vokalisationszeichen klein und hoch- bzw. tiefgestellt abgebildet.

Buchstaben erkennen und lesen

③ كَتَبَ

B T K

④⑤⑥ كَتَبَ ٱلْكَاتِبُ ١

BTAKLA BTK ١

AUSSPRACHE

[KaTaBa]

[1 KaTaBa‿(A)L-KATiBu]

Anmerkungen zu Aussprache und Schrift

Weitere Erklärungen zu Aussprache und Schrift finden Sie links.

Wiederholung des Lektionstextes
Auf diesen beiden Seiten sehen Sie den Lektionstext erneut, dieses Mal mit ausführlichen Erklärungen zu Aussprache und Schrift. Nachdem Sie sich damit beschäftigt haben, sollten Sie noch einmal zu den Seiten 1 und 2 zurückkehren und sie einige Male durchlesen.

Er schrieb

Der Schriftsteller hat geschrieben. 1

(schrieb-er der-Schreiber)

Diese erste Lektion besteht zwar nur aus einem einzigen Satz, dennoch vermittelt sie Ihnen bereits einen kleinen Einblick in die Geheimnisse einer Sprache, deren außerordentliche Logik Sie im Laufe dieses Kurses schätzen lernen werden.

ANMERKUNGEN

Ihre ersten Konsonanten sind **ka**, **ta** und **ba**. In كَتَبَ [*KaTaBa*] ③
bildet jeder von ihnen eine Silbe mit dem kurzen Vokal [*a*], geschrieben mit dem Zeichen ـَ über den Konsonanten.

Der Endvokal des Wortes vor أَلْ__ [*AL*] „verschmilzt“ beim Sprechen mit dem أ [*A*], was hier durch das Symbol ‿ und das in Klammern gesetzte أ [*A*] von أَلْ__ [*AL*] gekennzeichnet wird: [*KaTaBaLKATiBu*]. ④

Sprechen Sie das [*A*] in كَا [*KA*] ruhig übertrieben lang aus, so als ob dort zwei [*AA*] stehen würden. ⑤

In كَاتِبُ [*KATiBu*] trägt das كَا **ka** das Vokalisationszeichen ـَ [*a*], das **ta** das Vokalisationszeichen ـِ [*i*] und das **ba** das Vokalisationszeichen ـُ [*u*]. ⑥

Schreibübung

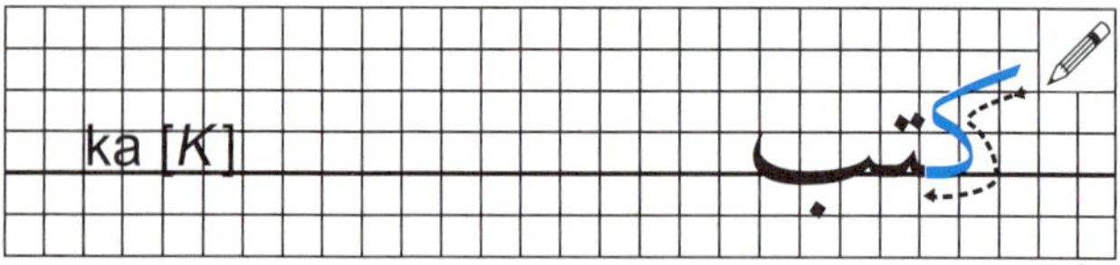

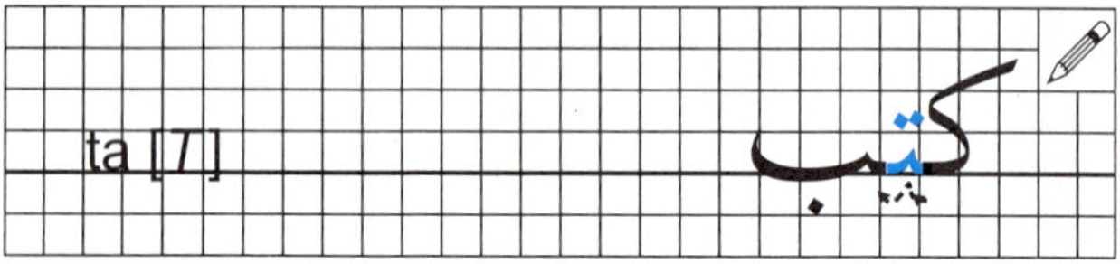

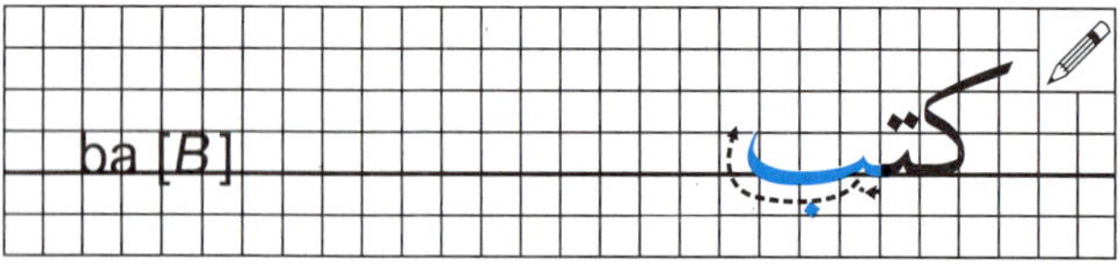

Leseübung

Die Leseübung zeigt Ihnen den Lektionstext, diesmal jedoch unvokalisiert. Können Sie die Wörter lesen und verstehen?

▼

Leseübung

كتب

١ كتب ٱلكاتب

Schreibübung ➤

Sicherlich möchten Sie auch das Schreiben der arabischen Buchstaben und Wörter lernen. Dazu wird Ihnen hier genau die Strichführung demonstriert. Sie können die Buchstaben zunächst in die Luft „malen“; für weitere Übungen sollten Sie sich einen weichen Bleistift und ein Übungsheft zulegen, am besten mit kariertem Papier.

Zu Beginn liegt der Schwerpunkt auf dem Hören und Verstehen. Sehen Sie sich möglichst oft die Beschreibungen der Laute in der Einleitung an. Sollte es mit dem Nachsprechen der Lektionssätze nicht auf Anhieb klappen, werden Sie nicht ungeduldig! Akzeptieren Sie, dass Ihr Ohr sich nur allmählich an die typischen arabischen Laute gewöhnt und Sie einige Zeit brauchen werden, um sie auszusprechen. Machen Sie sich keinen Stress mit der Aussprache; wichtiger ist das spontane Verstehen!

Sie wundern sich vielleicht, warum hinter den arabischen Sätzen keine Schlusspunkte stehen. Nun, das klassische Arabisch kam zunächst gänzlich ohne Satzzeichen aus. Die moderne Hochsprache dagegen kennt alle gängigen Satzzeichen. Wir haben in diesem Buch einen Mittelweg gewählt, bei dem wir Punkte nur dann setzen, wenn sie unmittelbar zwischen aufeinander folgenden Sätzen stehen. Alle anderen Satzzeichen haben wir aber beibehalten. Der Grund: Wir denken, dass die Punkte zusätzlich zu den vielen Vokalisations- und Sonderzeichen den Lerner nur verwirren.

٢ أَلدَّرْسُ ٱلثَّانِي

أَلْكَاتِبُ ①

١	جَلَسَ ٱلْكَاتِبُ ②
٢	جَلَسَ وَ كَتَبَ ③

AUSSPRACHE

[AD-DaRßu‿(A)fß-fßANI] [AL-KATiBu] [1 ĴaLaßa‿(A)L-KATiBu] [2 ĴaLaßa Wa-KaTaBa]

Zweite Lektion (der-Lektion der-zweite)

Der Schriftsteller

Der Schriftsteller hat sich hingesetzt. 1
(setzte-sich-er der-Schreiber)

Er hat sich hingesetzt, und er hat geschrieben. 2
(setzte-sich-er und-schrieb-er)

ANMERKUNGEN

① Der bestimmte Artikel أَلْـ [AL] kann allen Nomen vorangestellt werden, unabhängig von Genus (Geschlecht) und Numerus (Anzahl).

② جَلَسَ [ĴaLaßa] „er setzte sich/hat sich gesetzt". Ebenso wie bei كَتَبَ [KaTaBa] beinhaltet جَلَسَ [ĴaLaßa] bereits das Pronomen (persönliches Fürwort) „er".

③ Was wir im Deutschen mit dem Imperfekt (einfache Vergangenheit) oder dem Perfekt (zusammengesetzte Vergangenheit) wiedergeben, nennen die Arabisten „vollendeter Aspekt".

Buchstaben erkennen und lesen

أَلْكَاتِبُ

BTAKLA

١ جَلَسَ ٱلْكَاتِبُ ④

BTAKLA ƐLĴ ١

٢ جَلَسَ وَ كَتَبَ ⑤⑥

BTK W ƐLĴ 2

AUSSPRACHE

[*AL-KATiBu*] [**1** *ĴaLaßa‿(A)L-KATiBu*] [**2** *ĴaLaßa Wa-KaTaBa*]

Übung 1: Verstehen Sie diese Sätze?

❶ كَتَبَ ٱلْكَاتِبُ

❷ جَلَسَ ٱلْكَاتِبُ وَ كَتَبَ

Der Schriftsteller

Der Schriftsteller hat sich hingesetzt. **1**
(setzte-sich-er der-Schreiber)

Er hat sich hingesetzt, und er hat geschrieben. **2**
(setzte-sich-er und-schrieb-er)

ANMERKUNGEN

④ Die Aussprache des ج **jim** [*Ĵ*] ist dem [*dsch*] von „Dschungel" ähnlich, jedoch ist das [*d*] kaum zu hören. Speziell in Ägypten spricht man diesen Laut allerdings immer wie [*g*] in „Gabel".

⑤ جَلَسَ [*Ĵ***a***LaßA*] wird aus drei Konsonanten gebildet: جَلَسَ **jim** [*Ĵ*], جَلَسَ **lam** [*L*] und جَلَسَ **ßin** [*ß*], die hier alle in Verbindung mit dem kurzen Vokal َ [*a*] vorkommen.

⑥ وَ [*wa*] „und" bildet beim Sprechen mit dem nachfolgenden Wort eine Einheit. Dies gilt normalerweise auch für die Schreibung. Aus Gründen der Übersichtlichkeit schreiben wir es getrennt.

Übung 1: Verstehen Sie diese Sätze? ➤
Auf den Tonaufnahmen hören Sie in allen Lektionen vor jeder ersten Übung تَرْجِمْ [*TaRĴiM*], was etwa bedeutet „Übersetzen Sie". Sie sollen aber mit dieser Übung lediglich kontrollieren, ob Sie die bisher kennen gelernten Buchstaben lesen und die Wörter auch in einem anderen Zusammenhang verstehen können.

Lösung 1: Haben Sie verstanden?

Der Schriftsteller hat geschrieben. (schrieb-er der-Schreiber) ❶
Der Schriftsteller hat sich hingesetzt, und er hat geschrieben. ❷
(setzte-sich-er der-Schreiber und-schrieb-er)

Übung 2: Setzen Sie die fehlenden Wörter ein!

❶ Er hat geschrieben, und er hat sich hingesetzt.
(schrieb-er und-setzte-sich-er)

وَجَلَسَ [ ]

❷ Der Schriftsteller hat sich hingesetzt.
(setzte-sich-er der-Schreiber)

جَلَسَ [ ]

Schreibübung

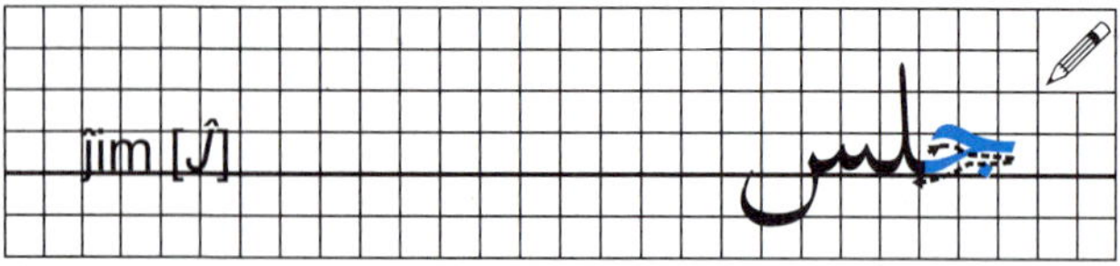

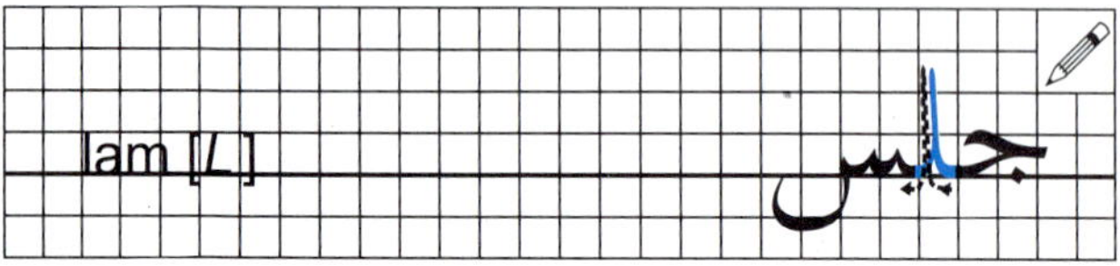

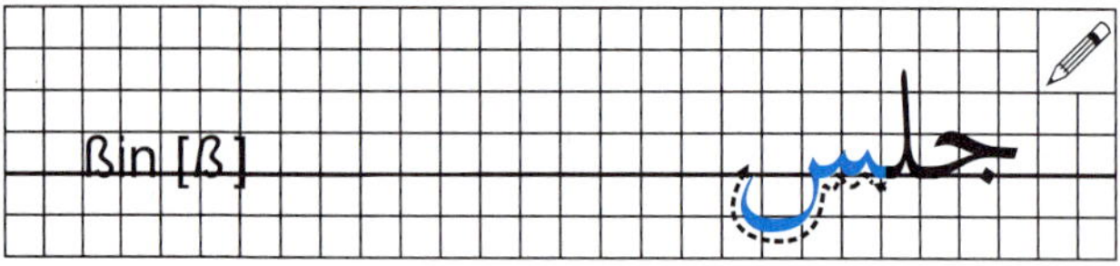

Übung 2: Setzen Sie die fehlenden Wörter ein! ➤
Anhand der 2. Übung, die nicht vertont ist, können Sie feststellen, ob Sie die angetroffenen Wörter und Strukturen anwenden können. Schreiben Sie die fehlenden arabischen Wörter in die grauen Kästchen. Die Breite der einzelnen Kästchen entspricht der Breite des jeweiligen Buchstabens.

Lösung 2: Die fehlenden Wörter.

1 كَتَبَ [*Ka**T**aBa*] 2 ٱلْكَاتِبُ [*(A)L-K**A**TiBu*]

Leseübung

ألكاتب

١ جلس ٱلكاتب

٢ جلس و كتب

Konzentrieren Sie sich momentan ganz auf das Verstehen des Textes, und machen Sie sich mit der Aussprache vertraut. Lernen Sie möglichst täglich – mehr als 15-20 Minuten müssen es nicht sein. Machen Sie sich keine Gedanken über Dinge, die vielleicht bis jetzt noch nicht erklärt wurden; die Erklärung wird zu gegebener Zeit kommen. Betrachten Sie die Anmerkungen als einen guten Freund, der Sie auf Ihrem Weg begleitet und Ihnen das, was Sie im Moment verstehen müssen, erklärt.

٣ أَلدَّرْسُ ٱلثَّالِثُ

أَلْوَلَدُ

١ دَخَلَ ٱلْوَلَدُ ③②①

٢ كَتَبَ وَ دَرَسَ ④

AUSSPRACHE

[AD-DaRßu‿(A)fß-fßALifßu] [AL-WaLaDu] [1 DaCHaLa‿(A)L-WaLa-Du] [2 KaTaBa Wa-DaRaßa]

Dritte Lektion (der-Lektion der-dritte)

Das Kind

Das Kind ist hereingekommen, **1**
(hereinkam-er der-Kind)

es hat geschrieben, und es hat gelernt. **2**
(schrieb-er und-lernte-er)

ANMERKUNGEN

Mit Eselsbrücken können Sie sich auf einfache Weise neue Wörter merken. Hier könnte das „Dach" Sie z.B. daran erinnern, dass دَخَلَ [*DaCHaLa*] „er ist hereingekommen" heißt. ①

أَلْوَلَدُ [*AL-WaLaDu*] ist entweder das „Kind", unabhängig von seinem Geschlecht, oder der „Junge". Im Arabischen ist „Kind" ein Maskulinum (männlich), daher steht in der wörtlichen Übersetzung „der-Kind". ②

Vergleichen Sie أَلْوَلَدُ [*AL-WaLaDu*] und das bereits bekannte أَلْكَاتِبُ [*AL-KATiBu*]. Bei beiden steht der kurze Vokal ُ [*u*] am Ende, was zeigt, dass es sich um das Subjekt handelt, das mit dem Artikel أَلْـ [*AL*] steht. ③

Während wir im Deutschen einen Unterschied zwischen „lernen" und „studieren" machen, bezeichnet das Verb دَرَسَ [*DaRaßa*] beides. ④

أَلْوَلَدُ

u a a a
DLWLA

١	دَخَلَ ٱلْوَلَدُ ⑤⑥
1	u a a a a a DLWLA LHCD
٢	كَتَبَ وَ دَرَسَ ⑦⑧
2	a a a a a a a ßRD W BTK

AUSSPRACHE

[AL-WaLaDu] [1 DaCHaLa‿(A)L-WaLaDu] [2 KaTaBa Wa-DaRaßa]

Übung 1: Verstehen Sie diese Sätze?

1. دَرَسَ ٱلْوَلَدُ
2. دَخَلَ وَكَتَبَ
3. جَلَسَ ٱلْوَلَدُ

Das Kind

Das Kind ist hereingekommen, **1**
(hereinkam-er der-Kind)

es hat geschrieben, und es hat gelernt. **2**
(schrieb-er und-lernte-er)

ANMERKUNGEN

⑤ Hier stellen wir Ihnen die Buchstaben د **dal** [*D*], خ **cha** [*CH*] und و **waw** [*W*] vor. Vergleichen Sie die Schreibweise von دَخَلَ **cha** [*CH*] mit der von جَلَسَ **jim** [*Ĵ*]. Beide schreiben sich fast gleich; sie unterscheiden sich lediglich durch den Punkt, der bei **cha** über und bei **jim** unter dem Buchstaben steht.

⑥ Sie sehen, dass sich die Schreibformen mancher Buchstaben stark gleichen, andere wiederum, z.B. die Mittelform und die Endform des **lam** [*L*], sind sehr unterschiedlich.

⑦ Noch ein neuer Buchstabe: ر **ra** [*R*]. Dieser sog. „Schwinglaut" zeichnet sich dadurch aus, dass die Zungenspitze und/oder das Gaumenzäpfchen durch einen erhöhten Luftstrom im Mund zum Flattern gebracht wird.

⑧ Sie sehen bei دَرَسَ [*DaRaßa*], dass د **dal** [*D*] und ر **ra** [*R*] nicht nach links hin verbunden werden. Es gibt insgesamt sechs Buchstaben, bei denen dies grundsätzlich so ist. Auch و **waw** [*W*] (siehe Titel) gehört dazu.

Lösung 1: Haben Sie verstanden?

❶ Das Kind hat gelernt.
(lernte-er der-Kind)

❷ Es ist hereingekommen, und es hat geschrieben.
(hereinkam-er und-schrieb-er)

❸ Das Kind hat sich hingesetzt.
(setzte-sich-er der-Kind)

Übung 2: Setzen Sie die fehlenden Wörter ein!

❶ Das Kind ist hereingekommen, und es hat gelernt.
(hereinkam-er der-Kind und-lernte-er)

___ ٱلْوَلَدُ وَ دَرَسَ

❷ Er hat sich gesetzt, und das Kind ist hereingekommen.
(setzte-sich-er und-hereinkam-er der-Kind)

___ وَ دَخَلَ ٱلْوَلَدُ

Schreibübung

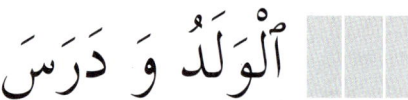

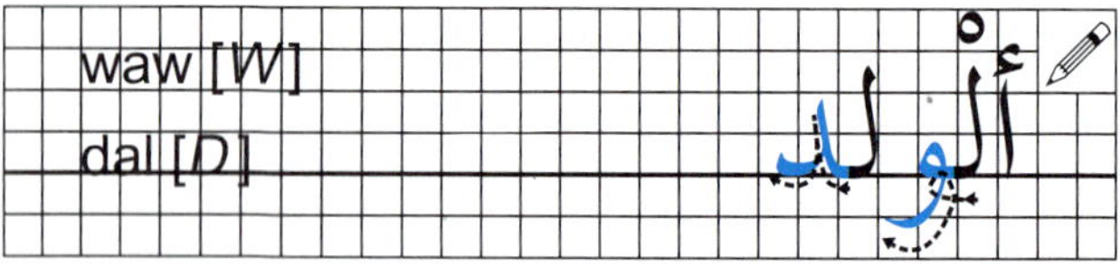

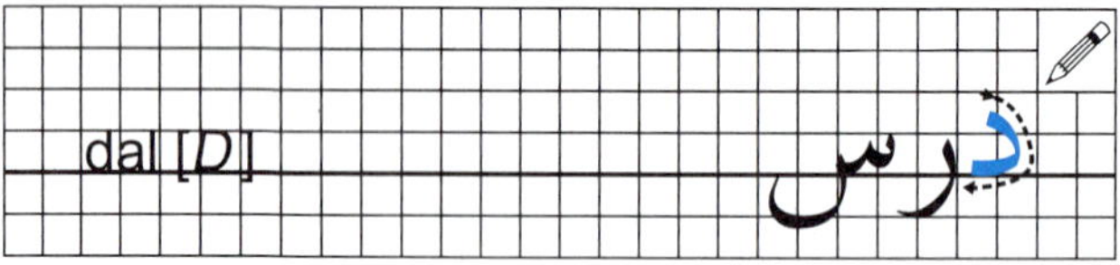

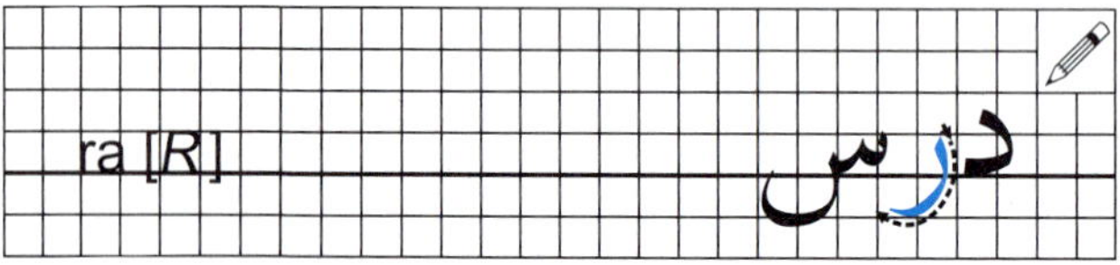

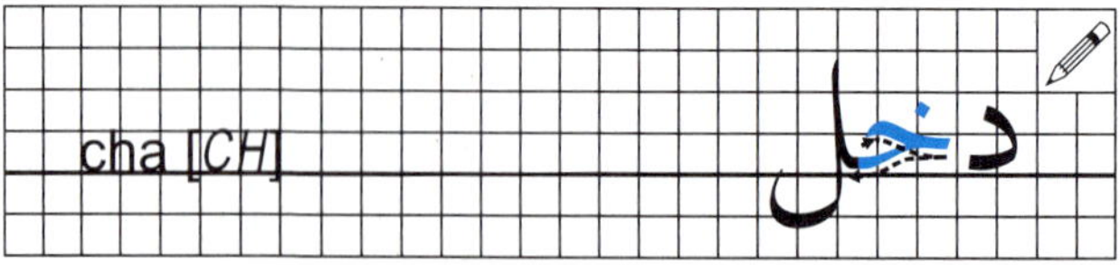

Der Schriftsteller ist hereingekommen, und er hat geschrieben. ③
(hereinkam-er der-Schreiber und-schrieb-er)

دَخَلَ ______ وَ كَتَبَ

Es steht Ihnen frei, bei der Schreibübung auch die Vokalisationszeichen zu setzen. Bedenken Sie immer, dass die Buchstaben **dal** *[D],* **waw** *[W] und* **ra** *[R] beim Schreiben nicht nach links verbunden werden.*

Lösung 2: Die fehlenden Wörter.

① دَخَلَ [D**a**CHaLa] ② جَلَسَ [Ĵ**a**Laßa]

③ ٱلْكَاتِبُ [(A)L-K**A**TiBu]

Leseübung

ألولد

١ دخل ألولد

٢ كتب و درس

Arabische Lehnwörter

Das Deutsche enthält zahlreiche Lehnwörter aus dem Arabischen, bedingt durch die Handelsbeziehungen seit dem Mittelalter und die wissenschaftliche Literatur des Orients. Hierzu gehören Begriffe wie Admiral أَمِيرُ ٱلْبَحْرِ [AM**I**Ru AL-B**a**ḤRi], Algebra أَلْجَبْرُ [AL-Ĵ**a**BRu], Alkohol أَلْكُحْلُ [AL-K**u**ḤLu], Balsam بَلْسَم [B**a**LßaM], Chemie أَلْكِيمِيَاء [AL-K**I**MiYAʼ], Elixier أَلإِكْسِيرُ [AL-IKß**I**Ru], Giraffe زَرَافَة [SaR**A**FaT], Safran أَصْفَر [**A**ẞFaR], Sesam سِمْسِم [ß**i**MßiM], Ziffer صِفْر [ẞ**i**FR] und Zucker سُكَّر [ß**u**KKaR].

LEKTION 3

٤ أَلدَّرْسُ ٱلرَّابِعُ

أَلرَّجُلُ

١ – مَا كَتَبَ ٱلرَّجُلُ؟ ①

٢ – كَتَبَ ٱلْكِتَابَ ②

AUSSPRACHE

[AD-DaRßu‿(A)R-RABi^cu] [AR-RaĴuLu] [1 MA KaTaBa‿(A)-RaĴuLu] [2 KaTaBa‿(A)L-KiTABa]

Buchstaben erkennen und lesen

أَلرَّجُلُ ③④

L Ĵ R L A

AUSSPRACHE

[AR-RaĴuLu]

Vierte Lektion (der-Lektion der-vierte)

Der Mann

Was hat der Mann geschrieben? – **1**

(was schrieb-er der-Mann)

Er hat das Buch geschrieben. – **2**

(schrieb-er der-Buch)

ANMERKUNGEN

① مَا [*MA*] „Was?“ ist Ihr erstes Fragewort. Bei Fragen muss die Stimme am Satzende angehoben werden.

② Die Endung [*a*] von اَلْكِتَابَ [*AL-KiT***A***Ba*] „Buch“ zeigt, dass das Buch im Akkusativ („Wen“-Fall) steht und Objekt ist. Wäre das Buch das Satzsubjekt, würde es اَلْكِتَابُ [*AL-KiT***A***Bu*] heißen.

Mögen die Vokalisationszeichen, die über bzw. unter den Konsonanten stehen, und die die kurzen Vokale [*a*], [*i*] *und* [*u*] *repräsentieren, auch noch so klein sein: Sie sind für das richtige Verständnis unentbehrlich!*

Der Mann

ANMERKUNGEN

③ Man schreibt zwar أَلرَّجُلُ [*AL-R***a***ĴuLu*], spricht aber [*AR-R***a***ĴuLu*]: Folgt auf [*AL*] z.B. ein [*R*] oder [*D*], wird das [*L*] verschluckt, und der Konsonant wird verdoppelt. Vgl. auch أَلدَّرْسُ [*AD-D***a***RßU*] „Lektion“. Diese Lautersetzung kommt im Arabischen häufig vor.

④ Das Zeichen ّ **schadda** gibt an, dass der Anfangskonsonant verdoppelt wird.

LEKTION 4

١ – مَا كَتَبَ

BTK AM ١

ٱلرَّجُلُ؟ ⑤⑥

L ĴUR LA

٢ – كَتَبَ ٱلْكِتَابَ

BATKLA BTK ٢

AUSSPRACHE

[**1** *MA* ***Ka****TaBa‿(A)R-****Ra****ĴuLu*] [**2** ***Ka****TaBa‿(A)L-Ki****TA****Ba*]

Übung 1: Verstehen Sie diese Sätze?

❶ مَا دَرَسَ ٱلرَّجُلُ؟

❷ كَتَبَ ٱلْوَلَدُ

❸ دَرَسَ ٱلْكِتَابَ

Was hat der Mann geschrieben? – 1
(was schrieb-er der-Mann)

Er hat das Buch geschrieben. – 2
(schrieb-er der-Buch)

ANMERKUNGEN

مَا [*MA*] setzt sich zusammen aus **mim** [*M*] und dem Buchstaben **alif**, der keine eindeutige deutsche Entsprechung, aber unterschiedliche Funktionen hat, auf die wir in Lektion 7 eingehen. ⑤

Da man Arabisch von rechts nach links schreibt, erstaunt es nicht, dass auch das Fragezeichen „spiegelverkehrt" ist. ⑥

④ جَلَسَ ٱلْوَلَدُ وَ دَرَسَ

Lösung 1: Haben Sie verstanden?

Was hat der Mann gelernt? (was lernte-er der-Mann) ❶
Das Kind hat geschrieben. (schrieb-er der-Kind) ❷
Er hat das Buch studiert. (studierte-er der-Buch(Akk.)) ❸
Das Kind hat sich hingesetzt und hat gelernt. (setzte-sich-er der-Kind und-lernte-er) ❹

Übung 2: Setzen Sie die fehlenden Wörter ein!

1. Was hat das Kind gelernt?
(was lernte-er der-Kind)

____ ____ ٱلْوَلَدُ؟

2. Er hat geschrieben, und das Kind ist hereingekommen.
(schrieb-er und hereinkam-er der-Kind)

____ وَدَخَلَ ٱلْوَلَدُ

Schreibübung

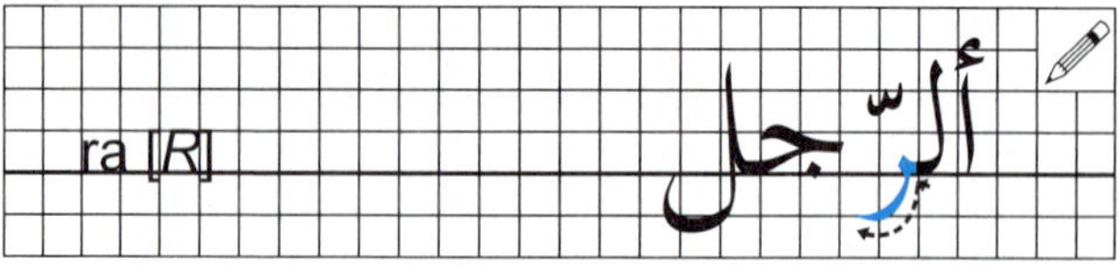

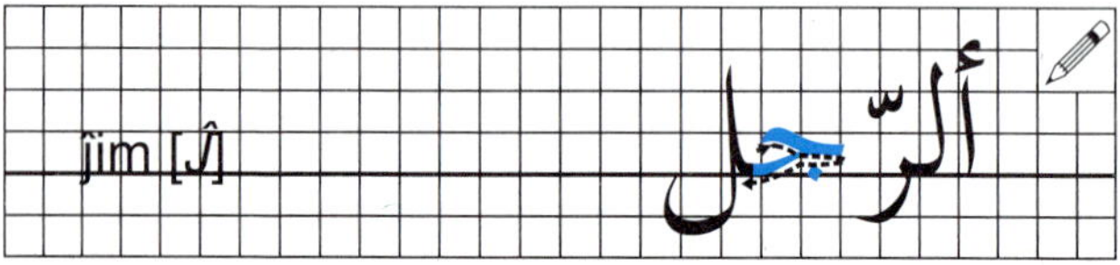

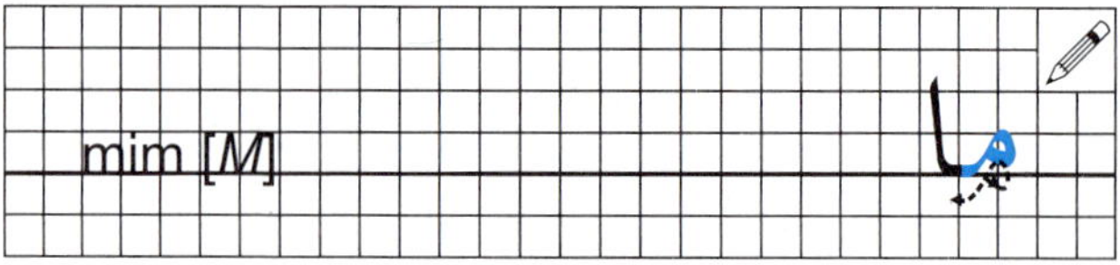

Der Schriftsteller ist hereingekommen, und er hat geschrieben. ③
(hereinkam-er der-Schreiber und schrieb-er)

دَخَلَ   وَكَتَبَ

Der Mann hat das Buch geschrieben. ④
(schrieb-er der-Mann der-Buch)

كَتَبَ   ٱلْكِتَابَ

Lösung 2: Die fehlenden Wörter.

① مَا دَرَسَ [MA DaRaßa] ② كَتَبَ [KaTaBa]

③ ٱلْكَاتِبُ [(A)L-KATiBu] ④ ٱلرَّجُلُ [(A)R-RaĴuLu]

Haben Sie Schwierigkeiten, bestimmte Laute auf den Tonaufnahmen herauszuhören und nachzusprechen? Das ist nicht schlimm; halten Sie sich damit momentan nicht auf. Sie werden merken, dass sich dies mit der Zeit bessern wird. Wirklich wichtig wird die Aussprache erst zu Beginn der „2. Welle“ (ab Lektion 36), und bis dahin haben Sie noch viel Zeit zum Üben!

Leseübung

ألرّجل

١ – ما كتب ٱلرّجل؟

٢ – كتب ٱلكتاب

٥ أَلدَّرْسُ ٱلْخَامِسُ

فِي ٱلْبَيْتِ ①

١ دَخَلَ ٱلْبَيْتَ ②

٢ أَلرَّجُلُ فِي ٱلْبَيْتِ ③④

AUSSPRACHE

[AD-DaRßu‿(A)L-CHAMißu] [FI‿(A)L-BaYTi] [1 DaCHaLa‿(A)L-BaYTa] [2 AR-RaĴuLu FI‿(A)L-BaYTi]

Hören Sie sich, wenn Sie eine neue Lektion beginnen, diese zunächst immer ein paar Mal im Ganzen an, bevor Sie damit beginnen, sich mit den einzelnen Sätzen zu befassen. Und wenn Sie an einem Tag einmal wenig Zeit zum Lernen haben, so reicht es schon aus, wenn Sie sich die Tonaufnahmen Ihrer aktuellen Lektion mehrmals anhören. Wichtig ist, dass Sie die Sprache täglich im Ohr haben!

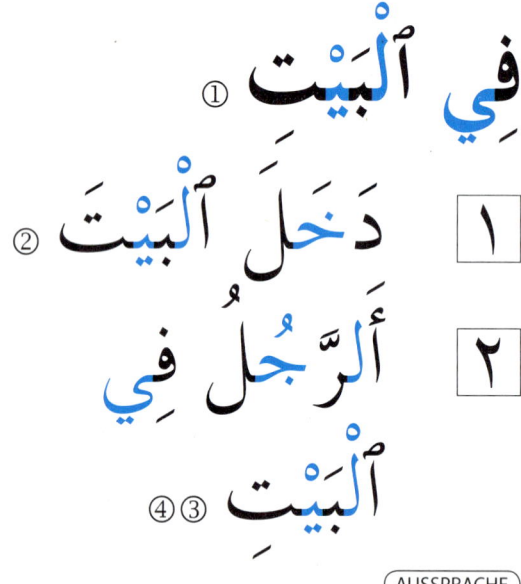

Fünfte Lektion

Im Haus

Er ist [in] das Haus hereingekommen. **1**
(hereinkam-er der-Haus(Akk.))

Der Mann [ist] in dem Haus. **2**
(der-Mann in der-Haus(Gen.))

ANMERKUNGEN

① Die Endung [*i*] von ٱلْبَيْتِ [*AL-Ba*YT*i*] zeigt, dass es sich hier um ein Genitivobjekt („Wes-Fall") handelt. Dieser Fall folgt nach der Präposition (Verhältniswort) فِي [*FI*] „in" sowie allen anderen Präpositionen.

② ٱلْبَيْتَ [*AL-Ba*YT*a*] „Haus" steht hier im Akkusativ (Endung [*a*]), der mit dem Verb دَخَلَ [*DaCHaLa*] benutzt werden muss. Wäre „Haus" das Satzsubjekt, würde es ٱلْبَيْتُ [*AL-Ba*YT*u*] heißen.

③ Wie Sie an den eckigen Klammern in der Übersetzung sehen, fehlt im Arabischen die Form des „unvollendeten Aspekts" für das Verb „sein". Dieser Aspekt entspricht dem deutschen Präsens und Futur (Zukunft).

④ Damit Sie leichter erkennen können, an welche grammatischen Fälle die Nomen angepasst werden (Beugung), kennzeichnen wir alle gebeugten Wörter in der wörtlichen Übersetzung durch den Zusatz (Akk.) bzw. (Gen.).

فِي ٱلْبَيْتِ ⑤⑥

FI ALBYT

١ دَخَلَ ٱلْبَيْتَ ⑦

1 DCHL ALBYT

٢ أَلرَّجُلُ فِي ٱلْبَيْتِ ⑧

2 ALRĴL FI ALBYT

AUSSPRACHE

[FI‿(A)L-BaYTi] [1 DaCHaLa‿(A)L-BaYTa] [2 AR-RaĴuLu FI‿(A)L-BaYTi]

Im Haus

Er ist [in] das Haus hereingekommen. **1**

(hereinkam-er der-Haus(Akk.))

Der Mann [ist] in dem Haus. **2**

(der-Mann in der-Haus(Gen.))

ANMERKUNGEN

Hier verschmilzt der Endvokal von فِي [*FI*] mit dem [*A*] von أَلْـ [*AL*]. [*FI‿(A)L-BaYTi*] klingt also wie [*FIL-BaYTi*]. ⑤

Achten Sie in [*FI‿(A)L-BaYTi*] auf die korrekte Aussprache der kurzen und langen Vokale. ⑥

Folgt auf den Buchstaben **ya** [*Y*] ein Vokal, wird **ya** [*J*] gesprochen. Trägt **ya** ein ْ **ßukun**, so heißt dies, dass es keinen Vokal trägt und – wie hier bei [*BaYTa*] – [*I*] ausgesprochen wird. ⑦

Der Buchstabe **ya** steht außerdem noch für das lange [*I*], wie Sie hier in فِي [*FI*] sehen. ⑧

Übung 1: Verstehen Sie diese Sätze?

1. كَتَبَ ٱلرَّجُلُ وَ دَرَسَ
2. جَلَسَ فِي ٱلْبَيْتِ
3. دَخَلَ ٱلْوَلَدُ وَجَلَسَ
4. دَرَسَ ٱلْوَلَدُ فِي ٱلْكِتَابِ

Übung 2: Setzen Sie die fehlenden Wörter ein!

1. Das Buch ist im Haus.
(der-Buch in der-Haus)

أَلْكِتَابُ فِي ______

Schreibübung

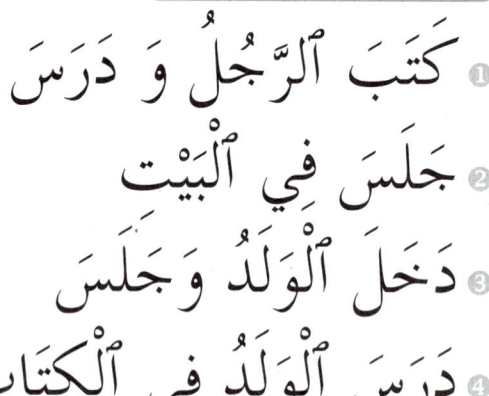

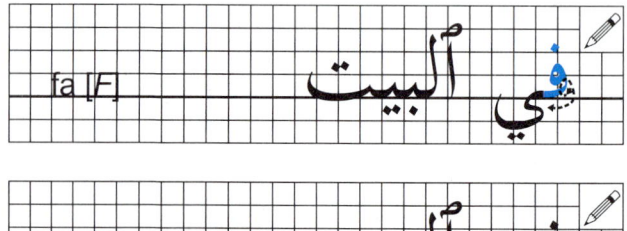

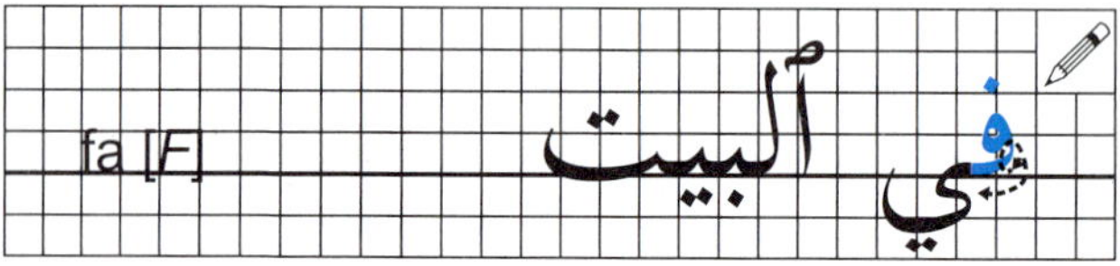

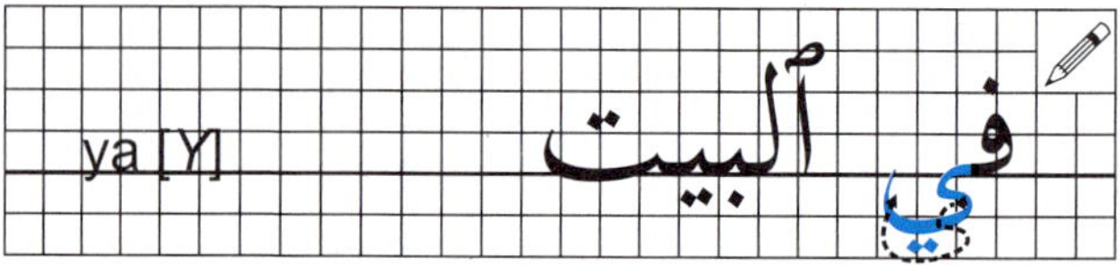

Lösung 1: Haben Sie verstanden?

❶ Der Mann hat geschrieben und gelernt.
(schrieb-er der-Mann und-lernte-er)

❷ Er hat sich in dem Haus hingesetzt.
(setzte-sich-er in-der-Haus(Gen.))

❸ Das Kind ist hereingekommen und hat sich hingesetzt.
(hereinkam-er der-Kind und-setzte-sich-er)

❹ Das Kind hat im Buch gelernt.
(lernte-er der-Kind in-der-Buch(Gen.))

❷ Er ist in das Haus hereingekommen und hat sich hingesetzt.
(hereinkam-er der-Haus und-setzte-sich-er)

دَخَلَ ▒▒▒ وَجَلَسَ

❸ Der Mann und das Kind sind im Haus.
(der-Mann und-der-Kind in der-Haus)

أَلرَّجُلُ وَٱلْوَلَدُ ▒▒ ٱلْبَيْتِ

Lösung 2: Die fehlenden Wörter.

❶ ٱلْبَيْتِ [*(A)L-B**a**YTi*] ❷ ٱلْبَيْتَ [*(A)L-B**a**YTa*]

❸ فِي [*FI*]

في ٱلبيت

ya [Y]

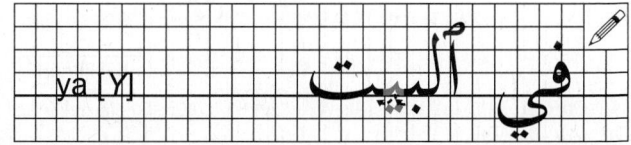

Leseübung

في ٱلبيت

١ دخل ٱلبيت

٢ ألرّجل في ٱلبيت

٦ أَلدَّرْسُ ٱلسَّادِسُ

أَلْوَالِدُ

١ دَخَلَ ٱلْوَالِدُ ٱلْبَيْتَ ③②①

AUSSPRACHE

[AD-DaRßu‿(A)ß-ßADißu] [AL-WALiDu] [1 DaCHaLa‿(A)L-WALi-Du‿(A)L-BaYTa]

Denken Sie weiterhin an Ihre tägliche „Portion“ Assimil? Lernen Sie entspannt – und blättern Sie auch ruhig hin und wieder mal ein paar Lektionen zurück, und wiederholen Sie, vor allem, wenn Sie sich noch nicht so ganz sicher fühlen. Wenn Sie an einem Tag ein bisschen mehr Zeit haben, gehen Sie nicht gleich nach den Übungen zur nächsten Lektion über. Schauen Sie sich die früheren Lektionen noch einmal an. Ihr Buch sollte Sie überall hin begleiten, und wenn Sie Zeit haben, egal wo, beschäftigen Sie sich mit der arabischen Sprache.

Sechste Lektion

Der Vater

1 Der Vater ist [in] das Haus hereingekommen.
(hereinkam-er der-Vater der-Haus(Akk.))

ANMERKUNGEN

① أَلْوَالِدُ [AL-WALiDu] „Vater“ gehört zur gleichen Wortfamilie wie أَلْوَلَدُ [AL-WaLaDu] „Kind, Junge“.

② Auch hier steht أَلْبَيْتَ [AL-BaYTa] „Haus“ im Akkusativ, der an der Endung [a] erkennbar ist und mit dem Verb دَخَلَ [DaCHaLa] verwendet werden muss.

③ Beachten Sie den Satzbau bei den sog. Verbalsätzen: Verb – Subjekt – Objekt.

٢ – مَا وَجَدَ ٱلْوَالِدُ؟ ④

٣ – وَجَدَ ٱلْكِتَابَ

٤ أَلْوَالِدُ وَٱلْوَلَدُ فِي ٱلْبَيْتِ ⑤

AUSSPRACHE

[**2** *MA WaĴaDa‿(A)L-W**A**LiDu*] [**3** *WaĴaDa‿(A)L-KiT**A**Ba*] [**4** *AL-W**A**LiDu Wa-(A)L-WaLaDu FI‿(A)L-BaYTi*]

Buchstaben erkennen und lesen

أَلْوَالِدُ ⑥

A L W A L D

AUSSPRACHE

[*AL-W**A**LiDu*]

Was hat der Vater gefunden? – **2**

(was fand-er der-Vater)

Er hat das Buch gefunden. – **3**

(fand-er der-Buch(Akk.))

Der Vater und das Kind [sind] im Haus. **4**

(der-Vater und-der-Kind in der-Haus(Gen.))

ANMERKUNGEN

④ Sie sehen hier ein neues Verb; es steht im vollendeten Aspekt: وَجَدَ [*Wa*Ĵ*aDa*] „er fand; er begegnete, er traf an". „Er", die Form der 3. Person Singular (Einzahl), ist wieder impliziert, d.h. sie ist hier am Fehlen der Verb-Endung zu erkennen.

⑤ Die eckigen Klammern um „[sind]" zeigen Ihnen, dass das Arabische im unvollendeten Aspekt die Formen des Verbs „sein" nicht ausdrückt.

Sie werden in diesen frühen Lektionen mit einigen grammatischen Fachausdrücken konfrontiert. Zum besseren Verständnis steht beim ersten Auftreten eines grammatischen Fachworts die deutsche Entsprechung in Klammern dahinter. Denken Sie daran, dass in dieser Phase das intuitive Verstehen das Wichtigste ist.

Der Vater

ANMERKUNGEN

⑥ Der Wortstamm von ٱلْوَالِدُ [*AL-WALiDu*] mit den Konsonanten **waw** [*W*], **lam** [*L*] und **dal** [*D*] ist der gleiche wie von ٱلْوَلَدُ [*AL-WaLaDu*]: Achten Sie auch hier auf die richtige Aussprache der langen und kurzen Vokale.

١ دَخَلَ ٱلْوَالِدُ

DLAWLA LCHD

ٱلْبَيْتَ ⑦

TYBLA

٢ — مَا وَجَدَ

DĴW AM

ٱلْوَالِدُ؟ ⑧

DLAWLA

٣ — وَجَدَ ٱلْكِتَابَ ⑨

BATKLA DĴW

AUSSPRACHE

[**1** *Da*CHa*La‿(A)*L*-W***A***Li*Du*‿(A)*L*-Ba*Y*Ta*] [**2** MA *Wa*Ĵa*Da‿(A)*L*-W***A***Li*Du] [**3** *Wa*Ĵa*Da‿(A)*L*-Ki*T***A***Ba*]

Der Vater ist [in] das Haus herein-gekommen. **1**

(hereinkam-er der-Vater der-Haus(Akk.))

Was hat der Vater gefunden? – **2**

(was fand-er der-Vater)

Er hat das Buch gefunden. – **3**

(fand-er der-Buch(Akk.))

ANMERKUNGEN

Sprechen Sie die mit ‿ verbundenen Wörter als Einheit, ohne dazwischen Pausen einzulegen: [*DaCHaLaLWALiDuLBaYTa*]. ⑦

Hier können Sie noch einmal gut sehen, dass و **waw** [*W*] nie nach links verbunden wird. Es hat dadurch nur zwei Formen: eine isolierte Form, die auch die Anfangsform ist, und eine andere, die Mittel- und Endform ist. ⑧

Das **ßukun** auf einem Konsonanten, hier لْ **lam** [*L*], weist darauf hin, dass dieser Konsonant keinen Vokal trägt. ⑨

٤ أَلْوَالِدُ وَٱلْوَلَدُ فِي ٱلْبَيْتِ ⑩

4 ALWALD WALWALD FI ALBYT

AUSSPRACHE

[4 AL-WALiDu Wa-(A)L-WaLaDu FI‿(A)L-BaYTi]

Übung 1: Verstehen Sie diese Sätze?

1 مَا دَرَسَ ٱلْوَلَدُ فِي ٱلْكِتَابِ؟

2 أَلرَّجُلُ وَٱلْوَلَدُ فِي ٱلْبَيْتِ

Übung 2: Setzen Sie die fehlenden Wörter ein!

1 Der Vater hat den Mann im Haus gefunden/ist dem Mann im Haus begegnet. (er-fand der-Vater der-Mann(Akk.) in der-Haus)

___ ٱلْوَالِدُ ٱلرَّجُلَ فِي ٱلْبَيْتِ

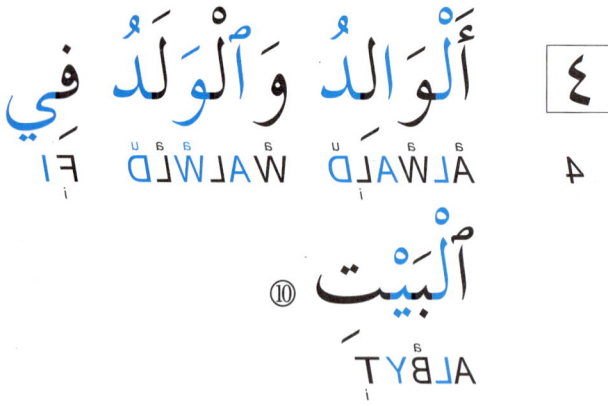

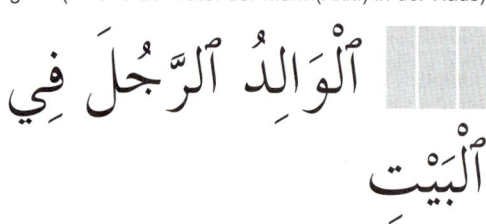

Der Vater und das Kind [sind] im Haus. 4
(der-Vater und-der-Kind in der-Haus(Gen.))

ANMERKUNGEN

⑩ In dieser Lektion haben Sie keine neuen Buchstaben kennen gelernt. Sie haben somit die Gelegenheit, noch einmal alle bereits angetroffenen Buchstaben gründlich zu wiederholen.

3 وَجَدَ ٱلْوَالِدُ ٱلْوَلَدَ فِي ٱلْبَيْت

4 دَخَلَ ٱلْوَلَدُ ٱلْبَيْتَ

Lösung 1: Haben Sie verstanden?

1 Was hat das Kind im Buch gelernt?
(was lernte-er der-Kind in der-Buch(Gen.))
2 Der Mann und das Kind sind im Haus.
(der-Mann und-der-Kind in der-Haus(Gen.))
3 Der Vater hat das Kind im Haus gefunden.
(fand-er der-Vater der-Kind(Akk.) in der-Haus(Gen.))
4 Das Kind ist [in] das Haus hereingekommen.
(hereinkam-er der-Kind der-Haus(Akk.))

Der Mann hat sich hingesetzt, und er hat das Buch geschrieben. (setzte-sich-er der-Mann und-schrieb-er der-Buch(Akk.)) ②

جَلَسَ ٱلرَّجُلُ وَكَتَبَ

Was hat das Kind im Buch gefunden? (was er-fand der-Kind in der-Buch(Gen.)) ③

مَا وَجَدَ فِي ٱلْكِتَابِ؟

Schreibübung

أَلوالد

alif [*A*]

وجد

waw [*W*]

أَلدّرس

ßin [*ß*]

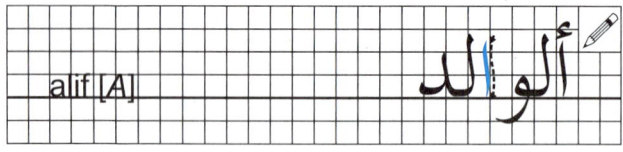

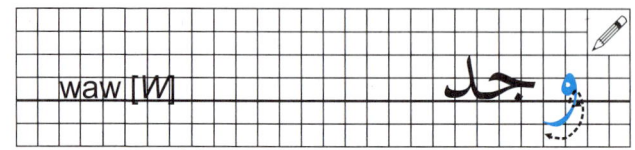

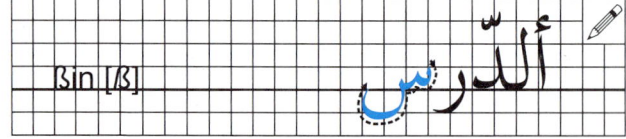

Lösung 2: Die fehlenden Wörter.

❶ وَجَدَ [WaĴaDa] ❷ ٱلْكِتَابَ [(A)L-KiTABa]

❸ ٱلْوَلَدُ [(A)L-WaLaDu]

Leseübung

ألوالد

١ دخل ٱلوالد ٱلبيت

٢ – ما وجد ٱلوالد؟

٣ – وجد ٱلكتاب

٤ ألوالد وٱلولد في ٱلبيت

Die arabische Schrift
Ähnlich wie bei uns lernen Kinder in arabischsprachigen Ländern die Buchstaben ab der ersten Grundschulklasse und verbringen oft Stunden damit, die Zeichen in ihre Übungshefte zu „malen". Mit der lateinischen Schrift beschäftigen sich arabischsprachige Kinder in der Regel ab dem Zeitpunkt, an dem sie die erste Fremdsprache erlernen – meist Englisch oder Französisch.

Die nächste Lektion lädt Sie zu einer ersten Wiederholung ein. Dies wird in Zukunft alle sieben Lektionen der Fall sein. In den Wiederholungslektionen wird der durchgearbeitete Stoff systematisch vertieft. Dies soll dafür sorgen, dass sich Ihre Kenntnisse ein wenig ordnen und festigen.

٧ أَلدَّرْسُ ٱلسَّابِعُ

[*AD-DaRßu (A)ß-ßABiᶜu*]

Wiederholung und Anmerkungen

Es ist nun Zeit für eine erste „Bilanz", d.h. wir erläutern ausführlich den Stoff der ersten sechs Lektionen, vertiefen und illustrieren ihn anhand von Beispielen. Am Buchende finden Sie einen grammatischen Index, mit dessen Hilfe Sie sich auf die Schnelle Informationen zu bestimmten Themen aus den Wiederholungslektionen heraussuchen können. Alle Beispiele, Tabellen usw. sind von rechts ausgehend nach links zu lesen!

Zu Beginn jeder Wiederholungslektion hören Sie auf den Tonaufnahmen تَمْرِينُ مُرَاجَعَةٍ [*TaMRINu MuRAĴaᶜaTin*], das etwa „Wiederholungsübung" bedeutet. Diese finden Sie am Lektionsende in Form einer Verständnisübung.

1. Arabische Buchstaben

In den ersten sechs Lektionen haben Sie bereits einige Formen von 14 der 29 Buchstaben des Alphabets kennen gelernt. Ab und zu werden Sie die einzelnen Buchstaben vielleicht noch verwechseln. Daher sollten Sie sie so oft wie möglich schreiben. Nach einiger Zeit werden Sie sie besser auseinander halten können.

2. Schrift

Im Arabischen wird von rechts nach links geschrieben, und die meisten Buchstaben werden nach links hin miteinander verbunden, bis z.B. ا **alif**, ر **ra**, د **dal** und و **waw**, die nicht in Schreibrichtung verbunden werden:

Siebte Lektion

Ende	Mitte	Anfang	isoliert	Name und Lautwert
	ـا	آ/أُ/أ/ا		**alif** [*a*]
ـب				**ba** [*B*]
	ـتـ	تـ		**ta** [*T*]
		جـ		**ĵim** [*Ĵ*]
		خـ		**cha** [*CH*]
		د		**dal** [*D*]
		ر		**ra** [*R*]
ـس				**ßin** [*ß*]
		فـ		**fa** [*F*]
		كـ		**ka** [*K*]
	ـل	ل		**lam** [*L*]
		مـ		**mim** [*M*]
		و		**waw** [*W* / *U*]
ي	ـيـ			**ya** [*Y*]

أَلْوَلَدُ „das Kind“
[AL-WaLaDu]

ل **lam** wird mit و **waw** verbunden, و **waw** wiederum geht keine Verbindung ein und wird deswegen nicht mit ل **lam** verbunden. ل **lam** und د **dal** werden wieder zusammen geschrieben. Weitere Beispiele:

دَخَلَ „er ist hereingekommen“
[DaCHaLa]

Hier wird د **dal** nicht mit dem nachfolgenden ـخـ **cha** verbunden.

أَلْكَاتِبُ „der Schriftsteller“
[AL-KATiBu]

ـكـ **kaf** wird mit ا **alif** verbunden, das seinerseits keine Verbindung mit dem nachfolgenden ـتـ **ta** eingeht.

أَلرَّجُلُ „der Mann“
[AR-RaĴuLu]

Hier verbindet sich wiederum ـلـ **lam** mit ر **ra**. Mit dem nachfolgenden ـجـ **ĵim** verbindet ر **ra** sich jedoch nicht. Die Buchstaben ت **ta**, د **dal**, ر **ra**, س **ßin** und ل **lam** sind sog. „Sonnenbuchstaben“, d.h. dass sich das ل **lam** lautlich anpasst und nicht als [L], sondern jeweils als [T], [D], [R], [ß] oder [L] ausgesprochen wird. Diese Verdopplung des ersten Konsonanten wird durch das ـّـ **schadda** über dem Sonnenbuchstaben kenntlich gemacht. Die Buchstaben, bei denen diese Verdopplung nicht eintritt, nennt man „Mondbuchstaben“.

3. Konsonanten und Vokale

• Grundsätzliches

Im Unterschied zu unserer lateinischen Schrift gelten alle 29 Buchstaben des Arabischen als Konsonanten. Die meisten Wörter bestehen aus drei – selten vier – Grundkonsonanten, die Auskunft über die Wortwurzel geben und auf deren Grundlage man häufig Wortgruppen erstellen kann, die es meist ermöglichen, auch unbekannte Begriffe annähernd zu erraten. Die Konsonanten werden dabei nur durch Vokalzeichen und lange Vokalträger ergänzt. Diese „Vokalisationszeichen" stehen über oder unter dem dazugehörigen Konsonanten, gelten dabei aber nicht als eigenständige Buchstaben. Steht ein Vokalträger ohne Vokal, so trägt er das Zeichen ـْ **ßukun**.

• Vokale

Das Vokalsystem ist nicht besonders kompliziert. Sie müssen aber sowohl bei der Aussprache als auch bei der Schreibung sorgfältig zwischen langen und kurzen Vokalen unterscheiden. Als Träger für die langen Vokale benutzt man die Buchstaben ا **alif**, و **waw** und ي **ya**.

ا **alif** ist ein besonderer Konsonant, der keinen eigenen Laut hat, sondern als Vokalträger dient. Bis jetzt haben Sie ا **alif** als Träger für [*a*] kennen gelernt, und wir schreiben dafür in der Umschrift [*A*]. Beispiele hierfür sind der Artikel أَلْـ [*AL*] oder die Kombinationen كا [*KA*], تا [*TA*], با [*BA*]. و **waw** kann ebenfalls als Vokalträger gelten. Der Konsonant ي **ya** wird in der Wortmitte oder am Wortende als langes [*I*] gesprochen, wenn er durch das Vokalisationszeichen [*i*] ergänzt oder von einem ـْ **ßukun** begleitet wird: أَلْبَيْتُ [*AL-B***a***YTu*] – فِي [*FI*].

Die kurzen Vokale werden durch Vokalisationszeichen geschrieben, die über oder unter dem entsprechenden Konsonanten, mit dem sie eine Verbindung eingehen, stehen:

ـَ [*a*] – **fatḥa** steht über dem Konsonanten und bezeichnet ein nachfolgendes **a**, zum Beispiel [*K***a** *T***a** *B***a**]:

كَتَبَ

ـِ [*i*] – **kasra** steht unter dem Konsonanten und bezeichnet ein nachfolgendes **i**, [*AL-K***A***T***i***Bu*]:

أَلْكَاتِبُ

LEKTION 7

ـُ [*u*] – **ḍamma** steht über dem Konsonanten und bezeichnet ein nachfolgendes **u**, [*AL-WaLaDu*]:

أَلْوَلَدُ

Übrigens: Die Vokalisationszeichen sind ein Hilfsmittel, um die Schrift eindeutig lesbar zu machen. Vokalisierte Texte sind jedoch die Ausnahme, sie kommen nur vor, wenn das richtige Interpretieren des oft mehrdeutigen Schriftbildes von besonderer Bedeutung ist und falsches Lesen vermieden werden soll. Stets vokalisiert sind Koranausgaben, oft Wörterbücher und Schulbücher für jüngere Kinder. Normale Druckerzeugnisse wie Zeitungen, Zeitschriften, Romane und viele Sachbücher beinhalten meist nicht sämtliche möglichen Vokalisationszeichen und sind somit teilvokalisiert oder – wenn sie nur das Verdopplungszeichen ـّ **schadda** enthalten – sogar unvokalisiert.

4. Weitere Vokalisationszeichen

- ـْ **ßukun**

Dieses Zeichen haben Sie bis jetzt bei der Schreibung des Artikels kennen gelernt und danach im Wort

„das Haus“
[*AL-BaYTu*]

أَلْبَيْتُ

Das **ßukun** macht kenntlich, dass der Konsonant, über dem es steht, nicht von einem Vokal begleitet wird.

- ـّ **schadda**

Dieses Zeichen macht deutlich, dass der Buchstabe, über dem es steht, verdoppelt wird. Bis jetzt kennen Sie es aus der Schreibung des Artikels in Verbindung mit einem Wort, das mit einem Sonnenbuchstaben beginnt:

„der Mann“
[*AR-RaĴuLu*]

أَلرَّجُلُ

• ٱ **waßla**

Dieses Zeichen steht über dem **alif** des Artikels und macht deutlich, dass das vorhergehende Wort mit dem Artikel verbunden wird. ٱ **waßla** steht niemals am Satzanfang:

„Der Schriftsteller hat geschrieben" [*Ka*TaBa (A)L-K*A*TiBu] كَتَبَ ٱلْكَاتِبُ

„im Haus " [FI (A)L-Ba*YTi*] فِي ٱلْبَيْتِ

5. Artikel أَلْـ [AL-]

Der bestimmte Artikel heißt أَلْـ [*AL*-]. Er ist unveränderlich, d.h. unabhängig vom Genus oder Numerus des Nomens, vor dem er steht, und wird stets mit dem nachfolgenden Wort zusammen geschrieben. أَلْـ [*AL*-] besteht aus dem Vokalträger أَ **alif** und dem Buchstaben لـ **lam**: **alif** + **lam** = أَلْـ [*AL*]. In den meisten Fällen trägt das لـ **lam** ein ـْ **ßukun**.
Steht ein Nomen in Verbindung mit أَلْـ [*AL*-] am Satzanfang, trägt das ا **alif** des Artikels ein ء **hamsa** (Zeichen für einen Stimmabsatz) sowie das Vokalisationszeichen ـَ **fatḥa** [*a*].
Steht das Nomen dagegen in der Satzmitte, trägt das ا **alif** des Artikels ein **waßla** (ٱ) und macht damit kenntlich, dass es sich um eine Verbindung zwischen dem vorhergehenden Wort und dem Artikel handelt. **waßla** gilt hierbei als Ersatz für ء **hamsa** und das zugehörige Vokalisationszeichen. In der vokalisierten Schrift wird jede prinzipiell mögliche Bindung so markiert.
Beginnt das dem Artikel folgende Wort mit einem der sog. Sonnenbuchstaben – die Position innerhalb des Satzes ist dabei unwichtig – so wird das لـ **lam** des Artikels nicht ausgesprochen, sondern durch den nachfolgenden Sonnenbuchstaben ersetzt. Diese Verdopplung wird durch das Vokalisationszeichen ـّ **schadda** kenntlich gemacht, das folglich anstelle des ـْ **ßukun**

steht. Fassen wir also die vier verschiedenen Schreibformen des Artikels [*AL*-] zusammen: am Satzanfang, in der Satzmitte, mit dem darauf folgenden Sonnenbuchstaben [*R*] oder mit dem darauf folgenden Mondbuchstaben [*W*]: أَلْو ٱلْو أَلرّ ٱلرّ

6. Deklination (Beugung)

Bei der Deklination (oder Beugung) werden Nomen und Adjektive an verschiedene grammatische Fälle angepasst: Nominativ, Akkusativ und Genitiv. In Verbindung mit dem Artikel werden Nomen so dekliniert, dass sich je nach Fall die Endung bzw. das Vokalisationszeichen verändert.

1. Fall: **Nominativ** — أَلْبَيْتُ
[*AL-BaYTu*] – Endung [***u***] ـُ **ḍamma**

2. Fall: **Akkusativ** — أَلْبَيْتَ
[*AL-BaYTa*] – Endung [***a***] ـَ **fatḥa**

3. Fall: **Genitiv** — أَلْبَيْتِ
[*AL-BaYTi*] – Endung [***i***] ـِ **kasra**

7. Verben

Das Arabische unterscheidet meist nicht die Zeitformen Perfekt (zusammengesetzte Vergangenheit) und Imperfekt (einfache Vergangenheit): كَتَبَ [*KaTaBa*] kann mit „er hat geschrieben" und „er schrieb" übersetzt werden. Generell werden diese beiden Zeitformen als „vollendeter Aspekt" (in diesem Kurs **VA**) bezeichnet, während die deutsche Gegenwart und das Futur (Zukunft) dem „unvollendeten Aspekt" (**UA**) entsprechen. Auch gibt es keine unabhängige Form für den Infinitiv (Grundform), sondern man verwendet hierfür die 3. Person Singular (Einzahl) Maskulinum (männlich) des Verbs.

8. Wortstruktur und Wortbildung

Arabische Wörter lassen sich oft eindeutigen Wortfamilien zuordnen. Gemeinsames Merkmal hierfür ist die sog. „Wurzel". Drei Beispiele:

„er hat geschrieben, er schrieb" [*KaTaBa*] — كَتَبَ

„der Schriftsteller/Schreiber" [*AL-KATiBu*] — أَلْكَاتِبُ

„das Buch" [*AL-KiTABu*] — أَلْكِتَابُ

In all diesen Wörtern findet sich die Konsonantenwurzel **K-T-B**, die man als eine Art „Bedeutungsrahmen" ansehen kann. Sie steht in etwa für „alles, was mit der Tätigkeit des Schreibens zu tun hat". Dieses Konsonantengerüst ist als solches nicht aussprechbar und muss daher auf jeden Fall durch weitere Laute ergänzt werden (vor allem durch lange und kurze Vokale). Wie dies im Einzelnen geschieht, ist durch einige Wortbildungsmuster festgelegt, die wir später erläutern.

9. Satzstellung

Im arabischen Satz steht das Verb meist am Anfang, gefolgt von Subjekt und Objekt:

دَرَسَ ٱلْوَلَدُ فِي ٱلْكِتَابِ

Objekt < Subjekt < Verb

„Das Kind hat im Buch gelernt."
[*DaRaßa (A)L-WaLaDu FI (A)L-KiTABi*]

دَخَلَ ٱلْوَالِدُ ٱلْبَيْتَ

Objekt < Subjekt < Verb

„Der Vater ist [in] das Haus gekommen."
[*DaCHaLa (A)L-WALiDu (A)L-BaYTa*]

10. Nominalsatz

Charakteristisch ist der einfache Nominalsatz, in dem im Gegensatz zum Deutschen kein Verb vorhanden ist. Besonders häufig ist dies der Fall bei Sätzen, in denen das Hilfsverb „sein“ in der Gegenwart steht:

أَلرَّجُلُ فِي ٱلْبَيْتِ

„Der Mann [ist] im Haus.“
[*AR-R**a**ĴuLu FI (A)L-B**a**YTi*]

11. Verständnis-/Formulierungsübung

In der folgenden Übung sind Ihnen Vokabular und Strukturen bekannt. Befinden Sie sich noch in der passiven Phase Ihres Studiums, lesen Sie die Sätze, und versuchen Sie, sie zu verstehen. Überprüfen Sie, ob Sie den Sinn der Sätze erfassen können – mehr nicht. Vergleichen Sie sie anschließend mit der nachfolgenden Übersetzung.

Befinden Sie sich dagegen in der aktiven Phase, in deren Verlauf Sie sukzessiv alle Lektionen vom Deutschen ins Arabische übersetzen (s. Einleitung), sollten Sie versuchen, diese Übung in der gleichen Weise zu absolvieren, d.h. die deutschen Sätze auf Arabisch zu formulieren.

❶ جَلَسَ ٱلْكَاتِبُ وَكَتَبَ ٱلْكِتَابَ

❷ دَخَلَ ٱلْوَلَدُ وَ دَرَسَ فِي ٱلْكِتَابِ

❸ دَخَلَ ٱلرَّجُلُ ٱلْبَيْتَ وَ وَجَدَ ٱلْوَلَدَ

❹ أَلرَّجُلُ وَٱلْوَالِدُ فِي ٱلْبَيْتِ

Aussprache der Übungssätze

[**1** *ĴaLaßa‿(A)L-KATiBu Wa-KaTaBa‿(A)L-KiTABa*] [**2** *DaCHaLa‿(A)L-WaLaDu Wa-DaRaßa FI‿(A)L-KiTABi*] [**3** *DaCHaLa‿(A)R-RaĴuLu‿(A)L-BaYTa Wa-WaĴaDa‿(A)L-WaLaDa*] [**4** *(A)-RaĴuLu Wa-(A)L-WALiDu FI‿(A)L-BaYTi*]

Übersetzung der Übungssätze

❶ Der Schriftsteller hat sich gesetzt, und er hat das Buch geschrieben. ❷ Das Kind ist hereingekommen, und es hat in dem Buch gelernt. ❸ Der Mann ist in das Haus hereingekommen, und er hat das Kind gefunden. ❹ Der Mann und der Vater sind in dem Haus.

Wir hoffen, dass diese kleine Wiederholung Ihnen geholfen hat, mehr Struktur in das Erlernte hineinzubringen. Gehen Sie erst dann zu Lektion 8 über, wenn Ihnen die Erklärungen in dieser Lektion keine größeren Schwierigkeiten mehr bereiten.

Nun beginnt Ihre zweite Kurseinheit. Was die Struktur des Arabischen angeht, gibt es noch nicht allzu viele Schwierigkeiten. Mögliche Ausspracheprobleme werden sich mit der Zeit lösen. Wichtig ist, dass Sie sich jeden Tag ein wenig mit Ihrer neuen Fremdsprache beschäftigen. Durch die ständige Wiederholung bereits kennen gelernter Inhalte wird sich der Stoff nach und

٨ أَلدَّرْسُ ٱلثَّامِنُ

أَلْبِنْتُ ①②

١ – مَنْ دَخَلَ ٱلْمَكْتَبَ؟ ③

٢ – دَخَلَتِ ٱلْبِنْتُ ٱلْمَكْتَبَ ④⑤

٣ جَلَسَتْ وَ دَرَسَتْ ⑥

AUSSPRACHE

[*AD-DaRßu‿(A)fß-fßAMiNu*] [*AL-BiNTu*] [**1** *MaN DaCHaLa‿(A)L-MaKTaBa*] [**2** *DaCHaLaT-i‿(A)L-BiNTu‿(A)L-MaKTaBa*] [**3** *ĴaLaßaT Wa-DaRaßaT*]

ANMERKUNGEN

أَلْبِنْتُ [*AL-BiNTu*] „das Mädchen, die Tochter" ist ein weibliches ①
Nomen. Verben und Adjektive (Eigenschaftswörter), die sich hierauf beziehen, müssen auch weiblich sein.

nach in Ihrem Gedächtnis festigen. In den folgenden Lektionen werden wir Ihnen pro Lektion nur noch einen neuen Buchstaben vorstellen, dafür aber in allen vier Formen. Womöglich kommen Ihnen die Texte immer noch etwas künstlich vor, aber schon bald werden wir Ihnen echte kleine Dialoge des Alltagslebens präsentieren.

Achte Lektion

Das Mädchen

Wer ist [in] das Büro hereingekommen? – **1**
(wer hereinkam-er der-Büro(Akk.))

Das Mädchen ist [in] das Büro hereingekommen. – **2**
(hereinkam-sie die-Mädchen der-Büro(Akk.))

Sie hat sich hingesetzt und gelernt. **3**
(setzte-sich-sie und-lernte-sie)

ANMERKUNGEN

Das Geschlecht eines arabischen Nomens muss nicht unbedingt mit dem seines deutschen Pendants übereinstimmen. ②

Nach dem Verb دَخَلَ [*DaCHaLa*] steht das Bezugswort im Akkusativ und ohne die Präposition فِي [*FI*]. ③

دَخَلَتْ [*DaCHaLaT*]: weibliche Form der 3. Person Sg. (Singular), VA (vollendeter Aspekt). Für diese Form fügt man der männlichen Form دَخَلَ [*DaCHaLa*] ein ت [*T*] an. ④

Beachten Sie den typisch arabischen Satzbau: Verb-Subjekt-Objekt. ⑤

Hier finden Sie weitere Beispiele für die weibliche Form der 3. Person Sg. (VA) auf [*T*]: جَلَسَ [*ĴaLaßa*] „er hat sich gesetzt" – جَلَسَتْ [*ĴaLaßaT*] „sie hat sich gesetzt"; دَرَسَ [*DaRaßa*] „er hat gelernt" – دَرَسَتْ [*DaRaßaT*] „sie hat gelernt". ⑥

٤ وَخَرَجَتْ ⑦

AUSSPRACHE

[4 Wa-CHaRaĴaT]

Buchstaben erkennen und lesen

أَلْبِنْتُ ⑧

ALBNT

١ – مَنْ دَخَلَ ٱلْمَكْتَبَ؟ ⑨

1 MN DCHL ALMKTB

٢ – دَخَلَتِ ٱلْبِنْتُ ٱلْمَكْتَبَ ⑩⑪

2 DCHLT ALBNT ALMKTB

AUSSPRACHE

[AL-BiNTu] [1 MaN DaCHaLa‿(A)L-MaKTaBa] [2 DaCHaLaT-i‿(A)L-BiNTu‿(A)L-MaKTaBa]

Und sie ist hinausgegangen. **4**
(und-ging-hinaus-sie)

ANMERKUNGEN

خَرَجَتْ [*CHaRaĴaT*] „sie ist hinausgegangen“: Die entsprechende männliche Form im VA lautet خَرَجَ [*CHaRaĴa*] „er ist hinausgegangen“. ⑦

Das Mädchen

Wer ist [in] das Büro hereingekommen? – **1**
(wer hereinkam-er der-Büro(Akk.))

Das Mädchen ist [in] das Büro hereingekommen. – **2**
(hereinkam-sie die-Mädchen der-Büro(Akk.))

ANMERKUNGEN

Die beiden einzigen Unterschiede bei der Schreibung von أَلْبِنْتُ [*AL-BiNTu*] und أَلْبَيْتُ [*AL-BaYTu*] „Haus“ sind der Punkt über **nun** und die zwei Punkte unter ي **ya**. ⑧

مَنْ [*MaN*] zeigt gut die Schreibung von **nun** am Wortende. Vergleichen Sie die Endform von ـن **nun** [*N*] mit der von ـب **ba** [*B*] und ـت **ta** [*T*]: Bei **ba** und **ta** liegt der Bogen auf der Mittellinie, bei **nun** wird ein halbrunder Bogen geschrieben, der deutlich unter der Mittellinie liegt. ⑨

Sprechen Sie die mit ‿ verbundenen Wörter als Einheit ohne Pausen: دَخَلَتِ ٱلْبِنْتُ ٱلْمَكْتَبَ [*DaCHaLaTiLBiNTuLMaKTaBa*]. ⑩

Folgt einem Verb mit der Endung [*T*] ein Nomen mit Artikel, wird dem [*T*] der Stützvokal [*i*] angehängt, und das [*A*] von [*AL*] entfällt. Anstelle von [*DaCHaLaT-i + (A)L-BiNTu*] spricht man [*DaCHaLaT-iL-BiNTu*]. Dieser Stützvokal (in der Umschrift mit Bindestrich angefügt) ist nur für die Aussprache relevant. Der Stützvokal [*i*] wird nur mit dem Vokalzeichen [*i*] geschrieben. ⑪

٣ جَلَسْتْ وَ دَرَسْتْ ⑫

ε T ßaRaD W T ßaLaĴ

٤ وَخَرَجْتْ

4 T Ĵa Ra CHa W

AUSSPRACHE

[3 ĴaLaßaT Wa-DaRaßaT] [4 Wa-CHaRaĴaT]

Übung 1: Verstehen Sie diese Sätze?

1 مَا دَرَسَتِ ٱلْبِنْتُ فِي ٱلْكِتَابِ؟

2 دَخَلَتِ ٱلْبِنْتُ وَدَرَسَتْ

3 دَخَلَ ٱلْوَلَدُ ٱلْمَكْتَبَ وَخَرَجَتِ ٱلْبِنْتُ

4 جَلَسَ ٱلرَّجُلُ وَكَتَبَ فِي ٱلْمَكْتَبِ

5 مَا وَجَدَتِ ٱلْبِنْتُ فِي ٱلْمَكْتَبِ؟

Übung 2: Setzen Sie die fehlenden Wörter ein!

1 Wer hat das Mädchen im Haus gefunden?

مَنْ وَجَدَ ____ فِي ٱلْبَيْتِ؟

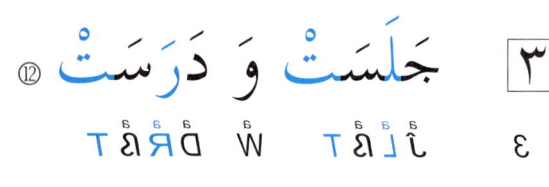

Sie hat sich hingesetzt und gelernt. **3**
(setzte-sich-sie und-lernte-sie)

Und sie ist hinausgegangen. **4**
(und-ging-hinaus-sie)

ANMERKUNGEN

⑫ Hier noch ein weiteres Beispiel dafür, dass der Buchstabe و **waw** [*W*] bei der Schreibung nie nach links verbunden wird. Beim Sprechen wird [*Wa*] „und" immer mit dem darauf folgenden Wort verbunden.

Lassen Sie sich nicht von eventuellen Ausspracheabweichungen auf den Tonaufnahmen beirren, und halten Sie sich nicht damit auf, die Regeln zu den Lautveränderungen des Artikels und zum Stützvokal in ihrer Tiefe zu verstehen. Lesen und wiederholen Sie in erster Linie immer wieder den Text. Sie werden sehen, dass Sie sich im Laufe der Zeit Schritt für Schritt an die Aussprache gewöhnen werden.

Lösung 1: Haben Sie verstanden?

❶ Was hat das Mädchen im Buch gelernt?
❷ Das Mädchen ist hereingekommen und hat gelernt.
❸ Das Kind/der Junge ist in das Büro hereingekommen, und das Mädchen ist hinausgegangen.
❹ Der Mann hat sich hingesetzt und hat im Büro geschrieben.
❺ Was hat das Mädchen im Büro gefunden?

❷ Das Mädchen ist hereingekommen und hat sich hingesetzt.

____ اَلْبِنْتُ وَجَلَسَتْ

❸ Wer hat sich im Büro hingesetzt?

مَنْ جَلَسَ فِي ____ ؟

LEKTION 8

Wer [ist] im Haus? ④

ٱلْبَيْتِ؟

Das Mädchen [ist] im Büro. ⑤

فِي ٱلْمَكْتَبِ

Schreibübung

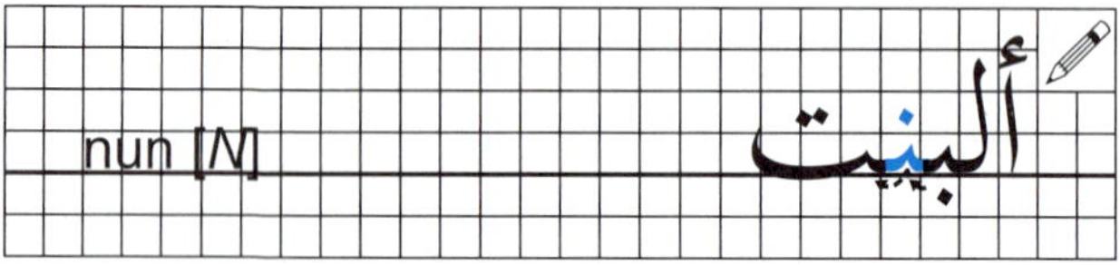

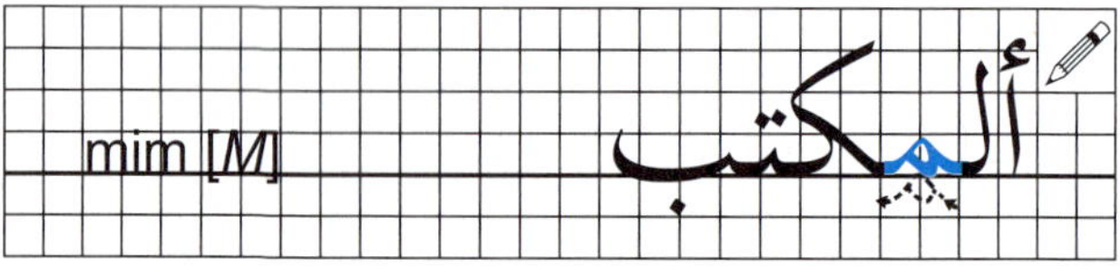

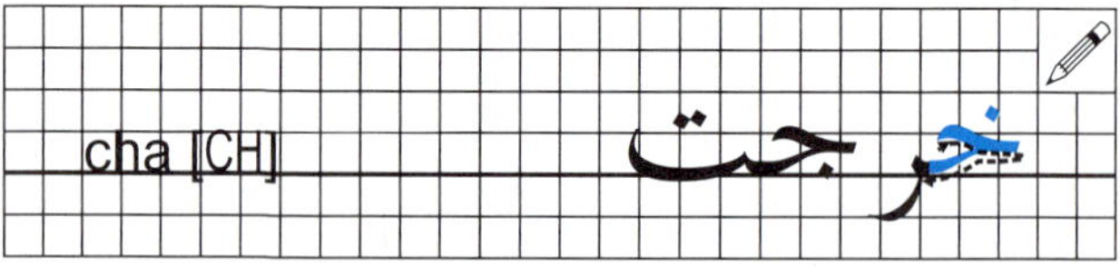

Um das Arabische korrekt auszusprechen, müssen Sie sich am Anfang auf den Rhythmus, die Satzmelodie und die Betonung konzentrieren. Das ist das Wichtigste. Dabei spielt es keine große Rolle, wenn Sie anfangs über einzelne Laute stolpern. Kinder lernen zuerst, die Melodie einer Sprache nachzuahmen, brauchen aber Zeit, um einzelne Laute aussprechen zu können. Nehmen auch Sie sich diese Zeit!

Lösung 2: Die fehlenden Wörter.

1 ٱلْبِنْتَ [(A)L-BiNTa] 2 دَخَلَت [DaCHaLaT-i]

3 ٱلْمَكْتَبِ [(A)L-MaKTaBi] 4 مَنْ فِي [MaN] – [FI]

5 أَلْبِنْتُ [(A)L-BiNTu]

Leseübung

ألبنت

١ – من دخل ٱلمكتب؟

٢ – دخلت ٱلبنت ٱلمكتب

٣ جلست و درست

٤ وخرجت

٩ أَلدَّرْسُ ٱلتَّاسِعُ

بِٱلْقَلَمِ ①②

١ وَجَدَ ٱلْوَلَدُ ٱلْبِنْتَ وَ قَالَ:

٢ – أَنَا دَرَسْتُ فِي ٱلْكِتَابِ ③

٣ وَكَتَبْتُ بِٱلْقَلَمِ ④

٤ أَلْقَلَمُ قَلَمُكِ ⑤⑥

AUSSPRACHE

[AD-DaRßu‿(A)T-TAßi ᶜu] [Bi-(A)L-QaLaMi] [1 WaĴaDa‿(A)L-Wa-LaDu‿(A)L-BiNTa Wa-QALa] [2 ANA DaRaßTu FI‿(A)L-KiTABi] [3 Wa-KaTaBTu Bi-(A)L-QaLaMi] [4 AL-QaLaMu QaLaMuKi]

ANMERKUNGEN

① Die Präposition بِـ [Bi-] „mit" wird mit dem nachfolgenden Wort bzw. seinem Artikel verbunden. Auf [Bi-] folgt wie auf [FI] immer der Genitiv, erkennbar an der Endung [i]: بِٱلْقَلَمِ [Bi-(A)L-QaLaMi].

② أَلْقَلَمُ [AL-QaLaMu] bezeichnet allgemein den „Stift" bzw. das „Schreibinstrument". Daneben unterscheiden natürlich auch die Araber zwischen Bleistift, Kugelschreiber und Füller.

Neunte Lektion

Mit dem Stift

Der Junge hat das Mädchen gefunden und gesagt: **1**
(fand-er der-Junge die-Mädchen(Akk.) und-sagte-er)

Ich habe im Buch gelernt, – **2**
(ich lernte-ich in der-Buch(Gen.))

und ich habe mit dem Stift geschrieben. **3**
(und-schrieb-ich mit-der-Stift(Gen.))

Der Stift [ist] dein Stift. **4**
(der-Stift Stift-dein♀)

ANMERKUNGEN

أَنَا [***A**NA*] „ich“: Ein gebeugtes Verb enthält bereits die Information über die Person; daher können die Personalpronomen entfallen. Man verwendet sie wie hier nur zur Betonung. Die 1. Pers. Sg. [***A**NA*] kann sowohl einen Mann als auch eine Frau bezeichnen. ③

دَرَسْتُ [*DaRa**ß**Tu*]/كَتَبْتُ [***Ka**TaBTu*]: VA (vollendeter Aspekt) der 1. Pers. Sg. (Mask./Fem.). Für diese Form ersetzt man den Endvokal [*a*] der 3. Pers. Sg. ([***Da**Raßa*]/[***Ka**TaBa*]) durch die Endung [*Tu*]. ④

قَلَمُكِ [*QaLaMu**Ki***]: Das angehängte Possessivpronomen (besitzanzeigendes Fürwort) ـــكِ [*-Ki*] zeigt, dass der Besitzer weiblich ist (in der Übersetzung durch ♀ markiert). Das grammatische Geschlecht des Besitztums (hier der Stift) ist unwichtig. Nomen mit solch einer Nachsilbe tragen keinen Artikel. ⑤

Hier sehen Sie wieder, dass das Arabische im UA (unvoll. Aspekt) keine Entsprechung für das Hilfsverb „sein“ kennt. Ebenso: أَلرَّجُلُ فِي ٱلْبَيْتِ [*AR-Ra**Ĵ**uLu FI (A)L-**Ba**YTi*] „Der Mann [ist] im Haus“. ⑥

LEKTION 9

Buchstaben erkennen und lesen

بِٱلْقَلَمِ ⑦

BALQLM

٣ وَجَدَ ٱلْوَلَدُ ٱلْبِنْتَ

1 WĴD ALWLD ALBNT

وَ قَالَ: ⑧⑨

W QAL

٢ – أَنَا دَرَسْتُ فِي ٱلْكِتَابِ ⑩⑪⑫

2 ANA DRßT FI ALKTAB

٣ وَكَتَبْتُ بِٱلْقَلَمِ

3 W KTBT BALQLM

AUSSPRACHE

[Bi-(A)L-QaLaMi] [1 WaĴaDa‿(A)L-WaLaDu‿(A)L-BiNTa Wa-QALa] [2 ANA DaRaßTu FI‿(A)L-KiTABi] [3 Wa-KaTaBTu Bi-(A)L-QaLaMi]

Mit dem Stift

Der Junge hat das Mädchen gefunden und gesagt: **1**
(fand-er der-Junge die-Mädchen(Akk.) und-sagte-er)

Ich habe im Buch gelernt, – **2**
(ich lernte-ich in der-Buch(Gen.))

und ich habe mit dem Stift geschrieben. **3**
(und-schrieb-ich mit-der-Stift(Gen.))

ANMERKUNGEN

Die Präposition بِـ [*Bi*-] „mit" wird nur mit dem Buchstaben **ba** ⑦
geschrieben und direkt mit dem **alif** des nachfolgenden Artikels verbunden: [*Bi*] + [*AL*] → بِٱلْـ [*Bi(A)L*], gesprochen [*BiL*-].

ق **qaf** [*Q*] schreibt sich wie das bereits bekannte ف **fa** [*F*], aber ⑧
mit zwei Punkten statt mit einem. **qaf** wird tief im Rachen erzeugt; die Zunge wird weit nach hinten gelegt und bildet mit dem hinteren Teil des Gaumens einen Verschluss.

Auch hier sollten Sie wieder darauf achten, die mit ‿ verbun- ⑨
denen Wörter als Einheit zu sprechen: وَجَدَ ٱلْوَلَدُ ٱلْبِنْتَ [*Wa*Ĵ*aDaLWaLaDuLBiNTa*].

أَنَا [*ANA*] „ich": Auf dem ersten ا **alif** befindet sich ein ء **hamsa**, ⑩
darüber das Vokalzeichen für [*a*]. Dies ist immer so, wenn das mit **alif** beginnende Wort am Satzanfang steht.

Obwohl أَنَا [***A**NA*] auf einen langen Vokal endet, liegt die Beto- ⑪
nung auf der ersten Silbe.

In der 1. Pers. Sg. betont man Verben auf der zweiten Silbe, ⑫
obwohl diese ebenfalls einen kurzen Vokal enthält: أَنَا دَرَسْتُ [***A**NA DaR**a**ßTu*].

LEKTION 9

٤ أَلْقَلَمُ قَلَمُكِ ⑬

4 ALQLM QLMK

AUSSPRACHE

[4 AL-QaLaMu QaLaMuKi]

Übung 1: Verstehen Sie diese Sätze?

1. مَا كَتَبْتُ بِقَلَمِكِ؟
2. وَجَدَ ٱلْوَلَدُ قَلَمَكِ فِي ٱلْبَيْتِ
3. أَنَا وَٱلرَّجُلُ فِي ٱلْمَكْتَبِ
4. قَالَ ٱلْوَلَدُ: «دَرَسْتُ فِي كِتَابِكِ»

Übung 2: Setzen Sie die fehlenden Wörter ein!

1. Wer hat mit dem Stift in das Buch geschrieben?

مَنْ كَتَبَ فِي ٱلْكِتَابِ ____ ؟

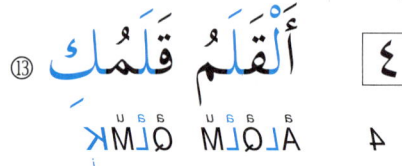

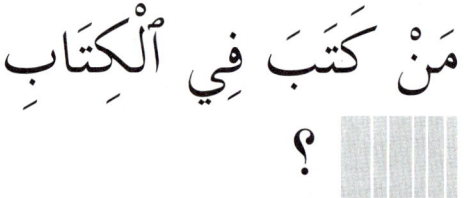

Der Stift [ist] dein Stift. **4**
(der-Stift Stift-dein♀)

ANMERKUNGEN

⑬ Vergessen Sie nicht, die Vokale zu schreiben. Bei قَلَمُكِ [*QaLa-MuKi*] „dein Stift" zeigt nur das [*i*] am Ende an, dass der Besitzer des Stifts weiblich ist.

Lösung 1: Haben Sie verstanden?

1. Was habe ich mit deinem♀ Stift geschrieben?
2. Der Junge/das Kind hat deinen♀ Stift im Haus gefunden.
3. Der Mann und ich [sind] im Büro.
4. Der Junge/das Kind sagte: Ich habe in deinem♀ Buch gelernt.

2. Ich bin in das Büro hereingekommen und habe den Mann gefunden.

دَخَلْتُ ٱلْمَكْتَبَ وَ ____ ٱلرَّجُلَ

3. Das Mädchen hat mit deinem♀ Stift geschrieben.

كَتَبَتِ ٱلْبِنْتُ ____

4. Ich habe mit deinem♀ Buch gelernt.

أَنَا ____ بِكِتَابِكِ

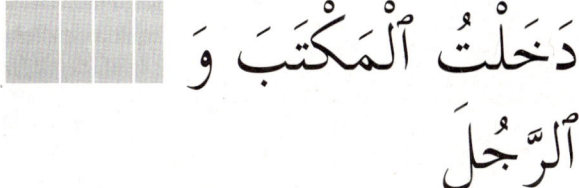

Schreibübung

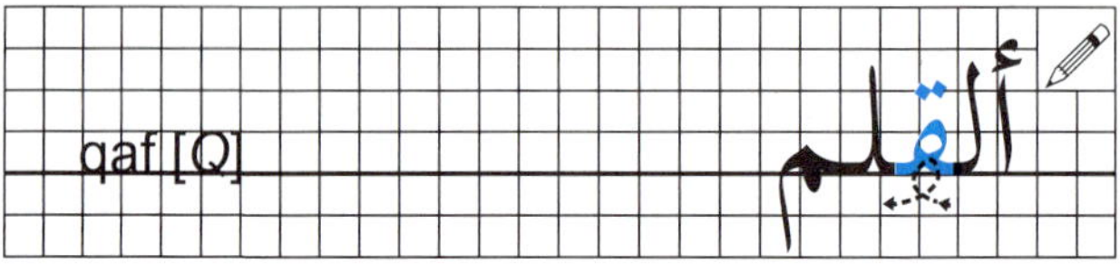

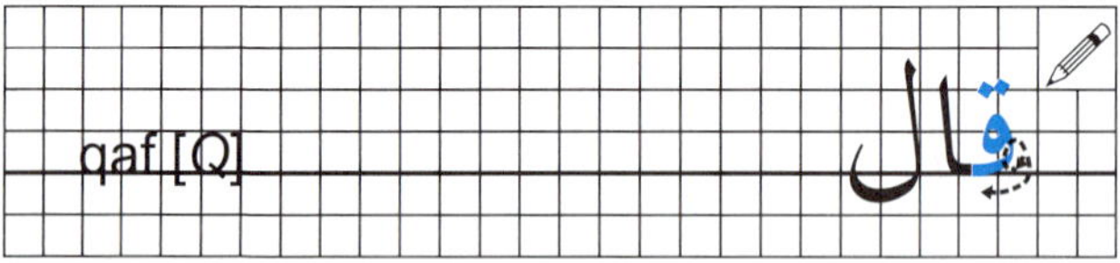

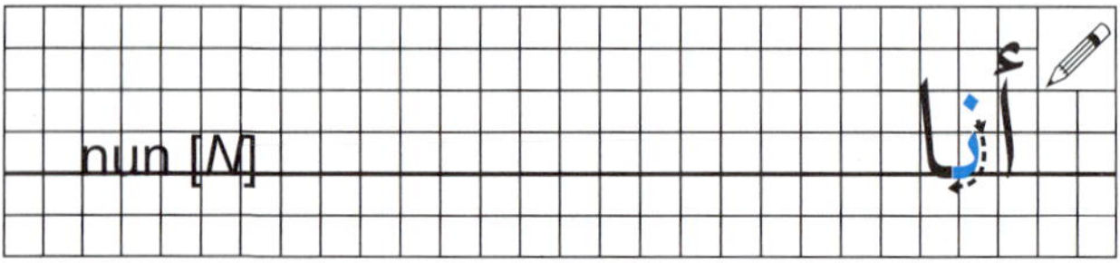

Leseübung

بٱلقلم

١ وجد ٱلولد ٱلبنت و قال:

٢ – أنا درست في ٱلكتاب

٣ وكتبت بٱلقلم

٤ ألقلم قلمك

Lösung 2: Die fehlenden Wörter.

1. بِٱلْقَلَمِ [Bi-(A)L-Q**a**LaMi]
2. وَجَدْتُ [WaĴ**a**DTu]
3. بِقَلَمِكِ [Bi-QaL**a**MiKi]
4. دَرَسْتُ [DaR**a**ßTu]

Schreibinstrumente

In den arabischen Ländern wird heute im Alltag gewöhnlich mit Stift und Papier geschrieben. Der vormals häufig verwendete Pinsel und das Schreibrohr wurden von Kuli, Bleistift und natürlich dem Computer abgelöst. Dennoch ist die Kalligraphie eine nach wie vor hoch geschätzte Kunst, und einige Kalligraphen (خَطَّاط [CHaṬṬ**A**Ṭ]) benutzen die alten Utensilien noch beim Schreiben von Koranversen. Ebenso erlernen Interessierte diverse Schreibstile in Kursen und Wochenendseminaren.

١٠ أَلدَّرْسُ ٱلْعَاشِرُ

قَلَمُ ٱلْبِنْتِ ①

١ أَلْأُسْتَاذُ فِي ٱلْمَكْتَبِ ②

٢ قَالَ لِلْوَلَدِ: ③

٣ – أَنْتَ، مَا أَخَذْتَ؟ ④⑤

AUSSPRACHE

[AD-DaRßu‿(A)L-ᶜASCHiRu] [QaLaMu (A)L-BiNTi] [1 AL-UßTAfsu FI‿(A)L-MaKTaBi] [2 QALa Li-L-WaLaDi] [3 ANTa MA-ACHafsTa]

ANMERKUNGEN

① قَلَمُ ٱلْبِنْتِ [QaLaMu (A)L-BiNTi]: Ein Nomen, ergänzt durch ein weiteres Nomen, steht ohne Artikel. Nur das zweite Nomen trägt den Artikel; es steht immer im Genitiv. Das erste Nomen kann dagegen je nach seiner Funktion im Satz in einem der drei Fälle stehen.

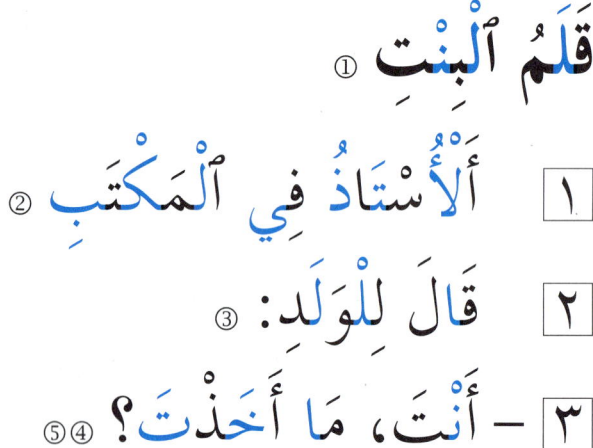

Zehnte Lektion

Der Stift des Mädchens

Der Professor ist im Büro. **1**
(der-Meister in der-Büro(Gen.))

Er sagte zu dem Jungen: **2**
(sagte-er zu-der-Junge(Gen.))

Du, was hast du genommen? – **3**
(du♂ was nahmst-du♂)

ANMERKUNGEN

اَلْأُسْتَاذُ [*AL-UßTAfsu*] bezeichnet einen Gelehrten. Es wird mit „Meister" oder „Professor" übersetzt und als Anrede für Lehrer und Professoren benutzt. ②

Die Präposition ـلِ [*Li-*] „zu, für" verbindet sich – wie ـبِ [*Bi-*] – mit dem folgenden Nomen. In Verbindung mit dem Artikel verhält es sich wie folgt: [*Li-*] + [*AL*] → ـلِلـ [*LiL-*], d.h., das **alif** entfällt: [*Li-(A)L-WaLaDi*] → لِلْوَلَدِ [*Li-L-WaLaDi*]. ③

Das – hier zur Betonung eingesetzte – Personalpronomen أَنْتَ [***A**NTa*] bezeichnet nur männliche Gesprächspartner. In der Übersetzung markieren wir dies durch das Genuszeichen für das Maskulinum ♂. ④

ـتَ [*-Ta*]: Verb-Endung der 2. Pers. Sg. Mask. des VA, gebildet wie die 1. Pers. Sg.: أَخَذْتُ [*ACHafsTu*] „ich habe genommen". Ausgangsform ist wieder die 3. Pers. Sg. أَخَذَ [***A**CHafsa*] „er hat genommen", deren Endvokal [*a*] durch [*Ta*] ersetzt wird. ⑤

٤ – أَنَا أَخَذْتُ قَلَمَ ٱلْبِنْتِ ⑥⑦

AUSSPRACHE

[**4** **A**NA ACH**a**fsTu **Qa**LaMa‿(A)L-B**i**NTi]

Buchstaben erkennen und lesen

قَلَمُ ٱلْبِنْتِ ⑧

QLM ALBNT

١ أَلأُسْتَاذُ فِي ٱلْمَكْتَبِ ⑨⑩

1 ALAßTAfs FI ALMKTB

٢ قَالَ لِلْوَلَدِ: ⑪

2 QAL LLWLD

٣ – أَنْتَ، مَا أَخَذْتَ؟

3 ANT MA ACHfsT

AUSSPRACHE

[**Qa**LaMu (A)L-B**i**NTi] [**1** AL-UßT**A**fsu FI‿(A)L-M**a**KTaBi] [**2** Q**A**La Li-L-W**a**LaDi] [**3** **A**NTa MA-ACH**a**fsTa]

Ich habe den Stift des Mädchens genommen. – **4**
(ich nahm-ich Stift(Akk.) die-Mädchen(Gen.))

ANMERKUNGEN

أَخَذْتُ [*ACHafsTu*] erfordert wie im Deutschen ein Objekt im Akkusativ: أَلْقَلَمَ [*AL-QaLaMa*] „den Stift". ⑥

Hier sehen Sie ein Beispiel für ein Nomen im Akkusativ mit Ergänzung: أَخَذْتُ قَلَمَ ٱلْبِنْتِ [*ACHafsTu QaLaMa‿(A)L-BiNTi*]. Diese Verbindung zweier Nomen heißt auch „Genitivverbindung". ⑦

Der Stift des Mädchens

Der Professor ist im Büro. **1**
(der-Meister in der-Büro(Gen.))

Er sagte zu dem Jungen: **2**
(sagte-er zu-der-Junge(Gen.))

Du, was hast du genommen? – **3**
(du♂ was nahmst-du♂)

ANMERKUNGEN

Über dem ٱ **alif** von ٱلْبِنْتِ [*AL-BiNTi*] steht das **wa<u>ß</u>la**, das die Verbindung des Artikels mit dem vorhergehenden Wort kennzeichnet. ⑧

Steht am Wortbeginn ein von **alif** getragener Vokal, „verschmilzt" dieses **alif** mit dem **lam** des Artikels und bildet grafisch eine Schleife. Dies ist stets so, unabhängig davon, welcher Vokal von **alif** und **hamsa** getragen wird (hier [*U*]: أَلْأُسْتَاذُ [*AL-UßTAfsu*] „Meister"). ⑨

Wir kennzeichnen diese Verbindung aus **lam** + **alif** mit der gleichen Farbe, auch wenn es sich eigentlich um zwei Buchstaben handelt. ⑩

لِلْوَلَدِ [*Li-(A)L-WaLaDi*]: Wir haben bereits oben darauf hingewiesen, dass, wenn der Präposition [*Li-*] ein Artikel folgt, dieser das **alif** verliert und dadurch zwei **lam** vor dem Nomen stehen. ⑪

٤ – أَنَا أَخَذْتُ قَلَمَ ٱلْبِنْتِ ⑫

TNBLA MLQ TfsHCA ANA 4

AUSSPRACHE

[**4** ***A**NA ACH**a**fsTu Q**a**LaMa‿(A)L-B**i**NTi*]

Übung 1: Verstehen Sie diese Sätze?

1 قَالَ ٱلْأُسْتَاذُ لِلْوَلَدِ: «مَنْ أَخَذَ ٱلْكِتَابَ؟»

2 جَلَسَتْ بِنْتُكِ فِي مَكْتَبِ ٱلْأُسْتَاذِ

3 أَنَا أَخَذْتُ ٱلْقَلَمَ وَأَنْتَ، مَا أَخَذْتَ؟

4 قَالَ ٱلرَّجُلُ لِلْوَلَدِ: «مَنْ أَنْتَ؟»

5 أَنَا وَلَدُ ٱلْأُسْتَاذِ

Übung 2: Setzen Sie die fehlenden Wörter ein!

1 Wen hast du♂ im Haus des Vaters gefunden?

مَنْ وَجَدْتَ فِي بَيْتِ

______ ؟

Ich habe den Stift des Mädchens genommen. – **4**
(ich nahm-ich Stift(Akk.) die-Mädchen(Gen.))

ANMERKUNGEN

ذ **fsal** [*fs*] schreibt sich wie د **dal** [*D*], nur mit einem Punkt darüber. Wie **dal** verbindet es sich nie mit dem folgenden Buchstaben. **fsal** ist ein stimmhafter Reibelaut; merken Sie ihn sich als Lispellaut, der entsteht, wenn Sie ein **f** sprechen und dann die Zungenspitze an die oberen Schneidezähne führen. ⑫

Lösung 1: Haben Sie verstanden?

Der Professor hat zu dem Jungen gesagt: „Wer hat das Buch genommen?“ ❶
Deine♀ Tochter hat sich im Büro des Professors hingesetzt. ❷
Ich habe den Stift genommen, und du, was hast du genommen? ❸
Der Mann hat zu dem Jungen gesagt: „Wer [bist] du?“ ❹
Ich [bin] der Sohn des Professors. ❺

Was hat deine♀ Tochter im Büro des Professors genommen? ❷

مَا أَخَذَتْ بِنْتُكِ فِي مَكْتَبِ ..... ؟

Ich [bin] im Haus, und du♂? ❸

أَنَا فِي ..... ، وَأَنْتَ؟

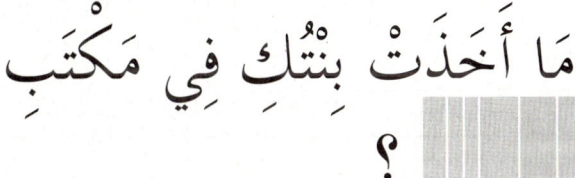

Der Junge hat den Stift des Mädchens genommen. ❹

ٱلْوَلَدُ قَلَمَ ٱلْبِنْتِ

Schreibübung

ألأستاذ

lam + alif + hamsa

أخذت

fsal [*fs*]

ألأستاذ

fsal [*fs*]

للولد

waw [*W*]

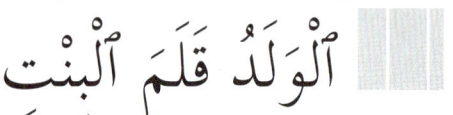

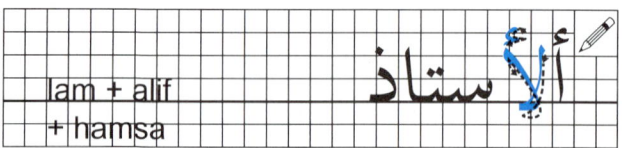

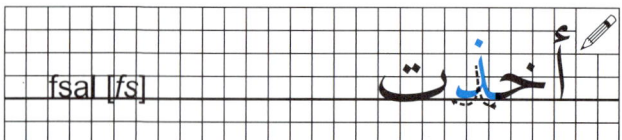

Lösung 2: Die fehlenden Wörter.

❶ ٱلْوَالِدِ [(A)L-W**A**LiDi] ❷ ٱلْأُسْتَاذِ [(A)L-UßT**A**fsi]

❸ ٱلْبَيْتِ [(A)L-B**a**YTi] ❹ أَخَذَ [**A**CHafsa]

Leseübung

قلم ٱلبنت

١ ألأستاذ في ٱلمكتب

٢ قال للولد:

٣ – أنت، ما أخذت؟

٤ – أنا أخذت قلم ٱلبنت

LEKTION 10

Auch wenn es Sie bereits dazu drängen sollte, selbst Sätze auf Arabisch zu bilden: Gedulden Sie sich noch. Bislang sollen Sie nur verstehen, was Sie hören und lesen und sich ein wenig mit der Aussprache und den Strukturen der Sprache vertraut machen.

١١ أَلدَّرْسُ ٱلْحَادِي عَشَرَ

فِي ٱلسُّوقِ ①

١ ذَهَبَ ٱلرَّجُلُ إِلَى ٱلسُّوقِ ②③

٢ قَالَ ٱلْجَدُّ لِلْوَلَدِ: ④

٣ – أَيْنَ وَالِدُكَ؟ ⑤⑥⑦

AUSSPRACHE

[AD-DaRßu‿(A)L-ḤADI ᶜaSCHaRa] [FI‿(A)ß-ßUQi] [1 fsaHaBa‿(A)R-RaĴuLu ILA‿(A)ß-ßUQi] [2 QALa‿(A)L-ĴaDDu Li-L-WaLaDi] [3 AYNa WALiDuKa]

ANMERKUNGEN

① ٱلسُّوقُ [Aß-ßUQu] „Basar/Markt" oder „Souk" bezeichnet einen überdachten Basar oder einen Markt im Freien. Das Leben in orientalischen Ländern spielt sich viel mehr als bei uns auf der Straße ab. Märkte sind dabei ein sehr beliebter Treffpunkt.

② ذَهَبَ [fsaHaBa] ist ein neues Verb. Es wird wie das bereits bekannte دَرَسَ [DaRaßa] bzw. كَتَبَ [KaTaBa] verwendet. „Ich ging" heißt ذَهَبْتُ [fsaHaBTu], „sie ging" ذَهَبَتْ [fsaHaBaT].

Elfte Lektion

Im Basar

Der Mann ging zum Basar. **1**
(ging-er der-Mann nach der-Basar(Gen.))

Der Großvater sagte zu dem Jungen: **2**
(sagte-er der-Großvater zu-der-Junge(Gen.))

Wo [ist] dein Vater? – **3**
(wo Vater-dein♂)

ANMERKUNGEN

إِلَى [*ILA*] „nach, zu" ist eine weitere Präposition, nach der das Nomen im Genitiv steht: إِلَى ٱلسُّوقِ [*ILA (A)ß-ßUQi*] „zum Basar". ③

Wie aus Lektion 10 bekannt, entfällt das **alif** des Artikels, wenn ihm die Präposition [*Li-*] vorangeht: لِلْوَلَدِ [*Li-L-WaLaDi*] „zu dem Jungen". ④

أَيْنَ [*AYNa*] ist neben مَا [*MA*] „was?" und مَنْ [*MaN*] „wer?" (auch „wen?") Ihr drittes Fragewort. Steht davor die Präposition إِلَى [*ILA*], so heißt es „wohin?": إِلَى أَيْنَ ذَهَبْتَ [*ILA AYNa fsaHaB-Ta*] „Wohin bist du gegangen?". ⑤

Wahrscheinlich haben Sie sich längst an die Nominalsätze, in denen das Verb „sein" fehlt, gewöhnt. Hier und im nächsten Satz sehen Sie nochmals gute Beispiele dafür. ⑥

وَالِدُكَ [*WALiDuKa*]: [*-Ka*], das Possessivpronomen der 2. Pers. Sg. Mask., zeigt, dass der Vater eines Jungen gemeint ist. Der Vater eines Mädchens wäre وَالِدُكِ [*WALiDuKi*]. Das Possessivpronomen richtet sich nach dem Geschlecht des Besitzers, nicht nach dem des Besitztums. ⑦

٤ – هُوَ فِي ٱلسُّوقِ ٱلْجَدِيدِ ⑧

AUSSPRACHE

[**4** *HuWa FI‿(A)ß-ßUQi‿(A)L-ĴaDIDi*]

Sehen Sie sich bei Gelegenheit auch einmal die Seiten- und Lektionszahlen an, um sich auf diese Weise mit den arabischen Zahlen vertraut zu machen.

Buchstaben erkennen und lesen

فِي ٱلسُّوقِ ⑨⑩

QUß LA   IF

١ ذَهَبَ ٱلرَّجُلُ إِلَى

ALA   LÛRLA   BHß   1

ٱلسُّوقِ ⑪⑫⑬

QUß LA

AUSSPRACHE

[*FI‿(A)ß-ßUQi*] [**1** *fsaHaBa‿(A)R-RaĴuLu ILA‿(A)ß-ßUQi*]

Er [ist] im neuen Basar. – **4**
(er in-der-Basar(Gen.) der-neu(Gen.))

ANMERKUNGEN

⑧ Bezieht sich ein Adjektiv auf ein Nomen, so steht es im selben Fall und wird dem Nomen nachgestellt. Beide werden vom Artikel begleitet: ٱلسُّوقُ ٱلْجَدِيدُ [*(A)ß-ßUQu (A)L-ĴaDIDu*] „der neue Basar".

Im Basar

Der Mann ging zum Basar. **1**
(ging-er der-Mann nach der-Basar(Gen.))

ANMERKUNGEN

⑨ Die sog. „Sonnenbuchstaben" bewirken, dass das vorangehende **lam** des Artikels [*AL*] nicht als [*L*], sondern wie der Anfangsbuchstabe des folgenden Nomens ausgesprochen wird, z.B. أَلسُّوقُ [*Aß-ßUQu*] „Basar" oder أَلرَّجُلُ [*AR-RaĴuLu*] „Mann".

⑩ Das lange [*U*] wird mit dem Buchstaben **waw** geschrieben. Sie kennen **waw** bereits seit der zweiten Lektion. Es verbindet sich nie mit dem darauf folgenden Buchstaben.

⑪ Sie wissen bereits, dass **fsal** sich nicht mit dem nachfolgenden Buchstaben verbindet. Bedenken Sie dies beim Schreiben: ذَهَبَ [*fsaHaBa*] „er ging".

⑫ Bei Wörtern, die mit [*I*] beginnen, steht das **hamsa** unter dem **alif**, bei Wörtern, die mit [*A*] oder [*U*] beginnen, steht es darüber: إ [*I*]; أَ [*A*]; أُ [*U*].

⑬ Das lange [*A*] von إِلَى [*ILA*] „nach, zu" wird hier mit einem **ya** ohne Punkte geschrieben. Dies geschieht ab und zu, aber das **alif** ist weit häufiger anzutreffen.

٢ قَالَ ٱلْجَدُّ لِلْوَلَدِ: ⑭

2 QAL ALĴD LLWLD

٣ – أَيْنَ وَالِدُكَ؟

3 AYN WALDK

٤ – هُوَ فِي ٱلسُّوقِ ٱلْجَدِيدِ ⑮⑯

4 HW FI ALßUQ ALĴDID

AUSSPRACHE

[2 QALa‿(A)L-ĴaDDu Li-L-WaLaDi] [3 AYNa WALiDuKa] [4 HuWa FI‿(A)ß-ßUQi‿(A)L-ĴaDIDi]

Übung 1: Verstehen Sie diese Sätze?

1 أَيْنَ ٱلْمَكْتَبُ ٱلْجَدِيدُ؟

2 مَنْ هُوَ؟– هُوَ ٱلْأُسْتَاذُ ٱلْجَدِيدُ

3 جَدُّكَ فِي ٱلْبَيْتِ وَوَالِدُكَ ذَهَبَ إِلَى ٱلْمَكْتَبِ

4 مَا قَالَ ٱلرَّجُلُ لِوَالِدِكَ؟

5 خَرَجَتِ ٱلْبِنْتُ وَذَهَبَتْ إِلَى ٱلسُّوقِ

Der Großvater sagte zu dem Jungen: **2**
(sagte-er der-Großvater zu-der-Junge(Gen.))

Wo [ist] dein Vater? – **3**
(wo Vater-dein♂)

Er [ist] im neuen Basar. – **4**
(er in-der-Basar(Gen.) der-neu(Gen.))

ANMERKUNGEN

Sprechen Sie deutlich das doppelte **dal** in أَلْجَدُّ [*AL-ĴaDDu*] „Großvater" (erkennbar am ـّ **schadda**). ⑭

ha [*H*] (wie **h** in „hallo") hat je nach Position recht unterschiedliche Formen. ⑮

هُوَ [*HuWa*] „er": Personalpronomen der 3. Pers. Sg. Mask. Es besteht nur aus **ha** und **waw**, die jeweils durch die Vokale [*u*] und [*a*] ergänzt werden. ⑯

Lösung 1: Haben Sie verstanden?

Wo [ist] das neue Büro? ❶
– Wer [ist] er? – Er [ist] der neue Professor. ❷
Dein♂ Großvater [ist] im Haus, und dein♂ Vater ist ins Büro gegangen. ❸
Was hat der Mann zu deinem♂ Vater gesagt? ❹
Das Mädchen ist hinausgegangen und ist zum Basar gegangen. ❺

Übung 2: Setzen Sie die fehlenden Wörter ein!

Ich bin zum neuen Haus gegangen. ❶

أَنَا ذَهَبْتُ إِلَى ٱلْبَيْتِ

___

Und ich habe deinen♂ Sohn und deine♂ Tochter getroffen. ❷

وَوَجَدْتُ ___ وَ بِنْتَكَ

Wohin bist du gegangen? ❸

___ أَيْنَ ذَهَبْتَ؟

Schreibübung

ha [*H*] ذهب

ha [*H*] هو

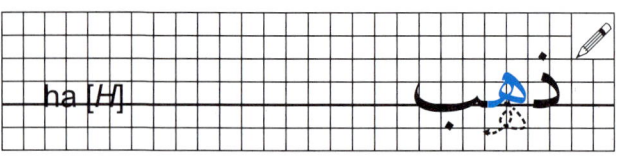

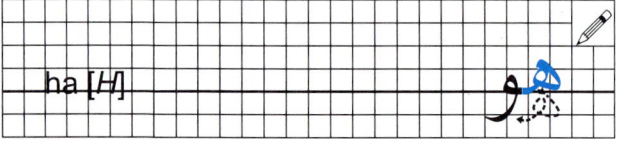

Ich bin zum Haus des Schriftstellers (Haus der-Schriftsteller) gegangen. ④

ذَهَبْتُ إِلَى بَيْتِ

Er [ist] der Lehrer/Professor des Mädchens. ⑤

أُسْتَاذُ ٱلْبِنْتِ

Lösung 2: Die fehlenden Wörter.

① ٱلْجَدِيدِ [*(A)L-ĴaD**I**Di*] ② وَلَدَكَ [*WaL**a**DaKa*]

③ إِلَى [*ILA*] ④ ٱلْكَاتِبِ [*(A)L-K**A**TiBi*] ⑤ هُوَ [*H**u**Wa*]

أَلسّوق qaf [Q]

أَلجّد ĵim [Ĵ]

LEKTION 11

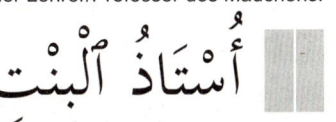

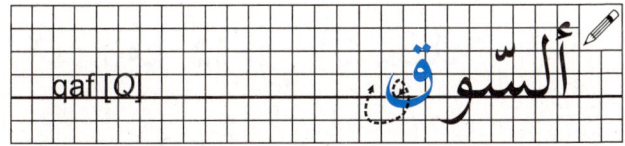

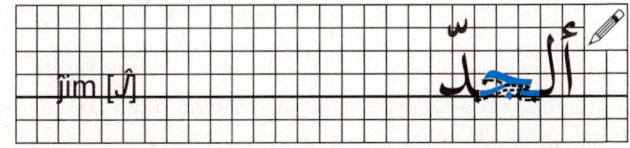

Leseübung

في ٱلسّوق

١ ذهب ٱلرّجل إلى ٱلسّوق

٢ قال ٱلجدّ للولد:

٣ – أين والدك؟

٤ – هو في ٱلسّوق ٱلجديد

١٢ أَلدَّرْسُ ٱلثَّانِي عَشَرَ

أَلتِّلْمِيذُ

١ مَا دَرَسَ ٱلتِّلْمِيذُ دَرْسَهُ ①②

AUSSPRACHE

[AD-DaRßu‿(A)fß-fßANI ᶜASCHaRa] [AT-TiLMIfsu] [1 MA DaRaßa‿(A)T-TiLMIfsu DaRßaHu]

Auf dem Basar

Orientalische Märkte (سُوق [*ßUQ*]), die sich oft in überdachten Straßenzügen befinden, sich mitunter aber auch über ganze Stadtviertel erstrecken, sind meist ein Mikrokosmos für sich. Diverse Geschäfte und Händler verkaufen nebeneinander Waren derselben Kategorie. Das erstaunliche Angebot, der Trubel, der Farbenreichtum, aber auch die exotischen Düfte versetzen Besucher schnell in eine andere Welt. Leider bekommen in Urlaubsorten die „echten" Märkte immer öfter Konkurrenz von Touristenbasaren, auf denen meist nur minderwertige Reiseandenken zu überhöhten Preisen angeboten werden. Auf jeden Fall ist es auf den Märkten immer üblich zu feilschen, bevor man etwas kauft, denn der vom Verkäufer genannte Erstpreis ist meist nur eine Orientierung bzw. ein Einstiegsgebot.

Zwölfte Lektion

Der Schüler

Der Schüler hat seine Lektion nicht gelernt. **1**
(nicht lernte-er der-Schüler Lektion(Akk.)-sein♂)

ANMERKUNGEN

① مَا [*MA*] ist nicht nur das Fragewort „was", es heißt auch „nicht" und verneint Verben im VA: مَا دَرَسَ [*MA DaRaßa*] „er hat nicht gelernt"; مَا دَرَسْتُ [*MA DaRaßTu*] „ich habe nicht gelernt".

② ـهُ [*-Hu*] „sein": Possessivpronomen der 3. Pers. Sg. Mask. Es steht hier nach dem Nomen, das die Akkusativform hat: دَرْسَهُ [*DaRßa-Hu*].

٢ قَالَ ٱلْأُسْتَاذُ لِلتِّلْمِيذِ: ③

٣ – مَا دَرَسْتَ دَرْسَكَ! ④⑤

٤ وَخَرَجَ مِنَ ٱلْمَكْتَبِ ⑥

AUSSPRACHE

[2 QALa‿(A)L-UßTAfsu Li(A)T-TiLMIfsi] [3 MA DaRaßTa DaRßaKa]
[4 Wa-CHaRaĴa MiN-a‿(A)L-MaKTaBi]

ANMERKUNGEN

③ ٱلتِّلْمِيذُ [AT-TiLMIfsu] bezeichnet den Schüler an einer Schule, nicht an einem höheren Lehrinstitut oder der Universität. Daher übersetzen wir hier ٱلْأُسْتَاذُ [AL-UßTAfsu] „Meister, Professor" mit „Lehrer".

Buchstaben erkennen und lesen

أَلتِّلْمِيذُ ⑦⑧

u T a
ßf I M L T L A
i i

AUSSPRACHE

[AT-TiLMIfsu]

ANMERKUNGEN

⑦ Auch **ta** ist ein Sonnenbuchstabe, der bewirkt, dass das vorangehende **lam** des Artikels [*AL*-] nicht [*L*], sondern [*T*] ausgesprochen wird.

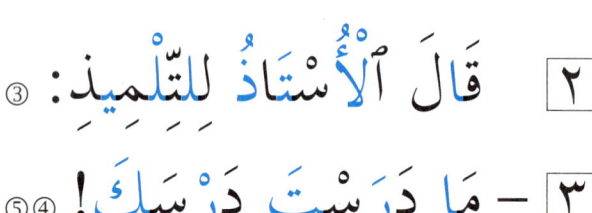

Der Lehrer sagte zu dem Schüler: **2**
(sagte-er der-Meister zu-der-Schüler(Gen.))

Du hast deine Lektion nicht gelernt! – **3**
(nicht lerntest-du♂ Lektion(Akk.)-dein♂)

Und er verließ das Büro. **4**
(und-ging-hinaus-er aus der-Büro(Gen.))

ANMERKUNGEN

أَلدَّرْسُ [*AD-DaRßu*] „Lektion" (aber auch „Unterricht"!) ist von دَرَسَ [*DaRaßa*] „er lernte, er studierte" abgeleitet. **dal**, **ra** und **ßin** sind dabei die Wortwurzeln. ④

دَرْسَكَ [*DaRßa-Ka*]: Das Nomen أَلدَّرْسُ [*AD-DaRßu*] hat hier die Akkusativform. Die Endung ـــكَ [*-Ka*] weist den Besitzer als männlich aus (Besitzerin: ـــكِ [*-Ki*]). Zur Erinnerung: Ein Nomen mit einem Possessivpronomen trägt niemals den Artikel أَلْـــ [*AL-*]. ⑤

Nach der Präposition مِنْ [*MiN*] „aus, von" stehen Nomen im Genitiv. Geht مِنْ [*MiN*] einem Nomen mit Artikel voran, entfällt das **ßukun** über **nun** zugunsten des kurzen Vokals [*a*]. Dieser übernimmt hier die gleiche phonetische Stützfunktion wie das kurze [*i*], das Sie bereits kennen: دَخَلَتِ ٱلْبِنْتُ [*DaCHaLaT-i (A)L-BiNTu*] „das Mädchen ist hereingekommen". ⑥

Der Schüler

ANMERKUNGEN

Achten Sie auf das **ßukun** über dem **lam** sowie auf das lange, mit einem **ya** geschriebene [*I*]. Es muss unterschieden werden, ob **ya** als Vokal oder als Konsonant ausgesprochen wird. Vergleichen Sie hierzu: ٱلتِّلْمِيذُ [*AT-TiLMIfsu*] „Schüler" und ٱلْبَيْتُ [*AL-BaYTu*] „Haus". Im letzteren Fall steht über dem **ya** ein **ßukun**. ⑧

LEKTION 12

١ مَا دَرَسَ ٱلتِّلْمِيذُ

ßfIMLTLA ßRD AM ١

دَرْسَهُ ⑨⑩

HßRD

٢ قَالَ ٱلْأُسْتَاذُ لِلتِّلْمِيذِ: ⑪

ßfIMLTLL ßfATßALA LAQ 2

٣ — مَا دَرَسْتَ دَرْسَكَ!

KßRD TßRD AM ٣

٤ وَخَرَجَ مِنَ ٱلْمَكْتَبِ ⑫

BTKMLA NM ĴRHCW 4

AUSSPRACHE

[**1** *MA DaRaßa‿(A)T-TiLMIfsu DaRßaHu*] [**2** *QALa‿(A)L-UßTAfsu Li(A)T-TiLMIfsi*] [**3** *MA DaRaßTa DaRßaKa*] [**4** *Wa-CHaRaĴa MiN-a‿(A)L-MaKTaBi*]

Der Schüler hat seine Lektion nicht gelernt. 1
(nicht lernte-er der-Schüler Lektion(Akk.)-sein♂)

Der Lehrer sagte zu dem Schüler: 2
(sagte-er der-Meister zu-der-Schüler(Gen.))

Du hast deine Lektion nicht gelernt! – 3
(nicht lerntest-du♂ Lektion(Akk.)-dein♂)

Und er verließ das Büro. 4
(und-ging-hinaus-er aus der-Büro(Gen.))

مَا دَرَسَ ٱلتِّلْمِيذُ دَرْسَهُ

ANMERKUNGEN

Noch mag es Sie verunsichern, dass man مَا [*MA*] „was" und مَا [*MA*] „nicht" gleich schreibt, doch bald werden Sie beide Wörter aus dem Satzzusammenhang mühelos auseinander halten können. ⑨

In dieser Lektion lernen Sie keinen neuen Buchstaben, stattdessen stellen wir Ihnen die Endform von ـه **ha** [*H*] vor, wie sie beispielsweise in دَرْسَهُ [*DaRßaHu*] vorkommt. ⑩

Zur Erinnerung: Das **alif** des Artikels entfällt, wenn davor die Präposition لِـ [*Li-*] steht. ⑪

Vergleichen Sie die Schreibweise von مِنْ [*MiN*] „aus, von" und مَنْ [*MaN*] „wer". Beide Wörter unterscheiden sich lediglich durch das Vokalisationszeichen. ⑫

LEKTION 12

Übung 1: Verstehen Sie diese Sätze?

1. مَا دَرَسْتَ فِي كِتَابِكَ؟
2. أَخَذَ قَلَمَهُ وَخَرَجَ مِنَ ٱلْمَكْتَبِ
3. جَلَسَ ٱلتِّلْمِيذُ؛ أَخَذَ كِتَابَهُ وَدَرَسَ دَرْسَهُ
4. قَالَ ٱلْوَلَدُ لِلْأُسْتَاذِ: مَا دَرَسْتُ ٱلدَّرْسَ ٱلْجَدِيدَ فِي ٱلْبَيْتِ
5. مَا أَخَذْتُ قَلَمَهُ

Übung 2: Setzen Sie die fehlenden Wörter ein!

1. Der Mann hat seine Tochter gefunden und hat gesagt: „Wo ist dein Großvater?“.

وَجَدَ ٱلرَّجُلُ ______ وَقَالَ: أَيْنَ جَدُّكِ؟

2. Wer hat den Stift des neuen Schülers genommen?

مَنْ أَخَذَ قَلَمَ ٱلتِّلْمِيذِ ______؟

Lösung 1: Haben Sie verstanden?

1. Was hast du♂ in deinem♂ Buch gelernt?
2. Er hat seinen Stift genommen und ist aus dem Büro hinausgegangen.
3. Der Schüler hat sich hingesetzt; er hat sein Buch genommen, und er hat seine Lektion gelernt.
4. Der Junge hat zu dem Lehrer gesagt: Ich habe die neue Lektion zu Hause nicht gelernt.
5. Ich habe seinen Stift nicht genommen.

3. Der Schriftsteller hat sein Buch nicht im Büro geschrieben.

مَا كَتَبَ ٱلْكَاتِبُ ____ فِي ٱلْمَكْتَبِ

4. Der Lehrer hat seinen Stift genommen und hat die Lektion für den Schüler geschrieben.

أَخَذَ ٱلْأُسْتَاذُ ____ وَكَتَبَ ٱلدَّرْسَ لِلتِّلْمِيذِ

5. Deine♀ Tochter ist nicht in das Büro hereingekommen.

مَا دَخَلَتْ ____ ٱلْمَكْتَبَ

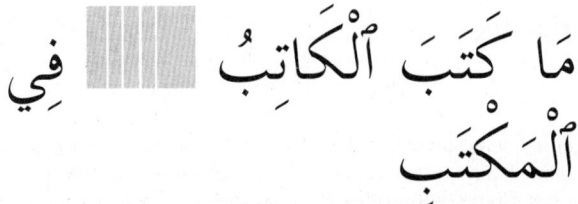

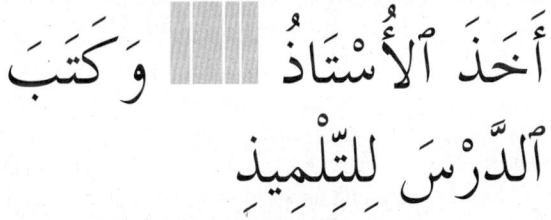

Schreibübung

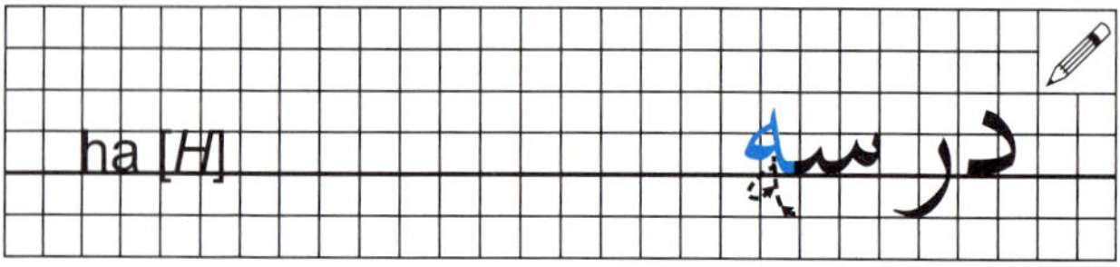

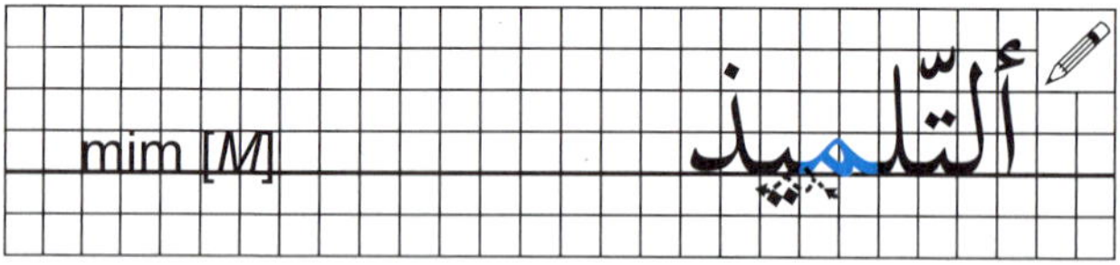

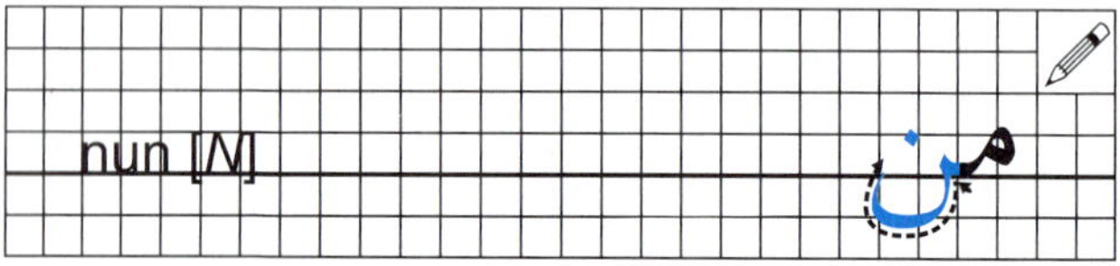

„Bereits seit dem Mittelalter pflegten in städtischen Milieus gebildete Zirkel die Kultur des geschriebenen Wortes. […] Mit der Reformierung des Schulwesens und der Gründung der ersten Universitäten nach westlichem Vorbild stieg die Zahl der Akademiker und damit der aktiven Benutzer von Büchern und Zeitungen im Lande unaufhaltsam an." (aus *KulturSchock Ägypten*, Reise Know-How Verlag)

Das Schriftarabische kennt verschiedene Grade der Vokalisation. So kommen in manchen Veröffentlichungen die Texte gänzlich ohne diakritische Zeichen aus (Vokalisationszeichen, **hamsa**, **schadda** usw.), in anderen dagegen werden einige dieser Zeichen zum besseren Verständnis beibehalten. Wir geben in den Leseübungen, also in den unvokalisierten Lektionstexten, folgende Zeichen an: **hamsa**, **waßla** (nur bis Lektion 34) **schadda** und das (**tanwin** genannte) doppelte **fatḥa** auf dem **alif**.

Lösung 2: Die fehlenden Wörter.

❶ بِنْتَهُ [*B**i**NTaHu*] ❷ ٱلْجَدِيدِ [*(A)L-ĴaD**I**Di*] ❸ كِتَابَهُ [*KiT**A**BaHu*] ❹ قَلَمَهُ [*Q**a**LaMaHu*] ❺ بِنْتُكِ [*B**i**NTuKi*]

Leseübung

ألتّلميذ

١ ما درس ٱلتلميذ درسه

٢ قال ٱلأستاذ للتّلميذ:

٣ – ما درست درسك!

٤ وخرج من ٱلمكتب

Inzwischen sollten Sie sich ganz langsam von der wörtlichen deutschen Übersetzung lösen, vor allem bei den Konstruktionen, die Sie wiederholt angetroffen haben und die Ihnen nun schon etwas vertraut sind. Versuchen Sie weiterhin, nicht einzelne Wörter, sondern immer ganze Wendungen zu assimilieren.

Nehmen Sie sich Zeit für Ihre neue Fremdsprache. Gehen Sie ruhig ab und zu noch mal ein paar Lektionen zurück, und lesen Sie sie noch einmal durch. Sie werden erstaunt sein, dass zuvor schwierige Wörter und Ausdrücke Ihnen nun viel leichter fallen. In diesem Sinne können Sie sich das folgende Sprichwort merken:

أَلصَّبْرُ مِفْتَاحُ ٱلْفَرَجِ

„Die Geduld ist der Schlüssel zur Erlösung."
(der-Geduld Schlüssel der-Erlösung)
[*Aẞ-ẞ**a**BRu MiFT**A**Ḥu (A)L-F**a**RaĴi*]

١٣ أَلدَّرْسُ ٱلثَّالِث عَشَرَ

قِطُّ ٱلْبِنْتِ ①

١ – أَنْتِ هَلْ وَجَدْتِ قِطَّكِ؟ ②③④

٢ – لَا! مَا وَجَدْتُ قِطِّي ⑤

AUSSPRACHE

[AD-DaRßu‿(A)fß-fßALifßa ᶜASCHaRa] [QiṬṬu‿(A)L-BiNTi] [1 ANTi HaL WaĴaDTi QiṬṬaKi] [2 LA MA WaĴaDTu QiṬṬI]

Dreizehnte Lektion

Der Kater des Mädchens

Hast du deinen Kater gefunden? – **1**
(du♀ |Frage| fandest-du♀ Kater(Akk.)-deiner♀)

Nein! Ich habe meinen Kater nicht gefunden. – **2**
(nein nicht fand-ich Kater-meiner)

ANMERKUNGEN

① Hier steht wieder ein Nomen mit einem zweiten Nomen als Ergänzung, wobei nur das zweite Nomen vom Artikel begleitet wird und im Genitiv steht.

② Bei den Personalpronomen in der 2. Pers. Sg. wird zwischen Mask. und Fem. unterschieden. Mit أَنْتِ [*ANTi*] „du" spricht man eine weibliche Person an. Das männliche Gegenstück lautet أَنْتَ [*ANTa*].

③ Die Verb-Endungen der 2. Pers. Sg. lauten ـــتِ [*-Ti*] für das Femininum und ـــتَ [*-Ta*] für das Maskulinum.

④ Die Fragepartikel هَلْ [*HaL*] (in der wörtlichen Übersetzung ist diese mit |Frage| dargestellt) macht aus einem Aussagesatz einen Fragesatz: وَجَدْتِ قِطَّكِ [*WaĴaDTi QiṬṬaKi*] „Du♀ hast deinen Kater gefunden" – هَلْ وَجَدْتِ قِطَّكِ [*HaL WaĴaDTi QiṬṬaKi*] „Hast du deinen♀ Kater gefunden?".

⑤ Das lange [*I*] in قِطِّي [*QiṬṬI*] ist das Possessivpronomen der 1. Pers. Sg.: „mein". Es wird nicht zwischen Mask. und Fem. unterschieden. Durch das Suffix entfällt die Kasusendung des Nomens (hier Akk.: قِطَّ [*QiṬṬa*] + [*I*] → قِطِّي [*QiṬṬI*].) Dies gilt auch für die anderen Fälle: قِطُّ [*QiṬṬu*] / قِطِّ [*QiṬṬi*] + [*I*] → قِطِّي [*QiṬṬI*].

LEKTION 13

٣ أَلْقِطُّ ٱلْجَمِيلُ ⑥

٤ فِي وَسَطِ ٱلْبُسْتَانِ ⑦

AUSSPRACHE

[3 AL-QiṬṬu‿(A)L-ĴaMILu] [4 FI WaßaṬi‿(A)L-BußTANi]

Buchstaben erkennen und lesen

قِطُّ ٱلْبِنْتِ ⑩⑨⑧

TИBʟA ṬQ

١ – أَنْتِ هَلْ وَجَدْتِ قِطَّكِ ⑪

KṬQ TDĴW ʟH TИA ١

٢ – لَا! مَا وَجَدْتُ قِطِّي ⑫

IṬQ TDĴW AM Aʟ ٢

AUSSPRACHE

[QiṬṬu‿(A)L-BiNTi] [1 ANTi HaL WaĴaDTi QiṬṬaKi] [2 LA MA WaĴaDTu QiṬṬI]

ANMERKUNGEN

Sprechen Sie deutlich den Rachenlaut **qaf** und das doppelte **ṭa**. Diese Verdopplung wird durch das Zeichen **schadda** verdeutlicht. ⑧

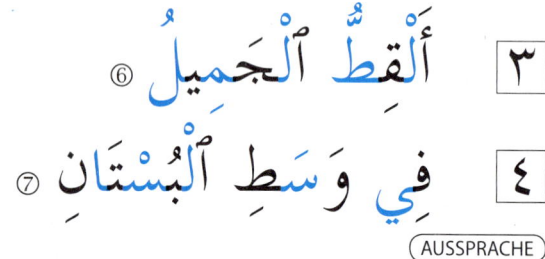

Der schöne Kater **3**
(der-Kater der-schön)

[ist] in der Mitte des Gartens. **4**
(in Mitte(Gen.) der-Garten(Gen.))

ANMERKUNGEN

Denken Sie daran, dass das ergänzende Adjektiv hinter dem Nomen, auf das es sich bezieht, ebenfalls mit Artikel steht. ⑥

وَسَطُ ٱلْبُسْتَانِ [*WaßaṬu (A)L-BußTANi*] ist wie قِطُّ ٱلْبِنْتِ [*QiṬṬu (A)L-BiNTi*] „der Kater des Mädchens" eine Genitivverbindung zweier Nomen. Nur das ergänzende Nomen trägt den Artikel. ⑦

Der Kater des Mädchens

Hast du deinen Kater gefunden? – **1**
(du♀ |Frage| fandest-du♀ Kater(Akk.)-deiner♀)

Nein! Ich habe meinen Kater nicht gefunden. – **2**
(nein nicht fand-ich Kater-meiner)

ANMERKUNGEN

Hier begegnen Sie erstmals einem der vier „emphatischen" Buchstaben, dem **ṭa** [*Ṭ*]. Dieser t-Laut wird im hinteren Teil der Mundhöhle mit besonderem Nachdruck erzeugt. Durch die Verengung im Rachenraum wird der nachfolgende Vokal leicht verfärbt. ⑨

Beachten Sie, dass hier das **alif** des Artikels wie ein [*u*] gesprochen wird: قِطُّ ٱلْبِنْتِ [*QiṬṬuL-BiNTi*]. ⑩

Üben Sie beim Schreiben von هَلْ [*HaL*] das **ha** in seiner Anfangsform. ⑪

Bei لَا [*LA*] „nein" sehen Sie wieder die kunstvoll geschwungene Kombination aus **lam** und **alif**; sie kam auch in أَلْأُسْتَاذُ [*AL-UßTAfsu*] „der Meister/der Professor" vor. ⑫

٣ أَلْقِطُّ ٱلْجَمِيلُ ⑬

Ɛ Â⅃QṬ A⅃.ĴÎMI⅃

٤ فِي وَسَطِ ٱلْبُسْتَانِ

4 FĪ WaßaṬi A⅃BUßTĀN

AUSSPRACHE

[3 *AL-QiṬṬu‿(A)L-ĴaMILu*] [4 *FI WaßaTi‿(A)L-BußTANi*]

Übung 1: Verstehen Sie diese Sätze?

1. أَخَذْتُ قَلَمِي وَ كَتَبْتُ ٱلدَّرْسَ ٱلْجَدِيدَ
2. قَالَ ٱلْأُسْتَاذُ لِلتِّلْمِيذِ: «أَيْنَ وَالِدُكَ؟»
3. مَا وَجَدْتُ جَدَّكِ؛ إِلَى أَيْنَ ذَهَبَ؟
– ذَهَبَ جَدِّي إِلَى ٱلْبُسْتَانِ
4. أَنْتَ هَلْ أَخَذْتَ قَلَمِي؟ – لَا! مَا أَخَذْتُ قَلَمَكَ
5. أَنْتِ أَيْنَ وَجَدْتِ قِطِّي؟ – فِي وَسَطِ ٱلْبُسْتَانِ

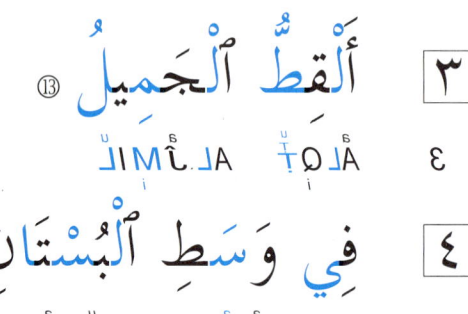

Der schöne Kater **3**
(der-Kater der-schön)

[ist] in der Mitte des Gartens. **4**
(in Mitte(Gen.) der-Garten(Gen.))

ANMERKUNGEN

⑬ Denken Sie bei أَلْجَمِيلُ [*AL-ĵaM**I**Lu*] daran, das durch **ya** geschriebene lange [*I*] wirklich lang auszusprechen.

Lassen Sie sich nicht entmutigen, wenn Sie sich nicht alle Wörter, die Ihnen begegnet sind, merken können. Auch wenn Sie noch Schwierigkeiten haben, die Strukturen der arabischen Sätze zu durchschauen, sollte Ihnen das keine Sorgen machen. Gehen Sie einfach noch einmal ein paar Lektionen zurück, und wiederholen Sie diese. Sie werden nach einiger Zeit merken, dass Ihnen nach der Wiederholung zuvor schwierige Wörter und Ausdrücke nun viel leichter fallen.

Lösung 1: Haben Sie verstanden?

❶ Ich habe meinen♂/♀ Stift genommen und habe die neue Lektion (die-Lektion die-neue) geschrieben.
❷ Der Lehrer hat zum Schüler gesagt: „Wo [ist] dein♂ Vater?“
❸ – Ich habe deinen♀ Großvater nicht gefunden, wohin ist er gegangen? – Mein Großvater ist in den Garten gegangen.
❹ – Hast du♂ meinen♂/♀ Stift genommen? – Nein, ich habe deinen♀ Stift nicht genommen.
❺ – Wo hast du♀ meinen Kater gefunden? – In der Mitte des Gartens.

Übung 2: Setzen Sie die fehlenden Wörter ein!

Hat der Sohn des Lehrers den schönen Kater gefunden? ❶

هَلْ وَجَدَ وَلَدُ ٱلْأُسْتَاذِ

ٱلْقِطَّ ______ ؟

Er hat meinen Kater im Garten des Mädchens gefunden. ❷

وَجَدَ قِطِّي فِي ______

ٱلْبِنْتِ

Schreibübung

أَلْقِط — ṭa [7]

أَلْوَسَّط — ṭa [7]

أَلْبُسْتَان — nun [N]

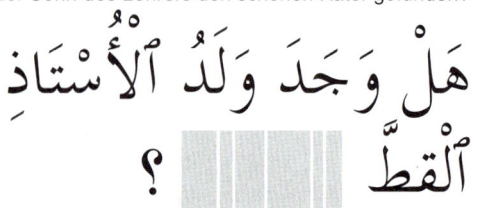

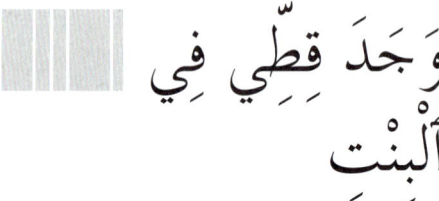

Du♀ bist aus deinem♀ Haus herausgegangen und bist in dein♀ Büro gegangen. ❸

أَنْتِ ____ مِنْ بَيْتِكِ
وَذَهَبْتِ إِلَى مَكْتَبِكِ

Bist du♂ zum Haus des Großvaters gegangen? ❹

أَنْتَ هَلْ ذَهَبْتَ إِلَى ____
ٱلْجَدِّ؟

Nein, ich bin zum neuen Markt gegangen. ❺

لَا! ____ إِلَى ٱلسُّوقِ
ٱلْجَدِيدِ

Lösung 2: Die fehlenden Wörter.

❶ ٱلْجَمِيلَ [*(A)L-ĴaMILa*] ❷ بُسْتَانِ [*BußTANi*]

❸ خَرَجْتِ [*CHaRaĴTi*] ❹ بَيْتِ [*BaYTi*]

❺ ذَهَبْتُ [*fsaHaBTu*]

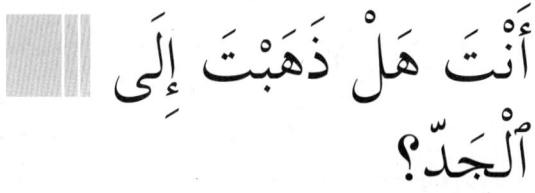

Leseübung

قطّ ٱلبنت

١ – أنت هل وجدت قطّك؟

٢ – لا! ما وجدت قطّي

٣ ألقطّ ٱلجميل

٤ في وسط ٱلبستان

In der nächsten Lektion gibt es wieder ein bisschen „Theorie". Sie sollen in den „klassischen" Lektionen vor allem Ihr Hörverständnis trainieren und sich mit der Aussprache beschäftigen und nicht zu viel mit Grammatik belastet werden. Für die Grammatik sind die Wiederholungslektionen da. Hier wird vertieft und anhand von Beispielen illustriert, was Sie bereits kennen gelernt haben.

١٤ أَلدَّرْسُ ٱلرَّابِعَ عَشَرَ

[AD-DaRßu (A)R-RABiᶜa ᶜASCHaRa]

مُرَاجَعَةٌ وَمُلاَحَظَاتٌ

[MuRAĴaᶜaTuN Wa-MuLAḤaSATun]

Wiederholung und Anmerkungen

Sie haben sich schon sehr viel erarbeitet. Sie haben sich bereits mit dem größten Teil des Alphabets vertraut gemacht, Sie haben einige grundlegende Regeln der Grammatik kennen gelernt, und Sie sind schon in der Lage, einige kleine Sätze zu verstehen.

Kalligraphie

Die Kalligraphie (فَنّ ٱلْخَطّ [*FaNN AL-CHaṬṬ*]) ist ein bedeutender Aspekt der islamischen Kunst. Der Koran verbietet grundsätzlich Abbildungen von Personen, was dazu führte, dass die Ornamentik eine überragende Bedeutung erhielt, bei der auch die Darstellung der Schrift ein wichtiges Element ist. Bis heute prägen Koranverse und Poesie inhaltlich die arabische Kalligraphie, und im Laufe der Jahrhunderte bildeten sich einige recht unterschiedliche Stilarten heraus. Es gibt zwei Grundformen der Schrift, eine eckige und eine runde. Die eckige nennt sich nach der irakischen Stadt الْكُوفَة [*AL-KUFaT*] „kufische Schrift" und wird heutzutage v.a. für Inschriften in Stein verwendet. Die dagegen am häufigsten, vor allem auch im Druckbereich, gebrauchte kursive Schrift nennt sich „Naskhi" نَسْخِيّ [*NaßCHIYY*], von der es in der gesamten islamischen Welt wiederum zahlreiche Varianten gibt.

Vierzehnte Lektion

Sehen wir uns an, was in den letzten Lektionen besprochen wurde, besonders die Besonderheiten der Schrift. Sie werden diese Feinheiten progressiv verinnerlichen. Die Leserichtung für die Beispiele, Tabellen usw. ist wieder von rechts nach links.

1. Neue Buchstaben

Wir haben Ihnen zuletzt fünf neue Buchstaben vorgestellt. Sie haben von diesen alle Formen gelernt, mit Ausnahme der Mittelform von ه **ha**:

Ende	Mitte	Anfang	isoliert	Name und Lautwert
ـن	ـنـ	نـ	ن	**nun** [*N*]
ـق	ـقـ	قـ	ق	**qaf** [*Q*]
ـذ	ـذ	ذ	ذ	**fsal** [*fs*]
ـه		هـ	ه	**ha** [*H*]
ـط	ـطـ	طـ	ط	**ṭa** [*T*]

ن **nun**, ذ **fsal** und ط **ṭa** sind sog. „Sonnenbuchstaben": Das ل **lam** des Artikels passt sich an sie an und wird nicht als [*L*], sondern jeweils wie [*N*], [*fs*] oder [*T*] ausgesprochen. Für diese Buchstaben haben Sie noch keine Beispiele kennen gelernt, jedoch sind Ihnen Wörter mit ت **ta**, د **dal**, ر **ra** und س **ßin** begegnet, bei denen dieses Phänomen auftritt:

„der Schüler" [*AT-TiL**MI**fsu*] أَلتِّلْمِيذُ

„die Lektion" [*AD-D**a**Rßu*] أَلدَّرْسُ

„der Mann" [*AR-R**a**ĴuLu*] أَلرَّجُلُ

„der Basar/Markt" [*Aß-ß**U**Qu*] أَلسُّوقُ

2. Schrift

• ـّـ **schadda**

Bisher kannten Sie dieses Zeichen nur als Verdopplungszeichen für Wörter, die mit Sonnenbuchstaben beginnen und in Verbindung mit dem Artikel stehen. In den letzten Lektionen ist es auch in anderen Wörtern vorgekommen. Vergessen Sie nicht, auch dieses kleine Zeichen zu schreiben, und beachten Sie es bei der Aussprache:

„der Großvater“ [*AL-ĴaDDu*] أَلْجَدُّ

„die Katze“ [*AL-QiṬṬu*] أَلْقِطُّ

• ـْ **ßukun**

Sie haben dieses Zeichen bei der Schreibung des Artikels kennen gelernt und danach im Wort أَلْبَيْتُ [*AL-BaYTu*] „das Haus“. Das ـْ **ßukun** verdeutlicht, dass der Konsonant, über dem es steht, nicht von einem Vokal begleitet wird. Sehr häufig ist dies der Fall bei Verben in der Vergangenheit: دَرَسْتُ [*DaRaßTu*] „ich habe gelernt“, دَرَسْتَ [*DaRaßTa*] „du♂ hast gelernt“, دَرَسْتِ [*DaRaßTi*] „du♀ hast gelernt“. Das **ßukun** kommt auch in einigen anderen Wörtern vor: أَلْبِنْتُ [*AL-BiNTu*] „das Mädchen“, أَلدَّرْسُ [*AD-DaRßu*] „die Lektion“, أَنْتَ/أَنْتِ [*ANTa/ANTi*] „du♂/♀“ etc.

• ا **alif und** ء **hamsa**

Diese Buchstaben bzw. Zeichen des Alphabets haben keine Entsprechungen in unserer Schrift. Sie wissen bereits, dass sie einige Besonderheiten aufweisen:

– Beginnt ein Wort mit einem kurzen [*a*], [*i*] oder [*u*], wird dies durch ein ا **alif** und ein ء **hamsa** kenntlich gemacht. Dazu werden sie um das jeweilige Vokalzeichen ergänzt. Handelt es sich bei dem Anfangsvokal um ein [*a*] oder ein [*u*], steht das Vokalzeichen über dem ء **hamsa** und dem ا **alif**:

„wo?“ [*AYNa*] أَيْنَ؟

„dein Professor“ [*UßTAfsuKa*] أُسْتَاذُكَ

Ist der Anfangsvokal ein [*i*], steht das Vokalzeichen unter dem **hamsa**, das wiederum unter dem **alif** steht إِ:

„nach, zu“ [*ILA*] إِلَى

– Beginnt ein Wort mit einem kurzen Vokal und geht ihm der

Artikel voran, verbindet sich das **lam** des Artikels mit dem Anfangs-**alif** wie folgt:

„der Professor" [*AL-UßTAfsu*]	أَلْأُسْتَاذُ

Unabhängig davon, ob **lam** + **alif** am Wortanfang oder innerhalb eines Wortes vorkommen, werden die beiden Zeichen immer auf diese Weise geschrieben. Beispiel: لَا! [*LA*] „Nein!"

• Lange Vokale [*A*], [*I*], [*U*]

Sie kennen bereits das lange [*A*], das ebenfalls mit einem **alif** geschrieben wird. Nun wissen Sie auch, dass das lange [*U*] durch ein و **waw** und das lange [*I*] durch ein ي **ya** dargestellt wird:

„der Basar" [*Aß-ßUQu*]	أَلسُّوقُ	„das Buch" [*AL-KiTABu*]	أَلْكِتَابُ
		„der Schüler" [*AT-TiLMIfsu*]	أَلتِّلْمِيذُ

Das lange [*A*] am Wortende kann auch mit einem ي **ya** ohne Punkte geschrieben werden (allerdings kommt dies eher selten vor), wie in إِلَى [*ILA*] „nach, zu".

3. Präpositionen

Hier die drei neuen Präpositionen, die alle ein Nomen im Genitiv nach sich ziehen:

„nach, zu" [*ILA*]	إِلَى	„mit" [*Bi-*]	بِـ	„für, zu" [*Li-*]	لِـ

بِـ [*Bi-*] und لِـ [*Li-*] werden direkt mit dem Nomen verbunden, auf das sie sich beziehen. Folgt auf لِـ [*Li-*] ein Artikel, verliert dieser das **alif**, und das [*A*] wird nicht gesprochen, sondern wird durch die Verbindung zu [*i*] : [*Li*] + [*AL-*] = [*Li-(A)L*].

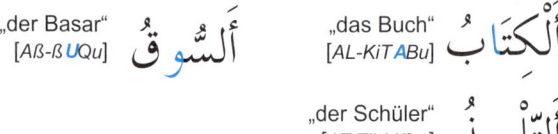

لِلْ = أَلْ + لِ

Vergleichen Sie dazu:

„mit dem Stift" بِالْقَلَمِ   „mit deinem♂ Stift" بِقَلَمِكَ
[*Bi-(A)L-QaLaMí*]   [*Bi-QaLaMiKa*]

„für das Kind" لِلْوَلَدِ   „für dein♂ Kind" لِوَلَدِكَ
[*Li-(A)L-WaLaDí*]   [*Li-WaLaDiKa*]

Nun einige Beispiele für den Fall, dass ein Wort mit einem Sonnenbuchstaben beginnt:

„für die Lektion" لِلدَّرْسِ   „mit der Lektion" بِالدَّرْسِ
[*Li-(A)D-DaRßi*]   [*Bi-(A)D-DaRßi*]

Beachten Sie, dass hierbei das ـْ **ßukun** über dem ل **lam** wegfällt und stattdessen der erste Konsonant (in diesem Fall د **dal**) ein ـّ **schadda** trägt.

4. Kombination von zwei Nomen

Tritt ein Nomen mit einem zweiten Nomen als Ergänzung auf (etwa unser Genitiv mit „der/des"), steht das erste Nomen immer ohne Artikel, während das zweite stets den Artikel trägt und im Genitiv steht:

„[der] Stift [des] Mädchens" قَلَمُ ٱلْبِنْتِ
[*QaLaMu (A)L-BiNTi*]

Das erste Nomen kann dabei je nach seiner Funktion innerhalb des Satzes in jedem beliebigen Fall stehen (im **Nominativ**: s. oben):

• im **Akkusativ**:

„Ich habe den Stift des Mädchens genommen" أَخَذْتُ قَلَمَ ٱلْبِنْتِ
[*ACHafsTu QaLaMa (A)L-BiNTi*]

• im **Genitiv**

فِي وَسَطِ ٱلْبُسْتَانِ „in der Mitte des Gartens“
[*FI WaßaṬi (A)L-BußTANi*]

وَسَط [*WaßaṬi*] „Mitte“ ist hier das Nomen, ergänzt durch ein weiteres Nomen. Es steht im Genitiv, da ihm die Präposition فِي [*FI*] „in“ vorangeht. Das zweite Nomen ٱلْبُسْتَانِ [*AL-BußTANi*] steht automatisch im Genitiv, denn es ist die Ergänzung.

5. Adjektiv

Wird ein Nomen mit Artikel durch ein Adjektiv näher beschrieben, so erhält das Adjektiv ebenfalls einen Artikel. Das Adjektiv steht immer hinter dem Nomen, auf das es sich bezieht und hat den gleichen Fall wie dieses:

أَخَذْتُ قَلَمَ ٱلْبِنْتِ „Ich habe den Stift des Mädchens genommen“
[*ACHafsTu QaLaMa (A)L-BiNTi*]

أَلْقِطُّ ٱلْجَمِيلُ فِي وَسَطِ ٱلْبُسْتَانِ

„Der schöne Kater (der-Kater der-schöne) [ist] in der Mitte des Gartens.“
[*AL-QiṬṬu (A)L-ĴaMILu FI WaßaṬi (A)L-BußTANi*]

Sowohl Nomen als auch Adjektiv stehen hier im Nominativ, da „der Kater“ das Satzsubjekt ist. Im folgenden Satz stehen Nomen und Adjektiv im Akkusativ:

وَجَدْتُ ٱلْقِطَّ ٱلْجَمِيلَ

„Ich habe den schönen Kater gefunden.“
[*WaĴaDTu (A)L-QiṬṬa (A)L-ĴaMILa*]

Hier ein Beispiel mit einem Nomen und einem Adjektiv im Genitiv:

هُوَ فِي ٱلسُّوقِ ٱلْجَدِيدِ

„Er ist im neuen Bazar."
[*HuWa Fi (A)ß-ßUQi (A)L-ĴaDIDi*]

6. Personalpronomen (Persönliche Fürwörter)

Sie kennen bereits vier Personalpronomen:

أَنَا	أَنْتَ	أَنْتِ	هُو
„ich" [*ANA*]	„du♂" [*ANTa*]	„du♀" [*ANTi*]	„er" [*HuWa*]

Die entsprechenden Verben in diesen Personalformen haben die gleichen Endungen wie das jeweilige Personalpronomen.

Die Personalpronomen werden im Satz nur verwendet, wenn die entsprechende Person hervorgehoben werden soll:

„Du, was hast du genommen?"
[*ANTa MA ACHafsTa*]

أَنْتَ مَا أَخَذْتَ؟

In einem Nominalsatz sind die Personalpronomen allerdings unerlässlich:

„Er [ist] im neuen Basar."
[*HuWa FI (A)ß-ßUQi (A)L-ĴaDIDi*]

هُوَ فِي ٱلسُّوقِ ٱلْجَدِيدِ

Anders als im Deutschen steht in einer Aufzählung von Personen das Personalpronomen der 1. Person immer am Anfang:

„Ich und der Mann ..."
[*ANA Wa-(A)R-RaĴuLu*]

أَنَا وَٱلرَّجُلُ...

7. Verben im vollendeten Aspekt

Sie können bereits ein Verb in allen Singularformen des vollendeten Aspekts konjugieren (beugen):

1. Person	„ich habe gefunden" [WaĴaDTu]	وَجَدْتُ
2. Person♂	„du♂ hast gefunden" [WaĴaDTa]	وَجَدْتَ
2. Person♀	„du♀ hast gefunden" [WaĴaDTi]	وَجَدْتِ
3. Person♂	„er♂ hat gefunden" [WaĴaDa]	وَجَدَ
3. Person♀	„sie♀ hat gefunden" [WaĴaDaT]	وَجَدَتْ

Diese Formen lassen sich auf alle Verben anwenden, die Sie in den bisherigen Lektionen kennen gelernt haben. Eine Ausnahme ist قَالَ [QALa] „er sagte", das ein wenig anders gebeugt wird. Im Augenblick können Sie aber immerhin schon die 3. Person Singular bilden:

3. Person♂	„er♂ hat gesagt" [QALa]	قَالَ
3. Person♀	„sie♀ hat gesagt" [QALaT]	قَالَتْ

8. Possessivpronomen (Besitzanzeigende Fürwörter)

Die Possessivpronomen sind keine separaten Wörter, sondern Suffixe (Nachsilben), die ohne Artikel an das Besitztum angehängt werden. Sie richten sich dabei bezüglich des Geschlechts nach dem Besitzer, nicht nach dem Besitztum. Die Formen der Possessivpronomen sind unveränderlich und können an alle Nomen, egal ob Singular, Plural, Maskulinum oder Femininum, angehängt werden:

1. Person	„mein/meine“ (Besitzer ♂ od. ♀) [...-*I*]	ـِي
2. Person♂	„dein/deine“ (Besitzer ♂) [-*Ka*]	ـَكَ
2. Person♀	„dein/deine“ (Besitzerin ♀) [-*Ki*]	ـِكِ
3. Person♂	„sein/seine“ (Besitzer ♂) [-*Hu*]	ـهُ

Das Possessivpronomen der 1. Person hat eine Besonderheit: Der Vokal für die Kasusendung (Nom.)/(Akk.)/Gen.) entfällt, wenn man [-*I*] an das Nomen anhängt:

أَلْقِطُّ / أَلْقِطَّ / أَلْقِطِّ + ي = قِطِّي

„mein Kater“ (Nom.) = (Akk.) = (Gen.).

Hier einige Anwendungsbeispiele für die Ihnen bekannten Possessivpronomen:

2. Pers. Sing. (Besitzer ♂)	„Wo [ist] dein Vater?“ [*AYNa WALiDuKa*]	أَيْنَ وَالِدُكَ؟
2. Pers. Sing. (Besitzerin ♀)	„dein Stift“ [*QaLaMuKi*]	قَلَمُكِ
3. Pers. Sing. (Besitzer ♂)		مَا دَرَسَ ٱلتِّلْمِيذُ دَرْسَهُ

„Der Schüler hat seine Lektion nicht gelernt.“
[*MA DaRaßa (A)T-TiLMIfsu DaRßaHu*]

9. Nominalsatz

Die Formen des UA des Verbs „sein“ werden im Satz nicht ausgedrückt. Bis jetzt haben Sie zwei Arten von Nominalsätzen angetroffen:

• Ortsbestimmungen

„Der Mann [ist] im Haus."
[*AR-RaĴuLu FI (A)L-BaYTi*]

أَلرَّجُلُ فِي ٱلْبَيْتِ

„Wo [ist] dein Vater?"
[*AYNa WALiDuKa*]

أَيْنَ وَالِدُكَ؟

„Er [ist] im neuen Basar."
[*HuWa FI (A)ß-ßUQi (A)L-ĴaDIDi*]

هُوَ فِي ٱلسُّوقِ ٱلْجَدِيدِ

„Der schöne Kater [ist] in der Mitte des Gartens."
[*AL-QiṬṬu (A)L-ĴaMILu FI WaßaṬi (A)L-BußTANi*]

أَلْقِطُّ ٱلْجَمِيلُ فِي وَسَطِ ٱلْبُسْتَانِ

• Nähere Bestimmung einer Person

„Wer [ist] im Haus?"
[*MaN FI (A)L-BAYTi*]

مَنْ فِي ٱلْبَيْتِ؟

„Er [ist das/der] Kind/Sohn des (der) Professors."
[*HuWa WaLaDu (A)L-UßTAfsi*]

هُوَ وَلَدُ ٱلْأُسْتَاذِ

10. Verständnis-/Formulierungsübung

1 مَنْ فِي ٱلْبَيْتِ؟ – أَلْجَدُّ فِي ٱلْبَيْتِ

2 مَا قَالَ ٱلْجَدُّ لِلْوَلَدِ؟

3 قَالَ جَدُّهُ: «أَيْنَ قِطُّكَ؟»

4 قِطِّي فِي بُسْتَانِ ٱلْأُسْتَاذِ

5 مَا قَالَ أُسْتَاذُكَ؟

6 قَالَ: «مَا دَرَسْتَ ٱلدَّرْسَ ٱلْجَدِيدَ
وَكَتَبْتَ دَرْسَكَ بِقَلَمِ ٱلْبِنْتِ»

7 وَقَالَ ٱلْأُسْتَاذُ لِلْبِنْتِ:

8 «وَجَدْتُ قَلَمَكِ فِي مَكْتَبِي»

9 وَأَخَذَتِ ٱلْبِنْتُ ٱلْقَلَمَ

10 قَالَ ٱلْجَدُّ لِلْوَلَدِ: «إِلَى أَيْنَ ذَهَبَ
وَالِدُكَ؟»

11 ذَهَبَ إِلَى ٱلسُّوقِ. هُوَ فِي ٱلسُّوقِ
ٱلْجَدِيدِ

Aussprache der Übungssätze

[**1** *MaN FI‿(A)L-BaYTi AL-ĴaDDu FI‿(A)L-BaYṬI*] [**2** *MA QALa‿(A)L-ĴaDDu Li(A)L-WaLaDi*] [**3** *QALa ĴaDDuHu AYNa QiṬṬuKa*] [**4** *QiṬṬI FI BußTANi‿(A)L-UßTAfsi*] [**5** *MA QALa UßTAfsuKa*] [**6** *QALa MA DaRaßTa‿(A)D-DaRßa‿(A)L-ĴaDIDa Wa-KaTaBTa DaRßaKa Bi-QaLaMi‿(A)L-BiNTi*] [**7** *Wa-QALa‿(A)L-UßTAfsu Li-(A)L-BiNTi*] [**8** *WaĴaDTu QaLaMaKi FI MaKTaBI*] [**9** *Wa-ACHafsaT-i‿(A)L-BiNTu‿(A)L-QaLaMa*] [**10** *QALa‿(A)L-ĴaDDu Li(A)L-WaLaDi ILA AYNa fsaHaBa WALiDuKa*] [**11** *fsaHaBa ILA‿(A)ß-ßUQi HuWa FI‿(A)ß-ßUQi‿(A)L-ĴaDIDi*]

Übersetzung der Übungssätze

❶ – Wer ist im Haus? – Der Großvater ist im Haus. ❷ – Was sagte der Großvater zu dem Kind? ❸ – Sein Großvater sagte: „Wo ist dein♂ Kater?“ ❹ – Mein Kater ist im Garten des Professors. ❺ – Was hat dein♂ Professor gesagt? ❻ – Er sagte: „Du hast deine♂ neue Lektion nicht gelernt, und du hast deine♂ Lektion mit dem Stift des Mädchens geschrieben.“ ❼ Und der Professor sagte zu dem Mädchen: ❽ „Ich habe deinen♀ Stift in meinem Büro gefunden.“ ❾ Und das Mädchen nahm den Stift. ❿ Der Großvater sagte zu dem Kind: „Wohin ging dein♂ Vater?“ ⓫ – „Er ging zum Bazar. Er ist im neuen Bazar.“

Finden Sie nicht auch, dass Sie im Verlauf der letzten Kurseinheit große Fortschritte gemacht haben? Machen Sie sich keine Sorgen, wenn noch nicht alles „sitzt“. Mit der Zeit werden Sie ein

١٥ أَلدَّرْسُ ٱلْخَامِسَ عَشَرَ

أَلْكَلْبُ فِي ٱلْبُسْتَانِ

١ خَرَجَ ٱلْوَلَدُ مِنَ ٱلْبَيْتِ

٢ مَكَثَ قِطُّهُ فِي بَيْتِهِ ①

AUSSPRACHE

[AD-DaRßu‿(A)L-CHAMißa ᶜASCHaRa] [AL-KaLBu FI‿(A)L-BußTANi] [1 CHaRaĴa‿(A)L-WaLaDu MiN-a‿(A)L-BaYTi] [2 MaKafßa QiṬṬuHu FI BaYTiHi]

Gefühl für die Sprache entwickeln. Wichtig ist, dass Sie regelmäßig lernen. Sie werden pro Tag vielleicht keine ganze Lektion schaffen, aber das ist kein Problem. Verteilen Sie eine Lektion einfach auf mehrere Tage.

Und weiter geht es mit der dritten Kurseinheit, in der Sie auch wieder die „Spielregeln“ befolgen sollten: Lesen Sie zuerst die arabischen Sätze, und vergleichen Sie sie mit der Übersetzung. Lesen Sie auch die Anmerkungen. Wenn Sie den Sinn der Sätze gut verstanden haben, lesen Sie jeden Satz laut – in der Umschrift und, wenn möglich, auch in der Originalschrift, am besten so oft, bis Sie den Satz wiederholen können, ohne ins Buch zu sehen. Hören Sie sich auch die Tonaufnahmen genau an, und beachten Sie beim Nachsprechen die Satzmelodie und die Betonung.

15. Lektion

Der Hund [ist] im Garten

Der Junge ist aus dem Haus hinausgegangen. **1**
(ging-hinaus-er der-Junge aus der-Haus(Gen.))

Sein Kater ist in seinem Haus geblieben. **2**
(blieb-er Kater-sein in Haus(Gen.)-sein)

ANMERKUNGEN

① فِي بَيْتِهِ [*FI BaYTiHi*]: Steht das Nomen im Genitiv, wird das Possessivpronomen ـــهُ [*-Hu*] zu ـــهِ [*-Hi*]. Im Akkusativ dagegen bleibt es unverändert: بَيْتَهُ [*BaYTaHu*]. Dies betrifft nur die männliche Form.

٣ ثُمَّ خَرَجَتْ بِنْتُ جَارِهِ مِنْ بَيْتِهَا ②③

٤ مَكَثَ كَلْبُهَا فِي بُسْتَانِهَا ٱلْجَمِيلِ ④

AUSSPRACHE

[**3** *fßuMMa CHaRaĴaT BiNTu ĴARiHi MiN BaYTiHA*] [**4** *MaKafßa KaLBuHA FI BußTANiHA‿(A)L-ĴaMILi*]

Buchstaben erkennen und lesen

أَلْكَلْبُ فِي ٱلْبُسْتَانِ ⑤

NATßBLA IF BLKLA

١ خَرَجَ ٱلْوَلَدُ مِنَ ٱلْبَيْتِ ⑥

1 TYBLA NM DLWLA ĴR CH

٢ مَكَثَ قِطُّهُ فِي بَيْتِهِ ⑦⑧

2 HTYB IF HTQ ßKM

AUSSPRACHE

[*AL-KaLBu FI‿(A)L-BußTANi*] [**1** *CHaRaĴa‿(A)L-WaLaDu MiN-a‿(A)L-BaYTi*] [**2** *MaKafßa QiṬṬuHu FI BaYTiHi*]

ANMERKUNGEN

⑤ أَلْكَلْبُ [*AL-KaLBu*] und ٱلْبُسْتَانُ [*AL-BußTANu*] sind gute Beispiele für die Schreibung des **ßukun**. Achten Sie bei ٱلْبُسْتَانُ [*AL-BußTANu*] auf das lange [*A*].

Dann ist die Tochter seines Nachbarn aus ihrem Haus hinausgegangen. (dann ging-hinaus-sie Tochter Nachbar(Gen.)-sein aus Haus(Gen.)-ihr) **3**

Ihr Hund ist in ihrem schönen Garten geblieben. (blieb-er Hund-ihr in Garten(Gen.)-ihr der-schön(Gen.)) **4**

ANMERKUNGEN

② Bei بِنْتُ جَارِهِ [*BiNTu ĴARiHi*] „[die] Tochter seines Nachbarn" erkennen Sie wieder die Genitivverbindung. Da die Ergänzung mit dem Possessivpronomen steht جَارِ + هِ [*ĴARi + Hi*], trägt sie keinen Artikel.

③ Bei مِنْ بَيْتِهَا [*MiN BaYTiHA*] „aus ihrem Haus" ist ـــهَا [*HA*] das Suffix für das Possessivpronomen der 3. Pers. Sg. Fem., „ihr/e".

④ فِي بُسْتَانِهَا ٱلْجَمِيلِ [*FI BußTANiHA‿(A)L-ĴaMILi*]: Das Adjektiv folgt dem Nomen und steht mit dem Artikel; das Nomen jedoch hat keinen Artikel, da es das Suffix für das Possessivpronomen ـــهَا [*HA*] trägt.

Der Hund [ist] im Garten

Der Junge ist aus dem Haus hinausgegangen. (ging-hinaus-er der-Junge aus der-Haus(Gen.)) **1**

Sein Kater ist in seinem Haus geblieben. (blieb-er Kater-sein in Haus(Gen.)-sein) **2**

ANMERKUNGEN

⑥ Beachten Sie den Stützvokal [-*a*] bei مِنَ [*MiN-a*] vor dem Nomen mit Artikel.

⑦ Die richtige Aussprache von ث **fßa** ist gewöhnungsbedürftig: Die Zungenspitze liegt zwischen den Schneidezähnen.

⑧ Hier ist für die Unterscheidung der Possessivpronomen der 3. Pers. Sg. Mask. Nominativ in قِطُّهُ [*QiṬṬuHu*] bzw. Genitiv in فِي بَيْتِهِ [*FI BaYTiHi*] die richtige Schreibung der Vokalzeichen wichtig.

٣ ثُمَّ خَرَجَتْ بِنْتُ جَارِهِ مِنْ بَيْتِهَا ⑨⑩

AHTYB NM HRAĴ TNB TĴRHC MMßf ɛ

٤ مَكَثَ كَلْبُهَا فِي بُسْتَانِهَا ٱلْجَمِيلِ ⑪

LIMĴLA AHNATßB IF AHBLK ßKM 4

AUSSPRACHE

[**3** *fßuMMa CHaRaĴaT BiNTu ĴARiHi MiN BaYTiHA*] [**4** *MaKafßa KaLBuHA FI BußTANiHA‿(A)L-ĴaMILi*]

Übung 1: Verstehen Sie diese Sätze?

❶ مَكَثَ ٱلْوَلَدُ فِي بَيْتِ جَدِّهِ

❷ دَخَلَتِ ٱلْبِنْتُ ٱلْمَكْتَبَ، ثُمَّ جَلَسَتْ وَدَرَسَتْ دَرْسَهَا

❸ جَلَسَ وَالِدِي فِي وَسَطِ مَكْتَبِهِ

❹ أَيْنَ كَلْبُهَا؟ – أَلْكَلْبُ فِي بُسْتَانِهَا ٱلْجَمِيلِ

❺ مَا أَخَذَ ٱلْوَلَدُ كِتَابَهُ ٱلْجَدِيدَ

Übung 2: Setzen Sie die fehlenden Wörter ein!

❶ Er [ist] in seinem neuen Garten.

هُوَ فِي ▒▒▒ ٱلْجَدِيدِ

Dann ist die Tochter seines Nachbarn aus ihrem Haus hinausgegangen. (dann ging-hinaus-sie Tochter Nachbar(Gen.)-sein aus Haus(Gen.)-ihr) **3**

Ihr Hund ist in ihrem schönen Garten geblieben. (blieb-er Hund-ihr in Garten(Gen.)-ihr der-schön(Gen.)) **4**

ANMERKUNGEN

Bei ثُمَّ [*fßuMMa*] zeigt das **schadda** an, dass م **mim** verdoppelt wird. ⑨

ث **fßa** unterscheidet sich von ت **ta** nur durch einen Punkt und ist wie dieses ebenfalls ein Sonnenbuchstabe. ⑩

In diesem Text haben Sie die Mittelform von ه **ha** kennen gelernt. Im Gegensatz zu den meisten anderen Buchstaben weist es je nach Position im Wort grafisch recht unterschiedliche Formen auf. ⑪

Lösung 1: Haben Sie verstanden?

Das Kind / der Sohn ist im Haus seines Großvaters geblieben. ❶

Das Mädchen ist in das Büro hineingekommen, dann hat es sich gesetzt und seine Lektion gelernt. ❷

Mein Vater hat sich in der Mitte seines Büros hingesetzt. ❸

– Wo [ist] ihr Hund? – Der Hund [ist] in ihrem schönen Garten. ❹

Der Junge hat sein neues Buch nicht genommen. ❺

Der Professor hat mit seinem Stift geschrieben. ❷

كَتَبَ ٱلأُسْتَاذُ

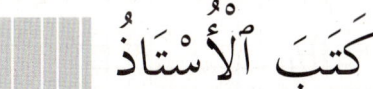

Hast du♂ ihren Kater in deinem Garten gefunden? ③

هَلْ وَجَدْتَ ______ فِي بُسْتَانِكَ؟

Das Mädchen [ist] im Garten seines♀ Vaters. ④

أَلْبِنْتُ فِي بُسْتَانِ ______

Schreibübung

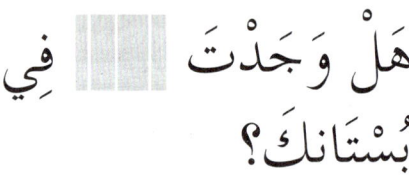

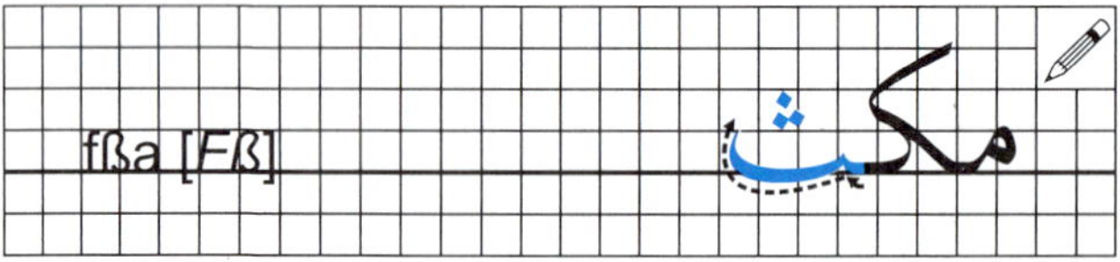

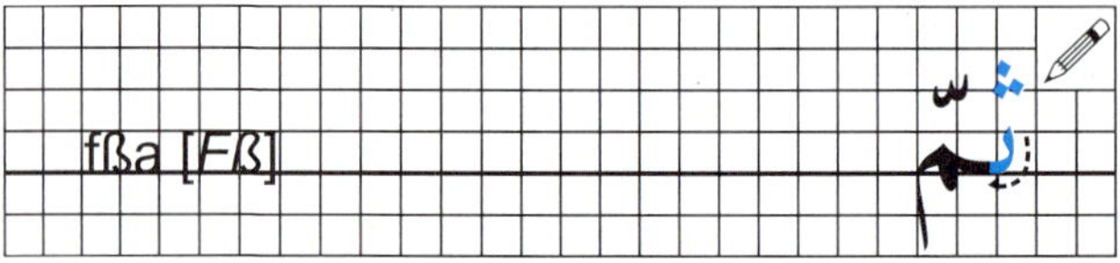

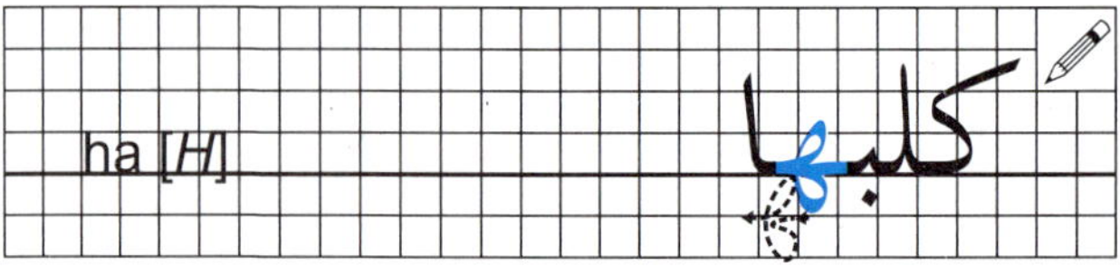

– Wo [ist] sein Kater? – Sein Kater [ist] in seinem Garten. ⑤

قِطُّهُ؟ – قِطُّهُ فِي بُسْتَانِهِ

Lösung 2: Die fehlenden Wörter.

① بُسْتَانِهِ [*BußTANiHi*] ② بِقَلَمِهِ [*Bi-QaLaMiHi*] ③ قِطَّهَا [*QiṬṬaHA*] ④ وَالِدِهَا [*WALiDiHA*] ⑤ أَيْنَ [*AYNa*]

أَلْكَلْبُ فِي ٱلْبُسْتَانِ

Leseübung

ألكلب في ٱلبستان

١ خرج ٱلولد من ٱلبيت

٢ مكث قطّه في بيته

٣ ثمّ خرجت بنت جاره من بيتها

٤ مكث كلبها في بستانها ٱلجميل

١٦ أَلدَّرْسُ ٱلسَّادِسَ عَشَرَ

مَا ٱسْمُكَ؟ ①

١ – مَرْحَباً! مَا ٱسْمُكَ؟ ②③

٢ – إِسْمِي مُحَمَّدٌ ④

٣ – أَيْنَ بَيْتُكَ؟

٤ – بَيْتِي بَيْتٌ قَدِيمٌ ⑤

٥ في وَسَطِ ٱلْمَدِينَةِ ⑥

AUSSPRACHE

[*AD-DaRßu‿(A)ß-ßADißa ᶜASCHaRa*] [*MA‿(I)ßMuKa*] [**1** *MaRḤaBAn MA‿(I)ßMuKa*] [**2** *IßMI MuḤaMMaD(un)*] [**3** *AYNa BaYTuKa*] [**4** *BaY-Ti BaYTun QaDIMun*] [**5** *FI WaßaṬi‿(A)L-MaDINaTi*]

ANMERKUNGEN

① مَا ٱسْمُكَ؟ [*MA‿(I)ßMuKa*] „Wie [ist] dein Name?" kann auch mit „Wie heißt du?" übersetzt werden. Fragt man eine Frau, heißt es: مَا ٱسْمُكِ [*MA‿(I)ßMuKi*].

② Die Begrüßungsfloskel مَرْحَباً [*MaRḤaBAn*] „Willkommen!" oder „Guten Tag!" weist die Ihnen noch unbekannte Adverb (Adverb = Umstandswort) bzw. Akkusativendung [*–An*] auf.

16. Lektion

Wie [ist] dein Name?

Guten Tag! Wie [ist] dein Name? – 1
(willkommen was Name-dein♂)
Mein Name [ist] Mohammed. – 2
(Name-mein Mohammed)
Wo [ist] dein Haus? – 3
(wo Haus-dein♂)
Mein Haus [ist] ein altes Haus – 4
(Haus-mein Haus alt)
im Stadtzentrum. 5
(in Zentrum(Gen.) die-Stadt(Gen.))

ANMERKUNGEN

③ Noch erkennen Sie Nominalsätze daran, dass in der Übersetzung das Verb „sein" in Klammern steht. Bald werden Ihnen diese Sätze so vertraut sein, dass wir auf diese Ergänzung verzichten können.

④ مُحَمَّدٌ [*MuḤaMMaD(un)*] trägt die unbestimmte Nominativendung [*-un*]. Bei Personennamen u.a. wird diese Endung zwar geschrieben, aber nicht gesprochen.

⑤ Auch بَيْتٌ قَدِيمٌ [*BaYT-un QaDIM-un*] hat die unbestimmte Nominativendung [*-un*]. Sie kann an Nomen und Adjektive ohne Artikel angehängt werden und wird mit „ein; eine" übersetzt: ٱلْبَيْتُ [*AL-BaYTu*] „das Haus" – بَيْتٌ [*BaYTun*] „ein Haus".

⑥ ٱلْمَدِينَةُ [*AL-MaDINaTu*] endet auf das sog. ة **ta marbuṭa**. Mehr dazu in den Anmerkungen zu Aussprache und Schrift. Merken Sie sich lediglich, dass ٱلْمَدِينَةَ [*AL-MaDINaTu*] ein Femininum ist.

Buchstaben erkennen und lesen

مَا ٱسْمُكَ؟ ⑦

KMßA AM

١ – مَرْحَباً! مَا ٱسْمُكَ؟ ⑧⑨

١ KMßA AM A B ḤRM

٢ – إِسْمِي مُحَمَّدٌ ⑩

٢ DMḤM IMßA

٣ – أَيْنَ بَيْتُكَ؟

٣ KTYB NYA

٤ – بَيْتِي بَيْتٌ قَدِيمٌ

٤ MIDQ TYB ITYB

٥ فِي وَسَطِ ٱلْمَدِينَةِ ⑪

٥ TNIDML A ṬßW IF

AUSSPRACHE

[*M**A**‿(I)ßMuKa*] [**1** *MaRḤaBAn M**A**‿(I)ßMuKa*] [**2** ***I**ßMI MuḤaMMa-D(un)*] [**3** ***A**YNa **Ba**YTuKa*] [**4** ***Ba**YTi **Ba**YTun QaD**I**Mun*] [**5** *FI **Wa**ßaṬi‿(A)L-MaD**I**NaTi*]

ANMERKUNGEN

⑦ مَا ٱسْمُكَ؟ [*M**A**‿(I)ßMuKa*] wird zusammen gesprochen, das [*I*] entfällt. Die Betonung liegt auf dem ersten Wort.

⑧ ح **ḥa** sieht ähnlich aus wie ج **ǧim** und خ **cha**, jedoch ohne Punkt. Die Aussprache von ح **ḥa** – speziell im Unterschied zu ه **ha** – ist anfangs ungewohnt. Achten Sie auf die Tonaufnahmen!

Wie [ist] dein Name?

Guten Tag! Wie [ist] dein Name? – **1**
(willkommen was Name-dein♂)

Mein Name [ist] Mohammed. – **2**
(Name-mein Mohammed)

Wo [ist] dein Haus? – **3**
(wo Haus-dein♂)

Mein Haus [ist] ein altes Haus – **4**
(Haus-mein Haus alt)

im Stadtzentrum. **5**
(in Zentrum(Gen.) die-Stadt(Gen.))

ANMERKUNGEN

Die Endung [*-An*] schreibt sich mit ا **alif** und zweimal **fatḥa**. ⑨

[*-un*] schreibt sich wie **ḍamma**, nur mit einem weiteren kleinen Häkchen links unten. Dieses **tanwin** genannte Zeichen ist nur in vokalisierten Texten zu finden. ⑩

ٱلْمَدِينَةِ [*(A)L-MaDINaTi*]: Das ة **ta marbuṭa** ist streng genommen kein eigener Buchstabe, sondern stellt die weibliche Endung dar. Es kommt nur am Wortende vor und ist grafisch identisch mit der Endform von ه **ha**, trägt aber zwei Punkte wie **ta**. ⑪

Übung 1: Verstehen Sie diese Sätze?

❶ مَا ٱسْمُ ٱلْبِنْتِ؟ –إِسْمُهَا جَمِيلَةٌ

❷ أَلدَّرْسُ دَرْسٌ قَدِيمٌ

❸ أَيْنَ هُوَ؟ – هُوَ فِي بَيْتِهِ ٱلْجَدِيدِ

❹ مَكْتَبِي مَكْتَبٌ جَدِيدٌ فِي وَسَطِ ٱلْمَدِينَةِ

❺ جَمِيلَةٌ إِسْمُ ٱلْبِنْتِ. جَمِيلَةٌ إِسْمٌ جَمِيلٌ

Übung 2: Setzen Sie die fehlenden Wörter ein!

❶ – Guten Tag (Willkommen)! Wie ist dein♀ Name?
– Mein Name [ist] Djamila.

مَرْحَباً! مَا ……… ؟

– إِسْمِي جَمِيلَةٌ

❷ Wo [ist] dein♀ Haus?

أَيْنَ ……… ؟

❸ Mein Haus [ist] ein neues Haus in der Altstadt.

بَيْتِي بَيْتٌ ……… فِي ٱلْمَدِينَةِ ٱلْقَدِيمَةِ

Lösung 1: Haben Sie verstanden?

1. – Wie [ist] der Name des Mädchens? – Ihr Name [ist] Djamila (Schöne).
2. Die Lektion [ist] eine alte Lektion.
3. – Wo [ist] er? – Er [ist] in seinem neuen Haus.
4. Mein Büro [ist] ein neues Büro im Stadtzentrum.
5. Djamila [ist] der Name des Mädchens. Djamila [ist] ein schöner Name.

4 Das Haus deines♀ Vaters [ist] ein schönes Haus.

بَيْتُ ▒▒▒▒ بَيْتٌ جَمِيلٌ

5 – Wo [ist] Mohammed? – Er [ist] im Büro seiner Tochter.

أَيْنَ مُحَمَّدٌ؟ – هُوَ فِي مَكْتَبِ ▒▒▒

Lösung 2: Die fehlenden Wörter.

1 اِسْمُكِ [(*I*)*ßMuKi*] 2 بَيْتُكِ [*BaYTuKi*] 3 جَدِيدٌ [*ĴaDIDun*] 4 وَالِدِكِ [*WALiDiKi*] 5 بِنْتِهِ [*BiNTiHi*]

Lernen Sie weiterhin täglich, aber vermeiden Sie Eile. Gehen Sie bei Unklarheiten oder wenn Sie das Gefühl haben, den bisherigen Stoff noch nicht assimiliert zu haben, noch einmal ein paar Lektionen zurück. Kennzeichnen Sie schwierige Redewendungen oder Ausdrücke mit einem Textmarker, und blättern Sie von Zeit zu Zeit zu diesen Stellen zurück. Oder schreiben Sie sich Wörter und Wendungen, die Sie nur schwer erkennen/verstehen, ein paar Mal auf.

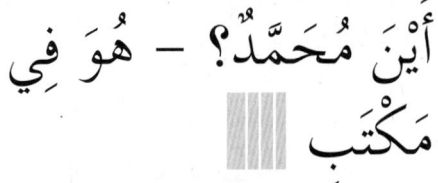

Schreibübung

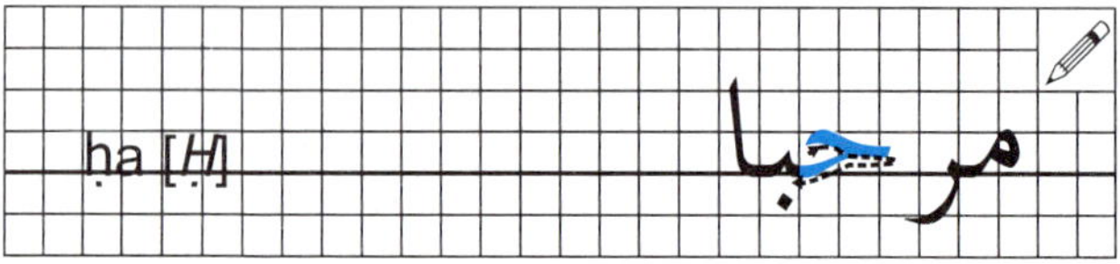

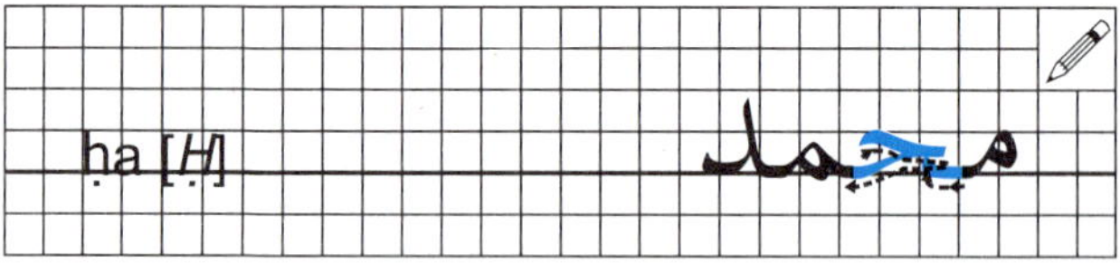

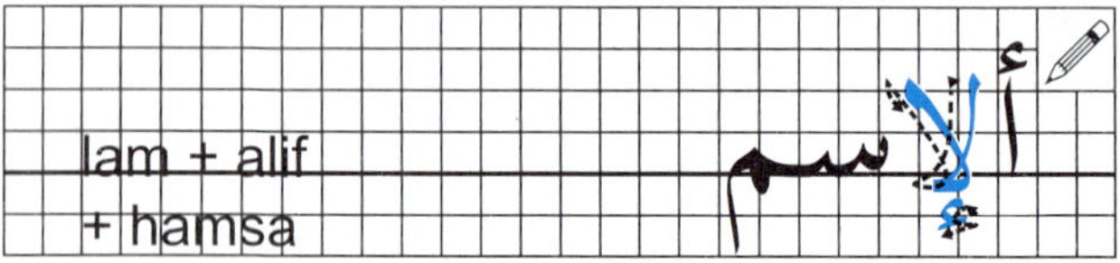

١٧ أَلدَّرْسُ ٱلسَّابِعَ عَشَرَ

كَيْفَ حَالُكَ؟ ①

١ – كَيْفَ حَالُكَ، يَا مُحَمَّدُ؟ ②

AUSSPRACHE

[AD-DaRßu‿(A)ß-ßABiᶜa ᶜASCHaRa] [KaYFa ḤALuKa] [1 KaYFa ḤALuKa YA MuḤaMMaD(u)]

ألمدينة

ta marbuṭa

Leseübung

ما ٱسمك؟

١ – مرحباً! ما ٱسمك؟

٢ – إسمي محمّد

٣ – أين بيتك؟

٤ – بيتي بيت قديم في

٥ وسط ٱلمدينة

17. Lektion

Wie geht es dir?

1 Wie geht es dir, Mohammed? –
(wie Zustand♂-dein oh Mohammed)

ANMERKUNGEN

① Hier richtet sich die Frage an einen Mann. Fragt man eine Frau nach ihrem Befinden, sagt man كَيْفَ حَالُكِ [*KaYFa ḤALuKi*].

② يَا [YA] „oh" steht vor dem Namen des Angesprochenen. In Verbindung mit dieser Partikel steht der Name mit der bestimmten Nominativendung [-*u*], die oft aber nicht gesprochen wird.

٢	– أَلْحَمْدُ لِلّٰهِ! ③
٣	– هَلْ وَالِدُكَ هُنَا؟ ④
٤	– لاَ، وَالِدِي فِي ٱلْمَدِينَةِ ٱلْقَدِيمَةِ ⑤
٥	هُوَ تَاجِرٌ مَشْهُورٌ فِي ٱلسُّوقِ ⑥
٦	– شُكْراً، يَا أَخِي! ⑦⑧

AUSSPRACHE

[**2** *AL-ḤaMDu Li-(A)LLaHi*] [**3** *HaL WALiDuKa HuNA*] [**4** *LA WALiDI FI‿(A)L-MaDINaTi‿(A)L-QaDIMaTi*] [**5** *HuWa TAĴiRun MaSCHHURun FI‿(A)ß-ßUQi*] [**6** *SCHuKRAn YA ACHI*]

[Gut], Gott sei Dank! – **2**
(der-Lob zu-Allah(Gen.))
Ist dein Vater hier? – **3**
(|Frage| Vater♂-dein hier)
Nein, mein Vater ist in der Altstadt. – **4**
(nein Vater-mein in die-Stadt(Gen.) die-alte(Gen.))
Er ist ein berühmter Händler im Basar. **5**
(er Händler berühmt in der-Basar(Gen.))
Danke, mein Freund! – **6**
(danke, oh Bruder-mein)

ANMERKUNGEN

③ أَلْحَمْدُ لِلّٰه [*AL-ḤaMDu Li-(A)LLaHi*] ist die geläufigste Antwort auf die Frage nach dem Befinden. Wie es dem Befragten wirklich geht, ist dabei nebensächlich.

④ Ab sofort ergänzen wir bei Nominalsätzen die Formen von „sein" (gelegentlich kann es auch „es gibt" heißen) nicht mehr in Klammern; die Konstruktion kennen Sie inzwischen.

⑤ فِي ٱلْمَدِينَةِ ٱلْقَدِيمَةِ [*FI‿(A)L-MaDINaTi‿(A)L-QaDIMaTi*]: Ein Adjektiv, das sich auf ein weibliches Nomen bezieht, erhält die weibliche Form mit ة **ta marbuṭa**. Lautlich wird die Endung [*aT*] angefügt, ihr folgt der fallspezifische Kurzvokal.

⑥ تَاجِرٌ مَشْهُورٌ [*TAĴiRun MaSCHHURun*]: Ist ein Nomen unbestimmt, trägt auch das sich darauf beziehende Adjektiv die unbestimmte Endung **tanwin** [*-un*].

⑦ شُكْرًا [*SCHuKRAn*] „Danke!" steht wie مَرْحَبًا [*MaRḤaBAn*] mit der Adverbendung [*-An*].

⑧ „Oh mein Bruder!" mag für Sie ungewohnt und übertrieben klingen, im Arabischen ist es aber durchaus üblich, einen Bekannten so anzusprechen.

Buchstaben erkennen und lesen

كَيْفَ حَالُكَ؟ ⑨

KYF ḤALK

١ – كَيْفَ حَالُكَ، يَا مُحَمَّدُ؟ ⑩⑪

1 KYF ḤALK YA MḤMMD

٢ – أَلْحَمْدُ لِلّٰهِ! ⑫

2 ALḤMD LLLAH

٣ – هَلْ وَالِدُكَ هُنَا؟

3 HL WALDK HNA

٤ – لَا، وَالِدِي فِي ٱلْمَدِينَةِ ٱلْقَدِيمَةِ ⑬

4 LA WALDI FI ALMDINT ALQDIMT

٥ هُوَ تَاجِرٌ مَشْهُورٌ فِي ٱلسُّوقِ ⑭⑮

5 HW TAĴR MSCHHWR FI ALßßWQ

٦ – شُكْرًا، يَا أَخِي! ⑯

6 SCHKRA YA ACHI

AUSSPRACHE

[*KaYFa ḤALuKa*] [**1** *KaYFa ḤALuKa YA MuḤaMMaD(u)*] [**2** *AL-ḤaMDu Li-(A)LLaHi*] [**3** *HaL WALiDuKa HuNA*] [**4** *LA WALiDI FI‿(A)L-MaDINaTi‿(A)L-QaDIMaTi*] [**5** *HuWa TAĴiRun MaSCHHURun FI‿(A)ß-ßUQi*] [**6** *SCHuKRAn YA ACHI*]

Wie geht es dir?

Wie geht es dir, Mohammed? – 1
(wie Zustand♂-dein oh Mohammed)
[Gut], Gott sei Dank! (der-Lob zu-Allah(Gen.)) – 2
Ist dein Vater hier? (|Frage| Vater♂-dein hier) – 3
Nein, mein Vater ist in der Altstadt. – 4
(nein Vater-mein in die-Stadt(Gen.) die-alte(Gen.))
Er ist ein berühmter Händler im Basar. 5
(er Händler berühmt in der-Basar(Gen.))
Danke, mein Freund! – 6
(danke, oh Bruder-mein)

ANMERKUNGEN

Zwischen ي **ya** und ف **fa** steht ein **ßukun**. Denken Sie an die Schreibweise von ي **ya** in der Wortmitte, z.B. auch bei ٱلْبَيْتُ [*AL-Ba**Y**Tu*]. ⑨

Bemühen Sie sich, die verdoppelten Konsonanten, die durch das **schadda** kenntlich gemacht werden, wirklich mit Nachdruck auszusprechen. ⑩

Nur am Rande: Haben Sie im Arabischen das auf dem Kopf stehende Komma bemerkt? ⑪

Das Wort ٱللهِ „Allah" weist bei der Schreibung geringfügige Unregelmäßigkeiten auf. ⑫

وَالِدِي فِي ٱلْمَدِينَةِ ٱلْقَدِيمَةِ [*WALiDI FILMaD**I**NaTiL-QaD**I**MaTi*]: Üben Sie anhand dieses Satzes die Schreibweise von ة **ta marbuṭa.** Ziehen Sie beim Sprechen die Wörter zusammen, ohne Pausen zu machen. ⑬

ش **schin** wird genau wie س **ßin** geschrieben, nur trägt es drei Punkte. ⑭

Bei مَشْهُورٌ [*MaSCHH**U**Run*] muss man sowohl das ش **schin** als auch das ه **ha** klar aussprechen: مَشْهُورٌ [*MaSCH-H**U**Run*]. ⑮

Dies ist ein weiteres Beispiel für die Schreibung der Endung [*-An*] mit ا **alif** und zweimal **fatḥa** bzw. **tanwin**. ⑯

Übung 1: Verstehen Sie diese Sätze?

1 فِي ٱلسُّوقِ ٱلْقَدِيمِ تَاجِرٌ مَشْهُورٌ

2 وَالِدُ ٱلْبِنْتِ فِي سُوقِ ٱلْمَدِينَةِ ٱلْجَدِيدَةِ

3 إِسْمُ مَدِينَتِي إِسْمٌ مَشْهُورٌ

4 مَدِينَتُهَا مَدِينَةٌ مَشْهُورَةٌ

5 مَكَثَتِ ٱلْبِنْتُ فِي ٱلْمَدِينَةِ ٱلْجَمِيلَةِ

Übung 2: Setzen Sie die fehlenden Wörter ein!

1 Willkommen, (oh) Mohammed! Wie geht es dir♂?

مَرْحَباً، يَا مُحَمَّدُ! كَيْفَ

___ ؟

2 – Wie geht es dir♀, Djamila? – [Gut], Gott sei Dank!

كَيْفَ حَالُكِ يَا جَمِيلَةُ؟

– ___ لِلّٰهِ!

Schreibübung

schin [SCH] مشهور

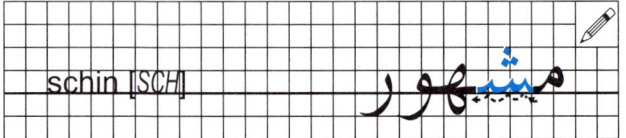

Lösung 1: Haben Sie verstanden?

❶ Im alten Markt [gibt es] einen berühmten Händler.
❷ Der Vater des Mädchens ist im Markt der Neustadt.
❸ Der Name meiner Stadt ist ein berühmter Name.
❹ Ihre Stadt ist eine berühmte Stadt.
❺ Das Mädchen ist in der schönen Stadt geblieben.

❸ – Ist dein♀ Professor hier? – Nein, mein Professor ist im Haus meines Vaters.

هَلْ أُسْتَاذُكِ ؟

– لَا، أُسْتَاذِي فِي بَيْتِ وَالِدِي

❹ Er ist in seinem neuen Büro.

هُوَ فِي مَكْتَبِهِ

❺ – Wo ist der berühmte Händler? – Im Basar. – Danke!

أَيْنَ ٱلتَّاجِرُ ؟

– فِي ٱلسُّوقِ –

Lösung 2: Die fehlenden Wörter.

❶ حَالُكَ [*Ḥ**A**LuKa*] ❷ أَلْحَمْدُ [*AL-ḤaMDu*]

❸ هُنَا [*HuN**A***] ❹ ٱلْجَدِيد [*(A)L-ĴaD**I**Di*]

❺ ٱلْمَشْهُورُ [*AL-MaSCHH**U**Ru*] شُكْراً [*SCHuKRAn*]

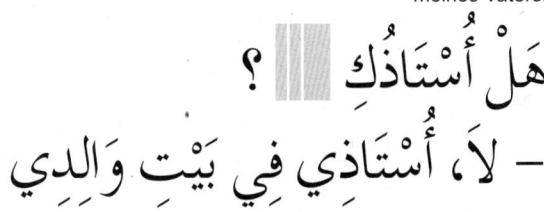

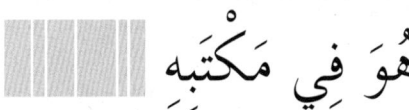

شكرا

schin [*SCH*]

كيف حالك

fa [*F*]
ka [*K*]

تاجرٌ

ḍamma(-un) [*un*]

١٨ أَلدَّرْسُ ٱلثَّامِنَ عَشَرَ

بِنْتُ ٱلْجَارِ

١ – إِلَى أَيْنَ ذَهَبْتِ يَوْمَ أَمْسِ؟ ①②

AUSSPRACHE

[*AD-DaRßu‿(A)fß-fßAMiNa ᶜASCHaRa*] [*BiNTu‿(A)L-ĴARi*] [**1** *ILA AYNa fsaHaBTi YaUMa AMßi*]

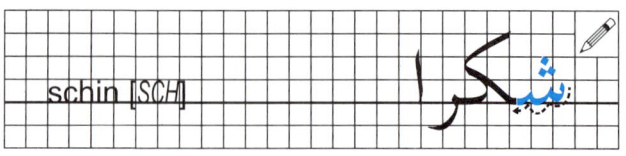

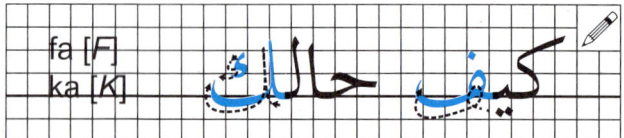

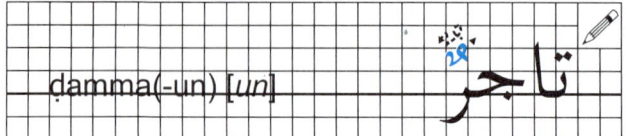

Leseübung

كيف حالك؟

١ – كيف حالك، يا محمّد؟

٢ – ألحمد لله!

٣ – هل والدك هنا؟

٤ – لا، والِدي في ٱلمدينة ٱلقديمة

٥ هو تاجر مشهور في ٱلسّوق

٦ – شكراً، يا أخي!

18. Lektion

Die Tochter des Nachbarn

1 – Wohin bist du♀ gestern gegangen?
(nach wo gingst-du♀ Tag(Akk.) der-gestrige (Gen.))

ANMERKUNGEN

① إِلَى أَيْنَ [*ILA AYNa*] „wohin" muss klar von أَيْنَ [*AYNa*] „wo" unterschieden werden. (vgl. L. 11).

② يَوْمَ أَمْسِ [*YaUMa AMßi*] „gestern" ist eine Genitivkonstruktion. Merken Sie sich: Bei Zeitangaben steht أَلْيَوْمَ [*AL-YaUMa*] „den Tag = heute" im Akkusativ, aber nicht mit **tanwin**.

٢ – ذَهَبْتُ إِلَى دُكَّانٍ جَدِيدٍ مَعَ بِنْتِ ٱلْجَارِ ③

٣ – نَعَمْ، هِيَ بِنْتُ تَاجِرٍ؛ ④

٤ هِيَ خَبِيرَةٌ جِدّاً بِٱلتَّسَوُّقِ! ⑤⑥⑦

AUSSPRACHE

[**2** *fsaHaBTu* ***I****LA DuKK***A****Nin ĴaD***I****Din Maᶜa Bi NTi‿(A)L-Ĵ***A****Ri*] [**3** *Na*ᶜ*aM Hi Ya Bi NTu T***A***ĴiRin*] [**4** *Hi Ya CHaB***I***RaTun ĴiDDAn Bi(A)T-Taßa***W****WuQi*]

ANMERKUNGEN

③ إِلَى دُكَّانٍ جَدِيدٍ [*ILA DuKK***A***Nin ĴaD***I***Din*]: Das **tanwin** des Nominativs [-*un*] wird im Genitiv zu [-*in*]. Das zugehörige Adjektiv passt seine Endung dem Nomen an. Viele wichtige Adjektive haben wie جَدِيد [*ĴaD***I***D*] als zweiten Vokal **ya**: كَبِير [*KaB***I***R*] „groß" صَغِير [*ßaṘ***I***R*] „klein".

Buchstaben erkennen und lesen

بِنْتُ ٱلْجَارِ

ЯAĴLA TИB

١ – إِلَى أَيْنَ ذَهَبْتِ يَوْمَ أَمْسِ؟ ⑧

ƧMA MUY TBHⱧ ИYA YLA ١

AUSSPRACHE

[*Bi NTu‿(A)L-Ĵ***A***Ri*] [**1** ***I****LA* ***A****YNa fsaHaBTi* ***Ya U****Ma* ***A****Mßi*]

Ich ging mit der Tochter des Nachbarn zu einem neuen – **2**
Geschäft. (ging-ich nach Geschäft(Gen.) neu(Gen.)
mit Tochter(Gen.) der-Nachbar(Gen.))
Ja, das ist die Tochter eines Händlers; – **3**
(ja, sie Tochter Händler(Gen.))
sie ist im Shopping sehr erfahren! **4**
(sie erfahren sehr mit-der-Shopping(Gen.))

ANMERKUNGEN

④ Kommt ein unbestimmtes Nomen als Genitivverbindung mit **tanwin** [*-in*] vor, steht das Nomen, auf das es sich bezieht, wie gewohnt ohne Artikel: بِنْتُ تَاجِرٍ [*BiNTu TAĴiRin*]. Anders beim bestimmten Nomen, vgl. Satz 2: مَعَ بِنْتِ ٱلْجَارِ [*Maᶜa BiNTi‿(A)L-ĴARi*].

⑤ خَبِيرَةٌ [*CHaBIRaTun*] „erfahren“ wird hier unbestimmt verwendet, da es sich nicht auf ein Nomen bezieht.

⑥ Das Adverb جِدًّا [*ĴiDDAn*] „sehr“ steht wieder in Verbindung mit dem **tanwin** auf dem ا **alif**.

⑦ In تَسَوُّق [*TaßaWWuQ*] steckt سُوق [*ßUQ*] „Markt“. Das Wort bezeichnet den eher planlosen Einkaufsbummel mit Feilschen, nicht das gezielte Einkaufen.

Die Tochter des Nachbarn

Wohin bist du♀ gestern gegangen? – **1**
(nach wo gingst-du♀ Tag(Akk.) der-gestrige (Gen.))

ANMERKUNGEN

⑧ In يَوْمَ [*YaUMa*] wird و **waw** wie ein langes [*U*] ausgesprochen, darüber steht ein **ßukun**, da darauf kein weiterer kurzer Vokal folgt.

٢ – ذَهَبْتُ إِلَى دُكَّانٍ جَدِيدٍ

2 ꙅHBT ALY DKAN ĴDID

مَعَ بِنْتِ ٱلْجَارِ ⑨⑩⑪⑫

M°A BNT ALĴAR

٣ – نَعَمْ، هِيَ بِنْتُ تَاجِرٍ؛

3 N°M HY BNT TAĴR

٤ هِيَ خَبِيرَةٌ جِدًّا بِٱلتَّسَوُّقِ!

4 HY CHBIRT ĴDA BALTßWQ

AUSSPRACHE

[**2** *fsaHaBTu* ***I**LA* *DuKK**A**Nin* *ĴaD**I**Din* *Ma°a* *BiNTi‿(A)L-Ĵ**A**Ri*] [**3** *Na°aM HiYa BiNTu T**A**ĴiRin*] [**4** *HiYa CHaB**I**RaTun ĴiDDAn Bi(A)T-Taß**a**WWuQi*]

Übung 1: Verstehen Sie diese Sätze?

1. إِلَى أَيْنَ ذَهَبَتِ ٱلْبِنْتُ يَوْمَ أَمْسِ؟
2. ذَهَبَتْ إِلَى دُكَّانٍ جَدِيدٍ فِي وَسَطِ ٱلْمَدِينَةِ
3. يَا مُحَمَّدُ، إِلَى أَيْنَ ذَهَبْتَ مَعَ جَارِكَ؟
4. مَعَ مَنْ دَخَلَتِ ٱلْبِنْتُ ٱلدُّكَّانَ؟
5. هِيَ بِنْتُ جَارٍ، هِيَ جَمِيلَةٌ جِدًّا

Ich ging mit der Tochter des Nachbarn zu einem neuen Geschäft. (ging-ich nach Geschäft(Gen.) neu(Gen.) mit Tochter(Gen.) der-Nachbar(Gen.)) – **2**
Ja, das ist die Tochter eines Händlers; (ja, sie Tochter Händler(Gen.)) – **3**
sie ist im Shopping sehr erfahren! (sie erfahren sehr mit-der-Shopping(Gen.)) **4**

ANMERKUNGEN

Das **tanwin** des Genitivs [-*in*] schreibt sich durch zwei untereinander liegende **kasra**. ⑨

Die Formen von ع **ᶜayn**, in der Lautschrift ein hochgestelltes **c**, variieren stark je nach Position im Wort. Als eigenständiger Konsonant kann ع **ᶜayn** in Verbindung mit kurzen und langen Vokalen stehen. ⑩

Der Laut **ᶜayn** ist anfangs schwierig; er klingt wie ein kurzes, in der zusammengepressten Kehle gebildetes – man könnte sagen: fast „gewürgtes" – ä. ⑪

Verwechseln Sie die Anfangsform des Buchstabens ع **ᶜayn** nicht mit dem ء **hamsa** (das im Übrigen nicht verbunden werden kann)! ⑫

Die eigentümliche Satzmelodie der arabischen Sprache hängt mit der Betonung zusammen. Achten Sie daher beim Nachsprechen darauf, diese entsprechend zu setzen.

Lösung 1: Haben Sie verstanden?

Wohin ist das Mädchen gestern gegangen? ❶
Sie ist zu einem neuen Geschäft im Stadtzentrum gegangen. ❷
(Oh) Mohammed, wohin bist du mit deinem Nachbarn gegangen? ❸
Mit wem ist das Mädchen in das Geschäft hineingekommen? ❹
Sie ist die Tochter eines Nachbarn; sie ist sehr schön. ❺

Übung 2: Setzen Sie die fehlenden Wörter ein!

❶ (Oh) Djamila, wohin bist du♀ gegangen?

يَا جَمِيلَةُ، إِلَى أَيْنَ ______ ؟

❷ – Wo ist das neue Geschäft? – Es ist in der Mitte des Basars.

أَيْنَ ______ ٱلْجَدِيدُ؟

– هُوَ فِي ______ ٱلسُّوقِ

❸ Mein Kind ist gestern zum Haus eines Nachbarn gegangen.

ذَهَبَ وَلَدِي إِلَى بَيْتِ ______ ،

يَوْمَ ______

Schreibübung

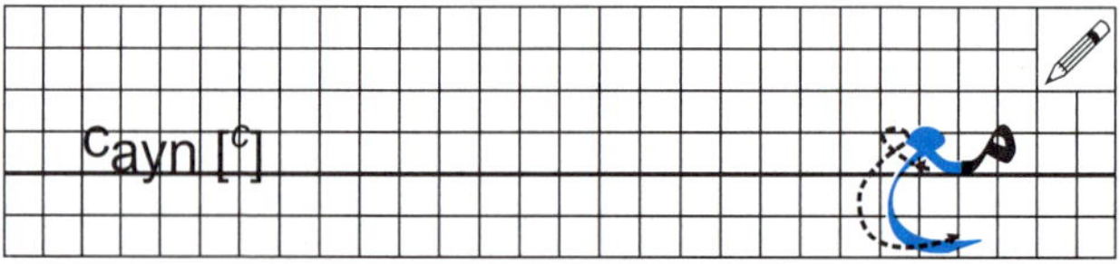

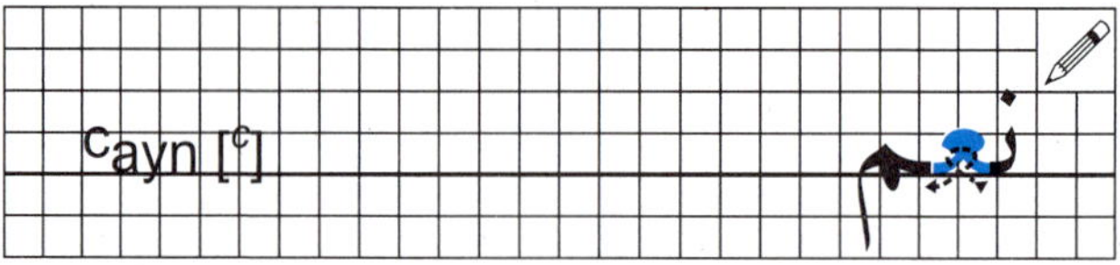

4 Ihr Kater ist in einem schönen Garten geblieben.

مَكَثَ قِطُّهَا فِي ______ جَمِيلٍ

5 Meine Tochter (ihr Name) Djamila ist sehr erfahren im Shopping.

بِنْتِي إِسْمُهَا جَمِيلَةٌ ______ جِدًّا بِٱلتَّسَوُّقِ

Lösung 2: Die fehlenden Wörter.

1 ذَهَبْتِ [*fsaHaBTi*] 2 ٱلدُّكَّانُ [*(A)D-DuKKANu*]

3 وَسَطِ [*WaßaTi*] جَارٍ [*ĴARin*] أَمْسِ [*Amßi*]

4 بُسْتَانٍ [*BußTANin*] 5 خَبِيرَةٌ [*CHaBIRaTun*]

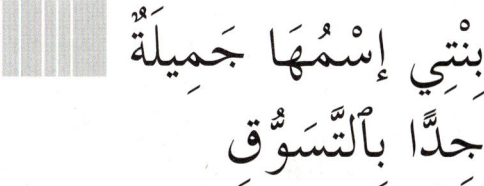

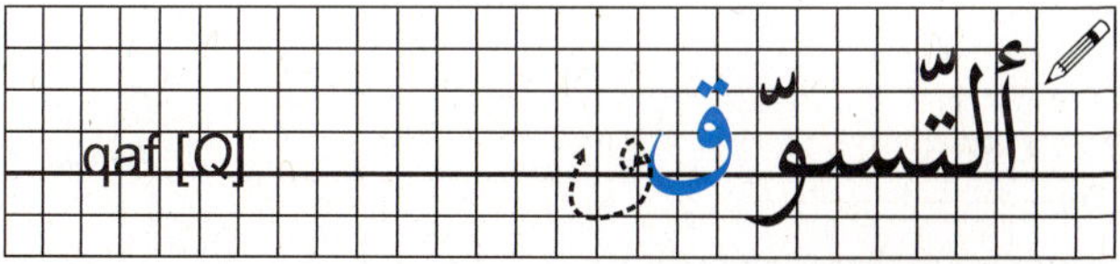

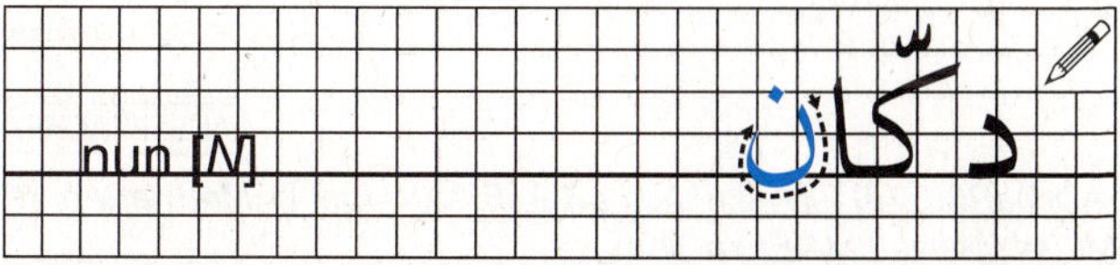

Leseübung

بنت ٱلجار

١ – إلى أين ذهبت يوم أمس؟

٢ – ذهبت إلى دكّان جديد
مع بنت ٱلجار

٣ – نعم، هي بنت تاجر؛

٤ هي خبيرة جدّاً بٱلتّسوّق!

Die Schreibung von [*-An*] mit ا **alif** und zweimal **fatḥa** darüber ist die gängigste Darstellung in der Tagespresse und Literatur, die wir in diesem Buch übernommen haben. In einigen Fällen findet man das doppelte **fatḥa** aber auch rechts von **alif** اً oder sogar über dem vorherigen Buchstaben: ـــبًا.

١٩ أَلدَّرْسُ ٱلتَّاسِعَ عَشَرَ

رِسَالَةٌ

١ – مَرْحَباً يَا مُحَمَّدُ! مَا فِي يَدِكَ؟ ①

AUSSPRACHE

[*AD-DaRßu‿(A)T-TAßiᶜa ᶜASCHaRa*] [*RißALaTun*] [**1** *MaRḤaBAn YA MuḤaMMaD(u) MA FI YaDiKa*]

ذَهَبْتُ إِلَى دُكَّانٍ جَدِيدٍ فِي وَسَطِ ٱلْمَدِينَةِ

كُلُّ لِسَانٍ فِي ٱلْحَقِيقَةِ إِنْسَانٌ

„Jede Sprache ist in Wahrheit ein menschliches Wesen."
(jede Sprache(Gen.) in die-Wahrheit(Gen.) Mensch)
*[K**u**LLu Liß**A**Nin FI (A)L-ḤaQ**I**QaTi INß**A**Nun]*

19. Lektion

Ein Brief

1 Willkommen, Mohammed! Was [hast du] in deiner Hand? (willkommen oh Mohammed was in Hand(Gen.)-dein♂)

ANMERKUNGEN

① Wo wir das Verb „haben" benötigen, kommt das Arabische oftmals gänzlich ohne Verb aus: مَا فِي يَدِكَ *[MA FI Y**a**DiKa]* „Was [hast du/ist] in deiner Hand?".

٢ – وَصَلَتْ رِسَالَةٌ مِنْ مِصْر ②③④

٣ وَجَدْتُهَا عَلَى ٱلْمَائِدَةِ ⑤

٤ – نَعَمْ، صَبَاحَ ٱلْيَوْمِ مَرَّ ٱلْخَادِمُ
بِمَكْتَبِ ٱلْبَرِيدِ وَ أَخَذَهَا ⑥⑦

AUSSPRACHE

[**2** *WaßaLaT RißALaTun MiN MißR*] [**3** *WaĴaDTuHA ^caLA‿(A)L-MA'iDaTi*] [**4** *Na^caM ßaBAḤa‿(A)L-YaUMi MaRRa‿(A)L-CHADiMu Bi-MaKTaBi‿(A)L-BaRIDi Wa-ACHafsaHA*]

ANMERKUNGEN

Bezieht sich ein Verb auf ein weibliches Nomen, muss es ② ebenfalls im Femininum stehen: وَصَلَتْ رِسَالَةٌ [*WaßaLaT RißALaTun*].

Buchstaben erkennen und lesen

رِسَالَةٌ

T L A ß R

١ – مَرْحَباً يَا مُحَمَّدُ! مَا فِي يَدِكَ؟

K D Y   I F   A M   D M Ḥ M   A Y   A B Ḥ R M   ١

AUSSPRACHE

[*RißALaTun*] [**1** *MaRḤaBAn YA MuḤaMMaD(u) MA FI YaDiKa*]

Ein Brief ist aus Ägypten angekommen. – **2**
(ankam-sie Brief aus Ägypten)

Ich habe ihn auf dem Tisch gefunden. **3**
(fand-ich-sie auf die-Tisch(Gen.))

Ja. Heute Morgen ging der Diener an der Post vorbei – **4**
und hat ihn mitgenommen.
(ja Morgen(Akk.) der-Tag(Gen.) ging-vorbei-er
der-Diener mit-Büro(Gen.) der-Post(Gen.)
und-nahm-er-sie)

ANMERKUNGEN

Nomen, die auf ة / ـة **ta marbuṭa** enden, sind in den meisten Fällen weiblich. ③

Die meisten Ländernamen stehen ohne Artikel und ohne fallspezifische Endung: مِنْ مِصْرَ [*MiN Mi<u>ß</u>R*]. ④

وَجَدْتُهَا [*WaĴ**a**DTuHA*]: ـهَا [*-HA*] ist ein Personalpronomensuffix und bezieht sich hier auf das weibliche Nomen رِسَالَةٌ [*Riß**A**LaTun*]. ⑤

Wie bei يَوْمَ أَمْسِ [*Y**a**UMa **A**MßI*] „gestern/der gestrige Tag" steht auch bei der Genitivverbindung صَبَاحَ ٱلْيَوْمِ [*<u>ß</u>aB**A**Ḥa‿(A)L-Y**a**UMi*] das erste Nomen im Akkusativ. Dies ist bei Zeitangaben häufig so. ⑥

Nach مَرَّ [*M**a**RRa*] steht die Präposition بِـ [*Bi-*]. Die 3. Pers. Sg. Fem. lautet مَرَّتْ [*M**a**RRaT*] „sie ist vorbeigegangen". Merken Sie sich auch das verwandte Wort اَلْمُرُورِ [*AL-MuR**U**Ri*] „der Verkehr". ⑦

Ein Brief

Willkommen, Mohammed! Was [hast du] in deiner – **1**
Hand? (willkommen oh Mohammed was in
Hand(Gen.)-dein♂)

٢ – وَصَلَتْ رِسَالَةٌ مِنْ مِصْر ⑧

RßM NM TLAßR TLßW 2

٣ وَجَدْتُهَا عَلَى ٱلْمَائِدَةِ ⑨⑩

TD'YAML-A YLᶜ AHTDĴW 3

٤ – نَعَمْ، صَبَاحَ ٱلْيَوْم مَرَّ ٱلْخَادِمُ

MDAHCL-A RM MUYL-A HABß MᶜN 4

بِمَكْتَبِ ٱلْبَرِيدِ وَ أَخَذَهَا ⑪

AHßHCA W DIRBL-A BTKMB

AUSSPRACHE

[**2** *WaßaLaT RißALaTun MiN MißR*] [**3** *WaĴaDTuHA ᶜaLA‿(A)L-MA'iDaTi*] [**4** *NaᶜaM ßaBAḤa‿(A)L-YaUMi MaRRa‿(A)L-CHADiMu Bi-MaKTaBi‿(A)L-BaRIDi Wa-ACHafsaHA*]

Übung 1: Verstehen Sie diese Sätze?

1 مَرْحباً يَا جَمِيلَةُ، مَا فِي يَدِكِ؟

– فِي يَدِي رِسَالَةٌ جَمِيلَةٌ

2 هَلْ مَرَّ خَادِمُكَ بِمَكْتَبِ ٱلْبَرِيدِ صَبَاحَ ٱلْيَوْمِ؟

3 وَصَلَتْ رِسَالَةُ ٱلْجَدِّ مِنْ مِصْر

4 أَيْنَ وَجَدْتِ رِسَالَةَ جَدِّكِ؟ – فِي مَكْتَبِ أَخِي

5 وَجَدْتُهَا فِي بَيْتِ وَالِدِي، عَلَى مَائِدَةٍ

Ein Brief ist aus Ägypten angekommen. – 2
(ankam-sie Brief aus Ägypten)
Ich habe ihn auf dem Tisch gefunden. 3
(fand-ich-sie auf die-Tisch(Gen.))
Ja. Heute Morgen ging der Diener an der Post vorbei – 4
und hat ihn mitgenommen.
(ja Morgen(Akk.) der-Tag(Gen.) ging-vorbei-er
der-Diener mit-Büro(Gen.) der-Post(Gen.)
und-nahm-er-sie)

ANMERKUNGEN

ص **ßad** ist ein Sonnenbuchstabe. Trainieren Sie die Aussprache des Lautes und der ihm folgenden Vokale. Üben Sie seine Schreibweise einzeln und in وَصَلَتْ [*WaßaLaT*], مِصْر [*MißR*] und صَبَاح [*ßaBAHa*]. ⑧

Bei عَلَى [*^c^aLA*] „auf" schreibt sich das lange [*A*] am Ende durch **ya** ohne Punkte. Diesen als **alif maqßura** bezeichneten Buchstaben kennen Sie bereits vom Wort إِلَى [*ILA*]. ⑨

اَلْمَائِدَةُ [*AL-MA'iDaTu*]: Folgen zwei (kurze o. lange) Vokale aufeinander, steht zwischen ihnen ein ء **hamsa** (Hochkomma in der Umschrift). An dieser Stelle wird die Stimme kurz abgesetzt. Oft wird ء **hamsa** – wie hier – auf ي **ya** (ohne Punkte) geschrieben. ⑩

اَلْخَادِمُ [*AL-CHADiMu*] hat die Wortwurzel (*CH-D-M*); ا **alif** deutet hier auf eine Person hin, die eine Tätigkeit ausführt. Schreiben und vergleichen Sie das Wort mit أَلْكَاتِبُ [*AL-KATiBu*] und أَلتَّاجِرُ [*AT-TAĴiRu*]. ⑪

Lösung 1: Haben Sie verstanden?

– Guten Tag Djamila! Was hast du in deiner♀ Hand? ❶
– In meiner Hand habe ich einen schönen Brief.
Ist dein♂ Diener heute Morgen am Postamt vorbeigegangen? ❷
Der Brief des Großvaters ist aus Ägypten angekommen. ❸
– Wo hast du♀ den Brief deines♀ Großvaters gefunden? ❹
– Im Büro meines Bruders.
Ich habe ihn im Haus meines Vaters auf einem Tisch gefunden. ❺

Übung 2: Setzen Sie die fehlenden Wörter ein!

❶ Wer ist beim Postamt vorbeigegangen?

مَنْ مَرَّ بِمَكْتَبِ ______ ؟

❷ – Hast du♂ sie genommen? – Ja, ich habe sie genommen.

هَلْ أَخَذْتَهَا؟ – نَعَمْ ______

❸ Meine Tochter ist in einer großen Stadt vorbeigekommen.

______ بِنْتِي بِمَدِينَةٍ كَبِيرَةٍ

❹ – Wer hat den (die) Brief geschrieben? – Mein Großvater hat ihn (sie) geschrieben.

مَنْ كَتَبَ ______ ؟

– كَتَبَهَا جَدِّي

Schreibübung

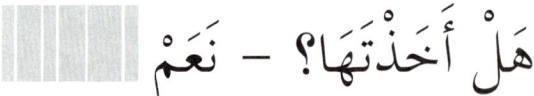

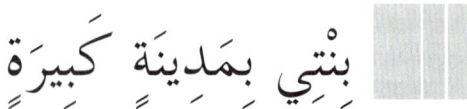

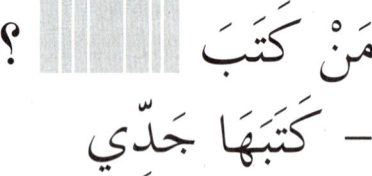

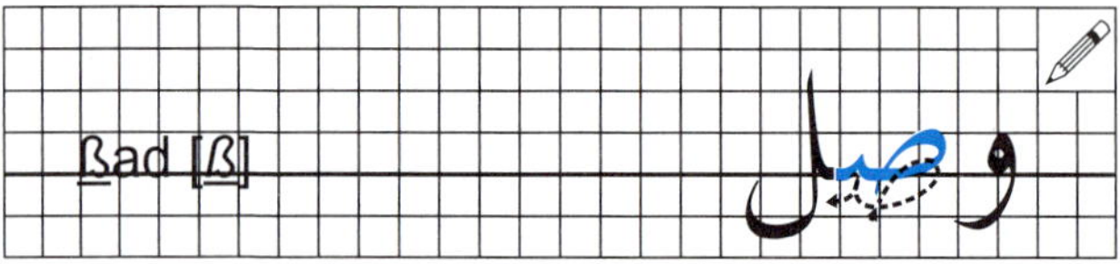

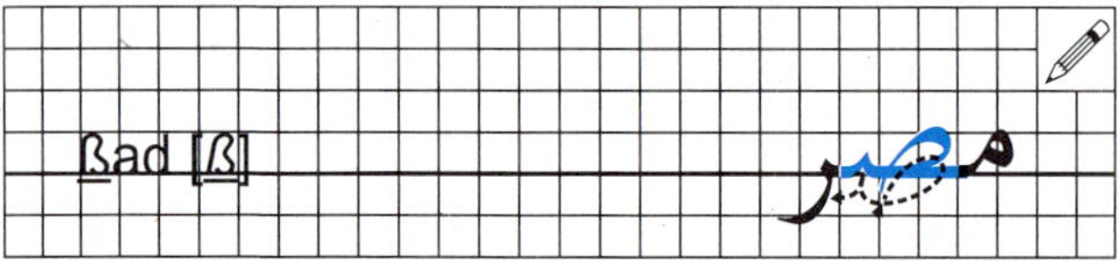

– [Liegt] er (sie) auf dem Tisch? – Nein, auf dem Tisch [liegt] der Brief eines alten Nachbarn. ⑤

هَلْ هِيَ عَلَى ______ ؟ – لَا، ______ اَلْمَائِدَةِ رِسَالَةُ جَارٍ قَدِيمٍ

Lösung 2: Die fehlenden Wörter.

① اَلْبَرِيدِ [*(A)L-BaRIDi*] ② أَخَذْتُهَا [*ACHafsTuHA*]

③ مَرَّتْ [*MaRRaT*] ④ اَلرِّسَالَةَ [*AR-RißALaTa*]

⑤ اَلْمَائِدَةِ [*(A)L-MA'iDaTi*] عَلَى [^{c}*aLA*]

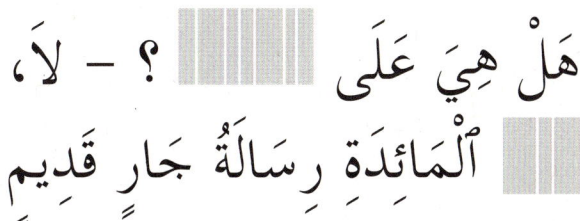

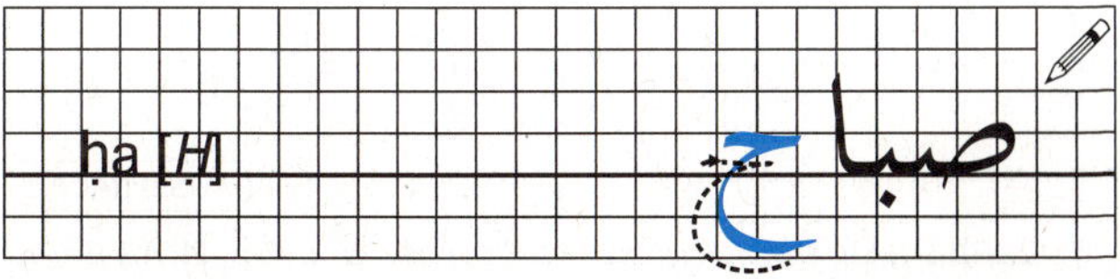

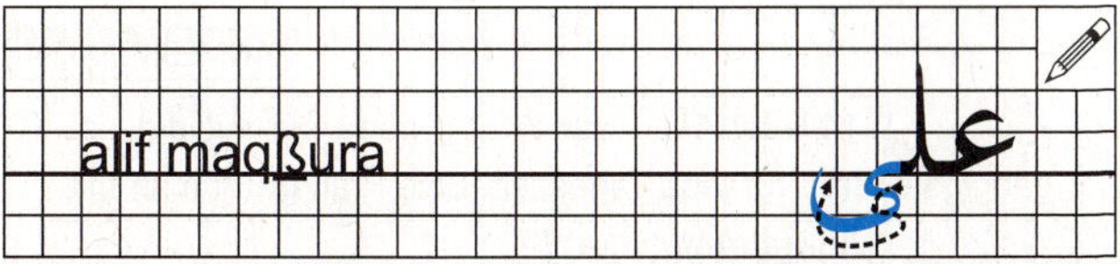

Leseübung

رسالة

١ – مرحباً يا محمّد! ما في يدك؟

٢ – وصلت رسالة من مصر

٣ وجدتها على ٱلمائدة

٤ – نعم، صباح ٱليوم مرّ ٱلخادم بمكتب ٱلبريد و أخذها

٢٠ أَلدَّرْسُ ٱلْعِشْرُونَ

أَلسَّلاَمُ عَلَيْكَ!

١ – أَلسَّلاَمُ عَلَيْكَ يَا زَيْدُ! ①②

AUSSPRACHE

[*AD-DaRßu‿(A)L-ᶜiSCHRUNa*] [*Aß-ßaLAMu ᶜaLaYKa*] [**1** *Aß-ßaLA-Mu ᶜaLaYKa YA SaYD(u)*]

ANMERKUNGEN

① أَلسَّلاَمُ عَلَيْكَ [*Aß-ßaLAMu ᶜaLaYKa*] „Friede sei mit dir!" ist der gängigste Gruß für jede Tageszeit. Eine Frau grüßt man mit أَلسَّلاَمُ عَلَيْكِ [*Aß-ßaLAMu ᶜaLaYKi*].

Mittlerweile ist Ihr Ohr schon recht gut für die typischen arabischen Laute geschult. Sie haben sich mit den wichtigsten Ausspracheregeln vertraut gemacht, und mit dem Nachsprechen klappt es inzwischen auch schon relativ gut. Hören Sie weiterhin besonders aufmerksam die Tonaufnahmen an, und lassen Sie sich jeden Satz – vielleicht auch „häppchenweise" so oft vorsprechen, bis Sie ihn problemlos verstehen und nachsprechen können.

20. Lektion

Friede sei mit dir!

Friede sei mit dir, Zayd! – 1
(der-Friede auf-dich♂ oh Zayd)

ANMERKUNGEN

② عَلَيْكَ [^{c}*aLaYKa*]: An Präpositionen können Possessivpronomensuffixe angehängt werden. مِنْ [*MiN*], مَعَ [*Ma^{c}a*], فِي [*FI*] bleiben unverändert (مِنْهَا [*MiNHA*] „von ihr", مَعَهُ [*Ma^{c}aHu*] „mit ihm", فِيهَا [*FIHA*] „in ihr"), [*Li-*] wird lautlich oft zu [*La-*] (لَهُ [*LaHu*] „für ihn"; لَكَ [*LaKa*] „für dich" (♂)); aber لِي [*LI*] „für mich".

٢ – وَعَلَيْكِ ٱلسَّلَامُ يَا زَيْنَبُ! ③

٣ – هَلْ رَجَعَ صَدِيقُكِ مِنَ ٱلْعَاصِمَةِ؟ ④

٤ – نَعَمْ، رَجَعْنَا مِنْهَا مَعَهُ ⑤

٥ هُوَ وَجَدَ لَهُ فِيهَا سَيَّارَةً جَدِيدَةً

٦ أَمَّا أَنَا فَوَجَدْتُ كِتَاباً نَفِيساً ⑥⑦

AUSSPRACHE

[**2** *Wa-ᶜaLaYKi (A)ß-ßaLAMu YA SaYNaB(u)*] [**3** *HaL RaĴaᶜa ßaDI-QuKa MiN-a‿(A)L-ᶜAßiMaTi*] [**4** *NaᶜaM RaĴaᶜNA MiNHA MaᶜaHu*] [**5** *HuWa WaĴaDa LaHu FIHA ßaYYARaTan ĴaDIDaTan*] [**6** *AMMA ANA Fa-WaĴaDTu KiTABAn NaFIßAn*]

Und Friede sei [auch] mit dir, Zaynab! – (und-auf-dich♀ der-Friede oh Zaynab) 2

Ist dein Freund aus der Hauptstadt zurückgekommen? – (|Frage| zurückkam-er Freund-dein♂ aus die-Hauptstadt(Gen.)) 3

Ja, wir sind mit ihm von dort zurückgekommen. – (ja zurückkamen-wir aus-ihr mit-ihm) 4

Er hat dort für sich ein neues Auto gefunden. (er fand-er für-ihn in-ihr Auto(Akk.) neue(Akk.)) 5

Was mich betrifft, so habe ich ein wertvolles Buch gefunden. (bezüglich ich also-fand-ich Buch(Akk.) wertvoll(Akk.)) 6

ANMERKUNGEN

Die Antwort auf den Gruß aus dem vorherigen Satz kann وَعَلَيْكِ ٱلسَّلَامُ [*Wa-ᶜaLaYKa (A)ß-ßaLAMu*] oder (jedoch nur umgangssprachlich) أَلسَّلَامُ عَلَيْك [*Aß-ßaLAMu ᶜaLaYKa*] lauten. ③

أَلصَّدِيقُ [*Aß-ßaDIQu*] bezeichnet den Freund im neutralen Sinne. Liebesbeziehungen vor der Ehe sind traditionell in der orientalischen Welt nicht üblich. ④

رَجَعْنَا [*RaĴaᶜNA*] „wir sind zurückgekommen": Die Endung [-*NA*] steht für die Verb-Endung der 1. Pers. Pl. (VA; Mask./Fem.). ⑤

Im Akkusativ schreibt man **tanwin** [-*An*] bei weiblichen Nomen mit zweimal **fatḥa** über dem ة **ta marbuṭa** سَيَّارَةً جَدِيدَةً [*ßaYYARaTan ĴaDIDaTan*], bei männlichen wird noch ا **alif** angefügt: كِتَاباً نَفِيساً [*KiTABAn NaFIßAn*]. Diese Endung auf ا **alif** ist mit der des Adverbs identisch. ⑥

Die Konstruktion أَمَّا . . . فَـ - . . . [***A**MMA ... Fa- ...*] entspricht „was ... betrifft, so ...": ⑦

Buchstaben erkennen und lesen

أَلسَّلَامُ عَلَيْكَ!

ꓘYꞀᶜ MAꞀꞀ ß ꞀA

١	– أَلسَّلَامُ عَلَيْكَ يَا زَيْدُ! ⑧⑨⑩
1	ᗡYꙄ AY ꓘYꞀᶜ MAꞀꞀ ß ꞀA
٢	– وَعَلَيْكِ ٱلسَّلَامُ يَا زَيْنَبُ!
2	ꓭꟽYꙄ AY MAꞀꞀ ß ꞀA ꓘYꞀᶜ W
٣	– هَلْ رَجَعَ صَدِيقُكَ مِنَ ٱلْعَاصِمَةِ؟ ⑪⑫
3	TMßAᶜꞀA ꟽM ꓘϘIᗡß ᶜĴR ꞀH
٤	– نَعَمْ، رَجَعْنَا مِنْهَا مَعَهُ
4	HᶜM AHꟽM AꟽᶜĴR Mᶜꟽ
٥	هُوَ وَجَدَ لَهُ فِيهَا سَيَّارَةً جَدِيدَةً ⑬⑭
5	TᗡIᗡĴ TRAYß AHIꟻ HꞀ ᗡĴW WH
٦	أَمَّا أَنَا فَوَجَدْتُ كِتَاباً نَفِيساً
6	AßIꟻꟽ AꓭATꓘ TᗡĴWꟻ AꟽA AMA

AUSSPRACHE

[*Aß-ßaLAMu ᶜaLaYKa*] [**1** *Aß-ßaLAMu ᶜaLaYKa YA SaYD(u)*] [**2** *Wa-ᶜaLaYKi (A)ß-ßaLAMu YA SaYNaB(u)*] [**3** *HaL RaĴaᶜa ßaDIQuKa MiN-a‿(A)L-ᶜAßiMaTi*] [**4** *NaᶜaM RaĴaᶜNA MiNHA MaᶜaHu*] [**5** *HuWa WaĴaDa LaHu FIHA ßaYYARaTan ĴaDIDaTan*] [**6** *AMMA ANA Fa-WaĴaDTu KiTABAn NaFIßAn*]

Friede sei mit dir!

Friede sei mit dir, Zayd! – 1
(der-Friede auf-dich♂ oh Zayd)

Und Friede sei [auch] mit dir, Zaynab! – 2
(und-auf-dich♀ der-Friede oh Zaynab)

Ist dein Freund aus der Hauptstadt zurückgekommen? – 3
(|Frage| zurückkam-er Freund-dein♂ aus die-Hauptstadt(Gen.))

Ja, wir sind mit ihm von dort zurückgekommen. – 4
(ja zurückkamen-wir aus-ihr mit-ihm)

Er hat dort für sich ein neues Auto gefunden. 5
(er fand-er für-ihn in-ihr Auto(Akk.) neue(Akk.))

Was mich betrifft, so habe ich ein wertvolles Buch gefunden. (bezüglich ich also-fand-ich Buch(Akk.) wertvoll(Akk.)) 6

ANMERKUNGEN

Bei أَلسَّلَامُ [*Aß-ßaL**A**Mu*] „der Friede/der Gruß“ sehen Sie noch- ⑧
mals ein gutes Beispiel für die Schreibung von ل **lam** und ا **alif**.

Bei [*ᶜaL**a**YKa*] wird aus **alif maq<u>ß</u>ura** ein **ya**: عَلَيْكَ [*ᶜaL**a**YKa*] ⑨
„auf dich“.

Der Sonnenbuchstabe ز **sa** schreibt sich wie ر **ra**, nur mit einem ⑩
Punkt darüber.

Versuchen Sie, das ع **ᶜayn** in رَجَعَ [*R**a**Ĵaᶜa*] „er ist zurückge- ⑪
kommen“ deutlich zu sprechen!

Unterscheiden Sie bei der Aussprache von صَدِيقُكَ [*ßaDIQu-* ⑫
Ka] „dein Freund“ klar die Laute ق **qaf** und ك **kaf**.

Wird an eine Präposition ein Personalpronomen angefügt („in- ⑬
ihr“), ändert sich auch häufig die Schreibweise des letzten Buchstabens, wie hier bei فِيهَا [*FIHA*].

In سَيَّارَةً [*ßaYY**A**RaTan*] steht ة **ta marbuṭa** in seiner isolierten ⑭
Form, da das davor stehende ر **ra** nicht nach links verbunden wird.

Übung 1: Verstehen Sie diese Sätze?

1. رَجَعْتُ مِنَ ٱلْعَاصِمَةِ مَعَ صَدِيقِي ٱلْجَدِيدِ
2. مَا وَجَدَتْ بِنْتُ جَارِكِ فِي ٱلْعَاصِمَةِ؟
3. وَجَدْنَا فِي دُكَّانٍ قَدِيمٍ كِتَاباً نَفِيساً
4. وَجَدَ وَالِدُكَ لَكَ فِيهَا سَيَّارَةً جَمِيلَةً
5. هُوَ رَجَعَ إِلَى بَيْتِهِ يَوْمَ أَمْسِ؛ أَمَّا أَنَا فَرَجَعْتُ إِلَى بَيْتِي صَبَاحَ ٱلْيَوْمِ

Übung 2: Setzen Sie die fehlenden Wörter ein!

1. – Friede sei mit dir (oh) Mohammed! – Und Friede sei [auch] mit dir (oh) Zaynab!

___ عَلَيْكَ يَا مُحَمَّدُ!

– وَعَلَيْكِ ٱلسَّلَامُ يَا ___ !

2. Friede sei mit dir♂! Wie geht es dir?

أَلسَّلَامُ ___ ! كَيْفَ حَالُكَ؟

Lösung 1: Haben Sie verstanden?

Ich bin mit meinem neuen Freund aus der Hauptstadt zurückgekommen. ➊

Was hat die Tochter deines♀ Nachbarn in der Hauptstadt gefunden? ➋

Wir haben in einem alten Geschäft ein wertvolles Buch gefunden. ➌

Dein♂ Vater hat für dich♂ dort (in der Hauptstadt) ein schönes Auto gefunden. ➍

Er ist gestern nach Hause (zu seinem Haus) zurückgekommen; was mich betrifft, so bin ich heute Morgen nach Hause zurückgekommen. ➎

Wir haben einen schönen Tisch und einen wertvollen Stift für dich♂ gefunden. ➌

____ لَكَ مَائِدَةً جَمِيلَةً

وَ قَلَماً نَفِيساً

– Ist dein♂ Auto neu? – Nein, es ist alt. ➍

هَلْ ____ جَدِيدَةٌ؟

– لاَ هِيَ قَدِيمَةٌ

Wir sind in die Hauptstadt gefahren; was sie betrifft, so ist sie in ihrem Haus geblieben. ➎

ذَهَبْنَا إِلَى ٱلْعَاصِمَةِ، أَمَّا هِيَ

____ فِي بَيْتِهَا

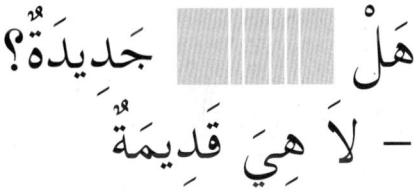

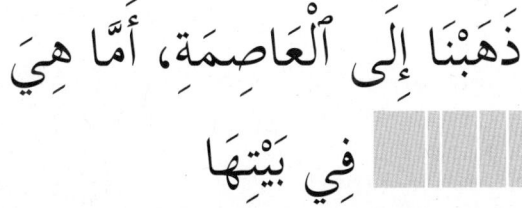

Schreibübung

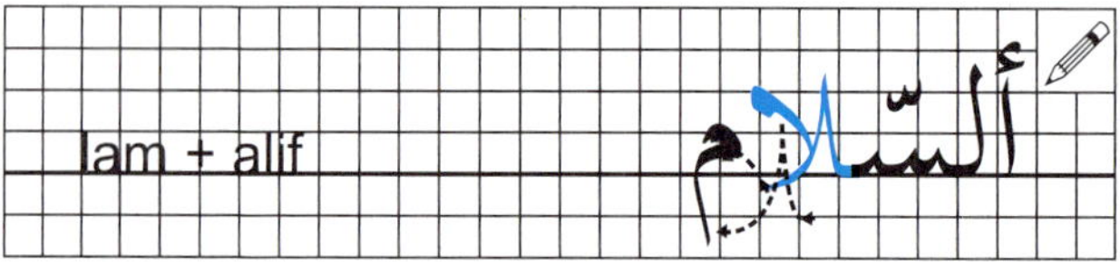

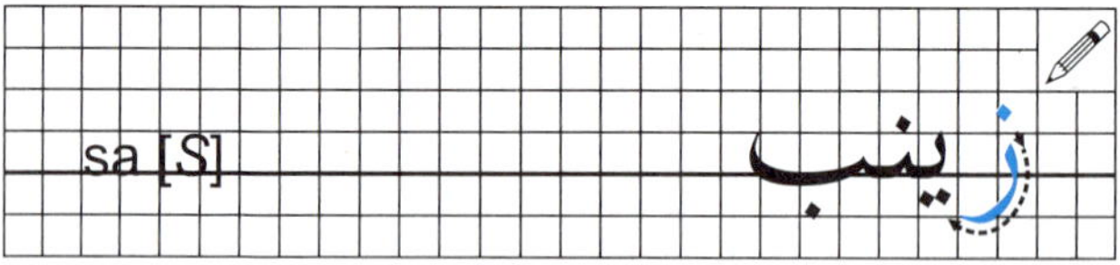

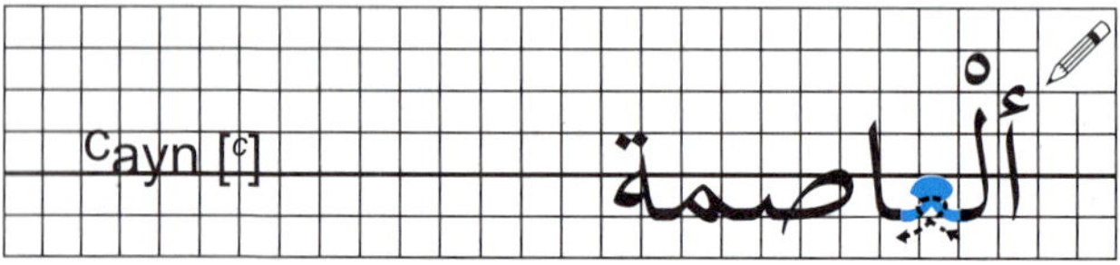

Bravo, jetzt sind Sie schon wieder sechs Lektionen weitergekommen. In der nächsten Lektion können Sie erneut ein wenig wiederholen und vertiefen. Gehen Sie auch ruhig einmal zu vergangenen Lektionen zurück, und arbeiten Sie jeden Tag ein wenig an Ihrer Aussprache.

Lösung 2: Die fehlenden Wörter.

1 أَلسَّلَامُ [Aß-ßaLAMu] زَيْنَبُ [SaYNaBu]

2 عَلَيْكَ [ᶜaLaYKa] 3 وَجَدْنَا [WaĴaDNA]

4 سَيَّارَتُكَ [ßaYYARaTuKa] 5 فَمَكَثَتْ [Fa-MaKafßaT]

Leseübung

ألسّلام عليك!

١ – ألسّلام عليك يا زيد!

٢ – وعليك ٱلسّلام يا زينب!

٣ – هل رجع صديقك من ٱلعاصمة؟

٤ – نعم، رجعنا منها معه

٥ هو وجد له فيها سيّارة جديدة

٦ أمّا أنا فوجدت كتاباً نفيساً

Zum Abschluss dieser Lektion ein Sprichwort, das Sie für Ihr weiteres Arabischstudium vielleicht anspornt!

أَلْحَرَكَةُ بَرَكَةٌ

„Sich regen bringt Segen."
(Bewegung [ist] Segen)
[AL-ḤaRaKaTu BaRaKaTun]

٢١ أَلدَّرْسُ ٱلْحَادِي وَٱلْعِشْرُونَ

[*AD-DaRßu (A)L-ḤADI Wa-ᶜiSCHRUNa*]

مُرَاجَعَةٌ وَمُلاَحَظَاتٌ

Wiederholung und Anmerkungen

Nach 20 Lektionen fällt Ihnen manches nun sicherlich schon leichter: Schrift, Aussprache, Satzbau, Konjugation der Verben in der Vergangenheit und Deklination der Nomen. Einiges mag Ihnen noch ungewohnt und fremd vorkommen; lassen Sie sich dadurch aber nicht entmutigen; blicken Sie nach vorne!

1. Neue Buchstaben

Sie haben nun neben der Mittelform von ـهـ **ha** sechs neue Buchstaben kennen gelernt:

Ende	Mitte	Anfang	isoliert	Name und Lautwert
ـث	ـثـ	ثـ	ث	**fßa** [*fß*]
ـح	ـحـ	حـ	ح	**ḥa** [*Ḥ*]
ـز	ـز	ز	ز	**sa** [*S*]
ـش	ـشـ	شـ	ش	**schin** [*SCH*]
ـص	ـصـ	صـ	ص	**ẞad** [*ẞ*]
ـع	ـعـ	عـ	ع	**ᶜayn** [ᶜ]
ـه	ـهـ	هـ	ه	**ha** [*H*]

21. Lektion

ث **fßa**, ش **schin**, ص **ß̲ad** und ظ **sa** sind „Sonnenbuchstaben", was bedeutet, dass sich das ل **lam** des Artikels an sie anpasst und nicht als [*L*], sondern jeweils wie [*fß*], [*SCH*] usw. ausgesprochen wird. – Beispiele:

„der Morgen" [*Aß̲-ß̲aBAḤu*] أَلصَّبَاحُ

„der Freund" [*Aß̲-ß̲aDIQu*] أَلصَّدِيقُ

ta marbuṭa ـــة / ة •

Die weibliche Endung [*-aT*] wird mit einem besonderen Schriftzeichen, dem **ta marbuṭa** (verbundenes **ta**), einer Sonderform von ت **ta** wiedergegeben. Sie kommt nur am Wortende vor und gleicht der Endform des ـه **ha**, über der jedoch wie beim Buchstaben ت **ta** zwei Punkte stehen. Nomen, die auf ـــة / ة **ta marbuṭa** enden, sind meist weiblich. Solche, die auf einen anderen Buchstaben enden, sind in der Regel männlich. Ausnahmen sind entweder Wörter, die spezifisch weiblich sind, wie أَلْبِنْتُ [*AL-BiNTu*], oder selten solche, die kein eindeutiges Merkmal bezüglich ihres grammatischen Geschlechts aufweisen: أَلشَّمْسُ [*ASCH-SCHaMßu*] „die Sonne". ـــة / ة **ta marbuṭa** weist eine verbundene Endform sowie eine isolierte Form auf:

„ein Tisch" [*MA'iDaTun*] مَائِدَةٌ

„ein Stadt" [*MaDINaTun*] مَدِينَةٌ

Wird an ـــة / ة **ta marbuṭa** ein Personalpronomen angehängt, so dass es damit nicht mehr der letzte Buchstabe ist, muss ein normales ت **ta** geschrieben werden:

„sein Auto" [*ßaYYARaTuHu*]	سَيَّارَتُهُ	„ein Auto" [*ßaYYARaTun*]	سَيَّارَةٌ

In der gesprochenen Sprache ist das ة / ـة **ta marbuṭa** meist nur als [-*a*] und ohne [-nun] zu hören.

2. Schrift

• ء hamsa

Sie haben es bis jetzt in zwei verschiedenen Schreibweisen kennen gelernt:

• In Verbindung mit dem Trägerbuchstaben **alif** am Wortanfang kann ء **hamsa** über oder unter dem Buchstaben stehen, je nachdem, ob es [*A*], [*I*] oder [*U*] bezeichnet:

„Mutter" [*UMM*]	أُمّ	„ein Name" [*IßMun*]	إِسْمٌ	„wo" [*AYNa*]	أَيْنَ

• In Verbindung mit dem Trägerbuchstaben ي **ya**. Das ء **hamsa** steht dabei über dem ي **ya**, und dieses verliert die beiden Punkte. Die Kombination aus ء **hamsa** und ي **ya** kommt allerdings nie am Wortanfang vor:

„ein Tisch" [*MA'iDaTun*] مَائِدَةٌ

3. Personalpronomen

Man unterscheidet selbstständige und als Suffix angehängte Personalpronomen.

• Selbstständige Personalpronomen

Sie haben ein neues selbstständiges Personalpronomen kennen gelernt: هِيَ [*HiYa*] „sie":

„Sie ist die Tochter eines Händlers." [*HiYa BiNTu TAĴiRin*] هِيَ بِنْتُ تَاجِرٍ

Denken Sie daran, dass die Personalpronomen nur verwendet werden, wenn die entsprechende Person hervorgehoben werden soll oder es sich um einen Nominalsatz handelt.

• Personalpronomensuffixe

Die Personalpronomen, die als Suffix (Nachsilbe) angehängt werden, haben mehrere Funktionen und können auf unterschiedliche Weise übersetzt werden, je nachdem, ob sie an ein Nomen, ein Verb oder eine Präposition angefügt werden:

nach Verb / Präposition	nach Nomen	Personalpronomen-suffix	
mich, mir	mein/meine	[...-*I*]	ـِـي
dich, dir (Besitzer ♂)	dein/deine (Besitzer ♂)	[-*Ka*]	ـَـكَ
dich, dir (Besitzerin ♀)	ein/deine (Besitzerin ♀)	[-*Ki*]	ـكِ
ihn, ihm	sein, seine	[-*Hu*]	ـهُ
ihr, ihre	sie, ihr	[-*HA*]	ـهَا

Hier Beispiele für mögliche Kombinationen mit dem Personalpronomensuffix [-*Ka*]:

Nomen + [-*Ka*]	„dein (♂) Auto" [*ßaYYARaTu-Ka*]	سَيَّارَتُكَ
Verb + [-*Ka*]	„ich fand dich" [*WaĴaDTu-Ka*]	وَجَدْتُكَ
Präposition + [-*Ka*]	„für dich (♂)" [*La-Ka*]	لَكَ

• Werden Personalpronomensuffixe an ein Nomen angefügt, so fungieren sie wie deutsche Possessivpronomen.

قَلَمُكِ „dein (♀) Stift“ [*QaL**a**Mu-Ki*]

وَالِدُكَ „dein (♂) Vater“ [*WAL**i**Du-Ka*]

Das angehängte Personalpronomen [*-Hu*] wird zu [*-Hi*], wenn es als Suffix an ein Nomen im Genitiv angefügt wird:

فِي بَيْتِهِ „in seinem Haus“ [*FI B**a**YTi-Hi*]

• Werden Personalpronomensuffixe an ein Verb angefügt, haben sie in erster Linie die Funktion eines Akkusativobjekts:

وَصَلَتْ رِسَالَةٌ مِنْ مِصْرَ „Ein Brief ist aus Ägypten angekommen.“ [*Wa<u>ß</u>**a**LaT Riß**A**LaTun MiN Mi<u>ß</u>R*]

وَجَدْتُهَا „Ich habe [den Brief] (sie) gefunden.“ [*WaĴ**a**DTu-HA*]

Das Nomen أَلرِّسَالَةُ [*AR-Riß**A**LaTu*] „der Brief“ ist weiblich, deshalb lautet das entsprechende Personalpronomensuffix ـــهَا [*-HA*] „sie“.

• Da sämtliche Präpositionen mit dem Genitiv stehen, sind die Personalpronomensuffixe in Verbindung mit Präpositionen eigentlich Genitive, die jedoch entsprechend dem Gebrauch der jeweiligen Präposition meist mit dem Dativ oder Akkusativ übersetzt werden müssen, z.B.:

لَهُ „für ihn“ [*L**a**Hu*]

فِيهَا „in ihr“ [*F**I**HA*]

أَلسَّلَامُ عَلَيْكَ „Friede sei mit dir!“ [*Aß-ßaL**A**Mu ᶜaL**a**YKa*]

4. Nomen

Arabische Nomen sind männlich oder weiblich, wobei das grammatische Geschlecht in der Regel an der Endung erkennbar ist. Nomen sind entweder bestimmt oder unbestimmt. Ist das Nomen bestimmt, trägt es den Artikel الـ [*AL-*] oder es steht als Teil einer Genitivverbindung. Ist es unbestimmt, steht es ohne الـ [*AL-*], dafür aber mit der Endung **tanwin** bzw. deren jeweiliger Form. Weiterhin unterscheidet man drei grammatische Fälle (Kasus): Nominativ, Genitiv und Akkusativ. Der Kasus sowie die Tatsache, ob ein Nomen bestimmt oder unbestimmt ist, zeigen sich an der Wortendung:

	unbestimmt		bestimmt	
[-*un*]	ـٌ	[-*u*]	ـُ	Nominativ
[-*in*]	ـٍ	[-*i*]	ـِ	Genitiv
([-*Tan*])* [-*An*]	*(ةً ـةً) اً	[-*a*]	ـَ	Akkusativ

Die unbestimmte Beugung des Wortes [*KiTABun*] „ein Buch":

عَلَى ٱلْمَائِدَةِ كِتَابٌ

„Auf dem Tisch [liegt] ein Buch (**Nominativ**)."
[*ᶜaLA (A)L-MA'iDaTi KiTABun*]

دَرَسْتُ فِي كِتَابٍ

„Ich habe in einem Buch gelernt (**Genitiv**)."
[*DaRaßTu FI KiTABin*]

وَجَدْتُ كِتَابًا

„Ich habe ein Buch (**Akkusativ**) gefunden."
[*WaĴaDTu KiTABAn*]

* Steht ein unbestimmtes weibliches Nomen auf **ta marbuṭa** im Akkusativ, ändert sich die Endung in [-*Tan*]:

وَجَدَ لَهُ سَيَّارَةً جَدِيدَةً

„Er hat für sich ein neues Auto (**Akkusativ**) gefunden."
[*WaĴ**a**Da L**a**Hu ßaYY**A**RaTan ĴaD**I**DaTan*]

• Adjektiv

Adjektive werden grundsätzlich wie Substantive dekliniert und kommen in zwei Verwendungsweisen vor:

- **in prädikativer Stellung**, d.h. als Verb-Ergänzung und somit Bestandteil des Prädikats (= Satzaussage). Das Adjektiv muss sich hierbei in Geschlecht und Zahl nach dem Bezugswort richten:

هِيَ خَبِيرَةٌ جِدّاً بِٱلتَّسَوُّقِ

„Sie [ist] sehr erfahren im Shopping."
[*H**i**Ya CHaB**I**RaTun ĴiDDAn Bi(A)T-Taßa**W**WuQi*]

- **in attributiver Stellung**, d.h. als Attribut (Beifügung). Das Adjektiv steht immer nach dem Substantiv, auf das es sich bezieht, und es stimmt mit diesem in Kasus, Numerus und Genus überein:

بَيْتِي بَيْتٌ قَدِيمٌ

„Mein Haus [ist] ein altes Haus."
[*B**a**YTI B**a**YTun QaD**I**Mun*]

ذَهَبْتُ إِلَى دُكَّانٍ جَدِيدٍ

„Ich bin in ein neues Geschäft gegangen."
[*fsaH**a**BTu **I**LA DuKK**A**Nin ĴaD**I**Din*]

Beachten Sie nochmals die Schreibweise der unbestimmten Akkusativendung: Bei Wörtern ohne **ta marbuṭa** wird sie mit **alif** und zweimal **fatḥa** geschrieben:

أَمَّا أَنَا فَوَجَدْتُ كِتَاباً نَفِيساً

„Was mich betrifft, so habe ich ein wertvolles Buch gefunden.“
[***A**MMA **A**NA Fa-WaĴ**a**DTu KiT**A**BAn NaF**I**ßAn*]

• Adverb

Die Endung ـــاً / اً [*-An*] dient auch zur Kennzeichnung von Adverbien (Umstandswörter):

مَرْحَباً!	„Willkommen!“ [*M**a**RḤaBAn*]	جِدّاً	„sehr“ [*Ĵ**i**DDAn*]

Allerdings werden nicht alle Adverbien auf [*-An*] gebildet:

يَوْمَ أَمْسِ	„gestern“ [*Y**a**UMa **A**Mßi*]	أَلْيَوْمَ	„heute“ [*AL-Y**a**UMa*]
صَبَاحَ ٱلْيَوْمِ	„heute Morgen“ [*ßaB**A**Ḥa (A)L-Y**a**UMi*]		

5. Femininum

• Adjektiv

Adjektive haben eine männliche und eine weibliche Singularform. Als Basis gilt dabei die männliche Form, die durch Anfügen eines **ta marbuṭa** (ـــة oder ة) die weibliche Entsprechung bildet:

جَمِيلٌ	„schön“ (♂) [*ĴaM**I**Lun*]	جَمِيلَةٌ	„schön“ (♀) [*ĴaM**I**LaTun*]
جَدِيدٌ	„neu“ (♂) [*ĴaD**I**Dun*]	جَدِيدَةٌ	„neu“ (♀) [*ĴaD**I**DaTun*]

• Nomen

In einigen Fällen kann man auch von einem männlichen Nomen durch Anfügen von **ta marbuṭa** eine weibliche Form bilden:

وَالِدٌ „Vater" [*WALiDun*] ← وَالِدَةٌ „Mutter" [*WALiDaTun*]

6. Genitivverbindung

Die Genitivverbindung besteht immer aus zwei unmittelbar aufeinander folgenden Nomen, von denen das zweite immer im Genitiv steht. Die Teile einer Genitivverbindung gehören zusammen und dürfen nicht durch ein drittes Wort (z.B. ein Adjektiv) getrennt werden. Ein nachfolgender Genitiv hat immer den Effekt, dass er das unmittelbar davor stehende Nomen so näher bestimmt, dass dieses zwar keinen Artikel annehmen darf, trotzdem aber die determinierten Endungen [-*u*], [-*i*] oder [-*a*] aufweist:

- **Nomen auf** [-u / -i / -a], **gefolgt von** [AL-] + **Nomen auf** [-i]:

أَخَذْتُ قَلَمَ ٱلْبِنْتِ

„Ich habe den Stift des Mädchens genommen."
[*ACHafsTu QaLaMa (A)L-BiNTi*]

- **Nomen auf** [-u / -i / -a], **gefolgt von Nomen auf** [-i] + **Personalpronomensuffix**:

خَرَجَتْ بِنْتُ جَارِهِ

„Die Tochter seines Nachbarn ist hinausgegangen."
[*CHaRaĴaT BiNTu ĴARiHi*]

- **Nomen auf** [-u / -i / -a], **gefolgt von Nomen auf** [-in]:

هِيَ بِنْتُ تَاجِرٍ

„Sie ist die Tochter eines Händlers."
[*HiYa BiNTu TAĴiRin*]

7. Eigennamen

Ländernamen ohne Artikel werden nicht dekliniert (einige Ländernamen mit Artikel werden manchmal dekliniert, aber nicht immer):

وَصَلَتْ رِسَالَةٌ مِنْ مِصْر

„Ein Brief ist aus Ägypten angekommen."
[*WaßaLaT Riß**A**LaTun MiN Mi<u>ß</u>R*]

Personennamen werden ebenfalls nicht dekliniert. Einige stehen zwar mit der Endung **tanwin**, verlieren diese aber, wenn vor ihnen يَا [*YA*] „oh" steht:

„Mein Name ist Mohammed."
[***I**ßMI MuḤ**a**MMaD(un)*]

إِسْمِي مُحَمَّدٌ

„Oh Mohammed!"
[*YA MuḤ**a**MMaD(u)*]

يَا مُحَمَّدُ!

Diese Endungen sind in Verbindung mit Personennamen selten, weshalb sie in den Beispielsätzen in Klammern stehen. Andere Namen wie z.B. زَيْنَب [*S**a**YNaB*] stehen nie mit **tanwin**.

8. Verb

Sie kennen die Verb-Endung der 1. Person Plural Vergangenheit ـــنَا [*-NA*], die für beide Geschlechter gilt:

رَجَعْنَا مِنْهَا

„Wir sind von dort (aus ihr) zurückgekommen."
[*RaĴ**a**ᶜNA MiNHA*]

9. Verständnis-/Formulierungsübung

1. أَلسَّلَامُ عَلَيْكَ، يَا مُحَمَّدُ!
2. وَعَلَيْكَ ٱلسَّلَامُ، يَا زَيْدُ!
   كَيْفَ حَالُكَ؟
3. أَلْحَمْدُ لِلّٰهِ!
   هَلْ رَجَعْتَ مِنَ ٱلْعَاصِمَةِ؟
4. نَعَمْ، رَجَعْنَا مِنْهَا مَعَ صَدِيقٍ
5. مَا وَجَدْتَ فِي ٱلْعَاصِمَةِ؟
6. وَجَدْتُ فِيهَا لِي سَيَّارَةً جَدِيدَةً. هِيَ جَمِيلَةٌ جِدًّا
7. أَيْنَ سَيَّارَتُكَ ٱلْجَدِيدَةُ؟
8. سَيَّارَتِي فِي بَيْتِ صَدِيق
9. هَلْ ذَهَبْتَ بِهَا إِلَى ٱلْمَدِينَةِ ٱلْجَدِيدَةِ؟

10 نَعَمْ، ذَهَبْتُ إِلَيْهَا صَبَاحَ ٱلْيَوْمِ

11 فَمَرَّ صَدِيقِي بِوَسَطِ ٱلْمَدِينَةِ

12 بِسَيَّارَةٍ قَدِيمَةٍ جِدًّا، إِسْمُهَا مَشْهُورٌ

Aussprache der Übungssätze

[**1** *Aß-ßaLAMu ᶜaLaYKa YA MuḤaMMaD(u)*] [**2** *Wa-ᶜaLaYKa‿Aß-ßaLAMu YA SaYD(u) KaYFaḤALuKa*] [**3** *AL-ḤaMDu Li-(A)LLaHi HaL RaĴaᶜTa MiN-a‿(A)L-ᶜAßiMaTi*] [**4** *NaᶜaM RaĴaᶜNA MiNHA Maᶜa ßaDIQin*] [**5** *MA WaĴaDTa FI‿(A)L-ᶜAßiMaTi*] [**6** [*WaĴaDTu FIHA LI ßaYYARaTAn ĴaDIDaTan HiYa ĴaMILaTun ĴiDDAn*] [**7** [*AYNa ßaYYARaTuKa‿(A)L-ĴaDIDaTu*] [**8** [*ßaYYARaTI FI BaY-Ti ßaDIQin*] [**9** *HaL fsaHaBTa BiHA ILA‿(A)L-MaDINaTi‿(A)L-ĴaDIDaTi*] [**10** *NaᶜaM fsaHaBTu ILaYHA ßaBAḤa‿(A)L-YaUMi*] [**11** *Fa-MaRRa ßaDIQI Bi-WaßaTi‿(A)L-MaDINaTi*] [**12** *Bi-ßaYYA-RaTin QaDIMaTin iDDAn IßMuHA MaSCHHURun*]

Übersetzung der Übungssätze

1 – Friede sei mit dir, Mohammed! 2 – Und Friede sei mit dir, Zayd! Wie geht es dir? 3 – [Gut], Gott sei Dank. Bist du aus der Hauptstadt zurückgekommen? 4 – Ja, wir sind von dort (aus ihr) mit einem Freund zurückgekommen. 5 – Was hast du in der Hauptstadt gefunden? 6 – Ich habe dort ein neues Auto für mich gefunden. Es ist sehr schön. 7 – Wo ist dein neues Auto? 8 – Mein Auto ist bei einem Freund. 9 – Bist du mit ihm (ihr) in die Neustadt gefahren? 10 – Ja, ich bin heute Morgen dort hin (in sie) gefahren. 11 Und mein Freund ist im Stadtzentrum vorbeigekommen, 12 mit einem sehr alten Auto, dessen Name berühmt ist.

أَلْعَجَلَةُ مِنَ ٱلشَّيْطَانِ وَٱلتَّأَنِّي مِنَ ٱلرَّحْمَانِ

„Die Eile ist des Teufels und die Besonnenheit des Allmächtigen."

(die-Eile von der-Teufel der-Besonnenheit von der-Allmächtige)

[*AL-ᶜaĴaLaTu MiN-a (A)SCH-SCHaYṬANi Wa-(A)T-TA'aNNI MiN-a (A)R-RaḤMANi*]

٢٢ أَلدَّرْسُ ٱلثَّانِي وَٱلْعِشْرُون

زِيَارَةُ ٱلْمَدِينَةِ

١ يَوْمَ أَمْسِ رَجَعْنَا مِنَ ٱلْمَدِينَةِ ٱلْكَبِيرَةِ ①

٢ وَجَدْنَا فِيهَا شَيْئاً نَفِيساً ②③

٣ إِنَّهُ سِوَارٌ مِنَ ٱلذَّهَبِ لِبِنْتِنَا ④⑤⑥

٤ وَهِيَ فَرِحَتْ كَثِيراً لِذَلِكَ ⑦

AUSSPRACHE

[*AD-DaRßu‿(A)fß-fßANI Wa-(A)L-ᶜISCHRUNa*] [*SiYARaTu (A)L-MaDINaTi*] [**1** *YaUMa AMßi RaĴaᶜNA MiN-a‿(A)L-MaDINaTi‿(A)L-KaBIRaTi*] [**2** *WaĴaDNA FIHA SCHaY'An NaFIßAn*] [**3** *INNaHu ßiWA-Run MiN-a‿(A)fs-fsaHaBi Li-BiNTiNA*] [**4** *Wa-H(i)Ya FaRiḤaT KafßI-RAn Li-fsaLiKa*]

ANMERKUNGEN

رَجَعْنَا [*RaĴaᶜNA*]: Die Endung نَا [*-NA*] steht für die 1. Person Pl. „wir" und wird als Verb-Endung im Perfekt verwendet. ①

وَجَدْنَا [*WaĴaDNA*] ist ebenfalls ein Beispiel für die Verb-Endung نَا [*-NA*]. ②

22. Lektion

Der Stadtbesuch

Wir sind gestern aus der großen Stadt zurückgekommen. **1**
(Tag(Akk.) gestern(Gen.) zurückkamen-wir von die-Stadt(Gen.) die-große(Gen.))

Wir haben dort etwas Wertvolles gefunden. **2**
(fanden-wir in-ihr Sache(Akk.) wertvoll(Akk.))

Und zwar ein Goldarmband für unsere Tochter. **3**
(sicher-er Armband von der-Gold(Gen.) für-Tochter(Gen.)-unsere)

Und sie hat sich darüber sehr gefreut. **4**
(und-sie freute-sich-sie sehr für-jener)

ANMERKUNGEN

شَيْئاً [*SCH**a**Y'An*]: Akkusativ (unbestimmte Form) von شَيء ③
[*SCH**a**Y*] „Ding, Sache", es wird hier im Sinne von „etwas" verwendet.

إِنَّ [*INNa*] betont Aussagen bzw. verbindet Satzteile. Es hat kei- ④
ne eindeutige deutsche Entsprechung, wir übersetzen es mit „sicher". Auf إِنَّ [*INNa*] folgen Personalpronomensuffixe oder Nomen im Akkusativ.

Das Material, aus dem ein Gegenstand besteht, kann mit der ⑤
Präposition مِنْ [*MiN*] „aus" beschrieben werden: مِنَ ٱلذَّهَبِ [*MiN-a Afs-fsaHaBi*] „aus Gold".

نَا [*-NA*] ist das Personalpronomensuffix „uns" sowie das Posses- ⑥
sivpronomensuffix „unser, -e": بِنْتُنَا [*BiNTuNA*] „unsere Tochter".

فَرِحَ [*FaRiḤa*] „sich (er-)freuen" hat die Vokale [*a-i-a*], nicht die ⑦
bisher bekannten [*a-a-a*], wie in كَتَبَ [*K**a**TaBa*]. Die meisten (Grund-)Verben haben drei Vokale. Dabei muss der mittlere nicht zwingend [*a*] sein.

٥ أَمَّا نَحْنُ فَذَهَبْنَا إِلَى مَرْكَزِ
ٱلْمَدِينَةِ ⑧⑨⑩

٦ لِزِيَارَةِ ٱلْمَسْجِدِ ٱلْكَبِيرِ ⑪

AUSSPRACHE

[**5** ***A****MMA* *Na**Ḥ**Nu* *Fa-fsaHaBNA* ***I****LA* *Ma**RKaSi*‿*(A)L-MaD**I**NaTi*] [**6** *Li-SiY**A**RaTi*‿*(A)L-Ma**ß**ĴiDi*‿*(A)L-KaB**I**Ri*]

Buchstaben erkennen und lesen

زِيَارَةُ ٱلْمَدِينَةِ ⑫⑬

TИIDMLA TЯAYƧ

١ يَوْمَ أَمْسِ رَجَعْنَا مِنَ ٱلْمَدِينَةِ ٱلْكَبِيرَةِ

TЯIBKLA TИIDMLA ИM AИᶜĴЯ ƧMA MWY 1

٢ وَجَدْنَا فِيهَا شَيْئًا نَفِيسًا ⑭

AƧIFИ A'YYHƆƧ AHIF AИDĴW 2

AUSSPRACHE

[*SiY**A**RaTu (A)L-MaD**I**NaTi*] [**1** *Ya**U**Ma* ***A**Mßi* *RaĴaᶜNA* *MiN-a*‿*(A)L-MaD**I**NaTi*‿*(A)L-KaB**I**RaTi*] [**2** *WaĴaDNA* *FIHA* *SCHaY'An* *NaF**I**ßAn*]

ANMERKUNGEN

In dieser Lektion lernen Sie keinen neuen Buchstaben kennen. ⑫ Stattdessen können Sie nochmals die Schreibweise von ز **sa** in Wörtern wie مَرْكَزٌ [*MaRKaSun*] oder زِيَارَةٌ [*SiYARaTun*] „ein Besuch“ üben.

Was uns angeht, so sind wir ins Stadtzentrum gegangen, 5
(bezüglich wir also-gingen-wir zu Zentrum(Gen.) die-Stadt(Gen.))
um die große Moschee zu besuchen. 6
(für-Besuch(Gen.) der-Moschee(Gen.) der-groß(Gen.))

ANMERKUNGEN

نَحْنُ [*Na**Ḥ**Nu*] ist das Personalpronomen der 1. Person Plural. ⑧

ذَهَبْنَا [*fsaHa**B**NA*] „wir sind gegangen" kann je nach Zusammenhang auch mit „wir sind gefahren" übersetzt werden. ⑨

مَرْكَزٌ [*M**a**RKaSun*] „Zentrum" und وَسَطٌ [*W**a**ßaṬun*] „Mitte, Zentrum" können als Genitivverbindung mit اَلْمَدِينَة [*AL-MaD**I**NaTi*] stehen und bezeichnen das „Stadtzentrum" bzw. die „Stadtmitte". ⑩

لِزِيَارَةِ [*Li-SiY**A**RaTi*] „zu Besuch": Das Arabische kennt keinen Infinitiv. Daher werden Konstruktionen wie diese mit einem Nomen gebildet. Sehen Sie sich dazu die wörtliche Übersetzung an. ⑪

Der Stadtbesuch

Wir sind gestern aus der großen Stadt zurückgekommen. (Tag(Akk.) gestern(Gen.) zurückkamen-wir von die-Stadt(Gen.) die-große(Gen.)) 1
Wir haben dort etwas Wertvolles gefunden. 2
(fanden-wir in-ihr Sache(Akk.) wertvoll(Akk.))

ANMERKUNGEN

Beachten Sie die genaue Aussprache von ز **sa**, denn im Laufe der nächsten Lektionen lernen Sie ähnlich klingende Buchstaben kennen. ⑬

Vergleichen Sie die Schreibweise von شَيْئًا [*SCH**a**Y'An*] mit شَيْءٌ [*SCH**a**Y'*], bei dem hinter ي **ya** noch ein ء **hamsa** steht. In شَيْئًا [*SCH**a**Y'AN*] steht dieses ء **hamsa** auf einem weiteren ي **ya** ohne Punkte, an das die Akkusativendung [*-An*] angehängt wird. ⑭

٣ إِنَّهُ سِوَارٌ مِنَ ٱلذَّهَبِ لِبِنْتِنَا

ε HNA ẞAWЯ MN ALfsHB LBNTNA

٤ وَهِيَ فَرِحَتْ كَثِيراً لِذَلِكَ ⑮⑯

4 WHY FЯḤT KfßIЯA LfßLK

٥ أَمَّا نَحْنُ فَذَهَبْنَا إِلَى مَرْكَزِ ٱلْمَدِينَةِ

5 AMA NḤN FfßHBNA ALY MЯKS ALMDINT

٦ لِزِيَارَةِ ٱلْمَسْجِدِ ٱلْكَبِيرِ

6 LSYAЯT ALMẞĴD ALKBIЯ

AUSSPRACHE

[**3** *INNaHu ßiWARun MiN-a‿(A)fs-fsaHaBi Li-BiNTiNA*] [**4** *Wa-H(i)Ya FaRiḤaT KafßIRAn Li-fsaLiKa*] [**5** *AMMA NaḤNu Fa-fsaHaBNA ILA MaRKaSi‿(A)L-MaDINaTi*] [**6** *Li-SiYARaTi‿(A)L-MaßĴiDi‿(A)L-KaBIRi*]

Übung 1: Verstehen Sie diese Sätze?

1. وَجَدْنَا فِيهِ سِوَاراً قَدِيماً. إِنَّهُ نَفِيسٌ
2. ذَهَبْنَا إِلَى ٱلْمَدِينَةِ ٱلْجَدِيدَةِ وَفَرِحْنَا كَثِيراً؛ إِنَّهَا جَمِيلَةٌ
3. هَلْ ذَهَبْتَ إِلَى ٱلْمَسْجِدِ يَوْمَ أَمْسِ؟
4. نَعَمْ، ذَهَبْتُ إِلَى مَسْجِدِ مَرْكَزِ ٱلْمَدِينَةِ
5. وَصَلَتْ رِسَالَةٌ؛ وَجَدْنَاهَا عَلَى ٱلْمَائِدَةِ ٱلْكَبِيرَةِ

Und zwar ein Goldarmband für unsere Tochter. (sicher-er Armband von der-Gold(Gen.) für-Tochter(Gen.)-unsere) **3**

Und sie hat sich darüber sehr gefreut. (und-sie freute-sich-sie sehr für-jener) **4**

Was uns angeht, so sind wir ins Stadtzentrum gegangen, (bezüglich wir also-gingen-wir zu Zentrum(Gen.) die-Stadt(Gen.)) **5**

um die große Moschee zu besuchen. (für-Besuch(Gen.) der-Moschee(Gen.) der-groß(Gen.)) **6**

ANMERKUNGEN

Folgt هِيَ [*HiYa*] auf وَ [*Wa-*], entfällt in der Aussprache das [*i*]. Die Betonung liegt dann auf وَ [*Wa-*]. ⑮

Selten findet man ذَلِكَ [*fsaLiKa*] auch noch in einer anderen Schreibweise, bei der ein kleines ' **alif** über ذ **fsal** steht: ذٰلِكَ ⑯

Mittlerweile sind Sie damit vertraut, dass die arabische Sprache sich in vielerlei Hinsicht vom Deutschen unterscheidet. Bestimmte Konstruktionen und Satzstellungen sind verschieden, und auch gewisse Ausdrücke und Floskeln haben andere oder mehrere Bedeutungen. Um sich das Verständnis dieser Details zu erleichtern, sollten Sie nicht vergessen, immer gründlich die wörtliche Übersetzung zu lesen. Sie verdeutlicht Ihnen die Logik der fremden Sprache.

Lösung 1: Haben Sie verstanden?

Wir haben dort (in ihm) ein altes Armband gefunden. Es ist wirklich (sicher) wertvoll. ❶

Wir sind in die Neustadt gegangen und haben uns sehr gefreut; sie ist wirklich schön. ❷

Bist du♀ gestern in die Moschee gegangen? ❸

Ja, ich bin in die Moschee des Stadtzentrums gegangen. ❹

Es ist ein Brief angekommen; wir haben ihn auf dem großen Tisch gefunden. ❺

Übung 2: Setzen Sie die fehlenden Wörter ein!

❶ Hast du♀ auf dem alten Basar etwas Schönes gefunden?

هَلْ وَجَدْتِ ____ جَمِيلاً فِي ٱلسُّوقِ ٱلْقَدِيمِ؟

❷ Wir sind mit unserem Freund ins Stadtzentrum gegangen, um den neuen Basar zu besuchen (für-Besuch).

ذَهَبْنَا مَعَ ____ إِلَى مَرْكَزِ ٱلْمَدِينَةِ ____ ٱلسُّوقِ ٱلْجَدِيدِ

❸ Unsere Tochter ist am Postamt vorbeigegangen und hat dort (in-ihm) einen Brief aus Ägypten gefunden.

مَرَّتْ بِنْتُنَا بِمَكْتَبِ ____ وَوَجَدَتْ ____ رِسَالَةً مِنْ مِصْر

❹ Wir sind gestern in die Hauptstadt gefahren (gingen-wir) und sind heute morgen von dort zurückgekommen.

ذَهَبْنَا إِلَى ____ يَوْمَ أَمْسِ وَ ____ مِنْهَا صَبَاحَ ٱلْيَوْمِ

Unser Vater ist mit unserem Diener im Haus geblieben; was uns angeht, so sind wir nicht in unserem Haus geblieben. ❺

مَكَثَ وَالِدُنَا فِي ٱلْبَيْتِ مَعَ …

… أَمَّا نَحْنُ فَمَا …

فِي بَيْتِنَا

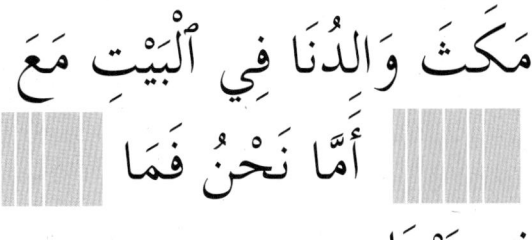

إِنَّهُ سِوَارٌ مِنَ ٱلذَّهَبِ لِبِنْتِنَا

Lösung 2: Die fehlenden Wörter.

❶ شَيْئاً [*SCHaY'An*] ❷ صَدِيقَنَا [*ßaDIQiNA*]

❸ لِزِيَارَةِ [*Li-SiYARaTi*] ٱلْبَرِيدِ [*(A)L-BaRIDi*] فِيهِ [*FIHi*]

❹ ٱلْعَاصِمَةِ [*(AL)-ᶜAßiMaTi*] رَجَعْنَا [*RaĴaᶜNA*]

❺ خَادِمِنَا [*CHADiMiNA*] مَكَثْنَا [*MaKafßNA*]

Schreibübung

مركز
sa [S]

زيارة
sa [S]

مسجد
ĵim [Ĵ]

Leseübung

زيارة ٱلمدينة

١ يوم أمس رجعنا من ٱلمدينة ٱلكبيرة

٢ وجدنا فيها شيئاً نفيساً

٣ إنّه سوار من ٱلذّهب لبنتنا

٤ وهي فرحت كثيراً لذلك

٥ أمّا نحن فذهبنا إلى مركز ٱلمدينة

٦ لزيارة ٱلمسجد ٱلكبير

Die Moschee

Moscheen sind Orte des gemeinschaftlichen islamischen Gebets. Der arabische Begriff مَسْجِد [*MaßĴiD*] „Moschee" kommt von سَجَدَ [*ßaĴaDa*] „sich niederwerfen". Es ist also eigentlich der „Ort der Niederwerfung", denn beim islamischen Gebet verbeugt man sich vor der Heiligkeit Gottes, indem man den Kopf zum Boden führt. Die مَسْجِد [*MaßĴiD*] bezeichnet jeden für das Gebet geeigneten Ort, während die prunkvollen Großmoscheen – meist bestehend aus einem Kuppelbau und Minaretten – auch جَامِع [*ĴAMi^c*] genannt werden.

Die أَلْمَسْجِد ٱلْحَرَام [*AL-MaßĴiD AL-ḤaRAM*] in Mekka zählt ebenso zu den wichtigsten Moscheen des Islam wie die أَلْمَسْجِد ٱلنَّبَوِيّ [*AL-MaßĴiD AN-NaBaWIYY*] in Medina und die أَلْمَسْجِد ٱلأَقْصَى [*AL-MaßĴiD AL-AQß̱A*] in Jerusalem. Im Unterschied zur Kirche gibt es in Moscheen weder Heiligenbilder noch Abbildungen des Propheten oder religiöse Musik. Dafür finden sich meist Kalligraphien von Koranversen in Form von Mosaiken oder Schnitzereien. Übrigens erfolgt der Vortrag des Koran in der gesamten islamischen Welt immer in arabischer Sprache.

Zum Abschluss dieser Lektion geben wir Ihnen ein weiteres Sprichwort mit auf den Weg:

كُلُّ إِنْسَانٍ فِي بَيْتِهِ سُلْطَانٌ

„Jeder Mensch ist König in seinem eigenen Haus."
(alles Mensch(Gen.) in Haus(Gen.)-sein Sultan)
[*KuLLu INßANin FI BaYTiHi ßuLṬANun*]

٢٣ أَلدَّرْسُ ٱلثَّالِثُ وَ ٱلْعِشْرُونَ

فُنْدُقٌ رَخِيصٌ

١ – أَلسَّلَامُ عَلَيْكُمْ! كَيْفَ حَالُكُمْ؟ ①

٢ – بِخَيْرٍ وَٱلْحَمْدُ لِلّٰهِ ②

٣ – هَلْ نَزَلْتُمْ فِي فُنْدُقٍ جَيِّدٍ؟ ③④

٤ – نَعَمْ، فِي فُنْدُقِ ٱلرِّيَاضِ ⑤

٥ وَلٰكِنَّهُ مُكْلِفٌ قَلِيلاً ⑥

AUSSPRACHE

[*AD-DaRßu‿(A)fß-fßALifßu Wa-(A)L-ᶜISCHRUNa*] [*FuNDuQun Ra-CHIßun*] [**1** *Aß-ßaLAMu ᶜaLaYKuM KaYFa ḤALuKuM*] [**2** *Bi-CHaY-Rin Wa‿(A)L-ḤaMDu Li-LLaHi*] [**3** *HaL NaSaLTuM FI FuNDuQin ĴaYYiDin*] [**4** *NaᶜaM FI FuNDuQi‿(A)R-RiYAḌi*] [**5** *WaLaKiNNaHu MuKLiFun QaLILAn*]

ANMERKUNGEN

① كُمْ [*-KuM*] ist das Personal- und Possessivpronomensuffix der 2. Pers. Pl.: „ihr, euch, euer" sowie das höfliche „Sie, Ihnen, Ihr(e)". Das unabhängige Personalpronomen der 2. Pers. Pl. Mask. lautet أَنْتُمْ [*ANTuM*] „ihr".

23. Lektion

Ein billiges Hotel

Friede sei mit euch! Wie geht es euch? – 1
(der-Friede über-euch wie Zustand-euer)
Gut, Gott sei Dank! – 2
(mit-gut(Gen.) und-der-Lob für-Gott(Gen.))
Seid ihr in einem guten Hotel abgestiegen? – 3
(|Frage| hinuntergingt-ihr in Hotel(Gen.) gut(Gen.))
Ja, im Hotel Riyad. – 4
(ja in Hotel(Gen.) der-Riyad)
Aber es ist etwas teuer. 5
(aber-er teuer wenig(Akk.))

ANMERKUNGEN

② Auf die Frage nach dem Befinden antwortet man meist بِخَيْرٍ [*Bi-CHaYRin*]. Das religiös klingende اَلْحَمْدُ لِلّٰهِ [*AL-ḤaMDu Li-LLaHi*] wird stets hinzugefügt, unabhängig davon, ob man gläubig ist oder nicht.

③ نَزَلَ [*NaSaLa*] „hinuntergehen, absteigen" meint wie im Deutschen auch „unterkommen".

④ Die Verb-Endung تُمْ [*-TuM*] ist die der 2. Pers. Pl.: „ihr". Sie ist für Maskulinum und Femininum identisch.

⑤ اَلرِّيَاضُ [*AR-RiYAḌu*] „die Blumengärten" ist auch der Name der Hauptstadt Saudi-Arabiens.

⑥ Genau wie an إِنَّ [*INNa*] kann auch an وَلٰكِنَّ [*WaLaKiNNa*] „aber" ein Personalpronomensuffix angehängt werden. Steht danach allerdings ein Verb, reduziert es sich auf وَلٰكِنْ [*WaLaKiN*] „aber".

٦ مِنْ فَضْلِكُمْ! هَلْ هُنَاكَ فُنْدُقٌ رَخِيصٌ؟ ⑦⑧

٧ – لِمَاذَا؟ مَا عِنْدَكُمْ نُقُودٌ؟ ⑨⑩

AUSSPRACHE

[**6** *MiN FaḌLiKuM HaL HuNAKa FuNDuQun RaCHIßun*] [**7** *LiMAfsA MA ᶜiNDaKuM NuQUDun*]

Buchstaben erkennen und lesen

فُنْدُقٌ رَخِيصٌ

FNDQ RCHIß

١ – أَلسَّلَامُ عَلَيْكُمْ! كَيْفَ حَالُكُمْ؟ ⑪

1 A L ß L A M ᶜ L Y K M K Y F Ḥ A L K M

٢ – بِخَيْرٍ وَٱلْحَمْدُ لِلّٰهِ

2 B CH Y R W A L Ḥ M D L L H

٣ – هَلْ نَزَلْتُمْ فِي فُنْدُقٍ جَيِّدٍ؟

3 H L N S L T M F I F N D Q Ĵ Y D

AUSSPRACHE

[*FuNDuQun RaCHIßun*] [**1** *Aß-ßaLAMu ᶜaLaYKuM KaYFa ḤALuKuM*] [**2** *Bi-CHaYRin Wa‿(A)L-ḤaMDu Li-LLaHi*] [**3** *HaL NaSaLTuM FI FuNDuQin ĴaYYiDin*]

Bitte! Gibt es hier ein billiges Hotel? **6**
(von Gefallen-euer |Frage| dort Hotel billig)
Warum? Habt ihr kein Geld? – **7**
(warum nicht bei-euch Gelder)

ANMERKUNGEN

Mit مِنْ فَضْلِكُمْ [*MiN FaḌLiKuM*] „bitte" wendet man sich an mehrere Personen. Zu einem Mann sagt man dagegen مِنْ فَضْلِكَ [*MiN FaḌLiKa*] und zu einer Frau مِنْ فَضْلِكِ [*MiN FaḌLiKi*]. ⑦

هُنَاكَ [*HuNAKa*] „dort" ist das Pendant zu هُنَا [*HuNA*] „hier". هَلْ هُنَاكَ [*HaL HuNAKa*] ist dagegen ein feststehender Begriff, den man mit „Gibt es hier ...?" übersetzt. ⑧

Die Präposition عِنْدَ [*ᶜiNDa*] „bei" kann in Verbindung mit einem Personalpronomensuffix stehen und hat dann die Bedeutung „haben": عِنْدَكُمْ [*ᶜiNDaKuM*] „ihr habt". ⑨

نُقُودٌ [*NuQUDun*] ist der Plural von نَقْدٌ [*NaQDun*] „Münze", bezeichnet aber auch allgemein das „Geld". ⑩

Ein billiges Hotel

Friede sei mit euch! Wie geht es euch? – **1**
(der-Friede über-euch wie Zustand-euer)
Gut, Gott sei Dank! – **2**
(mit-gut(Gen.) und-der-Lob für-Gott(Gen.))
Seid ihr in einem guten Hotel abgestiegen? – **3**
(|Frage| hinuntergingt-ihr in Hotel(Gen.) gut(Gen.))

ANMERKUNGEN

Hier sehen Sie ein weiteres Beispiel für die Schreibung von ا **alif** nach ل **lam**! ⑪

٤ – نَعَمْ، فِي فُنْدُقِ ٱلرِّيَاضِ ⑬⑫

4   Nᵃ°M   FI   FNDQ   ALRYAD

٥   وَلَكِنَّهُ مُكْلِفٌ قَلِيلًا

5   WLKNH   MKLF   QLILA

٦   مِنْ فَضْلِكُمْ! هَلْ هُنَاكَ فُنْدُقٌ رَخِيصٌ

6   MN FDLKM   HL HNAK FNDQ RCHI ß

٧ – لِمَاذَا؟ مَا عِنْدَكُمْ نُقُودٌ؟ ⑭

7   LMAfsA   MA   °NDKM   NQUD

(AUSSPRACHE)

[4 Naᶜ aM Fl FuNDuQi‿(A)R-RiYAD̪i] [5 WaLaKiNNaHu MuKLiFun QaLILAn] [6 MiN FaD̪LiKuM HaL HuNAKa FuNDuQun RaCHIßun] [7 LiMAfsA MA ᶜiNDaKuM NuQUDun]

Übung 1: Verstehen Sie diese Sätze?

① هَلْ ذَهَبْتُمْ إِلَى فُنْدُقٍ رَخِيصٍ؟

② لَا، ذَهَبْنَا إِلَى فُنْدُقٍ مُكْلِفٍ قَلِيلًا

③ مِنْ فَضْلِكُمْ، هَلْ هُنَاكَ رِسَالَةٌ مِنْ مِصْرَ؟

④ لِمَاذَا مَا رَجَعْتُمْ مِنَ ٱلْمَسْجِدِ مَعَنَا؟

⑤ هَلْ عِنْدَكُمْ نُقُودٌ؟

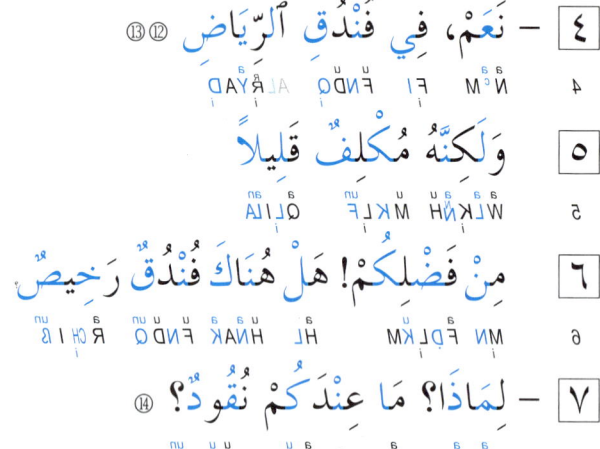

Ja, im Hotel Riyad. – **4**
(ja in Hotel(Gen.) der-Riyad)
Aber es ist etwas teuer. **5**
(aber-er teuer wenig(Akk.))
Bitte! Gibt es hier ein billiges Hotel? **6**
(von Gefallen-euer |Frage| dort Hotel billig)
Warum? Habt ihr kein Geld? – **7**
(warum nicht bei-euch Gelder)

ANMERKUNGEN

⑫ ض **ḍad** schreibt sich wie ص **ßad**, nur mit einem Punkt. Es ist ebenfalls ein Sonnenbuchstabe. Dieser Laut gilt als der typischste des Arabischen; er kommt in keiner anderen Sprache vor.

⑬ Üben Sie, ض **ḍad** am Wortende zu schreiben, wie hier in أَلرِّيَاضِ [*AR-RiYAḌi*].

⑭ Achten Sie auf die Aussprache von و **waw** als [*U*] in نُقُودٌ [*NuQUDun*].

Lösung 1: Haben Sie verstanden?

Seid ihr in ein billiges Hotel gegangen? ❶
Nein, wir sind in ein etwas teures Hotel gegangen. ❷
Bitte, gibt es hier einen Brief aus Ägypten? ❸
Warum seid ihr nicht mit uns aus der Moschee zurückgekommen? ❹
Habt ihr Geld? ❺

Übung 2: Setzen Sie die fehlenden Wörter ein!

1. Bitte! Wo ist das Postamt?

مِنْ ________ ! أَيْنَ مَكْتَبُ ٱلْبَرِيدِ؟

2. – Wo ist euer Haus? – Unser Haus ist in der Hauptstadt Ägyptens.

أَيْنَ ________ ؟ – بَيْتُنَا فِي عَاصِمَةِ مِصْر

Schreibübung

ألرّياض — dad [*D*]

من فضلكم — dad [*D*]

لماذا — fsal [*fs*]

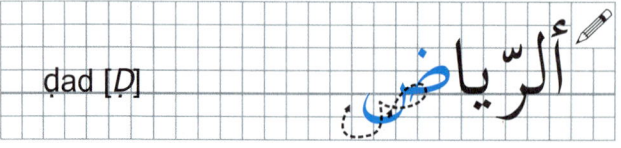

③ Habt ihr meinen Stift genommen?

هَلْ ______ قَلَمِي؟

④ Ihr habt Geld.

______ نُقُودٌ

⑤ Ihr, ihr habt ein gutes Hotel gefunden, aber es (er) ist sehr teuer.

أَنْتُمْ، وَجَدْتُمْ فُنْدُقاً جَيِّداً،

______ مُكْلِفٌ جِدّاً

Lösung 2: Die fehlenden Wörter.

① فَضْلِكُمْ [*FaḌLiKuM*] ② بَيْتُكُمْ [*BaYTuKuM*]

③ أَخَذْتُمْ [*ACHafsTuM*] ④ عِنْدَكُمْ [*ᶜiNDaKuM*]

⑤ وَلٰكِنَّهُ [*WaLaKiNNaHu*]

Leseübung

فندق رخيص

١ – ألسّلام عليكم! كيف حالكم؟

٢ – بخير وٱلحمد لله

٣ – هل نزلتم في فندق جيّد؟

٤ – نعم، في فندق ٱلرّياض

٥ ولكنّه مكلف قليلاً

٦ من فضلكم! هل هناك فندق رخيص؟

٧ – لماذا؟ ما عندكم نقود؟

٢٤ أَلدَّرْسُ ٱلرَّابِعُ وَٱلْعِشرُونَ

أَلْإِجْتِمَاعُ

١ – يَا زَيْدُ! مَتَى عِنْدَكَ ٱلْإِجْتِمَاعُ؟ ①②

٢ – يَوْمَ ٱلْخَمِيسِ، فِي ٱلسَّاعَةِ ٱلسَّادِسَةِ بَعْدَ ٱلظُّهْرِ ③

AUSSPRACHE

[AD-DaRßu‿(A)R-RABi^cu Wa-(A)L-^cISCHRUNa] [AL-IĴTiMA^cu]
[1 YA SaYD(u) MaTA ^ciNDaKa‿(A)L-IĴTiMA^cu] [2 YaUMa‿(A)L-CHaMIßi FI‿(A)ß-ßA^caTi‿(A)ß-ßADißaTi Ba^cDa‿(A)Ṣ-ṢuHRi]

Riyad

Riyad أَلرِّيَاض, [*AR-RiYAḌ*] „die Blumengärten" ist die Hauptstadt des Königreichs Saudi-Arabien und gleichzeitig dessen wirtschaftliches, administratives und kulturelles Zentrum. Riyad liegt am Zusammenfluss mehrerer häufig wasserführender Wadis (Trockentäler, die sich nach Regengüssen mit Wasser füllen), weshalb bereits in vorislamischer Zeit hier Dattel- und Orchideenplantagen bestanden. Durch die Orchideenzucht bekam der Ort seinen Namen.

24. Lektion

Die Versammlung

Zayd! Wann hast du deine Versammlung? – **1**
(oh Zayd wann bei-dir der-Versammlung)

Am Donnerstag um sechs Uhr nachmittags. – **2**
(Tag(Akk.) der-fünfte(Gen.) in die-Stunde(Gen.) die-sechste(Gen.) nach der-Mittag(Gen.))

ANMERKUNGEN

① Die Präposition عِنْدَ [*^ciNDa*] kann viele Bedeutungen haben: „bei, gemäß, als ...". Aus Lektion 23 kennen Sie es mit den angehängten Personalpronomen im Sinne von „haben".

② Das Geschlecht arabischer Nomen unterscheidet sich oft vom Deutschen: أَلْإِجْتِمَاعُ [*AL-IĴTiMA^cu*] „Versammlung, Zusammenkunft, Treffen" ist männlich.

③ يَوْمَ ٱلْخَمِيسِ [*YaUMa AL-CHaMIßi*] „Donnerstag": Da es sich hier um eine Zeitangabe handelt, steht يَوْمَ [*YaUMa*] im Akkusativ.

٣ – أَيْنَ عِنْدَكَ هَذَا ٱلْإِجْتِمَاعُ؟ ④

٤ – عِنْدَ صَدِيقِنَا حَافِظٍ ⑤

٥ – كَيْفَ كَانَ ٱلْإِجْتِمَاعُ؟ ⑥

٦ – كَانَ مُمْتَازاً ⑦

٧ خَرَجْنَا مِنْهُ وَ نَحْنُ مَسْرُورُونَ ⑧⑨

AUSSPRACHE

[3 AYNa ᶜiNDaKa HafsA‿(A)L-IĴTiMAᶜu] [4 ᶜiNDa ßaDIQiNA ḤAFiṢ(in)] [5 KaYFa KANa‿(A)L-IĴTiMAᶜu] [6 KANa MuMTASAn] [7 CHaRaĴNA MiNHu Wa-NaḤNu MaßRURUNa]

Wo hast du diese Versammlung? – 3
(wo bei-dir dieser der-Versammlung)
Bei unserem Freund Hafiz. – 4
(bei Freund(Gen.)-unser Hafiz(Gen.))
Wie war die Versammlung? – 5
(wie war-er der-Versammlung)
Sie war toll. – 6
(war-er perfekt(Akk.)
Wir sind von dort weggegangen, und wir [waren] zufrieden. (verließen-wir von-er und-wir fröhliche(Pl.)) 7

ANMERKUNGEN

هَذَا [*H**a**fsA*] steht hier mit einem Nomen mit Artikel; daher ist es das männliche Demonstrativpronomen „dieser". Steht هَذَا [*H**a**fsA*] ohne Nomen, bedeutet es „dieser ist". ④

حَافِظٌ [*Ḥ**A**FiṢun*], abgeleitet vom Verb حَفِظَ [*Ḥ**a**FiṢa*] „auswendig lernen", bedeutet: „einer, der den Koran auswendig rezitieren kann". ⑤

Das Verb „sein" hat im UA keine Entsprechung, im VA hingegen schon: كَانَ [*K**A**Na*] „er war". Es wird – wie قَالَ [*Q**A**La*] „er sagte" – unregelmäßig konjugiert. ⑥

Nach كَانَ [*K**A**Na*] steht das Bezugswort immer im Akkusativ: كَانَ مُمْتَازاً [*K**A**Na MuMT**A**SAn*] „(es) war perfekt/toll/super". ⑦

مَسْرُورُونَ [*MaßRUR**U**Na*] „froh, fröhlich" ist Ihr erstes Adjektiv im Plural. ونَ [*-**U**Na*] ist die männliche Pluralendung für den Nominativ aller Adjektive und bestimmter Nomen. ⑧

Bei der Konstruktion وَ نَحْنُ مَسْرُورُونَ [*Wa-N**a**ḤNu MaßRURUNa*] leitet وَ [*Wa-*] „und" den Nebensatz ein, der eine nähere Erläuterung zu خَرَجْنَا مِنْهُ [*CHaR**a**ĴNA M**i**NHu*] ist. ⑨

Buchstaben erkennen und lesen

أَلْإِجْتِمَاعُ ⑩ ⑪

ᶜAMTĴLA

١ – يَا زَيْدُ! مَتَى عِنْدَكَ ٱلْإِجْتِمَاعُ؟ ⑫

ᶜAMTĴLA KDNᶜ ATM DYS AY 1

٢ – يَوْمَ ٱلْخَمِيسِ، فِي ٱلسَّاعَةِ ٱلسَّادِسَةِ

TßDAßLA TᶜAßLA IF ßIMCHLA MWY 2

بَعْدَ ٱلظُّهْرِ ⑬ ⑭

RHṢLA DᶜB

٣ – أَيْنَ عِنْدَكَ هَذَا ٱلْإِجْتِمَاعُ؟

ᶜAMTĴLA AẞH KDNᶜ NYA 3

٤ – عِنْدَ صَدِيقِنَا حَافِظٍ

ṢFAḤ ANQIDß DNᶜ 4

٥ – كَيْفَ كَانَ ٱلْإِجْتِمَاعُ؟

ᶜAMTĴLA NAK FYK 5

AUSSPRACHE

[AL-IĴTiMA°u] [1 YA SaYD(u) MaTA °iNDaKa‿(A)L-IĴTiMA°u] [2 YaUMa‿(A)L-CHaMIßi FI‿(A)ß-ßA°aTi‿(A)ß-ßADißaTi Ba°Da‿(A)Ṣ-ṢuHRi] [3 AYNa °iNDaKa HafsA‿(A)L-IĴTiMA°u] [4 °iNDa ßaDIQiNA ḤAFiṢ(in)] [5 KaYFa KANa‿(A)L-IĴTiMA°u]

Die Versammlung

1 – Zayd! Wann hast du deine Versammlung?
(oh Zayd wann bei-dir der-Versammlung)

2 – Am Donnerstag um sechs Uhr nachmittags.
(Tag(Akk.) der-fünfte(Gen.) in die-Stunde(Gen.) die-sechste(Gen.) nach der-Mittag(Gen.))

3 – Wo hast du diese Versammlung?
(wo bei-dir dieser der-Versammlung)

4 – Bei unserem Freund Hafiz.
(bei Freund(Gen.)-unser Hafiz(Gen.))

5 – Wie war die Versammlung?
(wie war-er der-Versammlung)

Wie ein Musiker mit seinem Instrument, so sollte der Lerner sich täglich ein wenig mit seiner Fremdsprache beschäftigen. Dabei kommt es nicht immer auf die Menge, sondern auf die Qualität an. Wenn Sie an einem Tag einmal wenig Zeit zum Lernen haben, so lesen Sie einfach die aktuelle Lektion ein paar mal durch, oder hören Sie sich den Lektions- und Übungstext einige Male an. Das reicht schon, um die Sprache „im Ohr zu behalten".

ANMERKUNGEN

⑩ Hier stehen ء **hamsa** und **kasra** unter ا **alif**, da am Wortanfang ein [*I*] steht.

⑪ Achten Sie darauf, ع **^cayn** auch am Wortende deutlich zu sprechen.

⑫ Das lange [*A*] in مَتَى [*MaTA*] schreibt sich, genau wie bei عَلَى [^c*aLA*], mit ي **ya** ohne Punkte, .

⑬ Der neue Buchstabe ظ **ṣa**, der ebenfalls ein Sonnenbuchstabe ist, schreibt sich wie ط **ṭa**, nur mit einem Punkt darüber.

⑭ Wenn Sie den Laut ظ **ṣa** sprechen, legen Sie die Zungenränder an die oberen Schneidezähne, während Sie [*s*] sprechen.

٦ – كَانَ مُمْتَازاً

a a u a an
6 ASATMM NAK

٧ خَرَجْنَا مِنْهُ وَ نَحْنُ مَسْرُورُونَ ⑮

a a a u a u a u u a
7 ANĴRCH HNM W NHN MSRWRWN

AUSSPRACHE

[**6** *K**A**Na MuMTASAn*] [**7** *CHaRaĴNA MiNHu Wa-Na**Ḥ**Nu MaßRURUNa*]

Übung 1: Verstehen Sie diese Sätze?

❶ هَلْ ذَهَبْتُمْ إِلَى ٱجْتِمَاعِكُمْ يَوْمَ أَمْسِ؟

❷ كَيْفَ كَانَتْ زِيَارَةُ ٱلْمَدِينَةِ يَوْمَ أَمْسِ؟
–كَانَتْ مُمْتَازَةً

❸ كَيْفَ كَانَ ٱلْإِجْتِمَاعُ عِنْدَ صَدِيقِكَ حَافِظٍ؟

❹ مَتَى عِنْدَكُمْ دَرْسُكُمْ؟ – بَعْدَ ٱلظُّهْرِ

❺ هَلْ عِنْدَكُمْ سَيَّارَةٌ كَبِيرَةٌ؟

Übung 2: Setzen Sie die fehlenden Wörter ein!

❶ Ihr seid vom Hotel zurückgekommen, und ihr [seid] zufrieden [gewesen].

…… مِنَ ٱلْفُنْدُقِ وَأَنْتُمْ مَسْرُورُونَ

Sie war toll. – **6**
(war-er perfekt(Akk.)

Wir sind von dort weggegangen, und wir [waren] zufrieden. (verließen-wir von-er und-wir fröhliche(Pl.)) **7**

ANMERKUNGEN

Achten Sie auf die korrekte Schreibweise der Adverb- und Akkusativendung ا [-*An*]. ⑮

Lösung 1: Haben Sie verstanden?

Seid ihr gestern zu eurer Versammlung gegangen? ❶
– Wie war der Besuch [in] der Stadt gestern? – Er war toll. ❷
Wie war die Versammlung bei deinem Freund Hafiz? ❸
– Wann habt ihr euren Unterricht? – Am Nachmittag. ❹
Habt ihr ein großes Auto? ❺

Wann hat sie diese Versammlung? ❷

مَتَى عِنْدَهَا هٰذَا ______ ؟

Ich habe mich sehr darüber (für jener) gefreut. ❸

فَرِحْتُ كَثِيراً ______

Habt ihr nichts (nicht Sache) auf dem Tisch gefunden? ❹

مَا وَجَدْتُمْ ______ عَلَى ٱلْمَائِدَةِ؟

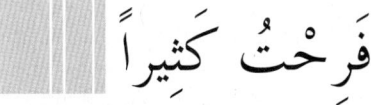

Nein, aber ich habe eine Uhr im Büro gefunden. ⑤

لَا، وَلَكِنِّي وَجَدْتُ ____ فِي ٱلْمَكْتَبِ

Schreibübung

بعد ٱلظّهر

ṣa [Ṣ]

حافظ

ṣa [Ṣ]

ألإجتماع

lam + alif
+ hamsa

„In Marokko darfst du dich über nichts wundern. Wenn du einem fliegenden Esel begegnest, sage nur: „Allah vermag alles zu tun." (Marokkanisches Sprichwort, aus *KulturSchock Marokko*, Reise Know-How Verlag)

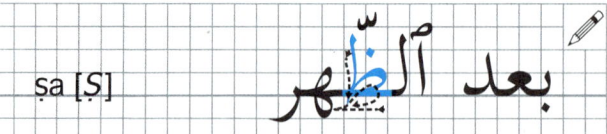

Lösung 2: Die fehlenden Wörter.

❶ رَجَعْتُمْ [RaĴa^c TuM] ❷ ٱلْإِجْتِمَاعُ [(A)L-IĴTiMA^c u]

❸ لِذَلِكَ [Li-fsaLiKa] ❹ شَيْئاً [SCHaY'An] ❺ سَاعَةً [ßA^c aTan]

Leseübung

ألإجتماع

١ – يا زيد! متى عندك ٱلإجتماع؟

٢ – يوم ٱلخميس، في ٱلسّاعة ٱلسّادسة بعد ٱلظّهر

٣ – أين عندك هذا ٱلإجتماع؟

٤ – عند صديقنا حافظ

٥ – كيف كان ٱلإجتماع؟

٦ – كان ممتازاً

٧ خرجنا منه و نحن مسرورون

Hafiz

Mit حَافِظ [ḤAFiṢ] bezeichnet man einen Gelehrten, der den gesamten Koran auswendig rezitieren kann und deshalb in der islamischen Welt ein sehr hohes Ansehen genießt – ein Grund, warum حَافظ [ḤAFiṢ] auch als Vorname sehr häufig zu finden ist. Das Wort ist von حَفظَ [ḤaFiṢa] „behüten" abgeleitet, denn ein Hafiz behütet das Wort Gottes, indem er den Koran verinnerlicht hat. Seine Aufgabe ist auch der Vortrag des heiligen Textes, wobei hier nicht nur der Text an sich wichtig ist, sondern auch Aussprache und Intonation eigenen Regeln folgen.

٢٥ أَلدَّرْسُ ٱلْخَامِسُ وَ ٱلْعِشْرُون َ

صَدِيقُهُ مَرِيضٌ

١ – إِلَى أَيْنَ ذَهَبَ حَافِظٌ بَعْدَ ظُهْرِ ٱلْيَوْمِ؟ ①

٢ – ذَهَبَ إِلَى فُنْدُقِ ٱلرِّيَاضِ

٣ لِزِيَارَةِ صَدِيقِهِ وَ هُوَ مَرِيضٌ. ②

٤ إِنَّهُ نَزَلَ فِي هَذَا ٱلْفُنْدُقِ يَوْمَ ٱلسَّبْتِ ③

٥ وَ مَرِضَ فَوْراً بِسَبَبِ تَكْيِيفِ ٱلْهَوَاءِ ④

AUSSPRACHE

[AD-DaRßu‿(A)L-CHAMißu Wa-(A)L-ᶜISCHRUNa] [B̲aDIQuHu MaRI-Ḍun] [1 ILA AYNa fsaHaBa ḤAFiṢ(un) BaᶜDa ṢuHRi‿(A)L-YaUMi] [2 fsaHaBa ILA FuNDuQi‿(A)R-RiYAḌi] [3 Li-SiYARaTi B̲aDIQiHi Wa-H(u)Wa MaRIḌun] [4 INNaHu NaSaLa FI HafsA‿(A)L-FuNDuQi YaUMa‿(A)ß-ßaBTi] [5 Wa-MaRiḌa FaURAn Bi-ßaBaBi TaKYIFi‿(A)L-HaWA'i]

25. Lektion

Sein Freund ist krank

Wohin ist Hafiz heute Nachmittag gegangen? – **1**
(nach wo ging-er Hafiz nach Mittag(Gen.) der-Tag(Gen.))
Er ist zum Hotel Riyad gegangen, – **2**
(ging-er zu Hotel(Gen.) der-Riyad(Gen.))
um seinen Freund zu besuchen, der krank ist. **3**
(für-Besuch Freund(Gen.)-sein und-er krank)
Und zwar ist er am Samstag in diesem Hotel abgestiegen; **4**
(sicher-er hinunterging-er in dieser der-Hotel(Gen.) Tag(Akk.) der-Sabbat(Gen.))
er wurde wegen der Klimaanlage sofort krank. **5**
(und-erkrankte-er sofort mit-Grund(Gen.) Regler(Gen.) der-Luft(Gen.))

ANMERKUNGEN

① بَعْدَ ظُهْرِ ٱلْيَوْمِ [Ba^cDa ṢuHRi (A)L-Y**a**UMi]: ٱلْيَوْمَ [AL-Y**a**UMa] allein bedeutet „heute".

② وَ هُوَ مَرِيضٌ [**Wa**-H(u)Wa MaRI**Ḍ**un], wörtlich „und er-ist krank" ist hier ein Relativsatz, bei dem وَ [Wa-] + Personalpronomen unserem Relativpronomen „..., der/die/das" entsprechen.

③ يَوْمَ ٱلسَّبْتِ [**Ya**UMa (A)ß-ß**a**BTi]: سَبْتٌ [ßaBT] von سَبَتَ [**ßa**-BaTa] „sich ausruhen". Hier erkennt man die Verwandtschaft mit dem hebräischen Wort „Sabbat".

④ Bei بِسَبَبِ تَكْيِيفِ ٱلْهَوَاءِ [Bi-ßaBaBi TaKYIFi (A)L-HaW**A'i**] stehen drei Wörter, die zueinander in Bezug stehen, im Genitiv. In solchen Konstruktionen trägt das letzte Wort den Artikel.

٦ – بِسَبَبِ ذَلِكَ مَرِضْنَا أَيْضاً ⑤

٧ وَ نَحْنُ فِي بَيْتِنَا ⑥

AUSSPRACHE

[**6** *Bi-ßaBaBi fsaLiKa MaRiḌNA AYḌAn*] [**7** *Wa-NaḤNu FI BaYTiNA*]

Buchstaben erkennen und lesen

صَدِيقُهُ مَرِيضٌ

ḌIRM HQIDß

١ – إِلَى أَيْنَ ذَهَبَ حَافِظٌ بَعْدَ ظُهْرِ ٱلْيَوْمِ؟ ⑦

MWYLA RHẒ DᶜB ẒFAḤ BHfß NYA ALA ١

٢ – ذَهَبَ إِلَى فُنْدُقِ ٱلرِّيَاضِ

ḌAYRLA QDNF ALA BHfß ٢

٣ لِزِيَارَةِ صَدِيقِهِ وَ هُوَ مَرِيضٌ ⑧⑨

ḌIRM WH W HQIDß TRAYZL ٣

AUSSPRACHE

[*ßaDIQuHu MaRIḌun*] [**1** *ILA AYNa fsaHaBa ḤAFiṢ(un) BaᶜDa ṢuHRi‿(A)L-YaUMi*] [**2** *fsaHaBa ILA FuNDuQi‿(A)R-RiYAḌi*] [**3** *Li-SiYARaTi ßaDIQiHi Wa-H(u)Wa MaRIḌun*]

Auch wir wurden aus jenem Grund krank, – **6**
(mit-Grund(Gen.) jener erkrankten-wir auch)
obwohl wir zu Hause [waren]. **7**
(und-wir in Haus(Gen.)-unser)

ANMERKUNGEN

⑤ مَرِضَ [*MaRiḌa*] heißt sowohl „erkranken“ als auch „krank sein“. Wie فَرِحَ [*FaRiḤa*] „sich erfreuen“ enthält es die Vokale *a-i-a*.

⑥ Ähnlich wie in Satz 2 verbindet وَ [*Wa-*] hier zwei Satzteile, hat dabei aber eher die Bedeutung „obwohl“, da manche Begriffe je nach Kontext unterschiedlich übersetzt werden können.

Sein Freund ist krank

Wohin ist Hafiz heute Nachmittag gegangen? (nach – **1**
wo ging-er Hafiz nach Mittag(Gen.) der-Tag(Gen.))
Er ist zum Hotel Riyad gegangen, – **2**
(ging-er zu Hotel(Gen.) der-Riyad(Gen.))
um seinen Freund zu besuchen, der krank ist. **3**
(für-Besuch Freund(Gen.)-sein und-er krank)

ANMERKUNGEN

⑦ Unterscheiden Sie deutlich die Laute ظ **ṣa** und ذ **fsal**!

⑧ هُوَ [*HuWa*] verkürzt sich häufig zu هْوَ [*HWa*], wenn davor وَ [*Wa-*] steht.

⑨ Versuchen Sie, die Laute ز **sa**, und ض **ḍad** gut zu unterscheiden.

٤ إِنَّهُ نَزَلَ فِي هَـٰذَا ٱلْفُنْدُقِ يَوْمَ ٱلسَّبْتِ

TBßA LA MWY QDNFLA AßtH IF LSN HNA 4

٥ وَ مَرِضَ فَوْراً بِسَبَبِ تَكْيِيفِ ٱلْهَوَاءِ

'AWH LA FIYKT BßB AR WF DRM W 5

٦ – بِسَبَبِ ذَٰلِكَ مَرِضْنَا أَيْضاً

ADYA ANDRM KLßt BßB 6

٧ وَ نَحْنُ فِي بَيْتِنَا

ANTYB IF NHN W 7

AUSSPRACHE

[**4** *INNaHu NaSaLa FI HafsA‿(A)L-FuNDuQi YaUMa‿(A)ß-ßaBTi*] [**5** *Wa-MaRiḌa FaURAn Bi-ßaBaBi TaKYIFi‿(A)L-HaWA'i*] [**6** *Bi-ßaBaBi fsaLiKa MaRiḌNA AYḌAn*] [**7** *Wa-NaḤNu FI BaYTiNA*]

Übung 1: Verstehen Sie diese Sätze?

1. إِلَى أَيْنَ ذَهَبْتُمْ يَوْمَ ٱلسَّبْتِ؟
2. هَلْ مَرِضْتُمْ لِهَـٰذَا ٱلسَّبَبِ أَيْضاً؟
3. رَجَعْنَا إِلَى بَيْتِنَا بَعْدَ ظُهْرِ ٱلْيَوْمِ
4. مَرِضْتُمْ فَوْراً وَأَنْتُمْ فِي بَيْتِكُمْ
5. نَحْنُ أَيْضاً مَرِضْنَا بِسَبَبِ ذَٰلِكَ

Und zwar ist er am Samstag in diesem Hotel abgestiegen; 4
(sicher-er hinunterging-er in dieser der-Hotel(Gen.) Tag(Akk.) der-Sabbat(Gen.))

er wurde wegen der Klimaanlage sofort krank. 5
(und-erkrankte-er sofort mit-Grund(Gen.) Regler(Gen.) der-Luft(Gen.))

Auch wir wurden aus jenem Grund krank, – 6
(mit-Grund(Gen.) jener erkrankten-wir auch)

obwohl wir zu Hause [waren]. 7
(und-wir in Haus(Gen.)-unser)

Lösung 1: Haben Sie verstanden?

Wo seid ihr am Samstag hingegangen? ❶
Seid ihr auch aus diesem Grund krank geworden? ❷
Wir sind heute Nachmittag nach Hause zurückgekommen. ❸
Ihr seid sofort krank geworden, und ihr [wart] zu Hause. ❹
Wir sind auch aus jenem Grund krank geworden. ❺

Übung 2: Setzen Sie die fehlenden Wörter ein!

1. – Wann ist Zaynab krank geworden?
– Das Mädchen ist heute Morgen krank geworden.

مَتَى ______ زَيْنَبُ؟

-مَرِضَتِ ٱلْبِنْتُ صَبَاحَ ٱلْيَوْمِ

2. Ich bin dorthin gegangen, um Zaynab zu besuchen, die krank ist.

ذَهَبْتُ إِلَى هُنَاكَ ______ زَيْنَبَ

وَهِيَ مَرِيضَةٌ

3. Seid ihr in diesem Hotel abgestiegen? Es ist (wirklich) sehr gut.

هَلْ ______ فِي هَذَا ٱلْفُنْدُقِ؟

______ جَيِّدٌ جِدًّا

Schreibübung

مريض

dad [Ḍ]

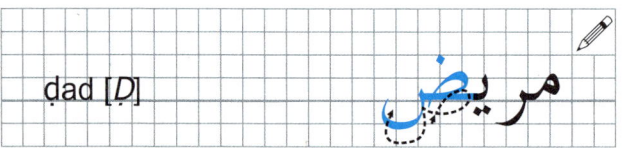

Warum ist dein♂ Bruder gestern Nachmittag nicht ins Hotel Riyad zurückgekehrt? ❹

مَا رَجَعَ أَخُوكَ إِلَى ____ فُنْدُقِ ٱلرِّيَاضِ يَوْمَ أَمْسِ بَعْدَ ____ ؟

Unser Freund Hafiz ist wegen der Klimaanlage krank geworden. ❺

مَرِضَ صَدِيقُنَا حَافِظٌ ____ تَكْيِيفِ ٱلْهَوَاءِ

Lösung 2: Die fehlenden Wörter.

❶ مَرِضْتُ [*MaR**i**ḌaT*] ❷ لِزِيَارَةِ [*Li-SiY**A**RaTi*]

❸ نَزَلْتُمْ [*NaS**a**LTuM*] إِنَّهُ [***I**NNaHu*] ❹ لِمَاذَا [*LiM**A**fsA*]

ٱلظُّهْرِ [*AṢ-Ṣ**u**HRi*] ❺ بِسَبَبِ [*Bi-ß**a**BaBi*]

LEKTION 25

أيضاً

ya [Y]

Leseübung

صديقه مريض

١ – إلى أين ذهب حافظ بعد ظهر ٱليوم؟
٢ – ذهب إلى فندق ٱلرّياض
٣ لزيارة صديقه و هو مريض

٢٦ أَلدَّرْسُ ٱلسَّادِسُ وَٱلْعِشْرُونَ

أَلْمُسَافِرُونَ

١ – إِلَى أَيْنَ ذَهَبَ ٱلْمُسَافِرُونَ؟ ①②
٢ – ذَهَبُوا إِلَى ٱلْحَمَّامِ ٱلْعَامِّ ③④
٣ قَرِيباً مِنَ ٱلْفُنْدُقِ ⑤

AUSSPRACHE

[AD-DaRßu‿(A)ß-ßADißu Wa-(A)L-ᶜISCHRUNa] [AL-MußAFiRUNa] [1 ILA AYNa fsaHaBa‿(A)L-MußAFiRUNa] [2 fsaHaBU ILA‿(A)L-ḤaMMAMi‿(A)L-ᶜAMMi] [3 QaRIBAn MiN-a‿(A)L-FuNDuQi]

ANMERKUNGEN

① أَلْمُسَافِرُونَ [AL-MußAFiRUNa] trägt wieder die aus Lektion 24 bekannte männliche Pluralendung ونَ [-UNa].

٤ إنّه نزل في هذا ٱلفنْدق يوم ٱلسّبت

٥ و مرض فوراً بسبب تكييف ٱلهواء

٦ – بسبب ذلك مرضنا أيضاً

٧ و نحن في بيتنا

26. Lektion

Die Reisenden

Wohin sind die Reisenden gegangen? – **1**
(nach wo ging-er die-Reisenden)
Sie sind ins öffentliche Bad gegangen, – **2**
(gingen-sie zu der-Bad(Gen.) der-öffentlich(Gen.))
in der Nähe des Hotels. **3**
(nahe von der-Hotel(Gen.))

ANMERKUNGEN

② Steht das Verb innerhalb eines Satzes vor einem Nomen im Plural, so bleibt es im Singular: ذَهَبَ ٱلْمُسَافِرُونَ [*fsaHaBa (A)L-MußAFiRUNa*].

③ ذَهَبُوا [*fsaHaBU*] trägt die Verb-Endung [*-U*] der 3. Pers. Pl. Maskulinum.

④ ٱلْحَمَّامُ [*AL-ḤaMMAMu*] „Bad" hat auch die Bedeutung „Badezimmer" und „Toilette".

⑤ Nach dem Adverb قَرِيباً [*QaRIBAn*] steht die Präposition مِن [*MiN*].

٤ بَعْدَ ذَلِكَ، غَسَلُوا مَلَابِسَهُمْ جَيِّداً ⑥⑦

٥ – لِمَاذَا؟

٦ – لِأَنَّ ٱلسَّفَرَ كَانَ مُتْعِباً ⑧⑨

٧ إِنَّهُمْ قَادِمُونَ مِنْ مِنْطَقَةٍ ⑩

٨ فِيهَا غُبَارٌ كَثِيرٌ ⑪⑫

AUSSPRACHE

[**4** *BaᶜDa fsaLiKa ṘaßaLU MaLABißaHuM ĴaYYiDAn*] [**5** *LiMAfsA*] [**6** *Li'ANNa‿(A)ß-ßaFaRa KANa MuTᶜiBAn*] [**7** *INNaHuM QADiMU-Na MiN MiNṬaQaTin*] [**8** *FIHA ṘuBARun KafßIRun*]

Buchstaben erkennen und lesen

أَلْمُسَافِرُونَ

ALMßAFRUN

١ – إِلَى أَيْنَ ذَهَبَ ٱلْمُسَافِرُونَ؟

ALY AYN fsHB ALMßAFRUN

AUSSPRACHE

[*AL-MußAFiRUNa*] [**1** *ILA AYNa fsaHaBa‿(A)L-MußAFiRUNa*]

Danach haben sie ihre Kleidung gut gewaschen. (nach jener wuschen-sie Kleider-ihre gut(Adv.)) 4

Warum? (für-was) – 5

Weil die Reise ermüdend war. – (weil der-Reise(Akk.) war ermüdend(Akk.)) 6

Außerdem kommen sie aus einer Gegend, (sicher-sie ankommende(Pl.) aus Gegend(Gen.)) 7

in der es viel Staub gibt. (in-ihr Staub viel) 8

ANMERKUNGEN

⑥ مَلاَبِسَهُمْ [*MaLABißaHuM*]: أَلْمَلاَبِسُ [*AL-MaLABißu*] „Kleider, Kleidung" ist der sog. „innere" Plural von مَلْبَس [*MaLBaß*] „Stoff".

⑦ ـــهُمْ [*-HuM*] „ihr" ist das angehängte Personal- bzw. Possessivpronomen der 3. Pers. Pl. Maskulinum.

⑧ Nach لِأَنَّ [*Li'ANNa*] kann ein Nomen im Akkusativ (لِأَنَّ ٱلسَّفَرَ [*Li'ANNa (A)ß-ßaFaRa*]) oder ein Personalpronomensuffix folgen: لِأَنَّهُ مُتْعِبٌ [*Li'ANNaHu MuTᶜiBun*] „weil sie ermüdend ist".

⑨ Sie wissen aus Lektion 24, dass nach كَانَ [*KANa*] ein Adjektiv im Akkusativ stehen muss.

⑩ قَادِمُونَ [*QADiMUNa*] ist das von قَادَمَ [*QADaMa*] „ankommen" abgeleitete sog. „Partizip". Die Pluralendung وْنَ [*-UNa*] kann nicht nur an Nomen und Adjektive, sondern auch an Partizipien angehängt werden.

⑪ فِيهَا [*FIHA*] „in ihr" leitet hier – ähnlich wie وَ [*Wa-*] in Lektion 25 – einen Relativsatz ein: „in der".

⑫ كَثِيرٌ [*KaßIRun*] „viel" ist ein wichtiges Adjektiv, das im Akkusativ كَثِيراً [*KaßIRAn*] auch die Bedeutung „sehr" hat (vgl. Lektion 22).

Die Reisenden

Wohin sind die Reisenden gegangen? – (nach wo ging-er die-Reisenden) 1

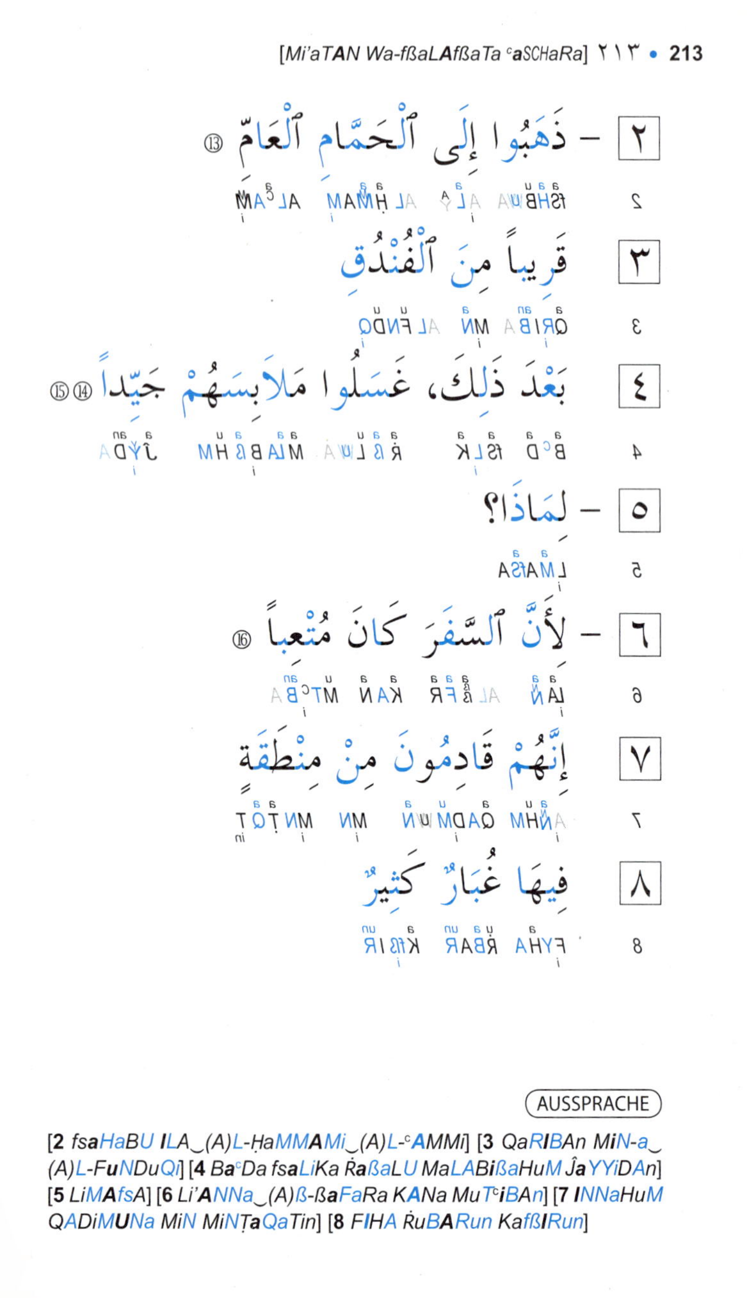

٢ – ذَهَبُوا إِلَى ٱلْحَمَّامِ ٱلْعَامِّ ⑬

2 fSHBUA ALⁱ⁴ ALḤMMAM ALⁱᶜAM

٣ قَرِيباً مِنَ ٱلْفُنْدُقِ

3 QRIBA MN ALFNDQ

٤ بَعْدَ ذَلِكَ، غَسَلُوا مَلَابِسَهُمْ جَيِّداً ⑭ ⑮

4 JⁱYDA MLⁱBⁱSHM RⁱⁱLUⁱA ⁱSLⁱK BᶜD

٥ – لِمَاذَا؟

5 LMAⁱSA

٦ – لِأَنَّ ٱلسَّفَرَ كَانَ مُتْعِباً ⑯

6 MTᶜBA KAN ⁱFR ALᶜ LAN

٧ إِنَّهُمْ قَادِمُونَ مِنْ مِنْطَقَةٍ

7 TⁱQᵀⁱM MN QADⁱMUⁱN MHⁱA AⁱNNHM

٨ فِيهَا غُبَارٌ كَثِيرٌ

8 KⁱBⁱR RⁱBAR FYHA

AUSSPRACHE

[**2** fs**a**HaBU **I**LA‿(A)L-ḤaMM**A**Mi‿(A)L-ᶜ**A**MMi] [**3** QaR**I**BAn MiN-a‿(A)L-Fu**N**DuQi] [**4** Ba**ᶜ**Da fs**a**LiKa Ṙ**a**ßaLU MaLABi**ß**aHuM Ĵ**a**YYiDAn] [**5** LiM**A**fsA] [**6** Li'**A**NNa‿(A)ß-ß**a**FaRa K**A**Na MuTᶜiBAn] [**7** **I**NNaHuM QADiM**U**Na MiN MiNṬaQaTin] [**8** F**I**HA ṘuB**A**Run Kafß**I**Run]

Sie sind ins öffentliche Bad gegangen, – 2
(gingen-sie zu der-Bad(Gen.) der-öffentlich(Gen.))
in der Nähe des Hotels. (nahe von der-Hotel(Gen.)) 3
Danach haben sie ihre Kleidung gut gewaschen. 4
(nach jener wuschen-sie Kleider-ihre gut(Adv.))
Warum? (für-was) – 5
Weil die Reise ermüdend war. – 6
(weil der-Reise(Akk.) war ermüdend(Akk.))
Außerdem kommen sie aus einer Gegend, 7
(sicher-sie ankommende(Pl.) aus Gegend(Gen.))
in der es viel Staub gibt. (in-ihr Staub viel) 8

ANMERKUNGEN

⑬ Sprechen Sie das doppelte م **mim** in أَلْحَمَّامِ ٱلْعَامِّ [*AL-ḤaMMAMi (A)L-ᶜAMMi*] deutlich aus.

⑭ غ **ṙayn** schreibt sich wie ع **ᶜayn** mit einem Punkt darüber. Es ist ein dumpfes r, das tief in der Kehle erzeugt wird und klingt, als spreche man ein nicht gerolltes r und ein ch (wie in „Ach") gleichzeitig.

⑮ Die Pluralendung des Verbs in der 3. Person [*-U*] schreibt sich mit و **waw** und einem nicht gesprochenen ا **alif**.

⑯ Beachten Sie die Schreibweise von ل **lam** und ا **alif** mit ء **hamsa** in لِأَنَّ [*Li'ANNa*]. Bei der Aussprache ist auch auf den kurzen Vokal [*i*] zu achten.

Übung 1: Verstehen Sie diese Sätze?

1. هَلْ وَصَلَ ٱلْمُسَافِرُونَ؟
– نَعَمْ، وَصَلُوا صَبَاحَ ٱلْيَوْمِ
2. هَلْ مَرِضَ ٱلْمُسَافِرُونَ؟
– نَعَمْ، مَرِضُوا بَعْدَ ٱلسَّفَرِ
3. لِمَاذَا غَسَلَ ٱلْمُسَافِرُونَ مَلَابِسَهُمْ؟
4. أَيْنَ ٱلْحَمَّامُ ٱلْعَامُّ؟ – قَرِيباً مِنْ بَيْتِنَا
5. كَيْفَ كَانَ ٱلسَّفَرُ؟ – كَانَ مُتْعِباً

Übung 2: Setzen Sie die fehlenden Wörter ein!

1. – Wo sind die Reisenden hingegangen?
– Sie sind ins öffentliche Bad gegangen.

إِلَى أَيْنَ ذَهَبَ ٱلْمُسَافِرُونَ؟

– ذَهَبُوا إِلَى ______ ٱلْعَامِّ

2. Wann sind sie in diesem billigen Hotel abgestiegen?

مَتَى نَزَلُوا فِي هَذَا ٱلْفُنْدُقِ

______ ؟

Lösung 1: Haben Sie verstanden?

1. – Sind die Reisenden angekommen? – Ja, sie sind heute Morgen angekommen.
2. – Sind die Reisenden erkrankt? – Ja, sie sind nach der Reise erkrankt.
3. Warum waschen die Reisenden ihre Kleidung?
4. – Wo ist das öffentliche Bad? – In der Nähe unseres Hauses.
5. – Wie war die Reise? – Sie war ermüdend.

3. In diesem Hotel gibt es viele Reisende.

فِي هَذَا ٱلْفُنْدُقِ، ٱلْمُسَافِرُونَ ____

4. Die Reisenden haben sich gefreut, weil die Reise toll war.

فَرِحَ ٱلْمُسَافِرُونَ لِأَنَّ ____
كَانَ مُمْتَازاً

5. Sie kommen wirklich aus einer sehr schönen Gegend.

إِنَّهُمْ قَادِمُونَ مِنْ ____
جَمِيلَةٍ جِدّاً

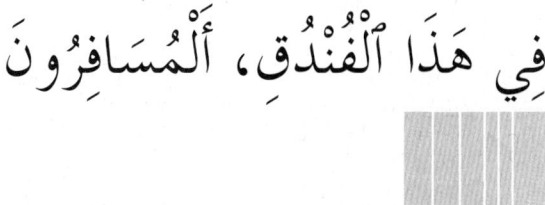

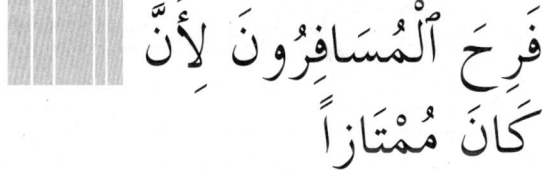

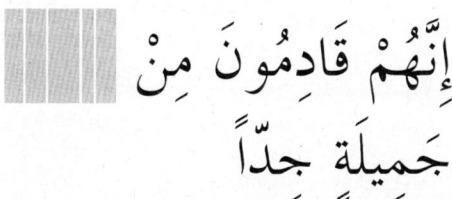

Schreibübung

غسل

ṙayn [Ṙ]

منطقة

qaf [Q]

Leseübung

ألمسافرون

١ – إلى أين ذهب ٱلمسافرون؟

٢ – ذهبوا إلى ٱلحمّام ٱلعامّ

٣ قريباً من ٱلفندق

٤ بعد ذلك، غسلوا ملابسهم جيّداً

٥ – لماذا؟

٦ – لأنّ ٱلسّفر كان متعباً

٧ إنّهم قادمون من منطقة

٨ فيها غبار كثير .

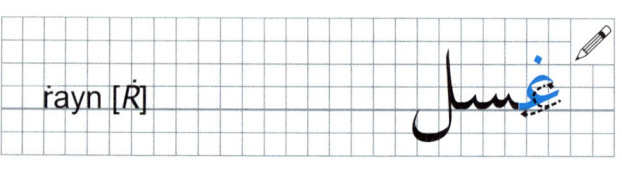

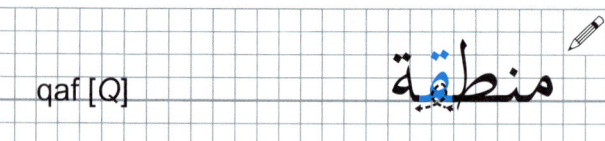

Lösung 2: Die fehlenden Wörter.

1 ٱلْحَمَّامِ [(A)L-ḤaMMAMi] 2 ٱلرَّخِيصِ [(A)R-RaCHIẞi]
3 كَثِيرُونَ [KafßIRunA] 4 ٱلسَّفَرَ [(A)ß-ßaFaRa]
5 مِنْطَقَةٍ [MiNṬaQaTin]

أَلنَّظَافَةُ مِنَ ٱلدِّينِ

„Reinheit ist ein Teil des Glaubens."
(die-Sauberkeit von der-Glaube(Gen.))
[AN-NaṢAFaTu MiN-a (A)D-DINi]

Der Hammam

Als حَمَّام [ḤaMMAM] bezeichnet man nicht nur das Badezimmer und die Toilette, sondern auch ein orientalisches Dampfbad, bei uns auch bekannt als „türkisches Bad". Die meist öffentlichen Dampfbäder finden sich in allen Ländern der arabischen Welt und werden – allerdings zu verschiedenen Zeiten – sowohl von Frauen als auch von Männern aufgesucht. Neben dem feuchten Schwitzbad werden hier auch Massagen und Ganzkörperbehandlungen mit einem Handschuh aus Ziegenhaar vorgenommen, mit dem die obersten Hornschichten der Haut entfernt werden. Auch zahlreiche kosmetische Behandlungen werden angeboten.

٢٧ أَلدَّرْسُ ٱلسَّابِعُ وَٱلْعِشْرُونَ

أَلرُّجُوعُ

١ فِي يَوْمِ ٱلْغَدِ، ذَهَبْنَا مَعَ ٱلْمُسَافِرِينَ
إِلَى ٱلْحَيِّ ٱلْقَدِيمِ ①

٢ وَ مَرَرْنَا بِأَمَاكِنِ ٱلْمَدِينَةِ
ٱلْجَمِيلَةِ ②③④

٣ كَانُوا مَسْرُورِينَ جِدّاً لِذَلِكَ ⑤

٤ بَعْدَ أُسْبُوعٍ، رَجَعُوا إِلَى بُيُوتِهِمْ ⑥⑦

AUSSPRACHE

[AD-DaRßu‿(A)ß-ßABiᶜu Wa-(A)L-ᶜISCHRUNa] [AR-RuĴUᶜu] [1 FI YaUMi‿(A)L-ĠaDi fsaHaBNA Maᶜa‿(A)L-MußAFiRINa ILA‿(A)L-ḤaYYi‿(A)L-QaDIMi] [2 Wa-MaRaRNA Bi-AMAKiNi‿(A)L-MaDINa-Ti‿(A)L-ĴaMILaTi] [3 KANU MaßRURINa ĴiDDAn Li-fsaLiKa] [4 Baᶜ-Da UßBUᶜin RaĴaᶜU ILA BuYUTiHiM]

ANMERKUNGEN

① مَعَ ٱلْمُسَافِرِينَ [Maᶜa (A)L-MußAFiRINa]. Im Genitiv und Akkusativ verändert sich die Pluralendung [-UNa] zu [-INa].

27. Lektion

Die Rückkehr

Am nächsten Tag gingen wir mit den Reisenden in das alte Stadtviertel, (in Tag(Gen.) der-morgige gingen-wir mit die-Reisenden(Gen.) zu der-Stadtviertel(Gen.) der-alt(Gen.)) **1**

und wir sind an den schönen Orten der Altstadt vorbeigegangen. (und-vorbeigingen-wir mit-Orten(Gen.) die-Stadt(Gen.) die-schöne(Gen.)) **2**

Sie waren deswegen sehr zufrieden. (waren-sie fröhlich(Akk.) sehr für-jener) **3**

Nach einer Woche sind sie nach Hause zurückgekehrt. (nach Woche(Gen.) zurückkehrten-sie zu Häuser(Gen.)-ihre) **4**

ANMERKUNGEN

In der 1. und 2. Pers. Sg. und Pl. werden aus dem verdoppelten ر **ra** in مَرَّ [*MaRRa*] zwei **ra**: مَرَرْنَا [*MaR**a**RNA*] „wir sind vorbeigegangen". ②

ٱلْأَمَاكِنُ [*AL-AM**A**KiNu*]: Wie bei أَلْمَلَابِسُ [*AL-MaL**A**BißU*] liegt hier ein innerer Plural vor. „Der Ort" heißt أَلْمَكَانُ [*AL-MaK**A**Nu*]. ③

Vorsicht! Bezieht sich ein Adjektiv auf ein Pluralnomen, das eine Sache oder einen Gegenstand bezeichnet, steht das Adjektiv im Femininum ٱلْأَمَاكِنُ ٱلْجَمِيلَةُ [*AL-AM**A**KiNu (A)L-ĴaM**I**LaTu*]. ④

Nach كَانَ [*K**A**Na*] steht das Adjektiv immer im Akkusativ: كَانُوا مَسْرُورِينَ [*K**A**NU MaßRUR**I**Na*] „sie waren zufrieden". ⑤

إِلَى بُيُوتِهِمْ [*ILA BuY**U**TiHiM*] ist ein weiterer innerer Plural mit der Endung [-*iHiM*]: بُيُوتٌ [*BuY**U**Tun*] „Häuser" von بَيْتٌ [*B**a**Y-Tun*] „ein Haus". ⑥

Das angehängte Pronomen ـــهُم [-*HuM*] wird hier zu ـــهِم [-*HiM*], da es sich um eine Genitiv-Konstruktion handelt. ⑦

٥ كَانَتْ سَفْرَتُهُمْ هَذِهِ جَمِيلَةً! ⑧⑨

AUSSPRACHE

[5 KANaT ßaFRaTuHuM HafsiHi ĴaMILaTan]

Buchstaben erkennen und lesen

أَلرُّجُوعُ

١ فِي يَوْمِ ٱلْغَدِ، ذَهَبْنَا مَعَ ٱلْمُسَافِرِينَ

FI YUM ALRD ᶜ ᶜ ĩSHBNA Mᶜ ALMßAFRIN ١

إِلَى ٱلْحَيِّ ٱلْقَدِيمِ ⑩

٢ وَ مَرَرْنَا بِأَمَاكِنِ ٱلْمَدِينَةِ ٱلْجَمِيلَةِ

W MRRNA BAMAKN ALMDINT ALĴMILT ٢

٣ كَانُوا مَسْرُورِينَ جِدّاً لِذَلِكَ

٤ بَعْدَ أُسْبُوعٍ، رَجَعُوا إِلَى بُيُوتِهِمْ ⑪

AUSSPRACHE

[AR-RuĴUᶜu] [1 FI YaUMi‿(A)L-ṘaDi fsaHaBNA Maᶜa‿(A)L-MußAFiRINa ILA‿(A)L-ḤaYYi‿(A)L-QaDIMi] [2 Wa-MaRaRNA Bi-AMAKiNi‿(A)L-MaDINaTi‿(A)L-ĴaMILaTi] [3 KANU MaßRURINa ĴiDDAn Li-fsaLiKa] [4 BaᶜDa UßBUᶜin RaĴaᶜU ILA BuYUTiHiM]

Ihre Reise war schön! (war-sie Reise-ihre diese schöne(Akk.)) **5**

ANMERKUNGEN

⑧ سَفْرَةٌ [*ßaFRaTun*] „eine Reise" bezeichnet eine konkrete Strecke, die man zurücklegt, während das verwandte سَفَرٌ [*ßaFaRun*] „eine Reise" eher das Verreisen bzw. Wegfahren als solches meint.

⑨ هَذِه [*HafsiHi*] „diese" ist das weibliche Gegenstück zu هَذَا [*HafsA*]. Steht das Nomen mit einem Personalpronomen, so folgt diesem das Demonstrativpronomen: سَفْرَتُهُمْ هَذِهِ [*ßaFRaTu-HuM HafsiHi*].

Die Rückkehr

Am nächsten Tag gingen wir mit den Reisenden in das alte Stadtviertel, (in Tag(Gen.) der-morgige gingen-wir mit die-Reisenden(Gen.) zu der-Stadtviertel(Gen.) der-alt(Gen.)) **1**

und wir sind an den schönen Orten der Altstadt vorbeigegangen. (und-vorbeigingen-wir mit-Orten(Gen.) die-Stadt(Gen.) die-schöne(Gen.)) **2**

Sie waren deswegen sehr zufrieden. (waren-sie fröhlich(Akk.) sehr für-jener) **3**

Nach einer Woche sind sie nach Hause zurückgekehrt. (nach Woche(Gen.) zurückkehrten-sie zu Häuser(Gen.)-ihre) **4**

ANMERKUNGEN

⑩ Achten Sie auch immer auf die korrekte Betonung wie hier in أَلْمُسَافِرِين [*(A)L-MußAFiRINa*].

⑪ Dieser Satz bietet ein weiteres gutes Beispiel zur Aussprache und Schreibweise von ع **ᶜayn**.

٥ كَانَتْ سَفْرَتُهُمْ هَذِهِ جَمِيلَةً! ⑫

5 KANT ßFRTHM HßH ĴMILT

AUSSPRACHE

[5 KANaT ßaFRaTuHuM HafsiHi ĴaMILaTan]

Übung 1: Verstehen Sie diese Sätze?

1 كَانُوا قَادِمِينَ مِنْ مِنْطَقَةٍ جَمِيلَةٍ

2 كَانُوا مَسْرُورِينَ جِدّاً لِاجْتِمَاعِهِمْ

3 مَرُّوا بِحَيٍّ قَدِيمٍ مَعَ ٱلْمُسَافِرِينَ

4 رَجَعُوا مَعَ وَلَدِهِمْ إِلَى بَيْتِهِمْ بَعْدَ أُسْبُوع

5 بَعْدَ ذَلِكَ، نَزَلُوا فِي فُنْدُقٍ جَيِّدٍ لِأَنَّ وَلَدَهُمْ كَانَ مَرِيضاً

Übung 2: Setzen Sie die fehlenden Wörter ein!

1 – Wo seid ihr mit den Reisenden hingefahren? – Nach Algerien.

إِلَى أَيْنَ ___ مَعَ ٱلْمُسَافِرِينَ؟

– إِلَى ٱلْجَزَائِرِ

5 Ihre Reise war schön! (war-sie Reise-ihre diese schöne(Akk.))

ANMERKUNGEN

⑫ Sie haben nun alle Buchstaben des arabischen Alphabets kennen gelernt. Wiederholen Sie sie oft, und üben Sie in jeder Lektion, einige Wörter zu schreiben.

Lösung 1: Haben Sie verstanden?

1. Sie sind (waren-sie ankommend) aus einer schönen Gegend gekommen.
2. Sie waren mit (für-) ihrer Versammlung sehr zufrieden.
3. Sie gingen mit den Reisenden durch ein altes Viertel.
4. Sie sind mit ihrem Kind nach einer Woche nach Hause zurückgekehrt.
5. Danach sind sie in einem guten Hotel abgestiegen, weil ihr Kind krank war.

2. Die alten Orte waren schön.

كَانَتِ ٱلْأَمَاكِنُ ٱلْقَدِيمَةُ ……

3. Diese Reise war sehr ermüdend.

كَانَتْ هَذِهِ ٱلسَّفْرَةُ …… جِدّاً

4. Seid ihr im Altstadtviertel vorbeigegangen?

هَلْ …… بِحَيِّ ٱلْمَدِينَةِ ٱلْقَدِيمِ؟

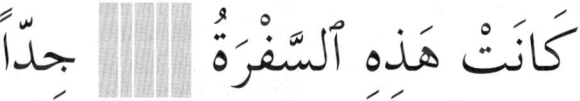

Nach dieser Reise waren sie sehr zufrieden. (5)

بَعْدَ هَذِهِ ٱلسَّفْرَةِ، كَانُوا ______ جِدّاً

Schreibübung

ya [*Y*] أَلحيّ

ᶜayn [*ᶜ*] أسبوع

ha [*H*] هذه

Algerien

Mit einer Fläche von 2.38 Millionen km² ist Algerien nach dem Sudan und vor Saudi Arabien das zweitgrößte Land in der Arabischen Welt. Der arabische Name أَلْجَزَائِر [*AL-ĴaSA'iR*], des im Norden durch das Atlasgebirge und die Mittelmeerküste, sowie im weitaus größeren Südteil von der Wüste Sahara eingenommenen Landes, aber auch seiner Hauptstadt, heißt übersetzt „die Inseln" – als innere Pluralform von أَلْجَزِيرَة [*AL-ĴaSIRaT*]

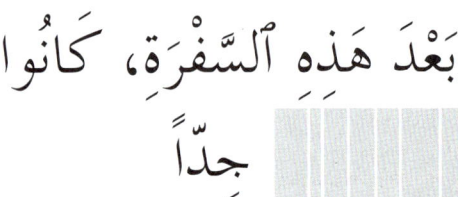

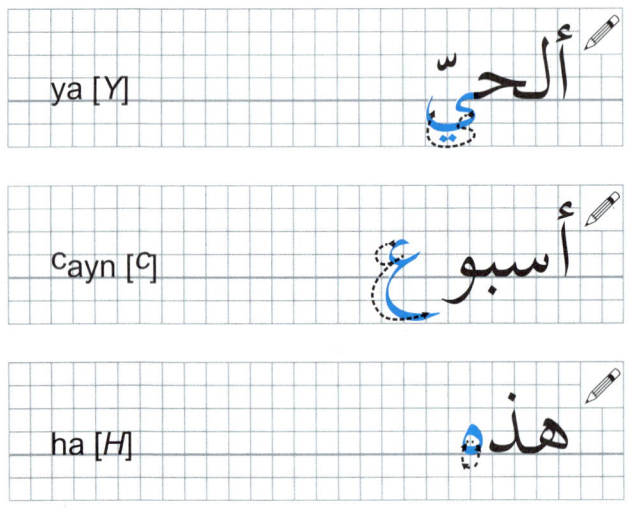

Lösung 2: Die fehlenden Wörter.

❶ ذَهَبْتُمْ [*fsaHaBTuM*] ❷ جَمِيلَةً [*ĴaMILaTan*]

❸ مُتْعِبَةً [*ṀuTᶜiBaTan*] ❹ مَرَرْتُمْ [*MaRaRTuM*]

❺ مَسْرُورِينَ [*MaßRURINa*]

Leseübung

ألرّجوع

١ في يوم ٱلغد، ذهبنا مع ٱلمسافرين إلى ٱلحيّ ٱلقديم

٢ و مررنا بأماكن ٱلمدينة ٱلجميلة

٣ كانوا مسرورين جدّا لذلك

٤ بعد أسبوع، رجعوا إلى بيوتهم

٥ كانت سفرتهم هذه جميلة!

„die Insel". Es handelt sich dabei um eine Kurzform von جَزَائِر بَنِي مَزْغَنَّى [*ĴaSA'iR BaNI MaSṘaNNA*] „die Inseln des Bani Mazghanna (-Stammes)"; diese wurde von mittelalterlichen Geographen wie Al-Idrisi und Yaqut al-Hamawi für die auf dem Gebiet des heutigen Nordalgeriens verstreuten arabischen Siedlungen – bzw. Sprachinseln – inmitten der sonst berberischen Gebiete verwendet. Die Sahara heißt auf Arabisch übrigens أَلصَّحْرَاء ٱلْكُبْرَى [*Aẞ-ẞaḤRA' AL-KuBRA*] „die größte Wüste".

Sie haben sich nun bereits mit dem gesamten arabischen Alphabet vertraut gemacht. Auch wenn es Ihnen noch nicht immer gelingt, einzelne Wörter zu entziffern, sollte Sie das nicht entmutigen. Es ist normal, dass Sie sich an die fremde Sprachstruktur gewöhnen müssen. Sie sollten dabei keine Eile haben. Lesen und schreiben Sie die bis jetzt bekannten Texte so oft wie möglich, und haben Sie kein schlechtes Gewissen, wenn Sie immer wieder auf die Transkription schauen müssen. Um die Aussprache und die richtige Intonation zu meistern, sollten Sie sich den Text von Arabern vorlesen lassen oder möglichst häufig die Tonaufnahmen anhören, falls Sie sie besitzen.

٢٨ أَلدَّرْسُ ٱلثَّامِنُ وَٱلْعِشْرُون

[*AD-DaRßu (A)fß-fßAMiNu Wa-^ciSCHRUNa*]

مُرَاجَعَةٌ وَمُلاَحَظَاتٌ

Sie beherrschen bereits die wichtigsten Grundzüge der Schrift, unterscheiden lautlich zwischen ähnlich klingenden Buchstaben, kennen einige wichtige Grundregeln der Grammatik und des Satzbaus, und Sie können schon mit manch einer Floskel, wie! أَلسَّلاَمُ عَلَيْكَ [*Aß-ßaLAMu ^caLaYKa*] „Friede sei mit dir!" oder أَلْحَمْدُ لِلّٰهِ! [*AL-ḤaMDu Li-LLaHi*] „Gott sei Dank!" auftrumpfen. Fassen wir also zusammen, was Sie in den letzten Lektionen kennen gelernt haben.

سَفْرَةٌ سَعِيدَةٌ

„Gute Reise!"
(Reise glückliche)
[*ßaFRaTun ßaᶜIDaTun*]

28. Lektion

1. Neue Buchstaben

ض **ḍad** und ظ **ṣa** sind „Sonnenbuchstaben"; ظ **ṣa** haben Sie in أَلظُّهْر [*AṢ-ṢuHR*] „der Mittag" kennen gelernt. Das arabische Alphabet hat insgesamt 14 Sonnenbuchstaben. In der Kurseinleitung finden Sie eine Referenzliste aller Buchstaben mit deren Schreibweise je nach Position innerhalb eines Wortes.

Ende	Mitte	Anfang	isoliert	Name und Lautwert
ـض	ـضـ	ضـ	ض	**ḍad** [*Ḍ*]
ـظ	ـظـ	ظـ	ظ	**ṣa** [*Ṣ*]
ـغ	ـغـ	غـ	غ	**ṙayn** [*Ṙ*]

2. Schrift

Der einzige Buchstabe, der möglicherweise noch etwas unklar sein mag, ist das ء **hamsa**. Es steht

- am Wortanfang über dem Trägerbuchstaben ا **alif**:

„ein Meister, ein Professor" [*UßTAfsun*] أُسْتَاذٌ

- in Verbindung mit dem Trägerbuchstaben ي **ya** ohne die beiden Punkte in der Wortmitte:

„ein Tisch" [*MA'iDaTun*] مَائِدَةٌ

- separat nach einem ا **alif** am Wortende:

„eine Luft" [*HaWA'un*] هَوَاءٌ

3. Demonstrativpronomen (Hinweisende Fürwörter)

Sie haben sie bereits im Singular für das Maskulinum und das Femininum kennen gelernt:

„diese" (♀) [*HafsiHi*] هَذِهِ

„dieser" (♂) [*HafsA*] هَذَا

• Hinweisende Funktion

Hat das Demonstrativpronomen hinweisende Funktion, so steht es vor dem Nomen, auf das es sich bezieht. Dieses trägt dabei den bestimmten Artikel [*AL*-]:

„diese(r ♂) Versammlung ♂" [*HafsA (A)L-IĴTiMA^c^un*] هَذَا ٱلْإِجْتِمَاعُ

„diese Stadt" [*HafsiHi (A)L-MaDINaTu*] هَذِهِ ٱلْمَدِينَةُ

Die Demonstrativpronomen ändern sich nicht, wenn sie im Akkusativ oder Genitiv stehen:

„in diesem Hotel" [*FI HafsA (A)L-FuNDuQi*] فِي هَذَا ٱلْفُنْدُقِ

Bezieht sich das Demonstrativpronomen auf ein Nomen, dem ein Personalpronomensuffix folgt, steht es stets hinter diesem. Diese Konstruktion lässt sich nicht eindeutig ins Deutsche übersetzen!

كَانَتْ سَفْرَتُهُمْ هَذِهِ جَمِيلَةً

„Ihre Reise, die war schön."
(sie-war Reise-ihre diese schöne)
[KANaT ßaFRaTuHuM HafsiHi ĴaMILaTan]

Steht ein Nomen, das eine unbelebte Sache oder abstrakte Begriffe bezeichnet, im Plural, gilt es grammatisch als weiblicher Singular. Man verwendet dann das weibliche Demonstrativpronomen هَذِه [HafsiHi]:

هَذِهِ ٱلْأَمَاكِنُ „diese Orte"
[HafsiHi (A)L-AMAKiNu]

• **Substantivische Funktion**

Daneben können Demonstrativpronomen auch eine substantivische Funktion haben:

مَنْ هَذَا؟ „Wer [ist] dieser?"
[MaN HafsA]

هَذِهِ بُيُوتُهُ „Diese [sind] seine Häuser."
[HafsiHi BuYUTuHu]

Sie haben bereits das Demonstrativpronomen ذَلِكَ [fsaLiKa] „jener" kennen gelernt, das ebenfalls oft in Kombination mit einer Präposition vorkommt:

لِذَلِكَ „darüber, deshalb, deswegen"
[Li-fsaLiKa]

بَعْدَ ذَلِكَ „danach, nachdem"
[BacDa fsaLiKa]

ذَلِكَ [fsaLiKa] kann auch in einer Genitivverbindung auftauchen und verändert sich dabei nicht:

بِسَبَبِ ذَلِكَ „aus diesem Grund"
[Bi-ßaBaBi fsaLiKa]

4. Plural der Nomen und Adjektive

Beim Numerus von Nomen und Adjektiven unterscheidet man Singular (=Einzahl), Dual (=Zweizahl) und Plural (=Mehrzahl). Der Plural wird auf zwei Arten gebildet: Beim „äußeren Plural" wird eine spezielle Plural-Endung an den Singular angefügt; beim „inneren Plural" verändert sich das Wortbildungsmuster.

• Äußerer Plural

Männliche Nomen und Adjektive, die den Plural „äußerlich" bilden, sind im Nominativ an der speziellen Plural-Endung ـُونَ [-*UNa*] zu erkennen:

„die Reisenden" [*AL-MußAFiR-UNa*]	أَلْمُسَافِرُونَ
„wir [sind] zufrieden/glücklich/froh" [*Wa-NaḤNu MaßRUR-UNA*]	وَنَحْنُ مَسْرُورُونَ

Steht die Pluralform allerdings im Akkusativ oder Genitiv, ändert sich die Endung zu ـِينَ [-*INa*]:

„mit den Reisenden" [*Maᶜa (A)L-MußAFiR-INa*]	مَعَ ٱلْمُسَافِرِينَ

Nach كَانَ [*KANa*] steht das Bezugswort immer im Akkusativ:

„sie waren zufrieden/glücklich/froh" [*KANU MaßRUR-INa*]	كَانُوا مَسْرُورِينَ

Diese fallabhängige Endung wird auch mit den Passiv-Partizipien (Mittelworte) wie مَسْرُورٌ [*MaßRURun*] „zufrieden, glücklich, froh" und den Aktiv-Partizipien wie قَادِمٌ [*QADiMun*] „ankommend" verwendet. (Arabische Verben bilden zwei Nominalformen: das Verbalnomen und das Partizip. Das Partizip kann wiederum in eine aktive und eine passive Form unterteilt werden, wobei beide gleichermaßen als Substantiv oder Adjektiv benutzt werden können.)

• Innerer Plural

Der innere Plural wird durch Veränderungen in der Lautgestalt des Wortes gebildet, wobei Buchstaben – häufig ا **alif** am Wortanfang – ergänzt werden können. Aufgrund dieser Veränderungen ist es nicht immer einfach, ein Wort, das man im Singular kennt, auch im Plural ohne weiteres wiederzuerkennen. Oft sind die Konsonanten der Wortwurzel der einzige Orientierungspunkt, denn sie bleiben stets in ihrer Reihenfolge erhalten:

„Häuser" [BuYUT]	بُيُوت	„Haus" [BaYT]	بَيْت
„Orte" [AMAKiN]	أَمَاكِن	„Ort" [MaKAN]	مَكَان
„Kinder" [AULAD]	أَوْلَاد	„Kind" [WaLaD]	وَلَد

Im Laufe dieses Kurses werden Sie die unterschiedlichen Bildungsmuster kennen lernen. Im Moment reicht es, wenn Sie jedes neue Wort mit seiner entsprechenden Pluralform – soweit diese angegeben wird – erkennen.

Setzt man ein Substantiv, das etwas Unbelebtes oder Abstraktes bezeichnet, in den Plural, so wird ein solcher Plural im grammatischen Sinne wie ein weiblicher Singular behandelt. Beispiel: Da der Plural أَمَاكِن [AMAKiN] etwas Unbelebtes bezeichnet und damit wie ein weiblicher Singular behandelt wird, muss auch das von أَمَاكِن [AMAKiN] abhängige Adjektiv im Femininum Singular stehen: جَمِيلَة [ĴaMILaT]. Gleiches gilt auch für Demonstrativ- oder Personalpronomen, die sich auf unbelebte Plurale beziehen; auch sie müssen im Femininum Singular stehen:

مَرَرْنَا بِٱلْأَمَاكِنِ ٱلْجَمِيلَةِ

„Wir sind an den schönen Orten vorbeigegangen."
[MaRaRNA Bi(A)L-AMAKiNi (A)L-ĴaMILaTi]

5. Konjugation und Personalpronomen

Sie haben die Konjugation des Verbs im Perfekt für die 1. („wir"), 2. („ihr") und 3. Person („sie") Plural Maskulinum kennen gelernt und auch einiges zu den unabhängigen und angehängten Personalpronomen dieser Personen erfahren. Wir fassen zusammen. Als Beispiel für die Verbformen verwenden wir كَتَبَ [*K**a**TaBa*]:

		Verb-endung	Personal-pronomensuffix		
[- - -*Tu*]	[-*I*] [***A**NA*]	كَتَبْتُ	ي	أَنَا	ich
[- - -*Ta*]	[-*Ka*] [***A**NTa*]	كَتَبْتَ	كَ	أَنْتَ	du♂
[- - -*Ti*]	[-*Ki*] [***A**NTi*]	كَتَبْتِ	كِ	أَنْتِ	du♀
[- - -*a*]	[-*Hu*/-*Hi*] [*H**u**Wa*]	كَتَبَ	هُ / هِ	هُوَ	er
[- - -*aT*]	[-*HA*] [*H**i**Ya*]	كَتَبَتْ	ـــهَا	هِيَ	sie♀
[- - -*NA*]	[-*NA*] [*N**a**ḤNu*]	كَتَبْنَا	نَا	نَحْنُ	wir
[- - -*TuM*]	[-*KuM*] [***A**NTuM*]	كَتَبْتُمْ	كُمْ	أَنْتُمْ	ihr♂♂
[- - -*U*]	[-*HuM/HiM*] [*HuM*]	كَتَبُوا	هُمْ/هِمْ	هُمْ	sie♂♂

Sie stellen fest, dass diese Tabelle noch nicht komplett ist! Die angehängten Personalpronomen هُ [-*Hu*] und هُمْ [-*HuM*] werden zu هِ [-*Hi*] und هِمْ [-*HiM*], wenn sie als Suffix an ein Nomen im Genitiv angefügt werden:

رَجَعُوا إِلَى بُيُوتِهِمْ

„Sie sind nach Hause zurückgekehrt."
[*R**a**Ĵa*ᶜ*U **I**LA BuY**U**Ti-HiM*]

Das Personalpronomensuffix kann auch an Verben und Präpositionen angehängt werden:

وَجَدْنَاهَا عَلَى ٱلْمَائِدَةِ ٱلْكَبِيرَةِ

„Wir haben ihn (sie) auf dem großen Tisch gefunden."
[*WaĴaDN**A**HA* ᶜ***a**LA (A)L-MA'**i**DaTi (A)L-KaB**I**RaTi*]

خَرَجْنَا مِنْهُ

„Wir sind von dort weggegangen."
[*CHaRaĴNA MiN-Hu*]

• **Konjugation von** مَرَّ [*MaRRa*] „vorbeigehen"

Jedes Verb hat eine Wurzel aus meistens drei – selten vier – Konsonanten. مَرَّ [*MaRRa*] wird mit einem verdoppelten ر **ra** geschrieben, das als zwei Konsonanten gilt. Folglich ist seine Wurzel (***M-R-R***):

[*Ma-Ra-R-Tu*]	مَرَرْتُ	ich
[*Ma-Ra-R-Ta*]	مَرَرْتَ	du♂
[*Ma-Ra-R-Ti*]	مَرَرْتِ	du♀
[*Ma-RR-a*]	مَرَّ	er
[*Ma-RR-aT*]	مَرَّتْ	sie♀
[*Ma-Ra-R-NA*]	مَرَرْنَا	wir
[*Ma-Ra-R-TuM*]	مَرَرْتُمْ	ihr♂♂
[*Ma-RR-U*]	مَرُّوا	sie♂♂

In der 3. Person Singular und Plural werden die beiden ر **ra** lautlich zusammengezogen und mit einem ـّـ **schadda** geschrieben. In den anderen Personen sind beide ر **ra** einzeln erhalten.

LEKTION 28

6. Vergangenheit von „sein": كَانَ [*KANa*]

Es gibt im Prinzip keine Entsprechung für das Verb „sein" in der Gegenwart; in der Vergangenheit dagegen gibt es كَانَ [*KANa*], das wir bereits in diesen drei Formen kennen:

[KAN-a]	كَانَ	er war
[KAN-aT]	كَانَتْ	sie♀ war
[KAN-U]	كَانُوا	wir waren

Nach كَانَ [KANa] steht die prädikative Ergänzung immer im Akkusativ: كَيْفَ كَانَ ٱلْإِجْتِمَاعُ؟ – كَانَ مُمْتَازاً

„Wie war die Versammlung?" – „Sie war toll."
[KaYFa KANa (A)L-IĴTiMA^cu – KANa MuMTASAn]

كَانُوا مَسْرُورِينَ

„Sie waren zufrieden."
[KANU MaßRURINa]

7. Genitivverbindung: Weitere Anmerkungen

Genitivverbindungen können auch aus mehreren – selten mehr als drei – Wörtern bestehen. Das letzte Wort trägt den Artikel:

بِسَبَبِ تَكْيِيفِ ٱلْهَوَاءِ

„wegen der Klimaanlage"
[Bi-ßaBaBi TaKYIFi (A)L-HaWA'i]

Folgt dem dritten Wort ein Personalpronomensuffix, trägt keines der drei Wörter einen Artikel:

بِسَبَبِ تَكْيِيفِ (هَوَاءِ) سَيَّارَتِهِ

„wegen der (Luft-)Klimaanlage seines Autos"
[Bi-ßaBaBi TaKYIFi (HaWA'i) ßaYYARaTiHi]

Ein Wort wie هَوَاءِ [HaWA'i] wird in der normalen Umgangssprache weggelassen, damit nicht mehr als drei Wörter in der Genitivverbindung auftauchen. Da in solchen Genitivverbindungen Adjektive nach zwei Nomen stehen können, ist manchmal nicht klar zu erkennen, auf welches dieser Nomen sich das Adjektiv bezieht, besonders dort, wo neben einem weiblichen Nomen eine Pluralform einer unbelebten Sache ebenfalls durch ein weibliches Adjektiv näher bestimmt wird:

وَمَرَرْنَا بِأَمَاكِنِ ٱلْمَدِينَةِ ٱلْجَمِيلَةِ

„Und wir sind an den schönen Orten der Stadt vorbeigegangen."
oder
„Und wir sind an den Orten der schönen Stadt vorbeigegangen."
[*Wa-MaRaRNA Bi-AMAKiNi (A)L-MaDINaTi (A)L-ĴaMILaTi*]

جَمِيلَةِ [*ĴaMILaTi*] kann sich sowohl auf ٱلْمَدِينَةِ [*AL-MaDINaTi*] als auch auf أَمَاكِنِ [*AMAKiNi*] beziehen, da unbelebte Sachen im Plural grammatisch wie ein Singular Femininum behandelt werden.

8. Nützliche Wörter

Sie haben neben Adjektiven, Nomen und Verben eine Reihe weiterer nützlicher Wörter und Begriffe kennen gelernt:

• Interrogativpronomen

Sie kennen bereits sieben Fragewörter:

أَيْنَ؟	„wo?" [*AYNa*]	إِلَى أَيْنَ؟	„wohin?" [*ILA AYNa*]
مَا؟	„was?" [*MA*]	كَيْفَ؟	„wie?" [*KaYFa*]
مَنْ؟	„wer?" [*MaN*]	لِمَاذَا؟	„warum?" [*LiMAfsA*]
مَتَى؟	„wann?" [*MaTA*]		

• Adverbien

Wichtige Adverbien sind u.a.:

أَيْضاً	„auch" [*AYḌAn*]	فَوْراً	„sofort" [*FaURAn*]

هُنَا	„hier" [*HuNA*]	هُنَاكَ	„dort" [*HuNAKa*]
جِدّاً	„sehr" [*ĴiDDAn*]	كَثِيراً	„viel / sehr" [*KafßIRAn*]
قَلِيلاً	„wenig" [*QaLILAn*]	قَرِيباً مِنْ	„nahe bei" [*QaRIBAn MiN*]

هُنَاكَ [*HuNAKa*] wird auch im Sinne von „es gibt ..." bzw. „gibt es ...?" verwendet:

هَلْ هُنَاكَ مَكْتَبُ بَرِيدٍ؟

„Gibt es (dort) ein Postamt?"
[*HaL HuNAKa MaKTaBu BaRIDin*]

هُنَاكَ بَيْتٌ

„Es gibt (dort) ein Haus."
[*HuNAKa BaYTun*]

• **Präpositionen**

Sie kennen schon:

بِـ	„mit" [*Bi-*]	مَعَ	„mit" [*Maᶜa*]
إِلَى	„nach, zu" [*ILA*]	بَعْدَ	„nach" (zeitlich)" [*BaᶜDa*]
فِي	„in" [*FI(-)*]	مِنْ	„aus, von" [*MiN*]
لِـ	„für" [*Li- (La-)*]	عَلَى	„auf" [*ᶜaLA*]
عِنْدَ	„bei" [*ᶜiNDa*]		

Die Präpositionen عِنْدَ [*ᶜiNDa*] und لَـ [*La-*] (لِـ [*Li-*] wird vor angehängtem Personalpronomen zu لَـ [*La-*]) werden auch verwendet, um das Hilfsverb „haben" zu umschreiben:

لَهُ / عِنْدَهُ سَيَّارَةٌ

„Er hat ein Auto."
[*LaHu / ᶜiNDaHu ßaYYARaTun*]

مَا عِنْدَكُمْ نُقُودٌ؟

„Habt ihr kein Geld?"
[*MA ᶜiNDaKuM NuQUDun*]

• Konjunktionen (Bindewörter)

لِأَنَّ	[*Li'ANNa*]	„weil" + Nomen im Akkusativ oder Personalpronomensuffix
وَلٰكِنْ	[*WaLaKiN*]	„aber" + Verb
وَلٰكِنَّ	[*WaLaKiNNa*]	„aber" + Nomen, Pronomen

Wenn diesen Konjunktionen ein Nomen folgt, steht dieses im Akkusativ.

لِأَنَّ [*Li'ANNa*] und وَلٰكِنَّ [*WaLaKiNNa*] können auch in Verbindung mit einem Personalpronomensuffix stehen, jedoch folgt ihnen nie direkt ein Verb:

لِمَاذَا؟ – لِأَنَّ ٱلسَّفَرَ كَانَ مُتْعِباً

„Warum? – Weil die Reise ermüdend war."
[*LiMAfsA – Li'ANNa (A)ß-ßaFaRa KANa MuTᶜiBAn*]

(Wie Sie sehen können, steht ٱلسَّفَرَ [*Aß-ßaFaRa*] hier im Akkusativ.)

– هَلْ نَزَلْتُمْ فِي فُنْدُقٍ جَيِّدٍ؟

„– Seid ihr in einem guten Hotel abgestiegen?"
[*HaL NaSaLTuM FI FuNDuQin ĴaYYiDin*]

– نَعَمْ، وَلٰكِنَّهُ مُكْلِفٌ قَلِيلاً

„– Ja, aber es ist etwas teuer."
[*NaᶜaM WaLaKiNNaHu MuKLiFun QaLILAn*]

– وَلٰكِنْ، مَا كَانَتْ عِنْدَنَا نُقُودٌ

„– Aber wir hatten kein Geld."
[*WaLaKiN MA KANaT ᶜiNDaNA NuQUDun*]

Einige Konjunktionen haben keine direkte deutsche Entsprechung: إِنَّ [*INNa*] „sicher, wirklich" wird zur Hervorhebung eines Subjekts wie auch zur Einleitung eines Nominalsatzes verwendet.

وَجَدْنَا فِيهَا شَيْئاً نَفِيساً. إِنَّهُ سِوَارٌ مِنْ ٱلذَّهَبِ

„Wir haben dort etwas Wertvolles gefunden.
Und zwar ein Armband aus Gold."
[WaĴ**a**DNA F**I**HA SCH**a**Y'An NaF**I**ßAn **I**NNAHu ßiW**A**Run M**i**N-a (A)fs-fs**a**HaBi]

إِنَّهُ [INNAHu] lässt sich hier nicht wirklich übersetzen und hat folglich im deutschen Satz keine eindeutige Entsprechung.

Andere Konjunktionen werden direkt mit dem darauffolgenden Wort verbunden. Hierzu gehört فَـ [Fa-] „so" oder „und dann", das wir bereits aus der Konstruktion أَمَّا ... فَـ [**A**MMA Fa- + Verb] kennen. فَـ [Fa-] kann aber auch in Verbindung mit der Verneinungspartikel مَا [MA] stehen:

أَمَّا نَحْنُ فَمَا مَكَثْنَا فِي بَيْتِنَا

„Was uns betrifft, so sind wir nicht in unserem Haus geblieben."
[**A**MMA N**a**ḤNu Fa-M**A** MaK**a**fsNA FI B**a**YTiNA]

Die sehr häufig gebrauchte Konjunktion وَ [Wa-] „und" kann ähnlich wie im Deutschen einen Haupt- mit einem Nebensatz verbinden:

خَرَجْنَا مِنْهُ وَ نَحْنُ مَسْرُورُونَ

„Wir sind von dort weggegangen, und wir [waren] zufrieden."
[CHaR**a**ĴNA M**i**NHu Wa-N**a**ḤNu MaßRUR**U**Na]

وَ [Wa-] kann je nach Zusammenhang auch mit „als", „obwohl", „während" oder „der", „die", „das" übersetzen:

بِسَبَبِ ذَلِكَ، مَرِضْنَا أَيْضاً وَنَحْنُ فِي بَيْتِنَا

„Aus diesem Grund sind auch wir krank geworden, obwohl (und) wir zu Hause [waren]."
[Bi-ß**a**BaBi fs**a**LiKa, MaR**i**ḌNA **A**YḌAn Wa-N**a**ḤNu FI B**a**YTiNA]

ذَهَبَ إِلَى فُنْدُقِ ٱلرِّيَاضِ لِزِيَارَةِ صَدِيقِهِ وَهُوَ مَرِيضٌ

„Er ist ins Hotel Riyad gegangen,
um seinen Freund zu besuchen, der (er) krank ist."
[*fsaHaBa ILA FuNDuQi (A)R-RiYAḌi Li-SiYARaTi ẞaDIQiHi Wa-H(u)Wa MaRIḌun*]

9. Zeitbestimmungen

Zeitbestimmungen stehen generell im Akkusativ. Handelt es sich um Genitivverbindungen, steht gemäß der Regel grundsätzlich das erste Wort im Akkusativ.

• Zeitadverbien

يَوْمَ أَمْسِ	„gestern" [*YaUMa AMßi*]	أَلْيَوْمَ	„heute" [*AL-YaUMa*]
صَبَاحَ ٱلْيَوْمِ	„heute Morgen" [*ẞaBAḤa (A)L-YaUMi*]		

• Weitere Zeitangaben

قَبْلَ ٱلظُّهْرِ	„vormittags" [*QaBLa (A)Ṣ-ṢuHRi*]	صَبَاحاً	„morgens" [*ẞaBAḤAn*]
بَعْدَ ٱلظُّهْرِ	„nachmittags" [*Ba^cDa (A)Ṣ-ṢuHRi*]	ظُهْراً	„mittags" [*ṢuHRAn*]
بَعْدَ ذَلِكَ	„danach" [*Ba^cDa fsaLiKa*]	مَسَاءً	„abends" [*MaßA'An*]
فِي يَوْمِ ٱلْغَدِ	„am Tag danach" [*FI YaUMi‿(A)L-ṘaDi*]		
بَعْدَ أُسْبُوعٍ	„nach/in einer Woche" [*Ba^cDa UßBU^cin*]		

• Wochentage

Außer „Freitag" und „Samstag" werden die Wochentage mit Zahlwörtern gebildet, die von den Ordinalzahlen abgeleitet werden.

Der „Sonntag" ist dabei der erste Tag, Montag der zweite usw. Einige Sprecher lassen das Wort يَوْمُ [YaUMu] „Tag" weg:

يَوْمُ ٱلْأَحَدِ	„Sonntag" [YaUMu (A)L-AḤaDi]	يَوْمُ ٱلْخَمِيسِ	„Donnerstag" [YaUMu (A)L-CHaMIßi]
يَوْمُ ٱلْإِثْنَيْنِ	„Montag" [YaUMu (A)L-IfßNaYNi]	يَوْمُ ٱلْجُمُعَةِ	„Freitag" [YaUMu (A)L-ĴuMuᶜaTi]
يَوْمُ ٱلثُّلَاثَاءِ	„Dienstag" [YaUMu (A)fß-fßuLAfßA']	يَوْمُ ٱلسَّبْتِ	„Samstag" [YaUMu (A)ß-ßaBTi]
يَوْمُ ٱلْأَرْبِعَاءِ	„Mittwoch" [YaUMu (A)L-ARBiᶜA'i]		

Ist der Wochentag das Satzsubjekt, steht يَوْمٌ [YaUM] im Nominativ:

(يَوْمُ) ٱلْخَمِيسِ „Donnerstag" [YaUMu (A)L-CHaMIßi]

Bei Zeitangaben muss es im Akkusativ stehen:

يَوْمَ ٱلْخَمِيسِ „donnerstags, am Donnerstag" [YaUMu (A)L-CHaMIßi]

oder

ٱلْخَمِيسَ [AL-CHaMIßa]

oder auch möglich

فِي ٱلْخَمِيسِ [FI (A)L-CHaMIßi]

Die islamische Woche

In islamischen Ländern beginnt die Woche am Sonntag („erster Tag") يَوْمُ ٱلْأَحَدِ [YaUMu (A)L-AḤaDi]. Anders als bei uns ist aber nicht dieser der wöchentliche Feiertag, sondern der Freitag, der „Tag der gemeinschaftlichen Versammlung" يَوْمُ ٱلْجُمُعَةِ [YaU-

Mu (A)L-ĴuMu^c^aTi], an dem das Mittagsgebet صَلاَةٌ [*ßaLAT*] von den Gläubigen gemeinsam in der Moschee gesprochen wird und der Prediger خَطِيب [*CHaṬIB*] seine Predigt خُطْبَة [*CHuṬBaT*] hält. Dementsprechend sind Geschäfte und Büros in den meisten arabischen Ländern am Freitag ganztags und häufig bereits am Donnerstag halbtags geschlossen. Dies führt mitunter bei Geschäftsbeziehungen zwischen Orient und Okzident zu Schwierigkeiten, denn nur Montag, Dienstag und Mittwoch sind in beiden Kulturkreisen Werktage.

10. Wortstruktur und Wortbildung

Arabische Wörter lassen sich meist eindeutigen Wortfamilien zuordnen, deren gemeinsames Merkmal die sog. Wortwurzel ist. Diese ist in erster Linie eine Art Konsonantengerüst, aus dem mit Hilfe weiterer lautlicher Ergänzungen wie langen und kurzen Vokalen, aber auch zusätzlichen Konsonanten, neue Begriffe gebildet werden, die von der Bedeutung her meist einen gemeinsamen Zusammenhang haben. Die Bildung dieser Begriffe folgt sehr klaren Mustern, die – ähnlich wie im Deutschen bestimmte Vor- und Nachsilben – sowohl die Form der zugehörigen Wörter wie auch deren Zugehörigkeit zu bestimmten grammatischen Kategorien festlegen. Aus diesem Wortbildungsmuster lassen sich häufig auch die konkreten Bedeutungen von Wörtern erschließen, die man vorher noch nicht gehört hat, von denen man jedoch die zugrundeliegende Wurzel in ihrem Bedeutungsfeld kennt.

Es folgen nun einige Beispiele von **Wortwurzeln** und einige davon abgeleitete Begriffe, für die auch jeweils die grammatischen Kategorien genannt werden.
Zur Erläuterung: Das **Aktiv-Partizip** beschreibt eine unvollendete Handlung in ihrem Verlauf, kann aber auch als ein Nomen

ausgedrückt werden. Es entspricht dem deutschen Partizip Präsens, z.B. „schreibend“ bzw. „der Schreibende“.
Das **Passiv-Partizip** beschreibt eine vollendete Handlung: „geschrieben“ oder „das Geschriebene / das Schriftstück“.

Abgeleitetes Nomen	Passiv-Partizip (Ergebnis) Was?	Aktiv-Partizip (Akteur) Wer?	Aktion / Tat: Verb 3. Pers. Sing.♂	**Wortwurzel**
[KiTAB] Buch كِتَاب	[MaKTUB] geschrieben Schriftstück مَكْتُوب	[KATiB] Schreibender Schreiber كَاتِب	[KaTaBa] schreiben / er schreibt كَتَبَ	K·T·B كتب
		[QADiM] Vorbeigehender Kommender قَادِم	[QaDiMa] (vorbei) gehen kommen قَدِمَ	Q·D·M قدم
		[TAĴiR] Handelnder Händler تَاجِر	[TaĴaRa] handeln تَجَرَ	T·Ĵ·R تجر
	[MaßRUR] erfreut glücklich مَسْرُور		[ßaRRa] erfreuen سَرَّ	ß·R·R سرّ

Abgeleitetes Nomen		Tatort (wo?)	Aktion / Tat: Verb 3. Pers. Singular♂	**Wort-wurzel**
[*Ma-KTaBaT*] Bücherei Bibliothek مَكْتَبَة	[*KiTAB*] Buch Schriften كِتَاب	[*Ma-KTaB*] Schreibstube Büro مَكْتَب	[*KaTaBa*] schreiben/ er schreibt كَتَبَ	*K·T·B* كتب
[*Ma-DRaßaT*] Ort des Lernens Schule مَدْرَسَة	[*DiRAßa(T)*] Studieren Studium دِرَاسَة		[*DaRaßa*] lernen studieren دَرَسَ	*D·R·ß* دَرَسَ
		[*MaßĴiD*] Ort des Betens Moschee مَسْجِد	[*ßaĴaDa*] beten: sich niederwerfen سَجَدَ	*ß·Ĵ·D* سجد

Auch viele Adjektive weisen in ihrer Struktur ein identisches Bildungsmuster auf:

جَدِيد „neu“ [*ĴaDID*]
كَبِير „groß“ [*KaBIR*]
نَفِيس „wertvoll“ [*NaFIß*]
رَخِيص „billig“ [*RaCHIß*]

جَمِيل „schön“ [*ĴaMIL*]
مَرِيض „krank“ [*MaRIḌ*]
قَدِيم „alt“ [*QaDIM*]

11. Verständnis-/Formulierungsübung

❶ مَنْ أَنْتُمْ؟

❷ نَحْنُ مُسَافِرُونَ قَادِمُونَ مِنْ مِصْر

3 مَتَى وَصَلْتُمْ إِلَى هَذَا ٱلْفُنْدُقِ؟

4 يَوْمَ أَمْسِ، بَعْدَ ٱلظُّهْرِ، فِي ٱلسَّاعَةِ ٱلسَّادِسَةِ

5 هَلْ كَانَ ٱلسَّفَرُ مُمْتَازاً؟

6 نَعَمْ، وَلَكِنَّهُ كَانَ مُتْعِباً قَلِيلاً

7 إِلَى أَيْنَ ذَهَبْتُمْ صَبَاحَ ٱلْيَوْمِ؟

8 ذَهَبْنَا إِلَى ٱلْحَمَّامِ ٱلْعَامِّ،

9 لِأَنَّنَا قَادِمُونَ مِنْ مِنْطَقَةٍ فِيهَا غُبَارٌ كَثِيرٌ

10 بَعْدَ ذَلِكَ، ذَهَبْنَا إِلَى مَرْكَزِ ٱلْمَدِينَةِ
لِزِيَارَةِ ٱلْمَسْجِدِ ٱلْجَامِعِ

11 هَلْ ذَهَبْتُمْ إِلَيْهِ مَعَ أَوْلَادِ ٱلْجَارِ؟

12 نَعَمْ، مَرَرْنَا مَعَهُمْ بِسُوقِ ٱلْمَدِينَةِ وَلَكِنْ،
مَا كَانَتْ عِنْدَنَا نُقُودٌ

13 بَعْدَ ذَلِكَ، فِي ٱلظُّهْرِ، ذَهَبْنَا إِلَى بَيْتِ
وَالِدِهِمْ

⑭ كَانَ لَنَا فِيهِ ٱجْتِمَاعٌ

⑮ كَانَ هَذَا ٱلْيَوْمُ يَوْماً مُمْتَازاً وَنَحْنُ مَسْرُورُونَ لِذَلِكَ!

Aussprache der Übungssätze

[**1** MaN **A**NTuM] [**2** Na**Ḥ**Nu MußAFiR**U**Na QADiM**U**Na MiN MiṢR] [**3** Ma**T**A Waṣ**a**LTuM **I**LA HafsA‿(A)L-F**u**NDuQi] [**4** **Ya**UMa **A**MßI BaᶜDa‿(A)Ṣ-Ṣ**u**HRi FI‿(A)ß-ß**A**ᶜaTi‿(A)ß-ßADißaTi] [**5** HaL K**A**Na‿(A)ß-ß**a**FaRu MuMT**A**SAn] [**6** NaᶜaM WaLaK**i**NNaHu K**A**Na M**u**TᶜiBAn QaL**I**LAn] [**7** **I**LA **A**YNa fsaH**a**BTuM ßaB**A**Ḥa‿(A)L-**Ya**UMi] [**8** fsaH**a**BNA **I**LA (A)L-ḤaMM**A**Mi‿(A)L-ᶜ**A**MMi] [**9** Li'**A**NNaNA QaDIM**U**Na MiN MiNṬ**a**QaTin F**I**HA ṘuB**A**Run KafßIRun] [**10** BaᶜDa fs**a**LiKa fsaH**a**BNA **I**LA M**a**RKaSi (A)L-MaD**I**NaTi Li-SiY**A**RaTi (A)L-MaßĴiDi (A)L-Ĵ**A**Miᶜi] [**11** HaL fsaH**a**BTuM IL**a**YHi Maᶜa AUL**A**Di (A)L-Ĵ**A**Ri] [**12** NaᶜaM MaR**a**RNA MaᶜaHuM Bi-ß**U**Qi‿(A)L-MaD**I**NaTi WaL**a**KiN MA K**A**NaTᶜiND**a**NA NuQ**U**Dun] [**13** BaᶜDa fs**a**LiKa FI‿(A)Ṣ-Ṣ**u**HRi fsaH**a**BNA **I**LA B**a**YTi WALiDiHiM] [**14** K**A**Na LaN**A** F**I**Hi‿(I)ĴTiM**A**ᶜun] [**15** K**A**Na HafsA‿(A)L-**Ya**UMu **Ya**UMAn MuMT**A**SAn Wa-N**a**ḤNu MaßRUR**U**Na Li-fs**a**LiKa]

Übersetzung der Übungssätze

① – Wer seid ihr? ② – Wir sind Reisende, [die] aus Ägypten kommen (kommend). ③ – Wann seid ihr in diesem Hotel angekommen? ④ – Gestern Nachmittag um sechs Uhr. ⑤ – War die Reise toll? ⑥ – Ja, aber sie (er) war ein bisschen ermüdend. ⑦ – Wo seid ihr heute Morgen hingegangen? ⑧ – Wir sind ins öffentliche Bad gegangen, ⑨ denn wir kommen aus einer Gegend, in der es viel Staub gibt. ⑩ Danach sind wir ins Stadtzentrum gegangen, um die Große Moschee zu besuchen. ⑪ – Seid ihr mit den Kindern des Nachbarn dorthin gegangen? ⑫ – Ja, wir sind mit ihnen durch den Markt der Stadt gegangen, aber wir hatten kein Geld bei uns. ⑬ Später, mittags, sind wir zum Haus ihres Vaters gegangen. ⑭ Wir hatten dort eine Versammlung. ⑮ Dieser Tag war ein perfekter Tag, und deshalb sind wir zufrieden.

Ab nun werden wir die wörtliche Übersetzung der Dialoge immer mehr reduzieren, denn wir meinen, dass Sie bereits gut mit dem arabischen Satzbau vertraut sind. Auch finden Sie ab sofort keine gesonderten Erklärungen mehr zu Aussprache und Schrift. Dies sollte Sie selbstverständlich nicht daran hindern, die Dialoge weiterhin zu schreiben, um auch hier Ihre Kenntnisse zu festigen.

Ab dieser Lektion tritt außerdem eine Veränderung bei der Lesung auf den Tonaufnahmen ein: Da die Sprecher sich um eine

٢٩ أَلدَّرْسُ ٱلتَّاسِعُ وَ ٱلْعِشْرُونَ

حَسَنٌ ثَقِيلُ ٱلسَّمْعِ ①

١ زَيْدٌ وَحَسَنٌ بَيْنَ أَصْوَاتِ ٱلسَّيَّارَاتِ ②③

AUSSPRACHE

[*AD-DaRßu (A)T-TAßiᶜ(u) Wa-(A)L-ᶜISCHRUN(a)*] [*Ḥaßa N(un) fßaQILu (A)ß-ßaMᶜi*] [**1** *SaYD(un) Wa-Ḥaßa N(un) BaYNa AẞWATi (A)ß-ßaYYARATi*]

ANMERKUNGEN

① ثَقِيلُ ٱلسَّمْعِ [*fßaQILu (A)ß-ßaMᶜi*] „schwerhörig“ besteht aus einem Adjektiv: ثَقِيل [*fßaQILun*] „schwer/schwierig“ und einem ergänzenden Nomen: أَلسَّمْعُ [*Aß-ßaMᶜu*] „Hören“.

② ٱلسَّيَّارَاتُ [*Aß-ßaYYARATu*]“. Die Pluralendung [*-AT*] findet sich häufig bei Nomen und Adjektiven, die auf **ta marbuṭa** enden.

möglichst authentische Aussprache bemühen, werden bestimmte Buchstaben, vor allem Wortendungen wie Beugungssuffixe, das **tanwin** *und das [a] von [-Ka], nicht mehr mitgesprochen. Dies heißt nicht, dass diese Buchstaben unwichtig sind, aber in der modernen Umgangssprache werden sie meist weggelassen, und so passen auch wir uns daran an. Diese nicht gesprochenen Buchstaben markieren wir ab jetzt mit runden Klammern. Die Grundform eines arabischen Nomens ist die indeterminierte, also ohne Artikel stehende Form, die wir ab jetzt ohne den Zusatz „ein/eine" übersetzen: z.B.* سَفَرٌ *[ß**a**FaRun] „Reise".*

29. Lektion

Hassan ist schwerhörig

Zayd und Hassan stehen im Lärm (zwischen Stimmen) der Autos. 1

ANMERKUNGEN

③ أَصْوَات [*AẞWAT*] ist der innere Plural von صَوْت [*ẞaUT*] „Stimme". Ein weiteres Beispiel für diese Art der Pluralbildung ist أَوْلاَد [*AULAD*] „Kinder" von وَلَد [*WaLaD*] „Kind".

٢ – مَا قُلْتَ، يَا زَيْدُ؟ مَا فَهِمْتُكَ ④

٣ – قُلْتُ لَكَ: إِنِّي مُتْعَبٌ جِدّاً ⑤⑥⑦

٤ – أَبَداً! لَسْتُ مُتْعَباً. لاَ بَأْسَ! ⑧⑨⑩

٥ – كَيْفَ «لاَ بَأْسَ» وَ أَنَا عَطْشَانُ؟ ⑪

٦ – أَبَداً! لَسْتُ عَطْشَانَ! شُكْراً

٧ هَلْ هُنَاكَ حَلْوَانِيٌّ، قَرِيباً مِنْ هُنَا؟

٨ – لاَ، وَلَكِنَّ هَذَا مَقْهىً، وَ ٱلْحَمْدُ لِلّهِ! ⑫

AUSSPRACHE

[2 MA QuLTa YA SAYD(u) MA FaHiMTuK(a)] [3 QuLTu LaK(a) INNI MuTᶜaB(un) ĴiDDAn] [4 ABaDAn LaßTu MuTᶜaBAn LA Ba-'ß(a)] [5 KaYFa LA BA'ß(a) Wa-ANA ᶜaṮSCHANu] [6 ABaDAn LaßTu ᶜaṮSCHANa SCHuKRAn] [7 HaL HuNAKa ḤaLWANiYY(un) QaRIBAn MiN HuNA] [8 LA WaLaKiNNa HafsA MaQHAn Wa-(A)L-ḤaMDU LiLLaH(i)]

ANMERKUNGEN

④ قُلْتَ [QuLTa] „du♂ hast gesagt" ist die 2. Person Sg. des VA قَالَ [QALa], das wie كَانَ [KANa] unregelmäßig konjugiert wird.

⑤ قُلْتُ [QuLTu] ist ebenfalls eine Form des VA von قَالَ [QALa]. Ebenso: كُنْتُ [KuNTu] „ich war" von كَانَ [KANa] „er war".

⑥ Neben إِنِّي [INNI] findet sich auch إِنَّنِي [INNaNI] mit dem – sonst nur bei Verben üblichen – Fürwortsuffix نِي [-NI] („ich, mich, mir").

Was hast du gesagt, Zayd? Ich habe dich nicht verstanden! – **2**

Ich habe zu dir gesagt (für-dich♂): „Ich bin (wirklich-ich) sehr müde." – **3**

Gar nicht (niemals)! Ich bin nicht müde. Alles in Ordnung (nicht Schlechtes)! – **4**

Wie „alles in Ordnung", wo ich doch Durst habe (und-ich durstig)? – **5**

Gar nicht (niemals)! Ich habe keinen Durst (bin-nicht-ich durstig)! Danke. – **6**

Gibt es hier in der Nähe einen Süßwarenhändler? **7**

Nein, aber hier ist ein Café, (und-) Gott sei Dank! – **8**

ANMERKUNGEN

⑦ Vergleichen Sie مُتْعَبٌ [*MuTᶜ**a**B(un)*] „müde" und مُتْعِبٌ [*MuTᶜ**i**B(un)*] „ermüdend". Sie unterscheiden sich nur durch die Vokale: **a** weist auf eine passivische Bedeutung hin, **i** auf eine aktivische.

⑧ لَسْتُ [*La**ß**Tu*]: 1. Person des Hilfsverbs لَيْسَ [*La**Y**ßa*] „nicht sein", das zwar im VA steht, aber für das Präsens verwendet wird. Nach لَيْسَ [*La**Y**ßa*] steht immer der Akkusativ. In einem Fragesatz steht vor لَيْسَ [*La**Y**ßa*] nicht هَلْ [*HaL*], sondern أَ [*A*]: أَ لَيْسَ [*A **La**Yßa...*] „Ist nicht ...?"

⑨ Nach لاَ [*LA*] im Sinne von „nicht" steht der Akkusativ.

⑩ Das **alif** in بَأْس [*Ba'ß*] ist Träger für **hamsa** und wird kurz, aber mit Stimmabsatz gesprochen.

⑪ أَنَا عَطْشَانُ [*ANA ᶜaṬSCH**A**NUu*] „ich bin durstig"/ لَسْتُ عَطْشَانَ [*LaßTu ᶜaṬSCH**A**NNa*] „ich bin nicht durstig": Einige Nomen und Adjektive haben nur zwei Fallendungen. Ohne Artikel tragen sie nur die Endungen *-u* für den Nominativ und *-a* für den Genitiv und Akkusativ.

⑫ مَقْهىً [***Ma**QHAn*] ist unregelmäßig. Es gibt für alle Kasus nur zwei Formen: مَقْهىً [***Ma**QHAn*] und أَلْمَقْهَى [*AL-MaQHA*]. مَقْهىً [***Ma**QHAn*] schreibt sich mit **tanwin** über **alif maqßura**.

Übung 1: Verstehen Sie diese Sätze?

1. مَا قُلْتُ لَكَ؟ أَنَا مُتْعَبٌ
2. هَلْ هُنَاكَ سَيَّارَاتٌ كَبِيرَةٌ؟
3. أَ لَيْسَ ٱلْمُسَافِرُونَ مُتْعَبِينَ؟
4. لَيْسَتْ هَذِهِ ٱلسَّيَّارَاتُ جَمِيلَةً
5. هَلْ هُنَاكَ سُوقٌ قَرِيباً مِنْ هُنَا؟

Übung 2: Setzen Sie die fehlenden Wörter ein!

1. Hast Du (♂) mich nicht verstanden? Alles in Ordnung damit.

مَا ______؟ لَا بَاْسَ فِي ذَلِكَ

2. – Hast du Durst? – Nein, gar nicht, danke.

هَلْ أَنْتَ ______؟

– لَا، أَبَداً، شُكْراً

3. Ich bin ins Café gegangen. Ich war wirklich sehr durstig.

ذَهَبْتُ إِلَى ______. إِنِّي

______ عَطْشَانَ جِدّاً

Lösung 1: Haben Sie verstanden?

❶ Was habe ich dir♂ gesagt? Ich bin müde.
❷ Gibt es hier (dort) große Autos?
❸ Sind die Reisenden nicht müde?
❹ Diese Autos sind nicht schön.
❺ Gibt es hier in der Nähe einen Basar/Markt?

❹ Wir kommen (kommende) aus einer Gegend, in der es viele Autos gibt.

نَحْنُ قَادِمُونَ مِنْ مِنْطَقَةٍ فِيهَا سَيَّارَاتٌ

❺ – Gibt es auf diesem Basar/Markt Gold? – Nein, hier nicht.

هَلْ هُنَاكَ ذَهَبٌ فِي هَذَا ٱلسُّوقِ؟ – لَا هُنَا

Lösung 2: Die fehlenden Wörter.

❶ فَهِمْتَنِي [*FaHiMTaNI*] ❷ عَطْشَانُ [*ᶜaṬSCHANu*]
❸ ٱلْمَقْهَى [*AL-MaQHA*] كُنْتُ [*KuNTu*]
❹ كَثِيرَةٌ [*KaßIRaTun*] ❺ لَيْسَ [*LaYßa*]

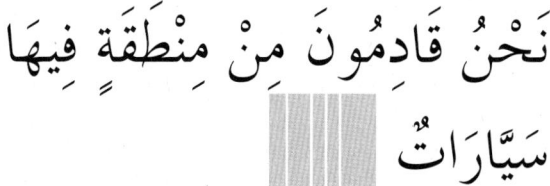

Leseübung

حسن ثقيل ٱلسّمع

١ زيد وحسن بين أصوات ٱلسّيّارات

٢ – ما قلت، يا زيد؟ ما فهمتك

٣ – قلت لك: إنّي متعب جدّاً

٣٠ أَلدَّرْسُ ٱلثَّلَاثُونَ

فِي مَطْعَمٍ غَرِيبٍ

١ يَدْخُلُ ٱلزَّبُونُ ٱلْمَطْعَمَ: ①

٢ – مِنْ فَضْلِكَ، يَا سَيِّدِي، هَلْ عِنْدَكُمْ طَاجِنُ دَجَاجٍ؟ ②

٣ – لَا، يَا سَيِّدِي، لَيْسَ ٱلْيَوْمَ! ③

AUSSPRACHE

*[AD-DaRßu (A)fß-fßaLAfßUN(a)] [FI MaṬᶜaMin ṘaRIB(in)] [**1** YaD-CHuLu (A)S-SaBUNu (A)L-MaṬᶜaM(a)] [**2** MiN FaḌLiK(a) YA ßaYYiDI HaL ᶜiNDaKuM ṬAǰiN(u) DaĴAĴi(n)] [**3** LA YA ßaYYiDI LaYßa AL-YaUM(a)]*

٤ – أبداً! لست متعباً. لا بأس!

٥ – كيف «لا بأس» و أنا عطشان؟

٦ – أبداً! لست عطشان! شكراً

٧ هل هناك حلوانيّ، قريباً منْ هنا؟

٨ – لا، ولكنّ هذا مقهى، و ٱلحمد لله!

30. Lektion

In einem seltsamen Restaurant

Der Gast (Kunde) betritt das Restaurant. 1

Bitte, mein Herr, habt ihr (bei-euch) Hähnchen-Tajine – (Tajine Hähnchen)? 2

Nein, mein Herr, heute nicht (nicht-ist heute)! – 3

ANMERKUNGEN

① يَدْخُلُ [*YaDCHuLu*]: Bei der Bildung des UA von دَخَلَ [*DaCHaLa*] bleibt das Konsonantengerüst (*D-CH-L*) erhalten, das Präfix يَـ [*Ya-*] wird vorangestellt, der erste Vokal entfällt, die beiden letzten werden zu [-*u*]. Alle Verben, die man im VA wie دَخَلَ [*DaCHaLa*] beugt, bilden den UA auf dieselbe Weise.

② Lassen Sie sich nicht durch das „du" bei مِنْ فَضْلِكَ [*MiN FaḌLiK(a)*] beirren. Wie Sie wissen, siezt man im Arabischen nicht.

③ لَيْسَ [*LaYßa*] „ist nicht" hat hier die Bedeutung von „gibt es nicht".

٤ – هَلْ عِنْدَكُمْ كَبَابٌ؟ ④

٥ – لَيْسَ ٱللَّحْمُ طَرِيّاً فِي سُوقِنَا يَوْمَ ٱلْخَمِيسِ ⑤

٦ – عِنْدَكُمْ سَمَكٌ؟ ⑥

٧ – عِنْدَنَا سَمَكٌ يَوْمَ ٱلْأَحَدِ فَقَطْ

٨ – حَسَناً! إِذَنْ، فَأَعْطِنِي مَاءً وَ خُبْزاً! ⑦⑧⑨

AUSSPRACHE

[4 HaL ᶜiNDaKuM KaBAB(un)] [5 LaYßa (A)L-LaḤMu ṬaRiYYAn FI ßUQiNA YaUMa (A)L-CHaMIß(i)] [6 ᶜiNDaKuM ßaMaK(un)] [7 ᶜiN-DaNA ßaMaK(un) YaUMa (A)L-AḤaDi FaQaṬ] [8 ḤaßaNAn IfsaN Fa-AᶜṬiNI MA'(an) Wa-CHuBS(An)]

Übung 1: Verstehen Sie diese Sätze?

1. يَدْخُلُ حَسَنٌ مَطْعَماً فِيهِ طَاجِنُ دَجَاجٍ يَوْمَ ٱلسَّبْتِ
2. يَدْخُلُ ٱلْأَوْلَادُ مَكْتَبَ وَالِدِهِمْ، فَوْراً
3. يَكْتُبُ زَيْدٌ رِسَالَةً لِجَدِّهِ وَهُوَ فِي مِصْر
4. يَذْهَبُ ٱلزَّبُونُ إِلَى مَطْعَمٍ رَخِيصٍ
5. نَحْنُ قَادِمُونَ مِنْ سُوقٍ فِيهِ ٱللَّحْمُ طَرِيٌّ

Habt ihr Kebab (Grillfleischspieße)? – **4**
Es gibt bei uns kein frisches Fleisch auf dem Markt – **5**
(in Markt-unserer) donnerstags (Tag der-fünfte).
Habt ihr Fisch? – **6**
Wir haben nur am Sonntag Fisch. – **7**
(bei-uns Fisch Tag der-erste nur)
Gut! Dann (also) gib mir Wasser und Brot! – **8**

ANMERKUNGEN

④ كَبَابٌ [*KaBAB(un)*] bezeichnet Spieße mit Grillfleisch, wobei es sich um Fleischwürfel oder Hackfleisch handeln kann.

⑤ Steht nach لَيْسَ [*LaYßa*] ein Nomen mit beigefügtem Adjektiv, so steht das Nomen im Nominativ und das Adjektiv im Akkusativ.

⑥ In der Umgangssprache wird das Fragewort هَلْ [*HaL*] häufig weggelassen. In diesem Fall unterscheidet sich der Fragesatz vom Aussagesatz nur durch die Satzintonation.

⑦ أَعْطِنِي [*A*ᶜ*ṬiNI*] ist ein Imperativ, den Sie sich vorerst als feststehenden Ausdruck merken sollten. Sie erkennen bereits die Endung نِي [*-NI*] „mir/mich".

⑧ Beachten Sie die Schreibweise von فَأَعْطِنِي [*Fa-A*ᶜ*ṬiNI*]. Das ء **hamsa** auf dem ا **alif** wird durch **waßla** ersetzt.

⑨ مَاءٌ [*MA'un*] „Wasser" schreibt sich wie هَوَاءٌ [*HaWA'un*] „Luft" mit **hamsa** hinter dem **alif** und **tanwin** darüber.

Lösung 1: Haben Sie verstanden?

❶ Hassan betritt ein Restaurant, in dem es samstags Hähnchen-Tajine gibt.
❷ Die Kinder betreten sofort das Büro ihres Vaters.
❸ Zayd schreibt einen Brief an seinen Großvater, der in Ägypten ist.
❹ Der Kunde geht zu einem billigen Restaurant.
❺ Wir kommen gerade von einem Markt, auf dem es frisches Fleisch gibt.

Übung 2: Setzen Sie die fehlenden Wörter ein!

1. Bitte gib mir Kebab und Brot.

مِنْ فَضْلِكَ …… كَبَابًا وَخُبْزًا!

2. – Habt ihr Fisch? – Nein, mein Herr, heute nicht!

هَلْ عِنْدَكُمْ سَمَكٌ؟

– لَا يَا سَيِّدِي، لَيْسَ …… !

3. Gibt es sonntags auf dem (in) Markt Fisch?

هَلْ هُنَاكَ …… فِي ٱلسُّوقِ يَوْمَ ٱلْأَحَدِ؟

Leseübung

في مطعم غريب

١ يدخل ٱلزّبون ٱلمطعم:

٢ – من فضلك، يا سيّدي، هل عندكم طاجن دجاج؟

④ Ich habe nur donnerstags Kebab.

عِنْدِي ______ يَوْمَ ٱلْخَمِيسِ فَقَطْ

⑤ Dann (also) gib mir Hähnchen-Tajine!

إِذَنْ فَأَعْطِنِي طَاجِنَ ______ !

Lösung 2: Die fehlenden Wörter.

① أَعْطِنِي [AᶜṬiNI] ② ٱلْيَوْمَ [AL-YaUMa]

③ سَمَكٌ [ßaMaKun] ④ كَبَابٌ [KaBABun]

⑤ دَجَاجٍ [DaĴAĴin]

٣ – لا، يا سيّدي، ليس ٱليوم!

٤ – هل عندكم كباب؟

٥ – ليس ٱللّحم طريّا في سوقنا يوم ٱلخميس

٦ – عندكم سمك؟

٧ – عندنا سمك يوْم ٱلأحد فقط

٨ – حسنا! إذن، فأعطني ماء و خبزا!

٣١ أَلدَّرْسُ ٱلْحَادِي وَٱلثَّلَاثُونَ

أَلْأَصْدِقَاءُ فِي ٱلْمَطْعَمِ

١ – أَنَا جَوْعَانُ، أَعْرِفُ مَطْعَماً فِي شَارِعِ ٱلْجَنَّةِ ①②

٢ أَكَلْتُ فِيهِ فِي ٱلْأُسْبُوعِ ٱلْمَاضِي ③④

AUSSPRACHE

[AD-DaRßu (A)L-ḤADI Wa-(A)fß-fßaLAfßUN(a)] [AL-AßDiQA'u FI (A)L-MaṬᶜaM(i)] [1 ANA ĴaUᶜAN(u) AᶜRiFu MaṬᶜaM(An) FI SCHARiᶜi (A)L-ĴaNNa(Ti)] [2 AKaLTu FIHi FI (A)L-UßBUᶜi (A)L-MAḌI]

Tajine

Tajine bezeichnet die für die Küche Marokkos und Algeriens typischen Gemüse- und/oder Fleischgerichte, die in einem runden Gefäß aus gebranntem Ton – ähnlich dem Römertopf – geschmort werden. Der Name bezeichnet gleichzeitig das Gericht und das Gefäß. Zu den bekanntesten Tajine-Zubereitungen gehören die Gerichte mit Hähnchen طَاجِنُ دَجَاجٍ [*ṬAĴiN(u) DaĴAĴin*], Hackfleisch-Bällchen mit Tomatensauce كُفْتَة [*KuFTa(T)*] oder Lammfleisch mit Pflaumen und Mandeln طَاجِنُ لَحْمٍ [*ṬAĴiN(u) LaḤMin*].

31. Lektion

Die Freunde sind im Restaurant

1 Ich bin hungrig. Ich kenne ein Restaurant in der – Paradiesstraße (in Straße die-Paradies).

2 Ich habe dort (in-ihm) letzte Woche gegessen.

ANMERKUNGEN

① جَوْعَانُ [*ĴaUᶜAN(u)*] hat die Endung [*-u*], obwohl man hier die **tanwin**-Form [*-un*] erwarten würde. Sie kennen dieses Phänomen bereits von عَطْشَانُ [*ᶜaṬSCHANu*] „durstig“.

② أَعْرِفُ [*AᶜRiFu*] ist die 1. Pers. Sg. im UA. In dieser Person steht kein يَـ [*Ya-*], sondern ا **alif** [*A-*]. Der zweite Vokal ist [*i*] (vgl. يَعْرِفُ [*YaᶜRiFu*], 3. Pers. Sg.) Im VA lautet die Form عَرَفَ [*ᶜaRaFa*].

③ أَكَلْتُ [*AKaLTu*] „essen“; Dieses Verb hat die VA- und UA-Formen أَكَلَ [*AKaLa*] und يَأْكُلُ [*YA'KuLu*].

④ اَلْمَاضِي [*(A)L-MAḌI*] „vergangen“ ist unregelmäßig. Mehr dazu in Lektion 35.

٣ كَانَ فِيهِ ٱلطَّعَامُ لَذِيذاً وَرَخِيصاً

٤ – حَسَناً! ⑤

٥ يَدْخُلُ ٱلْأَصْدِقَاءُ ٱلْمَطْعَمَ ⑥⑦

٦ – أَهْلاً بِكُمْ! أَنْتُمْ كَمْ شَخْصاً؟ ⑧

٧ – نَحْنُ سِتَّةُ أَشْخَاصٍ ⑨

٨ – قَالَ ٱلْغَرْسُونُ: تَفَضَّلُوا! ⑩

٩ يَجْلِسُ ٱلْأَصْدِقَاءُ ٱلسِّتَّةُ عَلَى مَائِدَةٍ كَبِيرَةٍ ⑪

AUSSPRACHE

[3 *KANa FIHi (A)Ṭ-Ṭa^cAMu LafsIfsAn Wa-RaCHIßAn*] [4 *ḤaßaNAn*] [5 *YaDCHuLu (A)L-AßDiQA'u (A)L-MaṬ^caM(a)*] [6 *AHLAn Bi-KuM ANTuM KaM SCHaCHßAn*] [7 *NaḤNu ßiTTaTu ASCHCHAßin*] [8 *QALa (A)L-ĠaRßUN(u) TaFaḌḌaLU*] [9 *YaĴLißu (A)L-AßDiQA'u (A)ß-ßiTTa(Tu) ^caLA MA'iDaTin KaBIRaTin*]

ANMERKUNGEN

⑤ حَسَن [*ḤaßaN*] bedeutet „gut, schön“. Hier im Akkusativ hat es eine bestätigende Funktion. Verwandt hiermit ist حَسُنَ [*ḤaßuNa*]/ يَحْسُنُ [*YaḤßuNu*] „gut, schön sein“.

⑥ يَدْخُلُ ٱلْأَصْدِقَاءُ [*YaDCHuLu (A)L-AßDiQA'u*]: Das Verb steht im Singular, obwohl es sich auf den Plural „Freunde“ bezieht. Dies ist stets so, wenn das Verb vor dem Nomen steht.

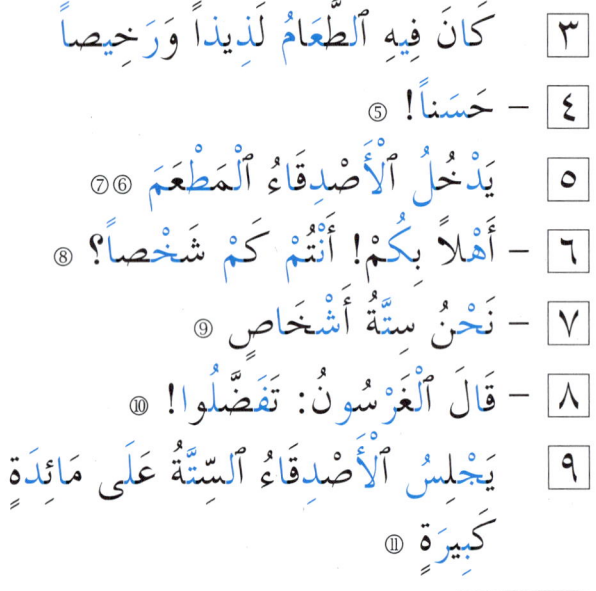

Das Essen war dort (in-ihm) lecker und billig. 3
Gut! – 4
Die Freunde betreten das Restaurant. 5
(er-betritt die-Freunde(Pl.) der Restaurant)
Seid willkommen! Wie viele Personen seid ihr? – 6
(würdig mit-euch ihr wie-viele Person)
Wir sind sechs Personen. – 7
Der Kellner sagte (sagte-er): Bitte sehr! – 8
Die sechs Freunde setzen sich an (auf) einen großen Tisch. 9

ANMERKUNGEN

ٱلْأَصْدِقَاءُ [*AL-AßDiQA'u*]: (innerer) Plural von أَلصَّدِيقُ [*Aß-ßaDIQu*] „der Freund". Diese Pluralform ist außerdem „diptotisch" (zwei-endig); mehr dazu später. ⑦

Nach dem Fragewort كَمْ [*KaM*] „wie viele?" steht das Nomen im Singular und Akkusativ: كَمْ شَخْصاً [*KaM SCHaCHßAn*]. ⑧

Die Zahlwörter haben je eine männliche und eine weibliche Form. Kurioserweise stehen weibliche Nomen (meist auf ة **ta marbuṭa**) mit männlichen Zahlwörtern und umgekehrt. Nach dem Zahlwort folgt immer der Plural im Genitiv: سِتَّةُ أَشْخَاصٍ [*ßiTTaTu ASCHCHAßin*]. ⑨

تَفَضَّلُوا [*TaFaḌḌaLU*] (Pl.) „bitte sehr" verwendet man gegenüber mehreren Personen als höfliche Aufforderung, z.B. zum Eintreten, Platznehmen usw. ⑩

Steht eine genaue Mengenangabe mit dem Artikel, wird das Zahlwort hinter das Nomen gestellt: ٱلْأَصْدِقَاءُ ٱلسِّتَّةُ [*AL-AßDiQA'u (A)ß-ßiTTa(Tu)*]. ⑪

Übung 1: Verstehen Sie diese Sätze?

1. أَذْهَبُ إِلَى ٱلْمَطْعَمِ لِأَنِّي جَوْعَانُ جِدّاً
2. يَا حَسَنُ، هَلْ يَعْرِفُ صَدِيقُكَ مَطْعَماً طَيِّباً؟
3. نَعَمْ، إِنَّهُ يَعْرِفُ مَطْعَماً فِيهِ ٱلطَّعَامُ لَذِيذٌ، فِي شَارِعِ ٱلْجَنَّةِ
4. أَدْخُلُ ٱلْمَطْعَمَ وَأَجْلِسُ عَلَى مَائِدَةٍ
5. آكُلُ خُبْزاً قَلِيلاً وَ أَشْرَبُ مَاءً كَثِيراً

Übung 2: Setzen Sie die fehlenden Wörter ein!

1. Der Kellner hat zu uns gesagt: Bitte sehr (Pl.)!

قَالَ لَنَا ٱلْغَرْسُونُ:

«____»!

2. – Seid willkommen! Wie viele Personen seid ihr?
– Wir sind vier Personen.

أَهْلاً ____ ! أَنْتُمْ كَمْ شَخْصاً؟

– نَحْنُ أَرْبَعَةُ ____

Lösung 1: Haben Sie verstanden?

❶ Ich gehe ins Restaurant, weil ich sehr hungrig bin.
❷ Hassan, kennt dein Freund ein gutes Restaurant?
❸ Ja, sicher kennt er ein Restaurant, in dem es leckeres Essen gibt, [es befindet sich] in der Paradiesstraße.
❹ Ich betrete das Restaurant und setze mich an (auf) den Tisch.
❺ Ich esse ein wenig Brot und trinke viel Wasser.

❸ Gut! Also gib mir von diesem Fleisch, das sehr frisch ist.

حَسَناً! إِذَنْ ____ مِنْ هَذَا ٱللَّحْمِ وَهُوَ ____ جِدّاً

❹ Ich habe letzte Woche in einem billigen Restaurant gegessen.

أَكَلْتُ فِي مَطْعَمٍ رَخِيصٍ فِي ____ ٱلْمَاضِي

❺ – Wie viele Kebabs hast du gegessen?
– Ich habe drei♀ gegessen.

كَمْ كَبَاباً أَكَلْتَ؟

– أَكَلْتُ ____ كَبَابٍ

Leseübung

ألأصدقاء في ٱلمطعم

١ – أنا جوعان، أعرف مطعماً في شارع ٱلجنّة

٢ أكلت فيه في ٱلأسبوع ٱلماضي

٣ كان فيه ٱلطّعام لذيذاً ورخيصاً

٤ – حسناً!

٥ يدخل ٱلأصدقاء ٱلمطعم

٦ – أهلاً بكم! أنتم كم شخصاً؟

٧ – نحن ستّة أشخاص

٨ – قال ٱلغرسون: تفضّلوا!

٩ يجلس ٱلأصدقاء ٱلسّتّة على مائدة كبيرة

„Während in kleinen Lokalen und Imbissstuben das Angebot des Hauses dem Kellner zu entlocken ist oder einer Tafel über dem Tresen entnommen werden muss, gibt es in den meisten Restaurants zweisprachige (arabisch/englische [...]) Speisekarten." (aus *KulturSchock Ägypten*, Reise Know-How Verlag)

Lösung 2: Die fehlenden Wörter.

❶ تَفَضَّلُوا [*TaFaḌḌaLU*] ❷ بِكُمْ [*B**i**KuM*] أَشْخَاصٍ [*ASCHCH**A**ßin*] ❸ فَأَعْطِنِي [*Fa-**A**ᶜṬiNI*] طَرِيٌّ [*ṬaR**i**YYun*] ❹ ٱلْأُسْبُوعِ [*AL-UßB**U**ᶜi*] ❺ ثَلَاثَةَ [*fßaL**A**fßaTa*]

سَمِّنْ كَلْبَكَ يَأْكُلْكَ

„Mäste deinen Hund, und er wird dich fressen."
[*ß**a**MMiN K**a**LBaKa Y**a**'KuLKa*]

Sie nähern sich mit großen Schritten der „2. Welle" (nähere Erklärungen hierzu finden Sie am Ende von Lektion 35 und am Beginn von Lektion 36). Haben Sie vielleicht einiges schon wieder vergessen? Zwei wichtige Tipps gegen das Vergessen sind: Wiederholung und Regelmäßigkeit. Aber versuchen Sie auch, eigene Methoden zum besseren Speichern des Lernstoffs zu entwickeln, denn jeder Mensch lernt anders. Versuchen Sie es doch mal mit Assimil als Bettlektüre, und blättern Sie einige der schon bearbeiteten Lektionen vor dem Einschlafen noch einmal durch.

٣٢ أَلدَّرْسُ ٱلثَّانِي وَٱلثَّلَاثُونَ

طَعَامٌ لَذِيذٌ

١ يَنْظُرُ ٱلشُّبَّانُ فِي ٱلْقَائِمَةِ ①②

٢ – قَالَ ٱلْغَرْسُونُ: «تَفَضَّلُوا!»

٣ – أَعْطِنَا سَمَكاً لِلْجَمِيعِ ③

٤ – وَمَاذَا قَبْلَ ٱلسَّمَكِ؟ ④

٥ – أَعْطِنَا سَلَطَةً

٦ وَ فِي ٱلنِّهَايَةِ، أَعْطِنَا كَعْبَ غَزَالٍ كَحَلْوَى ⑤⑥

AUSSPRACHE

[AD-DaRßu (A)fß-fßANI Wa-(A)fß-fßaLAfßUN(a)] [ṬaᶜAMun LafsIfs(un)] [1 YaNṢuRu ASCH-SCHuBBAN(u) FI (A)L-QA'iMaTi] [2 QALa (A)L-ṘaRßUN(u): TaFaḌḌaLU] [3 AᶜṬiNA ßaMaK(An) LiL-ĴaMIᶜ(i)] [4 Wa-MAfsA QaBLa (A)ß-ßaMaK(i)] [5 AᶜṬiNA ßaLaṬa(Tan)] [6 Wa-FI (A)N-NiHAYaTi AᶜṬiNA KaᶜB(a) ṘaSAL(in) Ka-ḤaLWA]

32. Lektion

Ein leckeres Essen

Die Jugendlichen schauen (er-schaut) in die Karte. **1**

Der Kellner sagte: „Bitte sehr!" – **2**
(sagte-er der Kellner ihr-tut-Gefallen)

Bring uns Fisch für alle. – **3**

Und was [nehmt ihr] vor dem Fisch? – **4**

Bring uns Salat. – **5**

Und am Schluss, bring uns „Gazellenhörner" (Horn Gazelle) als Nachspeise (Süßspeise). **6**

ANMERKUNGEN

① In dieser Lektion stehen vier neue Verben in der 3. Pers. Sg. des UA. Das erste ist يَنْظُرُ فِي [*YaNṢuRu FI*] „er schaut in" von نَظَرَ [*NaṢaRa*].

② شُبَّان [*SCHuBBAN*] ist der innere Plural von شَابّ [*SCHABB*] „Jugendlicher, junger Mann".

③ Die Befehlsform أَعْطِنَا [*A*ᶜ*ṬiNA*] „bring/bringen Sie uns" kennen Sie bereits aus der letzten Lektion: أَعْطِنِي [*A*ᶜ*ṬiNI*] „bring mir".

④ مَاذَا [*MafsA*] „was" kennen Sie bereits aus der Wortverbindung لِمَاذَا [*LiMAfsA*] „warum", wörtlich „für was".

⑤ Das Präfix كَـ [*Ka-*] „als, wie" wird wie بِـ [*Bi-*] und لِـ [*Li-*] verwendet. Das nachfolgende Wort steht, wie immer bei Präpositionen, im Genitiv: كَسَيَّارَةٍ [*Ka-ßaYYARaTin*] „wie ein Auto".

⑥ أَلْحَلْوَى [*AL-ḤaLWA*] ist unregelmäßig (wie أَلْمَقْهَى [*AL-MaQHA*]) und endet auf ein langes [*A*], wird aber mit einem **ya** ohne Punkte geschrieben: ى. Es hat nur zwei Formen: أَلْحَلْوَى [*AL-ḤaLWA*], حَلْوًى [*ḤaLWAn*].

٧ بَعْدَ ٱلْأَكْلِ، يَطْلُبُ زَيْدٌ ٱلْحِسَابَ وَيَدْفَعُ ⑦⑧

٨ يَخْرُجُ ٱلْأَصْدِقَاءُ مِنَ ٱلْمَطْعَمِ وَهُمْ مَسْرُورُونَ ⑨⑩

٩ قَالُوا: «سَوْفَ نَرْجِعُ!» ⑪⑫

AUSSPRACHE

[7 Ba^c^Da (A)L-AKL(i) YaṬLuBu SaYD(un) AL-ḤißAB(a) Wa-YaDFa^c^u] [8 YaCHRuĴu (A)L-AßDiQA'u MiN-a (A)L-MaṬ^c^aM(i) Wa-HuM Maß-RURUNa] [9 QALU ßaUFa NaRĴi^c^u]

Übung 1: Verstehen Sie diese Sätze?

1. نَدْخُلُ ٱلْمَطْعَمَ وَنَجْلِسُ وَنَنْظُرُ فِي ٱلْقَائِمَةِ
2. قَالُوا لِلْغَرْسُونِ: «أَعْطِنَا ثَلَاثَةَ كَبَابٍ»
3. نَطْلُبُ ٱلْحِسَابَ لِجَمِيعِنَا وَنَدْفَعُ
4. يَطْلُبُ زَيْدٌ ٱلْقَائِمَةَ وَيَنْظُرُ ٱلشُّبَّانُ فِيهَا
5. فِي ٱلنِّهَايَةِ، كَحَلْوَى، سَوْفَ نَأْكُلُ كَعْبَ غَزَالٍ

Nach dem Essen bittet Zayd [um] die Rechnung und zahlt. **7**
Die Freunde verlassen das Restaurant und sind zufrieden (sie froh-(Pl.)). **8**
Sie sagen (sagten-sie): Wir werden wiederkommen! **9**

ANMERKUNGEN

⑦ Zwei weitere neue Verben: يَطْلُبُ [*YaṬLuBu*] „er bittet" von طَلَبَ [*ṬaLaBa*] und يَدْفَعُ [*YaDFa^cu*] „er zahlt" von دَفَعَ [*DaFa^ca*].

⑧ أَكْلٌ [*AKLun*] „Essen" (= die *Handlung* des Essens) ist abgeleitet von أَكَلَ [*AKaLa*] „essen". Diese Ableitung wird **maßdar** genannt. Ebenso دَرْسٌ [*DaRßun*] „Studium" / „Lektion" von دَرَسَ [*DaRaßa*] „er hat studiert".

⑨ Die UA-Form يَخْرُجُ [*YaCHRuĴu*] „er verlässt" ist abgeleitet von خَرَجَ [*CHaRaĴa*].

⑩ Bei وَهُمْ مَسْرُورُونَ [*Wa-HuM MaßRURUNa*] „und [sie] sind zufrieden" erkennen Sie die bekannte Pluralbildung für ein Adjektiv mit der Endung ونَ [*-UNa*].

⑪ نَرْجِعُ [*NaRĴi^cu*]: Die Silbe نَـ [*Na-*] kennen Sie als Possessivpronomensuffix der 1. Pers. Pl. bzw. als Verb-Endung des VA. Im UA steht نَـ [*Na-*] als Präfix vor dem Verb und zeigt die 1. Person Plural „wir" an.

⑫ Das Futur (Zukunft) kann mit سَوْفَ [*ßaUFa*] + dem UA des Verbs ausgedrückt werden: سَوْفَ يَدْخُلُ [*ßaUFa YaDCHuLu*] „er wird eintreten".

Lösung 1: Haben Sie verstanden?

Wir betreten das Restaurant, setzen uns und schauen in die Karte. ❶
Sie haben zum Kellner gesagt: „Bring uns drei [mal] Kebab." ❷
Wir bitten um die gemeinsame (für-alle-uns) Rechnung und zahlen. ❸
Zayd bittet um die Speisekarte, und die Jugendlichen schauen sie an (in-sie). ❹
Zum Schluss, als Nachspeise, werden wir „Gazellenhörner" essen. ❺

Übung 2: Setzen Sie die fehlenden Wörter ein!

1. Die sechs jungen Leute/Jugendlichen betreten das Restaurant.

يَدْخُلُ ٱلشُّبَّانُ ____ ٱلْمَطْعَمَ

2. – Bitte sehr (ihr-tut-Gefallen)! Und was [nehmt ihr] vor den Kebabs? – Bring uns Fisch.

– تَفَضَّلُوا! وَمَاذَا ____ ٱلْكَبَابِ؟

– أَعْطِنَا سَمَكاً

3. Die Freunde sind nach dem Essen zufrieden (froh).

____ مَسْرُورُونَ بَعْدَ ٱلْأَكْلِ

4. Die jungen Leute werden zurückkommen!

سَوْفَ يَرْجِعُ ____ !

5. Wir setzen uns an einen großen Tisch und bestellen ein leckeres Essen.

____ عَلَى مَائِدَةٍ كَبِيرَةٍ

وَنَطْلُبُ طَعَاماً ____

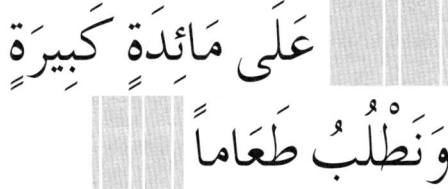

Lösung 2: Die fehlenden Wörter.

❶ ٱلسِّتَّةُ [Aß-ßiTTaTu] ❷ قَبْلَ [QaBLa] ❸ أَلأَصْدِقَاءُ [AL-AßDiQA'u] ❹ ٱلشُّبَّانُ [ASCH-SCHuBBANu]

❺ نَجْلِسُ [NaĴLißu] لَذِيذاً [LafsIfsAn]

Leseübung

طعام لذيذ

١ ينظر ٱلشّبّان في ٱلقائمة

٢ – قال ٱلغرسون: «تفضّلوا!»

٣ – أعطنا سمكاً للجميع

٤ – وماذا قبل ٱلسّمك؟

٥ – أعطنا سلطة

٦ و في ٱلنّهاية، أعطنا كعب غزال كحلوى

٧ بعد ٱلأكل، يطلب زيد ٱلحساب ويدفع

٨ يخرج ٱلأصدقاء من ٱلمطعم وهم مسرورون

٩ قالوا: «سوف نرجع!»

طَعَامٌ لَذِيذٌ

٣٣ أَلدَّرْسُ ٱلثَّالِثُ وَٱلثَّلَاثُونَ

فِي مَحَطَّةِ ٱلْقِطَارِ

١ – أَلسَّلَامُ عَلَيْكَ، يَا زَيْدُ! مَاذَا تَعْمَلُ هُنَا؟ ①

٢ – أَنَا أَذْهَبُ إِلَى ٱلْعَاصِمَةِ بِمُنَاسَبَةِ زَوَاجِ أُخْتِي ②

AUSSPRACHE

[AD-DaRßu (A)fß-fßALifßu Wa-(A)fß-fßaLAfßUN(a)] [FI MaḤaṬṬaTii (A)L-QiṬAR(i)] [1 Aß-ßaLAMu caLaYKa YA SaYD(u) MAfsA TacMaLu HuNA] [2 ANA AfsHaBu ILA (A)L-cAßiMaTi Bi-MuNAßaBaTi SaWAĴi UCHTI]

Gazellenhörner

Hierbei handelt es sich um eine traditionelle marokkanische Süßspeise aus Mandelmasse, Orangenblütenwasser und Zimt. Der Teig wird zu länglichen Stücken geformt, die an den Enden spitz zulaufen. Man isst Gazellenhörner nachmittags zu Tee oder Kaffee oder auch bei Abendveranstaltungen als Nachtisch.

33. Lektion

Im Bahnhof

Guten Tag (der-Friede auf-dich), Zayd! Was tust du hier? – 1

Ich fahre in die Hauptstadt anlässlich der (mit-Anlass) Hochzeit meiner Schwester. – 2

ANMERKUNGEN

① تَعْمَلُ [*Ta^c^MaLu*] „du tust / du machst" ist die 2. Pers. Sg. Mask. UA von عَمِلَ [*^c^aMiLa*], die mit dem Präfix [*Ta-*] gebildet wird.

② أَذْهَبُ [*AfsHaBu*] „ich gehe" ist eine weitere Form der 1. Pers. Sg. UA.

٣ – هَلْ تَعْرِفُ ٱلْعَرِيسَ؟ ③④

٤ – نَعَمْ. إِنَّهُ دَرَّسَ ٱلْحُقُوقَ فِي جَامِعَتِنَا ⑤

٥ وَأَنْتَ إِلَى أَيْنَ تَذْهَبُ، يَا حَسَنُ؟ ⑥

٦ – أَنَا أَذْهَبُ إِلَى قَرْيَتِي بِمُنَاسَبَةِ عِيدِ ٱلْفِطْرِ ⑦

٧ – مَتَى تَرْجِعُ؟ ⑧

٨ – بَعْدَ شَهْرٍ، لِأَنَّ أَهْلِي فِي حَاجَةٍ إِلَيَّ ⑨⑩⑪

AUSSPRACHE

[**3** *HaL TaᶜRiFu AL-ᶜaRIß(a)*] [**4** *Naᶜam. INNaHu DaRRaßa (A)L-ḤuQUQa FI ĴAMiᶜaTiNA*] [**5** *Wa-ANTa ILA AYNa TafsHaBu YA Ḥaßa N(u)*] [**6** *ANA AfsHaBu ILA QaRYaTI Bi-MuNAßaBaTi ᶜIDi (A)L-FiṬR(i)*] [**7** *MaTA TaRĴiᶜu*] [**8** *BaᶜDa SCHaHR(in) Li'ANNa AHLI FI ḤAĴaTin ILaYYa*]

Wie Sie wissen, kennt das Arabische keinen Infinitiv, stattdessen wird als Basis für die Konjugation aller Personen die 3. Person Singular Maskulinum des VA verwendet, z.B. عَرَفَ *[ᶜaRaFa] „kennen, wissen". Ihnen wird aufgefallen sein, dass wir schon seit einigen Lektionen neue Verben in dieser Aspektform als Grundform bzw. Infinitiv vorstellen.*

Kennst du den Bräutigam? – 3
Ja. Er (wirklich) hat an unserer Universität Jura unterrichtet. – 4
Und du, wohin gehst du, Hassan? 5
Ich fahre in mein Dorf anlässlich (mit Anlass) des Endes der Fastenzeit (Fest der-Fastenbrechen). – 6
Wann kommst du zurück? – 7
In einem Monat, weil meine Familie mich braucht (nach Monat weil Familie-mein in Notwendigkeit zu-mir). – 8

ANMERKUNGEN

تَعْرِفُ [*Ta^cRiFu*] „du kennst / du weißt" ist die 2. Pers. Sg. Mask. UA von عَرَفَ [*^caRaFa*]. ③

أَلْعَرِيسُ [*AL-^caRIßu*] „der Bräutigam", أَلْعَرُوسُ [*AL-^caRUßu*] „die Braut". ④

دَرَّسَ [*DaRRaßa*], abgeleitet von دَرَسَ [*DaRaßa*] „studieren". Die Verdoppelung von ر **ra** deutet hier darauf hin, dass das Unterrichten als Steigerung oder Intensivierung des Studierens angesehen wird. ⑤

تَذْهَبُ [*TafsHaBu*] von ذَهَبَ [*fsaHaBa*] ist wieder die 2. Pers. Sg. Mask. UA. ⑥

عِيدِ ٱلْفِطْرِ [*^cIDi (A)L-FiṬR(i)*] bezeichnet den Tag, an dem der Fastenmonat Ramadan endet. Dieses Fest hat im islamischen Kulturkreis eine große Bedeutung. ⑦

تَرْجِعُ [*TaRĴi^cu*]: 2. Pers. Sg. Mask. UA von رَجَعَ [*RaĴa^ca*]. ⑧

„Brauchen" wird mit der Konstruktion فِي حَاجَةٍ إِلَى [*FI ḤAĴaTin ILA*] „in Notwendigkeit zu" wiedergegeben. ⑨

In أَهْلِي [*AHL-I*] „meine Familie" führt das Personalpronomensuffix der 1. Pers. Sg. [-*I*] zum Wegfall der Fallendung. So wird aus أَهْلٌ [*AHLun*] „Familie" أَهْلِي [*AHL-I*]. ⑩

Bei إِلَى [*ILA*] verhält es sich anders: Wird [–*I*] angehängt, so ergibt sich إِلَيَّ [*ILaYYa*] „(nach) mir". ⑪

LEKTION 33

Übung 1: Verstehen Sie diese Sätze?

❶ هَلْ تَعْرِفُ قَرْيَتِي؟ هِيَ لَيْسَتْ قَرِيبَةً مِنْ هُنَا

❷ لَا، لَا أَعْرِفُ قَرْيَتَكَ. وَلٰكِنِّي سَوْفَ أَذْهَبُ إِلَيْهَا

❸ نَذْهَبُ إِلَى ٱلْعَاصِمَةِ بِمُنَاسَبَةِ زَوَاجِ صَدِيقٍ

❹ مَاذَا نَعْمَلُ هُنَا؟ أَصْدِقَاؤُنَا فِي حَاجَةٍ إِلَيْنَا

❺ لَيْسَ حَسَنٌ فِي مَحَطَّةِ ٱلْقِطَارِ

Übung 2: Setzen Sie die fehlenden Wörter ein!

❶ Was hat die Tochter deiner♂ Schwester an der Universität unterrichtet?

مَا دَرَّسَتْ بِنْتُ … فِي ٱلْجَامِعَةِ؟

❷ – Wohin fährst du? – Ich fahre mit meiner Schwester in das Dorf der Braut.

إِلَى أَيْنَ تَذْهَبُ؟ – أَذْهَبُ إِلَى … ٱلْعَرُوسِ مَعَ …

Lösung 1: Haben Sie verstanden?

Kennst du mein♀ Dorf? Es ist nicht hier in der Nähe. ❶
Nein, ich kenne dein Dorf nicht. Aber ich werde dort hinfahren. ❷
Wir fahren in die Hauptstadt anlässlich (mit-Anlass) der Hochzeit eines Freundes. ❸
Was machen wir hier? Unsere Freunde brauchen uns. ❹
Hassan ist nicht am (in) Bahnhof. ❺

Meine Schwester braucht mich, also fahre ich in mein Dorf. ❸

أُخْتِي فِي ___ ؛ إِذَنْ،
أَذْهَبُ إِلَى قَرْيَتِي

Nach dem Fest des Fastenbrechens werde ich (werden ich-zurückkehre nach) in die Hauptstadt zurückkehren. ❹

بَعْدَ عِيدِ ٱلْفِطْرِ، سَوْفَ ___
إِلَى ٱلْعَاصِمَةِ

– Wann kommst du mit deiner Schwester zurück? ❺
– Wir kommen in (nach) einer Woche zurück.

مَتَى تَرْجِعُ مَعَ أُخْتِكَ؟

– ___ بَعْدَ أُسْبُوعٍ

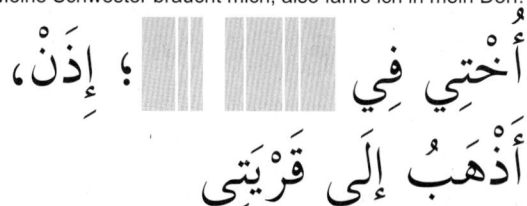

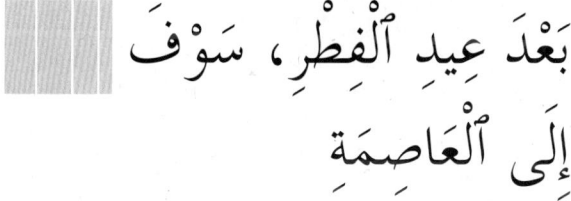

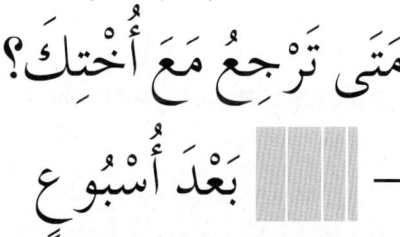

Leseübung

في محطّة ٱلقطار

١ – ألسّلام عليك، يا زيد! ماذا تعمل هنا؟

٢ – أنا أذهب إلى ٱلعاصمة بمناسبة زواج أختي

٣ – هل تعرف ٱلعريس؟

٤ – نعم. إنّه درّس ٱلحقوق في جامعتنا

٥ وأنت إلى أين تذهب، يا حسن؟

٦ – أنا أذهب إلى قريتي بمناسبة عيد ٱلفطر

٧ – متى ترجع؟

٨ – بعد شهر، لأنّ أهلي في حاجة إليّ

Lösung 2: Die fehlenden Wörter.

❶ أُخْتِكَ [UCHTiKa] ❷ قَرْيَةِ [QaRYaTi] أُخْتِي [UCHTI]

❸ حَاجَةً إِلَيَّ [ḤAĴaTin IlaYYa] ❹ أَرْجِعُ [ARĴîᶜu]

❺ نَرْجِعُ [NaRĴîᶜu]

شَعْرَةً فَشَعْرَةً تَعْمَلُ لِحْيَةً

„Kleine Bäche machen große Flüsse."
(Haar-ein(Akk.) und-Haar-ein(Akk.) sie-macht Bart-eine(Akk.))
[SCHaᶜRaTan Fa-SCHaᶜRaTan TaᶜMaLu LiḤYaTan]

Ramadan

Der رَمَضَان [RaMaḌAN] ist der neunte Monat des islamischen Mondkalenders, in dem der gläubige Moslem von Sonnenaufgang bis -untergang nicht isst, trinkt oder raucht. Den Abschluss des Ramadan bildet das Fest des Fastenbrechens. Diese im Türkischen als „Şeker Bayramı" („Zuckerfest") bezeichnete Festlichkeit erstreckt sich über drei Tage und beinhaltet neben reichlich Essen und Trinken im Familienkreis ein obligatorisches Gemeinschaftsgebet sowie das Zahlen der Almosensteuer زَكَاةُ ٱلْفِطْرِ [SaKATu (A)L-FiṬRi] an bedürftige Muslime. Hier läuft das Leben etwas langsamer, und wer in diesem Monat in einem arabischen Land unterwegs ist, der sollte unbedingt etwas صَبْر [ßaBR] „Geduld" mitbringen.

٣٤ أَلدَّرْسُ ٱلرَّابِعُ وَٱلثَّلاثُونَ

فِي ٱلْقَرْيَةِ

١ بَعْدَ سَفْرَةٍ طَوِيلَةٍ وَمُتْعِبَةٍ

٢ وَصَلَ ٱلْقِطَارُ إِلَى ٱلْمَحَطَّةِ ٱلصَّغِيرَةِ

٣ كَانَ أَهْلُ زَيْدٍ فِي ٱنْتِظَارِهِ ①②

٤ كَانَ هُنَاكَ وَالِدُهُ وَأَخُوهُ مَعَ أَوْلَادِهِ

٥ كَانَ ٱلْفَرَحُ فِي قُلُوبِ ٱلْجَمِيعِ ③

٦ بَعْدَ ٱلسَّلَامَاتِ، يَرْكَبُ ٱلْجَمِيعُ
ٱلْبَاصَ ④⑤

AUSSPRACHE

[AD-DaRßu (A)R-RABiᶜ(u) Wa-Afß-fßaLAfßUN(a)] [FI (A)L-QaRYaTi] [1 BaᶜDa ßaFRaTin ṬaWILaTin Wa-MuTᶜiBaTin] [2 WaẞaLa (A)L-QiṬAR(u) ILA (A)L-MaḤaṬṬaTi (A)ẞ-ẞaṘIRaTi] [3 KANa AHLu SaYD(in) FI (I)NTiṢARiHi] [4 KANa HuNAKa WALiDuHu Wa-ACHU-Hu Maᶜa AULADiHi] [5 KANa (A)L-FaRaḤu FI QuLUBi (A)L-ĴaMIᶜi] [6 BaᶜDa (A)ß-ßaLAMATi YaRKaBu (A)L-ĴaMIᶜu (A)L-BAẞ(a)]

34. Lektion

Im Dorf

Nach einer langen und ermüdenden Reise **1**
ist der Zug (ankam-er der-Zug nach) in dem kleinen Bahnhof (Station) angekommen. **2**
Zayds Familie hat ihn erwartet. (war-er Familie Zayd in Erwartung-sein) **3**
Dort waren sein Vater, sein Bruder und dessen Kinder. (war-er dort Vater-sein und-Bruder-sein mit Kinder-seine) **4**
Alle waren glücklich. (war-er der-Freude in Herzen die-alle) **5**
Nach der Begrüßung (die-Begrüßungen) sind alle [in] den Bus eingestiegen, **6**

ANMERKUNGEN

① „Warten" wird mit „in Erwartung sein" ausgedrückt: هُمْ فِي ٱنْتِظَارِهِ [*HuM FI (I)NTiṢARiHi*] „sie warten auf ihn". Das Wort „Erwartung" ٱنْتِظَارٌ [*INTiṢARun*] kommt von نَظَرَ [*NaṢaRa*] „schauen".

② Das ا **alif** am Beginn von ٱنْتِظَارٌ [*INTiṢARun*] wird bei der Aussprache durch das ي **ya** von فِي [*FI*] „verschluckt".

③ „Glücklich/fröhlich sein" kann mit „das Glück in den Herzen haben" umschrieben werden. قُلُوبٌ [*QuLUBun*] ist der Plural von قَلْبٌ [*QaLBun*] „Herz".

④ سَلَامَاتٌ [*ßaLAMATun*] ist der Plural von سَلَامٌ [*ßaLAMun*] „Begrüßung/Gruß".

⑤ يَرْكَبُ [*YaRKaBu*] „er steigt ein" von رَكِبَ [*RaKiBa*] heißt auch „hinaufsteigen", „besteigen" (Kamel, Pferd usw.). Es folgt stets der Akkusativ: نَرْكَبُ ٱلْبَاصَ [*NaRKaBu (A)L-BAßa*] „Wir steigen [in] den Bus ein".

٧ وَهُوَ حَافِلٌ بِفَلَّاحِينَ وَسَلَّاتٍ

٨ – أَيْنَ أُمِّي؟

٩ – إِنَّهَا فِي ٱلْبَيْتِ، تَعْمَلُ أَكْلَتَكَ ٱلْمُفَضَّلَةَ ⑥

AUSSPRACHE

[7 Wa-HuWa ḤAFiLun Bi-FaLLAḤINa Wa-ßaLLATin] [8 AYNa UMMI]
[9 INNaHA FI (A)L-BaYTi TaᶜMaLu AKLaTaKa (A)L-MuFaḌḌaLaTa]

Übung 1: Verstehen Sie diese Sätze?

1 بَعْدَ سَفْرَةٍ طَوِيلَةٍ، وَصَلَ ٱلْمُسَافِرُونَ إِلَى ٱلْعَاصِمَةِ

2 كَانَ أَهْلُنَا فِي ٱنْتِظَارِنَا فِي ٱلْمَحَطَّةِ ٱلصَّغِيرَةِ

3 لَيْسَتْ أُمِّي هُنَاكَ لِأَنَّهَا فِي ٱلْبَيْتِ تَعْمَلُ أَكْلَةً لَذِيذَةً لِجَمِيعِ أَوْلَادِهَا

4 بَعْدَ ٱلسَّلَامَاتِ نَرْكَبُ ٱلْبَاصَ وَهُوَ يَذْهَبُ إِلَى قَرْيَتِنَا

5 يَرْكَبُ ٱلْمُسَافِرُونَ ٱلْقِطَارَ، لِأَنَّهُ سَوْفَ يَذْهَبُ بَعْدَ سَاعَةٍ

der (und er) voll mit Bauern und Körben war. 7
Wo ist meine Mutter? – 8
Sie ist zu Hause und bereitet deine Lieblingsspeise zu. – 9
(wirklich-sie in der-Haus sie-macht Essen-dein die-beliebte)

ANMERKUNGEN

⑥ تَعْمَلُ [*Ta^cMaLu*] „sie macht" von عَمِلَ [*^caMiLa*]. Die 3. Pers. Sg. Fem. UA hat wie die 2. Pers. Sg. Mask. تَـ [*Ta-*] als Präfix. Somit könnte man تَعْمَلُ [*Ta^cMaLu*] auch mit „du♂ machst" übersetzen.

Lösung 1: Haben Sie verstanden?

❶ Nach einer langen Reise sind die Reisenden in der Hauptstadt angekommen.
❷ Unsere Familie hat uns in dem kleinen Bahnhof erwartet. (war-er Familie-unsere in Erwartung-uns)
❸ Meine Mutter ist nicht dort, weil sie zu Hause ist [und] (sie-macht) für all ihre Kinder ein leckeres Essen zubereitet.
❹ Nach der Begrüßung steigen wir [in] den Bus ein, der in unser Dorf fährt.
❺ Die Reisenden steigen [in] den Zug ein, weil dieser in (nach) [einer] Stunde abfährt.

LEKTION 34

Übung 2: Setzen Sie die fehlenden Wörter ein!

– Was macht ihre Tochter? – Sie schaut auf ihre Uhr. ❶

مَاذَ تَعْمَلُ بِنْتُهَا؟

– تَنْظُرُ إِلَى

Wann kommt deine♂ Schwester aus dem Dorf zurück? ❷

مَتَى تَرْجِعُ أُخْتُكَ مِنَ ؟

Der Bus war voll mit Körben. ❸

كَانَ ٱلْبَاصُ حَافِلاً

Leseübung

في ٱلْقرية

١	بعد سفرة طويلة ومتعبة
٢	وصل ٱلْقطار إلى ٱلْمحطّة ٱلصّغيرة
٣	كان أهل زيد في ٱنتظاره
٤	كان هناك والده وأخوه مع أولاده
٥	كان ٱلْفرح في قلوب ٱلْجميع
٦	بعد ٱلسّلامات، يركب ٱلْجميع ٱلْباص

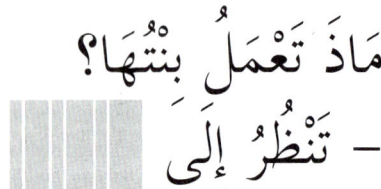

❹ Die jungen Leute waren glücklich (war-er der-Freude in Herzen die-Jugendlichen).

كَانَ ٱلْفَرَحُ فِي قُلُوبِ …

❺ Die Mutter des jungen Mannes (Jugendlichen) erwartet ihn in dem kleinen Bahnhof.

أُمُّ ٱلشَّابِّ فِي … فِي ٱلْمَحَطَّةِ ٱلصَّغِيرَةِ

Lösung 2: Die fehlenden Wörter.

❶ سَاعَتِهَا [*ßA^caTiHA*] ❷ ٱلْقَرْيَةِ [*AL-QaRYaTi*]

❸ بِسَلَّاتٍ [*Bi-ßaLLATin*] ❹ ٱلشُّبَّانِ [*ASCH-SCHuBBAṆi*]

❺ ٱنْتِظَارِهِ [*INTiṢARiHi*]

٧ وهو حافل بفلّاحين وسلّات

٨ – أين أمّي؟

٩ – إنّها في ٱلبيت، تعمل أكلتك ٱلمفضّلة

LEKTION 34

Mit der übernächsten Lektion beginnt eine neue Phase Ihres Arabisch-Studiums: Die „2. Welle" oder „aktive Phase", in der Sie endlich eigene Sätze auf Arabisch formulieren werden. Bis jetzt haben Sie passiv Vokabular und Strukturen assimiliert. Ab Lektion 36 ist es nun an der Zeit, diese passiven Kenntnisse in der Praxis anzuwenden.

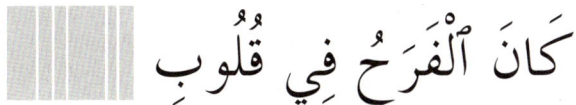

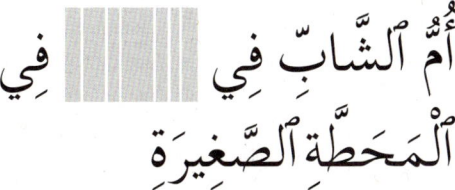

٣٥ أَلدَّرْسُ ٱلخَامِسُ وَٱلثَّلاثُون

[AD-D**a**RßU (A)L-CH**A**Miß(u) Wa-(A)fß-fßaLAfß**U**N(a)]

مُرَاجَعَةٌ وَمُلاحَظاتٌ

Unser Hauptaugenmerk liegt in dieser Lektion neben der Bildung des inneren Plurals auf den Verbformen im UA und VA. Sie wissen schon, dass die Zeit, zu der eine bestimmte Handlung abläuft, oft nur eine untergeordnete Rolle spielt; wichtiger ist meistens deren Aspekt, d.h. ob eine Handlung abgeschlossen (VA) oder nicht abgeschlossen (UA) ist.

1. Unvollendeter Aspekt

Diese als Präfix-Konjugation bezeichnete Form wird vor allem zum Ausdruck unvollendeter (d.h. als unabgeschlossen betrachteter) Handlungen/Ereignisse verwendet, etwa vergleichbar mit dem deutschen Präsens (= Gegenwart) oder Futur (= Zukunft).

• Bildung

Bei der Präsens-Konjugation erfolgen die Veränderungen überwiegend am Anfang der Verbform (daher „Präfix-Konjugation"). Die Grundlage bildet die 3. Pers. Sg. Mask. („er") des VA. Davor stellt man eines der Präfixe ا [*A*-], تَـ [*Ta*-], يَـ [*Ya*-] oder نَـ [*Na*-], die für die Person ausschlaggebend sind. Es folgen der 1. und 2. Konsonant des Verbs, wobei der erste keinen Vokal trägt und der zweite mit [-*a*-], [-*i*-] oder [-*u*-] stehen kann. Hieran schließt sich der 3. Konsonant an, dem immer ein [-*u*] folgt:

					[*A*-] ا
		[-*a*-]			[*Ta*-] تَـ
-*u*	Konsonant$_3$	[-*i*-]	Konsonant$_2$	Konsonant$_1$	[*Ya*-] يَـ
		[-*u*-]			[*Na*-] نَـ

35. Lektion

Die 3. Pers. Sg. Mask. wird in der Konjugation des UA auf يَـ [*Ya-*] (genau wie die 3. Pers. Sg. Mask. des VA) als Grundform zur Bildung weiterer Personen herangezogen. Beispiele für Verben im VA und UA:

a.)	ذَهَبَ	[*fsaHaBa*]	←	يَذْهَبُ	„gehen" [*YafsHaBu*]
	جَلَسَ	[*ĴaLaßa*]	←	يَجْلِسُ	„sich setzen" [*YaĴLißu*]
	كَتَبَ	[*KaTaBa*]	←	يَكْتُبُ	„schreiben" [*YaKTuBu*]
b.)	رَكِبَ	[*RaKiBa*]	←	يَرْكَبُ	„ein-/hinaufsteigen" [*YaRKaBu*]
c.)	حَسُنَ	[*ḤaßuNa*]	←	يَحْسُنُ	„schön/gut sein" [*YaḤßuNu*]

Die Vokale der Präsens-Konjugation verändern sich je nachdem, welche Vokale im Perfekt hinter dem 1. und 2. Konsonanten stehen:

a.)	VA auf [*a-a-a*]	←	UA auf [*a-a-u*] / [*a-i-u*] / [*a-u-u*]
b.)	VA auf [*a-i-a*]	←	UA auf [*a-a-u*] (mit wenigen Ausnahmen)
c.)	VA auf [*a-u-a*]	←	UA auf [*a-u-u*] (ohne Ausnahmen)

Die Vokalstruktur der Verben ist nicht zufällig; sie beinhaltet eine bestimmte Logik. Verben, die das Schema [*a-a-a*] besitzen, beziehen sich immer auf eine konkrete Handlung:

ذَهَبَ	[*fsaHaBa*]	يَذْهَبُ	„gehen" [*YafsHaBu*]

Solche mit der Struktur [*a-i-a*] können sich ebenfalls auf eine konkrete Handlung oder einen veränderlichen Zustand beziehen:

„hinaufsteigen" [*YaRKaBu*]	يَرْكَبُ	[*RaKiBa*]	رَكِبَ
„krank sein"; „krank werden" [*YaMRaḌu*]	يَمْرَضُ	[*MaRiḌa*]	مَرِضَ

Die Vokalkombination [*a-u-a*] weist darauf hin, dass es sich um einen unveränderlichen Zustand handelt:

„schön/gut sein" [*YaḤßuNu*]	يَحْسُنُ	[*ḤaßuNa*]	حَسُنَ

Diese Tabelle stellt die bereits bekannten Formen der VA- und UA-Konjugation anhand des Verbs كَتَبَ [*KaTaBa*] gegenüber. Bei der Bildung des UA handelt es sich um *Präfixe* (vorangestellte Silben), die auf die entsprechende Person hinweisen, während im VA *Suffixe* (nachgestellte Silben) darüber Aufschluss geben. In beiden Fällen gilt, dass die bloße Verbform zur Bezeichnung der Person genügt und nur bei besonderer Betonung das Personalpronomen hinzugesetzt wird.

Unvollendeter Aspekt		Vollendeter Aspekt		Personal-pronomen		
Singular						
[*A-KTuBu*]	أَكْتُبُ	[*KaTaB-Tu*]	كَتَبْتُ	[*ANA*]	أَنَا	*1. P.*
[*Ta-KTuBu*]	تَكْتُبُ	[*KaTaB-Ta*]	كَتَبْتَ	[*ANTa*]	أَنْتَ	*2. P.*♂
		[*KaTaB-Ti*]	كَتَبْتِ	[*ANTi*]	أَنْتِ	*2. P.*♀
[*Ya-KTuBu*]	يَكْتُبُ	[*KaTaB-a*]	كَتَبَ	[*HuWa*]	هُوَ	*3. P.*♂
[*Ta-KTuBu*]	تَكْتُبُ	[*KaTaB-aT*]	كَتَبَتْ	[*HiYa*]	هِيَ	*3. P.*♀

Unvollendeter Aspekt		Vollendeter Aspekt		Personal-pronomen		
			Plural			
[Na-KTuBu]	نَكْتُبُ	[KaTaB-NA]	كَتَبْنَا	[NaḤNu]	نَحْنُ	1. P.
		[KaTaB-TuM]	كَتَبْتُمْ	[ANTuM]	أَنْتُمْ	2. P.♂
		[KaTaB-U]	كَتَبُوا	[HuM]	هُمْ	3. P.♂

• **Bekannte Verben**

Diese Verben haben Sie in ihrer jeweiligen Grundform (3. Pers. Sg. Mask.) im VA und im UA angetroffen:

Unvollendeter Aspekt		Vollendeter Aspekt	
„gehen" [YafsHaBu]	يَذْهَبُ	[fsaHaBa]	ذَهَبَ
„zahlen" [YaDFa^c^u]	يَدْفَعُ	[DaFa^c^a]	دَفَعَ
„sich setzen" [YaĴLißu]	يَجْلِسُ	[ĴaLaßa]	جَلَسَ
„zurückkommen" [YaRĴi^c^u]	يَرْجِعُ	[RaĴa^c^a]	رَجَعَ
„hinuntergehen, aussteigen" [YaNSiLu]	يَنْزِلُ	[NaSaLa]	نَزَلَ
„wissen" [Ya^c^RiFu]	يَعْرِفُ	[^c^aRaFa]	عَرَفَ
„schreiben" [YaKTuBu]	يَكْتُبُ	[KaTaBa]	كَتَبَ
„eintreten, hereinkommen" [YaDCHuLu]	يَدْخُلُ	[DaCHaLa]	دَخَلَ
„studieren, lernen" [YaDRußu]	يَدْرُسُ	[DaRaßa]	دَرَسَ
„hinausgehen" [YaCHRuĴu]	يَخْرُجُ	[CHaRaĴa]	خَرَجَ

Unvollendeter Aspekt		Vollendeter Aspekt	
„nehmen" [**YA**'CHufsu]	يَأْخُذُ	[**A**CHafsa]	أَخَذَ
„bleiben" [**Ya**MKufßu]	يَمْكُثُ	[M**a**Kafßa]	مَكَثَ
„essen" [**YA**'KuLu]	يَأْكُلُ	[**A**KaLa]	أَكَلَ
„bitten, verlangen" [**Ya**ṬLuBu]	يَطْلُبُ	[Ṭ**a**LaBa]	طَلَبَ
„schauen" [**Ya**NṢuRu]	يَنْظُرُ	[N**a**ṢaRa]	نَظَرَ
„vorbeigehen" [**Ya**MuRRu]	يَمُرُّ	[M**a**RRa]	مَرَّ
„krank sein/werden" [**Ya**MRaḌu]	يَمْرَضُ	[M**a**RiḌa]	مَرِضَ
„trinken" [**Ya**SCHRaBu]	يَشْرَبُ	[SCH**a**RiBa]	شَرِبَ
„machen, tun" [**Ya**ᶜMaLu]	يَعْمَلُ	[ᶜ**a**MiLa]	عَمِلَ
„hinaufgehen, aufsteigen" [**Ya**RKaBu]	يَرْكَبُ	[R**a**KiBa]	رَكِبَ
„gut sein, schön sein" [**Ya**ḤßuNu]	يَحْسُنُ	[Ḥ**a**ßuNa]	حَسُنَ

Die Verben, deren VA mit وَ [Wa-] beginnt, ersetzen dieses im UA durch das Präfix يَ [Ya-] (3. Pers. Singular und Plural).

„finden" [**Ya**ĴiDu]	يَجِدُ	←	[W**a**ĴaDa]	وَجَدَ
„ankommen" [**Ya**ßiLu]	يَصِلُ	←	[W**a**ßaLa]	وَصَلَ

Vorsicht bei Verben, die einen verdoppelten Konsonanten beinhalten! Verwechseln Sie diese nicht mit der zweiten Ableitung: دَرَّسَ [DaRRaßa]; (s. u. „Abgeleitete Verben"); bei diesen sind der

2. und 3. Konsonant identisch, und in einigen Beugungsfällen steht zwischen ihnen kein Vokal, was bewirkt, dass sie mit ـّـ **schadda** geschrieben werden. Dies ist keine Ausnahme: Der Unterschied liegt nur in der Schreibweise, nicht in der Struktur. Vergleichen Sie die folgenden Formen:

„ich bin vorbeigegangen“	←	[*MaR**a**RTu*]	مَرَرْتُ
„er ist vorbeigegangen“	←	[*M**a**RRa*]	مَرَّ
„sie sind vorbeigegangen“	←	[*M**a**RRU*]	مَرُّوا
„er geht vorbei“	←	[*YaM**u**RRu*]	يَمُرُّ

• Funktionen der Konjugation des unvollendeten Aspekts

Der UA kann je nach Satzzusammenhang übersetzt werden

a) als Präsens:

يَدْخُلُ ٱلْوَلَدُ

„Das Kind tritt ein.“
[*Y**a**DCHuLu (A)L-W**a**LaDu*]

b) als Futur:

نَرْجِعُ بَعْدَ أُسْبُوعٍ

„Wir [werden] in einer Woche zurückkommen.“
[*N**a**RĴiᶜu B**a**ᶜDa UßB**U**ᶜin*]

Möchte man besonders hervorheben, dass eine Handlung in der Zukunft stattfinden wird, kann man vor das Verb سَوْفَ [*ß**a**UFa*] oder dessen Kurzform سَـ [*ßa-*] stellen:

سَوْفَ نَرْجِعُ

„wir werden zurückkommen“
[*ß**a**UFa N**a**RĴiᶜu*]

سَنَرْجِعُ

„wir werden zurückkommen“
[*ßa-N**a**RĴiᶜu*]

2. Abgeleitete Verben

Es gibt neben den einfachen (oder: Grund-) Verben solche, die von diesen abgeleitet werden. Die Bedeutung der einzelnen Ableitungsstämme variiert, hängt aber in der Regel mit der des Grundverbs zusammen. Von der Form her unterscheidet sich das Grundverb von den abgeleiteten Verben dadurch, dass es nur die Wurzelkonsonanten enthält. Die abgeleiteten Verben haben darüber hinaus noch verschiedene weitere Zusätze, wie z. B. die Verdopplung des zweiten Wurzelkonsonanten, die Ergänzung anderer Konsonanten (v.a. ت **ta**, ن **nun** oder س **ßin**), Einschub oder Voranstellen von ا **alif** usw. Diese Zusätze erfolgen nach einem für jedes abgeleitete Verb genau festgelegten Bildungsmuster, wovon es insgesamt neun verschiedene gibt. Der inhaltliche Zusammenhang zwischen Grundverb und abgeleiteten Verben kann eng, entfernt oder überhaupt nicht erkennbar sein.

In vielen Lehrwerken ist es üblich, die Bildungsmuster der einfachen und abgeleiteten Verben als Stämme zu bezeichnen und durch römische Ziffern wiederzugeben. Dabei gilt: I. Stamm: einfaches (Grund-)Verb und II. – X. Stamm: abgeleitetes Verb. Oftmals wird der I. Stamm auch als Grundstamm, alle weiteren Stämme als erweiterte Stämme bezeichnet.

Sie kennen seit Lektion 33 bereits ein Verb des II. Stamms, bei dem der 2. Wurzelkonsonant verdoppelt ist. Der II. Stamm ist entweder ein Zeichen der Intensivierung, oder er kennzeichnet ein kausatives Verb (Verb, das ein Bewirken oder Veranlassen beschreibt):

„lernen, studieren“ [*D**a**Raßa*]	دَرَسَ
„unterrichten“ (= zum Lernen/Studieren veranlassen) [*D**a**RRaßa*]	دَرَّسَ

Im VA werden die Verben des II. Stamms wie die Grundverben konjugiert, im UA dagegen weisen sie einige Unterschiede auf, die wir später noch behandeln.

Wie von jedem Grundverb kann man auch von abgeleiteten Verben aktive und passive Partizipien sowie zugehörige Nomen bilden.

• Partizipien (Mittelwörter)

Die Partizipien – als Adjektive benutzte Verbformen – lassen sich z.T. verschiedenen abgeleiteten Verbstämmen zuordnen. Vergleichen Sie vor allem die Konsonanten- und Vokalstruktur der folgenden Partizipien. Um die Ähnlichkeiten aufzuzeigen, haben die Arabisten ein Gerüst erstellt: Die drei Wurzelkonsonanten werden standardmäßig mit den folgenden Buchstaben und tiefgestellten Zahlen bezeichnet: $\mathbf{F_1}$ $^{c}{}_{\mathbf{2}}$ $\mathbf{L_3}$. Diese Buchstaben sind lediglich Platzhalter für die drei Wurzelkonsonanten des ersten Stammes.

I. Stamm مَفْعُول [*Ma -F₁ -ᶜ₂ -U -L₃*]:

يَكْتُبُ „schreiben" [*YaKTuBu*]	كَتَبَ [*KaTaBa*]	von ←	مَكْتُوب „geschrieben" [*MaKTUB*]
يَسُرُّ „erfreuen" [*YaßuRRu*]	سَرَّ [*ßaRRa*]	von ←	مَسْرُور „glücklich, froh" [*MaßRUR*]
يَشْهَرُ „berühmt machen" [*YaSCHHaRu*]	شَهَرَ [*SCHaHaRa*]	von ←	مَشْهُور „berühmt" [*MaSCHHUR*]
يَجِدُ „finden" [*YaĴiDu*]	وَجَدَ [*WaĴaDa*]	von ←	مَوْجُود „bestehend, vorhanden" [*MaUĴUD*]
يُوجَدُ „sich befinden" [*YUĴaDu*]	وُجِدَ [*WuĴiDa*]	bzw. dessen Passivform ←	

LEKTION 35

II. Stamm مُفَعَّل [*Mu -F₁a -^c₂-^c₂a/i -L₃*] (wann [*a*] und wann [*i*] benutzt wird, wird weiter unten erläutert):

مُفَضَّل „beliebt, Lieblings-" [*MuFaḌḌaL*]	von ←	فَضَّل „vorziehen" [*FaḌḌaLa*]

Zusätzlich hier noch zwei Partizipien, die auch als Nomen verwendet werden:

مُدَرِّس „unterrichtend, Lehrer" [*MuDaRRiß*]	von ←	دَرَّس „Unterricht geben" [*DaRRaßa*]
مُعَلِّم [*Mu^caLLiM*] „unterrichtend, Lehrer"	von ←	عَلَّم „unterrichten, lehren" [*^caLLaMa*]

III. Stamm مُفَاعِل [*Mu-F₁A-^c₂a/i-L₃*]:

مُسَافِر „Reisender" [*MußAFiR*]	von ←	سَافَر „reisen" [*ßAFaRa*], (سَفَر) („aus-/zerstreuen" [*ßaFaRa*])

An diesem letzten Beispiel sehen Sie gut, dass das abgeleitete Verb nicht immer einen eindeutigen Bezug zum Grundverb haben muss.

IV. Stamm مُفْعَل [*Mu -F₁ -^c₂a/i -L₃*]:

مُتْعَب	„müde" [*MuT^caB*]
مُتْعِب	„ermüdend" [*MuT^ciB*]

Diese beiden Partizipien werden von تَعِب [*Ta^ciBa*] abgeleitet und unterscheiden sie sich nur durch den kurzen Vokal nach dem zweiten Wurzelkonsonanten. Grundsätzlich haben alle Partizipien (außer denen des IX. Stamms) zwei Formen. Bei vielen Formen, die auf den kurzen Vokal [-*a*-] enden, ist das Passiv impliziert, während die auf [-*i*-] endenden Formen eine aktivische Bedeutung haben.

• Verbalnomen مَصْدَر **[*maßdar*]**

Ein Verbalnomen ist ein direkt vom Verb abgeleitetes Hauptwort, das etwa dem deutschen substantivierten Infinitiv entspricht, z.B. das Schreiben, das Lesen, das Essen, ... Diese sog. مَصْدَر **maßdar** sind sehr häufig anzutreffen und geradezu typisch für das Arabische. Sie können oftmals auf verschiedene Arten übersetzt werden bzw. mehrere verwandte Bedeutungen haben:

I. Stamm

„essen“ [*AKaLa*]	أَكَل	von ←	[*AKLun*] „Essen“ (= Handlung des Essens)	أَكْلٌ
„studieren“ [*DaRaßa*]	دَرَس	von ←	[*DaRßun*] „Studieren“ (= Handlung des Studierens), aber auch „Studium“ bzw. „(eine) Lektion“	دَرْسٌ
„hören“ [*ßaMi^ca*]	سَمِع	von ←	[*ßaM^cun*] „Hören“ (= Vorgang desHörens), aber auch „Gehör(sinn)“	سَمْعٌ

III. Stamm

„rechnen“ [*ḤaßaBa*]	حَسَب	von ←	[*ḤißABun*] „Rechnen“ (= Handlung des Rechnens), aber auch „(eine) Rechnung“	حِسَابٌ

VIII. Stamm

„schauen“ [*NaṢaRa*]	نَظَر	von ←	„Erwartung“ [*INTiṢARun*]	إِنْتِظَارٌ

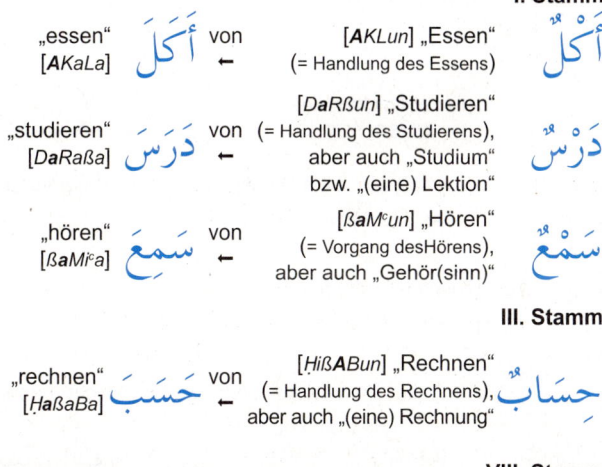

3. „Nicht sein" لَيْسَ [**La**Yßa]

Durch die Tatsache, dass es im UA keine Entsprechung für „sein" gibt, wird „nicht sein" anders als bei uns mit einem eigenen Verb und nicht durch eine Kombination mit der Verneinungspartikel „nicht" ausgedrückt. „Nicht sein" heißt لَيْسَ [*LaYßa*], und es wird wie ein Verb im VA konjugiert, steht dabei aber für die Gegenwart. Wie nach كَانَ [*K**A**Na*] steht das Bezugswort nach لَيْسَ [*LaYßa*] stets im Akkusativ:

لَسْتُ	„ich bin nicht" [*La**ßTu*]	لَسْنَا	„wir sind nicht" [*LaßNA*]
لَسْتَ	„du♂ bist nicht" [*LaßTa*]		
لَسْتِ	„du♀ bist nicht" [*LaßTi*]	لَسْتُمْ	„ihr seid nicht" [*LaßTuM*]
لَيْسَ	„er ist nicht" [*LaYßa*]		
لَيْسَتْ	„sie ist nicht" [*LaYßaT*]	لَيْسُوا	„sie sind nicht" [*LaYßU*]

لَسْتُ مُتْعَباً „Ich bin nicht müde♂." [*LaßTu MuTᶜaBAn*]

Folgt auf لَيْسَ [*LaYßa*] jedoch ein Nomen und dann ein beigefügtes Adjektiv, steht das Nomen im Nominativ und das Adjektiv im Akkusativ:

لَيْسَ ٱللَّحْمُ طَرِيّاً „Das Fleisch ist nicht frisch." [*LaYßa (A)L-LaḤMu ṬaRiYYAn*]

لَيْسَ [*LaYßa*] allein kann auch die Bedeutung „nicht" haben:

لَيْسَ ٱلْيَوْمَ! „Heute nicht!" [*LaYßa (A)L-YaUMa*]

Merken Sie sich außerdem:

أَ لَيْسَ هُنَاكَ...؟ „Gibt es hier nicht ...?" [*A LaYßa HuNAKa*]

4. Verb „sagen" قَالَ [*QALa*]

قَالَ [*QALa*] wird im VA (Perfekt-Konjugation) nach dem gleichen Muster wie كَانَ [*KANa*] konjugiert:

قُلْتُ	„ich habe gesagt" [*QuLTu*]	قُلْنَا	„wir haben gesagt" [*QuLNA*]
قُلْتَ	„du♂ hast gesagt" [*QuLTa*]	قُلْتُمْ	„ihr♂ habt gesagt" [*QuLTuM*]
قُلْتِ	„du♀ hast gesagt" [*QuLTi*]		
قَالَ	„er hat gesagt" [*QALa*]	قَالُوا	„sie♂ haben gesagt" [*QALU*]
قَالَتْ	„sie hat gesagt" [*QALaT*]		

5. Diptota und unregelmäßige Nomen

• Diptota (zwei-endige Nomen und Adjektive)

Die „Diptota" genannten Nomen und Adjektive sind die, die in Verbindung mit dem Artikel regelmäßig gebeugt werden; stehen sie dagegen ohne Artikel, haben sie nur zwei Fallendungen: den Nominativ auf [-*u*] und in den beiden anderen Fällen [-*a*]. Ihr Merkmal ist folglich das Wegfallen des auslautenden [-*un*] sowie das Zusammenfallen der Genitiv- und Akkusativendung.

عَطْشَانُ	„durstig" [*ᶜaṬSCHANu*]
جَوْعَانُ	„hungrig" [*ĴaUᶜANu*]
أَنَا عَطْشَانُ	„Ich bin durstig." bzw. „Ich habe Durst." [*ANA ᶜaṬSCHANu*]
لَسْتُ عَطْشَانَ	„Ich bin nicht durstig." bzw. „Ich habe keinen Durst." [*LaßTu ᶜaṬSCHANa*]

Man würde in den obigen Beispielen eigentlich die Endungen [-*un*] und [-*An*] erwarten, da der bestimmte Artikel fehlt. Regelmäßig verhalten sich die Diptota in Sätzen wie:

أَلرَّجُلُ ٱلْعَطْشَانُ „der durstige Mann“ [*AR-RaĴuLu (A)L-^c^aṬSCHANu*]

Unregelmäßig dagegen hier zum Vergleich:

رَجُلٌ عَطْشَانُ „ein durstiger Mann“ [*RaĴuLun ^c^aṬSCHANu*]

Diptota lassen sich nicht eindeutig erkennen und müssen in den meisten Fällen auswendig gelernt werden; sie können Adjektive, Nomen im Singular, aber auch Pluralformen von ansonsten regelmäßigen Substantiven sein.

• Unregelmäßige Nomen

Es gibt einige unregelmäßige Nomen, bei denen der Nominativ mit dem Genitiv identisch ist und nur der Akkusativ eigene Formen bildet:

مَقْهًى	[*MaQHAn*]	أَلْمَقْهَى	„ein Café; das Café“ [*AL-MaQHA*]
حَلْوًى	[*ḤaLWAn*]	أَلْحَلْوَى	„eine Süßspeise; die Süßspeise“ [*AL-ḤaLWA*]

Sehen Sie sich hier die unregelmäßige Beugung von مَاضٍ [*MAḌin*] „Vergangenheit“ an:

	ohne Artikel		mit Artikel	
Nominativ und Genitiv	مَاضٍ	[*MAḌin*]	أَلْمَاضِي	[*AL-MAḌI*]
Akkusativ	مَاضِياً	[*MAḌiYAn*]	أَلْمَاضِيَ	[*AL-MAḌiYa*]

6. Plural der Nomen

• Äußerer Plural

Weibliche Nomen auf ة **ta marbuṭa**, die den Plural „äußerlich“ bilden, sind im Nominativ an der Pluralendung ات [*-AT*] zu erkennen:

سَيَّارَة „Auto“ [*ßaYYARaT*] ← سَيَّارَات „Autos“ [*ßaYYARAT*]

Diese Pluralform kennt nur zwei Beugungen – auf [-*un*/-*u*] (Nominativ) und [-*in*/-*i*] (Genitiv und Akkusativ).

mit Artikel		ohne Artikel		
[*Aß-ßaYYAR**A**Tu*]	أَلسَّيَّارَاتُ	[*ßaYYAR**A**Tun*]	سَيَّارَاتٌ	**Nom.**
[*Aß-ßaYYAR**A**Ti*]	أَلسَّيَّارَاتِ	[*ßaYYAR**A**Tin*]	سَيَّارَاتٍ	**Akk./ Gen.**

Nochmals zur Erinnerung hier im Singular:

mit Artikel		ohne Artikel		
[*Aß-ßaYY**A**RaTu*]	أَلسَّيَّارَةُ	[*ßaYY**A**RaTun*]	سَيَّارَةٌ	**Nom.**
[*Aß-ßaYY**A**RaTi*]	أَلسَّيَّارَةِ	[*ßaYY**A**RaTin*]	سَيَّارَةٍ	**Akk./ Gen.**

Den äußeren Plural für männliche Nomen auf ـُونَ [-*UNa*] bzw. ـِينَ [-*INa*] kennen Sie bereits aus Lektion 28.

• Innerer Plural

Der innere Plural bringt oftmals recht einschneidende Veränderungen in der Lautgestalt des Wortes mit sich. Das heißt, dass sich die Plural- und Singularform eines Nomens meist recht auffällig in der inneren Wortstruktur unterscheiden. Diese wird, ausgehend vom Singular, aufgebrochen. Solche Veränderungen beinhalten oftmals Präfixe (Vorsilben), Infixe (eingeschobene Silben), Vokalverlängerung, Konsonantenverdoppelung durch **schadda**, Auftreten von **hamsa** usw. Leider lässt sich bei Nomen kaum mit Sicherheit vorhersagen, wie der Plural gebildet wird, und so ist es am besten, den Plural jedes Nomens zusammen mit dem Singular zu lernen.

Dennoch kann man die diversen Bildungsmuster des inneren Plurals in Klassen unterteilen. Auch hier verwenden wir der Einfachheit halber das bereits bei den Partizipien kennen gelernte Konsonantengerüst *F-*ᶜ*-L*. Sehen wir uns vorerst die häufig anzutreffende Pluralbildung nach dem Schema فُعُول *FuᶜUL* an. Dazu benutzen wir das Nomen قَلْب [*QaLB*] „Herz", bei dem nur nach dem ersten Konsonanten ق **qaf** ein [*a*] steht und danach zwei Konsonanten (ل **lam** und ب **ba**) folgen, zwischen denen kein Vokal, sondern ein ْ **ßukun** steht. Im Plural dagegen wird das [*a*] durch [*u*] ersetzt, und zwischen den zweiten und dritten Konsonanten tritt ein [*U*] anstelle des ْ **ßukun**.

„Herzen" [*QuLUB(un)*]	قُلُوبٌ	←	„Herz" [*QaLB(un)*]	قَلْبٌ

Mit der Zeit werden Sie ein gutes Gespür für den Plural eines neuen Wortes bekommen. Im Folgenden finden Sie die drei geläufigsten Typen für die Bildung des inneren Plurals. Wir geben immer das Bildungsmuster durch *F-ᶜ-L* an, das die Buchstaben F_1, $ᶜ_2$ und L_3 für die einzelnen Konsonanten bezeichnet.

			[*AFᶜAL*]	أَفْعَال	a)
„Stimmen, Lärm" [*AßWAT-un*]	أَصْوَاتٌ	←	„eine Stimme" [*ßaUT-un*]	صَوْتٌ	
„Kinder" [*AULAD-un*]	أَوْلَادٌ	←	„ein Kind" [*WaLaD-un*]	وَلَدٌ	
			[*FuᶜUL*]	فُعُول	b)
„Herzen" [*QuLUB-un*]	قُلُوبٌ	←	„ein Herz" [*QaLB-un*]	قَلْبٌ	
„Jura, Recht" [*ḤuQUQ-un*]	حُقُوقٌ	←	„ein Recht" [*ḤaQQ-un*]	حَقٌّ	
„Häuser" [*BuYUT-un*]	بُيُوتٌ	←	„ein Haus" [*BaYT-un*]	بَيْتٌ	
			[*FuᶜᶜAL*]	فُعَّال	c)
„Jugendliche, junge Männer" [*SCHuBBAN-un*]	شُبَّانٌ	←	„ein Jugendlicher" [*SCHABB-un*]	شَابٌّ	

Einige Pluralformen – wie die auf vier Silben – sind diptotisch (zwei-endig):

„Freunde“ *[AßDiQA'-u]*	أَصْدِقَاءُ	←	„ein Freund“ *[ßaDIQ-un]*	صَدِيقٌ
„Orte“ *[AMAKin-u]*	أَمَاكِنُ	←	„ein Ort“ *[MaKAN-un]*	مَكَانٌ

Versuchen Sie momentan noch nicht, alle Pluralformen zu analysieren; lesen Sie einfach bei neuen Wörtern mehrfach die Singular- und Pluralform.

7. Zahlen und Zahlwörter

• Kardinalzahlen

Hier stellen wir vorerst nur die Zahlen 1-10 vor, die jeweils eine männliche und eine weibliche Form aufweisen. Zur abstrakten Zählung verwendet man für „eins“ und „zwei“ die Formen des Maskulinums, danach die des Femininums.

	Femininum		Maskulinum		
[WAḤiDaTun]	وَاحِدَةٌ	*[WAḤiDun]*	وَاحِدٌ	١	1
[IfßNaTANi]	إِثْنَتَانِ	*[IfßNANi]*	إِثْنَانِ	٢	2
[fßaLAfßaTu]	ثَلَاثَةُ	*[fßaLAfßu]*	ثَلَاثُ	٣	3
[ARBa^caTu]	أَرْبَعَةُ	*[ARBa^cu]*	أَرْبَعُ	٤	4
[CHaMßaTu]	خَمْسَةُ	*[CHaMßu]*	خَمْسُ	٥	5
[ßiTTaTu]	سِتَّةُ	*[ßiTTu]*	سِتُّ	٦	6
[ßaB^caTu]	سَبْعَةُ	*[ßaB^cu]*	سَبْعُ	٧	7
[fßaMANiYaTu]	ثَمَانِيَةُ	*[fßaMANI]*	ثَمَانِي	٨	8
[Taß^caTu]	تِسْعَةُ	*[Tiß^cu]*	تِسْعُ	٩	9
[^caSCHRaTu]	عَشْرَةُ	*[^caSCHRu]*	عَشْرُ	١٠	10

Vorsicht! Es gilt ab „drei“, dass man die weiblichen Zahlen zum Zählen männlicher Nomen verwendet und die männlichen Zahlen zum Zählen weiblicher Nomen. Das Zählwort وَاحِدٌ [*WAḤiDun*] bzw. وَاحِدَةٌ [*WAḤiDaTun*] steht hinter dem zu zählenden Nomen, während ab „drei“ die Zahlen davor stehen. Bei „zwei“ benötigt man den Dual, den wir erst später kennen lernen werden, ansonsten den Plural im Genitiv.

Erinnern Sie sich an folgenden Satz?

نَحْنُ سِتَّةُ أَشْخَاصٍ „Wir sind sechs Personen.“ [*NaḤNu ßiTTaTu ASCHCHAẞin*]

Hier nun einige weitere Beispiele:

a) Mit einem männlichen Nomen:

بَيْتٌ „Haus“ [*BaYTun*] — بُيُوتٌ „Häuser“ [*BuYUTun*]

بَيْتٌ وَاحِدٌ „ein Haus“ [*BaYTun WAḤiDun*]

ثَلَاثَةُ بُيُوتٍ „drei Häuser“ [*fßaLAfßaTu BuYUTin*]

سِتَّةُ بُيُوتٍ „sechs Häuser“ [*ßiTTaTu BuYUTin*]

b) Mit einem weiblichen Nomen:

مَدِينَةٌ „Stadt“ [*MaDINaTun*] — مُدُنٌ „Städte“ [*MuDuNun*]

مَدِينَةٌ وَاحِدَةٌ „eine Stadt“ [*MaDINaTun WAḤiDaTun*]

ثَلَاثُ مُدُنٍ „drei Städte“ [*fßaLAfßu MuDuNin*]

تِسْعُ مُدُنٍ „neun Städte“ [*Tiß^cu MuDuNin*]

Die weiblichen Kardinalzahlen von 1 bis in den Hunderterbereich entnehmen Sie bitte den Seitenzahlen dieses Buches.

• Ordinalzahlen (Ordnungszahlen)

Die männlichen Ordinalzahlen kennen Sie aus den Lektionsnummern, und die weiblichen von 1-12 kommen bei der Bildung der Uhrzeiten vor. Als Übersicht hier die männlichen und weiblichen Formen von 1.-12.:

	Femininum		Maskulinum	
[AL-ULA]	أَلأُولَى	[AL-AWWaLu]	أَلأَوَّلُ	1.
[Afß-fßANiYaTu]	أَلثَّانِيَةُ	[Afß-fßANI]	أَلثَّانِي	2.
[Afß-fßALifßaTu]	أَلثَّالِثَةُ	[Afß-fßALifßu]	أَلثَّالِثُ	3.
[AR-RABiᶜaTu]	أَلرَّابِعَةُ	[AR-RABiᶜu]	أَلرَّابِعُ	4.
[AL-CHAMißaTu]	أَلْخَامِسَةُ	[AL-CHAMißu]	أَلْخَامِسُ	5.
[Aß-ßADißaTu]	أَلسَّادِسَةُ	[Aß-ßADißu]	أَلسَّادِسُ	6.
[Aß-ßABiᶜaTu]	أَلسَّابِعَةُ	[Aß-ßABiᶜu]	أَلسَّابِعُ	7.
[Afß-fßAMiNaTu]	أَلثَّامِنَةُ	[Afß-fßAMiNu]	أَلثَّامِنُ	8.
[AT-TAßiᶜaTu]	أَلتَّاسِعَةُ	[AT-TAßiᶜu]	أَلتَّاسِعُ	9.
[AL-ᶜASCHiRaTu]	أَلْعَاشِرَةُ	[AL-ᶜASCHiRu]	أَلْعَاشِرُ	10.
[AL-ḤADiYaTa ᶜaSCHRaTa]	أَلْحَادِيَةَ عَشْرَةَ	[AL-ḤADI ᶜaSCHaRa]	أَلْحَادِي عَشَرَ	11.
[Afß-fßANiYaTa ᶜaSCHRaTa]	أَلثَّانِيَةَ عَشْرَةَ	[Afß-fßANI(a) ᶜaSCHaRa]	أَلثَّانِي عَشَرَ	12.

Einige Zahlwörter

• Wie viele? كَمْ [KaM]

Hinter dem Fragewort كَمْ [*KaM*] „wie viele?" steht das Nomen ohne Artikel im Singular und Akkusativ:

„Wie viele Personen?" [*KaM SCHaCHB̲An*]	كَمْ شَخْصاً؟

• Zahlwort und Nomen

Bezieht sich ein Zahlwort auf ein männliches Pluralnomen, steht das Zahlwort in seiner weiblichen Form. Das Nomen dagegen steht im Genitiv und ohne Artikel:

„drei Kinder" [*fßaLAfßaTu AULADin*]	ثَلَاثَةُ أَوْلَادٍ
„sechs Personen" [*ßiTTaTu ASCHCHAß̲in*]	سِتَّةُ أَشْخَاصٍ

Bezieht sich das Zahlwort dagegen auf ein weibliches Pluralnomen, steht das Zahlwort in seiner männlichen Form. Das Nomen steht auch hier im Genitiv und ohne Artikel:

„drei Autos" [*fßaLAfßu ßaYYARATin*]	ثَلَاثُ سَيَّارَاتٍ

Soll mit Hilfe des Artikels die Konstruktion determiniert werden, steht das Zahlwort nach dem Nomen:

„die sechs Freunde" [*AL-Aß̲DiQA'u (A)ß-ßiTTaTu*]	اَلْأَصْدِقَاءُ ٱلسِّتَّةُ

8. Wortschatz

• Verschiedene Ausdrücke

(Pl.) / (Sing.) „Bitte sehr!" [*TaFaḌḌaLU*] / [*TaFaḌḌaL*]	تَفَضَّلْ / تَفَضَّلُوا
„Gib/Geben Sie mir/uns"; „Bring/Bringen Sie mir/uns" [*AᶜṬiNA*] / [*AᶜṬiNI*]	أَعْطِنِي / أَعْطِنَا
„Alles in Ordnung!" [*LA BA'ßa*]	لَا بَأْسَ

لَا بَأْسَ فِي ذَلِكَ!
„Alles in Ordnung damit!“
[*LA B**A**'ßa FI fs**a**LiKa*]

أَهْلًا بِكَ!
„Sei willkommen!“
[***A**HLAn BiK*]

أَهْلًا بِكُمْ!
„Seid/seien Sie willkommen!“
[***A**HLAn B**i**KuM*]

هَذَا مَقْهًى
„Hier ist ein Café/Dies ist ein Café“
[*H**a**fsA M**a**QHAn*]

Wichtige Konstruktionen, um bestimmte Verben zu übersetzen, sind u.a.:

فِي حَاجَةٍ إِلَى
„etwas brauchen“
[*FI Ḥ**A**ĴaTin **I**LA*]

أَهْلِي فِي حَاجَةٍ إِلَيَّ
„Meine Familie braucht mich.“
[***A**HLI FI Ḥ**A**ĴaTin IL**a**YYa*]

فِي ٱنْتِظَارِ
„(er-)warten“
(+ Personalpronomen oder Nomen)
[*FI (I)NTiṢ**A**Ri*]

Beispielsätze:

كَانَ أَهْلُ زَيْدٍ فِي ٱنْتِظَارِهِ
„Zayds Familie hat ihn erwartet.“ [*K**A**Na **A**HLu S**a**YDin FI (I)NTiṢ**A**RiHi*]

أَلشَّابُّ فِي ٱنْتِظَارِ ٱلْقِطَارِ
„Der junge Mann wartet auf den Zug.“
[*ASCH-SCH**A**BBu FI (I)NTiṢ**A**Ri (A)L-QiṬ**A**Ri*]

• Präpositionen

بَيْنَ „zwischen“ [*B**a**YNa*]

قَبْلَ „vor“ [*Q**a**BLa*] (zeitlich)

بَعْدَ „in“ [*B**a**ᶜDa*] + Dauer, „nach“ (zeitlich)

أَرْجِعُ بَعْدَ شَهْرٍ
„Ich komme in einem Monat zurück.“
[*ARĴ**i**ᶜu B**a**ᶜDa SCH**a**HRin*]

مِثْلَ	„wie" + Pronomen [MifßLa]
كَـ	„als, wie" [Ka-] + Nomen (im Genitiv); Demonstrativpronomen
كَسَيَّارَةٍ	„wie ein Auto" [Ka-ßaYYARaTin]
كَحَلْوَى	„als Nachspeise" [Ka-ḤaLWA]
كَذَلِكَ	„auf diese Weise; so; auch" [Ka-fsaLiKa]

كَـ [Ka-] kann auch vor einem Demonstrativpronomen stehen: كَهَذَا [Ka-HafsA] „wie dieser". In Verbindung mit den Personalpronomen verwendet man dagegen مِثْلَ [MifßLa] „wie", z.B. مِثْلَهُ [MifßLaHu] „wie er".

• Adverbien

أَبَداً	„gar nicht; niemals" [ABaDAn]	قَرِيباً مِن	„in der Nähe, nahe bei" [QaRIBAn MiN]
إِذَنْ	„also; dann" [Ifsan]	فَقَطْ	„nur" [FaQaṬ]
حَسَناً!	„Gut!" [ḤaßaNAn]		

• Interrogativpronomen

مَاذَا؟	„was?" [MAfsA]

Außerdem haben Sie auch die Fragepartikel أَ [A] kennen gelernt, die vor لَيْسَ [LaYßa] steht und wie هَلْ [HaL] verwendet wird.

9. Schrift

Sehen Sie sich die Schreibweise dieser Wörter genau an:

إِلَى	[ILA]	+ي	[I]	←	إِلَيَّ	„zu mir" [ILaYYa]
إِنَّ	[INNa]	+ي	[I]	←	إِنِّي	„ich" [INNI]

oder:

إِنَّ	[INNa]	+نِي	[NI]	←	إِنَّنِي	„ich" [INNaNI]

10. Verständnis-/Formulierungsübung

❶ أَنَا أَدْخُلُ ٱلْبَيْتَ

أَنْتَ تَدْخُلُ ٱلْمَكْتَبَ

هُوَ يَدْخُلُ ٱلْمَطْعَمَ

هِيَ تَدْخُلُ ٱلْفُنْدُقَ

نَحْنُ نَدْخُلُ ٱلمَقْهَى

❷ أَنَا أَخْرُجُ مِنَ ٱلْبَيْتِ

أَنْتَ تَخْرُجُ مِنَ ٱلْمَكْتَبِ

هُوَ يَخْرُجُ مِنَ ٱلْمَطْعَمِ

هِيَ تَخْرُجُ مِنَ ٱلْفُنْدُق

نَحْنُ نَخْرُجُ مِنَ ٱلْمَقْهَى

3 أَنَا أَجْلِسُ عَلَى مَائِدَةٍ

أَنْتَ تَجْلِسُ عَلَى هَذِهِ ٱلْمَائِدَةِ

هُوَ يَجْلِسُ عَلَى هَذِهِ ٱلْمَائِدَةِ ٱلصَّغِيرَةِ

هِيَ تَجْلِسُ فِي ٱلْمَكْتَبِ

نَحْنُ نَجْلِسُ فِي ٱلْقِطَارِ

4 مَتَى تَرْجِعُ؟ – أَرْجِعُ بَعْدَ شَهْرٍ

5 مَاذَا تَعْمَلُ؟ – أَعْمَلُ طَاجِناً

6 كَيْفَ تَعْمَلُهُ؟ – أَعْمَلُهُ بِصَبْرٍ

7 إِلَى أَيْنَ تَذْهَبُ؟ – أَذْهَبُ إِلَى قَرْيَتِي

8 لِمَاذَا تَجْلِسُ؟ – لِأَنِّي مُتْعَبٌ

9 أَنَا فِي حَاجَةٍ إِلَيْكُمْ

أَنْتَ فِي حَاجَةٍ إِلَيْهِ

أَنْتِ فِي حَاجَةٍ إِلَيَّ

هُوَ فِي حَاجَةٍ إِلَى سَيَّارَةٍ

هِيَ فِي حَاجَةٍ إِلَى بَيْتٍ

نَحْنُ فِي حَاجَةٍ إِلَى أُسْتَاذٍ

أَنْتُمْ فِي حَاجَةٍ إِلَى بَاصٍ

هُمْ فِي حَاجَةٍ إِلَيْنَا

أَنَا فِي ٱنْتِظَارِهِ (10)

أَنْتَ فِي ٱنْتِظَارِهِمْ

أَنْتِ فِي ٱنْتِظَارِهَا

هُوَ فِي ٱنْتِظَارِي

نَحْنُ فِي ٱنْتِظَارِكُمْ

أَنْتُمْ فِي ٱنْتِظَارِنَا

هُمْ فِي ٱنْتِظَارِكَ

Aussprache der Übungssätze

[1 ANA ADCHuLu (A)L-BaYTa ANTa TaDCHuLu (A)L-MaKTaBa HuWa YaDCHuLu (A)L-MaṬ^{c}aMa HiYa TaDCHuLu (A)L-FuNDuQa NaḤNu NaDCHuLu (A)L-MaQHA] [2 ANA ACHRuĴu MiN-a (A)L-BaYTi ANTa TaCHRuĴu MiN-a (A)L-MaKTaBi HuWa YaCHRuĴu MiN-a (A)L-MaṬ^{c}aMi HiYa TaCHRuĴu MiN-a (A)L-FuNDuQi NaḤNu NaCHRuĴu MiN-a (A)L-MaQHA] [3 ANA AĴLißu ^{c}aLA MA'iDaTin ANTa TaĴLißu ^{c}aLA HafsiHi (A)L-MA'iDaTi HuWa YaĴLißu ^{c}aLA HafsiHi (A)L-MA'iDaTi (A)ß̱-ß̱aṘIRaTi HiYa TaĴLißu FI (A)L-MaKTaBi NaḤNu NaĴLißu FI (A)L-QiṬARi] [4 MaTA TaRĴi^{c}u ARĴi^{c}u Ba^{c}Da SCHaHRin] [5 MAfsA Ta^{c}MaLu A^{c}MaLu ṬAĴiNAn] [6 KaYFa Ta^{c}MaLuHu A^{c}MaLuHu Bi-ß̱aBRin] [7 ILA AYNa TafsHaBu AfsHaBu ILA QaRYaTI] [8 LiMAfsA TaĴLißu Li'ANNI MuT^{c}aBun] [9 ANA FI ḤAĴaTin ILaYKuM ANTa FI ḤAĴaTin ILaYHi ANTi FI ḤAĴaTin ILaYYa HuWa FI ḤAĴaTin ILA ßaYYARaTin HiYa FI ḤAĴaTin ILA BaYTin NaḤNu FI ḤAĴaTin ILA UßTAfsin ANTuM FI ḤAĴaTin ILA BAß̱in HuM FI ḤAĴaTin ILaYNA] [10 ANA FI (I)NTiṢARiHi ANTa FI (I)NTiṢARiHiM ANTi FI (I)NTiṢA-RiHA HuWa FI (I)NTiṢARI NaḤNu FI (I)NTiṢARiKuM ANTuM FI (I)NTiṢARiNA HuM FI (I)NTiṢARiKa]

Übersetzung der Übungssätze

❶ Ich betrete das Haus. Du♂ betrittst das Büro. Er betritt das Restaurant. Sie betritt das Hotel. Wir betreten das Café. ❷ Ich gehe aus dem Haus hinaus. Du♂ gehst aus dem Büro hinaus. Er geht aus dem Restaurant hinaus. Sie geht aus dem Hotel hinaus. Wir gehen aus dem Café hinaus. ❸ Ich setze mich an einen Tisch. Du♂ setzt dich an diesen Tisch. Er setzt sich an diesen kleinen Tisch. Sie setzt sich im Büro. Wir setzen uns im Zug. ❹ Wann kommst du♂ zurück? – Ich komme in einem Monat zurück. ❺ Was machst du♂? – Ich mache ein Tajine. ❻ Wie machst du♂ sie (ihn)? – Ich mache sie (ihn) mit Geduld. ❼ Wohin gehst du♂? – Ich gehe in mein Dorf. ❽ Warum setzt du♂ dich? – Weil ich müde bin. ❾ Ich brauche euch. Du♂ brauchst ihn. Du♀ brauchst mich. Er braucht ein Auto. Sie braucht ein Haus. Wir brauchen einen Lehrer. Ihr braucht einen Bus. Sie brauchen uns. ❿ Ich erwarte ihn. Du♂ erwartest sie (Pl.). Du♀ erwartest sie♀. Er erwartet mich. Wir erwarten euch. Ihr erwartet uns. Sie erwarten dich♂.

مَبْرُوك!

„Glückwunsch!"
(gesegnet!)
[MaBRUK]

Diese Wiederholungslektion war etwas komplexer als die bisherigen. Alle Informationen dieser Lektion sind in erster Linie dazu gedacht, etwas Ordnung in Ihre bisherigen Kenntnisse zu bringen und dafür zu sorgen, das bisher Gelernte zu strukturieren.

11. Die „2. Welle"

In den bisherigen Lektionen haben Sie die Texte angehört, die Anmerkungen gelesen, sich mit der Aussprache vertraut gemacht und sich fast ausschließlich auf das Verstehen konzentriert. Sie haben sich also eher passiv mit der Sprache beschäftigt, aber noch keine eigenen Sätze gebildet. Mit der nächsten Lektion treten Sie in eine neue Phase Ihres Studiums ein: Die „2. Welle" oder „Aktive Phase". Hierfür müssen Sie von nun an täglich etwa 10-15 Minuten mehr einplanen, denn nach jeder neuen Lektion „aktivieren" Sie eine der ersten Lektionen, d.h. Sie aktivieren nach Lektion 36 die Lektion 1, nach Lektion 37 die Lektion 2 usw.

Sie gehen folgendermaßen vor: Sie verdecken den arabischen Lektionstext und versuchen, den deutschen Text – und danach, wenn Sie besonders gründlich sein wollen, auch den deutschen Text der Verständnisübung – auf Arabisch zu formulieren. Sehen Sie dann auf der rechten Seite nach, ob Sie die Sätze richtig wiedergegeben haben. Wiederholen Sie die Wörter und Wendungen, die Ihnen entfallen waren, oder lesen Sie ggf. noch einmal die entsprechenden Anmerkungen.

Im Laufe dieser 2. Welle werden Sie feststellen, dass Sie Ihre bislang erworbenen Kenntnisse vertiefen und festigen und gleichzeitig Ihren Wortschatz erweitern. Verzichten Sie nicht auf diese „aktive Phase"; sie ist ein integraler Bestandteil des Kurses! Sie werden merken, wie viele passive Kenntnisse Sie schon besitzen, und nun können Sie endlich selbst auf Arabisch formulieren! Außerdem zeigt Ihnen die 2. Welle die Schwierigkeiten auf, die noch bei Ihnen bestehen, und Sie werden herausfinden, was Sie noch einmal wiederholen müssen.

٣٦ أَلدَّرْسُ ٱلسَّادِسُ وَٱلثَّلَاثُونَ

بَنَاتُ ٱلْعَمِّ

١ زَارَ كَرِيمٌ بَنَاتِ عَمِّهِ ①②

٢ بِمُنَاسَبَةِ عِيدِ مِيلَادِ إِحْدَاهُنَّ إِسْمُهَا يَاسْمِينَةٌ ③④

٣ مَا رَأَى ٱلْبَنَاتِ فِي ٱلْمَنْزِلِ ⑤⑥

٤ وَلَكِنْ، قَالَتْ لَهُ عَمَّتُهُ: ⑦⑧

AUSSPRACHE

[*AD-DaRßu (A)ß-ßADißu Wa-(A)fß-fßaLAfßUN(a)*] [*BaNATu (A)L-ᶜaMM(i)*] [**1** *SARa KaRIM(un) BaNATi ᶜaMMiHi*] [**2** *Bi-MuNAßaBaTi ᶜIDi MILADi IḤDAHuNNa IßMuHA YAßMINa(Tun)*] [**3** *MA Ra'A (A)L-BaNATi FI (A)L-MaNSiL(i)*] [**4** *WaLaKiN QALaT LaHu ᶜaMMaTuHu*]

Im Laufe der nächsten Lektionen werden wir in den meisten Fällen die Vokalendung bzw. das **tanwin** *hinter* ة **ta marbuṭa** *nicht mehr kenntlich machen. Wir haben Sie ja bereits darauf hingewiesen, dass dies in der modernen Sprache fast nie gesprochen wird. Unterscheiden Sie sorgfältig bei der Aussprache von [-a(T)] und [-AT].*

ANMERKUNGEN

① بِنْت [*BiNT*] „Mädchen, Tochter" bildet einen inneren Plural: بَنَات [*BaNAT*]. Ebenso die Pluralform von إِبْن [*IBN*] „Sohn": بَنُون [*Ba-NUN*] oder أَبْنَاء [*ABNA'*] „Söhne".

36. Lektion

Die Cousinen (Mädchen der-Onkel)

Karim besuchte seine Cousinen (Mädchen Onkel-sein) **1**
anlässlich des Geburtstags (Fest Geburt) einer von **2**
ihnen (eine-sie), ihr Name (Name-ihr) ist Jasmin.
Er hat die Mädchen nicht im Haus gesehen, **3**
aber seine Tante hat zu ihm gesagt (sagte-sie für-ihn **4**
Tante-seine):

ANMERKUNGEN

② Verwandtschaften werden häufig differenzierter ausgedrückt als im Deutschen. Als عَمّ [*ᶜ**a**MM*] bezeichnet man den Onkel väterlicherseits; der Bruder der Mutter dagegen heißt خَال [*CHAL*].

③ إِحْدَى [*IḤDA*] „eine“ (♀) ist unveränderlich. Es kann allein oder mit Personalpronomensuffix vorkommen. In Verbindung mit einem Suffix steht anstelle von **alif maqßura** ein **alif** am Ende: إِحْدَاهُنَّ [*IḤDAH**u**NNa*].

④ هُنَّ [(-)*H**u**NNa*] „sie“ ist das eigenständige Personal- und das angehängte Possessivpronomen „ihre“ der 3. Pers. Pl. Fem. Diese Form wird angewandt, wenn man von mehr als zwei Frauen spricht.

⑤ رَأَى [*Ra'**A***] „er hat gesehen“ ist ein weiteres unregelmäßiges Verb. Merken Sie sich vorerst nur diese 3. Pers. Sg. Mask. VA.

⑥ مَنْزِل [*M**a**NSiL*] bezeichnete ursprünglich den „Wohnort“, die „Residenz“, wird aber heute meist mit „Haus“ übersetzt und ist somit ein Synonym für بَيْت [*BaYT*].

⑦ قَال [*QALa*] „sagen“ steht mit der Präposition لِـ [*Li-*] „für“.

⑧ عَمَّة [*ᶜ**a**MMaT*] „Tante“ ist die Schwester des Vaters. Die Tante mütterlicherseits heißt خَالَة [*CH**A**LaT*].

LEKTION 36

٥ – إِنَّهُنَّ ذَهَبْنَ إِلَى ٱلْبُسْتَانِ ⑨

٦ بَحْثاً عَنْ ثِمَارٍ لِتَقْدِيمِهَا إِلَى ٱلضُّيُوفِ ⑩

٧ عِنْدَئِذٍ، يَذْهَبُ ٱلشَّابُّ إِلَى ٱلْبُسْتَانِ

٨ فِي ٱلنِّهَايَةِ يَجِدُهُنَّ بَيْنَ ٱلْأَزْهَارِ ⑪

٩ وَيُعْطِي يَاسْمِينَةَ – وَهِيَ أَجْمَلُهُنَّ –
هَدِيَّةً نَفِيسَةً ⑫⑬

رَأَتِ ٱلْبَنَاتُ ٱلشَّابَّ فِي بُسْتَانِهِنَّ

AUSSPRACHE

[**5** *INNaH**u**NNa fsaH**a**BNa **I**LA (A)L-BußT**A**N(i)*] [**6** *B**a**ḤfßAn ᶜaN fßiM**A**R(in) Li-TaQD**I**MiHA **I**LA (A)Ḍ-ḌuY**U**F(i)*] [**7** *ᶜiND**a**'ifsiN Y**a**fsHa-Bu (A)SCH-SCH**A**BBu **I**LA (A)L-BußT**A**N(i)*] [**8** *F**I** (A)N-NiH**A**Ya(Ti) YaĴiDuH**u**NNa B**a**YNa AL-ASH**A**R(i)*] [**9** *Wa-Y**u**ᶜṬ**I** YAßM**I**NaTa(n) **Wa**-H(i)Ya AĴMaLuH**u**NNa HaD**i**YYa(Tan) NaF**I**ßa(Tan)*]

Sie♀ sind sicherlich (sicher-sie gingen-sie) in den – Garten gegangen, **5**

um Obst zu suchen, das [sie] den Gästen anbieten [können] (Suchen über Obst für-Anbieten-sie zu die-Gäste). **6**

Also geht der junge Mann in (nach) den Garten. **7**

Endlich (in die-Ende) findet er sie zwischen den Blumen **8**

und gibt Jasmin – die die Schönste von ihnen ist (sie Schönste-ihnen) – ein wertvolles Geschenk. **9**

ANMERKUNGEN

ذَهَبْنَ [*fsaHaBNa*]: ـــنَ [*-Na*] ist die Verb-Endung der 3. Pers. Pl. Fem. im VA. Verwechseln Sie sie nicht mit dem Suffix ـــنَا [*-NA*] der 1. Pers. Pl., „wir". ⑨

In diesem Satz werden die deutschen Infinitive durch Verbalnomen wiedergegeben: بَحْث [*BaḤfß*] „Suchen", تَقْدِيم [*TaQDIM*] „Anbieten". ⑩

يَجِدُ [*YaĴiDu*] „er findet" ist der unvollendete Aspekt von وَجَدَ [*WaĴaDa*] „er hat gefunden". Grundverben, die mit و **waw** beginnen, verlieren dieses bei der Bildung der Formen des UA. ⑪

يُعْطِي [*YuᶜṬI*] „er gibt" sollten Sie sich im Moment so merken. Sowohl die übergebene Sache als auch der Empfänger stehen im Akkusativ: هَدِيَّةً نَفِيسَةً [*HaDiYYaTan NaFIßaTan*], يَاسْمِينَةً [*YAßMINaTan*]. ⑫

أَجْمَل [*AĴMaL*] „schönster, -e, -es": Sog. „Elativ" des Adjektivs جَمِيل [*ĴaMIL*], der einen hohen Grad einer Eigenschaft ausdrückt. Ebenso: أَرْخَص [*ARCHaß*] „billigster, -e, -es" von رَخِيص [*RaCHIß*]. ⑬

Übung 1: Verstehen Sie diese Sätze?

❶ رَأَتِ ٱلْبَنَاتُ ٱلشَّابَّ فِي بُسْتَانِهِنَّ

❷ ذَهَبْنَ إِلَى ٱلْبُسْتَانِ وَوَجَدْنَ فِيهِ ثِمَاراً طَيِّبَةً

❸ يَصِلُ إِبْنُ عَمِّنَا إِلَى مَنْزِلِنَا وَيَجِدُ وَالِدَنَا فِي مَكْتَبِهِ

❹ زَارَنَا ضَيْفٌ بِمُنَاسَبَةِ عِيدِ مِيلَادِ أُخْتِي

❺ يُعْطِي ٱلْوَالِدُ ٱلْبِنْتَ سِوَاراً نَفِيساً

Übung 2: Setzen Sie die fehlenden Wörter ein!

❶ Es sind Mädchen angekommen, deren Namen Jasmin, (und) Fatima und Zaynab sind.

وَصَلَتْ ____ أَسْمَاؤُهُنَّ يَاسْمِينَةٌ وَفَاطِمَةٌ وَزَيْنَبُ

❷ Was haben die Cousinen gemacht?

مَا فَعَلَتْ بَنَاتُ ____ ؟

❸ – Wo hat er sie(♀♀) gefunden? – Zwischen den Blumen.

أَيْنَ وَجَدَهُنَّ؟ – بَيْنَ ____

Lösung 1: Haben Sie verstanden?

1. Die Mädchen haben den jungen Mann in ihrem♀ Garten gesehen.
2. Sie♀ sind in den Garten gegangen und haben gutes Obst gefunden.
3. Unser Cousin (Sohn Onkel-unser) kommt in unserem Haus an und findet unseren Vater in seinem Büro.
4. Ein Gast hat uns anlässlich des Geburtstags meiner Schwester besucht.
5. Der Vater gibt dem Mädchen ein wertvolles Armband.

4. Sie ist die Schönste meiner Cousinen.

هِيَ _____ بَنَاتِ عَمِّي

5. Zaynab, die die Tochter meiner Tante ist, ist in meinem Haus angekommen.

وَصَلَتْ زَيْنَبُ إِلَى _____

وَهِيَ بِنْتُ عَمَّتِي

Lösung 2: Die fehlenden Wörter.

1. بَنَاتٌ [BaNATun] 2. اَلْعَمِّ [AL-ᶜaMMI]
3. اَلْأَزْهَارِ [AL-ASHARi] 4. أَجْمَلُ [AĴMaLu]
5. مَنْزِلِي [MaNSiLI]

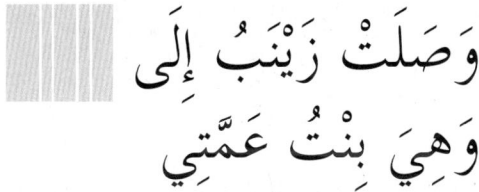

Leseübung

بنات العمّ

١ زار كريم بنات عمّه

٢ بمناسبة عيد ميلاد إحداهنّ إسمها ياسمينة

٣ ما رأى البنات في المنزل

٤ ولكن قالت له عمّته:

٥ - إنّهنّ ذهبن إلى البستان

٦ بحثاً عن ثمار لتقديمها إلى الضّيوف

٧ عندئذ يذهب الشّابّ إلى البستان

٨ في النّهاية، يجدهنّ بين الأزهار

٩ ويعطي ياسمينة-وهي أجملهنّ-هديّة نفيسة

„Den privaten Sektor, der aus den eigenen vier Wänden und der anliegenden Gasse (hara) besteht, beherrschen uneingeschränkt die Frauen. Reisende, vor allem [...] Männer, sollten diese Bereiche nicht ohne eine nachdrückliche Einladung betreten. Eine Ausnahme von dieser Norm bilden die zahlreichen Händlerinnen, die in den kleinen Seitenstraßen des Viertels Gemüse, Kleidung, billigen Schmuck oder Haarspangen feilbieten." (aus *KulturSchock Ägypten*, Reise Know-How Verlag)

Beenden wir diese Lektion wieder mit einem Sprichwort:

لَيْسَ مَنْ رَأَى كَمَنْ سَمِعَ

„Hören ist nicht sehen."
(nicht-ist-er wer sah-er wie-wer hörte-er)
[*L**a**Yßa MaN Ra'**A** Ka-M**a**N ßaM**i**ᶜa*]

Verwandtschaftsverhältnisse

Als Gast bei Arabern fällt einem Westeuropäer wohl zuerst auf, dass viel mehr Personen unter einem Dach leben als dies bei uns der Fall ist. Araber sehen sich als Teil einer Gemeinschaft, deren Kern die عَائِلَة [*ᶜ**A**'iLaT*] (häufig auch أُسْرَة [***U**ßRaT*]) „Familie" bildet. Sie wiederum ist Teil eines sog. Clans, der seinerseits Teil eines – häufig historisch bedeutsamen – Stammes ist. Der Ausdruck أَهْل [*AHL*] bezeichnet den „Clan", die „Großfamilie" oder die „Gesamtheit der Verwandten", die in manchen Ländern mehrere Tausend Mitglieder zählen kann.

In den ersten 35 Lektionen haben Sie sich mit der Grundstruktur der arabischen Sprache vertraut gemacht. Nun beginnt die „aktive Phase", die wir auch „2. Welle" nennen: Sie formulieren selbstständig Sätze auf Arabisch. Sie werden feststellen, dass Ihnen die erforderlichen Ausdrücke und Redewendungen spontan einfallen. Mittlerweile verstehen Sie sehr viel, und die Texte der ersten Lektionen werden Ihnen besonders leicht erscheinen. Achtung: Bevor Sie diesen neuen Lernabschnitt absolvieren, sollten Sie die aktuelle Lektion ganz normal bearbeiten, d.h. sich nur mit dem Verstehen des Dialogs beschäftigen. Wie Sie die „2. Welle" absolvieren, wird am Ende von Lektion 35 erklärt. Sie finden ab jetzt am Ende jeder Lektion eine Leseübung. Hierbei handelt es sich um den jeweiligen Lektionstext in unvokalisierter arabischer Schrift. Dabei fällt traditionell auch das ***waßla*** *weg.*

Zweite Welle: Aktivieren Sie heute Lektion 1!

٣٧ أَلدَّرْسُ ٱلسَّابِعُ وَٱلثَّلَاثُونَ

حَوْلَ ٱلْأُنُوفِ

١ دَخَلَ رَجُلٌ مَجْلِسَ أَمِيرٍ كَانَ كَبِيرَ ٱلْأَنْفِ فَقَالَ لَهُ: ①②

٢ – أَلسَّلَامُ عَلَيْكُمَا! ③

٣ رَدَّ عَلَيْهِ ٱلْأَمِيرُ: ④

٤ – لِمَاذَا ٱلْمُثَنَّى يَا رَجُلُ؟

٥ أَنَا وَحْدِي فِي ٱلْمَجْلِسِ! ⑤

٦ – قَالَ ٱلرَّجُلُ:

٧ وَأَنْفُكَ إِذَنْ!

AUSSPRACHE

[AD-DaRßu (A)ß-ßABiᶜu Wa-(A)fß-fßaLAfßUN(a)] [ḤaULa (A)L-UNUF(i)] [1 DaCHaLa RaĴuL(un) MaĴLißa AMIR(in) KANa KaBIRa (A)L-ANF(i) Fa-QALa LaHu] [2 Aß-ßaLAMu ᶜaLaYKuMA] [3 RaDDa ᶜaLaYHi (A)L-AMIR(u)] [4 LiMAfsA (A)L-MufßaNNA YA RaĴuL(u)] [5 ANA WaḤDI FI AL-MaĴLiß(i)] [6 QALa (A)R-RaĴuL(u)] [7 Wa-AN-FuKa IfsaN]

37. Lektion

Nasengeschichten (betreffend die-Nasen)

Ein Mann hat das Empfangszimmer eines Prinzen, dessen Nase groß war (Prinz war-er groß der-Nase), betreten und hat zu ihm gesagt: 1
Friede sei mit euch beiden! – 2
Der Prinz hat ihm geantwortet: 3
Warum der Dual (Zweizahl), [mein] (oh) Herr? – 4
Ich bin alleine im (ich alleine-ich in) Empfangszimmer! 5
Der Mann hat gesagt: 6
Und was ist mit deiner Nase? (und-Nase-deine also) – 7

ANMERKUNGEN

① أَنْف [*ANF*] „Nase" bildet einen inneren Plural: أُنُوف [*UNUF*] „Nasen".

② كَانَ كَبِيرَ ٱلْأَنْفِ [*KANa KaBIRa AL-ANFi*] ist eine Genitivverbindung, bestehend aus einem Adjektiv und einem Nomen, ähnlich wie in L. 29: ثَقِيلُ ٱلسَّمْعِ [*fßaQILu Aß-ßaMᶜi*] „schwerhörig".

③ ـكُمَا [*-KuMA*] „ihr beide": Personal- und Possessivpronomen der 2. Pers. Dual (Zweizahl; ♂/♀). Der Dual ist eine Sonderform nur für die Anzahl „zwei". Das dazugehörige Personalpronomen ist أَنْتُمَا [*ANTuMA*].

④ رَدَّ [*RaDDa*] „antworten": Auch hier findet sich wie bei مَرَّ [*MaRRa*] „vorbeigehen" der verdoppelte zweite Konsonant. Man verwendet das Verb mit der Präposition عَلَى [*ᶜaLA*] „auf".

⑤ وَحْدِي [*WaḤDI*] setzt sich aus وَحْدٌ [*WaḤDun*] „alleine" / „einsam" und dem Personalpronomensuffix [*-I*] der 1. Pers. Sg. zusammen.

٨ كَانَ لِرَجُلٍ أَنْفٌ ضَخْمٌ ⑥

٩ فَقَالَ لَهُ شَاعِرٌ

١٠ وَهُمَا فِي قَصْرِ مَلِكٍ: ⑦

١١ – وَٱللهِ مَا رَأَيْتُ قَبْلَ ٱلْيَوْمِ ⑧⑨⑩

١٢ مِثْلَكَ مَنْ يَشْرَبُ أَنْفُهُ قَبْلَ فَمِهِ!

AUSSPRACHE

[**8** *K**A**Na Li-R**a**ĴuL(in) **A**NFun Ḍ**a**CHM(un)*] [**9** *Fa-Q**A**La L**a**Hu SCH**A**ᶜiR(un)*] [**10** *W**a**-HuMA FI Q**a**ßRi M**a**LiK(in)*] [**11** *Wa-(A)LL**a**H(i) MA R**a**'AYTu Q**a**BLa (A)L-Y**a**UM(i)*] [**12** *M**i**fßLaKa MaN Y**a**SCHRaBu **A**NFuHu Q**a**BLa F**a**MiHi*]

Übung 1: Verstehen Sie diese Sätze?

❶ كَانَ لِوَلَدٍ إِسْمُهُ زَيْدٌ فَمٌ ضَخْمٌ

❷ مَا رَأَيْتَ قَبْلَ ٱلْيَوْمِ أَنْفاً ضَخْماً كَأَنْفِي!

❸ هُمَا فِي مَجْلِسِ ٱلْقَصْرِ مَعَ ٱلشَّاعِرِ

❹ رَدَّ ٱلْمَلِكُ عَلَيْهِمَا: «بَنَاتُكُمَا جَمِيلَاتٌ أَيْضاً»

❺ دَخَلَتْ بَنَاتُ مَلِكٍ قَصْرَهُنَّ فَرَأَيْنَ شَاعِراً
مَشْهُوراً قَادِماً مِنْ بَغْدَاد

Ein Mann hat (war für-Mann) eine riesige Nase gehabt, **8**
und ein Dichter hat zu ihm gesagt, **9**
als sie beide im Palast (und-sie in Palast) eines Königs waren: **10**
Bei Gott! Ich habe vorher [noch nie jemanden] – **11**
gesehen, (und-Gott nicht sah-ich vor der-Tag)
[bei dem], wie bei dir, die Nase vor dem Mund trinkt! **12**
(wie-du wer er-trinkt Nase-sein vor Mund-sein)

ANMERKUNGEN

In L. 28 führten wir die Bildung von „haben“ mit Hilfe der Präposition لِـ [*Li-*] ein. Steht davor كَانَ [*K**A**Na*], so verweist dies auf die Vergangenheit. ⑥

هُمَا [*(-)Hu**MA***] ist das eigenständige Personal- und das angehängte Possessivpronomen der 3. Pers. Dual (♂). ⑦

رَأَيْتُ [*Ra'**A**YTu*] ist die 1. Pers. Sg. des VA رَأَى [*Ra'**A***] „sehen“. Wie man erkennen kann, wird das ى **alif maq<u>ß</u>ura** zu ي **ya**, wenn eine Endung angehängt wird. ⑧

مِثْلَ [*MifßLa*] „wie“ wird im Gegensatz zu كَـ [*Ka-*] „wie“ nur in Verbindung mit Personalpronomensuffixen verwendet. ⑨

Dieser Satz erläutert erneut die Konstruktion des Relativsatzes. Die Personalpronomensuffixe ersetzen hier das Relativpronomen, das im Deutschen den Nebensatz einleitet. ⑩

Lösung 1: Haben Sie verstanden?

Ein Kind, das Zayd hieß (für-Kind Name-sein), hatte einen riesigen Mund. ❶

Du hast vorher noch nie eine [so] riesige Nase wie meine (Nase) gesehen! ❷

Die beiden sind mit dem Dichter im Empfangszimmer des Palastes. ❸

Der König hat ihnen beiden geantwortet: Euer beider Töchter sind auch schön! ❹

Die Töchter eines Königs haben ihren Palast betreten und haben einen berühmten Dichter gesehen, (ankommend) der aus Bagdad gekommen ist. ❺

Übung 2: Setzen Sie die fehlenden Wörter ein!

❶ Friede sei mit euch beiden, (oh) Zayd und (oh) Karim!

أَلسَّلَامُ ______ ، يا زَيْدُ وَ يا كَرِيمُ!

❷ Habt ihr beide viel Geld?

هَلْ ______ نُقُودٌ كَثِيرَةٌ؟

❸ Dieser Händler hat eine große Nase und einen großen Mund gehabt.

كَانَ هَذَا ٱلتَّاجِرُ كَبِيرَ ٱلْأَنْفِ وَ ______

Leseübung

حول الأنوف

١ دخل رجل مجلس أمير كان كبير الأنف فقال له:

٢ – «ألسّلام عليكما!»

٣ ردّ عليه الأمير:

٤ – لِماذا المثنّى يا رجل؟

Gibt es bei euch beiden einen Mann, dessen Nase vor seinem Mund trinkt? ❹

هَلْ عِندَكُمَا رَجُلٌ _____
أَنْفُهُ قَبْلَ فَمِهِ؟

Seid ihr beide alleine in diesem Palast? ❺

هَلْ أَنْتُمَا _____ فِي هَذَا
ٱلْقَصْرِ؟

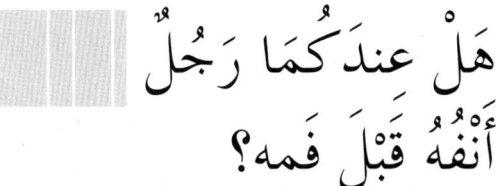

Lösung 2: Die fehlenden Wörter.

❶ عَلَيْكُمَا [ᶜaLaYKuMA] ❷ لَكُمَا [La-KuMA]

❸ ٱلْفَمِ [AL-FaMi] ❹ يَشْرَبُ [YaSCHRaBu]

❺ وَحْدَكُمَا [WaḤDaKuMA]

٥ أنا وحدي في المجلس!

٦ – قال الرّجل:

٧ وأنفك إذن!

٨ كان لرجل أنف ضخم

٩ فقال له شاعر

١٠ وهما في قصر ملك:

١١ – والله! ما رأيت قبل اليوم

١٢ مثلك من يشرب أنفه قبل فمه!

٣٨ أَلدَّرْسُ ٱلثَّامِنُ وَٱلثَّلاَثُونَ

فِي ٱلْجَامِعَةِ

١ – صَبَاحَ ٱلْخَيْرِ، يَا آنِسَتِي! ①②

AUSSPRACHE

[AD-DaRßu (A)fß-fßAMiN(u) Wa-(A)fß-fßaLAfßUN(a)][FI (A)L-ĴAMi^ca (Ti)] [1 ßaBAḤa (A)L-CHaYR(i) YA ĀNißaTI]

Kritik an den Machthabern

Im 10. und 11. Jh. n. Chr. schufen zahlreiche arabische Dichter Geschichten und Gedichte, die sich als sprachliche Schaustücke offen über die amtierenden Machthaber lustig machten. Dies war jedoch in eine derart hochwertige Rhetorik verpackt, dass man es nicht direkt als Kritik deuten konnte. Die als مَقَامَة [*MaQAMa(T)*] bezeichnete arabische Gattung – eine Mischung aus Poesie und Prosa – entstand wohl aus sogenannten Bettleransprachen. Diese Kritik der sozial Schwächsten wurde zuerst durch Al-Hamadhani und dann durch Al-Hariri zur Perfektion geführt, wobei besonders die Werke des Letzteren wegen ihrer extravaganten Ausdrucksweise und ihrer tiefen Philosophie zu den größten Sprachkunstwerken des klassischen Arabisch gehören.

Zweite Welle: Aktivieren Sie heute Lektion 2!

38. Lektion

An (in) der Universität

Guten Morgen (Morgen der-Güte), mein Fräulein! – 1

ANMERKUNGEN

Bei آنِسَتِي [*ĀNißaTI*] findet sich zum ersten Mal das als **madda** oder **alif mamduda** bezeichnete lange **alif**, bei dem anstelle von ء **hamsa** eine Wellenlinie geschrieben wird: آ. ①

آنِسَتِي [*ĀNißaTI*] ist die Anrede für nicht verheiratete junge Frauen, für verheiratete Damen benutzt man سَيِّدَتِي [*ßaYYiDaTI*] „meine Dame". ②

٢ – صَبَاحَ ٱلنُّورِ! ③

٣ جِئْتُ لِتَسْجِيلِ نَفْسِي فِي ٱلْجَامِعَةِ ④⑤⑥

٤ – حَسَناً! فِي أَيَّةِ مَادَّةٍ؟ ⑦⑧

٥ – فِي ٱلْهَنْدَسَةِ وَٱلتِّجَارَةِ

٦ – مَا شَاءَ ٱللهُ! هٰذِهِ مَادَّةٌ لَا تَطْلُبُهَا ٱلْبَنَاتُ إِلاَّ قَلِيلاً! ⑨⑩

٧ – صَحِيحٌ، وَلٰكِنَّ أَبِي يَمْلِكُ شَرِكَةً لِلْهَوَاتِفِ،

AUSSPRACHE

[**2** ßaBAḤa (A)N-NUR(i)] [**3** Ĵi'Tu Li-TaßĴILi NaFßI FI (A)L-ĴAMiᶜa(Ti)] [**4** Ḥaßa NAn FI AYYaTi MADDaTin] [**5** FI (A)L-HaNDaßa(Ti) Wa-(A)T-TiĴARa(Ti)] [**6** MA SCHA'a ALLaH(u) HafsiHi MADDa(Tun) LA TaṬLuBuHA (A)L-BaNATu ILLA QaLILAn] [**7** ßaḤIḤ(un) WaLaKiNNa ABI YaMLiKu SCHaRiKa(Tan) LIL-HaWATiF(i)]

ANMERKUNGEN

③ Neben dem religiösen Gruß أَلسَّلَامُ عَلَيْكُمْ [Aß-ßaLAMu ᶜaLaY-KuM] gibt es je nach Tageszeit noch weitere Floskeln. Morgens sagt man صَبَاحَ ٱلْخَيْرِ [ßaBAḤa AL-CHaYRi] und صَبَاحَ ٱلنُّورِ [ßaBAḤa AN-NURi] ist die Antwort.

Guten Morgen! (Morgen der-Licht) – **2**
Ich bin gekommen, um mich an der Universität einzuschreiben. (kam-ich für-Einschreibung Seele-mein in die-Universität) **3**
Gut! In welchem Studiengang? – **4**
In Ingenieurswesen und Handel[swesen]. – **5**
Bravo (was wünschte Gott)! Dies ist ein Studiengang, nach dem nur wenige Mädchen fragen (nicht sie-verlangt-sie die-Mädchen außer wenig). – **6**
Stimmt (richtig), aber mein Vater besitzt eine Telefonfirma (eine-Firma für die-Telefone), – **7**

ANMERKUNGEN

جِئْتُ [*ĴI'Tu*] von جَاءَ [*ĴA'a*] „kommen" weist eine Unregelmäßigkeit auf, da die unvollendete Form das separate ء **hamsa** am Wortende erhält, dieses aber auf einem ى **ya** ohne Punkte geschrieben wird. ④

لِتَسْجِيلِ [*Li-TaßĴILi*] „um ... einzuschreiben/einzutragen": Das Verbalnomen تَسْجِيل [*TaßĴIL*] hat hier die Funktion eines deutschen Infinitivs mit „zu". ⑤

نَفْسِى [*NaFß*] „Seele" wird in Verbindung mit den Personalpronomensuffixen auch als Reflexivpronomen („mich selbst", „dich selbst", „sich selbst" usw.) verwendet. ⑥

Nach den Fragewörtern أَيَّة [*AYYaT*] „welche?♀" und أَيّ [*AYY*] „welcher?♂" stehen Nomen im Sg. in der unbestimmten Genitivform. ⑦

مَادَّة [*MADDaT*] "Studiengang" bildet den inneren Plural auf مَوَادّ [*MaWADD*]. ⑧

Das Personalpronomensuffix ـــهَا [*-HA*] von تَطْلُبُهَا [*TaṬLuBuHA*] bezieht sich auf مَادَّة [*MADDaT*] und steht somit für das im Deutschen notwendige Relativpronomen. ⑨

Achtung: إِلَّا [*ILLA*] bildet eine Ausnahme unter den Präpositionen: Es steht mit dem Akkusativ. ⑩

٨ قَدْ يَكُونُ فِي حَاجَةٍ إِلَيَّ يَوْماً مَا ⑪⑫⑬

٩ كَمْ سَنَةً مِنَ ٱلدِّرَاسَةِ لِلْحُصُولِ عَلَى ٱلشَّهَادَةِ ٱلْجَامِعِيَّةِ؟ ⑭

١٠ – خَمْسُ سَنَوَاتٍ عَادَةً، وَلَكِنْ لِبَنَاتٍ ذَكِيَّاتٍ مِثْلَكِ، فَأَرْبَعُ سَنَوَاتٍ تَكْفِي! ⑮

AUSSPRACHE

[**8** *QaD YaKUNu FI ḤAĴaTin ILaYYa YaUMAn MA*] [**9** *KaM ßaNaTan MiN-a (A)D-DiRAßa(Ti) LiL-ḤußULi ᶜaLA (A)SCH-SCHaHADa(Ti) (A)L-ĴAMiᶜiYYa(Ti)*] [**10** *CHaMßu ßaNaWAT(in) ᶜADaTan WaLaKiN Li-BaNAT(in) fsaKiYYAT(in) MifßLaKi Fa-ARBaᶜu ßaNaWAT(in) TaKFI*]

Übung 1: Verstehen Sie diese Sätze?

❶ يَا زَيْنَبُ مَا دَرَّسْتِ فِي ٱلْجَامِعَةِ؟ – دَرَّسْتُ ٱلتِّجَارَةَ

❷ يَا آنِسَتِي، أَيَّةَ مَوَادٍّ طَلَبْتِ فِي هَذِهِ ٱلْجَامِعَةِ؟

❸ جَاءَتْ إِلَيَّ لِتَسْجِيلِ نَفْسِهَا فِي ثَلَاثِ مَوَادٍّ

❹ كَمْ سَنَةً لِدِرَاسَةِ هَذِهِ ٱلْمَادَّةِ، هُنَا؟

❺ أَلْهَنْدَسَةُ مَادَّةٌ مَا طَلَبْنَاهَا

vielleicht wird er mich eines Tages brauchen. (vielleicht er-wird-sein in Notwendigkeit zu-mir ein-Tag irgendein) 8

Wie viele Jahre muss man studieren, bis man das Universitätsdiplom erhält? (wie-viel Jahr von die-Studium für-der-Erhalten auf die-Diplom die-universitäre) 9

Gewöhnlich fünf Jahre, aber für [so] intelligente Mädchen wie dich, reichen vier Jahre (also-vier Jahre sie-reicht)! – 10

ANMERKUNGEN

Steht قَدْ [*QaD*] vor einem Verb im UA, heißt es „vielleicht" oder „es kann sein, dass ...". ⑪

Bei يَكُونُ [*YaKUNu*] „er wird sein" handelt es sich um den UA von كَانَ [*KANa*] „sein". Er hat aber nicht Präsens-, sondern Futurbedeutung. ⑫

مَا [*MA*] hat manchmal die Bedeutung „ein, irgendein", wie in diesem feststehenden Ausdruck: يَوْماً مَا [*YaUMAn MA*] „eines Tages". ⑬

Von دَرَسَ [*DaRaßa*] „lernen, studieren" wird nicht nur das bereits bekannte Verbalnomen دَرْس [*DaRß*] „Studieren, Lektion", sondern auch دِرَاسَة [*DiRAßaT*] „Studium" abgeleitet. ⑭

سَنَة [*ßaNaT*] bildet einen inneren Plural: سَنَوَات [*ßaNaWAT*] „Jahre". ⑮

Lösung 1: Haben Sie verstanden?

– (Oh) Zaynab, was hast du an der Universität unterrichtet? – Ich habe Handel unterrichtet. ❶

(Oh) Fräulein, [nach] welchen Studiengängen haben Sie an dieser Universität gefragt? ❷

Sie kam zu mir, um sich (selbst) in drei Studiengängen einzuschreiben. ❸

Wie viele Jahre [benötigt man] hier für das Studium dieses Studiengangs? ❹

Ingenieurswesen ist ein Studiengang, nach dem wir nicht gefragt haben (nicht verlangten-wir-sie). ❺

Übung 2: Setzen Sie die fehlenden Wörter ein!

❶ – Guten Morgen, [gnädige] Frau (oh Dame)! – Guten Morgen, [mein] (oh) Fräulein!

____ ٱلْخَيْرِ، يَا سَيِّدَتِي!

– صَبَاحَ ٱلنُّورِ يَا ____ !

❷ Vielleicht wird mein Vater eines Tages meinen Bruder in seiner Firma brauchen.

قَدْ ____ أَبِي فِي ____ إِلَى

أَخِي فِي شَرِكَتِهِ يَوْماً مَا

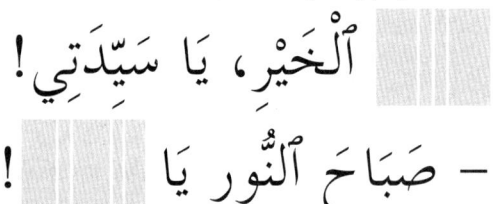

Hast du letztes Jahr dieses Universitätsdiplom bekommen? ❸

هَلْ ____ عَلَى هَذِهِ ٱلشَّهَادَةِ ٱلْجَامِعِيَّةِ فِي ٱلسَّنَةِ ____ ؟

Mein Bruder besitzt eine Telefonfirma (Firma für-die-Telefone) in dieser Stadt. ❹

يَمْلِكُ أَخِي شَرِكَةً ____ فِي هَذِهِ ٱلْمَدِينَةِ

Dieser Mann schenkt (gibt) seiner Tochter ein schönes Haus. ❺

____ هَذَا ٱلرَّجُلُ بِنْتَهُ بَيْتاً جَمِيلاً

Lösung 2: Die fehlenden Wörter.

❶ صَبَاحَ [ßaB**A**Ḥa] آنِسَتِي [ĀNi**ß**aTI] ❷ يَكُونُ [YaK**U**Nu] حَاجَةً [Ḥ**A**ǦaTin] ❸ حَصَلْتَ [Ḥaß**a**LTa] ٱلْمَاضِيَةِ [AL- MAḌ**i**YaTi] ❹ لِلْهَوَاتِفِ [LiL-HaW**A**TiFi] ❺ يُعْطِي [Y**u**ᶜṬI]

LEKTION 38

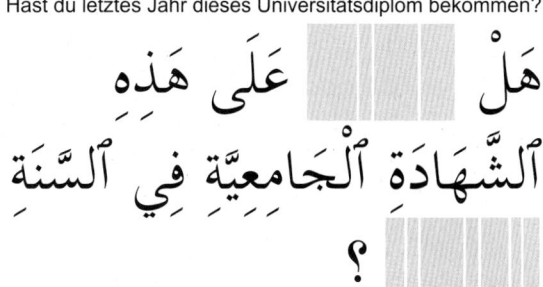

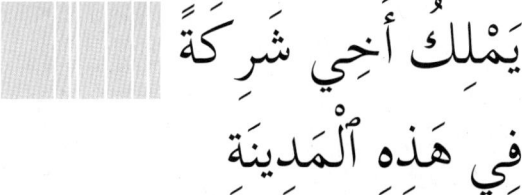

Leseübung

في الجامعة

١ – صباح الخير، يا آنستي!

٢ – صباح النّور!

٣ جئت لتسجيل نفسي في الجامعة

٤ – حسناً! في أيّة مادّة؟

٥ – في الهندسة والتّجارة

٦ – ما شاء الله! هذه مادّة لا تطلبها البنات إلاّ قليلاً!

٧ – صحيح، ولكنّ أبي يملك شركة للهواتف،

٨ قد يكون في حاجة إليّ يوماً ما

٩ كم سنة من الدّراسة للحصول على الشّهادة الجامعيّة؟

١٠ – خمس سنوات عادة، ولكن لبنات ذكيّات مثلك، فأربع سنوات تكفي!

مَنْ طَلَبَ شَيْئاً وَجَدَهُ

„Wer suchet, der findet."
(wer verlangte-er Sache-ein fand-er-ihn)
[*MaN ṬaLaBa SCHaY'An WaĴaDaHu*]

Bei so vielen neuen grammatikalischen Begriffen und Regeln mag Ihnen das ein oder andere schwierig oder gar unverständlich vorkommen. Nehmen Sie sich Zeit, und blättern Sie häufig zurück. Werfen Sie auch hin und wieder mal einen Blick in den grammatischen Anhang, aber lernen Sie nichts auswendig!

Zweite Welle: Aktivieren Sie heute Lektion 3!

٣٩ أَلدَّرْسُ ٱلتَّاسِعُ وَٱلثَّلَاثُونَ

أَلطَّالِبَانِ ①②

١ – هَلْ تَجِدُ ٱللُّغَةَ ٱلْعَرَبِيَّةَ صَعْبَةً؟ ③④

٢ – نَعَمْ، فِيهَا كَلِمَاتٌ لَا تُحْصَى فَعِنْدَكُمْ مَثَلًا، ⑤

٣ كَلِمَةٌ لِلْجَمَلِ ٱلصَّغِيرِ ٱلسِّنِّ، ⑥

أَلطَّالِبَانِ

AUSSPRACHE

[AD-D**a**RßU (A)T-T**A**ßiᶜu Wa-(A)fß-fßaLAfß**U**N(a)] [AṬ-ṬALiB**A**Ni]
[**1** HaL Ta**Ĵ**iDu (A)L-L**u**ṘaTa (A)L-ᶜaRaB**i**YYa(Ta) ß**a**ᶜBa(Tan)]
[**2** Na**ᶜ**aM F**I**HA KaLiM**A**Tun LA Tu**Ḫ**ßA Fa-ᶜ**i**NDaKuM Mafß**a**Lan]
[**3** K**a**LiMa(Tun) LiL-Ĵ**a**MaLi (A)ß-ßaṘ**I**Ri (A)ß-ß**i**NN(i)]

39. Lektion

Die beiden Studenten

Findest du die arabische Sprache schwierig? – 1
Ja, in ihr gibt es unzählige Wörter, und ihr habt, – 2
zum Beispiel, (ja in-ihr Wörter nicht ist-zählbar-sie also-bei-euch zum-Beispiel)
ein Wort für das junge Kamel (Kamel der-klein der-Alter) 3

ANMERKUNGEN

① أَلطَّالِب [*AṬ-ṬALiB*] „der Student" ist abgeleitet von طَلَبَ [*ṬaLaBa*] „verlangen", denn ein Student verlangt nach Wissen.

② انِ [*-ANi*]: Dual-Endung im Nominativ bei männlichen und weiblichen Nomen. „Taliban" (afghanische Kämpfer, die meist in Koranschulen rekrutiert werden) hat allerdings die persisch-paschtunische Pluralendung [*-an*].

③ تَجِدُ [*TaĴiDu*] von وَجَدَ [*WaĴaDa*]: Sie wissen bereits, dass Grundverben, die im VA mit **waw** beginnen, dieses im UA verlieren.

④ عَرَبِيَّة [*ᶜaRaBiYYaTun*] ist das mit **ta marbuṭa** gebildete Femininum zu عَرَبِيٌّ [*ᶜaRaBiYYun*] „arabischer"♂. Oft werden Adjektive durch Anhängen von ـِيّ [*-iYY*] an das Nomen – hier عَرَب [*ᶜaRaB*] „Araber" – gebildet.

⑤ لَا تُحْصَى [*LA TuḤṢA*] bezieht sich auf den Plural eines unbelebten Begriffs und steht somit im Femininum. Dies ist eine Passivform.

⑥ كَلِمَة [*KaLiMaT*] bildet den äußeren Plural mit ات [*-AT*]: كَلِمَات [*KaLiMAT*] „Wörter".

٤ وَكَلِمَةٌ لِلْجَمَلِ ٱلْكَبِيرِ ٱلسِّنّ إِلَى آخِرِهِ... ⑦

٥ لُغَتُكُمْ بَحْرٌ بِلاَ سَاحِلٍ، يَا أَخِي!

٦ – صَحِيحٌ، وَلَكِنَّ ٱلْيَوْمَ أَخَذَتِ ٱلسَّيَّارَةُ عِنْدَنَا مَكَانَ ٱلْجَمَلِ ⑧

٧ كَمَا تَعْرِفُ

٨ وَكَلِمَةٌ وَاحِدَةٌ تَكْفِي كَإِسْمٍ لِلسَّيَّارَةِ! ⑨

٩ – تَمَاماً، وَلَكِنْ هُنَاكَ سَيَّارَاتٌ كَبِيرَةٌ كَسَيَّارَةِ أَبِيكَ ⑩

١٠ وَأُخْرَى صَغِيرَةٌ مِثْلَ سَيَّارَتِي ⑪

١١ فَهَلْ هُنَاكَ كَلِمَةٌ خَاصَّةٌ لِكُلِّ نَوْعٍ مِنَ ٱلسَّيَّارَاتِ؟ ⑫

AUSSPRACHE

[**4** *Wa-K**a**LiMa(Tun) LiL-Ĵ**a**MaLi (A)L-KaB**I**Ri (A)ß-ß**i**NN(i)* ***I**LA ĀCHiRiHI*] [**5** *LuṘ**a**TuKuM Ba**Ḥ**Run BiL**A** ß**A**ḤiL(in) YA **A**CHI*] [**6** *ßa-Ḥ**I**Ḥ(un) WaLaK**i**NNa (A)L-Y**a**UM(a) ACH**a**fsaT-i (A)ß-ßaYY**A**Ra(Tu) ᶜ**i**NDaNA MaK**A**Na (A)L-Ĵ**a**MaL(i)*] [**7** *KaM**A** T**a**ᶜRiFu*] [**8** *Wa-K**a**Li-MaTun W**A**ḤiDa(Tun) T**a**KFI Ka-**I**ßMin Liß-ßaYY**A**Ra(Ti)*] [**9** *TaM**A**-MAn WaL**a**Kin HuN**A**Ka ßaYYAR**A**Tun KaB**I**Ra(Tun) Ka-ßaYY**A**RaTi AB**I**K(a)*] [**10** *Wa-**U**CHRA ßaṘ**I**ra(Tun) M**i**fßLa ßaYY**A**RaTI*] [**11** *Fa-H**a**L HuN**A**Ka K**a**LiMaTun CH**A**ßßa(Tun) Li-K**u**LLi Na**U**ᶜin M**i**N-a (A)ß-ßaYYAR**A**Ti*]

und ein Wort für das alte Kamel (Kamel der-groß des-Alters), und so weiter ... 4
Eure Sprache ist ein Meer ohne Ufer, (oh) Bruder! 5
Stimmt, aber heute hat das Auto bei uns den Platz – des Kamels [ein]genommen, 6
wie du weißt. 7
Und [ein] einziges Wort genügt als Name für das Auto! 8
[Na] gut, aber [es gibt] (dort) große Autos, wie das – (wie-Auto) deines Vaters 9
und andere kleine wie mein Auto. 10
Gibt es (dort) [denn] ein spezielles Wort für jede Art von Auto? 11

ANMERKUNGEN

⑦ صَغِير ٱلسِّنِّ [*ßaṘIR Aß-ßiNNi*] „jung" und كَبِير ٱلسِّنِّ [*KaBIR Aß-ßiNNi*] „alt" werden gleichermaßen für Menschen und Tiere verwendet, nicht für Gegenstände. سِنّ [*ßiNN*] „Alter" hat die gleiche Wurzel wie سَنَة [*ßaNaT*] „Jahr".

⑧ كَمَا [*KaMA*] „wie" steht vor einem Verb, während كَ [*Ka-*] „wie, als" nur vor einem Nomen oder einem Demonstrativpronomen steht.

⑨ كَلِمَةٌ وَاحِدَةٌ [*KaLiMaTun WAḤiDaTun*]: Verwechseln Sie وَاحِدَة [*WAḤiDaT*] „einzige"♀ nicht mit وَحْدَة [*WaḤDaT*] „alleine"♀.

⑩ أَبِيكَ [*ABIKa*] „deines Vaters": Das Nomen أَبٌ [*ABun*] „Vater" endet auf einen langen Vokal, wenn es Teil einer Genitivverbindung ist oder ihm ein Personalpronomensuffix folgt.

⑪ أُخْرَى [*UCHRA*] „andere" ist das Femininum von آخَر [*ĀCHaR*] „anderer".

⑫ Nach كُلّ [*KuLL*] „jeder, -e, -es" steht das Nomen im Singular, ohne Artikel und im Genitiv. Sie kennen diese Konstruktion bereits mit dem Fragewort أَيّ [*AYY*] „welcher?".

Übung 1: Verstehen Sie diese Sätze?

1 هَلْ تَجِدُ لُغَتَنَا صَعْبَةً؟

2 هُنَاكَ سَيَّارَتَانِ لِأَخِي فِي شَرِكَتِهِ

3 يَجِدُ هَذَا ٱلطَّالِبُ ٱللُّغَةَ ٱلْعَرَبِيَّةَ صَعْبَةً قَلِيلاً

4 هَلْ هُنَاكَ كَلِمَةٌ وَاحِدَةٌ لِإِسْمِ ٱلْقِطِّ؟

5 فِي ٱللُّغَةِ ٱلْعَرَبِيَّةِ -كَمَا نَعْرِفُ- كَلِمَاتٌ كَثِيرَةٌ

Übung 2: Setzen Sie die fehlenden Wörter ein!

1 Die beiden Studenten haben die Universität betreten.

دَخَلَ ٱلطَّالِبَانِ ______

2 Ein einziges Wort reicht nicht als Name für das Haus. Wir werden das (jener) bald lernen.

لَا ______ كَلِمَةٌ وَاحِدَةٌ كَإِسْمٍ لِلْبَيْتِ. ______ ______ ذَلِكَ قَرِيباً

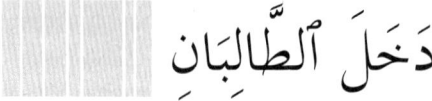

Lösung 1: Haben Sie verstanden?

1. Findest du♂ unsere Sprache schwierig?
2. Mein Bruder hat (für-Bruder-meiner) dort zwei Autos in seiner Firma.
3. Dieser Student findet die arabische Sprache ein wenig schwierig.
4. Gibt es nur ein einziges Wort für (der-Name) die Katze?
5. In der arabischen Sprache gibt es – wie wir wissen – viele Wörter.

3 Stimmt. Euer beider Sprache ist wie ein Meer ohne Ufer!

صَحِيحٌ. لُغَتُكُمَا بَحْرٌ ____ ____ !

4 Die zwei Händler setzen sich im Geschäft eines der beiden.

يَجْلِسُ ____ فِي دُكَّانِ أَحَدِهِمَا

5 Ich habe in der arabischen Sprache einen Namen für das junge Kamel und einen anderen (Namen) für das alte Kamel gefunden.

وَجَدْتُ فِي ٱللُّغَةِ ____ إِسْماً لِلْجَمَلِ ٱلصَّغِيرِ ٱلسِّنِّ وَإِسْماً آخَرَ لِلْجَمَلِ ٱلْكَبِيرِ ____

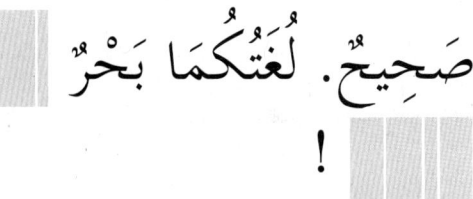

Leseübung

ألطّالبان

١ – هل تجد اللّغة العربيّة صعبة؟

٢ – نعم، فيها كلمات لا تحصى فعندكم مثلاً،

٣ كلمة للجمل الصّغير السّنّ،

٤ وكلمة للجمل آلكبير السّنّ إلى آخره...

٥ لغتكم بحر بلا ساحل،يا أخي!

٦ – صحيح، ولكنّ اليوم أخذت السّيّارة عندنا مكان الجمل

٧ كما تعرف

٨ وكلمة واحدة تكفي للسّيّارة!

٩ – تماماً، ولكن هناك سيّارات كبيرة كسيّارة أبيك

١٠ واخرى صغيرة مثل سيّارتي

١١ فهل هناك كلمة خاصّة لكلّ نوع من السّيّارات؟

Lösung 2: Die fehlenden Wörter.

❶ ٱلْجَامِعَةَ [*AL-ĴAMiᶜaTa*] ❷ تَكْفِي [*TaKFI*]
سَوْفَ نَدْرُسُ [*ßaUFa NaDRußu*] ❸ بِلاَ سَاحِلٍ
[*BiLA ßAḤiLin*] ❹ ٱلتَّاجِرَانِ [*AT-TAĴiRANi*] ❺ ٱلْعَرَبِيَّةِ
[*AL-ᶜaRaBiYYaTi*] ٱلسِّنِّ [*Aß-ßiNNI*]

أَلسُّكُوتُ أَخُو ٱلرِّضَى

„Wer nichts sagt, ist einverstanden."
(der-Ruhe Bruder der-Einwilligung)
[*Aß-ßuKUTu ACHU AR-RiḌA*]

Der Koran

Wir sind bereits im Vorwort auf die Verbindung zwischen der arabischen Sprache und der heiligen Schrift des Islam, dem Koran أَلْقُرآن [*AL-QuR'AN*], eingegangen. Gemäß dem Glauben der Muslime ist der Koran Gottes wörtliche Offenbarung an den Propheten Mohammed, übermittelt durch den Erzengel Gabriel. Da Gottes Wort in Form von 114 Suren (Korankapiteln) in arabischer Sprache übersandt wurde, hat dieses Idiom in den Augen der Gläubigen ebenfalls etwas Heiliges, und der Koran bildet hierdurch die unveränderliche und unantastbare Basis des Arabischen, auf die auch heute noch – z.B. bei der Schaffung von neuen, modernen Begriffen – zurückgegriffen wird.

Lernen Sie effektiv und aktiv: Arbeiten Sie die Übungen nicht nur mechanisch ab, sondern seien Sie neugierig auf die Sprache. Überprüfen Sie Ihren Lernerfolg. Was klappt schon gut? Wo gibt es noch Schwierigkeiten? Was vergessen Sie immer wieder? Lassen Sie sich nicht von Fehlern frustrieren. Sie sind nicht nur völlig normal, sie zeigen Ihnen auch, woran Sie noch arbeiten müssen, denn schließlich sind Sie ja Ihr eigener Lehrer.

Zweite Welle: Aktivieren Sie heute Lektion 4!

٤٠ أَلدَّرْسُ ٱلْأَرْبَعُونَ

أَلزَّوْجَةُ

١ كَانَ ٱلسَّيِّدُ ٱلْخَطِيبُ مَعَ زَوْجَتِهِ ①②

٢ فِي زِيَارَةٍ لِلْجَامِعِ ٱلْأَزْهَرِ ③

٣ وَهُوَ مِنْ أَقْدَمِ ٱلْجَوَامِعِ ٱلْإِسْلَامِيَّةِ ④⑤

٤ قَالَ ٱلسَّيِّدُ:

٥ – لَا بُدَّ لِي مِنَ ٱلتَّفَرُّجِ عَلَى ٱلْمِنْبَرِ ⑥⑦

AUSSPRACHE

[*AD-DaRßu (A)L-ARBaᶜUn(a)*] [*AS-SaUĴa(Tu)*] [**1** *KANa (A)ß-ßaYYiDu (A)L-CHaṬIB(u) Maᶜa SaUĴaTiHi*] [**2** *FI SiYARa(Tin) LiL-ĴAMiᶜi (A)L-ASHaR(i)*] [**3** *Wa-HuWa MiN AQDaMi (A)L-ĴaWAMiᶜi (A)L-IßLAMiYYa(Ti)*] [**4** *QALa (A)ß-ßaYYiD(u)*] [**5** *LA BuDDa LI MiN-a (A)T-TaFaRRuĴ(i) ᶜaLA (A)L-MiNBaR(i)*]

ANMERKUNGEN

① خَطِيب [*CHaṬIB*] hat zwei Bedeutungen: „Prediger“, abgeleitet von خَطَبَ [*CHaṬaBa*], يَخْطُبُ [*YaCHṬuBu*] „predigen“, und „Verlobter“ / „(Heirats-)Anwärter“. Im Dialog ist es allerdings ein Familienname.

② زَوْجَة [*SaUĴaT*] „Ehefrau“ – زَوْج [*SaUĴ*] „Ehemann“. Männliche Nomen bilden oft ihr weibliches Pendant durch Anfügen von ة **ta marbuṭa**.

40. Lektion

Die Ehefrau

Herr Al-Khatib war mit seiner Frau [dabei], **1**
(in Besuch) die Al-Azhar-Moschee (der-Leuchtendste) zu besuchen, **2**
die eine der ältesten Moscheen des Islam ist. (und-er von ältester die-Moscheen die-islamischen) **3**
Der Mann (Herr) hat gesagt: **4**
Ich muss unbedingt den Minbar sehen, (nicht Ausweg – für-mich von der-Betrachtung auf den Minbar) **5**

ANMERKUNGEN

③ أَزْهَر [*ASHaR*] ist der Elativ des Adjektivs زَاهِر [*SAHiR*] „leuchtend".

④ أَقْدَم [*AQDaM*] „ältester" ist der Elativ des Adjektivs قَدِيم [*QaDIM*] „alt".

⑤ إِسْلَامِيَّة [*IßLAMiYYaT*] „islamische"♀ ist ein weiteres Adjektiv, das sich von einem Nomen – إِسْلَام [*IßLAM*] „Islam" – ableitet und mit Hilfe der Endung ـِيّ [*-iYY*] gebildet wird.

⑥ „Etw. unbedingt müssen" wird unter anderem mit der Konstruktion لَا بُدَّ لِـ مِن [*LA BuDDa Li-MiN*] + Verbalnomen ausgedrückt. An die Präposition لِـ [*Li-*] bzw. لَـ [*La-*] „für" kann man die jeweiligen Personalpronomensuffixe anhängen: لِـ + ي = لِي [*Li*] + [*I*] = [*LI*] „für mich".

⑦ Als مِنْبَر [*MiNBaR*] bezeichnet man die oftmals kunstvoll gearbeitete Kanzel in einer Moschee, von der aus der خَطِيب [*CHaṬIB*] jeden Freitag nach dem Gebet seine Predigt hält.

LEKTION 40

٦ وَقَدْ سَمِعْتُ عَنْ جَمَالِهِ كَثِيراً ⑧⑨

٧ – لاَ بُدَّ لِي مِنَ ٱلتَّسَوُّق

٨ مَا عِنْدَنَا ٱلْوَقْتُ، تَأَخَّرْنَا! ⑩

٩ – يَا لِلْخَسَارَةِ! أَنْتِ بَعِيدَةٌ عَنِ ٱلتَّأْرِيخِ
وَٱلْجَمَالِ، ⑪

١٠ فَلاَ هَمَّ لَكِ، كَجَمِيعِ ٱلنِّسَاءِ، ⑫⑬

١١ إِلاَّ ٱلشِّرَاءُ وَبَذْلُ ٱلنُّقُودِ! ⑭

AUSSPRACHE

[**6** Wa-QaD ßaMi^c^Tu ^c^aN ĴaMALiHi KafßIRAn] [**7** LA BuDDa LI MiN-a (A)T-TaßaWWuQ(i)] [**8** MA ^c^iNDaNA AL-WaQT(u) Ta'ACHCHaRNA] [**9** YA LiL-CHaßARa(Ti) ANTi Ba^c^IDaTun ^c^aN-i (A)T-TA'RICHi Wa-(A)L-ĴaMAL(i)] [**10** Fa-LA HaMMa LaKi Ka-ĴaMI^c^i (A)N-NißA'(i)] [**11** ILLA (A)SCH-SCHiRA'u Wa-BafsLu (A)N-NuQUD(i)]

(und-schon) ich habe schon viel über seine Schönheit gehört. 6
Ich muss unbedingt shoppen gehen (der-Shopping). – 7
Wir haben keine (nicht bei-uns) Zeit. Wir haben uns verspätet! 8
Wie schade (oh für-die-Verlust)! Du♀ bist (weit♀ von) – nicht an Geschichte und Schönheit interessiert, 9
und wie alle Frauen beschäftigt dich nichts [anderes], (und-nicht Sorge für-dich wie-alle die-Frauen(Gen.)) 10
als (außer) Einkaufen und Geldausgeben (Ausgeben die-Gelder)! 11

ANMERKUNGEN

⑧ Steht قَدْ [*QaD*] vor einem Verb im VA, hat es die Bedeutung „schon".

⑨ Die Präposition عَنْ [*^caN*] wird im Sinne von „betreffend" verwendet: سَمِعْتُ عَنْ جَمَالِه [*ßaMi^cTu ^caN ĴaMALiHi*] „ich habe [etwas] über seine Schönheit gehört". عَنْ [*^caN*] kann man auch mit „an" oder „von" übersetzen.

⑩ مَا عِنْدَنَا [*MA ^ciNDaNA*] „wir haben nicht": Das mit عِنْدَ [*^ciND*] „bei" umschriebene Verb „haben" wird mit مَا [*MA*] oder لَيْسَ [*LaYßa*] verneint.

⑪ „Nicht interessiert sein an etw." wird mit بَعِيدٌ عَن [*Ba^cIDun ^caN*] „weit von ... [sein]" umschrieben. Das Gegenteil dazu lautet قَرِيبٌ مِن [*QaRIBun MiN*] „interessiert sein an etw.".

⑫ Nach جَمِيع [*ĴaMI^c*] „alle, ganz, total" steht das Nomen mit Artikel stets im Plural und im Genitiv.

⑬ Eine Ausnahme stellt der Plural نِسَاء [*NißA'*] dar. Der Singular lautet إِمْرَأَة [*IMRa'AT*] „Frau" oder allgemein مَرْأَة [*MaR'AT*] „Frau". Sie sehen: Es gibt hier keine ersichtliche Verbindung zwischen den Wortwurzeln.

⑭ اَلْبَذْل [*AL-BafsL*] „das Ausgeben" ist das **maßdar** (s. L. 35) zu بَذَل [*BafsaLa*] und يَبْذُل [*YaBfsuLu*] „ausgeben, Anstrengungen unternehmen".

Übung 1: Verstehen Sie diese Sätze?

1. لَا هَمَّ لَكَ إِلَّا زِيَارَةُ ٱلْجَوَامِعِ!
2. لَابُدَّ لِزَوْجِهَا مِنَ ٱلتَّفَرُّجِ عَلَى كُلِّ مِنْبَرٍ
3. لَيْسَ عِنْدَنَا وَقْتٌ لِزِيَارَةِ هَذِهِ ٱلْمَدِينَةِ
4. يُعْطِي ٱلسَّيِّدُ ٱلْخَطِيبُ زَوْجَتَهُ مَائِدَةً جَدِيدَةً
5. أَنْتَ بَعِيدٌ عَنِ ٱلتَّسَوُّقِ وَلَكِنَّكَ قَرِيبٌ مِنْ بَذْلِ ٱلنُّقُودِ أَيْضاً

Übung 2: Setzen Sie die fehlenden Wörter ein!

1. Dieses Hotel ist eines der billigsten (der-Billigste Hotels) der Stadt.

هَذَا ____ مِنْ أَرْخَصِ فَنَادِقِ ٱلْمَدِينَةِ

2. Sie muss unbedingt sofort shoppen gehen.

لَا بُدَّ لَهَا مِنَ ____ فَوْرًا

Lösung 1: Haben Sie verstanden?

Dich♂ beschäftigt nichts [anderes] als Moscheen zu besuchen. ❶
Ihr Ehemann muss unbedingt jeden Minbar ansehen. ❷
Wir haben keine Zeit, um diese Stadt zu besuchen. ❸
Herr Al-Khatib schenkt (gibt) seiner Frau einen neuen Tisch. ❹
Dich♂ interessiert Shopping nicht (du weit von), aber dich interessiert es (du nahe an), Geld auszugeben. ❺

Diese Moschee ist die älteste aller islamischen Moscheen. ❸

هَذَا ٱلْجَامِعُ أَقْدَمُ ______ ٱلْإِسْلَامِيَّةِ

Wie schade! Wir haben keine Zeit für Shopping. ❹

يَا لِلْخَسَارَةِ! مَا عِنْدَنَا ______ لِلتَّسَوُّقِ!

Wie findest du♂ den Minbar dieser Moschee? ❺

كَيْفَ تَجِدُ ______ هَذَا ٱلْجَامِعِ؟

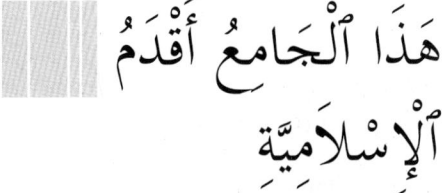

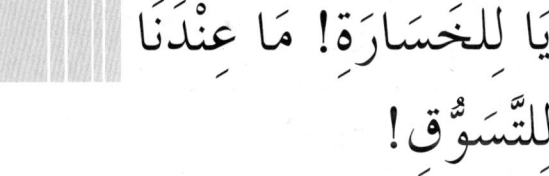

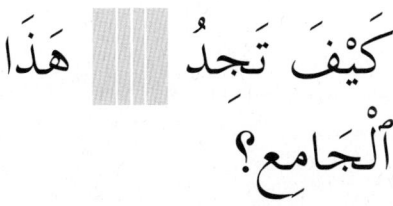

Leseübung

ألزّوجة

١ كان السّيّد الخطيب مع زوجته

٢ في زيارة للجامع الأزهر

٣ وهو من أقدم الجوامع الإسلاميّة

٤ قال السّيّد:

٥ – لا بدّ لي من التّفرّج على المنبر

٦ وقد سمعت عن جماله كثيراً

٧ – لا بدّ لي من التّسوّق

٨ ما عندنا الوقت، تأخّرنا!

٩ – يا للخسارة! أنت بعيدة عن التّأريخ والجمال،

١٠ فلا همّ لك، كجميع النّساء،

١١ إلاّ الشّراء وبذل النّقود!

Lösung 2: Die fehlenden Wörter.

❶ اَلْفُنْدُقُ *[AL-FuNDuQu]* ❷ اَلتَّسَوُّقِ *[AT-TaßaWWuQi]*

❸ اَلْجَوَامِعِ *[AL-ĴaWAMiᶜi]* ❹ اَلْوَقْتُ *[AL-WaQTu]*

❺ مِنْبَرَ *[MiNBaRa]*

لِلصَّبْرِ حُدُودٌ

„Auch Geduld hat Grenzen."
(für-Geduld Grenzen)
[Liß-ßaBRi ḤuDUD(un)]

Al-Azhar-Moschee

Die Al-Azhar-Moschee in Kairo – die auch أَلْجَامِعُ ٱلْأَشْرَفُ *[AL-ĴAMiᶜu AL-ASCHRaFu]* „die nobelste Moschee" genannt wird – ist mehr als ein Gebetshaus im herkömmlichen Sinne, denn ihr angeschlossen ist die Al-Azhar-Universität. Diese wurde im Jahre 988 während der Fatimiden-Herrschaft durch den Großwesir Yaqub Ibn Killis (979-991) als Zentrum der islamischen Theologie und Rechtswissenschaft gegründet. Sie gilt somit als die älteste Universität der Welt und stellt bis heute für die sunnitische Glaubensrichtung eine wichtige Autorität in islamischen Rechtsfragen dar. Seit 1961 verfügt sie auch über nicht religiöse Fakultäten wie Naturwissenschaften, Medizin, Technik u.a. und gilt nach wie vor als eine der namhaftesten Bildungsstätten Ägyptens und der gesamten islamischen Welt.

Denken Sie auch immer an die „2. Welle"? Jetzt, am Anfang dieser Phase, fällt Ihnen das Formulieren der ersten Lektionen auf Arabisch bestimmt ganz leicht, denn Sie begegnen Kenntnissen, die Sie sich schon vor langer Zeit angeeignet und die Sie mittlerweile viele Male wiederholt haben.

Zweite Welle: Aktivieren Sie heute Lektion 5!

٤١ أَلدَّرْسُ ٱلْحَادِي وَٱلْأَرْبَعُونَ

فِي سُوقِ ٱلذَّهَبِ

١ بَعْدَ ظُهْرِ ٱلْيَوْمِ، ذَهَبَتْ يَاسْمِينَةٌ إِلَى ٱلسُّوقِ ٱلْكُبْرَى ①②

٢ حَيْثُ لَقِيَتْ صَدِيقَةً لَهَا إِسْمُهَا فَاطِمَةٌ ③

٣ أَمَامَ دُكَّانِ بَائِعٍ لِلذَّهَبِ، فَقَالَتْ: ④⑤

٤ – مَاذَا تَعْمَلِينَ هُنَا؟ ⑥

سَتَمْكُثُ هُنَا فِي
ٱنْتِظَارِي حَتَّى ٱلْمَسَاءِ

AUSSPRACHE

[*AD-DaRßu (A)L-ḤADI Wa-(A)L-ARBaᶜUn(a)*] [*FI ßUQi (A)fs-fsaHaB(i)*] [**1** *BaᶜDa ṢuHRi (A)L-YaUM(i) fsaHaBaT YAßMINa(Tun) ILA (A)ß-ßUQi (A)L-KuBRA*] [**2** *ḤaYfßu LaQiYaT ßaDIQaTan LaHA IßMuHA FAṬiMa(Tun)*] [**3** *AMAMa DuKKANi BA'iᶜin Lifs-fsaHaB(i) Fa-QALaT*] [**4** *MafsA TaᶜMaLINa HuNA*]

41. Lektion

Auf dem Goldmarkt

Heute Nachmittag (nach Mittag der-Tag) ist Jasmin zum Großen Basar (die-Basar die-größte) gegangen, **1**

wo sie eine Freundin namens (Freundin für-sie Name-ihr) Fatima getroffen hat, **2**

[und zwar] vor dem Geschäft eines Goldverkäufers (Verkäufer für-Gold), und sie hat gesagt: **3**

Was machst du♀ hier? – **4**

ANMERKUNGEN

① كُبْرَى [*KuBRA*] „größte" ist der Elativ von كَبِير [*KaBIR*] „groß" in seiner weiblichen Form. Der weibliche Elativ von صَغِير [*ßaṘIR*] „klein" lautet صُغْرَى [*ßuṘRA*] „kleinste".

② Beachten Sie, dass das Nomen سُوق [*ßUQ*] weiblich ist, aber in seltenen Fällen auch männlich sein kann und den inneren Plural أَسْوَاق [*AßWAQ*] bildet.

③ Das Verb لَقِيَ [*LaQiYA*], يَلْقَى [*YaLQA*] „treffen" weist sowohl im VA als auch im UA Unregelmäßigkeiten auf.

④ بَائِع لِلذَّهَبِ [*BA'i^c Lifs-fsaHaBi*] „Goldverkäufer": Die Konstruktion mit der Präposition لِـ [*Li-*] „für" + Nomen im Genitiv ist häufig gleichbedeutend mit der Genitivverbindung.

⑤ Verwechseln Sie ذَهَب [*fsaHaB*] „Gold" nicht mit ذَهَبَ [*fsaHaBa*] „gehen", das die gleichen drei Wurzelkonsonanten enthält.

⑥ تَعْمَلِينَ [*Ta^cMaLINa*] „du♀ machst": Das Präfix تَـ [*Ta-*] und die Endung ـينَ [*-INa*] stehen für die 2. Pers. Sg. UA. Vergleichen Sie die männliche Form: تَعْمَلُ [*Ta^cMaLu*] „du♂ machst".

LEKTION 41

٥ نَظَرَتِ ٱلصَّدِيقَتَانِ فِي ٱلْوَاجِهَةِ وَدَخَلَتَا ٱلدُّكَّانَ ⑦⑧

٦ وَهَكَذَا ذَهَبَتَا مَعاً مِن دُكَّانٍ إِلَى دُكَّانٍ حَتَّى ٱلْمَسَاءِ

٧ بَعْدَ رُجُوعِهِمَا، وَمَعَهُمَا أَكْيَاسٌ كَثِيرَةٌ ⑨

٨ فِيهَا مَنْسُوجَاتٌ وَمُجَوْهَرَاتٌ

٩ إِلَى بَيْتِ يَاسْمِينَةٍ، قَالَ لَهَا زَوْجُهَا: ⑩

١٠ – يَبْدُو أَنَّكُمَا عَمِلْتُمَا بِنَشَاطٍ ٱلْيَوْمَ! ⑪⑫⑬

١١ وَلَكِنْ، غَداً، بِسَبَبِكُمَا، سَنَأْكُلُ حُمُّصاً فَقَطْ!

AUSSPRACHE

[**5** *NaṢ**a**RaT-i (A)ẞ-ẞaDIQaT**A**Ni FI (A)L-W**A**ĴiHa(Ti) Wa-DaCHa-LaT**A** (A)D-DuKK**A**N(a)*] [**6** *Wa-HaKafsA fsaHaBaT**A** Ma*ᶜ*An MiN DuKK**A**N(in) **I**LA DuKK**A**N(in) ḤaTTA (A)L-Maß**A**'(i)*] [**7** *Ba*ᶜ*Da RuĴU*ᶜ*iH**i**MA Wa-Ma*ᶜ*a-H**u**MA AKY**A**ß(un) Kafß**I**Ra(Tun)*] [**8** *FIHA MaNßUĴ**A**Tun Wa-MuĴaUHaR**A**Tun*] [**9** ***I**LA B**a**YTi YAßM**I**Na(Tin) Q**A**La L**a**HA S**a**UĴuHA*] [**10** *Y**a**BDU ANNaK**u**MA* ᶜ*aMiLT**u**MA Bi-NaSCH**A**Ṭin AL-Y**a**UM(a)*] [**11** *WaL**a**KiN ṘaDAn Bi-ßaBaB**i**KuMA ßa-N**A**'KuLu Ḥ**u**MMuẞAn F**a**QaṬ*]

ANMERKUNGEN

⑦ نَظَرَتِ ٱلصَّدِيقَتَانِ [*NaṢ**a**RaT-i Aẞ-ẞaD**I**Qa**TA**Ni*]: Vor dem Nomen steht das Verb immer in der 3. Pers. Sg. und richtet sich nur im Geschlecht nach diesem.

(Schaute-sie) die zwei Freundinnen haben in die Auslage geschaut und haben das Geschäft betreten, **5**
und so sind sie bis zum Abend gemeinsam von Geschäft zu Geschäft gegangen. **6**
Nach ihrer Rückkehr – [bepackt] (und-mit-ihnen-beiden(♂)) mit vielen Paketen [voll] **7**
mit (in-ihr) Stoffen und Schmuck – **8**
zu Hause bei Jasmin, hat deren Ehemann gesagt: **9**
Es scheint, dass ihr zwei (er-scheint dass-ihr-zwei) – unternehmungslustig gewesen seid (arbeitetet-ihr-beide mit-Aktivität) heute! **10**
Aber morgen werden wir euretwegen (mit-Grund-euer-beider) nur Hummus (Kirchererbsenpüree) essen, **11**

ANMERKUNGEN

⑧ دَخَلَتَا [*DaCHaLaTA*]: تَا [*-TA*] ist die Endung der 3. Pers. Dual Fem., die man auf der Basis der 3. Pers. Sg. durch Anhängen eines ـَـ [*-A*] bildet.

⑨ Das Personal- bzw. Possessivpronomensuffix der 3. Pers. Dual ـهُمَا [*-HuMA*] „sie beide" wird im Genitiv zu ـهِمَا [*-HiMA*]: بَعْدَ رُجُوعِهِمَا [*BacDa RuĴUciHiMA*].

⑩ زَوْج [*SaUĴ*] kann im Dual die Bedeutung „Ehepartner" haben.

⑪ بَدَا [*BaDA*], يَبْدُو [*YaBDU*] „(er-)scheinen" ist ein unregelmäßiges Verb, das auf و **waw** endet. Es reicht vorerst, wenn Sie wissen, dass dies die 3. Pers. Sg. ist.

⑫ Sie kennen bereits das Personal- und Possessivpronomen der 2. Pers. Dual: ـكُمَا [*-KuMA*] „ihr beide".

⑬ عَمِلْتُمَا [*caMiLTuMA*] „ihr beide habt gearbeitet": Die Endung der 2. Pers. Dual Mask. und Fem. im VA heißt تُمَا [*-TuMA*]. Man erhält sie, indem man an die Endung der 2. Pers. Pl. تُم [*-TuM*] ein ا **alif** anfügt.

LEKTION 41

١٢ لِأَنَّ مِحْفَظَةَ ٱلنُّقُودِ فَارِغَةٌ! ⑭

AUSSPRACHE

[**12** *Li'**A**NNa MiḤF**a**ṢaTa (A)N-NuQ**U**D(i) F**A**RiṘa(Tun)*]

Übung 1: Verstehen Sie diese Sätze?

❶ دَخَلَتَا ٱلدُّكَّانَ وَلَكِنَّهُمَا مَا وَجَدَتَا سِوَاراً لِصَدِيقَتِهِمَا

❷ أَنْتُمَا نَظَرْتُمَا فِي وَاجِهَةِ ٱلدُّكَّانِ وَدَخَلْتُمَا ٱلدُّكَّانَ

❸ سَنَذْهَبُ إِلَى ٱلسُّوقِ ٱلصُّغْرَى حَيْثُ سَنَجِدُ مُجَوْهَرَاتٍ رَخِيصَةً

❹ سَتَمْكُثُ هُنَا فِي ٱنْتِظَارِي حَتَّى ٱلْمَسَاءِ

Übung 2: Setzen Sie die fehlenden Wörter ein!

❶ Die beiden Frauen haben viel Geld mit viel Unternehmungslust (mit Aktivität) ausgegeben!

بَذَلَتِ ٱلْمَرْأَتَانِ نُقُوداً كَثِيرَةً

______ !

weil das Portmonee leer ist (weil Börse die-Gelder leer)! **12**

ANMERKUNGEN

⑭ Neben dem Wörtchen سَوْفَ [*ßa**U**Fa*] wird auch die Vorsilbe سَـ [*ßa-*] in Verbindung mit dem UA verwendet, um die Zukunft eines Verbs auszudrücken: سَنَأْكُلُ [*ßa-N**A**'KuLu*] „wir werden essen".

❺ كَانَتْ مِحْفَظَةُ نُقُودِي فَارِغَةً، وَلِهَٰذَا ٱلسَّبَبِ
مَا ذَهَبْتُ إِلَى ٱلْمَطْعَمِ

Lösung 1: Haben Sie verstanden?

❶ Sie♀ haben beide das Geschäft betreten, aber sie haben kein Armband für ihre Freundin gefunden.
❷ Ihr♀ zwei habt euch die Auslage des Geschäfts angeschaut und habt das Geschäft betreten.
❸ Wir werden zum Kleinen Basar (zu die-Markt die-kleinste) gehen, wo wir billigen Schmuck finden werden.
❹ Du♂ wirst bis zum Abend hier bleiben [und] (in Erwartung-meiner) auf mich warten.
❺ Mein Portmonee war leer, und aus diesem Grund bin ich nicht ins Restaurant gegangen.

❷ Der Diener hat eine von beiden vor dem Postamt getroffen.

لَقِيَ ٱلْخَادِمُ ___ ___
مَكْتَبِ ٱلْبَرِيدِ

③ Es scheint, als seien sie beide zum Geschäft des Goldverkäufers gegangen.

يَبْدُو ____ ذَهَبَتَا إِلَى دُكَّانِ بَائِعِ ____

Leseübung

في سوق الذّهب

١ بعد ظهر اليوم، ذهبت ياسمينة إلى السّوق الكبرى

٢ حيث لقيت صديقة لها إسمها فاطمة

٣ أمام دكّان بائع للذّهب، فقالت:

٤ – ماذا تعملين هنا؟

٥ نظرت الصّديقتان في الواجهة ودخلتا الدّكّان

٦ وهكذا ذهبتا معاً من دكّان إلى دكّان حتّى المساء

٧ بعد رجوعهما، ومعهما أكياس كثيرة

٨ فيها منسوجات ومجوهرات

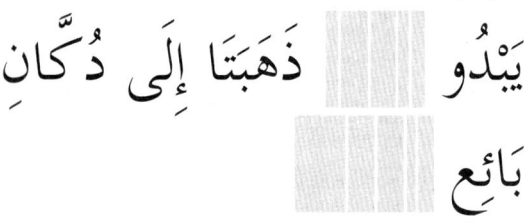

❹ Sie sind beide vom größten Markt zurückgekommen, mit vielen Paketen, in denen wertvolle Stoffe waren.

▒▒▒▒ مِنَ ٱلسُّوقِ ٱلْكُبْرَى

▒▒▒▒ كَثِيرَةٍ فِيهَا

مَنْسُوجَاتٌ نَفِيسَةٌ

Lösung 2: Die fehlenden Wörter.

❶ بِنَشَاطٍ [*Bi-NaSCHAṬin*] ❷ إِحْدَاهُمَا أَمَامَ [*AMAMa IḤDAHuMA*] ❸ أَنَّهُمَا [*ANNaHuMA*] ٱلذَّهَبِ [*Afs-fsaHaBi*] ❹ رَجَعَتَا [*RaĴaᶜaTA*] بِأَكْيَاسٍ [*Bi-AKYAßin*]

٩ إلى بيت ياسمينة، قال لها زوجها:

١٠ – يبدو أنّكما عملتما بنشاط أليوم!

١١ ولكن، غداً، بسببكما، سنأكل حمّصاً فقط!

١٢ لأنّ محفظة النّقود فارغة!

لِكُلِّ جَدِيدٍ لَذَّةٌ

„Auf ein Neues."
(für-alles neu Freude)
[*Li-KuLLi ĴaDIDin Lafsfsa(Tun)*]

Zweite Welle: Aktivieren Sie heute Lektion 6!

٤٢ أَلدَّرْسُ ٱلثَّانِي وَٱلْأَرْبَعُونَ

[*AD-DaRßu (A)fß-fßANI Wa-(A)L-ARBᶜaUN(a)*]

مُرَاجَعَةٌ وَمُلاَحَظَاتٌ

Sie haben in den letzten Lektionen Entscheidendes über die Komplexität des Verbsystems erfahren. Sie wissen, dass es neben verschiedenen Bildungsmustern einige unregelmäßige Verben gibt. Manche Ausnahmen sollten Sie sich im Moment nur als feststehende Ausdrücke merken, ohne dabei die tiefere Logik zu ergründen.

1. Konjugation

• Unvollendeter Aspekt

Neu war in diesem Abschnitt die Konjugation der 2. Pers. Sg. Fem. Präsens تَ ... ـــينَ [*Ta-...-INa*]:

„Was machst du♀ hier?" [*MafsA TaᶜMaLINa HuNA*] مَاذَا تَعْمَلِينَ هُنَا؟

• Vollendeter Aspekt

Im Perfekt haben Sie drei neue Personalformen (von insgesamt 13) kennen gelernt:

a) Die 3. Person Plural Femininum auf ـــنَ [*-Na*]:

„sie♀ sind gegangen" [*fsaHaBNa*] ذَهَبْنَ

Verwechseln Sie diese Form nicht mit der 1. Person Plural: ذَهَبْنَا [*fsaHaBNA*] „wir sind gegangen".

b) Die 3. Person Dual Femininum auf تَا [*-TA*]:

„sie [beide]♀ sind gegangen" [*fsaHaBaTA*] ذَهَبَتَا

c) Die 2. Person Dual Maskulinum und Femininum auf ـــتُمَا [*-TuMA*]:

42. Lektion

„ihr [beide] habt gearbeitet“ [ᶜaMiLTuMA] — عَمِلْتُمَا

Zur Bildung dieser beiden Konjugationen reicht es aus, ein ا [-A] an die Formen der 3. Pers. Sg. Fem. bzw. an die 2. Pers. Pl. Mask. anzufügen:

„sie beide♀ haben gesehen“ [NaSaRaTA]	نَظَرَتَا	←	„sie hat gesehen“ [NaSaRaT]	نَظَرَتْ
„ihr beide habt gemacht“ [ᶜaMiLTuMA]	عَمِلْتُمَا	←	„ihr habt gemacht“ [ᶜaMiLTuM]	عَمِلْتُمْ

Es fehlen Ihnen noch zwei weitere Personalformen, die wir Ihnen demnächst vorstellen werden. Versuchen Sie vorerst, die verschiedenen Formen zu verstehen und zu unterscheiden. Lesen Sie die Verbkonjugationen laut, um sie sich schneller einzuprägen.

• V. Stamm

In Lektion 40 begegnete uns ein Verb des V. Ableitungsstamms:

„wir haben uns verspätet“ [Ta'ACHCHaRNA] — تَأَخَّرْنَا

Sie brauchen diese Form momentan nicht vollständig zu durchschauen; durch das eingeschobene **hamsa** handelt es sich um eine unregelmäßige Form. Vielleicht möchten Sie sich schon die Hauptmerkmale des V. Stamms merken? Man erkennt ihn an dem Zusatz تَـ [Ta-] und an der Verdopplung des zweiten Konsonanten.

• Verbalnomen مَصْدَر **[maßdar]**

Bei Verbalnomen handelt es sich um Verben, die zu Substantiven umgewandelt werden, und zwar auf der Basis des II. oder V.

Verbstamms. Lernen Sie die Verbalnomen immer mit dem zugehörigen Verb, denn dadurch gewöhnen Sie sich langsam an die Konstruktion dieser überaus häufig anzutreffenden Wörter:

„präsentieren, anbieten“ [*Q**a**DDaMa*]	قَدَّمَ	von ←	„Anbieten, Angebot, Präsentation“ [*TaQD**I**M*]	تَقْدِيم	**II. Stamm**
„einschreiben, registrieren, eintragen“ [*ß**a**ĴĴaLa*]	سَجَّلَ	von ←	„Einschreibung, Registrierung, Eintragen“ [*Taß**Ĵ**IL*]	تَسْجِيل	

„handeln, einkaufen“ [*Taß**a**WWaQa*]	تَسَوَّقَ	von ←	„Shopping“ [*Taß**a**WWuQ*]	تَسَوُّق	**V. Stamm**
„betrachten, anschauen“ [*TaF**a**RRaĴa ᶜ**a**LA*]	تَفَرَّجَ عَلَى	von ←	„Betrachtung“ [*TaF**a**RRuĴ*]	تَفَرُّج	

2. Unregelmäßige Verben

Sie konnten bereits beobachten, dass Verben, die in ihrer Wurzel ein **ya**, **alif** oder **waw** beinhalten, oftmals in der Konjugation gewisse Unregelmäßigkeiten aufweisen:

• Vollendeter Aspekt

Bei رَأَى [*Ra'**A***] „sehen“ entfällt das **ya** am Ende in der 3. Pers. Sg. Fem. vor ـــت [*-T*], im Dual Femininum vor ـــتَا [*-TA*] sowie in der 3. Pers. Pl. Mask. vor ـــُو [*-U*]:

„wir haben gesehen“ [*Ra'**A**YNA*]	رَأَيْنَا	„ich habe gesehen“ [*Ra'**A**YTu*]	رَأَيْتُ
„ihr♂ habt gesehen“ [*Ra'**A**YTuM*]	رَأَيْتُمْ	„du♂ hast gesehen“ [*Ra'**A**YTa*]	رَأَيْتَ
„ihr beide habt gesehen“ [*Ra'**A**YTuMA*]	رَأَيْتُمَا	„du♀ hast gesehen“ [*Ra'**A**YTi*]	رَأَيْتِ

aber:

رَأَى	„er hat gesehen" [*Ra'**A***]	رَأَتَا	„sie♀ beide haben ges." [*Ra'AT**A***]
رَأَتْ	„sie hat gesehen" [*R**a**'AT*]	رَأَوْا	„sie♂ haben gesehen" [*Ra'**A**U*]

Das mit **hamsa** am Wortende geschriebene جَاءَ [*Ĵ**A**'a*] „kommen" erhält dieses **hamsa** zwar, schreibt es jedoch meist auf einem eingeschobenen **ya** ohne Punkte, das seinerseits oftmals anstelle eines langen Vokals steht. Merken Sie sich im Moment: جِئْتُ [*Ĵ**i**'Tu*] „ich bin gekommen" und die ähnlich gebildeten Formen:

جِئْتَ	„du♂ bist gekommen" [*Ĵ**i**'Ta*]	جِئْتُمْ	„ihr seid gekommen" [*Ĵ**i**'TuM*]
جِئْتِ	„du♀ bist gekommen" [*Ĵ**i**'Ti*]	جِئْتُمَا	„ihr beide seid gekom." [*Ĵ**i**'TuMA*]
جِئْنَا	„wir sind gekommen" [*Ĵi'NA*]	جِئْنَ	„sie♀ sind gekommen" [*Ĵi'Na*]

Ein weiteres unregelm. Verb ist لَقِيَ [*L**a**QiYA*] „treffen, begegnen":

لَقِيَتْ	„sie hat getroffen" bzw. „sie ist begegnet" [*L**a**QiYaT*]
لَقِيَتَا	„sie♀ beide haben getroffen" bzw. „sind begegnet" [*LaQiYaT**A***]

Für die Personen, deren spezifische Verb-Endungen mit ـــت [*-T*] oder ـــن [*-N*] beginnen, wird aus **ya** ein langes [*I*]:

لَقِيتُ	„ich habe getroffen, ich bin begegnet" [*LaQ**I**Tu*]	لَقِينَا	„wir haben getroffen, wir sind begegnet" [*LaQ**I**NA*]
لَقِيتَ	„du♂ hast getroffen, du♂ bist begegnet" [*LaQ**I**Ta*]	لَقِيتُمْ	„ihr habt getroffen, ihr seid begegnet" [*LaQ**I**TuM*]
لَقِيتِ	„du♀ hast getroffen, du♀ bist begegnet" [*LaQ**I**Ti*]	لَقِيتُمَا	„ihr beide habt getroffen, ihr beide seid begegnet" [*LaQ**I**TuMA*]
		لَقِينَ	„sie♀ haben getroffen, sie♀ sind begegnet" [*LaQ**I**Na*]

• Unvollendeter Aspekt

Bei Verben, deren Formen im VA mit وَ [*Wa-*] beginnen, wird dieses im Präsens durch das Präfix يَ [*Ya-*] ersetzt. Davon werden die weiteren Formen abgeleitet. Beispiel: وَجَدَ [*WaĴaDa*] „finden“:

أَجِدُ	„ich finde“ [*AĴiDu*]	نَجِدُ	„wir finden“ [*NaĴiDu*]
تَجِدُ	„du♂ findest“ [*TaĴiDu*]		usw.
يَجِدُ	„er findet“ [*YaĴiDu*]		

Auch وَصَلَ [*WaßaLa*] „ankommen“ wird auf diese Weise konjugiert: يَصِلُ [*YaßiLu*] „er kommt an“.

Bei diesen Verben steht zwischen dem 1. und dem 2. Stammkonsonanten ein Vokal und nicht wie gewöhnlich ein **ßukun**:

يَجِدُ	„er findet“ [*YaĴiDu*]	von ←	وَجَدَ	[*WaĴaDa*]
يَكْتُبُ	„er schreibt“ [*YaKTuBu*]	von ←	كَتَبَ	[*KaTaBa*]

Sie haben die Befehlsformen أَعْطِنِي [*AᶜṬiNI*] „gib mir“ und أَعْطِنَا [*AᶜṬiNA*] „gib uns“ angetroffen. Beim Verb أَعْطَى [*AᶜṬA*] „geben“ handelt es sich um den IV. Stamm des heute nicht mehr gebräuchlichen Grundverbs عَطَي [*ᶜaṬaYa*]. Neben dem Imperativ kennen Sie bis jetzt die Form يُعْطِي [*YuᶜṬI*] „er gibt“. Verben, die im VA auf **alif maqßura** enden, wandeln dieses im UA zu **ya** bzw. [*I*] um.

Dies ist auch der Fall bei كَفَى [*KaFA*] „ausreichen, genug sein“ aus Lektion 38: تَكْفِي [*TaKFI*] „das♀ reicht (aus), das♀ ist genug“. Davon können Sie natürlich auch die männliche Form ableiten: يَكْفِي [*YaKFI*] „das♂ reicht (aus), das♂ ist genug“. Im VA wird كَفَى [*KaFA*] wie رَأَى [*Ra'A*] konjugiert, allerdings werden nur die 3. Pers. Sg. und Pl. verwendet.

Einige Verben, in deren Mitte sich ein **alif** [*A*] befindet, verwandeln dieses im UA in ein **waw**. Dies ist der Fall bei كَانَ [*KANa*] „sein", das zu يَكُونُ [*YaKUNu*] „er wird sein" wird:

„ich werde sein" [*AKUNu*]	أَكُونُ
„du♂ wirst sein" [*TaKUNu*]	تَكُونُ
„du♀ wirst sein" [*TaKUNINa*]	تَكُونِينَ
„er wird sein" [*YaKUNu*]	يَكُونُ

usw.

Der UA von كَانَ [*KANa*] wird nur selten mit Präsensbedeutung, sondern meist mit Futurbedeutung gebraucht:

„Er wird mich vielleicht brauchen." [*QaD YaKUNu FI ḤAĴaTin ILaYYa*] قَدْ يَكُونُ فِي حَاجَةٍ إِلَيَّ

Auch das seit Lektion 9 bekannte Verb قَالَ [*QALa*] „sagen" verhält sich im UA wie كَانَ [*KANa*]:

„er sagt" [*YaQULu*] يَقُولُ „du♂ sagst" [*TaQULu*] تَقُولُ „ich sage" [*AQULu*] أَقُولُ

usw.

3. Personalpronomen

Dies sind die drei neuen Personalpronomen, jeweils in ihrer selbstständigen Form sowie als Suffix:

• هُنَّ [*HuNNa*] (ـــهُنَّ [*-HuNNa*]/ ـــهِنَّ [*-HiNNa*]) „sie, ihnen" (♀/Pl.). Dieses Personalpronomen bezieht sich auf eine Gruppe von mehr als zwei Frauen:

„(wirklich) sie" [*INNaHuNNa*] إِنَّهُنَّ

• أَنْتُمَا [ANTuMA] (ـــكُمَا [-KuMA])

„ihr, euch zwei" bzw. „ihr, euch beiden" (♂ + ♀):

„Friede sei mit euch beiden!" [Aß-ßaLAMu ᶜaLaYKuMA] — أَلسَّلَامُ عَلَيْكُمَا!

• هُمَا [HuMA] (ـــهُمَا [-HuMA]/ ـــهِمَا [-HiMA])

„sie beide" (♀/Pl.) bzw. „ihnen beiden" (♀/Pl.):

„Sie [waren] beide im Palast eines Königs." [Wa-HuMA FI QaßRi MaLiKin] — وَهُمَا فِي قَصْرِ مَلِكٍ

„Nach der Rückkehr der beiden [Frauen]." [BaᶜDa RuĴUᶜiHiMA] — بَعْدَ رُجُوعِهِمَا

Der Dual der 2. und 3. Pers. Pl. Mask. wird durch Anfügen eines **alif** gebildet:

أَنْتُمْ / ـــكُمْ [ANTuM] [-KuM] → أَنْتُمَا / ـــكُمَا [ANTuMA] [-KuMA]

هُمْ / ـــهُمْ [HuM] [-HuM] → هُمَا / ـــهُمَا [HuMA] [-HuMA]

4. Plural der Nomen

• Äußerer Plural auf ات [-AT]

Grundsätzlich bilden weibliche Nomen auf **ta marbuṭa** den Plural mit ات [-AT]. Diese Endung kommt überdies auch bei vielen anderen weiblichen Nomen vor (z.B. أُمّ [UMM], Pl. أُمَّهَات [UMMaHAT] „Mütter" – hier wird noch ein ـــهَا [HA] eingeschoben), aber auch bei einigen männlichen:

مَنْسُوج „Stoff" [MaNßUĴ] → مَنْسُوجَات „Stoffe" [MaNßUĴAT]

Der äußere Plural kennt nur zwei Beugungen – auf ـٌ / ـُ ـٍ / ـِ [-un/-u] und [-in/-i].

Beispiel:

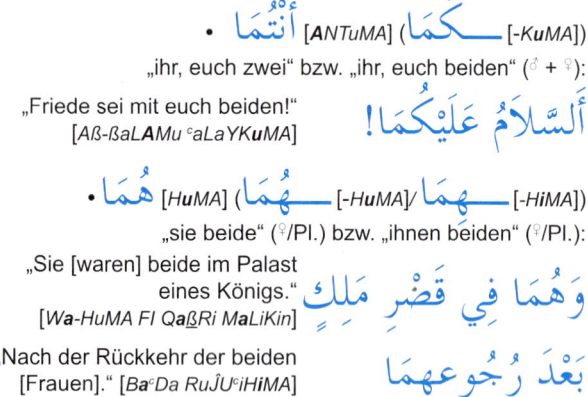

زَارَ كَرِيمٌ بَنَاتِ عَمِّهِ... مَا رَأَى ٱلْبَنَاتِ

„Karim besuchte seine Cousinen ... Er hat die Mädchen nicht gesehen." [*SARA KaRIMun BaNATi ᶜaMMiHi ... MA Ra'A AL-BaNATi*]

mit Artikel		ohne Artikel		
[*AL-BaNATu*]	أَلْبَنَاتُ	[*BaNATun*]	بَنَاتٌ	**Nom.**
[*AL-BaNATi*]	أَلْبَنَاتِ	[*BaNATin*]	بَنَاتٍ	**Akk./Gen.**

Es handelt sich bei بِنْت [*BiNT*] und بَنَات [*BaNAT*] „Mädchen, Tochter" (Sg. und Pl.) um ein etwas komplexeres Beispiel, denn man könnte annehmen, dass das [*T*] des Singulars in بِنْت [*BiNT*] zur Wortwurzel gehört, und man könnte somit بَنَات [*BaNAT*] als inneren Plural missverstehen.

In Wirklichkeit ist بِنْت [*BiNT*] eine Alternativform von إِبْنَة [*IBNaT*], dem Femininum zu إِبْن [*IBN*] „Sohn", und daher gehört es zur Gruppe der Wörter, die einen äußeren Plural bilden:

„Tochter" [*IBNaT*]	إِبْنَة	←	„Sohn" [*IBN*]	إِبْن
„Mädchen, Töchter" [*BaNAT*]	بَنَات	←	„Mädchen, Tochter" [*BiNT*]	بِنْت

Eine echte Ausnahme stellt das Wort نِسَاء [*NißA'*] „Frauen" dar. Die Einzahl dazu lautet إِمْرَأَة [*IMRa'A(T)*] „Frau" oder auch allgemein مَرْأَة [*MaR'A(T)*] „Frau"; eine klar ersichtliche Verbindung zwischen den beiden Wortwurzeln gibt es somit nicht.

• Innerer Plural

Lesen Sie immer die Nomen im Singular und deren inneren Plural häufig laut, denn dadurch prägen Sie sich nicht nur die neuen Vokabeln ein, sondern Sie entwickeln auch ein Gefühl dafür, wie Sie bei neuen Wörtern den inneren Plural erkennen können. Vergessen Sie nicht, dass einige Pluralformen, v.a. die auf vier Silben, diptotisch (zwei-endig) sind:

Singular			Plural	
أَمِير	[AMIR]	←	أُمَرَاء	„Prinz, Gouverneur, Emir“ (dipt.) [UMaRA']
أَنْف	[ANF]	←	أُنُوف	„Nase“ [UNUF]
ضَيْف	[ḌaYF]	←	ضُيُوف	„Gast“ [ḌuYUF]
هَدِيَّة	[HaDiYYaT]	←	هَدَايَا	„Geschenk“ [HaDAYA]
هَاتِف	[HATiF]	←	هَوَاتِف	„Telefon“ (dipt.) [HaWATiF]
إِسْم	[IßM]	←	أَسْمَاء	„Name“ [AßMA']
جَمَل	[ĴaMaL]	←	جِمَال	„Kamel“ [ĴiMAL]
جَامِع	[ĴAMiᶜ]	←	جَوَامِع	„(Haupt-) Moschee“ (dipt.) [ĴaWAMiᶜ]
كِيس	[KIß]	←	أَكْيَاس	„Sack, Tasche, Beutel, Tüte“ [AKYAß]
مَادَّة	[MADDaT]	←	مَوَادّ	„Studiengang, Fach“ [MaWADD]
مَجْلِس	[MaĴLiß]	←	مَجَالِس	„Empfangszimmer“ (dipt.) [MaĴALiß]
مَلِك	[MaLiK]	←	مُلُوك	„König“ [MuLUK]
نَوْع	[NaUᶜ]	←	أَنْوَاع	„Art, Kategorie“ [ANWAᶜ]
قَصْر	[QaßR]	←	قُصُور	„Palast“ [QußUR]
شَابّ	[SCHABB]	←	شُبَّان	„Jugendlicher, junger Mann“ [SCHuBBAN]

„Dichter, Poet" (dipt.) [*SCHuᶜaRA'*]	شُعَرَاء	←	[*SCHAᶜiR*]	شَاعِر
„Ufer" (dipt.) [*ßaWAḤiL*]	سَوَاحِل	←	[*ßAḤiL*]	سَاحِل
„Jahr" [*ßaNaWAT*]	سَنَوَات	←	[*ßaNaT*]	سَنَة
„Student" [*ṬuLLAB*] / [*ṬaLaBa(T)*]	طُلَّاب / طَلَبَة	←	[*ṬALiB*]	طَالِب
„Zeit" [*AUQAT*]	أَوْقَات	←	[*WaQT*]	وَقْت

5. Kollektiv

Für einige Wörter existiert neben dem Singular, Dual und Plural ein neutraler Gattungsbegriff („Kollektiv"). Dies bezeichnet eine unbestimmte Menge bzw. die Kategorie oder Gattung eines Begriffs. Im Deutschen kann das Kollektiv je nach Zusammenhang mit dem Singular oder Plural übersetzt werden. Ausgehend von diesem Gattungsbegriff kann man ein einzelnes Element dieses Begriffs – d.h. den Singular – bilden, indem man an das Kollektiv ein **ta marbuṭa** anhängt:

„Obst, Früchte" (generell) [*fßaMR*]	ثَمْر
„eine Frucht" [*fßaMRa(T)*]	ثَمْرَة
„Früchte" (als bestimmte Mengenangabe) [*AfßMAR*] [*fßiMAR*]	أَثْمَار / ثِمَار
„Blumen" (generell) [*SaHR*]	زَهْر
„eine Blume" [*SaHRaT*]	زَهْرَة

أَزْهَار „Blumen" (als bestimmte Mengenangabe) *[ASHAR]*

In Lektion 36 kamen diese beiden Wörter in ihrer Pluralform und nicht im Kollektiv vor, da eine bestimmte Menge (zählbarer) Früchte und Blumen gemeint war:

بَحْثاً عَن ثِمَارٍ „auf der Suche nach Obst" *[BaḤfßAn ᶜaN fßiMARin]*

بَيْنَ ٱلْأَزْهَارِ „zwischen den Blumen" *[BaYNa AL-ASHARi]*

Man kann dagegen sagen:

أَلثَّمْرُ طَيِّبُ ٱلْأَكْلِ „Obst ist gut zum Essen." *[Afß-fßaMRu ṬaYYiBu AL-AKLi]*

6. Dual

Hierbei handelt es sich um eine Sonderform des Plurals, die nur für die Anzahl „zwei" angewandt wird (der Plural steht demnach immer ab der Anzahl „drei"). Anders als der Plural ist der Dual stets regelmäßig und hat eigene Formen für Nomen, Adjektive, Personalpronomen und Verben in der 2. und 3. Person.
Die spezielle Dualendung für Nomen und Adjektive ist im Nominativ ـَانِ *[-ANi]* und im Akkusativ und Genitiv ـَيْنِ *[-aYNi]*:

ٱلطَّالِبَانِ „die zwei Studenten" *[AṬ-ṬALiBANi]*

لِلطَّالِبَيْنِ „für die zwei Studenten" *[LiṬ-ṬAliBaYNi]*

Noch haben wir kein Beispiel für Adjektive im Dual gesehen, aber man kann sagen:

ٱلطَّالِبَانِ ٱلذَّكِيَّانِ „die zwei intelligenten Studenten" *[AṬ-ṬALiBANi Afs-fsaKiYYANi]*

Bezüglich der Verben und Personalpronomen siehe Absätze **1. Konjugation** und **3. Personalpronomen** in dieser Lektion.

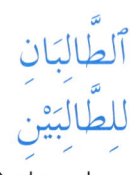

7. Elativ

Als Elativ bezeichnet man die 2., also höchste Steigerungsstufe eines Adjektivs/Adverbs (etwa der deutsche Superlativ). Der Elativ ist formgleich mit der ersten Steigerungsstufe, dem Komparativ, mit dem Vergleiche ausgedrückt werden. Für ihn gelten die beiden Bildungsmuster أَفْعَل [*AF^{c}aL*] für das Maskulinum und فُعْلَى [*Fu^{c}LA*] für das Femininum. Dabei wird ausgehend von Adjektiven der männliche und weibliche Elativ gebildet. أَفْعَل [*AF^{c}aL*] und فُعْلَى [*Fu^{c}LA*] sind bedeutungsleere Muster, die lediglich das aus Konsonanten und Vokalen bestehende Bildungsmuster veranschaulichen. Diese Formen werden sowohl für den Komparativ (1. Steigerungsstufe) als auch für den Superlativ (2. Steigerungsstufe) gebraucht, wobei in fast allen Konstruktionen nur der männliche Elativ verwendet wird. Der Elativ ist grundsätzlich diptotisch (zwei-endig):

	Elativ		Adjektiv
„glänzender" [***A**SHaR*]	أَزْهَر	„glänzend" [*S**A**HiR*]	زَاهِر
„schöner" [***A**ĴMaL*]	أَجْمَل	„schön" [*ĴaM**I**L*]	جَمِيل
„älter" [***A**QDaM*]	أَقْدَم	„alt" [*QaD**I**M*]	قَدِيم
„größer" [***A**KBaR*] / „größer" [*K**u**BRA*]	أَكْبَر / كُبْرَى	„groß" [*KaB**I**R*]	كَبِير
„kleiner" [***A**<u>ß</u>ṘaR*] / „kleiner" [*<u>ß</u>**u**ṘRA*]	أَصْغَر / صُغْرَى	„klein" [*<u>ß</u>aṘ**I**R*]	صَغِير
„anderer" [***U**CHRA*]	أُخْرَى	„andere" [***Ā**CHaR*]	آخَر

Wie Sie sehen, werden die Wörter „anderer" und „andere" ebenfalls nach dem Bildungsmuster des Elativs gebildet.

Steht ein Elativ als Beiwort zu einem Nomen, so stimmt es im Genus – jedoch fast nie im Numerus – mit dem entsprechenden Nomen überein:

„zum größten Basar“ [*ILA Aß-ßUQi AL-KuBRA*]	إِلَى ٱلسُّوقِ ٱلْكُبْرَى
„die Al-Azhar-Moschee (der-Leuchtendste)“ [*AL-ĴAMi^cu AL-ASHaRu*]	أَلْجَامِعُ ٱلأَزْهَرُ

Handelt es sich um einen Superlativ bei einem Vergleich mehrerer Elemente, so verwendet man ausschließlich die männliche Form:

„... und die die Schönste von ihnen ist“ [*Wa-HiYa AĴMaLuHuNNa*]	وَ هِيَ أَجْمَلُهُنَّ
„... und die eine der ältesten Moscheen des Islam ist“ [*Wa-Huwa MiN AQDaMi AL-ĴaWAMi^ci AL-IßLAMiYYaTi*]	وَهُوَ مِن أَقْدَمِ ٱلْجَوَامِعِ ٱلْإِسْلَامِيَّةِ

8. Abgeleitete Adjektive

Oft kann man von einem Nomen ein Adjektiv ableiten, indem man an dieses ـــيٌّ [*-iYYun*] für das Maskulinum bzw. ـــيَّةٌ [*-iYYaTun*] für das Femininum anhängt:

„arabisch“ [*^caRaBiYYun*]	عَرَبِيٌّ	←	„Araber“ [*^caRaB*]	عَرَب
„studentisch“ [*ṬuLLABiYYun*]	طُلَّابِيٌّ	←	„Studenten“ [*ṬuLLAB*]	طُلَّاب
„islamisch“ [*IßLAMiYYun*]	إِسْلَامِيٌّ	←	„Islam“ [*IßLAM*]	إِسْلَام

Endet ein Wort auf **ta marbuṭa** oder auf **hamsa** nach **alif**, erhält der letzte Stammkonsonant diese Endung:

„universitär“ [*ĴAMi^ciYYun*]	جَامِعِيٌّ	←	„Universität“ [*ĴAMi^caT*]	جَامِعَة
„intelligent“ [*fsaKiYYun*]	ذَكِيٌّ	←	„Intelligenz“ [*fsaKA'*]	ذَكَاء

Merken Sie sich außerdem:

أَلْمَانِيَا	„Deutschland" [*ALMANiYA*]	←	أَلْمَانِيٌّ	„deutsch" [*ALMANiYYun*]
فَرَنْسَا	„Frankreich" [*FaRaNßA*]	←	فَرَنْسِيٌّ	„französisch" [*FaRaNßiYYun*]

9. Weitere nützliche Wendungen

• أَيّ [*AYY*] / أَيَّة [*AYYaT*] + Nomen + [-*in*] „welcher? / welche?":

فِي أَيِّ حَيٍّ بَيْتُكَ؟ „In welchem Stadtviertel ist dein Haus?" [*FI AYYi ḤaYYin BaYTuKa*]

فِي أَيَّةِ مَادَّةٍ؟ „In welchem Studiengang?" [*FI AYYaTi MADDaTin*]

Dieses Fragewort wird vor einem Nomen im Singular oder Plural verwendet (der Singular ist häufiger). Außerdem wird auch das männliche [*AYY*] oftmals vor weiblichen Nomen verwendet.

• كُلّ [*KuLL*] + Nomen im Sing. + [-*in*] „jeder":

لِكُلِّ نَوْعٍ مِنَ ٱلسَّيَّارَاتِ „für jede Art von Auto" [*Li-KuLLi NaU^cin MiN-a Aß-ßaYYARATi*]

• أَحَدٌ [*AḤaDun*] – إِحْدَى [*IḤDA*] – وَحْدٌ [*WaḤDun*] – وَاحِدٌ [*WAḤiDun*]. Diese vier Wörter haben die Wurzel و ح د

– أَحَدٌ [*AḤaDun*] „eins, ein, einer": Hierbei handelt sich aber nicht um eine Ordinalzahl („erster, erste, erstes" usw.).

– إِحْدَى [*IḤDA*] „eins, eine" (unveränderlich) ist die weibliche Form von أَحَدٌ [*AḤaDun*].

– إِحْدَاهُنَّ [*IḤDAHuNNa*] „eine von ihnen" (Fem.)

– وَحْدٌ [*WaḤDun*] „alleine" bzw. „einsam" hat die weibliche Form وَحْدَةٌ [*WaḤDaTun*]. Hängt man ein Personalpronomensuffix an

وَحْدٌ [WaḤDun] an, so gibt es im Akkusativ nur eine Form für Maskulinum und Femininum: وَحْدَ [WaḤDa] + Personalpronomensuffix = „(nur) ... alleine“:

„(nur) ich alleine, ich bin alleine“ [WaḤDI (WaḤDa + I)]	وَحْدِي
„(nur) er alleine, er ist alleine“ [WaḤDaHu]	وَحْدَهُ
„(nur) sie alleine, sie ist alleine“ [WaḤDaHA]	وَحْدَهَا
usw.	

– وَاحِدٌ [WAḤiDun] „einziger“ und وَاحِدَةٌ [WAḤiDaTun] „einzige“:

وَكَلِمَةٌ وَاحِدَةٌ تَكْفِي كَإِسْمٍ لِلسَّيَّارَةِ

„... und [ein] einziges Wort genügt als Name für das Auto“ [Wa-KaLiMaTun WAḤiDaTun TaKFI Ka-IßMin Liß-ßaYYARaTi]

• نَفْس [NaFß] „Seele“; „sich selbst“:

نَفْس [NaFß] heißt zwar „Seele“, es wird aber auch als Reflexivpronomen („mich selbst“, „dich selbst“, usw.) verwendet, und zwar in Verbindung mit den Personalpronomensuffixen:

جِئْتُ لِتَسْجِيلِ نَفْسِي فِي ٱلْجَامِعَةِ

„Ich bin gekommen, um mich an der Universität einzuschreiben.“ [Ĵi'Tu Li-TaßĴILi NaFßI FI AL-ĴAMiᶜaTi]

„für dich selbst“ [Li-NaFßiKa]	لِنَفْسِكَ

• مِثْلَ [MifßLa] „wie“ und كَـ [Ka-] „wie, als“:

مِثْلَ [MifßLa] und كـ [Ka-] können vor einer Vielzahl von Wörtern stehen, allerdings gelten für beide gewisse Ausnahmen. Beide können vor Nomen stehen:

مِثْلَ سَيَّارَتِي „wie mein Auto“ [MifßLa ßaYYARaTI]

كَسَيَّارَةِ أَبِيكَ „wie das Auto deines Vaters“ [Ka-ßaYYARaTi ABIKa]

In Verbindung mit den Personalpronomen verwendet man dagegen nur مِثْلَ [MifßLa]:

مِثْلَكِ „wie dich (Fem.)“ [MifßLaKi]

Nur ـكَ [Ka-] kann auch vor Relativpronomen, Konjunktionen oder Demonstrativpronomen stehen:

كَمَا „wie; so wie“ [Ka-MA]

كَمَن „wie; wie jemand, der ...“ [Ka-MaN]

كَذَلِكَ „wie jener“ [Ka-fsaLiKa]

Vor Verben steht nur كَمَا [Ka-MA]:

كَمَا تَعْرِفُ „wie du weißt“ [KaMA TaᶜRiFu]

• قَدْ [QaD] „schon“ oder „vielleicht“:

Steht قَدْ [QaD] mit einem Verb im VA, bedeutet es „schon“. Folgt ihm dagegen ein Verb im UA, heißt es „vielleicht“ oder „es kann sein, dass ...“.

قَدْ يَكُونُ فِي حَاجَةٍ إِلَيَّ يَوْماً مَا

„Vielleicht wird er mich eines Tages brauchen.“
[QaD YaKUNu FI ḤAĴaTin ILaYYa YaUMAn MA]

10. Unregelmäßige Nomen أَبٌ [ABun] „Vater“ und أَخٌ [ACHun] „Bruder“

Diese beiden Nomen enden auf einen langen Vokal, wenn sie Teil einer Genitivverbindung sind oder ihnen ein Personalpronomensuffix folgt:

كَسَيَّارَةِ أَبِيكَ „wie das Auto deines Vaters“ [Ka-ßaYYARaTi ABIKa]

أَبُو ٱلْبِنْتِ „der Vater des Mädchens“ [ABU AL-BiNTi]

رَأَيْتُ أَخَاكَ „Ich habe deinen Bruder gesehen.“ [Ra'AYTu ACHAKa]

11. Weitere Konstruktionen

• Relativsätze

Die letzten sechs Lektionen beinhalten einige Beispiele dafür, wie man im Arabischen Relativsätze bildet, also Sätze, die mit einem Relativpronomen eingeleitet werden.

• Verbalnomen [*maßdar*] als Übersetzung für den Infinitiv ohne und mit „zu“

Beachten Sie die Bildung von Sätzen mit Verbalnomen (im Deutschen häufig als Infinitiv wiedergegeben):

لَابُدَّ لِي مِنَ ٱلتَّفَرُّجِ عَلَى ٱلْمِنْبَرِ

„Ich muss unbedingt den Minbar sehen …“
[LA BuDDa LI MiN-a AT-TaFaRRuĴi ᶜaLA AL-MiNBaRi…]

… oder mit einem Infinitiv mit „zu“:

جِئْتُ لِتَسْجِيلِ نَفْسِي فِي ٱلْجَامِعَةِ

„Ich bin gekommen, um mich an der Universität einzuschreiben.“
[Ĵi'Tu Li-TaßĴILi NaFßI FI AL-ĴAMiᶜaTi]

بَحْثاً عَنْ ثِمَارٍ لِتَقْدِيمِهَا إِلَى ٱلضُّيُوفِ

„… um Obst zu suchen, das [sie] den Gästen anbieten [können].“
[BaḤfßAn ᶜaN fßiMARin Li-TaQDIMiHA ILA AḌ-ḌuYUFi]

12. Wortschatz

يَوْماً مَا „eines Tages“ [YaUMAn MA]

لَا تُحْصَى „unzählbar“ [LA TuḤßA]

يَبْدُو أَنَّ „Es scheint, dass …“ [YaBDU ANNa] …

يَكْفِي oder هَذَا يَكْفِي	„Es reicht!" bzw. „Das reicht!" [*Ya*KFi] (♂) oder [*Ha*fsA *Ya*KFI]
لَابُدَّ لِي مِنَ	„Ich muss unbedingt ..." [LA *Bu*DDa LI MiN]
لَاهَمَّ لَكِ إِلَّا	„Du (♀) denkst an nichts, außer ..." [LA *Ha*MMa *La*Ki **I**LLA]

Die beiden letzten Ausdrücke können sich leicht auf eine andere Person beziehen, man muss dafür nur لِـ [*Li-*] ein Nomen nachstellen bzw. ein anderes Personalpronomensuffix an لَـ [*La-*] anhängen:

لَا هَمَّ لِزَوْجَتِي إِلَّا ٱلتَّسَوُّقُ

„Meine Frau denkt an nichts, außer [an] Shopping."
[*LA HaMMa Li-ßaUĴaTI ILLA AT-TaßaWWuQu*]

لَاهَمَّ لَهَا إِلَّا ٱلشِّرَاءُ

„Sie denkt an nichts, außer [daran], einzukaufen."
[*LA HaMMa LaHA ILLA ASCH-SCHiRA'u*]

13. Verständnis- / Formulierungsübung

❶ مَرَّتِ ٱلْأُخْتَانِ بِمَكْتَبِ ٱلْبَرِيدِ، ثُمَّ ذَهَبَتَا إِلَى ٱلسُّوقِ

❷ لِشَرَاءِ ثِمَارٍ وَحَلْوَى لِتَقْدِيمِهَا إِلَى ٱلضُّيُوفِ بِمُنَاسَبَةِ عِيدِ مِيلَادِ أُمِّهِمَا

❸ أَمَّا ٱلْأُخْتُ ٱلصُّغْرَى فَسَوْفَ تَذْهَبُ إِلَى جَامِعَةِ ٱلْأَزْهَرِ

❹ لِتَسْجِيلِ نَفْسِهَا فِي مَادَّةِ ٱلتِّجَارَةِ

5 بَعْدَ ذَلِكَ، ذَهَبَتِ ٱلْأُخْتَانِ إِلَى سُوقٍ
أُخْرَى حَيْثُ لَقِيَتَا أَخَاهُمَا

6 أَمَامَ دُكَّانٍ لِبَيْعِ ٱلذَّهَبِ

7 فَقَالَ لَهُمَا: – مَا فَعَلْتُمَا هُنَا؟

8 – وَجَدْنَا سِوَاراً لِصَدِيقَةٍ لَنَا إِسْمُهَا فَاطِمَةٌ

9 – حَسَناً! وَلَكِنْ، يَبْدُو أَنَّ مِحْفَظَةَ
ٱلنُّقُودِ فَارِغَةٌ!

10 – نَعَمْ! لَا بُدَّ لَنَا مِنَ ٱلرُّجُوعِ إِلَى ٱلْبَيْتِ

11 هَذَا يَكْفِي لِلْيَوْمِ!

Aussprache der Übungssätze

[**1** *MaRRaT-i (A)L-UCHTANi Bi-MaKTaBi (A)L-BaRID(i) fßuMMa fsaHaBaTA ILA (A)ß-ßUQ(i)*] [**2** *Li-SCHiRA'i fßiMARin Wa-ḤaLWA Li-TaQDIMiHA ILA (A)Ḍ-ḌuYUF(i) Bi-MuNAßaBaTi ^cIDi MILADI UMMiHiMA*] [**3** *AMMA (A)L-UCHTu (A)ß-ßuṘRA Fa-ßaUFa TafsHaBu ILA ĴAMi^caTi (A)L-ASHaR(i)*] [**4** *Li-TaßĴILi NaFßiHA FI MADDaTi (A)T-TiĴARa(Ti)*] [**5** *Ba ^cDa fsaLiK(a) fsaHaBaT-i (A)L-UCHTANi ILA ßUQin UCHRA ḤaYfßu LaQiYaTA ACHAHuMA*] [**6** *AMAMa DuKKANin Li-BaY^ci (A)fs-fsaHaB(i)*] [**7** *Fa-QALa La-HuMA MA Fa ^caLTuMA HuNA*] [**8** *WaĴaDNA ßiWARAn Li-ßaDIQa(Tin) LaNA IßMuHA FAṬiMa(Tun)*] [**9** *ḤaßaNAn WaLaKin YaBDU ANNa MiḤFaṢaTa (A)N-NuQUDi FARiṘa(Tun)*] [**10** *Na^caM LA BuDDa LaNA MiN-a (A)R-RuĴU^ci ILA (A)L-BaYT(i)*] [**11** *HafsA YaKFI LiL-YaUM(i)*]

Übersetzung der Übungssätze

1 Die zwei Schwestern sind am Postamt vorbeigegangen, danach sind sie [beide] zum Markt gegangen, 2 (für Kauf) um Obst und etwas

Süßes zu kaufen, das sie den Gästen anbieten [können] (für-Anbieten zu die-Gäste) anlässlich des Geburtstags ihrer [beider] Mutter. ❸ Was die jüngste (die-kleinste) Schwester betrifft, so wird sie zur Al-Azhar Universität gehen, ❹ um sich (für-Einschreibung Seele-ihre) in das Studienfach Handelswesen einzuschreiben. ❺ Danach sind die beiden Schwestern zu einem anderen Markt gegangen, wo sie ihren Bruder getroffen haben, ❻ [und zwar] vor einem Geschäft, [in dem] Gold verkauft wird (für-Verkauf der-Gold). ❼ Und er hat zu ihnen [beiden] gesagt: „Was habt ihr zwei hier gemacht?" ❽ „Wir haben für eine unserer Freundinnen (für-Freundin für-uns), deren Name Fatima ist, ein Armband gefunden." ❾ „Gut. Aber es scheint, als sei das Portmonee leer!" ❿ „Ja. Wir müssen unbedingt (nicht Ausweg für-uns von der-Rückkehr zu) nach Hause zurückkehren. ⓫ Das reicht für heute!

لَا يُجْمَعُ ٱلسَّيْفَانِ فِي غِمْدٍ

„Setze nicht alles auf ein Pferd."
(nicht er-wurde-versammelt der-Säbel-zwei in Scheide)
[*LA YuĴMaᶜu Aß-ßaYFANi FI ṘiMDin*]

14. Die „2. Welle"

Vergessen Sie nicht die „2. Welle", d.h. die deutschen Lektionstexte ins Arabische zu übersetzen. Das beansprucht nicht viel Zeit und ist ein wichtiger Schritt zur Aktivierung Ihrer passiven Kenntnisse. Sie zeigt Ihnen, woran Sie noch arbeiten müssen. Mit Beginn der „2. Welle" ab Lektion 36 werden Sie mit dem Formulieren der ersten Lektionstexte wohl keine großen Probleme gehabt haben. Den Stoff der Anfangslektionen haben Sie schon längst assimiliert und oft wiederholt. Profitieren Sie von diesen Erfolgserlebnissen, und machen Sie so weiter! Die Wiederholungslektionen sollten Sie bei der „2. Welle" mehrmals aufmerksam durchlesen und die Erklärungen nachvollziehen. Schlagen Sie bei Verweisen auf andere Lektionen ruhig noch einmal dort nach. Am Ende können Sie versuchen, den deutschen Text der Verständnisübung auf Arabisch zu formulieren. Da Sie ja nun schon etwas „fortgeschritten" sind, kommt der Hinweis auf die „2. Welle" ab Lektion 43 auf Arabisch:

أَلْقِسْمُ ٱلثَّانِي: أُنْظُرْ مَرَّةً ثَانِيَةً إِلَى ٱلدَّرْسِ ٱلـــ...

[*AL-QißMu (A)fß-fßANI UNṢuR MaRRa(Tan) fßANiYYa(Tan) ILA AD-DaRßi (A)L-...*]

Zweite Welle: Aktivieren Sie heute Lektion 7!

٤٣ أَلدَّرْسُ ٱلثَّالِثُ وَ ٱلْأَرْبَعُونَ

فِي ٱلشَّارِعِ

١ – أُعْذُرْنِي يَا سَيِّدِي! ①

٢ هَلْ تَتَكَلَّمُ ٱللُّغَةَ ٱلْفَرَنْسِيَّةَ أَمِ ٱلْإِنْكلِيزِيَّةَ؟ ②③

٣ – لَا! دَرَسْتُهُمَا فِي ٱلْمَدْرَسَةِ، وَلٰكِنِّي نَسِيتُ ٱلْكَثِيرَ مِنْهُمَا ④⑤

٤ – إِذَنْ، سَوْفَ أَتَكَلَّمُ بِٱلْعَرَبِيَّةِ قَلِيلاً ⑥

AUSSPRACHE

[AD-DaRßu (A)fß-fßALifßu Wa-(A)L-ARBaᶜUn(a)] [FI (A)SCH-SCHA-Riᶜi] [1 UᶜfsuRNI YA ßaYYiDI] [2 HaL TaTaKaLLaMu (A)L-LuṘaTa (A)L-FaRaNßiYYa(Ta) AM-i (A)L-INKiLISiYYa(Ta)] [3 LA DaRaßTuHu-MA FI (A)L-MaDRaßa(Ti) WaLaKiNNI NaßITu (A)L-KafßIRa MiNHu-MA] [4 IfsaN ßaUFa ATaKaLLaMu Bi-(A)L-ᶜaRaBiYYa(Ti) QaLILAn]

43. Lektion

Auf der Straße

Verzeihung (verzeih-mir), mein Herr. – 1
Sprichst du Französisch (die-Sprache die-französische) oder Englisch (die-englische)? 2
Nein! Ich habe beides in der Schule gelernt, habe aber – das Meiste davon vergessen (aber-ich vergaß das-Meiste von-ihnen-beiden). 3
Dann werde ich ein bisschen auf Arabisch sprechen – (dann werde-spreche mit-die-arabische etwas). 4

ANMERKUNGEN

Die Imperativform أُعْذُرْنِي [*Uʿfs**u**RNI*] „Verzeihung" wird u. a. verwendet, wenn man jemanden um einen Gefallen bittet. ①

تَتَكَلَّمُ [*TaTaK**a**LLaMu*]: 2. Pers. Sg. Mask. des UA eines Verbs des V. Ableitungsstamms, ausgehend von *K-L-M*. ②

أَم [*AM*] wird in einem Fragesatz verwendet. Beachten Sie den Stützvokal ِ [*-i*], den man anfügt, wenn ein Nomen mit Artikel folgt. ③

نَسِيتُ [*Naß**I**Tu*] „ich habe vergessen": نَسِيَ [*N**a**ßiYa*] „vergessen" wird im VA wie لَقِيَ [***La**QiYa*] „treffen" konjugiert. ④

Sie kennen das Adjektiv كَثِير [*Kafß**I**R*] „viel" und davon abgeleitet das Adverb كَثِيرًا [*Kafß**I**RAn*] „sehr". Steht es mit dem Artikel, اَلْكَثِير [*AL-Kafß**I**R*], bedeutet es „das Meiste". ⑤

أَتَكَلَّمُ بِٱلْعَرَبِيَّةِ [*ATaK**a**LLaMu Bi-AL-ʿaRaB**i**YYaTi*]: Das Verb kann mit Akkusativ (Satz 2) oder der Präposition بِـ [*Bi-*] stehen. Korrekter ist die zweite Variante, umgangssprachlicher die erste. ⑥

٥ أَيْنَ تُوجَدُ مَحَلاَّتٌ تِجَارِيَّةٌ فِي هَذَا ٱلْحَيِّ؟ ⑦⑧

٦ – تَأْخُذُ ٱلشَّارِعَ أَمَامَكَ وَتَدُورُ إِلَى ٱلْيَمِينِ، ثُمَّ إِلَى ٱلْيَسَارِ، ⑨

٧ فَتَصِلُ إِلَى سَاحَةٍ كَبِيرَةٍ حَيْثُ تُوجَدُ ٱلْمَحَلاَّتُ ٱلتِّجَارِيَّةُ

٨ ٱلَّتِي يَعْرِفُ بَائِعُوهَا ٱللُّغَةَ ٱلْإِنْكِلِيزِيَّةَ ⑩⑪

٩ – شُكْراً جَزِيلاً!

١٠ – عَفْواً! هَلْ أَنْتَ فِي حَاجَةٍ إِلَى شَيْءٍ آخَرَ؟ ⑫⑬

AUSSPRACHE

[**5** ***A***YNa T***U***ĴaDu MaḤaLL***A***Tun TiĴ***A***R***i***YYa(Tun) F***I*** H***a***fsA (A)L-Ḥ***a***YY(i)] [**6** T***A***'CHufsu (A)SCH-SCH***A***Ri^c(a) AM***A***MaK(a) Wa-TaD***U***Ru ***I***LA (A)L-YaM***I***N(i) fß***u***MMa ***I***LA (A)L-Yaß***A***R(i)] [**7** Fa-T***a***ßiLu ***I***LA ß***A***ḤaTin KaB***I***Ra(Tin) Ḥ***a***Yfßu T***U***ĴaDu (A)L-MaḤaLL***A***Tu (A)T-TiĴ***A***R***i***YYa(Tu)] [**8** ALL***a***TI Y***a***^cRiFu BA'***i***^c***U***HA AL-L***u***ṘaTa (A)L-INKiLIS***i***YYa(Ta)] [**9** SCH***u***KRAn ĴaS***I***LAn] [**10** ^c***a***FWAn HaL ***A***NTa FI Ḥ***A***ĴaTin ***I***LA SCH***a***Y'in ***Ā***CHaRa]

Wo gibt es Geschäfte (wo sie-ist-anzutreffen Geschäfte händlerische) in diesem Stadtviertel? 5

– Du nimmst die Straße vor dir und biegst (drehst) nach rechts ab [und] dann nach links, 6

dann kommst du an einen großen Platz, wo die Geschäfte (die-Geschäfte die-händlerische) sind, 7

deren Verkäufer Englisch sprechen. (welche er-kennt Verkäufer-ihre die-Sprache die-englische) 8

– Vielen Dank! (Dank erfüllend) 9

– Bitte sehr. Brauchst du sonst noch etwas anderes (du in Notwendigkeit zu Sache anderer)? 10

ANMERKUNGEN

⑦ تُوجَدُ [*TUĴaDu*] „es gibt (sie)" oder „sie ist anzutreffen" ist ein Passiv. Es steht in der 3. Pers. Sg. Fem., da es sich auf den Plural einer unbelebten Sache („Geschäfte") bezieht.

⑧ حَيّ [*ḤaYY*] bildet den inneren Plural أَحيَاءِ [*AḤYA'i*].

⑨ تَدُورُ [*TaDURu*] „du drehst (dich)" bzw. „du biegst ab": Das Verb hierzu, دَارَ [*DARa*], يَدُورُ [*YaDURu*], wird konjugiert wie قَالَ [*QALa*], يَقُولُ [*YaQULu*] und كَانَ [*KANa*], يَكُونُ [*YaKUNu*].

⑩ ٱلَّتِي [*ALLaTI*] „die, deren, welche"♀ verbindet einen Relativsatz mit einem vorhergehenden Satzteil. Es steht nur nach einem Nomen mit Artikel.

⑪ Mit Personalpronomensuffixen oder in Genitivverbindungen mit weiteren Nomen verliert der äußere Plural das ن **nun** am Ende: بَائِعُونَ [*BA'iᶜUNa*] + هَا [*-HA*] = بَائِعُوهَا [*BA'iᶜUHA*].

⑫ Vor der Verneinung لَا [*LA*] wird nicht هَلْ [*HaL*], sondern أ [*A*] benutzt.

⑬ إِلَى شَيْءٍ آخَرَ [*ILA SCHaY'in ĀCHaRa*] „etwas anderes" bzw. „zu etwas anderem": Das Adjektiv آخَر [*ĀCHaR*] ist diptotisch (zweiendig: ُ [-*u*]/ َ [-*a*]).

١١ – نَعَمْ! أُرِيدُ أَيْضاً شِرَاءَ صَحِيفَةٍ أَوْ مَجَلَّةٍ ⑭

١٢ – أَنْتَ أَجْنَبِيٌّ. سَوْفَ أُرَافِقُكَ ⑮

١٣ – مَمْنُونٌ!

AUSSPRACHE

[**11** *Na*ᶜ*aM URIDu AYḌAn SCHiRA'a ẖaḤIFa(Tin) AU MaĴaLLa(Tin)*] [**12** *ANTa AĴNaBiYY(un) ßaUFa URAFiQuK(a)*] [**13** *MaMNUN(un)*]

Übung 1: Verstehen Sie diese Sätze?

❶ أُعْذُرْنِي يَا سَيِّدِي! أَيْنَ ٱلْمَحَلاَّتُ ٱلتِّجَارِيَّةُ ٱلَّتِي يَتَكَلَّمُ بَائِعُوهَا ٱللُّغَةَ ٱلْعَرَبِيَّةَ؟

❷ تَأْخُذِينَ ٱلشَّارِعَ أَمَامَكِ وَتَدُورِينَ إِلَى ٱلْيَسَارِ–شُكْراً جَزِيلاً! – عَفْواً!

❸ لاَ تَتَكَلَّمُ ٱلْفَرَنْسِيَّةَ هُنَا لِأَنَّهَا أَصْعَبُ مِنَ ٱلْعَرَبِيَّةِ

❹ سَنَصِلُ إِلَى سَاحَةٍ صَغِيرَةٍ حَيْثُ يُوجَدُ مَكْتَبٌ لِلْبَرِيدِ

❺ نَسِيتُ ٱللُّغَةَ ٱلْفَرَنْسِيَّةَ ٱلَّتِي دَرَسْتُهَا قَبْلَ عَشْرِ سَنَوَاتٍ

Ja. Ich möchte auch (ich-möchte auch Kauf) eine Zeitung oder eine Zeitschrift kaufen. – **11**

Du bist fremd hier (Ausländer). Ich werde dich begleiten. – **12**

Danke (anerkennend)! – **13**

ANMERKUNGEN

أَوْ [*AU*] „oder“ verwendet man im Unterschied zu أَمْ [*AM*] „oder“ nur in einem Aussagesatz, nicht in einer Frage. ⑭

أَجْنَبِيّ [*AĴNaBiYY*] „Fremder, Ausländer“ hat die innere Pluralform أَجَانِب [*AĴANiB*]. ⑮

Lösung 1: Haben Sie verstanden?

Verzeihung, mein Herr! Wo sind die Geschäfte, deren Verkäufer Arabisch sprechen? ❶

Du♀ nimmst die Straße vor dir und biegst nach links ab. – Vielen Dank! – Bitte sehr! ❷

Du♂ sprichst hier nicht Französisch, weil es (weil-sie) schwieriger ist als Arabisch. ❸

Wir werden an einem kleinen Platz ankommen, wo es ein Postamt gibt. ❹

Ich habe Französisch, das ich vor zehn Jahren gelernt habe, vergessen. ❺

LEKTION 43

Übung 2: Setzen Sie die fehlenden Wörter ein!

Wir haben das Meiste (der-viel) von der englischen Sprache vergessen. ❶

نَسِينَا ٱلْكَثِيرَ مِنَ ٱللُّغَةِ ______

Ich möchte die Zeitung von heute kaufen (Kauf Zeitung der-Tag). ❷

______ شِرَاءَ صَحِيفَةِ ٱلْيَوْمِ

– Wir werden euch begleiten, weil ihr Ausländer seid. – Danke! ❸

– ______ نُرَافِقُكُمْ لِأَنَّكُمْ

أَجَانِبُ – ______ !

Leseübung

في الشّارع

١ – أعذرني يا سيّدي!

٢ هل تتكلّم اللّغة الفرنسيّة أم الإنكليزيّة؟

٣ – لا! درستهما في المدرسة، ولكنّي نسيت الكثير منهما

4 Benötigt ihr etwas (Sache)?

هَلْ أَنْتُمْ فِي ____ إِلَى شَيْءٍ؟

5 Ja, wir benötigen ein Geschäft (zu Geschäft händlerisch), in dem es Zeitungen [gibt].

نَعَمْ، نَحْنُ فِي حَاجَةٍ إِلَى مَحَلٍّ ____ فِيهِ صُحُفٌ

Übung 2: Setzen Sie die fehlenden Wörter ein!

1 ٱلْإِنْكِلِيزِيَّةِ [*AL-INKiLIS**i**YYaTi*] 2 أُرِيدُ [*UR**I**Du*]

3 سَوْفَ [*ß**a**UFa*] مَمْنُونُونَ [*MaMNUN**U**Na*]

4 حَاجَةٍ [*Ḥ**A**ĴaTin*] 5 تِجَارِيٍّ [*TiĴ**A**RiYYin*]

٤ – إذن، سوف أتكلّم بالعربيّة قليلاً

٥ أين توجد محلاّت تجاريّة في هذا الحيّ؟

٦ – تأخذ الشّارع أمامك وتدور إلى اليمين، ثمّ إلى اليسار

LEKTION 43

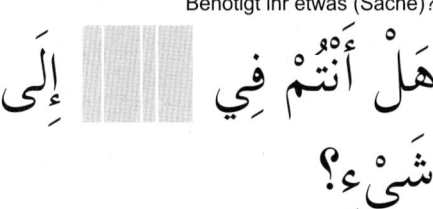

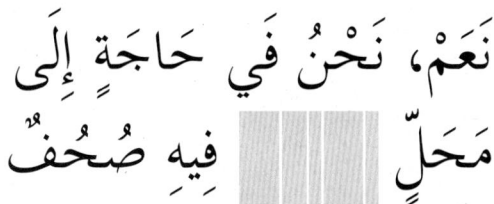

٧ فتصل إلى ساحة كبيرة حيث توجد المحلّات التّجاريّة

٨ الّتي يعرف بائعوها اللّغة الإنكليزيّة

٩ – شكراً جزيلاً!

١٠ – عفواً! هل أنت في حاجة إلى شيء آخر؟

١١ – نعم! أريد أيضاً شراء صحيفة أو مجلّة

١٢ – أنت أجنبيّ، سوف أرافقك

١٣ – ممنون!

إِنَّمَا ٱلرِّجَالُ بِٱلْأَعْمَالِ

„An deinen Taten wird man dich messen."
(sicher die-Menschen mit-die-Arbeiten)
[*INNaMA AR-RiĴ**A**Lu BiL-AᶜM**A**L(i)*]

„Zur Höflichkeit gehört auch das Beherrschen gewisser Mimik und Gestik. Als erste Regel für höfliches Benehmen gilt, dass beide Geschlechter – Frauen und Männer – auf der Straße idealerweise den Blick senken. Da das beispielsweise im Straßengewühl Kairos nicht möglich ist, sollte man Mitgliedern des anderen Geschlechts nicht direkt in die Augen schauen, sondern ihre Intimsphäre achten." (aus *Kultur-Schock Ägypten*, Reise Know-How Verlag)

Bestimmt haben Sie sich schon an die Arbeitsweise der „Zweiten Welle" gewöhnt, und das selbstständige Formulieren der ersten Lektionstexte auf Arabisch bereitet Ihnen sicher auch keine größeren Schwierigkeiten mehr. Hören Sie sich ruhig immer wieder die Tonaufnahmen der ersten Lektionen an. Jetzt, wo Sie mehr verstehen, haben Sie ein noch besseres Ohr für den arabischen Tonfall.

أَلْقِسْمُ ٱلثَّانِي: أُنْظُرْ مَرَّةً ثَانِيَّةً إِلَى ٱلدَّرْسِ ٱلثَّامِنِ

[*AL-QißMu (A)fß-fß**A**NI **U**NṢuR M**a**RRa(Tan) fßAN**i**YYa(Tan) **I**LA AD-D**a**Rßi (A)fß-fß**A**MiNi*]

٤٤ أَلدَّرْسُ ٱلرَّابِعُ وَٱلْأَرْبَعُونَ

بِنْتَا ٱلْمُحَامِي ①

١ – أَهْلاً بِكَ! كَيْفَ ٱلْعَائِلَةُ؟ ②

٢ – كُلُّهُمْ بِخَيْرٍ، أَلْحَمْدُ لِلّٰهِ! وَأَنْتَ، مَا أَخْبَارُكَ؟ ③

٣ مَا رَأَيْتُكَ مُنْذُ زَمَنٍ طَوِيلٍ

٤ – حَصَلَ إِبْنَايَ عَلَى شَهَادَةٍ عُلْيَا فِي ٱلطِّبِّ ④⑤

AUSSPRACHE

[*AD-DaRßu (A)R-RABi^{c}(u) Wa-(A)L-ARBa^{c}Un(a)*] [*BiNTA AL-MuḤAMI*] [**1** *AHLAn Bi-K(a) KaYFa (A)L-^{c}A'iLa(Tu)*] [**2** *KuLLuHuM Bi-CHaYR(in) AL-ḤaMDu Li-LlaH(i) Wa-ANTa MA ACHBARuK(a)*] [**3** *MA RA'aYTuKa MuNfsu SaMaNin ṬaWIL(in)*] [**4** *ḤaẞaLa IBNAYa ^{c}aLA SCHaHADaTin ^{c}uLYA FI (A)Ṭ-ṬiBB(i)*]

44. Lektion

Die beiden Töchter des Anwalts

Sei willkommen (mit-dir)♂! Wie [geht es] der Familie? – 1

Allen [geht es] gut, Gott sei Dank! Und bei dir, was gibt – 2
es Neues? (und-du was Neuigkeiten-deine)

Ich habe dich♂ schon seit langer Zeit nicht [mehr] 3
gesehen. (nicht sah-ich-dich seit Zeit lang)

Meine beiden Söhne haben ihr Hochschuldiplom in – 4
Medizin bekommen, (bekam-er Söhne-zwei-meine auf
Diplom höchste in der-Medizin)

ANMERKUNGEN

① Wie der äußere Plural verliert auch der Dual mit einem Personalpronomensuffix oder in einer Genitivverbindung mit einem weiteren Nomen das ن **nun** am Ende: بِنْتَانِ [*BiNTANi*] + اَلْمُحَامِي [*AL-MuḤAMI*] = بِنْتَا ٱلْمُحَامِي [*BiNTA AL-MuḤAMI*].

② Man erkundigt sich immer nach dem Befinden der Familie des Gesprächspartners. Als Frau erkundigen Sie sich jedoch nicht nach dem Ehemann Ihrer Freundin, als Mann nicht nach der Frau Ihres Freundes.

③ Man fragt كَيْفَ حَالُكَ؟ [*KaYFa ḤALuKa*] „Wie geht es dir?" oder مَا أَخْبَارُكَ؟ [*MA ACHBARuKa*] „Was gibt es Neues?"; so erkundigt man sich indirekt nach dem Befinden des anderen.

④ إِبْنَايَ [*IBNAYa*]: Da hier das Wort ي [*-I*] „meine" an ا **alif** angehängt wird, verändert dieses sich zu يَ [*-Ya*].

⑤ عُلْيَا [*^cuLYA*] „höhere, die höchste": weibliche Form des Komparativs bzw. Elativs von عَالٍ [*^cALin*] „hoch"; أَعْلَى [*A^cLA*] ist die männliche.

LEKTION 44

٥ وَسَوْفَ يَتَزَوَّجَانِ بِنْتَيِ ٱلْمُحَامِي ٱلْمَشْهُورِ ٱلسَّيِّدِ عَبْدِ ٱلْحَمِيدِ ٱلْمَنْصُورِيِّ ⑥

٦ وَهُمَا مُحَامِيَتَانِ

٧ – مَبْرُوكٌ! سَيَكُونُ لِٱبْنَيْكَ عُرْسَانِ جَمِيلَانِ فِي آنٍ وَاحِدٍ ⑦⑧

٨ وَكَأَنَّكَ ضَرَبْتَ عُصْفُورَيْنِ بِحَجَرٍ وَاحِدٍ

٩ ضَحِكَ ٱلصَّدِيقَانِ وَذَهَبَا ⑨

١٠ قَائِلَيْنِ بَعْضُهُمَا لِلْبَعْضِ: ⑩⑪

١١ «إِلَى ٱللِّقَاءِ!»

AUSSPRACHE

[**5** *Wa-ßaUFa YaTaSaWWaĴANi BiNTaY-i (A)L-MuḤAMI (A)L-MaSCHHUR(i) Aß-ßaYYID(i) ᶜaBDi (A)L-ḤaMIDi (A)L-MaNß̲URiYY(i)*] [**6** *Wa-HuMA MuḤAMiYaTANi*] [**7** *MaBRUK(un) ßa-YaKUNu Li-IB-NaYKa ᶜuRßANi ĴaMILANi FI ĀNin WAḤiD(in)*] [**8** *Wa-Ka-'ANNaKa ḌaRaBTa ᶜuß̲FURaYNi Bi-ḤaĴaRin WAḤiD(in)*] [**9** *ḌaḤiKa (A)ß̲-ß̲aDI-QANi Wa-fsaHaBA*] [**10** *QA'iLaYNi BaᶜḌuHuMA LiL-BaᶜḌ(i)*] [**11** *ILA (A)L-LiQA'(i)*]

und sie werden die beiden Töchter des berühmten 5
Anwalts Herrn Abdul Hamid Al-Mansuri heiraten,
[die] (und-sie) beide Anwältinnen sind. 6
Glückwunsch! Das werden für deine beiden Söhne – 7
gleichzeitig zwei schöne Hochzeiten [sein] (in Moment
einziger);
und so (und-dir-dass-dir) hast du zwei Fliegen 8
mit einer Klappe (zwei Vögel mit-Stein einziger)
geschlagen.
Die beiden Freunde haben gelacht und sind 9
[auseinander] gegangen (gingen beide),
[wobei] sie zueinander gesagt haben: 10
(sagend-beide etwas-beide für-der-etwas)
„Auf Wiedersehen (zu der-Treffen)!“ 11

ANMERKUNGEN

يَتَزَوَّجَانِ [*YaTaSaWWaĴANi*] „sie♂ beide heiraten“: 3. Pers. Pl. ⑥
von تَزَوَّجَ [*TaSaWWaĴa*], يَتَزَوَّجُ [*YaTaSaWWaĴu*] „heiraten“ (V. Stamm).

لِإِبْنَيْكَ [*Li-IBNaYKa*]: Das erste **kasra** unter لِا **lam alif** gehört ⑦
zu ـلِـ [*Li-*], das zweite **kasra** zu إِ **alif hamsa**.

Die zwei Dualendungen ـَـانِ [*-ANi*] und ـَـيْنِ [*-aYNi*] können ⑧
auch an Adjektive angefügt werden: عُرْسَانِ جَمِيلَانِ [*ᶜuRßANi ĴaMILANi*] „zwei schöne Hochzeiten“.

Der Dual der 3. Pers. Mask. endet auf ا **alif**, das an die ent- ⑨
sprechende Singularform angefügt wird: ذَهَبَ [*fsaHaBa*] „er ist gegangen“ → ذَهَبَا [*fsaHaBA*] „sie beide sind gegangen“.

قَائِل [*QA'iL*] „sagend“: Aktiv-Partizip von قَالَ [*QALa*], يَقُولُ ⑩
[*YaQULu*] „sagen“. Auch Partizipien können Dualendungen erhalten: قَائِلَيْنِ [*QA'iLaYNi*].

بَعْضُهُمَا لِلْبَعْضِ [*BaᶜḌuHuMA LiL-BaᶜḌi*] „zueinander, einer (der ⑪
beiden) zum anderen“ muss an Person und Genus angepasst werden. Steht das Adverb بَعْض [*BaᶜḌ*] „etwas“ vor einem Nomen im Plural, hat es die Bedeutung „einige“.

Übung 1: Verstehen Sie diese Sätze?

1 تَزَوَّجَتْ أُخْتَايَ إِبْنَيِ ٱلسَّيِّدِ ٱلْمَنْصُورِيِّ

2 يُعْطِي ٱلشَّابَّانِ ٱلْمُحَامِيَتَيْنِ هَدِيَّتَيْنِ نَفِيسَتَيْنِ

3 سَيَكُونُ لِبِنْتَيْ صَدِيقِكَ عُرْسَانِ جَمِيلَانِ فِي قَرْيَتِهِ

4 ضَحِكَتِ ٱلْمُحَامِيَتَانِ ثُمَّ ذَهَبَتَا قَائِلَتَيْنِ: «إِلَى ٱللِّقَاءِ!»

5 مَتَى (يَكُونُ) ٱلْعُرْسَانِ؟- بَعْدَ خَمْسَةِ شُهُورٍ

Übung 2: Setzen Sie die fehlenden Wörter ein!

1 – Wie [geht es] deiner Familie?
– Gott sei Dank! Allen [geht es] gut.

– كَيْفَ ______ ؟

– أَلْحَمْدُ لِلّٰهِ! ______ بِخَيْرٍ

Lösung 1: Haben Sie verstanden?

1. Meine beiden Schwestern haben die beiden Söhne des Herrn Al-Mansuri geheiratet.
2. Die zwei Jugendlichen geben den beiden Anwältinnen zwei wertvolle Geschenke.
3. Es wird (er-wird-sein) für die beiden Töchter deines Freundes zwei schöne Hochzeiten in seinem Dorf geben.
4. Die beiden Anwältinnen haben gelacht, dann sind sie [auseinander] gegangen und haben gesagt (sagende-beide): „Auf Wiedersehen!".
5. – Wann werden die beiden Hochzeiten sein?
– In (nach) fünf Monaten.

2. – Was gibt es Neues bei euch (was Neuigkeiten-eure)?
– Es geht uns allen gut, (und) Gott sei Dank!

– مَا أَخْبَارُكُمْ؟

– كُلُّنَا ______ وَ ٱلْحَمْدُ لِلّٰهِ!

3. Sie haben beide ihr Hochschuldiplom (Diplom höchste) in Medizin bekommen.

حَصَلاَ عَلَى شَهَادَةٍ عُلْيَا فِي

______

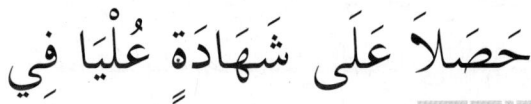

4 Sie haben beide ihre Cousinen lange nicht gesehen (Töchter Onkel-ihrer seit Zeit lang).

مَا رَأَيَا بَنَاتِ عَمِّهِمَا مُنْذُ زَمَنٍ

5 Die zwei Freunde haben dies gesagt, und sie haben gelacht.

قَالَ ذَلِكَ

وَ ضَحِكَا

Leseübung

بنتا المحامي

١ – أهلاً بك! كيف العائلة؟

٢ – كلّهم بخير، ألحمد لله! وأنت، ما أخباركَ؟

٣ ما رأيتك منذ زمن طويل

٤ – حصل إبناي على شهادة عليا في الطّبّ

٥ وسوف يتزوّجان بنتي المحامي المشهور السّيّد عبد الحميد المنصوريّ

Lösung 2: Die fehlenden Wörter.

❶ عَائِلَتُكَ [ᶜA'iLaTuKa] كُلُّهُمْ [KuLLuHuM]

❷ بِخَيْرٍ [Bi-CHaYRin] ❸ ٱلطِّبِّ [AṬ-ṬiBBi]

❹ طَوِيلٍ [ṬaWILin] ❺ ٱلصَّدِيقَانِ [Aß-ßaDIQANi]

٦ وهما محاميتان

٧ – مبروك! سيكون لإبنيك عرسان جميلان
في آن واحد

٨ وكأنّك ضربت عصفورين بحجر واحد

٩ ضحك الصّديقان وذهبا

١٠ قائلين بعضهما للبعض:

١١ «إلى اللّقاء!»

أَلْقِسْمُ ٱلثَّانِي: أُنْظُرْ مَرَّةً ثَانِيَّةً إِلَى ٱلدَّرْسِ ٱلتَّاسِعِ
[AL-QißMu (A)fß-fßANI UNṢuR MaRRa(Tan) fßANiYYa(Tan) ILA AD-DaRßi (A)T-TAßiᶜi]

In dieser und der nächsten Lektion werden Sie viel neues Vokabular kennen lernen, denn wir erzählen von der marokkanischen Stadt Marrakesch und ihren Sehenswürdigkeiten. Sie brauchen sich all diese neuen Wörter nicht sofort zu merken. Lesen Sie

٤٥ أَلدَّرْسُ ٱلْخَامِسُ وَٱلْأَرْبَعُون

جَامِعُ ٱلْفَنَاءِ فِي مُرَّاكُش

١ مُنْذُ ٱلصَّبَاحِ، يَتَجَمَّعُ ٱلنَّاسُ ①

٢ لِلتَّفَرُّجِ عَلَى أَنْوَاعٍ مُخْتَلِفَةٍ مِنَ ٱلنَّشَاطَاتِ

٣ – تَعَالَ! سَنُشَاهِدُ ٱلْحُوَاةَ! ②③④

AUSSPRACHE

[AD-DaRßu (A)L-CHAMißu Wa-(A)L-ARBaᶜUn(a)] [ĴAMi ᶜu (A)L-FaNA'(i) FI MuRRAKuSCH] [1 MuNfsu (A)ß-ßaBAḤ(i) YaTaĴaMMaᶜu (A)N-NAß(u)] [2 LiT-TaFaRRuĴi ᶜaLA ANWAᶜin MuCHTaLiFa(Tin) MiN-a (A)N-NaSCHAṬAT(i)] [3 TaᶜALa ßa-NuSCHAHiDu (A)L-ḤuWAT(a)]

diejenigen, die Sie für interessant halten, einfach einige Male. Ihr Augenmerk sollte dagegen auf den neuen Verbformen liegen. Versuchen Sie, deren Bildung und Konjugation zunächst in Ansätzen nachzuvollziehen.

45. Lektion

Der Djemaa el Fna [-Platz] in Marrakesch

Seit dem Morgen versammeln sich (er-versammelt-sich) die Leute, 1

um alle verschiedenen Arten von Aktivitäten zu bestaunen (für-der-Betrachtung auf Arten verschiedene von die-Aktivitäten) 2

Komm! Lass uns den Schlangenbeschwörern – zusehen! (werden-wir-sehen-zu die-Schlangenbeschwörer) 3

ANMERKUNGEN

① يَتَجَمَّعُ [*YaTaĴ***a***MMa^cu*] von تَجَمَّعَ [*TaĴ***a***MMa^ca*] „sich versammeln“: Dieser V. Ableitungsstamm mit den Wurzelkonsonanten *Ĵ-M-^c* ist die reflexive (rückbezüglich) Form zum II. Stamm: جَمَّعَ [*Ĵ***a***MMa^ca*] „versammeln“.

② تَعَالَ [*Ta^c***A***La*] „komm! ♂“ ist eine unregelmäßige Imperativform.

③ نُشَاهِدُ [*NuSCH***A***HiDu*] „wir sehen zu“ ist der III. Ableitungsstamm von شَهِدَ [*SCH***a***HiDa*], يَشْهَدُ [*Y***a***SCHHaDu*] „bezeugen, erfahren, sehen“.

④ حَاوِي [*Ḥ***A***WI*] „Schlangenbeschwörer“ hat den Plural حُوَاة [*ḤuWA***T**].

٤ – إِسْمَعْ كَلَامَ هَذَا ٱلرَّجُلِ: ⑤⑥

٥ – أَيُّهَا ٱلسَّادَةُ! عِنْدِي لَكُمْ إِكْسِيرٌ رَائِعٌ ⑦⑧

٦ تَشْرَبُونَهُ وَتَرْفَعُونَ ٱلْجِبَالَ بَعْدَ شُرْبِهِ! ⑨

٧ يَا سَيِّدَاتِي! هَذَا دُهْنٌ مُعْجِزٌ

٨ سَيَعُودُ إِلَيْكُنَّ بِوَاسِطَتِهِ ٱلشَّبَابُ! ⑩

٩ – أُنْظُرْ إِلَى هَذَا ٱلرَّجُلِ كَيْفَ يُرَقِّصُ هَذَا ٱلْقِرْدَ ٱلصَّغِيرَ! ⑪⑫

AUSSPRACHE

[4 *IßMa^c KaLAMa HafsA (A)R-RaĴuL(i)*] [5 *AYYuHA (A)ß-ßADa(Tu) ^ciNDI LaKuM IKßIRun RA'i^c(un)*] [6 *TaSCHRaBUNaHu Wa-TaRFa^cUna (A)L-ĴiBAL(a) Ba^cDa SCHuRBiHi*] [7 *YA ßaYYiDATI HafsA DuHNun Mu^cĴiS(un)*] [8 *ßa-Ya^cUDu ILaYKuNNa Bi-WAßiṬaTiHi (A)SCH-SCHaBAB(u)*] [9 *UNṢuR ILA HafsA (A)R-RaĴuL(i) KaYFa YuRaQQiß̱u HafsA (A)L-QiRDa (A)ß̱-ß̱aṘIR(a)*]

ANMERKUNGEN

Den Imperativ Sg. إِسْمَعْ [*IßMa^c*] von سَمِعَ [*ßaMi^ca*], يَسْمَعُ [*Yaß-Ma^cu*] „(zu)hören" bildet man ausgehend vom UA, indem man يَـ [*Ya-*] durch إ **alif hamsa** mit **kasra** [*i*] ersetzt. Der letzte Konsonant trägt ein **ßukun**. ⑤

كَلَام [*KaLAM*] „Rede": Die Wurzelkonsonanten *K-L-M* kennen Sie bereits aus تَكَلَّمَ [*TaKaLLaMa*] „sprechen" oder كَلِمَة [*KaLiMaT*] „Wort". ⑥

Hör zu, was dieser Mann sagt: – 4
(hör zu♂ Rede dieser der-Mann)
(Oh) [meine] Herren! Ich habe (bei-mir) für euch ein – 5
außergewöhnliches Elixier;
Ihr trinkt es, und danach hebt ihr die Berge hoch! 6
(und ihr-hebt die-Berge nach Trinken-sein)
Meine Damen! Dies ist eine wundersame Creme, 7
durch sie kommt die Jugend zu euch zurück! (wird-er- 8
zurückkommt zu-euch mit-Mittel-sein die-Jugend)
Schau dir diesen Mann an (schau zu dieser der- – 9
Mann), wie er diesen kleinen Affen zum Tanzen bringt.

ANMERKUNGEN

أَيُّهَا [***A**YYuHA*] „oh" wird wie يَا [*YA*] als Anredepartikel verwendet, ist aber formeller und nachdrücklicher, und kann vor Nomen im Singular oder Plural stehen. ⑦

سَيِّد [*ß**a**YYiD*] bildet den inneren Plural سَادَة [*ß**A**DaT*] „Herren". Obwohl es mit ة **ta marbuṭa** geschrieben wird, ist es männlich. ⑧

تَـ ... ـونَ [*Ta-...-UNa*]: 2. Pers. Pl. „ihr" im UA: تَشْرَبُونَ [*Ta-SCHRaB**U**Na*] „ihr trinkt" von شَرِبَ [*SCH**a**RiBa*] „trinken", تَرْفَعُونَ [*TaRFa^c^**U**na*] „ihr hebt hoch" von رَفَعَ [*R**a**Fa^c^a*] „hochheben". ⑨

ـكُنَّ [*-KuNNa*] ist das angehängte Personal- und Possessivpronomen der 2. Pers. Pl. Fem.: „euch, euer". ⑩

Die Befehlsform أُنْظُرْ [***U**NṢuR*] gehört zu einem Verb, dessen 2. Vokal im UA ein [*u*] ist: يَنْظُرُ [*Y**a**NṢuRu*]. Hier ersetzt man يَـ [*Ya-*] durch ا **alif hamsa** mit ُ **ḍamma** [*u*], der letzte Konsonant trägt ein **ßukun**. ⑪

رَقَّصَ [*R**a**QQa<u>ß</u>a*], يُرَقِّصُ [*YuR**a**QQi<u>ß</u>u*] „zum Tanzen bringen, tanzen lassen" ist der II. Ableitungsstamm von رَقَصَ [*R**a**Qa<u>ß</u>a*], يَرْقُصُ [*Y**a**RQu<u>ß</u>u*] „tanzen". ⑫

١٠ أَعْطِ ٱلْقِرْدَ قُبْلَةً سَتَكُونُ مَحْظُوظاً! ⑬

AUSSPRACHE

[**10** ***A****c**Ṭi* *(A)L-Q**i**RDa Q**u**BLa(Tan) ßa-TaK**U**Nu MaḤṢ**U**ṢAn*]

Übung 1: Verstehen Sie diese Sätze?

❶ مُنْذُ ٱلصَّبَاحِ، يَذْهَبُ ٱلنَّاسُ إِلَى ٱلسَّاحَةِ ٱلْكُبْرَى وَيَتَجَمَّعُونَ فِي وَسَطِهَا

❷ هُنَا ٱلْكَثِيرُ مِنَ ٱلنَّشَاطَاتِ ٱلْمُخْتَلِفَةِ ٱلَّتِي لاَ نَجِدُهَا فِي أَمَاكِنَ أُخْرَى

❸ هَذِهِ مَدِينَةُ مُرَّاكُش ٱلَّتِي سَاحَتُهَا مَشْهُورَةٌ جِدّاً

Übung 2: Setzen Sie die fehlenden Wörter ein!

❶ (Oh) Zayd! Hör zu (hör Rede), was dieser Verkäufer für Süßigkeiten sagt.

يَا زَيْدُ! إِسْمَعْ كَلاَمَ هَذَا ______ لِلْحَلْوَى

Gib dem Affen einen Kuss, und du wirst Glück haben (du-wirst-sein glücklich)! **10**

ANMERKUNGEN

سَتَكُونُ [*ßa-TaKUNu*] „du♂ wirst sein" hat die gleiche Bedeutung ⑬
wie تَكُونُ [*TaKUNu*]. Sie wissen auch, dass كَانَ [*KANa*] „sein" im UA vor allem mit Futurbedeutung verwendet wird.

أُنْظُرْ، يَا عُثْمَان، إِلَى هَذَا ٱلْإِكْسِيرِ: تَشْرَبُهُ ④
وَتَرْفَعُ بِوَاسِطَتِهِ ٱلْجِبَالَ!

يَذْهَبُونَ إِلَى جَامِعِ ٱلْفَنَاءِ وَيَتَفَرَّجُونَ عَلَى ⑤
ٱلنَّشَاطَاتِ كُلِّهَا مِنَ ٱلصُّبْحِ إِلَى ٱلْمَسَاءِ

Lösung 1: Haben Sie verstanden?

Seit dem Morgen gehen die Leute zum großen (größten) Platz und versammeln sich in seiner Mitte. ❶

Hier gibt es eine Vielzahl von verschiedenen Aktivitäten, die wir an anderen Orten nicht finden. ❷

Diese Stadt ist Marrakesch, deren [Haupt-] Platz sehr berühmt ist. ❸

Schau dir dieses Elixier an, (oh) Osman: Du♂ trinkst davon (du-trinkst-er), und dadurch (mit Mittel-sein) hebst du die Berge hoch! ❹

Sie♂ gehen auf den Djemaa el Fna [-Platz] und bestaunen (Aktivitäten alle-sie) von morgens bis abends alle Aktivitäten. ❺

(Oh) meine Damen! Durch diese wundersame Creme kommt die Jugend zu euch zurück. ❷

يَا سَيِّدَاتِي! سَيَعُودُ إِلَيْكُنَّ ٱلشَّبَابُ بِوَاسِطَةِ هَذَا ٱلدُّهْنِ ___

– (Oh) Hassan! Sieh dir diesen Schlangenbeschwörer an! – Nein, ich möchte nicht! ❸

يَا حَسَنُ! أُنْظُرْ إِلَى هَذَا ٱلْحَاوِي! – لَا، ___ ___!

Leseübung

جامع الفناء في مرّاكش

١ منذ الصّباح، يتجمّع النّاس

٢ للتّفرّج على أنواع مختلفة من النّشاطات

٣ – تعال سنشاهد الحواة!

٤ – إسمع كلام هذا الرّجل:

٥ – أيّها السّادة! عندي لكم إكسير رائع

٦ تشربونه وترفعون الجبال بعد شربه!

(Oh) Zayd! Gib mir einen Kuss, und gib ihr auch einen Kuss. ❹

يَا زَيْدُ! أَعْطِنِي قُبْلَةً وَ
قُبْلَةً أَيْضاً

Ich habe etwas für dich♀ (bei-mir für-dich Sache), durch das du Glück haben wirst (du-wirst-sein mit-Mittel-sein glücklich). ❺

عِنْدِي لَكِ شَيْءٌ سَتَكُونِينَ
بِوَاسِطَتِهِ

Lösung 2: Die fehlenden Wörter.

❶ ٱلْبَائِع [AL-BA'ici] ❷ ٱلْمُعْجِز [AL-MucĴiSi]

❸ لاَ أُرِيدُ [LA URIDu] ❹ أَعطِهَا [AcṬiHA]

❺ مَحْظُوظَةً [MaḤṢUṢaTan]

٧ يا سيّداتي! هذا دهن معجز

٨ سيعود إليكنّ بواسطته الشّباب

٩ – أنظر إلى هذا الرّجل كيف يرقّص هذا القرد الصّغير!

١٠ أعط القرد قبلة ستكون محظوظاً!

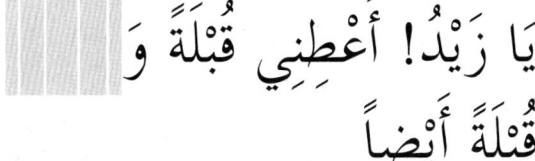

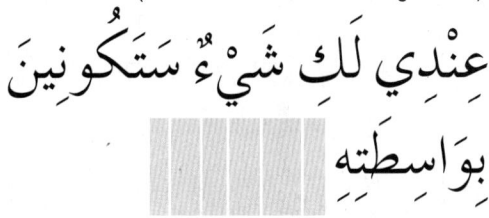

Marrakesch

Marrakesch – auch bekannt als „Perle des Südens" oder أَلْحَمْرَاء [AL-ḤaMRA'] „die Rote" – ist eine Großstadt im Südwesten Marokkos am Fuße des Hohen Atlas. Sie hat knapp 1 Mio. Einwohner und wurde 1062 von den Almoraviden, einer äußerst mächtigen Berberdynastie, gegründet. Sie war mehrmals die Hauptstadt verschiedener islamischer Großreiche, die weite Teile Nordwestafrikas und Andalusiens beherrschten. Der Name مُرَّاكُش [MuRRAKuSCH] dürfte aus der Berbersprache stammen und „Land Gottes" heißen. Zu den bedeutendsten Sehenswürdigkeiten der Stadt gehört der جَامِعُ ٱلْفَنَاء [ĴAMi^cu AL-FaNA'i] „Djemaa el Fna", der „Platz der Geköpften", der im Mittelalter

٤٦ أَلدَّرْسُ ٱلسَّادِسُ وَٱلْأَرْبَعُون

مُرَّاكُش (تَابِعُ ٱلنَّصِّ) ①

١	مُنْذُ ٱلْفَجْرِ وَحَتَّى مُنْتَصَفِ ٱللَّيْلِ
٢	يَبْقَى ٱلنَّشَاطُ مُسْتَمِرّاً ②③

AUSSPRACHE

[AD-DaRßu (A)ß-ßADiß(u) Wa-(A)L-ARBa^cUn(a)] [MuRRAKuSCH TABi^cu (A)N-Naßß(i)] [1 MuNfsu (A)L-FaĴR(i) Wa-ḤaTTA MuNTaßaFi (A)L-LaYL(i)] [2 YaBQA (A)N-NaSCHAṬu MußTaMiRRAn]

ANMERKUNGEN

① تَابِع [TABi^c] „Fortsetzung, Folge" ist das Aktiv-Partizip von تَبِعَ [TaBi^ca], يَتْبَعُ [YaTBa^cu] „folgen". Partizipien haben oftmals zusätzlich die Bedeutung eines Nomens.

Markt- und Henkersplatz war und auf dem heute Gaukler, orientalische Geschichtenerzähler und Schlangenbeschwörer Touristen als auch Einheimische gleichermaßen unterhalten.

لِكُلِّ دَاءٍ دَوَاءٌ

„Gegen alles ist ein Kraut gewachsen."
(für-alle Krankheit Medizin)
[*Li-K**u**LLi D**A**'in DaW**A**'un*]

أَلْقِسْمُ ٱلثَّانِي: أُنْظُرْ مَرَّةً ثَانِيَّةً إِلَى ٱلدَّرْسِ ٱلْعَاشِرِ

[*AL-Q**i**ßMu (A)fß-fß**A**NI* ***U**NṢuR M**a**RRa(Tan) fßAN**i**YYa(Tan) **I**LA AD-D**a**RßI (A)L-ᶜ**A**SCHiRi*]

46. Lektion

Marrakesch (Fortsetzung des Textes)

Von der Morgendämmerung bis tief in die Nacht (und-bis Mitte der-Nacht) **1**

geht das Treiben weiter, (er-bleibt der-Aktivität andauernd) **2**

ANMERKUNGEN

② يَبْقَى [*Y**a**BQA*] ist der UA von بَقِيَ [*B**a**QiYa*] „bleiben". Das Verb wird wie لَقِيَ [*L**a**QiYa*], يَلْقَى [*Y**a**LQA*] „treffen" und نَسِيَ [*N**a**ßiYa*], يَنْسَى [*Y**a**NßA*] „vergessen" konjugiert.

③ Nach يَبْقَى [*Y**a**BQA*] wie nach كَانَ [*K**A**Na*] steht das Adjektiv, hier مُسْتَمِرّ [*MußT**a**MiRR*] „andauernd, anhaltend", immer im Akkusativ.

LEKTION 46

٣ فِي هَذِهِ ٱلسَّاحَةِ ٱلْمَشْهُورَةِ عَالَمِيّاً

٤ حَيْثُ يُمْكِنُ شُرْبُ شَايٍ بِٱلنَّعْنَاعِ ④

٥ وَعَصِيرِ بُرْتُقَالٍ مُثَلَّجٍ

٦ وَكَذَلِكَ أَكْلُ لَوْزٍ وَفُسْتُقٍ مُحَمَّصٍ ⑤

٧ وَبِٱلْقُرْبِ مِنْ صَوْمَعَةِ ٱلْكُتُبِيَّةِ، فِي ضَوْءِ سِرَاجٍ، ⑥

٨ يُوجَدُ قَاصٌّ يَحْكِي لِلْجُمْهُورِ حِكَايَاتٍ مُشَوِّقَةً ⑦

٩ بَعْضُهَا مِنْ قِصَصِ أَلْفِ لَيْلَةٍ وَلَيْلَةٍ ⑧⑨

AUSSPRACHE

[**3** *FI HafsiHi (A)ß-ßAḤaTi (A)L-MaSCHHURa(Ti)* ^{c}*ALaMiYYAn*] [**4** *ḤaYfßu YuMKiNu SCHuRBu SCHAY(in) Bi-(A)N-Na*^{c}*NA*^{c}*(i)*] [**5** *Wa-*^{c}*aßIRi BuRTuQAL(in) MufßaLLaĴ(in)*] [**6** *Wa-Ka-fsaLiKa AKLu LaUS(in) Wa-FußTuQ(in) MuḤaMMaß(in)*] [**7** *Wa-Bi-AL-QuRBi MiN ßaUMa*^{c}*aTi (A)L-KuTuBiYYa(Ti) FI ḌaU'i ßiRAĴ(in)*] [**8** *YUĴaDu Qaßß(un) YaḤKI LiL-ĴuMHUR(i) ḤiKAYATin MuSCHaWWiQa(Tan)*] [**9** *Ba*^{c}*ḌuHA MiN Qißaßi ALFi LaYLa(Tin) Wa-LaYLa(Tin)*] auf diesem weltberühmten Platz, (in dieser die-Platz die-berühmte weltweit) 3

wo es möglich ist (wo er-ist-möglich Trinken), Tee mit Minze zu trinken 4

und eisgekühlten Orangensaft (Saft der Orange eisgekühlt) 5

und auch zum (und-wie-jener) Essen [gibt es] Mandeln und geröstete Pistazien. 6

Und in der Nähe des (mit-der-Nähe von) Koutoubia-Minaretts, im Lichtschein einer Fackel, 7

befindet sich (ist-anzutreffen-er) ein Märchenerzähler, [der] dem (für-) Publikum spannende Geschichten erzählt, 8

einige davon (einige-sie) aus den Märchen „Tausend und eine Nacht“ (tausend Nacht und-Nacht). 9

ANMERKUNGEN

يُمْكِنُ [*Yu**M**KiNu*] „es (er) ist möglich“ ist ein Verb des IV. Stamms. Merken Sie es sich vorerst nur in Verbindung mit einem Verbalnomen (**maßdar**). ④

مُحَمَّص [*MuḤ**a**MMaß*] „geröstet“ ist das Passiv-Partizip eines Verbs des II. Stamms: حَمَّصَ [*Ḥ**a**MMaßa*], يُحَمِّصُ [*YuḤ**a**MMißu*] „rösten, braten“. ⑤

بِٱلْقُرْبِ مِنْ [*Bi-AL-Q**u**RBi MiN*] „in der Nähe von“ ist ein Synonym für قَرِيباً مِنْ [*QaR**I**BAn MiN*] „nahe von“. ⑥

يَحْكِي [*Y**a**ḤKI*] ist der UA des unregelmäßigen Verbs حَكَى [*Ḥ**a**KA*] „erzählen“. Beachten Sie immer beide Aspektformen. ⑦

قِصَّة [*Q**i**ßßaT*] bildet den inneren Plural قِصَص [*Q**i**ßaß*] „Märchen“. Vgl. auch قَاصّ [*Q**A**ßß*] „Märchenerzähler“. ⑧

أَلْفُ [***A**LFu*] „Tausend“, hier أَلْفِ [***A**LFi*], steht durch die Verbindung mit قِصَص [*Q**i**ßaß*] im Genitiv. Auf أَلْف [*ALF*] folgt ein Nomen im Singular und im Genitiv. ⑨

LEKTION 46

١٠ وَهَكَذَا، بَعْدَ غُرُوبِ ٱلشَّمْسِ، يَنْزِلُ ٱللَّيْلُ
شَيْئاً فَشَيْئاً ⑩

١١ فَوْقَ ذَلِكَ ٱلمَكَانِ ٱلَّذِي يَسْحَرُ ٱلْعُيُونَ
وَٱلْقُلُوبَ ⑪⑫

AUSSPRACHE

[**10** *Wa-HaKafsA Ba^cDa ṘuRUBi (A)SCH-SCHaMß(i) YaNSiLu (A)L-LaYL(u) SCHaY'An Fa-SCHaY'An*] [**11** *FaUQa fsaLiKa (A)L-MaKANi (A)LLafsI Yaß Ḥ aRu (A)L-^cuYUNa Wa-(A)L-QuLUB(a)*]

Übung 1: Verstehen Sie diese Sätze?

1 يَبْقَى ٱلنَّشَاطُ مُسْتَمِرّاً مُنْذُ ٱلْفَجْرِ إِلَى ٱللَّيْلِ

2 يَا حَسَنُ! تَعَالَ! سَنُشَاهِدُ هَذَا ٱلْقِرْدَ ٱلصَّغِيرَ
ٱلَّذِي يُرَقِّصُهُ ذَلِكَ ٱلرَّجُلُ!

3 فِي ضَوْءِ سِرَاجٍ يُمْكِنُ ٱلنَّظَرُ إِلَى رَجُلٍ كَبِيرِ
ٱلسِّنِّ يَتَكَلَّمُ أَمَامَ ٱلْجُمْهُورِ

4 سَنَسْمَعُ هَذَا ٱلْقَاصَّ ٱلَّذِي يَحْكِي حِكَايَةً
مُشَوِّقَةً: هِيَ قِصَّةٌ مِنْ قِصَصِ أَلْفِ لَيْلَةٍ وَلَيْلَةٍ

5 بَعْدَ غُرُوبِ ٱلشَّمْسِ، يَنْزِلُ ٱللَّيْلُ شَيْئاً فَشَيْئاً
وَ يَسْحَرُ هَذَا ٱلْمَكَانُ عُيُونَنَا وَقُلُوبَنَا

Und so, nach dem Sonnenuntergang (Abwesenheit die-Sonne), bricht die Nacht langsam herein (er-hinuntergeht der-Nacht Sache und-Sache) 10
über jenem Ort, der die Augen und Herzen verzaubert. 11

ANMERKUNGEN

⑩ Es gibt zwei Wörter für „Nacht": لَيْل [*LaYL*] bezeichnet die Zeit von Sonnenunter- bis Sonnenaufgang, لَيْلَة [*LaYLaT*] etwas abstrakter das Gegenstück zu يَوْم [*YaUM*] „Tag".

⑪ ذَلِكَ [*fsaLiKa*] hat verschiedene Bedeutungen. Hier fungiert es mit dem nachfolgenden determinierten Nomen als Demonstrativpronomen: „jener".

⑫ ٱلَّذِي [*ALLafsI*] „der, dessen, welcher"♂ verbindet als Pronomen einen Relativsatz mit einem vorhergehenden Satzteil (Fem.: ٱلَّتِي [*ALLaTI*] „die, deren, welche").

Lösung 1: Haben Sie verstanden?

❶ Das Treiben geht weiter von (seit) der Morgendämmerung bis in die Nacht.

❷ (Oh) Hassan! Komm, lass uns diesen kleinen Affen ansehen, den jener Mann zum Tanzen bringt.

❸ Im Lichtschein einer Fackel ist es möglich, einen alten Mann zu sehen (der-Sehen zu Mann groß der-Alter), der vor dem Publikum spricht.

❹ Wir werden diesem Märchenerzähler zuhören, der eine spannende Geschichte erzählt: Das ist ein Märchen aus (sie Märchen von die-Märchen) „Tausendundeine Nacht".

❺ Nach dem Sonnenuntergang bricht die Nacht langsam herein, und dieser Ort verzaubert unsere Augen und unsere Herzen.

Übung 2: Setzen Sie die fehlenden Wörter ein!

1. Ich möchte Tee mit Minze trinken (der-Trinken).

أُرِيدُ شُرْبَ شَايٍ ______

2. Wir werden Tee trinken, und ihr trinkt Orangensaft.

سَنَشْرَبُ شَاياً وَأَنْتُمْ ______

عَصِيرَ بُرْتُقَالٍ

3. Von diesem Platz aus ist es möglich, (der-Betrachtung auf) das Koutoubia-Minarett zu betrachten.

مِنْ هَذِهِ ٱلسَّاحَةِ يُمْكِنُ

______ عَلَى صَوْمَعَةِ ٱلْكُتُبِيَّةِ

Leseübung

مرّاكش (تابع النّصّ)

١ منذ الفجر وحتّى منتصف اللّيل

٢ يبقى النّشاط مستمرّاً

٣ في هذه السّاحة المشهورة عالميّاً

٤ حيث يمكن شرب شاي بالنّعناع

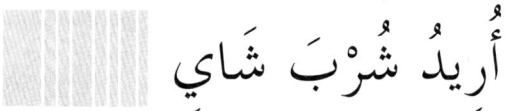

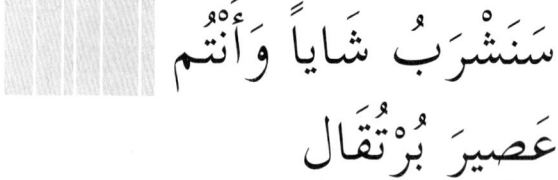

Es (sie) ist eines der schönsten Minarette des Islam (in Islam). ❹

هِيَ مِنْ ____ ٱلْمَنَارَاتِ فِي ٱلْإِسْلَامِ

Hier ist es möglich (er-ist-möglich der-Essen) leckere geröstete Pistazien zu essen. ❺

هُنَا يُمْكِنُ أَكْلُ فُسْتُقٍ ____ لَذِيذٍ

Lösung 2: Die fehlenden Wörter.

❶ بِٱلنَّعْنَاعِ [Bi-(A)N-NaᶜNAᶜi] ❷ تَشْرَبُونَ [TaSCHRaBUNa] ❸ ٱلتَّفَرُّجُ [AT-TaFaRRuĴu]

❹ أَجْمَلِ [AĴMaLi] ❺ مُحَمَّصٍ [MuḤaMMaßin]

٥ وعصير برتقال مثلّج

٦ وكذلك أكل لوز وفستق محمّص

٧ وبالقرب من صومعة الكتبيّة، في ضوء سراج،

٨ يوجد قاصّ يحكي للجمهور حكايات مشوّقة

٩ بعضها من قصص ألف ليلة وليلة

١٠ وهكذا، بعد غروب الشّمس، ينزل اللّيل شيئاً فشيئاً

١١ فوق ذلك المكان الّذي يسحر العيون والقلوب

يَبْقَى ٱلنَّشَاطُ مُسْتَمِرّاً مُنْذُ ٱلْفَجْرِ إِلَى ٱللَّيْلِ

لِكُلِّ يَوْمٍ شَرُّهُ

„Jeder Tag hat seine Schattenseiten."
(für-alle Tag schlecht-war-er-ihn)
[*Li-KuLLi YaUMin SCHaRRuHu*]

Die Koutoubia-Moschee

Die Almohaden waren eine weitere maghrebinische Herrscherdynastie, die mit der Eroberung Andalusiens im Jahre 1148 und Marrakeschs 1149 die Almoraviden stürzte und im Anschluss äußerst schnell den gesamten Westen der islamischen Welt eroberte. Sie waren für die Umsiedlung arabischer Beduinenstämme nach Marokko verantwortlich und beschleunigten dadurch die Arabisierung der Berber auch in diesem Teil Nordafrikas erheblich. Bekannt wurden die Almohaden auch durch die Förderung von Kultur und Wissenschaft sowie für ihren eigenen Architekturstil für Moscheen. Das wichtigste Beispiel hierfür sind die Koutoubia-Moschee in Marrakesch und deren berühmtes Minarett.

„‚Hier ist es, das Paradies, in dem ich einst lebte: Meer und Gebirge. Davon bleibt etwas ein ganzes Leben, noch vor der Wissenschaft, der Zivilisation und dem Bewusstsein. Und vielleicht werde ich dorthin zurückkehren, um in Frieden zu sterben.' Driss Chraibi, einer der bekanntesten nordafrikanischen Schriftsteller, schrieb diesen Satz über seine Heimat: Marokko." (aus *KulturSchock Marokko*, Reise Know-How Verlag)

أَلْقِسْمُ ٱلثَّانِي:
أُنْظُرْ مَرَّةً ثَانِيَةً إِلَى ٱلدَّرْسِ ٱلْحَادِي عَشَرَ

[*AL-QißMu (A)fß-fßANI UNṢuR MaRRaTan fßANiYYaTan ILA AD-DaRßi (A)L-ḤADI°ASCHaRa*]

٤٧ أَلدَّرْسُ ٱلسَّابِعُ وَٱلْأَرْبَعُونَ

أَلْأُمُّ غَضْبَانَةٌ! ①

|١| – يَا حَسَنُ! مَا هَذِهِ ٱلْفَوْضَى فِي غُرْفَتِكَ؟

|٢| فِرَاشُكَ غَيْرُ مُرَتَّبٍ وَٱلْكُتُبُ وَٱلْمَلَابِسُ مُنْتَشِرَةٌ فِي كُلِّ مَكَانٍ ②③

|٣| خُذْ هَذِهِ ٱلْأَشْيَاءَ كُلَّهَا وَرَتِّبْ غُرْفَتَكَ قَبْلَ خُرُوجِكَ مِنْهَا! ④⑤⑥

AUSSPRACHE

[*AD-DaRßu (A)ß-ßABiᶜu Wa-(A)L-ARBaᶜUn(a)*] [*AL-UMMu ṘaḌBANa(Tun)*] [**1** *YA ḤaßaN(u) MA HafsiHi (A)L-FaUḌA FI ṘuRFaTiK(a)*] [**2** *FiRASCHuK(a) ṘaYRu MuRaTTaBin Wa-(A)L-KuTuB(u) Wa-(A)L-MaLABiß(u) MuNTaSCHiRa(Tun) FI KuLLi MaKAN(in)*] [**3** *CHufs HafsiHi (A)L-ASCHYA'a KuLLaHA Wa-RaTTiB ṘuRFaTaKa QaBLa CHuRUĴiKa MiNHA*]

ANMERKUNGEN

① Die weibliche Form von غَضْبَانَة [*ṘaḌBANaT*] wird regelmäßig gebeugt, während die männliche غَضْبَان [*ṘaḌBAN*] diptotisch ist. Das Verb lautet غَضِبَ [*ṘaḌiBa*], يَغْضَبُ [*YaṘḌaBu*] „verärgert sein".

47. Lektion

Die Mutter ist verärgert!

Hassan! Was [soll] diese Unordnung in deinem – Zimmer? 1

Dein Bett ist nicht gemacht (nicht aufgeräumt), und die Bücher und die Kleidung sind überall verstreut (in jede Ort). 2

Nimm all diese Sachen (diese die-Sachen alle-sie), und räum dein Zimmer auf, bevor du es verlässt (vor Weggehen-dein von-ihr). 3

ANMERKUNGEN

Adjektive können durch das vorangestellte غَيْر [*ṘaYR*] „nicht, un-" verneint werden. Sie stehen dabei grundsätzlich im Genitiv. ②

مُرَتَّبٌ [*MuRaTTaBun*] „aufgeräumt" Partizip Passiv von رَتَّبَ [*RaTTaBa*], يُرَتِّبُ [*YuRaTTiBu*] „aufräumen" (Verb des II. Stamms). ③

خُذْ [*CHufs*] „Nimm!♂": Befehlsform von أَخَذَ [*ACHafsa*], يَأْخُذُ [*YA'CHufsu*] „nehmen". Verben, deren erster Buchstabe ein **hamsa** auf **alif** ist, verlieren dieses **hamsa** im Imperativ. ④

ٱلْأَشْيَاءَ كُلَّهَا [*AL-ASCHYA'a KuLLaHA*]: كُلّ [*KuLL*] ist mit هَا [*-HA*], dem Personalpronomensuffix, dem Nomen nachgestellt. ⑤ Alternativ wäre eine Genitivverbindung möglich: كُلّ ٱلْأَشْيَاءِ [*KuLL AL-ASCHYA'i*].

رَتِّبْ [*RaTTiB*] „Räum auf!" ist der regelmäßige Imperativ eines Verbs im II. Stamm. Vgl. يُرَتِّبُ [*YuRaTTiBu*] „er räumt auf". ⑥

٤ يَا فَاطِمَةُ! تَعَالَيْ لِمُسَاعَدَتِي عَلَى تَنْظِيفِ غُرْفَةِ ٱلْإِسْتِقْبَالِ ⑦⑧

٥ سَيَزُورُنَا ضُيُوفٌ بَعْدَ ٱلظُّهْرِ

٦ خُذِي ٱلْمِكْنَسَةَ وَنَظِّفِي ٱلْبِسَاطَ ٱلْكَبِيرَ! ⑨

٧ بَعْدَ إِصْدَارِ أَوَامِرِهَا، دَخَلَتِ ٱلْأُمُّ ٱلْمَطْبَخَ لِتَحْضِيرِ حَلَوِيَاتٍ ⑩

٨ فِي غُضُونِ ذَلِكَ، وَضَعَ حَسَنٌ تَحْتَ فِرَاشِهِ كُلَّ مَا كَانَ فِي غُرْفَتِهِ ⑪

٩ وَفَتَحَ بَابَ ٱلدَّارِ خُفْيَةً وَهَرَبَ مِنْهَا! ⑫⑬

AUSSPRACHE

[**4** *YA F**A**ṬiMa(Tu) Ta^c**A**LaY Li-MußA^c**a**DaTI ^c**a**LA TaNṢ**I**Fi Ṙ**u**RFaTi (A)L-IßTiQB**A**L(i)*] [**5** *ßa-YaS**U**RuNA ḌuY**U**F(un) Ba^cDa (A)Ṣ-ṢuHR(i)*] [**6** *CH**u**fsI (A)L-MiKN**a**ßa(Ta) Wa-N**a**ṢṢiFI (A)L-Biß**A**Ṭa (A)L-KaB**I**R(a)*] [**7** *B**a**^cDa I**ß**D**A**Ri AWAM**i**RiHA DaCH**a**LaT-i (A)L-**U**MMu (A)L-M**a**ṬB**a**CH(a) Li-TaḤḌ**I**Ri ḤaLaWiY**A**T(in)*] [**8** *FI ṘuḌ**U**Ni fs**a**LiK(a) W**a**Ḍa^ca Ḥ**a**ßaN(un) T**a**ḤTa FiR**A**SCHiHi K**u**LLa MA K**A**Na FI ṘuRF**a**TiHi*] [**9** *Wa-F**a**TaḤa B**A**Ba (A)D-D**A**R(i) CH**u**FYaTan Wa-H**a**RaBa M**i**NHA*]

ANMERKUNGEN

Der Imperativ تَعَالَيْ [*Ta^c**A**LaY*] „Komm!“ ist das weibliche Pendant zu تَعَال [*Ta^c**A**L*]. ⑦

Fatima! Komm, um mir beim Saubermachen des Wohnzimmers zu helfen (für Hilfe-meine auf Saubermachen Zimmer der-Empfang). 4

Am Nachmittag werden uns Gäste besuchen (werden-er-besucht-uns). 5

Nimm den Besen, und mach den großen Teppich sauber. 6

Nachdem sie ihre Anweisungen erteilt hatte (nach Senden Befehle-ihre), ist die Mutter in die Küche gegangen, um (für-Zubereitung) Süßspeisen zuzubereiten. 7

Währenddessen (in Verlauf jener) hat Hassan all das, was in seinem Zimmer war, unter sein Bett gelegt, 8

(und-öffnete-er) und er hat die Tür des Hauses heimlich geöffnet und ist (von-sie) weggelaufen. 9

ANMERKUNGEN

⑧ تَنْظِيف [*TaNṢIF*] „Saubermachen" ist das Verbalnomen des Verbs im II. Stamm: نَظَّفَ [*NaṢṢaFa*], يُنَظِّفُ [*YuNaṢṢiFu*] „sauber machen".

⑨ Die meisten männlichen Imperativformen werden weiblich, wenn man ihnen ein [*-I*] anfügt: خُذِي [*CHufsI*] „Nimm!" und نَظِّفِي [*NaṢṢiFI*] „Mach sauber!"

⑩ تَحْضِير [*TaḤḌIR*] „Zubereitung" ist das Verbalnomen des Verbs im II. Stamm: حَضَّرَ [*ḤaḌḌaRa*], يُحَضِّرُ [*YuḤaḌḌiRu*] „zubereiten".

⑪ Bei وَضَعَ [*WaḌaᶜa*], يَضَعُ [*YaḌaᶜu*] „legen, stellen" wird im UA, wie bei وَجَدَ [*WaĴaDa*] „treffen" oder وَصَلَ [*WaßaLa*] „ankommen", وَ [*Wa-*] durch ـيَـ [*Ya-*] ersetzt.

⑫ دَار [*DAR*] (♀) ist nach بَيْت [*BaYT*] und مَنْزِل [*MaNSiL*] das dritte Wort für „Haus". Im Unterschied zu den beiden anderen kann es auch allgemein größere Gebäude bezeichnen.

⑬ هَرَبَ [*HaRaBa*] „weglaufen, fliehen" hat zwei mögliche Varianten für den UA: يَهْرُبُ [*YaHRuBu*] oder يَهْرِبُ [*YaHRiBu*].

Übung 1: Verstehen Sie diese Sätze?

1 مَلَابِسُ ٱلْوَلَدِ كُلُّهَا مُنْتَشِرَةٌ فِي ٱلْغُرْفَةِ كُلِّهَا

2 يَضَعُ حَسَنٌ مَلَابِسَهُ تَحْتَ فِرَاشِهِ قَبْلَ ٱلْخُرُوجِ مِنْ غُرْفَتِهِ

3 تَعَالَ لِتَنْظِيفِ غُرْفَةِ ٱلْإِسْتِقْبَالِ لِأَنَّهُ سَيَصِلُ ضُيُوفٌ بَعْدَ سَاعَةٍ

4 فِي غُضُونِ ذَلِكَ، يَفْتَحُ حَسَنٌ بَابَ ٱلدَّارِ وَيَهْرِبُ مِنْهَا

5 تَصِلُ ٱلْأُمُّ إِلَى غُرْفَةِ وَلَدَيْهَا لِإِصْدَارِ أَوَامِرِهَا كَكُلِّ يَوْمٍ

Übung 2: Setzen Sie die fehlenden Wörter ein!

1 (Oh) Achmed! Mach diesen Teppich mit dem Besen sauber!

يَا أَحْمَدُ! ______ هَذَا ٱلْبِسَاطَ بِٱلْمِكْنَسَةِ!

Lösung 1: Haben Sie verstanden?

1. Die gesamte Kleidung des Jungen ist im ganzen Zimmer verstreut.
2. Hassan legt seine Kleidungsstücke unter sein Bett, bevor er sein Zimmer verlässt.
3. Komm♂, um das Wohnzimmer sauber zu machen (für-Saubermachen), denn in einer Stunde werden Gäste kommen (weil-er wird-er-ankommt Gäste nach Stunde).
4. Gleichzeitig (im Verlauf jener) öffnet Hassan die Tür des Hauses und läuft hinaus (von-ihr).
5. Die Mutter kommt in das Zimmer ihrer beiden Kinder, um ihnen wie jeden Tag ihre Anweisungen (Befehle) zu erteilen.

2. Dein♂ Zimmer ist nicht aufgeräumt: Räum es auf!

غُرْفَتُكَ غَيْرُ مُرَتَّبَةٍ: ______ !

3. (Oh) Zaynab! Geh in dein♀ Zimmer (betritt Zimmer-dein), und mach dein Bett (aufräum Bett-dein)!

يَا زَيْنَبُ! ______ غُرْفَتَكِ

وَرَتِّبِي ______ !

4. Meine Freunde kamen gestern, um mich zu besuchen.

جَاءَ أَصْدِقَائِي ______ يَوْمَ

أَمْسِ!

⑤ Geh zu deinem♂ Vater, um ihm zu helfen, den Garten sauber zu machen.

إِذْهَبْ إِلَى وَالِدِكَ لِمُسَاعَدَتِهِ عَلَى ____ ٱلْبُسْتَانِ

Leseübung

ألأمّ غضبانة!

١ – يا حسن! ما هذه الفوضى في غرفتك؟

٢ فراشك غير مرتّب والكتب والملابس منتشرة في كلّ مكان

٣ خذ هذه الأشياء كلّها ورتّب غرفتك قبل خروجك منها!

٤ يا فاطمة! تعالي لمساعدتي على تنظيف غرفة الإستقبال

٥ سيزورنا ضيوف بعد الظّهر

٦ خذي المكنسة ونظّفي البساط الكبير!

Lösung 2: Die fehlenden Wörter.

❶ نَظِّفْ [NaṢṢiF] ❷ رَتِّبْهَا [RaTTiBHA]

❸ أُدْخُلِي [UDCHuLI] فِرَاشَكِ [FiRASCHaKi]

❹ لِزِيَارَتِي [Li-SiYARaTI] ❺ تَنْظِيفِ [TaNṢIFi]

أَلْأُمُّ غَضْبَانَةٌ!

٧ بعد إصدار أوامرها، دخلت الأمّ المطبخ لتحضير حلويات

٨ في غضون ذلك، وضع حسن تحت فراشه كلّ ما كان في غرْفته

٩ وفتح باب الدّار خفية وهرب منها!

Zuckersüßer Orient

حَلَوِيَات [*ḤaLaWiYAT*], allgemein „Süßspeisen, Kuchen" sind in der arabischen Welt meistens extrem sättigend. Sie werden in der Regel als Nachspeise oder zum Nachmittagstee oder -kaffee gereicht. Jedes arabische Land hat seine eigenen süßen Delikatessen, wie z. B. die كَعْب غَزَال [*Ka^cB ṘaZAL*] „Gazellenhörner" genannten marokkanischen Gebäckstückchen. Andere bekannte Süßspeisen sind das sehr süße Honig-Nuss-Gebäck بَقْلَاوَة

٤٨ أَلدَّرْسُ ٱلثَّامِنُ وَٱلْأَرْبَعُونَ

أَلْغَنِيُّ وَٱلْحَكِيمُ

١ – أُقَدِّمُ نَفْسِي: أَنَا أَغْنَى مُزَارِعِي ٱلْمِنْطَقَةِ ①②

٢ أَمْلِكُ أَلْفَ رَأْسٍ مِنَ ٱلْبَقَرِ، فَضْلاً عَنْ عَشَرَةِ مَبَانٍ ضَخْمَةٍ فِي ٱلْعَاصِمَةِ

٣ وَمَحَلَّاتٍ تِجَارِيَّةٍ فَاخِرَةٍ فِي دَوْلَةٍ أُورُوبِّيَّةٍ

AUSSPRACHE

[*AD-DaRßu (A)fß-fßAMiN/(u) Wa-(A)L-ARBa^cUn(a)*] [*AL-ṘaNiYYu Wa-(A)L-ḤaKIM(u)*] [**1** *UQaDDiMu NaFßI ANA AṘNA MuSARi^cI (A)L-MiNṬaQa(Ti)*] [**2** *AMLiKu ALFa RA'ßin MiN-a (A)L-BaQaR(i) FaḌLAn ^caN ^caSCHRaTi MaBANin ḌaCHMa(Tin) FI (A)L-^cAẞiMa(Ti)*] [**3** *Wa-MaḤaLLATin TiĴARiYYaTin FACHiRa(Tin) FI DaULaTin URUBBiYYa(Tin)*]

[*BaQLAWaT*] oder das حَلْوًى [*ḤaLWAn*], eine Spezialität aus Sesamsamen, Zucker, Honig und Pflanzenöl.

أَلْقِسْمُ ٱلثَّانِي:
أُنْظُرْ مَرَّةً ثَانِيَّةً إِلَى ٱلدَّرْسِ ٱلثَّانِي عَشَرَ

[*AL-QißMu (A)fß-fßANI UNṢuR MaRRa(Tan) fßANiYYa(Tan) ILA AD-DaRßi (A)fß-fßANI* ᶜ*ASCHaRa*]

48. Lektion

Der Reiche und der Weise

Darf ich mich vorstellen (ich-stelle-vor Seele-mein): Ich – bin der reichste aller Landwirte dieser Gegend. 1

Ich besitze tausend (tausend Kopf von) Rinder, außerdem (Überfluss von) zehn riesige Gebäude in der Hauptstadt 2

und luxuriöse Geschäfte (Geschäfte händlerische) in einem europäischen Land (in Staat europäische). 3

ANMERKUNGEN

① قَدَّمَ [*QaDDaMa*], يُقَدِّمُ [*YuQaDDiMu*] „vorstellen" gehört zum II. Stamm; mit نَفْس [*NaFß*] „Seele" (Pl.: أَنْفُس [*ANFuß*] „Seelen") + Personalpronomensuffix wird es rückbezüglich: أُقَدِّمُ نَفْسِي [*UQaDDiMu NaFßI*] „ich stelle mich vor".

② أَغْنَى [*AṘNA*] „reicher, der/die Reichste" ist der Elativ von غَنِيّ [*ṘaNiYY*] „reich".

٤ كَذَلِكَ، عِنْدِي أَجْمَلُ ٱلْأَطْفَالِ، أَكْبَرُهُمْ فِي أَحْدَثِ مَدَارِسِ ٱلْبَلَدِ ③④⑤

٥ وَأَنْتَ؟

٦ - أَنَا أَغْنَى ٱلنَّاسِ فِي ٱلْبَلَدِ بَلْ فِي ٱلْعَالَمِ وَأَسْعَدُهُمْ ⑥

٧ كُلُّهُمْ يُقَدِّرُونَنِي ⑦

٨ أَنَا لاَ أَمْلِكُ شَيْئًا وَمَا عِنْدِي بَيْتٌ وَلَكِنْ، عِنْدِي ذَاكِرَةٌ ⑧

AUSSPRACHE

[**4** *Ka-fs**a**LiK(a) ^ci**N**DI **A**ĴMaLu (A)L-AṬF**A**L(i) AKB**a**RuHuM FI* ***A**ḤDafßi MaD**A**Rißi (A)L-B**a**LaD(i)*] [**5** *Wa-**A**NTa*] [**6** ***A**NA **A**ṘNA (A)N-N**A**ßi FI (A)L-B**a**LaD(i) BaL FI (A)L-^c**A**LaM(i) Wa-Aß^c**a**DuHuM*] [**7** *K**u**LLuHuM YuQaDDiR**U**NaNI*] [**8** ***A**NA LA **A**MLiKu SCH**a**Y'An Wa-M**A** ^ci**N**DI B**a**YT(un) W**a**LaKiN ^ci**N**DI fs**A**KiRa(Tun)*]

Noch dazu (wie-jener) habe ich (bei-mir) die schönsten Kinder (der-schönste die-Kinder), der Älteste (Größte-sie) von ihnen [geht] in die modernste Schule (der-modernste Schulen) des Landes. **4**

Und du♂? **5**

Ich bin der reichste Mensch (reichster die-Menschen) – im Land, [ja] sogar auf der [ganzen] Welt (in der-Welt), und ich bin der Glücklichste von ihnen [allen]. **6**

Alle (alle-sie) schätzen mich. **7**

Ich besitze nichts (nicht besitze Sache), ich habe kein (und-nicht bei-mir) Haus, aber ich habe ein Gedächtnis, **8**

ANMERKUNGEN

③ Beispiele für die Elativ-Bildung nach dem Konstruktionsmuster *AF^caL* (♂): أَجْمَل [***AĴMaL***] von جَمِيل [*ĴaMIL*] „schön", أَكْبَر [***AKBaR***] von كَبِير [*KaBIR*] „groß" und أَحْدَث [***AḤDafß***] von حَدِيث [*ḤaDIfß*] „modern".

④ أَطْفَال [*AṬFAL*] „Kinder" ist der unregelmäßige Plural zu طِفْل [*ṬiF(L)*] „Kind", einem Synonym von وَلَدُ [*WaLaDu*].

⑤ Beachten Sie die Genitivverbindung mit einem Elativ und einem Nomen im Plural: أَحْدَث مَدَارِس ٱلْبَلَد [***AḤDafßi MaDARißi AL-BaLaDi***] „die Modernste [aller] Schulen des Landes".

⑥ سَعِيد [*ßa^cID*] „glücklich" bildet den Elativ regelmäßig: أَسْعَد [***Aß^caD***] „glücklicher, der/die Glücklichste".

⑦ Die Endung der 3. Pers. Pl. Mask. ist ـــونَ [*-UNa*]: يُقَدِّرُونَنِي [*YuQaDDiRUNaNI*] „sie schätzen mich". Das Verb „schätzen" قَدَّرَ [*QaDDaRa*], يُقَدِّرُ [*YuQaDDiRu*] ist ein Verb des II. Stamms.

⑧ „Nichts" + Verb wird im UA durch die Verneinungspartikel لاَ [*LA*] und شَيْئاً [*SCHaY'An*] ausgedrückt: لاَ أَمْلِكُ شَيْئاً [*LA AMLiKu SCHaY'An*].

٩ فِيهَا ٱلْآلَافُ مِنَ ٱلْأَبْيَاتِ وَقَبْلَ مُفَارَقَتِكَ،
سَأُهْدِي إِلَيْكَ وَاحِداً مِنْ أَحْسَنِهَا ⑨⑩⑪

١٠ وَكَمَا يَقُولُ ٱلْعَرَبُ فِي بُعْدِ حِكْمَتِهِمْ: ⑫

١١ «أَلْقَنَاعَةُ مَالٌ لاَ يَنْفَدُ»

AUSSPRACHE

[**9** *FIHA (A)L-ĀLAFu MiN-a (A)L-ABYAT(i) Wa-QaBLa MuFARaQa-TiK(a) ßa-UHDI ILaYKa WAḤiDAn MiN AḤßaNiHA*] [**10** *Wa-KaMA YaQULu (A)L-ᶜaRaB(u) FI BuᶜDi ḤiKMaTiHiM*] [**11** *AL-QaNAᶜaTu MALun LA YaNFaDu*]

Übung 1: Verstehen Sie diese Sätze?

❶ أُقَدِّمُ نَفْسِي: أَنَا مُحَامٍ مَشْهُورٌ فِي عَاصِمَةِ هَذَا ٱلْبَلَدِ

❷ نُقَدِّمُ أَنْفُسَنَا: نَحْنُ أَغْنَى ٱلْمُزَارِعِينَ فِي هَذِهِ ٱلْمِنْطَقَةِ

❸ أَنَا أَعْرِفُ أَلْفَ بَيْتٍ قَالَهَا ٱلْعَرَبُ فِي بُعْدِ حِكْمَتِهِمْ

❹ أَكْبَرُ أَطْفَالِي فِي مَدْرَسَةٍ لاَ تَعْرِفِينَهَا، إِنَّهَا حَدِيثَةٌ جِدّاً

❺ هَذَا ٱلرَّجُلُ أَغْنَى رِجَالِ هَذَا ٱلْحَيِّ: يَمْلِكُ كُلَّ ٱلْبُيُوتِ فِي هَذَا ٱلشَّارِعِ

in dem es (in-ihr) Tausende von Versen gibt, und bevor ich dich verlasse (vor Trennung-dein), werde ich dir (zu-dir) einen der schönsten von ihnen (schönste-ihr) schenken. 9
(Und) wie die Araber in ihrer großen Weisheit sagen (weite Weisheit-ihre): 10
„Sich [mit wenig] zu begnügen, ist ein unerschöpfliches Gut." (die-Begnügung Gut nicht erschöpft-sich-er) 11

ANMERKUNGEN

⑨ بَيْت [BaYT] hat zwei Bedeutungen: „Haus" (Pl.: بُيُوت [BuYUT] „Häuser") und „Vers" (Plural: أَبْيَات [ABYAT] „Verse").

⑩ أُهْدِي [UHDI] von أَهْدَى [AHDA], يُهْدِي [YuHDI] „schenken": Verb im IV. Ableitungsstamm, das mit der Präposition إِلَى [ILA] benutzt wird. Das Wort هَدِيَّة [HaDiYYaT] „Geschenk" hat die gleichen Wurzelkonsonnanten.

⑪ أَحْسَن [AḤßaN] „schöner, der/die Schönste" ist der regelmäßig gebildete Elativ zu حَسَن [ḤaßaN] „schön". In der Umgangssprache benutzt man [AḤßaN] auch im Sinne von „besser".

⑫ Abgeleitet von يَقُول [YaQULu] „er sagt" lässt sich das Verbalnomen قَوْل [QaUL] „das Sagen" bilden.

Lösung 1: Haben Sie verstanden?

❶ Ich stelle mich vor: Ich bin ein berühmter Anwalt in der Hauptstadt dieses Landes.
❷ Wir stellen uns vor: Wir sind die Reichsten [unter den] Landwirten [in] dieser Gegend.
❸ Ich kenne tausend Verse, [die die] Araber in ihrer großen Weisheit gesagt haben.
❹ Mein ältestes Kind (größter Kinder-meine) [ist] in einer Schule, die du♀ nicht kennst; sie (sicher-sie) ist sehr modern.
❺ Dieser Mann ist der Reichste [unter den] Männern aus diesem Stadtviertel: Er besitzt alle Häuser in dieser Straße.

Übung 2: Setzen Sie die fehlenden Wörter ein!

1 Besitzt du♂ nicht viele (Vielzahl von) Gebäude in einem europäischen Land?

أَلَا تَمْلِكُ كَثِيراً مِنَ ٱلْمَبَانِي فِي ______ أُورُوبِّيَّةٍ؟

2 Ich schätze diesen Weisen sehr, weil er weiß, sich [mit wenig] zu begnügen (weil-er er-weiß was sie die-Begnügung).

______ هَذَا ٱلْحَكِيمَ كَثِيراً لِأَنَّهُ يَعْرِفُ مَا هِيَ ______

Leseübung

ألغنيّ والحكيم

١ – أقدّم نفسي: أنا أغنى مزارعي المنطقة

٢ أملك ألف رأس من البقر، فضلاً عن عشرة مبان ضخمة في العاصمة

٣ ومحلّات تجاريّة فاخرة في دولة أوروبّيّة

٤ كذلك، عندي أجمل الأطفال، أكبرهم في أحدث مدارس البلد

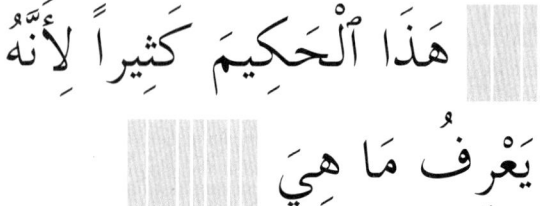

Wir werden euch die schönsten arabischen Verse schenken. ❸

سَنُهْدِي إِلَيْكُمْ أَجْمَلَ ______
ٱلْعَرَبِيَّةِ

In meinem Gedächtnis [gibt es] Tausende [von] Versen, die ich meinen Freunden sagen kann (er-ist-möglich-mir das-Sagen-sie). ❹

فِي ذَاكِرَتِي ______ مِنَ
ٱلْأَبْيَاتِ ٱلَّتِي يُمْكِنُنِي ______
لِأَصْدِقَائِي

Lösung 2: Die fehlenden Wörter.

❶ دَوْلَةٍ [*DaULaTin*] ❷ أُقَدِّرُ [*UQaDDiRu*] ٱلْقَنَاعَةُ
[*AL-QaNAcaTu*] ❸ ٱلْأَبْيَاتِ [*AL-ABYATi*]
❹ ٱلْآلَافُ [*AL-ĀLAFu*] قَوْلُهَا [*QaULuHA*]

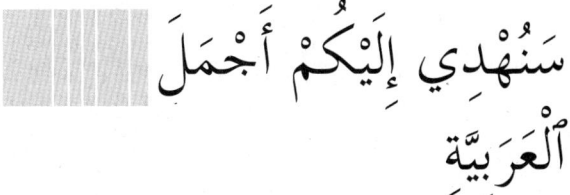

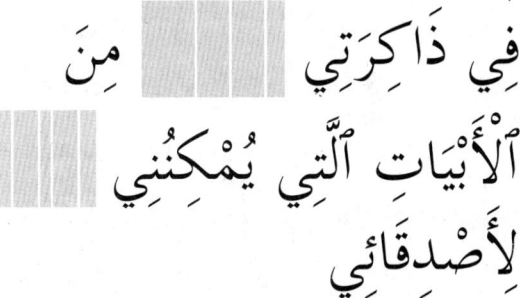

٥ وأنت؟

٦ – أنا أغنى النّاس في البلد بل في العالم وأسعدهم

٧ كلّهم يقدّرونني

٨ أنا لا أملك شيئاً وما عندي بيت ولكن، عندي ذاكرة

٩ فيها الآلاف من الأبيات وقبل مفارقتك، سأهدي إليك واحداً من أحسنها

١٠ وكما يقول العرب في بعد حكمتهم:

١١ «ألقناعة مال لا ينفد»

لَيْسَتِ ٱلسَّعَادَةُ بِٱلْمَالِ

„Geld macht nicht glücklich."
(nicht-ist-sie die-Glück mit-der-Gut)
[*LaYßaT-i (A)ß-ßa^cADaTu Bi-(A)L-MALi*]

„Wem die Ehre einer Einladung in ein Privathaus zuteil wurde, sollte nicht so indiskret sein und eine Art „Schlossführung" durch alle Räume erbitten. Alles was der Hausherr präsentieren möchte, findet sich in einem speziellen Empfangsraum für Gäste [...]. Wer zum ersten Mal das Heim seines (noch) fremden Gastgebers betritt, sollte sich sehr zurückhaltend verhalten." (aus *KulturSchock Jemen*, Reise Know-How Verlag)

أَلْقِسْمُ ٱلثَّانِي:
أُنْظُرْ مَرَّةً ثَانِيَةً إِلَى ٱلدَّرْسِ ٱلثَّالِثَ عَشَرَ

[*AL-QißMu (A)fß-fßANI UNṢuR MaRRa(Tan) fßANiYYa(Tan) ILA AD-DaRßi (A)fß-fßALifßa ^cASCHaRa*]

٤٩ أَلدَّرْسُ ٱلتَّاسِعُ وَٱلْأَرْبَعُون

[*AD-DaRßu (A)T-TAßi^c u Wa-(A)L-ARB^c aUN(a)*]

مُرَاجَعَةٌ وَمُلَاحَظَاتٌ

Sie sind nun an einem entscheidenden Punkt Ihres Studiums angekommen. Die Grammatik dieser anfangs exotischen Sprache ist für Sie mittlerweile größtenteils bekanntes Terrain. Sie wissen bereits das Wichtigste zu den verschiedenen Pluralbildungen, Sie erkennen Diptota und den Elativ, Sie können abgeleitete Verben von den Stammverben unterscheiden, und nicht zuletzt bereitet Ihnen die Schrift auch keine großen Probleme mehr. Sie könnten bestimmt schon mühelos vokalisierte Texte lesen und in den meisten Fällen deren Struktur – Haupt-, Neben- und Relativsätze eingeschlossen – auseinander halten.

1. Konjugation: Die 13 Formen

Wir führen an dieser Stelle alle 13 Personalformen der Verbkonjugation an. Sie haben diese zwar noch nicht alle in den Lektionen angetroffen, aber wir nutzen diese Lektion, um die Beugungsformen im VA und UA in allen Personen zu erläutern. Sollte Ihnen dies noch zu komplex sein, so konzentrieren Sie sich in erster Linie auf die Formen für „ich", „du" (♂), „er", „sie", „wir", „ihr" (♂), danach auf den Dual und erst dann auf die eher seltener verwendeten Formen für „du" und „ihr" (♀) sowie „sie" (♂ und ♀). Im Laufe der letzten Lektionen haben Sie folgendes kennen gelernt:

• Vollendeter Aspekt (VA)

Die neuen Formen des VA sind:

3. Person Dual Maskulinum auf ا [*-A*]:

49. Lektion

„die beiden [Freunde] sind [weg]gegangen“ [Aß-ßaDIQANi fsaHaBA (= [fsaHaBa + alif])] أَلصَّدِيقَانِ ذَهَبَا

2. Person Plural Femininum auf ـــتُنَّ [-TuNNa]:

„ihr beide seid von hier [weg]gegangen“ [fsaHaBTuNNa MiN HuNA] ذَهَبْتُنَّ مِنْ هُنَا

Das dazugehörige unabhängige Personalpronomen heißt أَنْتُنَّ [ANTuNNa] „ihr♀“, das Personalpronomensuffix ـــكُنَّ [-KuNNa].

• Unvollendeter Aspekt (UV)

Die neuen Formen des UA sind:

2. Person Plural Maskulinum mit تَ ... ـــُونَ [Ta-...-UNa]:

تَشْرَبُونَهُ وَتَرْفَعُونَ ٱلْجِبَالَ

„Ihr trinkt es, und [danach] hebt ihr die Berge hoch …“ [TaSCHRaBUNa-Hu Wa-TaRFaᶜUNa AL-ĴiBALa …]

3. Person Plural Maskulinum mit تَ ... ـــُونَ [Ya-...-UNa]:

„alle schätzen mich“ [KuLLuHuM YuQaDDiRUNa-NI] كُلُّهُمْ يُقَدِّرُونَنِي

Bei قَدَّرَ [QaDDaRa] handelt es sich um ein Verb des II. Stamms.

Ein weiteres Beispiel:

„Sie essen ein herrliches Couscous.“ [YA'KuLUNa KußKußAn FACHiRAn] يَأْكُلُونَ كُسْكُساً فَاخِراً

(كُسْكُس [KußKuß] „Couscous“ ist das Nationalgericht in Algerien und Marokko. Es handelt sich dabei um eine Art Hirse- oder

Hartweizengrieß, der mit Fleisch, Geflügel, Gemüse oder Fisch sowie einer scharfen Soße gegessen wird.)

Im Folgenden finden Sie nun eine Tabelle mit allen 13 Personalformen; als Beispiel gelten unser altbekanntes Verb كَتَبَ [*KaTaBa*] „er hat geschrieben" und seine unvollendete Form يَكْتُبُ [*YaKTuBu*] „er schreibt":

Unvollendeter Aspekt		**Vollendeter Aspekt**		
[*AKTuBu*]	أَكْتُبُ	[*KaTaBTu*]	كَتَبْتُ	ich
[*TaKTuBu*]	تَكْتُبُ	[*KaTaBTa*]	كَتَبْتَ	du (♂)
[*TaKTuBINa*]	تَكْتُبِينَ	[*KaTaBTi*]	كَتَبْتِ	du (♀)
[*YaKTuBu*]	يَكْتُبُ	[*KaTaBa*]	كَتَبَ	er
[*TaKTuBu*]	تَكْتُبُ	[*KaTaBaT*]	كَتَبَتْ	sie
[*YaKTuBANi*]	يَكْتُبَانِ	[*KaTaBA*]	كَتَبَا	sie beide (♂)
[*TaKTuBANi*]	تَكْتُبَانِ	[*KaTaBaTA*]	كَتَبَتَا	sie beide (♀)
[*NaKTuBu*]	نَكْتُبُ	[*KaTaBNA*]	كَتَبْنَا	wir
[*TaKTuBUNa*]	تَكْتُبُونَ	[*KaTaBTuM*]	كَتَبْتُمْ	ihr (♂)
[*TaKTuBNa*]	تَكْتُبْنَ	[*KaTaBTuNNa*]	كَتَبْتُنَّ	ihr (♀)
[*TaKTuBANi*]	تَكْتُبَانِ	[*KaTaBTuMA*]	كَتَبْتُمَا	ihr beide (♂ + ♀)
[*YaKTuBUNa*]	يَكْتُبُونَ	[*KaTaBU*]	كَتَبُوا	sie (♂)
[*YaKTuBNa*]	يَكْتُبْنَ	[*KaTaBNa*]	كَتَبْنَ	sie (♀)

2. Abgeleitete Verben: II. und V. Stamm

Die abgeleiteten Verben erscheinen zunächst kompliziert, aber ihnen liegt eine bestimmte Logik zu Grunde. So hat jeder Ableitungsstamm eine gewisse Verbindung zum Grundverb, aber auch zu anderen Stämmen. Beispielweise sind in vielen Fällen die Stämme V., VI., VII. und X. jeweils die rückbezüglichen Entsprechungen für die Stämme II, III, I und IV. Der VIII. Stamm ist eine weitere rückbezügliche Form des I. Stamms, und der IX. ist eine Sonderform. Andererseits gibt es Ableitungen ohne klare Verbindung zum Grundverb. Auch hat nicht jedes Grundverb automatisch neun Ableitungen (dies ist sogar eher selten), und nicht alle Grundverben werden in der heutigen Umgangssprache verwendet.

Für den Lernenden ist es eine Erleichterung, dass die abgeleiteten Verben wie die Stammverben konjugiert werden, d.h. dass sie die gleichen Präfixe und Endungen wie diese haben, und dies im VA wie auch im UA.

• II. Stamm فَعَّلَ / يُفَعِّلُ [*Fa^cc^aLa*] > [*YuFa^cc^iLu*]

Der II. Stamm ist nach dem Grundverb der zahlenmäßig am häufigsten vorkommende. Er drückt oftmals eine gewisse Intensivierung aus, gilt aber auch als kausative Ableitung, d.h. diese Verben drücken, ausgehend vom Grundverb, das „Veranlassen" bzw. „Bewirken" einer Handlung aus. Aus Verben des II. Stamms können auch Verbalnomen bzw. **maßdar** gebildet werden.

„zum Tanzen bringen, tanzen lassen" [*YuRaQQißu*] < [*RaQQaßa*]	رَقَّصَ يُرَقِّصُ
„[das] Tanzenlassen" [*TaRQIß*]	تَرْقِيص
„tanzen" [*YaRQußu*] < [*RaQaßa*]	رَقَصَ يَرْقُصُ

LEKTION 49

„aufräumen“ *[Yu**Ra**TTiBu] < [**Ra**TTaBa]*	يُرَتِّبُ	رَتَّبَ
„[das] Aufräumen“ *[TaRT**I**B]*		تَرْتِيب
„unbeweglich sein, sich nicht bewegen“ *[**Ya**RTuBu] < [**Ra**TaBa]*	يَرْتُبُ	رَتَبَ
„säubern, sauber machen“ *[Yu**Na**ṢṢiFu] < [**Na**ṢṢaFa]*	يُنَظِّفُ	نَظَّفَ
„[das] Saubermachen, [die] Säuberung“ *[TaNṢ**I**F]*		تَنْظِيف
„sauber sein“ *[**Ya**NṢuFu] < [**Na**ṢuFa]*	يَنْظُفُ	نَظُفَ
„vorstellen“ *[Yu**Qa**DDiMu] < [**Qa**DDaMa]*	يُقَدِّمُ	قَدَّمَ
„[das] Anbieten“ *[TaQD**I**M]*		تَقْدِيم
„ankommen, kommen“ *[**Ya**QDaMu] < [**Qa**DiMa]*	يَقْدَمُ	قَدِمَ
„schätzen, einschätzen, beurteilen, bewerten“ *[Yu**Qa**DDiRu] < [**Qa**DDaRa]*	يُقَدِّرُ	قَدَّرَ
„Einschätzung, Beurteilung, Bewertung“ *[TaQD**I**R]*		تَقْدِير
„fähig sein, können“ *[**Ya**QDiRu] < [**Qa**DaRa]*	يَقْدِرُ	قَدَرَ

Intensivierend wirkt der II. Stamm zum Beispiel in diesem Fall:

„brechen, zerbrechen“ *[**Ya**KßiRu] < [**Ka**ßaRa]*	يَكْسِرُ	كَسَرَ
„zerschmettern, zertrümmern“ *[Yu**Ka**ßßiRu] < [**Ka**ßßaRa]*	يُكَسِّرُ	كَسَّرَ
„[das] Zertrümmern, [das] Zerbrechen“ *[TaKß**I**R]*		تَكْسِير

• **V. Stamm** يَتَفَعَّلُ / تَفَعَّلَ [*TaFa^{cc}aLa*] / [*YaTaFa^{cc}aLu*]

Dieser ist v. a. die rückbezügliche Form des II. Stamms. Meist sind Verben des V. Stamms intransitiv, d.h. nicht mit einem Akkusativobjekt verbunden. Hier sind Beispiele im V. Stamm mit Verbalnomen und dazugehörigem II. Stamm:

„sprechen, sich ausdrücken" [*YaTaK**a**LLaMu*] < [*TaK**a**LLaMa*] (**V.**)	يَتَكَلَّمُ	تَكَلَّمَ
„Rede, Vortrag" [*TaK**a**LLuM*]		تَكَلُّم
„mit (jdm.) sprechen" [*YuK**a**LLiMu*] < [*K**a**LLaMa*] (**II.**)	يُكَلِّمُ	كَلَّمَ
„(sich) verheiraten, heiraten" [*YaTaS**a**WWaĴu*] < [*TaS**a**WWaĴa*] (**V.**)	يَتَزَوَّجُ	تَزَوَّجَ
„Heirat" [*TaS**a**WWuĴ*]		تَزَوُّج
„(jdn.) verheiraten" [*YuS**a**WWiĴu*] < [*S**a**WWaĴa*] (**II.**)	يُزَوِّجُ	زَوَّجَ
„sich versammeln" [*YaTaĴ**a**MMa^{c}u*] < [*TaĴ**a**MMa^{c}a*]	يَتَجَمَّعُ	تَجَمَّعَ
„Versammlung" [*TaĴ**a**MMu^{c}*]		تَجَمُّع
„(jdn.) versammeln" [*YuĴ**a**MMi^{c}u*] < [*Ĵ**a**MMa^{c}a*]	يُجَمِّعُ	جَمَّعَ
„betrachten, anschauen" [*YaTaF**a**RRaĴu ^{c}**a**LA*] < [*TaF**a**RRaĴa*]	يَتَفَرَّجُ عَلَى	تَفَرَّجَ
„Betrachtung, Anschauen" [*TaF**a**RRuĴ*]		تَفَرُّج
„unterhalten, entspannen, trösten" [*YuF**a**RRiĴu*] < [*F**a**RRaĴa*]	يُفَرِّجُ	فَرَّجَ

• Andere Stämme

Nun einige Beispiele anderer Stämme, die Sie sich einige Male durchlesen sollten, ohne dabei die grammatische Struktur tiefer zu ergründen:

III. Stamm	„ich begleite" [*URAFiQu*]	أُرَافِقُ
IV. Stamm unregelmäßig	„ich möchte, ich will" [*URIDu*]	أُرِيدُ
IV. Stamm Imperativ	„verzeih mir" [*U^cfsuR-NI*]	أَعْذُرْنِي
III. Stamm	„wir sehen zu" [*NuSCHAHiDu*]	نُشَاهِدُ
IV. Stamm	„es (er) ist möglich" [*YuMKiNu*]	يُمْكِنُ
IV. Stamm unregelmäßig	„ich biete an/schenke" [*UHDI ILA*]	أُهْدِي إِلَى

3. Unregelmäßige Verben

Hier zusammenfassend die neusten unregelmäßigen Grundverben im UA und VA:

„du drehst dich/biegst ab" [*DARa*]	دَارَ	von ←	[*TaDURu*]	تَدُورُ
„ich habe vergessen" [*NaßiYa*]	نَسِيَ	von ←	[*NaßITu*]	نَسِيتُ
„er erzählt" [*ḤaKA*]	حَكَى	von ←	[*YaḤKI*]	يَحْكِي
„er bleibt" [*BaQiYa*]	بَقِيَ	von ←	[*YaBQA*]	يَبْقَى

4. Passiv

Man bildet von einem Verb das Passiv, indem man dessen Vokalstruktur verändert. Passive Grundverben bestehen immer aus den Vokalen [*u – i – a*] im VA und [*u – a – u*] im UA:

„finden" [WaĴaDa] [YaĴiDu]	وَجَدَ / يَجِدُ	von ←	„sie befindet sich, ist anzutreffen; es gibt" [TUĴaDu] تُوجَدُ

Dieses Verb ist unregelmäßig, da es mit **waw** beginnt, dieses aber im UA entfällt. Im Passiv dagegen taucht es wieder auf. Hier ein Beispiel für ein regelmäßiges Verb:

Passiv		Aktiv	
„er wurde geschrieben" [KuTiBa]	كُتِبَ	„er hat geschrieben" [KaTaBa]	كَتَبَ
„er wird geschrieben" [YuKTaBu]	يُكْتَبُ	„er schreibt" [YaKTuBu]	يَكْتُبُ

5. Imperativ

• Grundverben

Die Basis für den Imperativ (Befehlsform) der Grundverben ist der UA. Am Wortanfang steht ein **alif** mit **hamsa**, das je nach Verb [*u*] oder [*i*] gesprochen werden kann. Dabei gilt: Steht im UA als 2. Vokal ein [*u*], so wird **alif** ebenfalls [*u*] gesprochen. Steht dagegen ein [*a*] oder [*i*], spricht man es [*i*]. Der 1. und 3. Konsonant tragen dagegen ein **ßukun**. Die drei möglichen Vokalschemata sind folglich: [*u – u*], [*i – a*] und [*i – i*]. Beispiele:

„Schau!" [UNṢuR] ([*u – u*])	أُنْظُرْ!	←	[NaṢaRa], [YaNṢuRu]	نَظَرَ يَنْظُرُ
„Hör (zu)!" [IßMaᶜ] ([*i – a*])	إِسْمَعْ!	←	[ßaMiᶜa], [YaßMaᶜu]	سَمِعَ يَسْمَعُ
„Setz dich!" [IĴLiß] ([*i – i*])	إِجْلِسْ!	←	[ĴaLaßa], [YaĴLißu]	جَلَسَ يَجْلِسُ

All diese Beispiele beziehen sich auf einen männlichen Ansprechpartner, spricht man mit einer Frau, fügt man ein [-*I*] an: إِجْلِسِي [IĴLißI] „Setz dich!".

Verben, deren erster Buchstabe ein **hamsa** (auf **alif**) ist, verlieren dieses im Imperativ:

LEKTION 49

أَخَذ يَأْخُذُ [*ACHafsa*], [*YA'CHufsu*] ← خُذْ! / خُذِي! „Nimm!" (♂) / (♀) [*CHufs*] / [*CHufsI*]

• Verben des II. Stamms

Bei diesen Verben ist der Imperativ identisch mit dem UA ohne personenspezifische Prä- und Suffixe und ohne den letzten Vokal (Bildungsmuster يُفَعِّل [*YuFa^{cc}iLu*]; fett gedruckte Buchstaben = Imperativform):

رَتَّبَ يُرَتِّبُ [*RaTTaBa*], [*YuRaTTiBu*] ← رَتِّبْ! „Räum auf!" [*RaTTiB*]

نَظَّفَ يُنَظِّفُ [*NaṢṢaFa*], [*YuNaṢṢiFu*] ← نَظِّفْ! „Mach sauber!" [*NaṢṢiF*]

كَمَّلَ يُكَمِّلُ [*KaMMaLa*], [*YuKaMMiLu*] ← كَمِّلْ! „Vervollständige!" [*KaMMiL*]

Für die Stämme II, III, V und VI steht kein **hamsa** am Wortanfang, dafür aber bei denen, deren VA mit **alif** beginnt: IV, VII, VIII und IX. تَعَال [*Ta^cALa*] „komm!" (♂) und تَعَالَيْ [*Ta^cALaY*] „komm!" (♀) sind bekannte Imperativformen eines unregelmäßigen Verbs.

6. Verbalnomen [*maßdar*]

Ein **maßdar** kann sehr unterschiedlich ins Deutsche übersetzt werden. Manchmal kann es als Verbalnomen wiedergegeben werden, manchmal als Infinitiv:

أُرِيدُ شِرَاءَ صَحِيفَةٍ

„Ich möchte eine Zeitung kaufen."
[*URIDu SCHiRA'a ßaḤIFaTin*]

Sehr oft wird es mit dem Infinitiv mit „zu" übersetzt:

لِلتَّفَرُّجِ عَلَى أَنْوَاعٍ مُخْتَلِفَةٍ مِنَ ٱلنَّشَاطَاتِ

„um alle verschiedenen Arten von Aktivitäten zu bestaunen"
[*LiT-TaFaRRuĴi ^c aLA ANWA^c in MuCHTaLiFaTin MiN-a AN-NaSCHAṬATi*]

يُمْكِنُ شُرْبُ شَايٍ... وَأَكْلُ لَوْزٍ

„Es ist möglich, Tee zu trinken und Mandeln zu essen."
[*YuMKiNu SCHuRBu SCHAYin ... Wa-AKLu LaUSin ...*]

لِمُسَاعَدَتِي عَلَى تَنْظِيفِ

„um mir beim Saubermachen zu helfen"
[*Li-MußA*ᶜ*aDaTI* ᶜ*aLA TaNṢIFi*]

لِتَحْضِيرِ حَلَوِيَاتٍ

„um Süßspeisen zuzubereiten"
[*Li-TaḤḌIRi ḤaLaWiYATin*]

Nicht selten drückt ein **maßdar** eine unpersönliche, neutrale Verbform aus. Hier geht die Person, auf die sich die Handlung bezieht, oftmals nur aus dem Satzzusammenhang (speziell den Personalpronomensuffixen) hervor:

„nachdem man ihn getrunken hat" [*Ba*ᶜ*Da SCHuRBiHi*] — بَعْدَ شُرْبِهِ

„bevor du [das Zimmer] verlässt" [*QaBLa CHuRUĴiKa MiNHA*] — قَبْلَ خُرُوجِكَ مِنْهَا

„nachdem sie ihre Anweisungen erteilt hatte" [*Ba*ᶜ*Da IßDARi AWAMiRiHA*] — بَعْدَ إِصْدَارِ أَوَامِرِهَا

7. Verneinung

• „nichts"

„nichts" wird durch die Verneinungspartikel لاَ [*LA*] oder مَا [*MA*] und شَيْئاً [*SCHaY'An*] ausgedrückt. لاَ [*LA*] wird dabei für den UA und مَا [*MA*] für den VA verwendet:

„Ich besitze nichts." [*LA AMLiKu SCHaY'An*] — لاَ أَمْلِكُ شَيْئاً

„Ich habe nichts gesehen." [*MA Ra'AYTu SCHaY'An*] — مَا رَأَيْتُ شَيْئاً

- **غَيْر [ṘaYR] als Verneinung für Adjektive**

Adjektive können mit غَيْر [ṘaYR] „nicht, un-" verneint werden; sie stehen dabei immer im Genitiv:

فِرَاشُكَ غَيْرُ مُرَتَّبٍ „Dein Bett ist nicht gemacht (aufgeräumt)."
[FiRASCHuKa ṘaYRu MuRaTTaBin]

8. كُلّ [KuLL]

كُلّ [KuLL] kann auf zwei Arten übersetzt werden, je nachdem, was ihm folgt:

– Folgt darauf ein Nomen im Singular und Genitiv ohne Artikel, bedeutet es „jeder, -e, -es":

فِي كُلِّ مَكَانٍ „in jedem Ort; überall"
[FI KuLLi MaKANin]

– Steht danach ein Pluralnomen im Genitiv mit Artikel, übersetzt man es mit „alle":

يَمْلِكُ كُلَّ ٱلْبُيُوتِ فِي هَذَا ٱلشَّارِعِ

„Er besitzt alle Häuser in dieser Straße."
[YaMLiKu KuLLa AL-BuYUTi FI HafsA ASCH-SCHARiᶜi]

كُلّ [KuLL] kann auch einem Pluralnomen mit Artikel folgen. Es muss dann über ein Personalpronomensuffix verfügen, das sich auf die Pluralform bezieht (bei unbelebten Nomen ـــهَا [-HA]):

خُذْ هَذِهِ ٱلْأَشْيَاءَ كُلَّهَا

„Nimm all diese Sachen ...!"
[CHufs HafsiHi AL-ASCHYA'a KuLLaHA...]

كُلَّهَا [KuLLaHa] wird hier emphatisch (betonend) verwendet, d.h. man hebt hervor, dass es sich tatsächlich um „alle (Sachen)" handelt:

كُلُّهُمْ يُقَدِّرُونَنِي ← oder أَلنَّاسُ كُلُّهُمْ

„Sie alle (oder: alle Leute) schätzen mich."
[*KuLLuHum*] (oder [*AN-NAßu KuLLuHuM*]) *YuQaDDiRUNaNI*]

9. Wegfall von ن **nun im Dual und äußeren Plural**

Steht ein Nomen im Dual oder im äußeren Plural als erstes Element einer Genitivverbindung mit einem weiteren Nomen oder mit einem Personalpronomensuffix, verliert es das letzte **nun**.

• Dual

Normale Endung			Endung in einer Genitivverbindung	
انِ	[*-ANi*]	←	ـا	[*-A*]
ـَـينِ	[*-aYNi*]	←	ـَـي	[*-aY*]

بِنْتَا ٱلْمُحَامِي „die beiden Töchter des Anwalts"
[*BiNTA AL-MuḤAMI*]

Hängt man das Personalpronomensuffix der 1. Person ي [*-I*] „mein" an, so verändert sich dieses zu يَ [*-Ya*]:

بِنْتَا [*BiNTA*] + [*-I*] ← بِنْتَايَ „meine beiden Töchter" [*BiNTAYa*]

إِبْنَا [*IBNA*] + [*-I*] ← إِبْنَايَ „meine beiden Söhne" [*IBNAYa*]

سَوْفَ يَتَزَوَّجَانِ بِنْتَيِ ٱلْمُحَامِي

„Sie werden die beiden Töchter des Anwalts heiraten."
[*ßaUFa YaTaSaWWaĴANi BiNTaY-i AL-MuḤAMI*]
(Das [*-i*] nach بِنْتَيِ [*BiNTaY*] ist ein Stützvokal.)

لِإِبْنَيْكَ „für deine beiden Söhne"
[*Li-IBNaY-Ka*]

LEKTION 49

• Äußerer Plural

Endung in einer Genitivverbindung			Normale Endung
[-U] ـُـو	←	[-UNa] ـُـونَ
[-I] ـِـي	←	[-INa] ـِـينَ

بَائِعُوهَا „ihre Verkäufer" [BA'icUHA]

أَنَا أَغْنَى مُزَارِعِي ٱلْمِنْطَقَةِ

„Ich bin der reichste Landwirt der Gegend."
[ANA ARNA MuSARicI AL-MiNṬaQaTi]

10. أَلَّذِي [ALLafsI] **„welcher/der" und** أَلَّتِي [ALLaTI] **„welche/die"**

Sie werden benutzt, um einen Relativsatz mit einem vorhergehenden Satzteil zu verbinden. أَلَّذِي [ALLafsI] und أَلَّتِي [ALLaTI] stehen nur nach einem Nomen mit Artikel:

يَنْزِلُ ٱللَّيْلُ شَيْئاً فَشَيْئاً فَوْقَ ذَلِكَ ٱلْمَكَانِ ٱلَّذِي يَسْحَرُ ٱلْعُيُونَ وَ ٱلْقُلُوبَ

„Die Nacht bricht langsam herein über jenem Ort, der die Augen und Herzen verzaubert."
[YaNSiLu AL-LaYLu SCHaY'An Fa-SCHaY'An FaUQa fsaLiKa AL-MaKANi ALLafsI YaßḤaRu AL-cuYUNa Wa-AL-QuLUBa]

Hätte das Nomen مَكَان [MaKAN] „Ort" hier keinen Artikel, würde أَلَّذِي [ALLafsI] wegfallen, und es müsste heißen:

فَوْقَ مَكَانٍ يَسْحَرُ ٱلْعُيُونَ وَ ٱلْقُلُوبَ

„über einem Ort, der die Augen und Herzen verzaubert."
[FaUQa MaKANin YaßḤaRu AL-cuYUNa Wa-AL-QuLUBa]

أَلَّذِي [ALLafsI] und أَلَّتِي [ALLaTI] können auch mit „deren" übersetzt werden. Im Prinzip implizieren diese beiden Wörter, dass es einen gewissen Zusammenhang zwischen zwei Satzteilen gibt.

حَيْثُ تُوجَدُ ٱلْمَحَلاَّتُ ٱلتِّجَارِيَّةُ ٱلَّتِي يَعْرِفُ بَائِعُوهَا ٱللُّغَةَ ٱلإِنْكِلِيزِيَّةَ

„wo die Geschäfte sind, deren Verkäufer Englisch sprechen." [ḤaYfßu TUĴaDu AL-MaḤaLLATu AT-TiĴARiYYaTu ALLaTI Ya^cRiFu BA'i^cUHA AL-LuṘaTa AL- INKiLISiYYa(Ta)]

11. لِأَنَّهُ [Li'ANNa-Hu]

Das Personalpronomensuffix هُ [-Hu] bezieht sich auf eine Sache/ Person, die in einem vorhergehenden Satzteil erwähnt wurde. Entsprechend kann anstelle von هُ [-Hu] auch jedes andere Suffix wie كَ [-Ka], كِ [-Ki] oder هَا [-HA] stehen:

أُقَدِّرُ هَذَا ٱلْحَكِيمَ كَثِيراً لِأَنَّهُ يَعْرِفُ مَا هِيَ ٱلْقَنَاعَةُ

„Ich schätze diesen Weisen sehr, weil er weiß, sich [mit wenig] zu begnügen." [UQaDDiRu HafsA AL-ḤaKIMa KafßIRAn Li'ANNaHu Ya^cRiFu MA HiYa AL-QaNA^caTu]

Mitunter benutzt man لِأَنَّهُ [Li'ANNaHu] auch, ohne dass ein direkter Bezug zu einem vorhergehenden Satzteil vorliegt (Übersetzung mit „denn" oder „aus diesem Grund"):

تَعَالَ لِتَنْظِيفِ غُرْفَةِ ٱلإِسْتِقْبَالِ لِأَنَّهُ سَيَصِلُ ضُيُوفٌ بَعْدَ سَاعَةٍ

„Komm, um das Wohnzimmer sauber zu machen, denn in einer Stunde werden Gäste kommen." [Ta^cALa Li-TaNṢIFi ṘuRFaTi (A)L-IßTiQBALi Li'ANNaHu ßa-YaßiLu ḌuYUFun Ba^cDa ßA^caTin]

12. Wortschatz

أُعْذُرْنِي!	„Verzeih mir!; Entschuldige!" [U^cfs**u**RNI]
شُكْراً جَزِيلاً!	„Vielen Dank!" [SCH**u**KRAn ĴaS**I**LAn]
عَفْواً	„Bitte sehr." [^c**a**FWAn]
مَمْنُونٌ	„Danke!" (wörtl.: anerkennend) [MaMN**U**N(un)]
مَا أَخْبَارُكَ؟	„Was gibt es Neues bei dir?" [MA ACHB**A**RuKa]
كَيْفَ ٱلْعَائِلَةُ؟	„Wie geht es der Familie?" [K**a**YFa AL-^c**A**'iLaTu]
تَعَالَ! / تَعَالَيْ!	„Komm!" (♂/♀) [Ta^c**A**LaY / Ta^c**A**La]

كُلُّهُمْ بِخَيْرٍ، أَلْحَمْدُ لِلّٰهِ!*

„Allen geht es gut, Gott sei Dank!"
[K**u**LLuHuM Bi-CH**a**YRin AL-Ḥ**a**MDu Li-LL**a**Hi]

* أَللّٰه [ALL**a**H] schreibt sich mit einem kleinen **alif** über dem **schadda**; dies repräsentiert ein ehemaliges langes **alif**.

أُرِيدُ	„ich möchte ..." [UR**I**Du]
مَبْرُوك!	„Glückwunsch!" [MaBR**U**K]
إِلَى ٱللِّقَاءِ!	„Auf Wiedersehen!" [ILA (A)L-LiQ**A**'i]
شَيْئاً فَشَيْئاً	„langsam; Schritt für Schritt" [SCH**a**Y'An Fa-SCH**a**Y'An]
أَيْنَ تُوجَدُ / يُوجَدُ	„Wo findet man ...?; Wo gibt es ...?" [**A**YNa T**U**ĴaDu / Y**U**ĴaDu]
إِلَى ٱلْيَمِينِ / ٱلْيَسَارِ	„nach rechts / links" [ILA AL-YaM**I**Ni / AL-Yaß**A**Ri]

عَلَى ٱلْيَمِينِ / ٱلْيَسَارِ
„rechts / links“
[*ᶜaLA AL-YaMINi / AL-YaßARi*]

بَعْضُهُمَا لِلْبَعْضِ
„zueinander; einer zum anderen“ [*BaᶜḌuHuMA LiL-BaᶜḌi*]

مَا هَذِهِ ٱلْفَوْضَى؟
„Was soll diese Unordnung?“
[*MA HafsiHi AL-FaUḌA*]

ضَرَبْتَ عُصْفُورَيْنِ بِحَجَرٍ وَاحِدٍ
„Du hast zwei Fliegen mit einer Klappe geschlagen.“
[*ḌaRaBTa ᶜuß̲FURaYNi Bi-ḤaĴaRin WAḤiDin*]

13. Verständnis- / Formulierungsübung

1 تَعَالَيْ! سَنَزُورُ مَدِينَةَ مُرَّاكُش ٱلْقَدِيمَةَ

2 مَا رَأَيْتُهَا مُنْذُ عَشْرِ سَنَوَاتٍ

3 أُعْذُرْنِي يَا سَيِّدِي! أَيْنَ تُوجَدُ سَاحَةُ جَامِعِ ٱلْفَنَاءِ، مِنْ فَضْلِكَ؟

4 خُذْ هَذَا ٱلشَّارِعَ أَمَامَكَ ثُمَّ تَدُورُ إِلَى ٱلْيَسَارِ ثُمَّ إِلَى ٱلْيَمِينِ

5 عِنْدَئِذٍ تَجِدُ صَوْمَعَةَ ٱلْكُتُبِيَّةِ
6 هَلْ يُمْكِنُ شِرَاءُ كُتُبٍ عَرَبِيَّةٍ قَدِيمَةٍ بِٱلْقُرْبِ مِنْ هُنَا؟
7 نَعَمْ! وَبَائِعُوهَا يَعْرِفُونَ ٱللُّغَاتِ ٱلْأُورُوبِّيَّةَ!
8 أَلْفُ شُكْرٍ!
9 عَفْواً!
10 تَفَرَّجَ ٱلزَّوْجَانِ عَلَى ٱلسَّاحَةِ ٱلْكُبْرَى قَبْلَ زِيَارَتِهِمَا لِجَامِعِ ٱلْكُتُبِيَّةِ
11 ٱلَّذِي هُوَ مِنْ أَجْمَلِ ٱلْمَسَاجِدِ فِي ٱلْعَالَمِ ٱلْعَرَبِيِّ ٱلْإِسْلَامِيِّ
12 بَعْدَ غُرُوبِ ٱلشَّمْسِ: تَعَالَ!
13 سَنَأْكُلُ ٱلْآنَ كُسْكُساً فَاخِراً عِنْدَ صَدِيقَتِي ٱلْكَبِيرَةِ لَطِيفَةٍ

Aussprache der Übungssätze

[**1** *TacALaY ßa-NaSURu MaDINaTa MuRRAKuSCH AL-QaDIMa(Ta)*] [**2** *MA Ra'AYTuHA MuNfsu caSCHRi ßaNaWAT(in)*] [**3** *UcfsuRNI YA ßaYYiDI AYNa TUĴaDu ßAḤaTu ĴAMici (A)L-FaNA'(i) MiN FaḌLiK(a)*] [**4** *CHufs HafsA (A)SCH-SCHARica AMAMaK(a) fsuMMa Ta-DURu ILA (A)L-YaßAR(i) fsuMMa ILA (A)L-YaMIN(i)*] [**5** *ciNDa'ifsin TaĴiDu ßaUMacaTa (A)L-KuTuBiYYa(Ti)*] [**6** *HaL YuMKiNu SCHiRA'u KuTuBin caRaBiYYa(Tin) QaDIMa(Tin) BiL-QuRBi MiN HuNA*] [**7** *Na-caM Wa-BA'icUHA YacRiFUNa (A)L-LuṘATi (A)L-URUBBiYYa(Ta)*] [**8** *ALF(u) SCHuKR(in)*] [**9** *caFWAn*] [**10** *TaFaRRaĴa (A)S-SaUĴANi caLA (A)ß-ßAḤaTi (A)L-KuBRA QaBLa SiYARaTiHiMA Li-ĴAMici (A)L-KuTuBiYYa(Ti)*] [**11** *ALLafsI HuWa MiN AĴMaLi (A)L-MaßAĴiDi FI (A)L-cALaMi (A)L-caRaBiYYi (A)L-IßLAMiYY(i)*] [**12** *BacDa ṘuRUBi (A)SCH-SCHaMß(i) TacALa*] [**13** *ßa-NA'KuLu (A)L-ĀNa KußKußAn FA-CHiRAn ciNDa ßaDIQaTI (A)L-KABIRA(Ti) LaṬIfa(Tin)*]

Übersetzung der Übungssätze

❶ – Komm (♀)! Wir werden die Altstadt von Marrakesch besuchen. ❷ Ich habe sie seit zehn Jahren nicht [mehr] gesehen. ❸ – Verzeihen Sie (verzeih-mir) mein Herr! Wo befindet sich bitte der Djemaa el Fna Platz? ❹ – Nehmen Sie diese Straße vor Ihnen, dann biegen Sie nach links ab und dann nach rechts. ❺ Also werden Sie das Minarett von Koutoubia sehen (du-findest). ❻ – Kann man hier in der Nähe alte arabische Bücher kaufen? ❼ – Ja, und die Verkäufer (Verkäufer-sie) kennen [sprechen] europäische Sprachen. ❽ – Tausend Dank! – Tausend Dank! ❾ – Bitte sehr! – ❿ Die beiden Ehepartner haben sich den großen Platz (die-Platz die-größte) angeschaut, bevor sie die Koutoubia Moschee besuchen, ⓫ die eine der schönsten Moscheen der arabisch-islamischen Welt ist. ⓬ Nach dem Sonnenuntergang: „Komm (♂)! ⓭ Wir werden jetzt ein herrliches Couscous (Couscous luxuriös) bei meiner guten Freundin (Freundin-meine die-große) Latifa essen."

Jetzt, in der aktiven Phase, werden Sie bald merken, dass Sie für die Verständigung in Alltagssituationen bereits gut gerüstet sind. Vergessen Sie jedoch nicht, sich bei den neuen Lektionen weiterhin vorerst ganz auf das Verstehen des Textes zu konzentrieren!

أَلْقِسْمُ ٱلثَّانِي:

أُنْظُرْ مَرَّةً ثَانِيَةً إِلَى ٱلدَّرْسِ ٱلرَّابِعَ عَشَرَ

[*AL-QißMu (A)fß-fßANI UNṢuR MaRRa(Tan) fßANiYYa(Tan) ILA AD-DaRßi (A)R-RABica cASCHaRa*]

٥٠ أَلدَّرْسُ ٱلْخَمْسُونَ

إِمْرَأَةٌ مُسْتَعْجِلَةٌ

١	إِنْتَظَرَتْ يَاسْمِينَةٌ دَوْرَهَا مُدَّةً طَوِيلَةً ①
٢	أَخِيراً وَصَلَتْ إِلَى ٱلشُّبَّاكِ ②
٣	وَأَرْسَلَتْ طَرْداً إِلَى ٱلْخَارِجِ ③
٤	ثُمَّ أَرَادَتْ إِرْسَالَ رِسَالَةٍ مُسَجَّلَةٍ ④⑤⑥

AUSSPRACHE

[AD-DaRßu (A)L-CHAMßUN(a)] [IMRA'aTun MußTa^cĴiLa(Tun)] [1 INTaṢaRaT YAßMINa(Tun) DaURaHA MuDDaTAn TaWILa(Tan)] [2 ACHIRAn WaßaLaT ILA (A)SCH-SCHuBBAK(i)] [3 Wa-ARßaLaT ṬaRDAn ILA (A)L-CHARiĴ(i)] [4 fßuMMa ARADaT IRßALa RißALaTin MußaĴĴaLa(Tin)]

In dieser Lerneinheit werden Sie feststellen, dass auf den Tonaufnahmen weiterhin viele Wortendungen in bereits bekannter Manier verkürzt werden. Lassen Sie sich dadurch aber nicht verunsichern. Sie werden sehen, dass Sie sich im Gespräch mit Muttersprachlern sehr schnell an die übliche Umgangssprache gewöhnen.

ANMERKUNGEN

إِنْتَظَرَتْ [*INTaṢaRaT*]: 3. Pers. Sg. Fem. des VA (VIII. Stamm), ① ausgehend von *N-Ṣ-R*. Typisch für diesen Stamm sind die Vorsilbe [*I*-] und die mittlere Silbe [*Ta*-] nach dem ersten Konsonanten: إِنْتَظَرَ [*INTaṢaRa*], يَنْتَظِرُ [*YaNTaṢiRu*].

50. Lektion

Eine Frau in Eile

Jasmin hat lange Zeit gewartet, bis sie an der Reihe war. **1**
(wartete-sie Jasmin Runde-ihre Zeitraum lange)
Endlich ist sie am Schalter angekommen **2**
und hat ein Paket ins Ausland geschickt. **3**
Dann hat sie noch ein Einschreiben schicken wollen, **4**
(dann wollte-sie Schicken Brief eingeschriebene)

ANMERKUNGEN

② أَخيراً [*ACHIRAn*]: Das Adverb von أَخِيرٌ [*ACHIRun*] „letzter" ist regelmäßig und bedeutet „endlich".

③ أَرْسَلَتْ [*ARßaLaT*]: 3. Pers. Sg. Fem. des VA (IV. Stamm) auf der Basis von ***R-ß-L***. Beim IV. Stamm steht das Präfix أَ [*A-*] vor dem 1. Konsonanten, der erste Vokal entfällt: أَرْسَلَ [***A**RßaLa*], يُرْسِلُ [*Y**u**RßiLu*].

④ أَرَادَتْ [***A**RADaT*] „sie hat gewollt". Sie kennen dieses unregelmäßige Verb im IV. Stamm bereits in seiner unvollendeten Form: أُرِيدُ [*URIDu*] „ich will" (تُرِيدُ [*TuRIDu*] „du willst, sie will", يُرِيدُ [*YuRIDu*] „er will").

⑤ إِرْسَال [*IRß**A**L*] ist das Verbalnomen (**ma<u>ß</u>dar**) zu أَرْسَلَ [***A**RßaLa*] und يُرْسِلُ [*Y**u**RßiLu*].

⑥ Vergleichen Sie رِسَالَة [*Riß**A**LaT*] „Brief" mit أَرْسَلَ [***A**RßaLa*] „er hat geschickt". Auch hier erkennen Sie die gemeinsame Wurzel ***R-ß-L***.

٥ وَلَكِنْ لِذَلِكَ كَانَ عَلَيْهَا أَنْ تَذْهَبَ إِلَى شُبَّاكٍ آخَرَ ⑦⑧

٦ كَانَتْ يَاسْمِينَةُ مُسْتَعْجِلَةً...

٧ وَجَدَتْ نَفْسَهَا مَرَّةً أُخْرَى أَمَامَ طَابُورٍ طَوِيلٍ ⑨

٨ فَقَالَتْ لِرَجُلٍ وَاقِفٍ فِي مُقَدِّمَتِهِ:

٩ – مِنْ فَضْلِكَ يَا سَيِّدِي!

١٠ أَنَا مُسْتَعْجِلَةٌ جِدّاً ⑩

١١ أَوْقَفْتُ سَيَّارَتِي فِي مَكَانٍ ⑪

١٢ مَمْنُوعٌ أَلْوُقُوفُ فِيهِ! ⑫

AUSSPRACHE

[**5** *W**a**LaKiN Li-fsaLiKa K**A**Na ᶜaL**a**YHA AN T**a**fsHaBa **I**LA SCHuBB**A**Kin **A**CHaRa*] [**6** *K**A**NaT YAßM**I**Na(Tun) MußT**a**ᶜĴiLa(Tan)*] [**7** *W**a**ĴaDaT N**a**FßaHA M**a**RRaTan **U**CHRA AM**A**Ma ṬAB**U**Rin ṬaW**I**L(in)*] [**8** *Fa-Q**A**LaT Li-R**a**ĴuLin W**A**QiF(in) FI MuQaDDiM**a**TiHi*] [**9** *MiN F**a**ḌLiKa YA ß**a**YYiDI*] [**10** ***A**NA MußT**a**ᶜĴiLaTun Ĵ**i**DDAn*] [**11** *AUQ**a**FTu ßaYY**A**RaTI FI MaK**A**Nin*] [**12** *MaMN**U**ᶜ(un) AL-WuQ**U**Fu F**I**Hi*] aber dazu (für-jener) hat sie zu einem anderen Schalter gehen müssen. (war-er über-sie dass sie-würde-gehen zu Schalter anderer) 5

Jasmin war in Eile ... 6

sie hat sich ein weiteres Mal in einer langen Schlange befunden (vor Schlange lange), 7

und [sie] sagte zu einem Mann, der ganz vorne in [der Schlange] stand (zu-Mann stehend in vorne-sein): 8

Bitte mein Herr! – 9

Ich bin sehr in Eile. 10

Ich habe mein Auto an einer Stelle geparkt, (hielt-ich Auto-mein in Ort) 11

an der [das Parken] verboten ist! (verboten der-Halten in-ihm) 12

ANMERKUNGEN

⑦ كَانَ عَلَيْهَا أَنْ تَذْهَبَ [*KANa* *[c]aLaYHA AN TafsHaBa*]: Das Verb steht im Konjunktiv: تَذْهَبَ [*TafsHaBa*] „sie würde gehen, sie gehe". Ein Synonym wäre كَانَ لَا بُدَّ لَهَا مِنَ ٱلذَّهَابِ [*KANa LA BuDDa LaHA MiN-a Afs-fsaHABi*].

⑧ تَذْهَبَ [*TafsHaBa*]: Die Konjunktivform unterscheidet sich durch den letzten Vokal ([-*a*] anstelle von [-*u*]). Der Konjunktiv steht z.B. nach der Konstruktion عَلَى ... أَنْ [*[c]aLA... AN*] „müssen".

⑨ وَجَدَتْ نَفْسَهَا [*WaĴaDaT NaFßaHA*] ist ein weiteres Beispiel für die Verwendung von نَفْس [*NaFß*] „Seele" im rückbezüglichen Sinne.

⑩ وَاقِف [*WAQiF*] „stehend" ist das Aktiv-Partizip von وَقَفَ [*WaQaFa*], يَقِفُ [*YaQiFu*] „stehen", „(an-)halten".

⑪ أَوْقَفْتُ [*AUQaFTu*] ist ein Verb des IV. Stamms, ausgehend von *W-Q-F*: أَوْقَف [*AUQaFa*], يُوقِفُ [*YUQiFu*]. Beachten Sie die Schreibweise des **waw** im UA (anstelle von [-*u*-]) ohne **ßukun**).

⑫ وُقُوف [*WuQUF*] ist das Verbalnomen zu وَقَفَ [*WaQaFa*], يَقِفُ [*YaQiFu*] „stehen", „(an-)halten".

١٣ – لَدَيَّ ٱلْوَقْتُ! ... ⑬

١٤ تَفَضَّلِي... ! خُذِي مَكَانِي! ⑭

١٥ وَلَكِنْ، فِي ٱلْمُسْتَقْبَلِ، أُتْرُكِي سَيَّارَتَكِ فِي ٱلْكَارَاجِ! ⑮

AUSSPRACHE

[**13** *LaD***a***YYa AL-W***a***QT(u)*] [**14** *TaF***a***ḌḌaLI CH***u***fsI MaK***A***NI*] [**15** *W***a***LaKiN FI (A)L-MußT***a***QBaL(i)* ***U****TRuKI ßaYYAR***a***TaKi FI (A)L-KAR***A***Ĵ*]

Übung 1: Verstehen Sie diese Sätze?

❶ لَا أُرِيدُ أَنْ أَتْرُكَ سَيَّارَتِي فِي هَذَا ٱلْمَكَانِ ٱلَّذِي هُوَ غَيْرُ مُنَاسِبٍ لَهَا

❷ إِنْتَظَرْنَا دَوْرَنَا مَرَّةً أُخْرَى فِي طَابُورٍ طَوِيلٍ

❸ كَانَتِ ٱلْمَرْأَتَانِ مُسْتَعْجِلَتَيْنِ فَأَوْقَفَتَا سَيَّارَتَهُمَا فِي وَسَطِ ٱلشَّارِعِ

❹ أَرَدْنَا إِرْسَالَ رَسَائِلَ مُسَجَّلَةٍ

❺ لَابُدَّ لَنَا مِنَ ٱلذَّهَابِ إِلَى شُبَّاكٍ آخَرَ

❻ لِمَاذَا عَلَيْنَا أَنْ نَقِفَ مُدَّةً طَوِيلَةً أَمَامَ ٱلشَّبَابِيكِ؟

❼ كَمْ لِإِرْسَالِ هَذَا ٱلطَّرْدِ ٱلصَّغِيرِ إِلَى ٱلْخَارِجِ، مِنْ فَضْلِكَ؟

Ich habe Zeit! ... – 13
Bitte sehr! ... Nehmen Sie meinen Platz! 14
Aber in Zukunft lassen Sie ihr Auto [zu Hause] in der Garage! 15

ANMERKUNGEN

⑬ لَدَيَّ [LaDaYYa] setzt sich zusammen aus لَدَى + ي [LaDA] + [I]. Vergleichen Sie dazu عَلَيَّ [^caLaYYa] „auf mich". لَدَى [LaDA] „bei" ist gleichbedeutend mit عِنْدَ [^ciNDa].

⑭ تَفَضَّلي [TaFaḌḌaLI] „Bitte sehr!" richtet sich an eine Frau. Spricht man einen Mann an, benutzt man das Ihnen bekannte تَفَضَّل [TaFaḌḌaL].

⑮ Das aus dem Französischen entlehnte كَارَاج [KARAĴ] kann entweder die private „Garage" oder das öffentliche „Parkhaus" bezeichnen. Nicht selten versteht man darunter außerdem die „Werkstatt".

Lösung 1: Haben Sie verstanden?

❶ Ich möchte mein Auto nicht an dieser Stelle lassen, die dafür nicht geeignet ist.
(nicht ich-will dass ich-lasse Auto-mein in dieser der-Ort welcher er nicht passend für-sie)

❷ Wir haben ein weiteres (anderes) Mal in einer langen Schlange gewartet, bis wir an der Reihe waren.

❸ Die zwei Frauen waren in Eile und haben ihrer beider Auto mitten auf der Straße geparkt.

❹ Wir haben Einschreiben schicken wollen.

❺ Wir müssen unbedingt an einen anderen Schalter gehen.

❻ Warum müssen wir so eine lange Zeit vor den Schaltern stehen (warum über-uns dass wir-stehen)?

❼ Wie viel macht es, dieses kleine Paket ins Ausland zu schicken, bitte?

Übung 2: Setzen Sie die fehlenden Wörter ein!

Mohammed hat lange Zeit gewartet, bis er an der Reihe war. ❶

إِنْتَظَرَ مُحَمَّدٌ ______ مُدَّةً طَوِيلَةً

Er hat einen eingeschriebenen Brief am (vom) Schalter abschicken wollen. ❷

______ إِرْسَالَ رِسَالَةٍ مُسَجَّلَةٍ مِنَ ٱلشُّبَّاكِ

Ich♂ bin sehr in Eile. ❸

أَنَا ______ ______

Leseübung

إمرأة مستعجلة

١ إنتظرت ياسمينة دورها مدّة طويلة

٢ أخيراً وصلت إلى الشّبّاك

٣ وأرسلت طرداً إلى الخارج

٤ ثمّ أرادت إرسال رسالة مسجّلة

٥ ولكن لذلك كان عليها أن تذهب إلى شبّاك آخر

④ Hast du♂ das Auto an einer Stelle geparkt, an der [das Parken] verboten ist?

هَلْ ______ ٱلسَّيَّارَةَ فِي مَكَانٍ مَمْنُوعٌ ٱلْوُقُوفُ فِيهِ؟

Lösung 2: Die fehlenden Wörter.

① دَوْرَهُ [*D**a**URaHu*] ② أَرَادَ [***A**RADa*] ③ مُسْتَعْجِلٌ جِدًّا [*MußT**a**cĴiLun Ĵ**i**DDAn*] ④ أَوْقَفْتَ [*AUQ**a**FTa*]

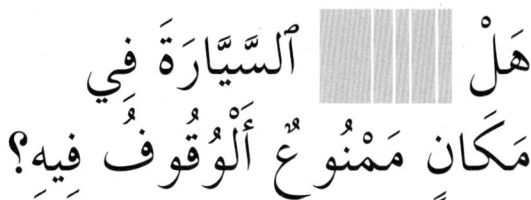

إِمْرَأَةٌ مُسْتَعْجِلَةٌ

٦ كانت ياسمينة مستعجلة...

٧ وجدت نفسها مرّة أخرى أمام طابور طويل.

٨ فقالت لرجل واقف في مقدّمته:

٩ – من فضلك يا سيّدي!

١٠ أنا مستعجلة جدّاً

١١ أوقفت سيّارتي في مكان

١٢ ممنوع ألوقوف فيه!

١٣ – لديّ الوقت! ...

١٤ تفضّلي ...! خذي مكاني!

١٥ ولكن، في المستقبل، أتركي سيّارتك في الكاراج!

٥١ أَلدَّرْسُ ٱلْحَادِي وَٱلْخَمْسُونَ

فِي مَكْتَبِ ٱلْبَرِيدِ ٱلْكَبِيرِ

١ فِي ٱلْيَوْمِ ٱلتَّالِي،

٢ تَعُودُ يَاسْمِينَةٌ إِلَى مَكْتَبِ ٱلْبَرِيدِ

٣ مَشْياً عَلَى ٱلْأَقْدَامِ، هَذِهِ ٱلْمَرَّةَ ①

AUSSPRACHE

[AD-DaRßu AL-ḤADI Wa-(A)L-CHAMßUN(a)] [FI MaKTaBi (A)L-BaRIDi (A)L-KaBIR(i)] [1 FI AL-YaUMi (A)T-TALI] [2 Ta°UDu YAßMINa(Tun) ILA MaKTaBi (A)L-BaRID(i)] [3 MaSCHYAn °aLA (A)L-AQDAM(i) HafsiHi (A)L-MaRRa(Ta)]

Am Ende dieser Lektion geben wir Ihnen ein Sprichwort mit auf den Weg, das besonders im Hinblick auf das Lernen mit Assimil sehr passend ist:

إِنَّ ٱللهَ مَعَ ٱلصَّابِرِينَ

„Gott ist mit den Geduldigen."
(sicher Gott mit die-Geduldigen)
[*I*NNa (A)LL*a*Ha M*a*°a (A)ß-ß*A*BiR*I*N(a)]

أَلْقِسْمُ ٱلثَّانِي:
أُنْظُرْ مَرَّةً ثَانِيَّةً إِلَى ٱلدَّرْسِ ٱلْخَامِسَ عَشَرَ

[AL-Q*i*ßMu (A)fß-fß*A*NI *U*NṢuR M*a*RRa(Tan) fß*A*N*i*YYa(Tan) *I*LA AD-D*a*RßI (A)L-CH*A*Mißa °*A*SCHaRa]

51. Lektion

Im großen Postamt

Am folgenden Tag (in der-Tag der-folgend) 1
kommt Jasmin zurück zum Postamt, 2
dieses Mal zu Fuß (gehend über die-Füße diese die-Mal). 3

ANMERKUNGEN

① مَشْياً عَلَى ٱلْأَقْدَامِ [M*a*SCHYAn °*a*LA AL-AQD*A*MI] kann auch in verkürzter Form auftauchen: مَشْيٌ [M*a*SCHYun] allein impliziert bereits, dass man sich zu Fuß fortbewegt.

٤ عَلَيْهَا أَنْ تُرْسِلَ ٱلْعَدِيدَ مِنَ ٱلْبِطَاقَاتِ ٱلْبَرِيدِيَّةِ ②

٥ بِمُنَاسَبَةِ عِيدِ رَأْسِ ٱلسَّنَةِ ③

٦ تَتَوَجَّهُ ٱلْمَرْأَةُ إِلَى ٱلْمُوَظَّفَةِ قَائِلَةً: ④

٧ – أَعْطِينِي دَفْتَرَ طَوَابِعَ مِنْ فَضْلِكِ

٨ هَلْ يُمْكِنُنِي أَنْ أُرْسِلَ بَرْقِيَّةً؟ ⑤

٩ – نَعَمْ!

١٠ سَجِّلِي هُنَا نَصَّ ٱلْبَرْقِيَّةِ

١١ وَعُنْوَانَ ٱلْمُرْسَلِ إِلَيْهِ ⑥

AUSSPRACHE

[**4** *ᶜaL**a**YHA AN T**u**RßiLa (A)L-ᶜaD**I**D(a) M**i**N-a (A)L-BiṬAQ**A**Ti (A)L-BaRIDi**i**YYa(Ti)*] [**5** *Bi-MuN**A**ßaBaTi ᶜIDi R**A**'ßi (A)ß-ß**a**Na(T)i*] [**6** *TaTaW**a**ĴĴaHu (A)L-MaR'**A**(Tu) **I**LA (A)L-MuW**a**ṢṢaFa(Ti) Q**A**'iLaTan*] [**7** *AᶜṬ**I**NI D**a**FTaRa ṬaW**A**Biᶜ(a) MiN F**a**ḌLiKi*] [**8** *HaL YuMK**i**NuNI AN **U**RßiLa BaRQ**i**YYa(Tan)*] [**9** *N**a**ᶜaM*] [**10** *ß**a**ĴĴiLI HuNA N**a**ßßa (A)L-BaRQ**i**YYa(Ti)*] [**11** *Wa-ᶜuNW**A**Na (A)L-M**u**RßaLi IL**a**YHi*]

Sie muss eine Menge Postkarten verschicken (über-ihr dass sie-würde-schicken der-Menge von die-Karten die-postalische) 4
anlässlich des Neujahrsfests (mit-Anlass Fest Kopf die-Jahr). 5
Die Frau wendet sich an die [Post-] Angestellte und sagt: 6
Geben Sie mir einen Satz Briefmarken, bitte! – 7
Kann ich ein Telegramm schicken (|Frage| er-ist-möglich-mir dass ich-schicke Telegramm)? 8
Ja. – 9
Tragen Sie hier den Text des Telegramms ein 10
und die Adresse des Empfängers (der-geschickt zu-ihm). 11

ANMERKUNGEN

Bei عَلَيْهَا أَنْ تُرْسِلَ [ᶜaL**a**YHA AN T**u**RßiLa] zeigt sich den Gebrauch von عَلَى [ᶜ**a**LA] für „müssen". أَرْسَلَ [***A*****RßaLa**] „schicken" ist ein Konjunktiv, d.h. im UA wird [-*u*] zu [-*a*]: تُرْسِلَ [*T***u***RßiLa*] „sie würde schicken, sie schicke". ②

Neujahr bzw. Silvester heißt عِيدُ رَأْسِ ٱلسَّنَةِ [ᶜ*IDu* ***RA****ᶜßi Aß-ß***a***NaTi*]. Es hat sich heute auch in der islamischen Welt als Fest etabliert, wird allerdings mit weniger Elan gefeiert als die islamischen Feiertage. ③

قَائِل [*Q***A***'iL*] „sagend", hier im Femininum قَائِلَة [*Q***A***'iLaT*], ist das Aktiv-Partizip von قَالَ [*Q***A***La*], يَقُولُ [*YaQ***U***Lu*] „sagen". ④

Das Hilfsverb يُمْكِنُ [*Y***u***MKiNu*] „können" steht hier mit Personalpronomensuffix. Es folgt ein **ma<u>ß</u>dar** oder أَنْ [*AN*] mit einem Verb im Konjunktiv. ⑤

مُرْسَل إِلَيْهِ [*M***u***RßaL ILaYHi*] „Empfänger": مُرْسَل [*M***u***RßaL*] „geschickt" ist das Passiv-Partizip von أَرْسَلَ [***A****RßaLa*] „schicken". Das Aktiv-Partizip wäre مُرْسِل [*M***u***RßiL*] „Absender, schickend". ⑥

LEKTION 51

١٢ تَضَعُ يَاسْمِينَةُ ٱلْبِطَاقَاتِ ٱلْبَرِيدِيَّةَ ⑦

١٣ فِي صُنْدُوقٍ قَرِيبٍ مِنَ ٱلشُّبَّاكِ

١٤ ثُمَّ تَقُولُ:

١٥ – أَنَا مَحْظُوظَةٌ:

١٦ أَلْجُمْهُورُ قَلِيلٌ أَلْيَوْمَ!

١٧ عَلَى كُلِّ حَالٍ،

١٨ أَعْتَرِفُ بِأَنَّ ٱلْمَشْيَ عَلَى ٱلْأَقْدَامِ خَيْرٌ مِنْ أَخْذِ ٱلسَّيَّارَةِ ⑧⑨⑩

١٩ فِي وَسَطِ ٱلْمُدُنِ

AUSSPRACHE

[**12** *Ta**Ḍ**a^c^u YAßMI**N**a(Tun) (A)L-BiṬAQ**A**Ti (A)L-BaRIDi**YY**a(Ta)*] [**13** *FI ßuNDU**Q**in QaR**I**Bin M**i**N-a (A)SCH-SCHuBB**AK**(i)*] [**14** *fßu**M**-Ma TaQ**U**Lu*] [**15** ***A**NA MaḤṢ**U**Ṣa(Tun)*] [**16** *AL-ĴuMHURu QaL**I**Lun (A)L-Y**a**UM(a)*] [**17** *^c^**a**LA K**u**LLi Ḥ**AL**(in)*] [**18** *A^c^**T**aRiFu Bi'**A**NNa (A)L-M**a**SCHYa ^c^**a**LA (A)L-AQD**A**M(i) CH**a**YRun MiN **A**CHfsi (A)ß-ßaYY**A**Ra(Ti)*] [**19** *FI W**a**ßaṬi (A)L-M**u**DuN(i)*]

ANMERKUNGEN

⑦ Wir kennen وَضَعَ [*Wa**Ḍ**a^c^a*], يَضَعُ [*Ya**Ḍ**a^c^u*] „setzen, stellen, legen". Im UA entfällt das **waw** am Anfang.

Jasmin steckt die Postkarten in einen Briefkasten 12
in der Nähe des Schalters, 13
dann sagt sie: 14
Ich habe Glück (ich glücklich): – 15
Es sind nur wenige Leute [hier] heute (der-Menschenmenge wenig der-Tag)! 16
Auf jeden Fall 17
gebe ich zu, dass es besser ist, zu Fuß zu gehen, als das Auto zu nehmen, (ich-anerkenne mit-dass der-Gehen über die-Füße besser von Nehmen die-Auto) 18
in der Innenstadt (in Zentrum die-Städte). 19

فِي مَكْتَبِ ٱلْبَرِيدِ ٱلْكَبِيرِ

ANMERKUNGEN

⑧ أَعْتَرِفُ [*A^{c}TaRiFu*]: 1. Pers. Sg. UA eines Verbs des VIII. Stamms, ausgehend von **^{c}-R-F**: إِعْتَرَفَ [*I^{c}TaRaFa*] und يَعْتَرِفُ [*Ya^{c}TaRiFu*]. Mit diesem Verb steht immer die Präposition [*Bi-*].

⑨ Präpositionen können auch in Verbindung mit Bindewörtern stehen, wie hier بِأَنَّ [*Bi'ANNa*]. Nach أَنَّ [*ANNa*] „dass" steht das Nomen im Akkusativ: ٱلْمَشْيَ [*AL-MaSCHYa*].

⑩ خَيْر [*CHaYR*] ist kein Elativ, sondern ein feststehender Begriff, der je nach Zusammenhang mit „gut" oder „besser" übersetzt werden kann.

Übung 1: Verstehen Sie diese Sätze?

1. نَحْنُ سَنَعُودُ مَشْيًا عَلَى ٱلْأَقْدَامِ إِلَى مَكْتَبِ ٱلْبَرِيدِ
2. عَلَيْنَا أَنْ نُرْسِلَ ٱلْبِطَاقَاتِ ٱلْبَرِيدِيَّةَ ٱلَّتِي كَتَبْنَاهَا يَوْمَ أَمْسِ
3. عَلَيْكَ أَنْ تُسَجِّلَ نَصَّ ٱلْبَرْقِيَّةِ هُنَا
4. إِذْهَبْ إِلَى مَكْتَبِ ٱلْبَرِيدِ لِإِرْسَالِ رِسَالَتِي هَٰذِهِ
5. هَلْ يُمْكِنُنِي أَنْ أَنْتَظِرَ هُنَا؟

Übung 2: Setzen Sie die fehlenden Wörter ein!

1. Kannst du♂ eine Menge Postkarten verschicken?

هَلْ يُمْكِنُكَ أَنْ تُرْسِلَ أَلْعَدِيدَ مِنَ _____ ٱلْبَرِيدِيَّةِ؟

2. Ich♂ habe Glück: Es sind viele Leute [hier] heute!

أَنَا مَحْظُوظٌ: أَلْجُمْهُورُ _____ أَلْيَوْمَ!

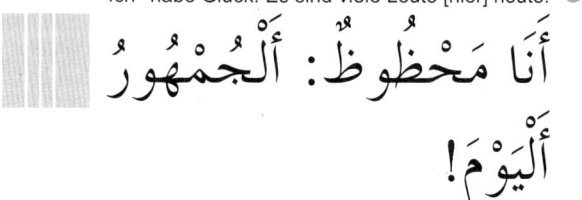

6 يَتَوَجَّهُ ٱلرَّجُلُ إِلَى ٱلْمُوَظَّفَةِ لِأَنَّهُ يُرِيدُ شِرَاءَ دَفْتَرِ طَوَابِعَ

7 هَلْ يُمْكِنُنَا أَنْ نَذْهَبَ مَشْياً إِلَى ٱلسَّاحَةِ ٱلْكُبْرَى؟

Lösung 1: Haben Sie verstanden?

1 Wir werden zu Fuß zurück zum Postamt gehen.
2 Wir müssen die Postkarten verschicken, die wir gestern geschrieben haben.
3 Du musst den Text des Telegramms hier eintragen.
4 Geh zum Postamt, um diesen Brief von mir zu verschicken.
5 Kann ich hier warten?
6 Der Mann wendet sich an die Angestellte, weil er einen Satz Briefmarken kaufen möchte.
7 Können wir zu Fuß zum Großen Platz (die-Platz die-größte) gehen?

3 Mohammed kommt zu Fuß zurück zum Postamt.

... مُحَمَّدٌ إِلَى مَكْتَبِ

ٱلْبَرِيدِ ... عَلَى ٱلْأَقْدَامِ

4 Geben Sie♀ mir bitte eine Briefmarke!

... طَابِعاً مِنْ فَضْلِكِ!

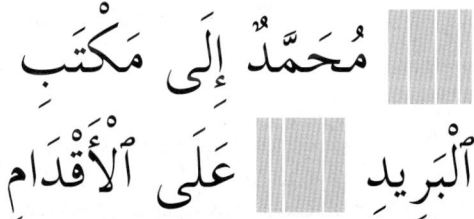

Leseübung

في مكتب البريد الكبير

١ في اليوم التّالي،
٢ تعود ياسمينة إلى مكتب البريد
٣ مشياً على الأقدام، هذه المرّة
٤ عليها أن ترسل العديد من البطاقات البريديّة
٥ بمناسبة عيد رأس السّنة
٦ تتوجّه المرأة إلى الموظّفة قائلة:
٧ – أعطيني دفتر طوابع من فضلك
٨ هل يمكنني أن أرسل برقيّة؟
٩ – نعم !
١٠ سجّلي هنا نصّ البرقيّة
١١ وعنوان المرسل إليه
١٢ تضع ياسمينة البطاقات البريديّة
١٣ في صندوق قريب من الشّبّاك
١٤ ثمّ تقول:
١٥ – أنا محظوظة:

Lösung 2: Die fehlenden Wörter.

① ٱلْبِطَاقَاتِ [AL-BiṬAQATi] ② كَثِيرٌ [KafßIRun]

③ يَعُودُ [Ya°UDu] مَشْياً [MaSCHYAn] ④ أَعْطِينِي [A°ṬINI]

١٦ ألجمهور قليل اليوم!

١٧ على كلّ حال،

١٨ أعترف بأنّ المشي على الأقدام خير من أخذ السّيّارة

١٩ في وسط المدن!

Festtage und Glückwünsche

Internationale Feste wie Halloween, Valentinstag oder Muttertag und Weihnachten kommen in den Ländern des Nahen Ostens immer mehr in Mode. Sie haben sich mittlerweile als Feste etabliert, zu denen man sich Glück wünscht und Kinder beschenkt. Zum Neuen Jahr, aber auch am Ende des Fastenmonats Ramadan, wünscht man sich:

كُلُّ عَامٍ وَ(أَنْتَ) أَنْتُمْ بِخَيْرٍ!

„Gutes neues Jahr!“
(alles Jahr und- (du) ihr mit-Güte)
[KuLLu °AMin Wa- (ANTa) ANTuM Bi-CHaYR(in)]

أَلْقِسْمُ ٱلثَّانِي:

أُنْظُرْ مَرَّةً ثَانِيَّةً إِلَى ٱلدَّرْسِ ٱلسَّادِسَ عَشَرَ

[AL-QißMu (A)fß-fßANI UNṢuR MaRRa(Tan) fßANiYYa(Tan) ILA AD-DaRßi (A)ß-ßADißa °ASCHaRa]

٥٢ أَلدَّرْسُ ٱلثَّانِي وَ ٱلْخَمْسُونَ

غُرْفَةٌ فاخِرَةٌ

١ – صَبَاحَ ٱلْخَيْرِ!

٢ أَحْتَاجُ إِلَى غُرْفَةٍ وَاسِعَةٍ وَنَظِيفَةٍ ①

٣ مَعَ شُرْفَةٍ وَجِهَازِ تِلِفِزْيُونٍ وَٱلْإِنْتَرْنَت... ②

٤ – وَرَخِيصَةٍ طَبْعاً!

٥ – بِٱلضَّبْطِ!

٦ – مَا حَجَزْتَ يَا سَيِّدِي

٧ أَلَيْسَ كَذَلِكَ؟ ③

٨ – لَا! مَا حَجَزْتُ

٩ – إِذَنْ سَتَكُونُ لَكَ غُرْفَةٌ نَظِيفَةٌ

AUSSPRACHE

[AD-DaRßu (A)fß-fßANI Wa-(A)L-CHAMßUN(a)] [ṘuRFaTun FACHiRa(Tun)] [1 ßaBAḤa (A)L-CHaYR(i)] [2 AḤTAĴu ILA ṘuRFaTin WAßiᶜa(Tin) Wa-NaṢIFa(Tin)] [3 Maᶜa SCHuRFa(Tin) Wa-ĴiHAS(i) TiLiFiSYUN(in) Wa-(A)L-INTaRNaT] [4 Wa-RaCHIßa(Tin) ṬaBᶜAn] [5 Bi-(A)Ḍ-ḌaBṬ(i)] [6 MA ḤaĴaSTa YA ßaYYiDI] [7 A-LaYßa Ka-fsaLiK(a)] [8 LA MA ḤaĴaSTu] [9 IfsaN ßa-TaKUNu LaKa ṘuRFa(Tun) NaṢIFa(Tun)]

52. Lektion

Ein luxuriöses Zimmer

Guten Morgen! – 1

Ich benötige (zu) ein geräumiges und sauberes Zimmer 2

mit einem Balkon, einem Fernsehapparat (Apparat Fernsehen) und Internet … 3

Und natürlich billig! – 4

Genau (mit-der-Genauigkeit)! – 5

Sie haben nicht reserviert, mein Herr. – 6

Ist es nicht so (|Frage| nicht-ist wie-jener)? 7

Nein. Ich habe nicht reserviert. – 8

Dann gibt es (wird-sie-sein) für Sie ein sauberes Zimmer, – 9

ANMERKUNGEN

① أَحْتَاجُ إِلَى [AḤTAĴu ILA] (VIII. Stamm) hat die Wurzeln **Ḥ-W-Ĵ**. Wie hier wird **waw** in manchen Wörtern durch **alif** oder **ya** wiedergegeben. حَاجَة [ḤAĴaT] „Notwendigkeit" gehört zur gleichen Wortfamilie.

② Merken Sie sich zu جَاهِز [ĴAHiS] „Apparat" und مَنْزِل [MaNSiL] „Haus" auch den Begriff أَجْهِزَةٌ مَنْزِلِيَّةٌ [AĴHiSaTun MaNSiLiYYaTun] „Haushaltsgeräte".

③ أَلَيْسَ كَذَلِكَ [A-LaYßa Ka-fsaLiKa] „Ist es nicht so?" oder „nicht wahr?" steht gewöhnlich hinter einer Aussage.

١٠ وَلَكِنْ ضَيِّقَةٌ وَمُظْلِمَةٌ ④

١١ بِلاَ شُرْفَةٍ مَعَ دُشّ فَقَطْ

١٢ وَجِهَازِ تِلِفِزْيُونٍ لاَ يَشْتَغِلُ حَالِياً ⑤⑥

١٣ وَهَذَا كُلُّهُ مُقَابِلَ عِشْرِينَ دِينَاراً، أَنْتَ مُوَافِقٌ؟ ⑦

١٤ – رُبَّمَا... أَنَا مُتَرَدِّدٌ... ⑧

١٥ فِي ٱلنِّهَايَةِ سَوْفَ أَكْتَفِي بِهَا لِأَنَّنِي مُتْعَبٌ ⑨

١٦ – غَداً، إِنْ شَاءَ ٱللهُ، سَأُعْطِيكَ غُرْفَةً أَفْخَرَ ⑩⑪⑫

AUSSPRACHE

[**10** *WaLaKiN ḌaYYiQa(Tun) Wa-MuṢLiMa(Tun)*] [**11** *BiLA SCHuRFa(Tin) Ma^ca DuSCHSCH FaQaṬ*] [**12** *Wa-ĴiHAS(i) TiLiFiSYUN(in) LA YaSCHTaṘiLu ḤALiYAn*] [**13** *Wa-HafsA KuLLuHu MuQABiLa ^ciSCHRINa DINAR(An) ANTa MuWAFiQ(un)*] [**14** *RuBBaMA ANA MuTaRaDDiD(un)*] [**15** *FI (A)N-NiHAYa(Ti) ßaUFa AKTaFI BiHA Li'ANNaNI MuT^caB(un)*] [**16** *ṘaDAn IN SCHA'a (A)LLaH(u) ßa-U^cṬIKa ṘuRFaTan AFCHaRa*]

ANMERKUNGEN

④ مُظْلِم [*MuṢLiM*] „dunkel" ist das Aktiv-Partizip von أَظْلَمَ [*AṢLaMa*], يُظْلِمُ [*YuṢLiMu*] „dunkel sein/werden" (IV. Stamm).

⑤ يَشْتَغِلُ [*YaSCHTaṘiLu*] „er funktioniert" von إِشْتَغَلَ [*ISCHTaṘaLa*] (VIII. Stamm) hat die Wurzel *SCH-Ṙ-L*. Neben „funktionieren" hat es auch die Bedeutung „arbeiten". Verwandt hiermit ist مَشْغُولٌ [*MaSCHṘULu*] „besetzt, beschäftigt".

aber [es ist] eng und dunkel, 10
ohne Balkon, nur mit einer Dusche, 11
und der Fernsehapparat funktioniert gerade nicht (Apparat Fernsehen nicht er-funktioniert jetzt). 12
Und das alles für (und-dieser alles-er gegen) zwanzig Dinar, sind Sie einverstanden? 13
Vielleicht ... Ich zögere (ich zögernd) ... – 14
Letztendlich (in die-Ende) werde ich mich [damit] begnügen, denn ich bin müde. 15
Morgen, so Gott will, werde ich Ihnen ein luxuriöseres – Zimmer geben, 16

ANMERKUNGEN

⑥ Das Zeitwort حَالِياً [*ḤALiYAn*] „jetzt gerade" ist ein Synonym zu أَلآن [*AL-ĀN*].

⑦ وَهَذَا كُلُّهُ [*Wa-HafsA KuLLuHu*]: Die Endung ـــهُ [*-Hu*] bezieht sich hier auf هَذَا [*Hafsa*]. Fiele sie weg, hieße وَهَذَا كُلّ [*Wa-HafsA KuLLu*] „und das ist alles".

⑧ مُتَرَدِّد [*MuTaRaDDiD*] „zögernd" ist ein Aktiv-Partizip (V. Stamm).

⑨ أَكْتَفِي [*AKTaFI*] „ich begnüge mich/gebe mich zufrieden" von إِكْتَفَى [*IKTaFA*], يَكْتَفِي [*YaKTaFI*] (VIII. Stamm). Sie kennen das Verb كَفَى [*KaFA*], يَكْفِي [*YaKFI*] „(aus-)reichen". Verben, die als dritten Konsonanten **waw** oder **ya** haben, sind meist unregelmäßig.

⑩ إِنْ شَاءَ ٱللّٰهُ [*IN SCHA'a ALLaHu*] kann an dieser Stelle ungewöhnlich erscheinen. Die Floskel entspricht aber durchaus der Alltagssprache, wird allerdings nicht immer im streng religiösen Sinne gebraucht.

⑪ أُعْطِيكَ [*U^cṬIKa*] „ich gebe dir" von أَعْطَى [*A^cṬA*], يُعْطِي [*Yu^cṬI*] „geben" (IV. Stamm mit der Wurzel ^c*-Ṭ-W*).

⑫ أَفْخَرَ [*AFCHaR-a*] ist der Elativ zu فَاخِر [*FACHiR*]. Er ist diptotisch und steht als Maskulinum, obwohl er sich auf ein weibliches Nomen bezieht.

١٧ تُشْرِفُ عَلَى ٱلسَّاحَةِ

١٨ تَفَضَّلْ!

١٩ هَذَا هُوَ مِفْتَاحُ ٱلْغُرْفَةِ ⑬

AUSSPRACHE

[17 TuSCHRiFu ^caLA (A)ß-ßAḤaT(i)] [18 TaFaḌḌaL] [19 HafsA HuWa MiFTAḤu (A)L-ṘuRFa(Ti)]

Übung 1: Verstehen Sie diese Sätze?

1. أَحْتَاجُ إِلَى غُرْفَةٍ تُشْرِفُ عَلَى سَاحَةِ وَسَطِ ٱلْمَدِينَة
2. لاَ يَشْتَغِلُ جِهَازُ ٱلتِّلِفِزْيُونِ ٱلَّذِي هُوَ فِي غُرْفَتِي... أَلَيْسَ كَذَلِكَ؟
3. نَحْنُ غَيْرُ مُوَافِقِينَ عَلَى ذَلِكَ
4. هَذِهِ ٱلْغُرْفَةُ غَيْرُ نَظِيفَةٍ وَهِيَ ضَيِّقَةٌ جِدّاً
5. هَلْ حَجَزَ مُسَافِرُو هَذَا ٱلْبَاصِ غُرَفاً لَهُمْ؟
6. نُرِيدُ أَنْ نَمْكُثَ هُنَا لِأَنَّنَا مُتْعَبُونَ
7. نَحْنُ مُتَرَدِّدُونَ لِأَنَّ هَذِهِ ٱلْغُرْفَةَ مُكْلِفَةٌ جِدّاً
8. هَذِهِ ٱلْغُرْفَةُ ٱلْفَاخِرَةُ مَعَ حَمَّامٍ وَشُرْفَةٍ نَحْجِزُهَا لَكُمْ مُقَابِلَ أَلْفِ دِينَارٍ

das zum Platz hinaus liegt. 17
Bitte sehr! 18
Hier ist er, der Zimmerschlüssel (dieser er Schlüssel die-Zimmer). 19

ANMERKUNGEN

⑬ Speziell in der Umgangssprache ist es üblich, das Objekt zu wiederholen: هُوَ مِفْتَاحُ [HuWa MiFTAḤu] „er, der Schlüssel".

لاَ يَشْتَغِلُ جِهَازُ ٱلتِّلِفِزْيُونِ
ٱلَّذِي هُوَ فِي غُرْفَتِي

Lösung 1: Haben Sie verstanden?

Ich benötige ein Zimmer, das zum Platz der Stadtmitte hin liegt. ❶
Der Fernsehapparat, der in meinem Zimmer ist, funktioniert nicht ... Ist es nicht so? ❷
Wir sind damit nicht einverstanden. ❸
Dieses Zimmer ist nicht sauber, und es ist sehr eng. ❹
Haben die Reisenden aus diesem Bus Zimmer für sich reserviert? ❺
Wir wollen hier bleiben, weil wir müde sind. ❻
Wir zögern, weil dieses Zimmer sehr teuer ist. ❼
Dieses luxuriöse Zimmer mit Bad und Balkon reservieren wir für euch für (gegen) 1.000 Dinar. ❽

Übung 2: Setzen Sie die fehlenden Wörter ein!

1. Wir benötigen ein geräumiges und sauberes Zimmer mit einem Balkon.

____ ____ غُرْفَةٍ وَاسِعَةٍ
وَنَظِيفَةٍ مَعَ شُرْفَةٍ

2. Letztendlich wirst du♂ dich damit begnügen, denn du♂ bist müde.

فِي ٱلنِّهَايَةِ ____ تَكْتَفِي بِهَا
لِأَنَّكَ مُتْعَبٌ

Leseübung

غرفة فاخرة

١	– صباح الخير!
٢	أحتاج إلى غرفة واسعة ونظيفة
٣	مع شرفة وجهاز تلفزيون والإنترنت...
٤	– ورخيصة طبعاً!
٥	– بالضّبط!
٦	– ما حجزت يا سيّدي

③ Sie♂ haben nicht reserviert, und deshalb gibt es für Sie ein enges, dunkles Zimmer.

مَا حَجَزْتَ وَلِذَلِكَ سَتَكُونُ

_____ غُرْفَةٌ ضَيِّقَةٌ _____

④ – Geben Sie♂ mir den Zimmerschlüssel. – Bitte!

أَعْطِينِي مِفْتَاحُ ٱلْغُرْفَةِ. مِنْ

– _____ !

Lösung 2: Die fehlenden Wörter.

① نَحْتَاجُ إِلَى [*NaḤTAĴu ILA*] ② سَوْفَ [*ßaUFa*]

③ لَكَ [*LaKa*] وَمُظْلِمَةٌ [*Wa-MuṢLiMaTun*]

④ فَضْلِكَ [*FaḌLiKa*]

٧ أليس كذلك؟

٨ – لا! ما حجزت

٩ – إذن ستكون لك غرفة نظيفة

١٠ ولكن ضيّقة ومظلمة

١١ بلا شرفة مع دشّ فقط

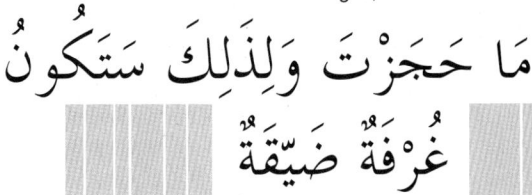

١٢ وجهاز تلفزيون لا يشتغل حالياً

١٣ وهذا كلّه مقابل عشرين ديناراً، أنت موافق؟

١٤ – ربّما...أنا متردّد...

١٥ في النّهاية سوف أكتفي بها لأنّني متعب

١٦ – غداً، إن شاء الله، سأعطيك غرفة أفخر

١٧ تشرف على السّاحة

١٨ تفضّل!

١٩ هذا هو مفتاح الغرفة

Lehnwörter im Arabischen

Viele moderne Begriffe des Arabischen wie تِلِفِزْيُن [*TiLiFiSYUN*] oder إِنْتَرْنَت [*INTaRNaT*] sind aus westlichen Sprachen – allen voran dem Englischen und dem Französischen – entlehnt. Zwar gibt es in allen arabischen Ländern Akademien und Institutionen, die neue Wörter „arabisieren", trotzdem erfreuen sich diese Neuschöpfungen nicht immer großer Beliebtheit. Das Telefon z.B. heißt auf Hocharabisch أَلْهَاتِف [*AL-HATiF*], ein Begriff, der in vorislamischer Zeit einen „Geisterbeschwörer" bezeichnete, der durch seine lauten Sprüche Dämonen in einem möglichst weiten Umfeld vertreiben sollte. Während in vielen Ländern – besonders in Saudi-Arabien – dieses Wort heute im Amtsjargon verwendet wird, hat sich in der Umgangssprache weithin تِلِفُون [*TiLiFUN*] durchgesetzt.

هُوَ ٱلَّذِي جَعَلَ لَكُمُ ٱلْأَرْضَ فِرَاشاً
وَٱلسَّمَاءَ بِنَاءً

„Er hat für euch die Erde als Bett und
den Himmel als Dach geschaffen."
(er welcher schuf-er für-euch die-Erde Bett und-der-Himmel
Dach)
[*HuWa (A)LLafsl Ja^caLa LaKuM-u (A)L-ARḌa FiRASCHAn*
Wa-(A)ß-ßaMA'a BiNA'a(n)]

أَلْقِسْمُ ٱلثَّانِي:
أُنْظُرْ مَرَّةً ثَانِيَّةً إِلَى ٱلدَّرْسِ ٱلسَابِعَ عَشَرَ

[*AL-QißMu (A)fß-fßANI UNṢuR MaRRa(Tan) fßANiYYa(Tan) ILA*
AD-DaRßi (A)ß-ßABi^ca ^cASCHaRa]

٥٣ ألدَّرْسُ ٱلثَّالِثُ وَٱلْخَمْسُونَ

سَفْرَةٌ إِلَى تُونِس

١ – آلُو!

٢ هَلْ هِيَ شَرِكَةُ ٱلْخُطُوطِ ٱلْجَوِّيَّةِ ٱلتُّونِسِيَّة؟ ①②③

٣ أُرِيدُ أَنْ أَحْجِزَ تَذْكِرَةً لِلذَّهَابِ إِلَى مَدِينَةِ تُونِس ④⑤

٤ ثُمَّ إِلَى ٱلْقَيْرَوَانِ فِي ٱلْأُسْبُوعِ ٱلْقَادِمِ ⑥

AUSSPRACHE

[AD-DaRßu (A)fß-fßALifßu Wa-(A)L-CHAMßUN(a)] [ßaFRaTun ILA TUNiß] [1 ĀLU] [2 HaL HiYa SCHaRiKaTu (A)L-CHuṬUṬi (A)L-ĴaWWiYYa(Ti) AT-TUNißiYYa(Ti)] [3 URIDu AN AḤĴiSa TafsKiRaTan Li-(A)fs-fsaHABi ILA MaDINaTi TUNiß] [4 fßuMMa ILA (A)L-QaYRaWAN(i) FI (A)L-UßBUᶜi (A)L-QADiM(i)]

53. Lektion

Eine Reise nach Tunis

Hallo! – 1

Ist das die tunesische Fluggesellschaft (Firma die-Linien die-luftige die-tunesische)? 2

Ich möchte ein [Flug-]Ticket nach Tunis reservieren (ich-möchte dass ich-reserviere Fahrkarte für-der-Gehen nach Stadt Tunis), 3

und dann, nächste Woche, nach Kairouan. 4

ANMERKUNGEN

① هَلْ هِيَ [*HaL HiYa*]: Das persönliche Fürwort هِيَ [*HiYa*] steht vor dem Nomen. Ebenso im Maskulinum: هَلْ هُوَ [*HaL HuWa...?*] „Ist das der ...?".

② خُطُوط [*CHuṬUṬ*] „Linien" ist der innere Plural von خَطّ [*CHaṬṬ*].

③ Abgeleitet von جَوّ [*ĴaWW*] „Luft, Wetter" werden mit جَوِّيّ [*ĴaWWiYY*] „luftig, Luft-" Zusammensetzungen gebildet.

④ Nach dem Verb أَرَادَ [*ARADa*] „möchten, wollen" steht entweder ein Verbalnomen oder – wie hier – ein Verb im Konjunktiv.

⑤ تُونِس [*TUNiß*] bezeichnet sowohl die Stadt „Tunis" als auch das Land „Tunesien". Meint man explizit die Hauptstadt, sagt man: مَدِينَةِ تُونِس [*MaDINaTi TUNiß*].

⑥ **Kairouan** liegt ca. 150 km südwestlich von Tunis. Bis zum 11. Jh. war es ein wichtiges islamisches Zentrum in Nordafrika. Seit 1988 steht die Stadt auf der Liste des Weltkultur- und Naturerbes der UNESCO.

٥ هَلْ يُمْكِنُ أَنْ تُزَوِّدَنِي بِمَعْلُومَاتٍ عَنْ مَوَاعِيدِ ٱلرِّحْلَاتِ؟ ⑦⑧

٦ – لَحْظَةً، مِنْ فَضْلِكَ،

٧ أَبْحَثُ عَنْهَا فِي ٱلْحَاسُوبِ ⑨

٨ – مَا هُوَ سِعْرُ ٱلتَّذْكِرَةِ ذَهَاباً وَ إِيَاباً مِنْ فَضْلِكَ؟ ⑩

٩ – أَلْفُ دِينَارٍ مَعَ تَخْفِيضٍ بِنِسْبَةِ خَمْسَةٍ وَعِشْرِينَ فِي ٱلْمِئَةِ

١٠ إِذَا تَمَّ ٱلْحَجْزُ قَبْلَ ٱلرِّحْلَةِ بِخَمْسَةَ عَشَرَ يَوْماً ⑪⑫

AUSSPRACHE

[**5** HaL Y**u**MKiNu AN TuSaWW**i**DaNI Bi-MacLUM**A**T(in) caN MaW**A**cIDi (A)R-RiḤL**A**(Ti)] [**6** L**a**ḤṢa(Tan) MiN F**a**ḌLiK(a)] [**7** **A**BḤafßu c**a**NHA FI (A)L-ḤAß**UB**(i)] [**8** MA **Hu**Wa ßi**i**cRu (A)T-T**a**fsKiRa(Ti) fsaH**A**BAn Wa-IY**A**BAn MiN F**a**ḌLiK(a)] [**9** **A**LFu DIN**A**R(in) M**a**ca TaCHFI**Ḍ**(in) Bi-N**i**ßBaTi CH**a**MßaTin Wa-ciSCHR**I**Na FI (A)L-M**i**'a(Ti)] [**10** **I**fsA T**a**MMa (A)L-Ḥ**a**ĴSu Q**a**BLa (A)R-R**i**ḤLa(Ti) Bi-CH**a**MßaTa c**a**SCHaRa Y**a**UMAn]

Können Sie mir Informationen über Flugzeiten geben (|Frage| er-möglich-ist dass du-lieferst-mir mit-Informationen über Zeiten die-Reisen)? **5**

Einen Moment bitte, – **6**

ich suche sie (über-ihr) im Computer. **7**

Was ist der Preis des Hin- und Rückflugtickets, bitte? – **8**

Tausend Dinar mit einer Ermäßigung in Höhe – (mit-Rate) von 25%, **9**

wenn die Reservierung 15 Tage vor der Reise getätigt wird (wenn er-unternahm der-Reservierung vor die-Reise mit-fünf zehn Tag). **10**

ANMERKUNGEN

⑦ هَلْ يُمْكِنُ أَنْ تُزَوِّدَنِي بِـ [*HaL YuMKiNu AN TuSaWWiDaNI Bi-*] „Können Sie mir ... geben?": Hier steht das Verb زَوَّدَنِي بِـ [*SaWWaDa Bi-*] „geben, liefern" im Konjunktiv, da es auf يُمْكِنُ أَنْ [*YuMKiNu AN*] folgt.

⑧ مَوْعِد [*MaW*ᶜ*iD*] „Zeitpunkt, Verabredung" bildet den inneren Plural مَوَاعِيد [*MaWA*ᶜ*ID*].

⑨ حَاسُوب [*ḤAßUB*] wird eher selten verwendet; meist benutzt man das Fremdwort كُمْبْيُوتر [*KuMBYUTiR*].

⑩ Wie in Satz 1 bezieht sich bei مَا هُوَ [*MA HuWa*] „was ist der ...?" das Personalpronomen auf das Objekt im Satz. Wäre das Objekt ein Femininum, würde man مَا هِيَ [*MA HiYa*] sagen.

⑪ Nach إِذَا [*IfsA*] „wenn" steht das Verb im VA.

⑫ خَمْسَةَ عَشَرَ يَوْماً [*CHaMßaTa* ᶜ*aSCHaRa YaUMAn*]: Obwohl es sich hier um mehrere Tage handelt, steht يَوْم [*YaUM*] im Akkusativ Sg. Dies ist bei Mengenangaben über „10" immer der Fall.

١١ – طَيِّبٌ!

١٢ أَنَا وَزَوْجَتِي غَيْرُ مُسْتَعْجِلَيْنِ... ⑬

١٣ إِحْجِزْ لَنَا مَقْعَدَيْنِ عَلَى مَتْنِ أَوَّلِ طَائِرَةٍ

١٤ تُغَادِرُ صَبَاحَ يَوْمِ ٱلثَّلَاثِينَ مِنْ شَهْرِ مَايُو ٱلْمُقْبِلِ ⑭

١٥ – جَيِّدٌ!

١٦ سَجَّلْتُ طَلَبَكَ

١٧ وَمِنَ ٱلْآنِ أَتَمَنَّى لَكُمَا سَفْرَةً طَيِّبَةً

AUSSPRACHE

[**11** *ṬaYYiB(un)*] [**12** ***A**NA Wa-S**a**UĴaTI ṘaYRu MußTa^c^ĴiL**a**YNi*] [**13** ***I**ḤĴiS L**a**NA MaQ^c^aD**a**YNi ^c^**a**LA M**a**TNi **A**WWaLi Ṭ**A**'iRa(Tin)*] [**14** *TuṘ**A**DiRu ßaB**A**Ḥa **Ya**UMi (A)fß-fßaLAfß**I**N(a) MiN SCH**a**HRi M**A**YU (A)L-M**u**QBiL(i)*] [**15** *Ĵ**a**YYiD(un)*] [**16** *ßaĴĴ**a**LTu ṬaL**a**BaK(a)*] [**17** *Wa-MiN-a (A)L-**Ā**N(i) ATaM**a**NNA LaKuM**A** ß**a**FRa(Tan) Ṭ**a**YYiBa(Tan)*]

Gut! – 11
Meine Frau und ich (ich und-Frau-meine) sind nicht in Eile ... 12
Reservieren Sie uns zwei Plätze an Bord der ersten Maschine (über Bord erster Flugzeug), 13
die am Morgen des kommenden 30. Mai abfliegt (sie-fährt-weg Morgen Tag der-30 von Monat Mai der-nächste). 14
Gut! – 15
Ich bin Ihrem Wunsch nachgekommen, 16
und bereits jetzt (und-von der-Moment) wünsche ich Ihnen beiden eine gute Reise! 17

ANMERKUNGEN

غَيْرُ مُسْتَعْجِلَيْنِ [*ṘaYRu MußTa^{c}ĴiLaYNi*] „nicht in Eile" (Dual): Nach dem unveränderlichen غَيْرُ [*ṘaYRu*] „nicht" steht das Folgewort immer im Genitiv. ⑬

مَايُو [*MAYU*] ist aus dem Gregorianischen Kalender übernommen. Dieser überwiegt bei weltlichen Daten oder Terminen, während sich religiöse Feste nach dem islamischen Mondkalender richten. ⑭

LEKTION 53

Übung 1: Verstehen Sie diese Sätze?

❶ يُرِيدُ ٱلْمُسَافِرُ أَنْ يَحْجِزَ تَذْكِرَةً ذَهَاباً وَإِيَاباً عَلَى رِحْلَةِ ٱلْيَوْمِ ٱلتَّالِي

❷ مَا هِيَ أَسْعَارُ ٱلتَّذَاكِرِ لِتُونِس وَٱلرِّيَاض؟

❸ هَلْ تَعْمَلُونَ فِي شَرِكَتِكُمْ تَخْفِيضاً عَلَى ٱلتَّذْكِرَةِ مِنْ تُونِس إِلَى مُرَّاكُش؟

❹ نُرِيدُ أَنْ نَعْرِفَ نِسْبَةَ هَذَا ٱلتَّخْفِيض

❺ أَنْتُمْ غَيْرُ مُسْتَعْجِلِينَ... أَلَيْسَ كَذَلِكَ؟ إِذَنْ فَعَلَيْكُمُ ٱلْإِنْتِظَارُ!

Übung 2: Setzen Sie die fehlenden Wörter ein!

❶ Wo ist das Büro der tunesischen Fluggesellschaft?

أَيْنَ يُوجَدُ ___ شِرْكَةِ ٱلْخُطُوطِ ٱلْجَوِّيَّةِ لِتُّونِسِيَّةِ؟

❷ Möchten Sie♂ ein Flugticket nach Kairouan reservieren?

هَلْ تُرِيدُ أَنْ ___ تَذْكِرَةً إِلَى ٱلْقَيْرَوَانِ؟

6 إِذَا تَمَّ ٱلْحَجْزُ قَبْلَ ٱلرِّحْلَةِ بِأُسْبُوعٍ سَيَكُونُ لَكَ تَخْفِيضٌ

7 سَأُسَجِّلُ طَلَبَكُمْ بَعْدَ عَشْرِ دَقَائِقَ

Lösung 1: Haben Sie verstanden?

1 Der Reisende möchte ein Hin- und Rückflugticket für den Flug (die-Reise) am kommenden Tag reservieren.

2 Was sind die Preise für [Flug-]Tickets nach Tunis und Riyad?

3 Geben Sie (|Frage| ihr-macht) bei dieser [Flug-]Gesellschaft eine Ermäßigung auf das Ticket von Tunis nach Marrakesch?

4 Wir würden gerne wissen, wie hoch diese Ermäßigung ist (wir-möchten dass wir-wissen Rate dieser der-Ermäßigung).

5 Ihr seid nicht in Eile ... nicht wahr? Also müsst ihr warten (also und-über-euch der-Warten)!

6 Wenn Sie (unternahm-er) die Reservierung eine Woche vor der Reise tätigen, wird es eine Ermäßigung für Sie geben.

7 Ich werde eurem Wunsch in zehn Minuten nachkommen.

3 Du♂ suchst (über) Informationen im Computer.

تَبْحَثُ عَنْ ______ فِي ٱلْحَاسُوبِ

4 Wir wünschen dir eine gute Reise!

______ لَكَ سَفْرَةً طَيِّبَةً!

Leseübung

سفرة إلى تونس

١ - آلو!

٢ هل هي شركة الخطوط الجوّيّة التّونسيّة؟

٣ أريد أن أحجز تذكرة للذّهاب إلى مدينة تونس

٤ ثمّ إلى القيروان في الأسبوع القادم

٥ هل يمكن أن تزوّدني بمعلومات عن مواعيد الرّحلات؟

٦ - لحظة، من فظلك،

٧ أبحث عنها في الحاسوب

٨ - ما هو سعر التّذكرة ذهاباً و إياباً من فضلك؟

٩ - ألف دينار مع تخفيض بنسبة خمسة وعشرين في المئة

١٠ إذا تمّ الحجز قبل الرّحلة بخمسة عشر يوماً

Lösung 2: Die fehlenden Wörter.

❶ مَكْتَبُ [*MaKTaBu*] ❷ تَحْجِزَ [*TaḤĴiSa*]

❸ مَعْلُومَاتٍ [*MacLUMATin*] ❹ نَتَمَنَّى [*NaTaMaNNA*]

١١ - طيّب!

١٢ أنا وزوجتي غير مستعجلين...

١٣ إحجز لنا مقعدين على متن أوّل طائرة

١٤ تغادر صباح يوم الثّلاثين من شهر مايو المقبل

١٥ - جيّد!

١٦ سجّلت طلبك

١٧ ومن الآن أتمنّى لكما سفرة طيّبة

أَلْقِسْمُ ٱلثَّانِي:

أُنْظُرْ مَرَّةً ثَانِيَّةً إِلَى ٱلدَّرْسِ ٱلثَّامِنَ عَشَرَ

[*AL-QißMu (A)fß-fßANI UNṢuR MaRRa(Tan) fßANiYYa(Tan) ILA AD-DaRßi (A)fß-fßAMiNa cASCHaRa*]

٥٤ أَلدَّرْسُ ٱلرَّابِعُ وَٱلْخَمْسُون

فِي ٱلْمَطَارِ

١ – شُكْراً يَا سَيِّدِي!

٢ هَذَا هُوَ ٱلْمَبْلَغُ ٱلْمَطْلُوبُ! ①

٣ أَيْنَ يُوجَدُ مَكْتَبُ تَسْجِيلِ ٱلْأَمْتِعَةِ، مِنْ فَضْلِكَ؟

٤ – هُنَالِكَ إِلَى ٱلْيَمِينِ!

٥ – شُكْراً!

٦ – وَلَكِنْ تَنْقُصُ حَقِيبَتِي!

٧ لَاشَكَّ أَنَّ خَادِمَ ٱلْفُنْدُقِ نَسِيَ إِنْزَالَهَا! ②

٨ – لَا يُهِمُّ! ③

AUSSPRACHE

[AD-DaRßu (A)R-RABi^cu Wa-(A)L-CHAMßUN(a)] [FI (A)L-MaṬAR(i)] [1 SCHuKRAn YA ßaYYiDI] [2 HafsA HuWa (A)L-MaBLaĠu (A)L-MaṬLUB(u)] [3 AYNa YUĴaDu MaKTaBu TaßĴILi (A)L-AMTi^ca(Ti) MiN FaḌLiK(a)] [4 HuNALiKa ILA (A)L-YaMIN(i)] [5 SCHuKRAn] [6 WaLaKiN TaNQuẞu ḤaQIBaTI] [7 LA SCHaKKa ANNa CHADiMa (A)L-FuNDuQ(i) NaßiYa INSALaHA] [8 LA YuHiMM(u)]

54. Lektion

Am Flughafen

Danke, mein Herr! – 1
Hier ist Ihr Geld (dieser er der-Summe der-verlangte)! 2
Wo befindet sich der Schalter zum Einchecken des Gepäcks (Büro Aufnehmen der-Gepäck), bitte? 3
Dort, nach rechts. – 4
Danke! – 5
Aber mein Koffer fehlt! – 6
Sicherlich hat der Hotelpage vergessen, ihn hinunter zu bringen (nicht Zweifel dass Diener der-Hotel vergaß-er Herunterbringen-sie)! 7
Das macht nichts! – 8

ANMERKUNGEN

① مَطْلُوب [*MaṬLUB*] „verlangt, gebeten“ ist das Passiv-Partizip von طَلَبَ [*ṬaLaBa*] „verlangen, bitten“.

② نَسِيَ إِنْزَالَهَا [*NaßiYa INSALaHA*] „er hat vergessen, sie hinunter zu bringen“: Nach نَسِيَ [*NaßiYa*] „vergessen“ steht gewöhnlich ein Verbalnomen.

③ Ein oft gebrauchter Ausdruck ist لَا يُهِمُّ [*LA YuHiMMu*] „Das macht nichts“.

٩ سَنَأْخُذُهَا عِنْدَ رُجُوعِنَا

١٠ – وَفَسَاتِينِي ٱلْجَدِيدَةُ؟

١١ – أُسْكُتِي! ④

١٢ هَذَا لِنِهَايَةِ ٱلْأُسْبُوعِ فَقَطْ،

١٣ سَوْفَ أَشْتَرِي لَكِ فُسْتَاناً جَدِيداً لِلْحَفْلَةِ ⑤

١٤ – يَا سَيِّدِي، يَا سَيِّدَتِي!

١٥ أَرْجُو مِنْكُمَا فَتْحَ ٱلْحَقَائِبِ! مَا هَذِهِ ٱلْأَكْيَاسُ؟ ⑥⑦

١٦ – هَذِهِ هَدَايَا...

١٧ نَحْنُ مَدْعُوَّانِ لِحُضُورِ حَفْلَةِ عُرْسٍ ⑧

AUSSPRACHE

[**9** *ßa-NA'CH**u**fsuHA °iNDa RuĴ**U**°iNA*] [**10** *Wa-FaßATINI (A)L-ĴaD**I**Da(Tu)*] [**11** ***U**ßKuTI*] [**12** *H**a**fsA Li-NiH**A**YaTi (A)L-UßB**U**°i F**a**QaṬ*] [**13** *ßaUFa ASCHT**a**RI L**a**Ki Fuß**TA**NAn ĴaD**I**DAn LiL-Ḥ**a**FLa(Ti)*] [**14** *YA ß**a**YYiDI YA ßaYY**i**DaTI*] [**15** ***A**RĴU MiNKuM**A** F**a**TḤa (A)L-ḤaQ**A'**iB(i) MA H**a**fsiHi (A)L-AKY**A**ß(u)*] [**16** *H**a**fsiHi HaD**A**YA*] [**17** *N**a**ḤNu MaD°uWW**A**Ni Li-ḤuḌ**U**Ri Ḥ**a**FLaTi °**u**Rß(in)*]

Wir werden ihn bei unserer Rückkehr holen (werden-wir-nehmen bei Rückkehr-unser). 9

Und meine neuen Kleider? – 10

Beruhige dich♀ (schweig)! – 11

Es ist [doch] nur für das Wochenende (Schluss/Ende die-Woche), 12

ich werde dir♀ ein neues Kleid für die Feier kaufen. 13

Mein Herr, meine Dame! – 14

Ich bitte Sie beide, die Koffer zu öffnen! Was sind das für (diese) Tüten? 15

Das sind Geschenke ... – 16

Wir sind eingeladen, an einer Hochzeitsfeier teilzunehmen (wir eingeladene-zwei für-Anwesenheit Feier Hochzeit). 17

ANMERKUNGEN

④ أُسْكُتِي [*UßKuTI*] „Schweig!"♀: Diese Aufforderung ist zwar nicht so kategorisch gemeint, wie sie klingt, Sie sollten sie trotzdem möglichst vermeiden.

⑤ أَشْتَرِي [*ASCHTaRI*] „ich kaufe": Dieses Verb im VIII. Stamm ist unregelmäßig, da es statt auf [-*u*] auf ein langes [-*I*] endet.

⑥ Nach أَرْجُو [*ARĴU*] kann, wie hier, die Präposition مِنْ [*MiN*] „aus, von" in Verbindung mit einen Personalpronomen stehen, oder man hängt diese direkt an das Verb an: أَرْجُو–كُمَا [*ARĴU-KuMA*].

⑦ أَكْيَاس [*AKYAßu*] ist der innere Plural von كِيس [*Kiß*] „Tüte, Sack".

⑧ حَفْلَة [*ḤaFLaT*] bezeichnet sowohl eine Feier im traditionell festlichen Sinne als auch eine Party unter Freunden.

١٨ – طَيِّبٌ! تَفَضَّلَا! ⑨

١٩ هَا هُمَا جَوَازَا سَفَرِكُمَا وَبِطَاقَتَا ٱلرُّكُوبِ

٢٠ أَسْرِعَا! ⑩

٢١ تُقْلِعُ ٱلطَّائِرَةُ بَعْدَ نِصْفِ سَاعَةٍ

٢٢ – وَشَنْطَةُ ٱلتَّنْظِيفِ!

٢٣ لَا مُغَادَرَةَ دُونَهَا! ⑪

٢٤ – تَعَالَيْ بِسُرْعَةٍ!

٢٥ سَأَشْتَرِي لَكِ كُلَّ مَا تُرِيدِينَ! ⑫

AUSSPRACHE

[**18** *ṬaYYiB(un) TaFaḌḌaLA*] [**19** *HA HuMA ĴaWASA ßaFaRiKuMA Wa-BiṬAQaTA (A)R-RuKUB(i)*] [**20** *AßRi*ᶜ*A*] [**21** *TuQLi*ᶜ*u (A)Ṭ-ṬA'iRa(Tu) Ba*ᶜ*Da NißFi ßA*ᶜ*a(Tin)*] [**22** *Wa-SCHaNTaTu (A)T-TaNṢIF(i)*] [**23** *LA MuṘAdaRa(Ta) DUNaHA*] [**24** *Ta*ᶜ*ALaY Bi-ßuR*ᶜ*a(Tin)*] [**25** *ßa-ASCHTaRI LaKi KuLLa MA TuRIDINa*]

ANMERKUNGEN

⑨ تَفَضَّلَا [*TaFaḌḌaLA*] „Bitte sehr“ richtet sich hier an zwei Personen. Das macht die Endung [-*A*] kenntlich, die ja auch im VA für den Dual steht.

⑩ أَسْرِعَا! [*AßRi*ᶜ*A*] „Beeilt euch beide!“: Auch im Imperativ wird der Dual durch das [-*A*] am Wortende gekennzeichnet.

Gut! Bitte sehr! – 18
Hier sind Ihre beiden Reisepässe und Ihre beiden Bordkarten (hier-ist sie-beide Pässe-zwei Reise-euer-beide und-Karten-zwei der-Einsteigen). 19
Beeilen Sie sich (beeilt-beide)! 20
Das Flugzeug startet in einer halben Stunde. 21
Und meine Kulturtasche (Tasche der-Reinigen)! – 22
Ich fahre nicht ohne sie (nicht abfahrende ohne-sie)! 23
Komm schnell (mit-Schnelligkeit)! – 24
Ich werde dir♀ alles kaufen, was du möchtest! 25

فِي ٱلْمَطَارِ

ANMERKUNGEN

⑪ دُونَ [*DUNa*] „ohne" ist ein Synonym für بِلَا [*BiLA*]. Beide Ausdrücke werden gleichbedeutend verwendet, wobei [*BiLA*] eher in Nordafrika (Marokko, Algerien und Tunesien) zu hören ist.

⑫ تُرِيدِينَ [*TuRIDINa*] „du♀ möchtest" von أَرَادَ [*ARADa*] „möchten, wollen".

Übung 1: Verstehen Sie diese Sätze?

1. نُرِيدُ أَنْ نَحْجِزَ تَذَاكِرَ لِلذَّهَابِ إِلَى مَدِينَةِ تُونِس فِي ٱلْأُسْبُوعِ ٱلْقَادِم
2. هَلْ يُمْكِنُ أَنْ تُزَوِّدَنَا بِمَعْلُومَاتٍ عَنْ أَسْعَارِ ٱلرِّحْلَةِ إِلَى ٱلرِّيَاضِ؟
3. عَلَيَّ أَنْ أَحْجِزَ مَقْعَداً عَلَى مَتْنِ ٱلطَّائِرَةِ ٱلَّتِي تَتَوَجَّهُ إِلَى مُرَّاكُش
4. مَا هِيَ نِسْبَةُ ٱلتَّخْفِيضِ لِلطَّلَبَةِ عَلَى ٱلرِّحْلَةِ بَيْنَ تُونِس وَمُرَّاكُش؟
5. نَحْنُ فِي حَاجَةٍ إِلَى حَقَائِبِنَا، لِأَنَّنَا نَأْخُذُ طَائِرَةً أُخْرَى تُقْلِعُ بَعْدَ سَاعَةٍ

Übung 2: Setzen Sie die fehlenden Wörter ein!

1. Aber mein Koffer fehlt! Sicherlich habe ich vergessen, ihn hinunter zu bringen.

تَنْقُصُ حَقِيبَتِي! لَاشَكَّ أَنَّنِي ______ إِنْزَالَهَا

6 يُرِيدُ أَنْ نُقَدِّمَ جَوَازَاتِنَا قَبْلَ أَنْ نَرْكَبَ ٱلطَّائِرَةَ

7 إِذْهَبْ إِلَى مَكْتَبِ تَسْجِيلِ ٱلْأَمْتِعَةِ وَسَجِّلْ هَٰذِهِ ٱلْحَقَائِبَ كُلَّهَا!

Lösung 1: Haben Sie verstanden?

1 Wir möchten für die nächste Woche Tickets für einen Hinflug nach Tunis (nach Stadt Tunis) reservieren.

2 Können Sie mir Informationen über die Flugpreise nach Riyad geben? (|Frage| er-möglich-ist dass du-lieferst-mir mit-Information über Preise die-Reise nach Riyad?)

3 Ich muss einen (Sitz-)Platz an Bord der Maschine reservieren, die nach Marrakesch fliegt (die-Flugzeug welche sie-wendet-sich-zu).

4 Wie hoch ist die Studentenermäßigung für den Flug von Tunis nach (und) Marrakesch (was sie Rate der-Ermäßigung die-Studenten auf die-Reise zwischen Tunis und-Marrakesch)?

5 Wir benötigen unsere Koffer, da wir ein anderes Flugzeug nehmen, das in einer Stunde startet.

6 Er möchte, dass wir unsere Pässe vorzeigen (dass wir-präsentieren Pässe-unsere), bevor wir in das Flugzeug einsteigen.

7 Geh♂ zum Check-in-Schalter für das Gepäck, und checke♂ all diese Koffer ein!

2 Das macht nichts! Es ist [doch] nur für das Wochenende!

لَا ... ! هَٰذَا لِنِهَايَةِ ٱلْأُسْبُوعِ فَقَطْ!

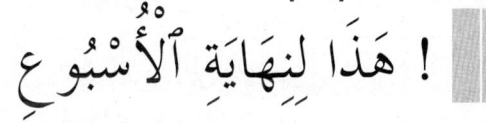

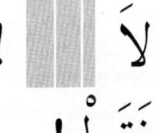

❸ Wir bitten dich♂, die Koffer und diese Tüten zu öffnen.

فَتْحَ ٱلْحَقَائِبِ

وَهَذِهِ ٱلْأَكْيَاسِ

❹ Bist du♂ auch eingeladen, an einer Hochzeitsfeier teilzunehmen?

هَلْ أَنْتَ أَيْضاً مَدْعُوٌّ لِحُضُورِ

عُرْسٍ؟

Leseübung

في المطار

١ – شكراً يا سيّدي!

٢ هذا هو المبلغ المطلوب!

٣ أين يوجد مكتب تسجيل الأمتعة، من فضلك ؟

٤ – هنالك إلى اليمين!

٥ – شكراً!

٦ – ولكن تنقص حقيبتي!

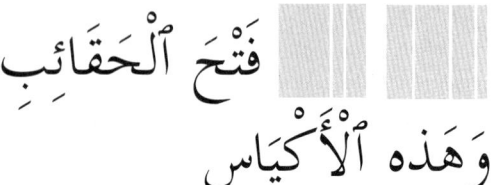

Lösung 2: Die fehlenden Wörter.

❶ نَسِيتُ [NaßITu] ❷ يُهِمُّ [YuHiMMu]
❸ نَرْجُو مِنْكَ [NaRĴU MiNKa] ❹ حَفْلَةِ [ḤaFLaTi]

٧ لاشكّ أنّ خادم الفندق نسي إنزالها!
٨ – لايهمّ!
٩ سنأخذها عند رجوعنا
١٠ – وفساتيني الجديدة؟
١١ – أسكتي!
١٢ هذا لنهاية الأسبوع فقط،
١٣ سوف أشتري لك فستاناً جديداً للحفلة
١٤ – يا سيّدي، يا سيّدتي!
١٥ أرجو منكما فتح الحقائب! ما هذه الأكياس؟
١٦ – هذه هدايا...
١٧ نحن مدعوّان لحضور حفلة عرس
١٨ – طيّب! تفضّلا!
١٩ ها هما جوازا سفركما وبطاقتا الرّكوب

٢٠ أسرعا!

٢١ تقلع الطّائرة بعد نصف ساعة

٢٢ – وشنطة التّنظيف!

٢٣ لا مغادرة دونها!

٢٤ – تعالي بسرعة!

٢٥ سأشتري لك كلّ ما تريدين!

Dialekte

Sie erinnern sich, dass wir in der Einleitung über die Dialektgruppen gesprochen haben. Greifen wir z.B. das Verb أَرَادَ [*ARADa*], يُرِيدُ [*YuRIDu*] aus dieser Lektion auf, so lässt sich daran sehr gut demonstrieren, welche unterschiedlichen Ausdrücke es in den arabophonen Ländern z.B. für das hocharabische مَاذَا تُرِيدُ [*MAfsA TuRIDu*] „Was möchtest du?" gibt: Hier die verschiedenen Varianten (nur Aussprache):

Golfarabisch:	[*SCHU TaBBI*]
Irakisches Arabisch:	[*SCH-TRID*]
Syrisch-Palästinensisches Arabisch:	[*SCHU BiDDaK*]
Ägyptisches Arabisch:	[*ᶜaWiS EH*]
Marokkanisches Arabisch:	[*ESCH TaBṘI*]

Lassen Sie sich nicht von diesen Unterschieden verunsichern, denn Sie werden – wie gesagt – in der gesamten arabischen Welt mit Hocharabisch verstanden. Mehr noch: Man wird Ihre Anstrengungen loben und Ihre Kenntnisse bewundern.

كَثْرَةُ ٱلسَّفَرِ تُقَرِّبُ ٱلْبَشَرَ

„Reisen verbindet die Menschen."
(viele die-Reise sie-bringt-näher die-Menschen)
[*KafßRaTu (A)ß-ßaFaR(i) TuQaRRiBu (A)L-BaSCHaR(a)*]

أَلْقِسْمُ ٱلثَّانِي:
أُنْظُرْ مَرَّةً ثَانِيَةً إِلَى ٱلدَّرْسِ ٱلتَّاسِعَ عَشَرَ

[*AL-QißMu (A)fß-fßANI ŪNṢuR MaRRa(Tan) fßANiYYa(Tan) ILA AD-DaRßi (A)T-TAßiᶜa ᶜASCHaRa*]

٥٥ أَلدَّرْسُ ٱلْخَامِسُ وَٱلْخَمْسُونَ

فِي مَحَلِّ ٱلْمَلَابِسِ

١ – بِوُدِّي أَنْ أَرَى هَذَا ٱلْقَفْطَانَ ٱلْمُطَرَّزَ، ①②

٢ هَلْ يُمْكِنُ أَنْ أُجَرِّبَهُ؟

٣ – طَبْعاً يَا سَيِّدَتِي!

٤ إِنَّهُ يُنَاسِبُكِ تَمَاماً،

٥ أَلَيْسَ كَذَلِكَ يَا سَيِّدِي؟

٦ – ن... ن... نَعَمْ وَلَكِنَّ ٱلسِّعْرَ...

٧ – قُلْتَ لِي إِنَّكَ سَتَشْتَرِي لِي كُلَّ مَا أَرْغَبُ فِيهِ! ③④⑤

٨ – صَحِيحٌ!

AUSSPRACHE

[AD-DaRßu (A)L-CHAMißu Wa-(A)L-CHAMßUN(a)] [FI MaḤaLLi (A)L-MaLABiß(i)] [**1** Bi-WuDDI AN ARA HafsA (A)L-QaFṬANa (A)L-MuṬaRRaS(a)] [**2** HaL YuMKiNu AN UĴaRRiBaHu] [**3** ṬaBᶜAn YA ßaYYiDaTI] [**4** INNaHu YuNAßiBuKi TaMAMAn] [**5** A LaYßa Ka-fsaLiK(a) YA ßaYYiDI] [**6** N N NaᶜaM Wa-LaKiNNa (A)ß-ßiᶜR(a)] [**7** QuLTa LI INNaKa ßa-TaSCHTaRI LI KuLLa MA ARṘaBu FIHi] [**8** ßaḤIḤ(un)]

55. Lektion

Im Bekleidungsgeschäft

Ich würde gerne (mit-Wunsch-mein dass) diesen – 1
bestickten Kaftan ansehen,
kann ich ihn anprobieren? 2
Natürlich, meine Dame! – 3
Er steht Ihnen♀ wirklich gut (sicher-er er-passt-dir gut), 4
nicht wahr, mein Herr? 5
J ... j ... ja aber der Preis ... – 6
Du hast mir gesagt, dass du mir alles kaufen wirst, – 7
was ich mir wünsche (was ich-wünsche in-ihm)!
Stimmt! – 8

ANMERKUNGEN

① بِوُدِّي أَنْ [*Bi-WuDDI AN*] + Verb im Konjunktiv: „ich würde/hätte gerne ...". [*-I*] ist das Suffix der 1. Pers. Sg. und kann durch andere Personalendungen ersetzt werden: بِوُدِّنَا أَنْ [*Bi-WuDDiNA AN*] „wir würden/hätten gerne ...".

② Bei أَرَى [*ARA*] „ich würde sehen, ich sehe" handelt es sich um den Konjunktiv der 1. Pers. Sg. von رَأَى [*Ra'A*] „sehen".

③ Nach قَال [*QALa*] „sagen" steht immer إِنَّ [*INNa*] „dass", nicht أَنَّ [*ANNa*], wie es bei den Verben des Wissens und Denkens der Fall ist.

④ مَا [*MA*] in der Bedeutung „was" erfordert oft ein Personalpronomensuffix, das sich auf [*MA*] bezieht. Das Suffix kann an das folgende Verb oder eine entsprechende Präposition angefügt werden.

⑤ أَرْغَبُ [*ARṘaBu*] kann auch synonym zu أُرِيدُ [*URIDu*] „ich möchte" verwendet werden, ist aber etwas höflicher. Danach steht immer die Präposition فِي [*FI*] „in".

٩ هَذَا يَقُولُهُ ٱلْإِنْسَانُ عِنْدَمَا يَكُونُ مُسْتَعْجِلاً...

١٠ أُنْظُرِي إِلَى هَذَا ٱلْفُسْتَانِ ٱلصَّغِيرِ!

١١ لاَ بَأْسَ بِهِ ⑥

١٢ – لاَ!

١٣ هَذَا مُنَاسِبٌ لِلشَّاطِئِ، لَيْسَ لِحُضُورِ عُرْسٍ

١٤ ثُمَّ لاَ يَتَنَاسَبُ مَعَ قِيَاسِي إِطْلاَقاً ⑦

١٥ – طَيِّبٌ!

١٦ أَلْقَفْطَانُ وَشَنْطَةُ ٱلتَّنْظِيفِ، إِضَافَةً إِلَى كِسْوَةٍ لِي،

١٧ إِذْ أَنَّكِ وَضَعْتِ كِسْوَتِي فِي حَقِيبَتِكِ ⑧

AUSSPRACHE

[**9** *H**a**fsA YaQ**U**LuHu (A)L-INß**A**N(u) ᶜiND**a**MA YaK**U**Nu MußT**a**ᶜĴiLAn*] [**10** ***U**NṢURI **I**LA H**a**fsA (A)L-FußT**A**Ni (A)ẞ-ẞaṘ**I**R(i)*] [**11** *LA B**A**'ßa B**i**-Hi*] [**12** *LA*] [**13** *H**a**fsA MuN**A**ßiBun Li-(A)SCH-SCH**A**ṬI'(i) L**a**YßA Li-ḤuḌ**U**Ri ᶜ**u**Rß(in)*] [**14** *fß**u**MMa LA YaTaN**A**ßaBu M**a**ᶜa QiY**A**ßI IṬL**A**QAn*] [**15** *Ṭ**a**YYiB(un)*] [**16** *AL-QaFṬ**A**N(u) Wa-SCH**a**NṬaTu (A)T-TaNṢ**I**F(i) IḌ**A**FaTan **I**LA KißWaTin L**I***] [**17** *Ifs **A**NNaKi WaḌ**a**ᶜTi KißWaTI FI ḤaQIB**a**TiKi*]

So etwas sagt man, wenn man in Eile ist (dieser ersagt-ihm der-Mensch während er-ist eilig) ... **9**

Schau dir dieses kleine Kleid an! **10**

Es ist nicht schlecht. **11**

Nein! – **12**

Das ist passend für den Strand, [aber] nicht für eine Hochzeit (für-Teilnahme Hochzeit). **13**

Außerdem ist es überhaupt nicht in meiner Größe (dann nicht er-passt mit Größe-mein überhaupt). **14**

[Also] gut! – **15**

Den Kaftan und die Kulturtasche, außerdem (ergänzend zu) einen Anzug für mich – **16**

da du♀ (da sicher-dich) meinen Anzug in deinen Koffer gepackt hast, **17**

بِوُدّي أَنْ تَشْتَرِيَ
لِي كُلَّ مَا أَرْغَبُ فِيهِ

ANMERKUNGEN

⑥ لاَ بَأْسَ بِهِ [*LA BA'ßa Bi-Hi*] „er ist nicht schlecht“: Das Kleid ist männlich, daher die Endung ـــهِ [*-Hi*]. Vergleichen Sie mit لاَ بَأْسَ فِي ذَلِكَ [*LA BA'ßa FI fsaLiKa*] „alles in Ordnung damit“.

⑦ إِطْلاَقاً [*IṬLAQAn*] „überhaupt“ steht gewöhnlich hinter einem verneinten Verb und verstärkt so die Negation.

⑧ Verwechseln Sie nicht إِذْ [*Ifs*] „da“ mit إِذَا [*IfsA*] „wenn“ oder إِذَنْ [*IfsaN*] „also“.

١٨ هَذَا كُلُّهُ سَيَرْفَعُ قِيمَةَ نِهَايَةِ ٱلْأُسْبُوعِ!

١٩ بَعْدَ ذَلِكَ، سَنَبْقَى فِي ٱلْمَنْزِلِ سِتَّةَ أَشْهُرٍ⑨

٢٠ دُونَ ٱلْخُرُوجِ مِنْهُ، تَوْفِيراً لِلْأَمْوَالِ!

٢١ – لاَ، أَبَداً!

٢٢ هَذَا مُسْتَحِيلٌ تَمَاماً!

AUSSPRACHE

[**18** *HafsA K**u**LLuHu ßa-Y**a**RFaᶜu QIMaTa NiH**A**YaTi (A)L-UßB**U**ᶜ(i)*] [**19** *BaᶜDa fs**a**LiK(a) ßa-N**a**BQA FI (A)L-M**a**NSiL(i) ß**i**TTaTa ASCHH**u**R(in)*] [**20** *D**U**Na (A)L-CHuR**U**Ĵi M**i**NHu T**a**UF**I**RAn LiL-AMW**A**L(i)*] [**21** *LA **A**BaDAn*] [**22** *HafsA MußTaḤ**I**L(un) TaM**A**MAn*]

Übung 1: Verstehen Sie diese Sätze?

❶ بِوُدِّي أَنْ أَدْخُلَ هَذَا ٱلدُّكَّانَ لِلْمَلاَبِسِ

❷ هَلْ يُمْكِنُ أَنْ أُجَرِّبَ وَاحِداً مِنْ هَذِهِ ٱلْفَسَاتِينِ؟

❸ جَرِّبْ هَذِهِ ٱلْكِسْوَةَ! رُبَّمَا تَكُونُ مُنَاسِبَةً لِحَفْلَةِ ٱلْعُرْسِ

❹ بِوُدِّي أَنْ تَشْتَرِيَ لِي كُلَّ مَا أَرْغَبُ فِيهِ

❺ يُرِيدُ هَذَا ٱلرَّجُلُ أَنْ نَفْتَحَ حَقَائِبَنَا ٱلَّتِي تُوجَدُ فِيهَا ٱلْهَدَايَا

all das wird die Kosten (werden er-hebt Wert) des Wochenendes in die Höhe treiben! **18**
Danach werden wir sechs Monate [lang] zu Hause bleiben, **19**
ohne hinauszugehen [und] Geld sparen (ohne der-Hinausgehen aus-ihm Sparen für-die-Gelder). **20**
Nein, niemals! – **21**
Das ist ganz unmöglich (dieser unmöglich ganz-und-gar)! **22**

ANMERKUNGEN

⑨ سِتَّةَ أَشْهُرٍ [*ßiTTaTa ASCHHuRin*] „sechs Monate“: Die Zahl „sechs“ steht hier im Akkusativ, da sie sich auf eine Zeitangabe bezieht.

❻ مَاذَا يُوجَدُ فِي هَذِهِ ٱلْحَقَائِبِ؟ إِفْتَحِيهَا، أَرْجُوكِ!
❼ كُلُّ مَا ٱشْتَرَيْنَاهُ ٱلْيَوْمَ سَيَرْفَعُ قِيمَةَ سَفْرَتِنَا

Lösung 1: Haben Sie verstanden?

❶ Ich würde gerne in dieses Bekleidungsgeschäft hineingehen.
❷ Kann ich eines von diesen Kleidern anprobieren?
❸ Probier diesen Anzug an! Vielleicht ist er passend für eine Hochzeitsfeier.
❹ Ich hätte gerne, dass du mir (für-mich) alles kaufst, was ich mir wünsche.
❺ Dieser Mann möchte, dass wir unsere Koffer öffnen, in denen sich (welche sie-befindet-sich in-ihr) die Geschenke befinden.
❻ Was befindet sich in diesen Koffern? Öffne♀ sie, ich bitte dich♀!
❼ Alles, was wir heute gekauft haben (kauften-wir-er), wird die Kosten unserer Reise in die Höhe treiben (anheben).

Übung 2: Setzen Sie die fehlenden Wörter ein!

❶ Du♂ kannst diesen bestickten Kaftan anprobieren.

يُمْكِنُ أَنْ ______ هَذَا
ٱلْقَفْطَانَ ٱلْمُطَرَّزَ

❷ Du♂ hast mir gesagt, dass er mir wirklich gut steht, nicht wahr?

______ لِي إِنَّهُ يُنَاسِبُ تَمَاماً،
أَلَيْسَ كَذَلِكَ؟

Leseübung

في محلّ الملابس

١ – بودّي أن أرى هذا القفطان المطرّز،

٢ هل يمكن أن أجرّبه؟

٣ – طبعاً يا سيّدتي!

٤ إنّه يناسبك تماماً،

٥ أليس كذلك يا سيّدي؟

٦ – ن...ن... نعم ولكنّ السّعر...

❸ Ist dieses kleine Kleid passend für den Strand?

هَلْ هَٰذَا ______ ٱلصَّغِيرُ
مُنَاسِبٌ لِلشَّاطِئِ؟

❹ Ich werde sechs Monate [lang] zu Hause bleiben, ohne hinauszugehen.

______ فِي ٱلْمَنْزِلِ سِتَّةَ أَشْهُرٍ
______ ٱلْخُرُوجِ مِنْهُ

Lösung 2: Die fehlenden Wörter.

❶ تُجَرِّبَ [*TuĴ**a**RRiBa*] ❷ قُلْتَ [*Q**u**LTa*] ❸ ٱلْفُسْتَانُ [*AL-FußT**A**Nu*] ❹ سَأَبْقَى [*ßa-**A**BQA*] دُونَ [*D**U**Na*]

٧ – قلت لي إنّك ستشتري لي كلّ ما أرغب فيه!

٨ – صحيح!

٩ هذا يقوله الإنسان عندما يكون مستعجلاً...

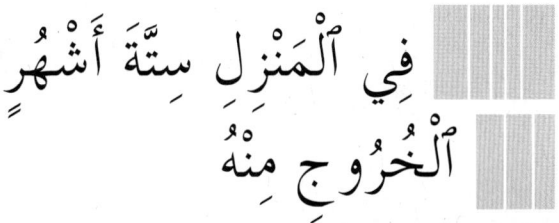

١٠ أنظري إلى هذا الفستان الصّغير!
١١ لا بأس به
١٢ - لا!
١٣ هذا مناسب للشّاطئ، ليس لحضور عرس
١٤ ثمّ لا يتناسب مع قياسي إطلاقاً
١٥ – طيّب!
١٦ ألقفطان و شنطة التّنظيف،
١٧ إضافة إلى كسوة لي، إذ أنّك وضعت كسوتي في حقيبتك
١٨ هذا كلّه سيرفع قيمة نهاية الأسبوع!
١٩ بعد ذلك، سنبقى في المنزل ستّة أشهر
٢٠ دون الخروج منه، توفيراً للأموال!
٢١ – لا، أبداً!
٢٢ هذا مستحيل تماماً!

Kleiderordnung

Die Kleidung in der arabischen Welt unterscheidet sich grundlegend von der in der westlichen Welt. Jedes Land hat seine eigenen Traditionen. Zu den typischsten Gewändern zählen kunstvoll bestickte Umhänge namens قَفْطَان [QaFṬAN], die v.a. von Frauen in Marokko und Algerien getragen werden. Viele Männer dort kleiden sich – gerade auf dem Land – traditionell mit der سَرْوَال [ßaRWAL], einer Art Pluderhose. In Ägypten tragen die Männer oftmals Umhänge namens جَلاَّبِيَة [ĴaLLABiYaT], während man in den Golfstaaten leichte weiße Baumwollumhänge (ثَوب [fßaUB] oder دِشْدَشَة [DiSCHDaSCHaT] genannt) trägt und dazu die als غُتْرَة [ṘuTRaT] oder كُوفِيَّة [KUFiYYaT] bezeichneten Kopftücher, die auch bei den Palästinensern zu sehen sind. Männliche Touristen sollten trotz des heißen Klimas immer lange Hosen tragen und auf Shorts und ärmellose Hemden oder T-Shirts verzichten. Frauen sieht man am liebsten in Hosen oder Röcken, die bis über das Knie reichen; auch müssen Dekolleté und Schultern stets bedeckt sein.

إِبْيِضَاضُ ٱلْقَلْبِ خَيْرٌ مِنْ إِبْيِضَاضِ ٱلْقَبَاءِ

„Die Reinheit des Herzens ist wichtiger
als die Reinheit der Kleidung."
(Weißheit der-Herz gut von Weißheit die-Kleidung)
[IBYiḌADu (A)L-QaLBi CHaYRun MiN IBYiḌADi (A)L-QaBA'(i)]

أَلْقِسْمُ ٱلثَّانِي:
أُنْظُرْ مَرَّةً ثَانِيَّةً إِلَى ٱلدَّرْسِ ٱلْعِشْرِينَ

[AL-QißMu (A)fß-fßANI UNṢuR MaRRa(Tan) fßANiYYa(Tan) ILA AD-DaRßi (A)L-ᶜiSCHRINa]

٥٦ أَلدَّرْسُ ٱلسَّادِسُ وَٱلْخَمْسُونَ

[AD-DaRßu (A)ß-ßADißu Wa-(A)L-CHAMßUN(a)]

مُرَاجَعَةٌ وَمُلَاحَظَاتٌ

In den letzten Lektionen standen die Stämme IV und VIII im Vordergrund.

1. Abgeleitete Verben: IV. und VIII. Stamm

• IV. Stamm أَفْعَلَ [AFᶜaLa] / يُفْعِلُ [YuFᶜiLu]

Er wird durch Hinzufügen eines **hamsa** auf **alif** vor dem ersten Konsonanten sowie durch Weglassen des ersten Vokals der Form des VA gebildet. Das **hamsa** ist „stabil", d.h. es wird im Unterschied zu anderen Ableitungsstämmen (z.B. dem VIII., siehe weiter unten) IMMER geschrieben und ausgesprochen:

كَتَبَ [KaTaBa] يَكْتُبُ [YaKTuBu] I. Stamm: „schreiben"	←	أَكْتَبَ [AKTaBa] يُكْتِبُ [YuKTiBu] IV. Stamm: „schreiben lassen", „veranlassen zu schreiben"

Alle weiteren Formen leiten sich von der VA-Form des I. Stamms ab. Das Vokalschema der unvollendeten Form ist **u-i-u**:

أَفْعَلَ [AFᶜaLa]	←	يُفْعِلُ [YuFᶜiLu]	
أَرْسَلَ [ARßaLa]	←	يُرْسِلُ [YuRßiLu]	„schicken"
أَجْلَسَ [AĴLaßa]	←	يُجْلِسُ [YuĴLißu]	„(jdn. sich) setzen lassen"

Der IV. Stamm ist meist die kausative Form zu einem Grundverb des I. Stamms, d.h. man kann ihn oftmals durch „... lassen" oder „veranlassen zu ..." übersetzen:

56. Lektion

[ACHRaĴa] أَخْرَجَ ← [CHaRaĴa] خَرَجَ

[YuCHRiĴu] يُخْرِجُ ← [YaCHRuĴu] يَخْرُجُ

„hinausgehen lassen" **IV. Stamm** „hinausgehen" **I. Stamm**

Einige Verben dieses Stamms werden allerdings nicht von einer verbalen Wurzel abgeleitet, sondern von einem Nomen:

[AḤßaNa] أَحْسَنَ ← [ḤaßaN] حَسَن

[YuḤßiNu] يُحْسِنُ ←

„gut machen/handeln" **IV. Stamm** „schön, gut" **Nomen**

Und da sich jeder über ein Lob freut, können Sie auch sagen:

[AḤßaNT(a)] „Gut gemacht!; Bravo!" أَحْسَنْتَ!

Das **maßdar** des IV. Stamms ist إِفْعَال [IFᶜAL], das Aktiv-Partizip ist مُفْعِل [MuFᶜiL] und das Passiv-Partizip مُفْعَل [MuFᶜaL]:

أَرْسَلَ „schicken, senden" [ARßaLa]

إِرْسَال „[das] Schicken, [das] Senden" [IRßAL]

مُرْسِل „schickend, sendend, Absender" [MuRßiL]

مُرْسَل „geschickt, gesandt, Empfänger" [MuRßaL]

• **Der IV. Stamm** kennt einige **unregelmäßige Verben, ...**

a) die in der Grundform als 1. Konsonanten ein **waw** haben. Im UA steht anstelle des 1. Vokals [-*u*-] ein **waw**, gesprochen als langes [-*U*-]: أَوْقَفَ [AUQaFa] „anhalten, parken" – IV. Stamm von وَقَفَ [WaQaFa], يَقِفُ [YaQiFu] „stehen", „(an-)halten". Die Formen im UA sind: أُوقِفُ [UQiFu], تُوقِفُ [TUQiFu], تُوقِفِينَ [TUQiFINa], يُوقِفُ [YUQiFu], نُوقِفُ [NUQiFu] usw.

b) die an 2. Position ein **alif** [-*A*-] haben. Es wird im UA in ein langes [-*I*-]: أَرَادَ [*ARADa*], يُرِيدُ [*YuRIDu*] „möchten, wollen".

c) die als letzten Konsonanten ein **ya** haben. Dieses bleibt im UA erhalten: أَعْطَى [*AᶜṬA*], يُعْطِي [*YuᶜṬI*] „geben" ist der IV. Stamm der Verbwurzel ᶜ-**Ṭ**-**Y**. أُعْطِيكَ [*UᶜṬI-Ka*] „ich gebe Ihnen/dir" und تُعْطِي [*TuᶜṬI*] „du gibst", نُعْطِي [*NuᶜṬI*] „wir geben" usw.

• **VIII. Stamm** إِفْتَعَلَ [*IFTaᶜaLa*]/ يَفْتَعِلُ [*YaFTaᶜiLu*]

Hier wird vor den Stamm ein **hamsa** + [*i*] unter **alif** gestellt und nach dem ersten Konsonanten das Infix [-*Ta*] eingefügt: إِفْتَعَلَ [*IFTaᶜaLa*]. Das Vokalschema des UA ist **a-a-i-*u*** يَفْتَعِلُ [*YaFTaᶜiLu*]:

[*INTaṢaRa*]	إِنْتَظَرَ	←	[*NaṢaRa*]	نَظَرَ
[*YaNTaṢiRu*]	يَنْتَظِرُ	←	[*YaNṢuRu*]	يَنْظُرُ
„warten"	**IV. Stamm**		„sehen"	**I. Stamm**
[*IᶜTaRaFa Bi-*]	إِعْتَرَفَ بِـ	←	[*ᶜaRaFa*]	عَرَفَ
[*YaᶜTaRiFu Bi-*]	يَعْتَرِفُ بِـ	←	[*YaᶜRiFu*]	يَعْرِفُ
„anerkennen, zugeben"	**IV. Stamm**		„kennen, wissen"	**I. Stamm**

Vergleichen Sie dazu auch إِتَّفَقَ [*ITTaFaQa*], يَتَّفِقُ عَلَى [*YaTTaFiQu ᶜaLA*] „einverstanden sein" oder „(Termin) ausmachen".

Das **hamsa** ist „instabil" bzw. unbeständig, d.h. es wird NUR am Satzanfang ausgesprochen. Ansonsten wird es durch den Endvokal des vorherigen Wortes „verschluckt" und als **alif** mit **wa<u>ß</u>la** geschrieben:

وَٱجْتِمَاعُ ٱلْمُعَلِّمِينَ...

„... und die Lehrerversammlung..."
[*Wa-IĴTiMAᶜu AL-MuᶜaLLiMINa*]

Der VIII. Stamm ist in den meisten Fällen eine rückbezügliche Form eines Verbs des I. Stamms:

„sich versammeln" [*IĴTaMaᶜa*]	إِجْتَمَعَ	←	„(ver-)sammeln" [*ĴaMaᶜa*]	جَمَعَ

(**ma<u>ß</u>dar** إِجْتِمَاع [*IĴTiMAᶜ*] „Versammlung" aus Lektion 24.)

Häufig im VIII. Stamm sind auch Verben, die von einem Adjektiv abgeleitet werden:

[IQTaRaBa MiN] „sich annähern an" VIII. إِقْتَرَبَ مِن

[QaRIB] „nah" I. قَرِيب

[YaQRuBu]/[QaRuBa] „nahe sein" قَرُبَ / يَقْرُبُ

[YuQaRRiBu]/[QaRRaBa] „näher bringen" II. قَرَّبَ / يُقَرِّبُ

Zu den unregelmäßigen Verben des VIII. Stamms gehören u.a:

[YaḤTAĴu ILA]/[IḤTAĴa] „brauchen" إِحْتَاجَ / يَحْتَاجُ إِلَى

[YaSCHTaRI]/[ISCHTaRA] „kaufen" إِشْتَرَى / يَشْتَرِي

أَشْتَرِي / تَشْتَرِي / تَشْتَرِينَ / نَشْتَرِي

usw. /[NaSCHTaRI]/[TaSCHTaRINa]/[TaSCHTaRI]/[ASCHTaRI]

[YaKTaFI Bi-]/[IKTaFA] „sich begnügen/ zufrieden geben mit" إِكْتَفَى / يَكْتَفِي بِـــ

2. Unregelmäßige Verben

Zunächst muss man unterscheiden zwischen denjenigen, die zwar über eine regelmäßige Wurzel verfügen, dafür aber gewisse orthographische Besonderheiten aufweisen, und denjenigen, die in ihrer Wurzel einen sog. Halb-Konsonanten (**waw** oder **ya**) beinhalten. Wir gehen im Folgenden nur auf die charakteristischsten Elemente dieser Unregelmäßigkeiten ein.

• Verben mit orthographischen Besonderheiten

– Verben, mit einer Verdopplung des zweiten Konsonanten: مَرَّ [MaRRa], يَمُرُّ [YaMuRRu] „vorbeigehen". Im VA verändert es sich in der 1. und 2. Person (Sg. und Pl.) zu: مَرَرْتُ [MaRaRTu], مَرَرْتَ [MaRaRTa] usw.

– Verben, deren Wurzel ein **hamsa** auf **alif** enthält: Sie verhalten sich abhängig davon, ob das **hamsa** an erster, zweiter oder dritter Position im Wort steht.

a) أَخَذَ [*ACHafsa*], يَأْخُذُ [*YA'CHufsu*] „nehmen“: Das **alif** der 1. Pers. Sg. fällt mit dem **alif** der Wurzel zusammen und wird zu [*Ā-*]: آخُذُ [*Ā'CHufsu*] „ich nehme“. Im Imperativ entfällt das anfängliche **alif** komplett: خُذْ! [*CHufs*] „nimm!“.

b) سَأَلَ [*ßa'ALa*], يَسْأَلُ [*Yaß' ALu*] „fragen, eine Frage stellen“. Im Passiv und bei den Partizipien steht **ya** ohne Punkte als Stütze für **hamsa**: سُئِلَ [*ßu'iLa*] „er wurde gefragt“ und سَائِلٌ [*ßA'iLun*] „fragend“; مَسْئُول [*Maß'UL*] „gefragt“ (oder mit **waw** als Stütze).

c) بَدَأَ [*BaDA'a*], يَبْدَأُ [*YaBDA'u*] „anfangen, beginnen“. بَدَؤُوا [*BaDA'U*] oder بَدَأُوا „sie haben angefangen/begonnen“. In allen drei Fällen ändert sich der Stützbuchstabe von **hamsa** je nachdem, welcher Vokal ihm folgt oder ihm vorangeht: Dieser Buchstabe kann **alif**, **ya** ohne Punkte oder **waw** sein.

• Verben mit anormaler Wurzel

Hierbei handelt es sich um Verben, die in ihrer Wurzel ein **waw** oder ein **ya** beinhalten. Diese sog. Halbkonsonanten können am Anfang („assimilierte Verben“), in der Mitte („konkave Verben“) oder am Ende („defektive Verben“) der Wurzel stehen.

• Assimilierte Verben:

[*YaĴiDu*] / [*WaĴaDa*]	„finden“	وَجَدَ / يَجِدُ
[*YaßiLu*] / [*WaßaLa*]	„ankommen“	وَصَلَ / يَصِلُ

Das **waw** verschwindet im UA!

• Konkave Verben:

Im UA wird عَادَ [*ᶜADa*] „zurückkommen“ zu يَعُودُ [*YaᶜUDu*] und dabei wie كَانَ [*KANa*], يَكُونُ [*YaKUNu*] „sein“ und قَالَ [*QALa*], يَقُولُ [*YaQULu*] „sagen“ konjugiert. Der 2. Wurzelbuchstabe ist ein **waw**, das im UA durch ein [*-U-*] wiedergegeben wird. Das heißt: Ein **alif** an 2. Position im VA kann für ein **waw** oder ein **ya** stehen.

• Defektive Verben:

بَقِيَ / يَبْقَى	„bleiben"	[*YaBQA*] / [*BaQiYa*]
سَنَبْقَى	„wir werden bleiben"	[*ßa-NaBQA*]
رَجَا / يَرْجُو	„bitten"	[*YaRĴU*] / [*RaĴA*]
أَرْجُو مِنْكُمَا	„ich bitte Sie beide"	[*ARĴU MiNKuMA*]

3. Konjunktiv

Die Bildung des Konjunktivs basiert auf dem UA, nur dass bei den Formen, deren Endvokal ein [**-u**] ist, dieser zu [**-a**] wird. Diese Regel gilt für alle Stämme von I bis X (Beispiel mit كَتَبَ):

يَكْتُبُ ← يَكْتُبَ

„er würde schreiben, er schreibe" ← „er schreibt"

[*YaKTuBa*] ← [*YaKTuBu*]

• Anwendung des Konjuktivs

Er wird nach Wendungen und Verben angewandt, speziell nach solchen, die einen Wunsch oder eine Möglichkeit ausdrücken.

a) „müssen; man muss":

عَلَى [*ᶜaLA*] + Personalpronomensuffix + أَنْ [*AN*] + Konjunktiv

عَلَيْهَا أَنْ تُرْسِلَ „sie muss schicken ..." [*ᶜaLaYHA AN TuRßiLa*]

b) „Kann man ...?; Ist es möglich, dass ...?":

هَلْ يُمْكِنُ أَنْ + <Konjunktiv<

هَلْ يُمْكِنُ أَنْ أُجَرِّبَهُ؟

„Kann ich ihn anprobieren?" [*...UĴaRRiBa-Hu*]

هَلْ يُمْكِنُ أَنْ تُزَوِّدَنِي بِمَعْلُومَاتٍ؟

[...TuSaWWiDaNI Bi-Ma^cLUMATin] „Kannst du mir Informationen geben?"

هَلْ يُمْكِنُنِي أَنْ أُرْسِلَ بَرْقِيَّةً؟

[... NI ...URßiLa BaRQiYYaTan] „Kann ich ein Telegramm schicken?"

c) „möchten, wollen":
يُرِيدُ أَنْ + <Konjunktiv>

أُرِيدُ أَنْ أَحْجِزَ

[URIDu AN AḤĴiSa] „ich möchte reservieren"

In vielen Fällen ist es auch möglich, nach diesen verschiedenen Verben und Wendungen anstelle von أَنْ [AN] + Konjunktiv ein Verbalnomen (**maßdar**) zu verwenden.

4. Ergänzende Nebensätze

Nach Verben des Wissens oder Meinens usw. übersetzt man „dass" durch eine Präposition, gefolgt von [ANNa] (+ Akkusativ):

أَعْتَرِفُ بِأَنَّ ٱلْمَشْيَ عَلَى ٱلأَقْدَامِ خَيْرٌ مِنْ أَخْذِ ٱلسَّيَّارَةِ

„Ich gebe zu, dass es besser ist, zu Fuß zu gehen, als das Auto zu nehmen."

[A^cTaRiFu Bi'ANNa (A)L-MaSCHYa ^caLA (A)L-AQDAMi CHaYRun MiN ACHfsi (A)ß-ßaYYARa(Ti)]

Nach قَالَ [QALa] „sagen" steht allerdings immer إِنَّ [INNa]:

قُلْتَ لِي إِنَّكَ سَتَشْتَرِي لِي كُلَّ مَا أَرْغَبُ فِيهِ!

„Du hast mir gesagt, dass du mir alles kaufen wirst, was ich mir wünsche."

[QuLTa LI INNaKa ßa-TaSCHTaRI LI KuLLa MA ARṘaBu FIHi]

5. Stützvokal

Er steht gewöhnlich dort, wo ein von einem Artikel begleitetes Wort folgt. Dieser Stützvokal kann [-a], [-i], aber auch [-u] sein:

„von der Post“ [MiN-a AL-BaRIDi]	مِنَ ٱلْبَرِيدِ
„sie hat das Haus betreten“ [DaCHaLaT-i AL-BaYTa]	دَخَلَتِ ٱلْبَيْتَ
„er hat für euch die Erde geschaffen“ [Ĵaᶜala La-KuM-u AL-ARḌa]	جَعَلَ لَكُمُ ٱلْأَرْضَ

Nach ـهُم [-HuM] und ـكُم [-KuM] lautet der Stützvokal [-u]:

إِذَن فَعَلَيْكُمُ ٱلْإِنْتِظَارُ

„Also müsst ihr warten (also und-über-euch der-Warten)!“
[IfsaN Fa-ᶜaLaYKuM-u (A)L-INTiSAR(u)]

6. Monatsnamen

In der arabischen Welt sind zwei Zeitrechnungen gebräuchlich: die gregorianische und die islamische. Der islamische Mondkalender (أَلتَّقْوِيمُ ٱلْهِجْرِي [AT-TaQWIMu AL-HiĴRI]) umfasst 354 Tage und verschiebt sich dadurch jedes Jahr im Vergleich zur christlichen Zeitrechnung. Die zwölf Monatsnamen (هِجْرَة [HiĴRa(T)]) sind:

[MuḤaRRaMun]	مُحَرَّمٌ
[ßaFaRun]	صَفَرٌ
[RaBIᶜu AL-AWWaLu]	رَبِيعُ الأَوَّلُ
[RaBIᶜu Afß-fißANI]	رَبِيعُ الثَّانِي
[ĴuMADA AL-ULA]	جُمَادَى الأُولَى
[ĴuMADA AL-ĀCHiRaTu]	جُمَادَى الآخِرَةُ

Nach diesem Kalender richten sich v. a. religiöse Feste und Feierlichkeiten, offiziell ist er nur in Saudi Arabien.
Für weltliche Zeitangaben wird der gregorianische/christliche Kalender verwendet, der allerdings in den verschiedenen Ländern unterschiedliche Monatsnamen hat. Aus dem

LEKTION 56

[RaĴaBun]	رَجَبٌ
[SCHaᶜBANu]	شَعْبَانُ
[RaMaḌANu]	رَمَضَانُ
[SCHaWWALun]	شَوَّالٌ
[fsU AL-QaᶜDaTI]	ذُو الْقَعْدَةِ
[fsU AL-ḤiĴĴaTI]	ذُو الْحِجَّةِ

Englischen werden die Namen in Ägypten, dem Sudan, im Jemen und den Golfstaaten entlehnt, aus dem Französischen in Marokko, Algerien und Tunesien. In Syrien, Jordanien, den Palästinensischen Autonomie-Gebieten, im Libanon, sowie im Irak verwendet man die Namen des alten syrischen Kalenders.

Algerien/ Tunesien	Marokko	Ägypten/ Sudan/Jemen/ Golfstaaten	Syrien/Irak/Paläst. Autonomie-Gebiete/ Jordanien/Libanon
يَنَايِر	= →	يَنَايِر	كَانُونُ ٱلثَّانِي
فِيفْرِي	= →	فِبْرَايِر	شُبَاطُ
= →	= →	مَارْس	آذَارُ
أَفْرِيل	أَبْرِيل	أَبْرِيل	نَسَانُ
= →	مَاي	مَايُو	أَيَّارُ
جُوَان	= →	يُونِيُو	حَزِيرَانُ / حُزَيْرَان
جُوِيلْيَة	يُولِيُوس	يُولِيُو	تَمُّوزُ
أُوت	غُشْت	أَغُسْطُس	آبُ
سِبْتَمْبِر	شُتَنْبِر	سَبْتَمْبَر	أَيْلُولُ
= →	أُكْتُوبِر	أُكْتُوبَر	تَشْرِينُ ٱلأَوَّلُ
نُوفَمْبِر	نُوَنْبِر	نُوفَمْبَر	تَشْرِينُ ٱلثَّانِي
دِيسَمْبِر	دُجَنْبِر	دِيسَمْبَر	كَانُونُ ٱلأَوَّلُ

Alle Monatsnamen sind diptotisch und werden grundsätzlich ohne Artikel verwendet.

7. Verständnis- / Formulierungsübung

1 يُرِيدُ ٱلسَّيِّدُ ٱلْخَيَّاطُ وَزَوْجَتُهُ ٱلسَّفَرَ إِلَى مِنْطَقَةِ ٱلْقَيْرَوَان لِحُضُورِ عُرْسٍ قَرِيبٍ لَهُمَا

2 كَانَ عَلَى ٱلسَّيِّدِ ٱلْخَيَّاطِ أَنْ يَحْجِزَ تَذْكِرَتَيْنِ ذَهَاباً وَإِيَاباً مِنْ تُونِس إِلَى ٱلْقَيْرَوَان

3 وَعَلَى ٱلسَّيِّدَةِ أَنْ تُرْسِلَ بَرْقِيَّةً إِلَى أَهْلِهَا لِلْإِخْبَارِ بِوُصُولِهِمَا

4 يَوْمَ مُغَادَرَتِهِمَا، كَانَ عَلَيْهِمَا أَنْ يَأْخُذَا تَاكْسِي إِلَى ٱلْمَطَارِ بِسَبَبِ حَقَائِبِهِمَا ٱلثَّقِيلَةِ

5 ٱلَّتِي كَانَتْ فِيهَا هَدَايَا لَا تُحْصَى، فَضْلاً عَنْ فَسَاتِينِ ٱلسَّيِّدَةِ ٱلْخَيَّاطِ لِلْحَفْلَةِ

6 فِي ٱلْقَيْرَوَان سَيَنْزِلَانِ فِي فُنْدُقٍ فَاخِرٍ حَيْثُ سَيَأْخُذَانِ غُرْفَةً وَاسِعَةً

7 مَعَ تِلِفِزْيُونٍ وَجِهَازٍ لِلْإِنْتَرْنَت ٱلَّذِي
يَحْتَاجَانِ إِلَيْهِ يَوْمِيًّا

8 إِنَّهُمَا غَيْرُ مُسْتَعْجِلَيْنِ

9 إِذَنْ سَيَتَفَرَّجَانِ عَلَى أَحْيَاءِ ٱلْمَدِينَةِ
وَأَسْوَاقِهَا بِدُونِ تَوْفِيرٍ لِلْأَمْوَالِ

10 أَلَيْسَتْ هِيَ أَسْعَدَ ٱلسَّفْرَاتِ؟

Aussprache der Übungssätze

[**1** *YuR**I**Du (A)ß-ß**a**YYiDu (A)L-CHaYY**A**Ṭ(u) Wa-SaUĴ**a**TuHu (A)ß-ß**a**FaRa **I**LA MiNṬ**a**QaTi (A)L-QaYRaW**A**N Li-ḤuḌ**U**Ri ᶜ**u**Rß(i) QaR**I**Bin LaHuM**A***] [**2** *K**A**Na ᶜ**a**LA (A)ß-ß**a**YYiDi (A)L-CHaYY**A**Ṭ(i) AN Y**a**ḤĴiSa TafsKiRaT**a**YNi fsaH**A**BAn Wa-IY**A**BAn MiN T**U**Niß **I**LA (A)L-QaYRaW**A**N*] [**3** *Wa-ᶜ**a**LA (A)ß-ßaYY**i**Da(Ti) AN T**u**RßiLa BaRQ**i**YYa(Tan) **I**LA **A**HLiHA LiL-ICHB**A**Ri Bi-WuẞULiHiM**A***] [**4** *Y**a**UMa MuṘADaR**a**TiHiMA K**A**Na ᶜaLaYHiM**A** AN Y**A**'CHufsA T**A**Kßl **I**LA (A)L-MaṬ**A**R(i) Bi-ß**a**BaB(i) ḤaQA'iBiHiM**A** (A)fß-fßaQ**I**La(Ti)*] [**5** *AL-L**a**TI K**A**NaT F**I**HA HaD**A**YA LA T**u**ḤẞA F**a**ḌLAn ᶜaN FaßAT**I**Ni (A)ß-ßaYY**i**Da(Ti) AL-CHaYY**A**Ṭ(i) LiL-Ḥ**a**FLa(Ti)*] [**6** *FI (A)L-QaYRaW**A**N ßa-YaNSiL**A**Ni FI F**u**NDuQ(in) F**A**CHiR(in) Ḥ**a**Yfßu ßa-YA'CHufs**A**Ni Ṙ**u**RFa(Tan) W**A**ßiᶜa(Tan)*] [**7** *M**a**ᶜa TiLiFiSY**U**N(in) Wa-ĴiH**A**S(in) LiL-**I**NTaRNaT ALL**a**fsl YaḤTAĴ**A**Ni IL**a**YHi YaUM**i**YYAn*] [**8** *INNaHuM**A** Ṙ**a**YRu MußTaᶜĴiL**a**YNi*] [**9** ***I**fsaN ßa-YaTaFaRRaĴ**A**Ni ᶜ**a**LA AḤY**A**'i (A)L-MaD**I**Na(Ti) Wa-AßW**A**QiHA BiD**U**Ni TaUF**I**Rin LiL-AMW**A**L(i)*] [**10** *A-L**a**YßaT H**i**Ya Aßᶜ**a**Da (A)ß-ßaFR**A**T(i)*]

Haben Sie die Sätze verstanden?

❶ Herr Al-Khayyat (Schneider) und seine Frau wollen in die Gegend von Kairouan reisen, um an der Hochzeit eines ihrer Verwandten teilzunehmen. ❷ Herr Al-Khayyat hat zwei Hin- und Rückflugtickets von Tunis nach Kairouan reservieren müssen, ❸ und die Dame hat ein Telegramm an ihre Familie schicken müssen, um ihre (beider) Ankunft mitzuteilen. ❹ Am Tag ihrer Abreise haben sie ein Taxi zum Flughafen nehmen müssen, wegen ihrer schweren Koffer, ... ❺ in denen unzählige Geschenke gewesen sind und außerdem Kleider von Frau Al-Khayyat für die Feier. ❻ In Kairouan werden sie in einem Luxushotel absteigen, wo sie ein geräumiges Zimmer nehmen werden ❼ mit Fernsehen und Internet, das sie beide täglich benötigen. ❽ Sie sind beide nicht in Eile. ❾ Deswegen werden sie Stadtviertel und deren Basare besichtigen, ohne [dabei] Geld zu sparen. ❿ Sind das nicht die glücklichsten Reisen?

أَلسُّؤَالُ نِصْفُ ٱلْعِلْمِ

„Eine Frage ist (bereits) die Hälfte des Wissens." /
„Wer fragt, hat schon fast die Antwort."
[*Aß-ßu^c^ALu NißFu (A)L-^c^iLM(i)*]

أَلْقِسْمُ ٱلثَّانِي:

أُنْظُرْ مَرَّةً ثَانِيَةً إِلَى ٱلدَّرْسِ ٱلْحَادِي وَٱلْعِشْرِينَ

[*AL-QißMu (A)fß-fßANI UNṢuR MaRRa(Tan) fßANiYYa(Tan) ILA AD-DaRßi (A)L-ḤADI Wa-(A)L-^c^iSCHRINa*]

Ab dieser Lektion werden die Endvokale der Dualendungen für Nomen und Adjektive auf den Tonaufnahmen nicht mehr gesprochen. Um Missverständnisse zu vermeiden, werden sie aber bei den Verbformen vorerst noch beibehalten. Ebenso verzichten wir bei der Aussprache ab sofort meist auf die Endvokale der regelmäßigen Verben.

٥٧ أَلدَّرْسُ ٱلسَّابِعُ وَٱلْخَمْسُون

تَعَطُّلُ ٱلسَّيَّارَةِ

١ كَانَ تَاجِرٌ مِنْ حَلَب يُسَافِرُ عَبْرَ مِنْطَقَةٍ جَبَلِيَّةٍ ①②

٢ فِي يَوْمٍ شَدِيدِ ٱلْمَطَرِ ③

٣ عِنْدَ غُرُوبِ ٱلشَّمْسِ، تَعَطَّلَتْ سَيَّارَتُهُ

٤ وَبِٱلتَّالِي

AUSSPRACHE

[AD-DaRßu (A)ß-ßABiᶜu Wa-(A)L-CHAMßUN(a)] [TaᶜaṬṬuLu (A)ß-ßaYYARa(Ti)] [**1** KANa TAĴiRun ... ḤaLaB YußAFiRu ᶜaBRa MiNṬaQa(Tin) ĴaBaLiYYa(Tin) ...] [**2** ... YaUMin SCHaDIDi (A)L-MaṬaR(i)] [**3** ... ĠuRUBi (A)SCH-SCHaMß(i) TaᶜaṬṬaLaT ßaYYARaTu-Hu] [**4** ... Bi-(A)T-TALI ...]

Langsam sollten Sie beginnen, sich von der Umschrift zu lösen. Daher geben wir nur noch die neuen Wörter in der phonetischen Umschrift an. Wir beginnen ab dieser Lektion, die vertrauten Binde- und Verhältniswörter nicht mehr lautschriftlich zu transkribieren (es sei denn, sie liegen in feststehenden Ausdrücken vor).

57. Lektion

Die Autopanne

Ein Händler aus Aleppo reiste durch eine gebirgige Gegend (war-er Händler aus Aleppo er-reist durch Gegend bergige), 1

an einem Tag mit starkem Regen (in Tag stark der-Regen). 2

Bei Sonnenuntergang (bei Hinuntergehen der-Sonne) hatte sein Auto eine Panne, 3

und in Folge dessen (und-mit-der-kommend) 4

ANMERKUNGEN

① كَانَ يُسَافِرُ [*KANa YußAFiRu*] „er reiste“: Die Kombination كَانَ [*KANa*] „er war“ + Präsens drückt die unvollendete Vergangenheit aus, die speziell für eine andauernde, aber auch eine sich wiederholende vergangene Handlung benutzt wird.

② يُسَافِرُ [*YußAFiRu*] „er reist“♂: 3. Pers. Sg. des UA (III. Stamm, Wurzelkonsonanten *ß-F-R*). Typisch für den III. Stamm ist das eingeschobene [*A-*] nach dem 1. Stammkonsonanten: سَافَرَ [*ßAFaRa*], يُسَافِرُ [*YußAFiRu*].

③ فِي يَوْمٍ شَدِيدِ ٱلْمَطَرِ [*FI YaUMin SCHaDIDi AL-MaṬaRi*]: Genitivverbindungen können auch aus einem Adjektiv + einem Nomen bestehen. Wie immer steht dabei auch das Adjektiv ohne Artikel.

٥ تَخَلَّى عَنْ مُوَاصَلَةِ طَرِيقِهِ إِلَى دِمَشْق ④

٦ لِحُسْنِ ٱلْحَظِّ، كَانَ بِٱلْجِوَارِ فُنْدُقٌ
مُتَوَاضِعٌ ⑤

٧ وَ صُدْفَةً كَانَ هُنَاكَ صَاحِبُ سَيَّارَةٍ

٨ يُوَاجِهُ مُشْكِلَةً مِيكَانِيكِيَّةً هُوَ ٱلآخَرُ ⑥⑦

٩ فَتَعَاوَنَا وَسَاعَدَ بَعْضُهُمَا ٱلْبَعْضَ ⑧⑨

١٠ عَلَى إِصْلَاحِ سَيَّارَتَيْهِمَا

١١ بَعْدَ ٱلْإِنْتِهَاءِ مِنْ عَمَلِيَّةِ ٱلْإِصْلَاحِ،

AUSSPRACHE

[**5** *TaCHaLLa ... MuWAßaLaTi ṬaRIQiHi ... DiMaSCHQ*] [**6** *Li-ḤußNi (A)L-ḤaṢṢ(i) KANa Bi-(A)L-ĴiWAR(i) FuNDuQ(un) MuTaWAḌiᶜ(un) ...*] [**7** *... ßuDFaTan KANa HuNAKa ßAḤiBu ßaYYARa(Tin)*] [**8** *YuWAĴiHu MuSCHKiLaTan MIKANIKiYYa(Tan) HuWa (A)L-ĀCHaR(u)*] [**9** *Fa-TaᶜAWaNA ... ßAᶜaDa BaᶜḌuHuMA (A)L-BaᶜḌ(a)*] [**10** *... IßLAḤi ßaYYARaTaYHiMA*] [**11** *... (A)L-INTiHA'i ... ᶜaMaLiYYaTi (A)L-IßLAḤ(i)*]

ANMERKUNGEN

④ مُوَاصَلَة [*MuWAßaLaT*]: Verbalnomen eines Verbs des III. Stamms: وَاصَلَ [*WAßaLa*], يُوَاصِلُ [*YuWAßiLu*] „fortsetzen, fortfahren, verlängern". Das Bildungsmuster des **maßdar** entspricht مُفَاعَلَة [*MuFAᶜaLaT*].

⑤ Ein weiteres Bildungsmuster für das **maßdar** des III. Stamms ist فِعَال [*FiᶜAL*]: جِوَار [*ĴiWAR*] „Nachbarschaft" von جَاوَرَ [*ĴAWaRa*], يُجَاوِرُ [*YuĴAWiRu*] „sich in der Nachbarschaft befinden, Nachbarn sein".

hat er darauf verzichtet, seine Fahrt nach Damaskus fortzusetzen (verzichtete-er über Fortsetzung Weg-sein nach Damaskus). 5

Glücklicherweise (für-Gute der-Glück) gab es in der Nachbarschaft ein bescheidenes Hotel, 6

und zufällig war dort ein Autobesitzer, (war-er dort Besitzer Auto), 7

der ebenfalls vor einem technischen Problem stand (er-steht-gegenüber Problem mechanische er der-andere), 8

und so haben sie sich zusammen getan und haben einander geholfen, (und-kooperierten-sie-beide und-half-er einer-sie-beide der-eine) 9

ihre beiden Autos zu reparieren (über Reparatur Autos-zwei-ihre-beide). 10

Nach Beendigung der Reparatur (Prozess der-Reparatur) 11

ANMERKUNGEN

⑥ يُوَاجِهُ مُشْكِلَةً [YuWAĴiHu MuSCHKiLaTan]: Dieses Verb des III. Stamms, abgeleitet von ***W-Ĵ-H*** und dem Nomen وَجْه [WaĴH] „Gesicht, Stirn", kann auch mit „die Stirn bieten" übersetzt werden.

⑦ هُوَ ٱلآخَرُ [HuWa AL-ĀCHaRu] „auch er" steht oft als Ergänzung am Satzende. هِيَ تَقْرَأ كِتَابًا وَهُوَ ٱلآخَرُ [HiYa TaQRA' KiTABAn Wa-HuWa AL-ĀCHaRu] „Sie liest ein Buch, und er auch" (قَرَأَ [QaRA'a], يَقْرَأُ [YaQRA'u] „lesen"; das **maßdar** dazu lautet قِرَاءَة [QiRA'aT]).

⑧ تَعَاوَنَا [TaᶜAWaNA]: Dual des VA (VI. Stamm), ausgehend von ***ᶜ-W-N***. Den VI. Stamm kennzeichnen die Vorsilbe تَـ [Ta-] und das eingeschobene [A-] nach dem 1. Stammkonsonanten: تَعَاوَنَ [TaᶜAWaNa], يَتَعَاوَنُ [YaTaᶜAWaNu].

⑨ سَاعَدَ بَعْضُهُمَا ٱلْبَعْضَ [ßAᶜaDa BaᶜḌuHuMA AL-BaᶜḌa]: Die Verben des III. Stamms drücken im Gegensatz zu denen des VI. Stamms die Gegenseitigkeit nicht in sich aus, sondern benutzen Konstruktionen wie بَعْضُهُمَا ٱلْبَعْضَ [BaᶜḌuHuMA AL-BaᶜḌa].

١٢ قَالَ أَحَدُ ٱلرَّجُلَيْنِ:

١٣ - أَلْحَمْدُ لِلّٰهِ!

١٤ كُلُّ شَيْءٍ عَلَى مَا يُرَامُ!

١٥ وَلَكِنَّ ٱلآنَ، لاَ بُدَّ مِنْ إِصْلاَحِ ٱلْبُطُونِ ⑩

١٦ بَعْدَ إِصْلاَحِ ٱلسَّيَّارَاتِ!

AUSSPRACHE

[**12** *Q**A**La AḤaDu (A)R-RaĴuL**a**YN(i)*] [**13** *AL-Ḥ**a**MDu Li-(A)LL**a**H(i)*] [**14** *K**u**LLu SCH**a**Y'in ... YuR**AM**(u)*] [**15** *Wa-LaK**i**NNa (A)L-**Ā**N(a) LA B**u**DDa ... Iß̱L**A**Ḥi (A)L-BuṬ**UN**(i)*] [**16** *... Iß̱L**A**Ḥi (A)ß-ßaYYAR**A**T(i)*]

Übung 1: Verstehen Sie diese Sätze?

❶ كَانَ يُصْلِحُ سَيَّارَتَهُ لَمَّا وَصَلَ مُسَافِرٌ آخَرُ وَهُوَ تاجِرٌ أَيْضاً

❷ تَعَطَّلَتْ سَيَّارَتُنَا وَبِٱلتَّالِي تَخَلَّيْنَا عَنْ فِكْرَةِ ٱلذَّهَابِ إِلَى دِمَشْق

❸ كُنْتُ أُوَاجِهُ مُشْكِلَةً مِيكَانِيكِيَّةً وَسَاعَدَنِي صَاحِبُ سَيَّارَةٍ قَادِمٌ مِنْ حَلَب

❹ نَتَعَاوَنُ فِي عَمَلِيَّةِ ٱلْإِصْلاَحِ وَبَعْدَ ٱلْإِنتِهَاءِ مِنْهَا سَنُصْلِحُ ٱلْبُطُونَ

hat einer der beiden Männer gesagt: 12
Gelobt sei Gott! – 13
Alles ist [wieder] in Ordnung (alles Sache über was er-ist-gewünscht)! 14
Aber jetzt müssen wir uns um unsere Bäuche kümmern (kein Ausweg von Reparatur die-Bäuche), 15
[jetzt], nach der Autoreparatur. 16

ANMERKUNGEN

⑩ بُطُون [BuṬUN] ist die innere Pluralform zu بَطْن [BaṬN] „Bauch“.

5 كَانَ بَعْضُ ٱلنَّاسِ يَتَفَرَّجُونَ عَلَى جَمَالِ ٱلْجَبَلِ ٱلَّذِي كَانَ بِجِوَارِهِ قَصْرٌ قَدِيمٌ

6 عَلَيْنَا أَنْ نُسَافِرَ عَبْرَ مِنْطَقَةٍ كَثِيرَةِ ٱلْغُبَارِ

7 كُلُّ شَيْءٍ عَلَى مَا يُرَامُ! يُمْكِنُنَا مُوَاصَلَةُ طَرِيقِنَا إِلَى دِمَشْق

Lösung 1: Haben Sie verstanden?

1 Er reparierte sein Auto, als ein anderer Reisender angekommen ist, der ebenfalls Händler war.
2 Unser Auto hatte eine Panne, und in Folge dessen haben wir auf die Idee verzichtet, nach Damaskus zu fahren.
3 Ich stand vor einem technischen (mechanischen) Problem, und der Besitzer eines Autos, der aus Aleppo kam, hat mir geholfen.
4 Wir helfen einander bei der Reparatur, und nach ihrer Beendigung werden wir uns um unsere Bäuche kümmern (werden-wir-reparieren die-Bäuche).
5 Einige Menschen betrachteten die Schönheit des Berges, in dessen Nachbarschaft sich ein alter Palast befand.
6 Wir müssen durch eine staubige Gegend reisen (Gegend viele der-Staub).
7 Alles ist [wieder] in Ordnung! Wir können unsere Fahrt nach Damaskus fortsetzen.

Übung 2: Setzen Sie die fehlenden Wörter ein!

❶ Eine Händlerin aus Damaskus reiste durch eine gebirgige Gegend.

كَانَتْ ______ مِنْ دِمَشْق

تُسَافِرُ عَبْرَ مِنْطَقَةٍ جَبَلِيَّةٍ

❷ Ihr Auto hatte eine Panne, und deswegen hat sie darauf verzichtet, ihre Fahrt nach Aleppo fortzusetzen.

______ سَيَّارَتُهَا وَلِذَلِكَ

تَخَلَّتْ عَنْ مُوَاصَلَةِ ______

إِلَى حَلَب

Leseübung

تعطّل السّيّارة

١ كان تاجر من حلب يسافر عبر منطقة جبليّة

٢ في يوم شديد المطر

٣ عند غروب الشّمس، تعطّلت سيّارته

٤ وبالتّالي

٥ تخلّى عن مواصلة طريقه إلى دمشق

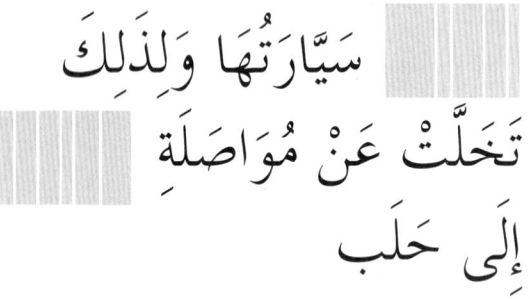

Glücklicherweise gab es in der Nachbarschaft ein berühmtes Restaurant. ③

لِحُسْنِ ٱلْحَظِّ، كَانَ بِٱلْجِوَارِ

Und die Händlerin sagte: Jetzt muss ich mich um meinen Bauch kümmern. ④

فَقَالَتِ ٱلتَّاجِرَةُ: أَلآنَ، لَا بُدَّ
مِنْ إِصْلَاحِ

Lösung 2: Die fehlenden Wörter.

① تَاجِرَةٌ [T**A**ĴiRaTun] ② تَعَطَّلَتْ [Ta^c^**a**ṬṬaLaT]
طَرِيقِهَا [TaR**I**QiHA] ③ مَطْعَمٌ مَشْهُورٌ [MaṬ^c^**a**Mun MaSCHH**U**Run]
④ بَطْنِي [BaṬN**I**]

LEKTION 57

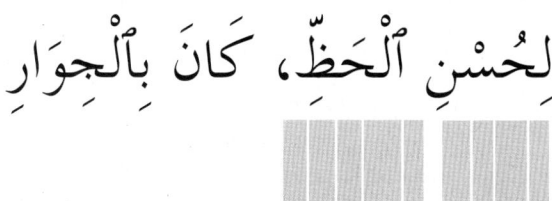

٦ لحسن الحظّ، كان بالجوار فندق متواضع
٧ و صدفة كان هناك صاحب سيّارة
٨ يواجه مشكلة ميكانيكيّة هوالآخر
٩ فتعاونا وساعد بعضهما البعض
١٠ على إصلاح سيّارتيهما
١١ بعد الإنتهاء من عمليّة الإصلاح،
١٢ قال احد الرّجلين:
١٣ - ألحمد لله!
١٤ كلّ شيء على ما يرام!
١٥ ولكنّ الآن، لا بدّ من إصلاح البطون
١٦ بعد إصلاح السّيّارات!

مِفْتَاحُ ٱلْبَطْنِ لُقْمَةٌ

„Der Appetit kommt beim Essen."
(Schlüssel der-Bauch Bissen)
[*MiFT**A**Ḥu (A)L-B**a**ṬNi L**u**QMa(Tun)*]

تَعَطُّلُ ٱلسَّيَّارَةِ

„Der Autoverkehr funktioniert […] anders als in Deutschland. Verkehrsregeln werden hier frei interpretiert und immer dem Ziel voranzukommen untergeordnet. Aufgrund des hohen Verkehrsaufkommens stößt man in jede freie Lücke, eröffnet auf zweispurigen Straßen gerne spontan dritte und vierte Fahrspuren und verhandelt mittels ausgefeilter Gesten durch das Fahrerfenster mit den Fahrern der anderen Wagen. Hier gilt das Motto: Leben und leben lassen." (aus *KulturSchock Ägypten*, Reise Know-How Verlag)

أَلْقِسْمُ ٱلثَّانِي:
أُنْظُرْ مَرَّةً ثَانِيَةً إِلَى ٱلدَّرْسِ ٱلثَّانِي وَٱلْعِشْرِينَ

[*AL-Q**i**ßMu (A)fß-fß**A**NI **U**NṢuR M**a**RRa(Tan) fß**A**N**i**YYa(Tan) **I**LA AD-D**a**Rßi (A)fß-fß**A**NI Wa-(A)L-ᶜiSCHR**I**Na*]

LEKTION 57

٥٨ أَلدَّرْسُ ٱلثَّامِنُ وَٱلْخَمْسُونَ

دَرَجَةُ ٱهْتِمَامِ ٱلزَّوْجَاتِ ①

١ تَوَجَّهَ ٱلرَّجُلَانِ إِلَى صَاحِبِ ٱلْفُنْدُقِ ②

٢ يَطْلُبَانِ مِنْهُ تَقْدِيمَ طَعَامٍ لَهُمَا ③

٣ وَلَكِنْ لَمْ يَكُنْ عِنْدَهُ شَيْءٌ لِلْأَكْلِ ④⑤

٤ فَتَقَاسَمَا فَطَائِرَ وَفَوَاكِهَ ⑥

AUSSPRACHE

[*AD-DaRßu (A)fß-fßAMiN(u) Wa-(A)L-CHAMßUN(a)*] [*DaRaĴaTu (I)HTiMAMi (A)S-SaUĴAT(i)*] [**1** *TaWaĴĴaHa (A)R-RaĴuLAN(i)* ... *ẞAḤiBi (A)L-FuNDuQ(i)*] [**2** *YaṬLuBANi* ... *TaQDIMa Ṭa^cAMin La-HuMA*] [**3** ... *LaM YaKuN* ... *SCHaY'un LiL-AKL(i)*] [**4** *Fa-TaQAßaMA FaṬA'iR(a)* ...- *FaWAKiH(a)*]

Wir beginnen ab dieser Lektion, neben den vertrauten Binde- und Verhältniswörtern auch die bekannten Verben und Demonstrativpronomen nicht mehr lautschriftlich wiederzugeben.

ANMERKUNGEN

① دَرَجَة [*DaRaĴaT*] „Grad, Stufe" wird neben Temperatur- und vergleichbaren Angaben auch zur Verstärkung von Nomen verwendet.

② تَوَجَّهَ إِلَى [*TaWaĴĴaHa ILA*]: V. Stamm, abgeleitet von ***W-Ĵ-H*** bzw. dem Nomen وَجْه [*WaĴH*] „Gesicht, Stirn". Vergleichen Sie den III. Stamm: وَاجَهَ [*WAĴaHa*] „er stand vor (gegenüber)".

58. Lektion

Die große Fürsorge der Ehefrauen (Grad Fürsorge die-Ehefrauen)

Die zwei Männer haben sich an den Hotelbesitzer gewandt, **1**

(und) bitten ihn, ihnen beiden etwas zu essen zu bringen (sie-bitten-beide von-er Anbieten Speise für-sie-beide). **2**

Aber er hat nichts zum Essen gehabt (und-aber nicht er-ist bei-ihm Sache für-Essen). **3**

Also haben sie sich Kuchen und Obst geteilt (also-teilten-sie-beide Kuchen und-Früchte), **4**

ANMERKUNGEN

③ تَقْدِيم [*TaQDIM*] ist das **maßdar** zu قَدَّمَ [*QaDDaMa*], يُقَدِّمُ [*YuQaDDiMu*] „anbieten". Vergleichen Sie die Angaben zur Bildung der Verbalnomen des II. Stamms nach dem Schema تَفْعِيل [*TaFᶜIL*] in L 42.

④ لَمْ يَكُنْ [*LaM YaKuN*] „er war nicht" = مَا كَانَ [*MA KANa*]. لَمْ [*LaM*] „nicht" verweist auf die Vergangenheit. Danach folgt der vom UA abgeleitete „Apokopat" (Sonderform des Konjunktivs), bei dem der letzte kurze Vokal [*u*] durch ein **ßukun** ersetzt wird; das lange **waw** von أَكُونُ [*AKUNu*] wird zu einem kurzen [*u*].

⑤ لَمْ يَكُنْ عِنْدَهُ [*LaM YaKuN ᶜiNDaHu*]: عِنْدَ [*ᶜiNDa*] „bei" drückt „haben" aus und kann durch كَانَ [*KANa*] und seine gebeugten Formen ergänzt werden; es steht dann für die Vergangenheit oder Zukunft.

⑥ فَطَائِر [*FaṬA'iR*]: Innerer Plural von فَطِيرَة [*FaṬIRaT*]. Die meist gefüllten einfachen Kuchen oder Torten sind im Nahen Osten sehr beliebt und werden gerne auch zum Frühstück فُطُور [*FuṬUR*] gegessen.

LEKTION 58

٥ كَانَتْ قَدْ حَضَّرَتْهَا زَوْجَتَاهُمَا ⑦

٦ وَأَهْمَلاهَا لِأَنَّهُمَا كَانَا يُفَكِّرَانِ ⑧

٧ فِي تَنَاوُلِ ٱلْعَشَاءِ فِي مَطْعَمٍ ⑨

٨ ثُمَّ أَخَذَ كُلٌّ وَاحِدٍ مِنْهُمَا هَاتِفَهُ ٱلْجَوَّالَ ⑩

٩ لِإِخْبَارِ زَوْجَتِهِ بِٱلْحَادِثِ

AUSSPRACHE

[**5** *KANaT ... ḤaḌḌaRaT-HA SaUĴaTAHuMA*] [**6** *...-AHMaLAHA ... KANA YuFaKKiRANi*] [**7** *... TaNAWuLi (A)L-^c^aSCHA'(i) ... MaṬ^c^aM(in)*] [**8** *... ACHafsa KuLLu WAḤiDin ... HATiFaHu (A)L-ĴaWWAL(a)*] [**9** *... -ICHBARi SaUĴaTiHi BiL-ḤADifß(i)*] die ihre beiden Ehefrauen zubereitet hatten, (war-sie schon vorbereitet-sie-sie Ehefrauen-ihre-beide), **5**

und das sie abgelehnt haben, weil sie beide dachten (und-ablehnte-sie-beide weil-sie-beide waren-sie-beide sie-denken-beide), **6**

dass sie ihr Abendessen im Restaurant einnehmen würden (in Einnehmen der-Abendessen in Restaurant). **7**

Danach hat jeder von ihnen beiden sein Handy (wanderndes Telefon) genommen, **8**

um seine Ehefrau darüber zu informieren (für-Ehefrau-seine Information mit-der-Vorfall). **9**

ANMERKUNGEN

⑦ كَانَتْ قَدْ حَضَّرَتْهَا [*KANaT QaD ḤaḌḌaRaT-HA*]: Die Kombination aus كَانَ [*KANa*], قَدْ [*QaD*] „schon" + dem VA des Verbs drückt die Vorvergangenheit (Plusquamperfekt) aus.

⑧ كَانَا يُفَكِّرَان [*KANA YuFaKKiRANi*]: Ein weiteres Beispiel für das Imperfekt. Die Vorvergangenheit lautet: كَانَا قَدْ يُفَكِّرَان [*KANA QaD YuFaKKiRANi*] „sie hatten beide gedacht".

⑨ تَنَاوُل [*TaNAWuL*] „Einnehmen" ist das **maßdar** zu تَنَاوَلَ [*TaNAWaLa*], يَتَنَاوَلُ [*YaTaNAWaLu*] „einnehmen, zu sich nehmen" (Speisen, Getränke), einem Verb im VI. Stamm, abgeleitet von ***N-W-L***.

⑩ أَلْهَاتِفُ ٱلْجَوَّالُ [*AL-HATiFu AL-ĴaWWALu*]: Diese Neuschöpfung wird in der Umgangssprache meist durch جَوَّال [*ĴaWWAL*] oder مُوبَايِل [*MUBA'IL*] ersetzt. Die Wurzel ***Ĵ-W-L*** impliziert Mobilität, wie z.B. auch in بَائِعٍ مُتَجَوِّلٍ [*BA'iᶜin MuTaĴaWWiL(in)*] „ambulanter Händler".

١٠ وَشَكَرَ كِلَاهُمَا ٱلزَّوْجَتَيْنِ عَلَى ٱهْتِمَامِهِمَا ٱلْكَبِيرِ ⑪

١١ بَعْدَ ذَٰلِكَ، تَفَارَقَا قَبْلَ ٱلنَّوْمِ قَائِلَيْنِ: ⑫⑬

١٢ – شَبِعْنَا وَٱلْحَمْدُ لِلّٰهِ!

١٣ ...إِنَّ ٱلزَّوْجَاتِ لَكَنْزٌ وَذَخِيرَةٌ! ⑭⑮

AUSSPRACHE

[**10** ...-SCH**a**KaRa KiL**A**HuMA (A)S-SaUĴaT**a**YN(i) ... (I)HTiMAM**i**-HiMA (A)L-KaB**I**R(i)] [**11** ... fs**a**LiK(a) TaFARaQ**A** ... (A)N-N**a**UM(i) QA'iL**a**YN(i)] [**12** SCH**a**BiᶜNA ...-(A)L-Ḥ**a**MDu Li-LL**a**Hi] [**13** ... (A)S-SaUĴ**A**Ti La-K**a**NSun ...-fsaCH**I**Ra(Tun)]

Übung 1: Verstehen Sie diese Sätze?

❶ كَانَ ٱلرَّجُلَانِ قَدْ تَفَارَقَا بَعْدَ ٱلْأَكْلِ لِلذَّهَابِ إِلَى غُرْفَتَيْهِمَا لِلنَّوْمِ

❷ فِي ٱلنِّهَايَةِ، أَكَلُوا ٱلْفَطِيرَةَ وَٱلْفَوَاكِهَ ٱلَّتِي كَانُوا قَدْ أَهْمَلُوهَا

❸ هَاتَفَ كُلُّ وَاحِدٍ مِنْهُمْ زَوْجَتَهُ لِإِخْبَارِهَا بِٱلْحَادِثِ

Und alle beide haben ihren Ehefrauen für deren Fürsorge gedankt (und-dankte-er alle-sie-beide die-Ehefrauen-zwei über Fürsorge-sie-beide der-groß). 10
Anschließend sind sie vor dem Schlafengehen auseinander gegangen und haben dabei gesagt (nach jener trennten-sie-beide vor der-Schlaf sagend-beide): 11
Wir sind satt geworden, gelobt sei Gott! – 12
Ehefrauen sind wirklich Goldschätze (wirklich die-Ehefrauen für-Schatz und-Schatz)! 13

ANMERKUNGEN

⑪ كِلاَهُمَا [KiLAHuMA] „alle beide": كِلاَ [KiLA] - Dualform كُلّ [KuLL], das dazugehörige Femininum heißt كِلْتَا [KiLTA].

⑫ تَفَارَقَا [TaFARaQA] „sie sind (beide) auseinander gegangen/ haben sich (beide) getrennt": VI. Stamm. تَفَارَقَ [TaFARaQa], يَتَفَارَقُ [YaTaFARaQu]. Typisch hier: die Idee der Gegenseitigkeit.

⑬ Beachten Sie das Aktiv-Partizip قَائِل [QA'iL] „sagend". Die Verwendung des Aktiv-Partizips für eine Handlung, die parallel zu einer anderen verläuft, ist häufig zu finden.

⑭ كَنْز [KaNS] und ذَخِيرَة [fsaCHIRaT] können mit „Schatz" übersetzt werden, der erste Begriff ist aber üblicher. عَزِيز [ᶜaSIS] „kostbar, wertvoll" heißt bei Personen „lieb".

⑮ إِنَّ ٱلزَّوْجَاتِ لَكَنْزٌ [INNa AS-SaUĴATi La-KaNSun]: Die Konstruktion إِنَّ...لَ [INNa... La-] wird normalerweise mit „wirklich ..." übersetzt und verstärkt eine Aussage.

Lösung 1: Haben Sie verstanden?

❶ Die zwei/beiden Männer hatten sich nach dem Essen (voneinander) getrennt, um in ihre Zimmer zu gehen und zu schlafen (für-der-Schlaf).
❷ Letztendlich haben sie den Kuchen und das Obst gegessen, das sie abgelehnt hatten.
❸ Jeder von ihnen hat seine Ehefrau angerufen, um sie über den Vorfall zu informieren.

4 شَبِعَ كِلاَهُمَا وَقَالاَ إِنَّ زَوْجَتَيْهِمَا مِثْلَ كَنْزٍ لَهُمَا

5 هَلْ كُنْتُمْ تُفَكِّرُونَ فِي تَنَاوُلِ ٱلْعَشَاءِ فِي مَطْعَمٍ فَاخِرٍ؟

6 سَوْفَ نَتَقَاسَمُ ٱلْفَطِيرَةَ ٱللَّذِيذَةَ ٱلَّتِي حَضَّرَتْهَا زَوْجَتَانَا ٱلْعَزِيزَتَانِ

7 هَلْ عِنْدَكَ جَوَّالٌ؟ أَحْتَاجُ إِلَى إِخْبَارِ صَدِيقِي بِمَوْعِدِ وُصُولِي إِلَى ٱلْمَطَارِ

Übung 2: Setzen Sie die fehlenden Wörter ein!

1 Der Hotelbesitzer hat nichts zum Essen gehabt.

لَمْ يَكُنْ ▯▯ صَاحِبِ ٱلْفُنْدُقِ شَيْءٌ لِلْأَكْلِ

2 Die beiden Männer haben sich einen Kuchen und Obst geteilt, das ihnen ihre beiden Ehefrauen zubereitet hatten.

تَقَاسَمَ ٱلرَّجُلاَنِ ▯▯▯▯▯ وَفَوَاكِهَ كَانَتْ قَدْ حَضَّرَتْهَا زَوْجَتَاهُمَا

❹ Beide wurden satt und sagten, dass ihre beiden Ehefrauen wie ein Schatz für sie sind.
❺ Dachtet ihr daran, das Abendessen in einem luxuriösen Restaurant einzunehmen?
❻ Wir werden uns den leckeren Kuchen teilen, den unsere lieben Ehefrauen zubereitet haben.
❼ Hast du ein Handy? Ich muss meinen Freund über meine Ankunftszeit am Flughafen informieren (brauche-ich zu Information Freund-mein mit-Termin Ankunft-mein zu der-Flughafen).

❸ Nimm mein Handy, um deine Ehefrau über den Vorfall zu informieren!

هَاتِفِي ٱلْجَوَّالَ لِإِخْبَارِ
زَوْجَتِكَ بِٱلْحَادِثِ!

❹ Ich bin satt geworden, gelobt sei Gott!

وَٱلْحَمْدُ لِلَّهِ!

Lösung 2: Die fehlenden Wörter.

❶ عِنْدَ [ᶜ**i**NDA] ❷ فَطِيرَةً [FaṬ**I**RaTan] ❸ خُذْ [CHufs] ❹ شَبِعْتُ [SCH**a**BiᶜTu]

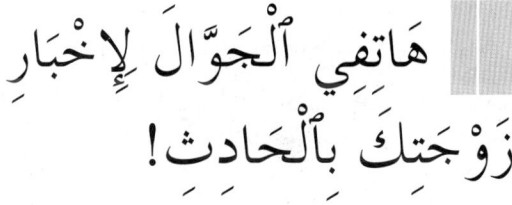

Leseübung

درجة اهتمام الزّوجات

١ توجّه الرّجلان إلى صاحب الفندق

٢ يطلبان منه تقديم طعام لهما

٣ ولكن لم يكن عنده شيء للأكل

٤ فتقاسما فطائر وفواكه

٥ كانت قد حضّرتها زوجتاهما

٦ وأهملاها لأنّهما كانا يفكّران

٧ في تناول العشاء في مطعم

٨ ثمّ أخذ كلّ واحد منهما هاتفه الجوّال

٩ لإخبار زوجته بالحادث

١٠ وشكر كلاهما الزّوجتين على إهتمامهما الكبير

١١ بعد ذلك، تفارقا قبل ٱلنّوم قائلين:

١٢ – شبعنا وٱلحمد لله!

١٣ ...إنّ ٱلزّوجات لكنز و ذخيرة!

عِنْدَ ٱلْبُطُونِ ضَاعَتِ ٱلْعُقُولُ

„Ein hungriger Magen stellt keine Fragen."
(bei die-Bäuche verlor-sie die-Intelligenzen)
[*ᶜiNDa (A)L-BuṬUN(i) ḌAᶜaT-i (A)L-ᶜuQUL(u)*]

„In Privathäusern wird gewöhnlich auf dem Boden im Hocken gespeist, die vielen Teller und Schüsseln stehen auf einer großen Plastikfolie. Gerne werden dem Gast die besten Stücke angeboten, die der Höflichkeit halber angenommen werden sollten. […] In Restaurants, Garküchen und Teestuben stehen vorwiegend Tische, es gibt aber auch Lokale, in denen man auf der Erde sitzt." (aus *KulturSchock Jemen*, Reise Know-How Verlag)

أَلْقِسْمُ ٱلثَّانِي:
أُنْظُرْ مَرَّةً ثَانِيَّةً إِلَى ٱلدَّرْسِ ٱلثَّالِثِ وَٱلْعِشْرِينَ

[*AL-QißMu (A)fß-fßANI UNṢuR MaRRa(Tan) fßANiYYa(Tan) ILA AD-DaRßi (A)fß-fßALifßi Wa-(A)L-ᶜiSCHRINa*]

٥٩ أَلدَّرْسُ ٱلتَّاسِعُ وَٱلْخَمْسُونَ

شِجَارٌ بَيْنَ كَاتِبَيْنِ

١ كَانَتْ مَجْمُوعَةٌ مِنَ ٱلْكُتَّابِ

٢ تُشَارِكُ فِي مَأْدُبَةِ عَشَاءٍ رَسْمِيَّةٍ ①

٣ أَقَامَتْهَا رِئَاسَةُ ٱلْبَلَدِيَّةِ ②

٤ بِمُنَاسَبَةِ مَنْحِ جَائِزَةٍ لِلْآدَابِ ③

٥ إِسْتَقْبَلَهُمْ عُمْدَةُ ٱلْمَدِينَةِ عَلَى بَابِ قَاعَةِ ٱلْإِسْتِقْبَالِ

٦ وَصَافَحَهُمْ

AUSSPRACHE

[*AD-DaRßu (A)T-TAßiᶜ(u) Wa-(A)L-CHAMßUN(a)*] [*SCHiĴARun BaYNa KATiBaYN(i)*] [**1** … *MaĴMUᶜa(Tun)* … *(A)L-KuTTAB(i)*] [**2** *TuSCHARiKu* … *MA'DuBaTi ᶜaSCHA'in RaßMiYYa(Tin)*] [**3** *AQAMaT-HA Ri'Aßa Tu (A)L-BaLaDiYYa(Ti)*] [**4** *Bi-MuNAßaBaTi MaNḤi ĴA'iSaTin LiL-ĀDAB(i)*] [**5** *IßTaQBaLaHuM ᶜuMDaTu (A)L-MaDINa(Ti) … BABi QAᶜaTi (A)L-IßTiQBAL(i)*] [**6** *…-ẞAFaḤaHuM*]

Wir geben ab dieser Lektion auch die bekannten Personalpronomen und Substantive nicht mehr lautschriftlich wieder. Sie haben sich sicher schon daran gewöhnt, nur noch im Ausnahmefall auf die phonetische Umschrift zu „schielen“.

59. Lektion

Ein Streit zwischen zwei Schriftstellern

Eine Gruppe von Schriftstellern 1

nahm an einem offiziellen Abendessen teil (in Bankett Abendessen offizielle), 2

(das) von der Stadtverwaltung organisiert wurde (organisierte-sie Präsidium die-Stadtverwaltung) 3

anlässlich der Verleihung eines Literaturpreises (mit-Anlass Verleihung Preis für-die-Literaturen). 4

Der Bürgermeister der Stadt hat sie an der Tür des Empfangsraums willkommen geheißen (empfing-er-sie Bürgermeister die-Stadt über Tür Saal der-Empfang), 5

und er hat ihnen allen die Hand geschüttelt (und-schüttelte-die-Hand-er-ihnen) 6

ANMERKUNGEN

① مَأْدُبَة [*MA'DuBaT*] „Bankett, formelles Dinner" leitet sich vom Stamm *A-D-B* ab, der immer auf einen feierlichen Anlass hinweist. Als Synonym hört man auch oft سَهْرَة [*ßaHRaT*] „Abend".

② أَقَامَتْها [*AQAMaT-HA*]: 3. Pers. Sg. Fem. des VA (IV. Stamm), ausgehend von *Q-W-M*. Beim IV. Stamm wird vor dem 1. Stammkonsonanten ein [*A*-] eingeschoben: أَقَامَ [*AQAMa*], يُقِيمُ [*YuQI-Mu*]. Beachten Sie die Unregelmäßigkeit!

③ أَدَب [*ADaB*] und die Pluralform آدَاب [*ĀDAB*] bezeichnen beide die „Schönen Künste" sowie die „Literatur"; مُؤَدَّب [*MU'aDDaB*] dagegen heißt „höflich".

٧ مُتَحَاوِراً مَعَ كُلِّ وَاحِدٍ مِنْهُمْ عَلَى حِدَةٍ ④

٨ ثُمَّ جَلَسَ ٱلْجَمِيعُ عَلَى مَائِدَةٍ طَوِيلَةٍ

٩ حَيْثُ تَعَاقَبَتِ ٱلْأَلْوَانُ ٱللَّذِيذَةُ ⑤⑥

١٠ كَانَ بَعْضُهُمْ يَتَنَاقَشُونَ حَوْلَ آخِرِ ٱلْكُتُبِ ⑦

١١ ٱلَّتِي صَدَرَتْ حَدِيثاً

١٢ وَكَانَ مِنْ بَيْنِهِمْ رَجُلَانِ ⑧

١٣ ٱحْتَدَمَ بَيْنَهُمَا شِجَارٌ عَنِيفٌ كَعَادَتِهِمَا

١٤ – لِمَاذَا لَا تُهَاجِمُ ٱلْيَوْمَ أَشْخَاصَ كُتُبِي كَعَادَتِكَ؟ ⑨

AUSSPRACHE

[**7** *MuTaḤ**A**WiRAn ... K**u**LLi W**A**ḤiDin ... Ḥ**i**Da(Tin)*] [**8** *... (A)L-ĴaM**I**ᶜ(u) ... M**A**'iDaTin ṬaW**I**La(Tin)*] [**9** *... Taᶜ**A**QaBaT-i (A)L-ALW**A**Nu AL-Lafs**I**fsa(Tu)*] [**10** *... YaTaNAQaSCH**U**Na ... **Ā**CHiRi (A)L-K**u**TuBi*] [**11** *... ẞ**a**DaRaT ḤaD**I**fßAn*] [**12** *... B**a**YNiHiM RaĴuL**A**Ni*] [**13** *(i)ḤT**a**DaMa BaYN**a**HuMA SCHiĴ**A**Run ᶜaN**I**F(un) Ka-ᶜADaT**i**HiMA*] [**14** *LiM**A**fsA ... TuH**A**ĴiMu (A)L-Y**a**UM(a) ASCHCH**A**ẞa K**u**TuBI Ka-ᶜ**A**DaTiK(a)*]

ANMERKUNGEN

مُتَحَاوِراً [*MuTaḤ**A**WiRAn*] „unterhaltend" ist das Aktiv-Partizip eines Verbs im VI. Stamm: تَحَاوَرَ [*TaḤ**A**WaRa*], يَتَحَاوَرُ [*YaTaḤ**A**WaRu*]. Es steht hier im Akkusativ und bestimmt den Zweck der Handlung näher. ④

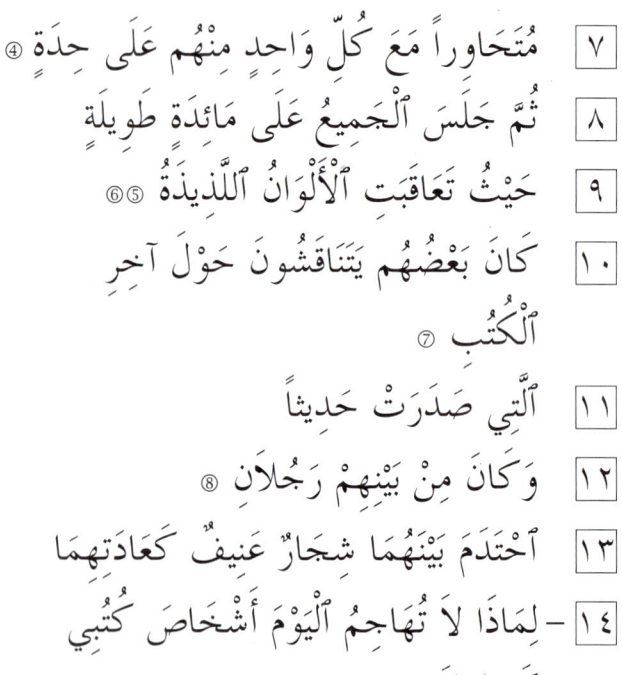

und sich dabei mit jedem von ihnen gesondert unterhalten (unterhaltend mit alles eins von-ihnen über Einheit). 7

Dann haben sie sich alle an einen langen Tisch gesetzt, 8

auf dem leckere Speisen aufgereiht waren. 9

Einige von ihnen diskutierten über die letzten Bücher (war-er einige-ihnen sie-diskutieren betreffend letzter die-Bücher), 10

die kürzlich veröffentlicht worden waren (welche veröffentlicht-wurde-sie kürzlich), 11

und es gab unter ihnen zwei Männer, (und-war-er von zwischen-ihnen Mann-zwei), 12

zwischen denen wie gewöhnlich ein heftiger Streit getobt hat (entzündete-er zwischen-ihnen Streit heftig wie-Gewohnheit-ihre-beide). 13

Warum greifst du heute nicht die Charaktere meiner Bücher an, wie gewöhnlich? – 14

ANMERKUNGEN

⑤ تَعَاقَبَ [*Ta^c**A**QaBa*], يَتَعَاقَبُ [*YaTa^c**A**QaBu*] „aufgereiht sein, aufeinander folgen“: Verb im VI. Stamm, abgeleitet von ***^c-Q-B***. Auf dieser Basis wird das Partizip مُتَعَاقِب [*MuTa^c**A**QiB*] „aufgereiht“ gebildet.

⑥ أَلْوَان [*ALW**A**N*] ist der innere Plural von لَوْن [*L**a**UN*], das „Farbe, Sorte, Art“, aber auch „Gericht, Speise“ bedeuten kann.

⑦ تَنَاقَشَ [*TaN**A**QaSCHa*], يَتَنَاقَشُ [*YaTaN**A**QaSCHu*] „(miteinander) diskutieren“: Verb des VI. Stamms, gebildet von der Wurzel ***N-Q-SCH***. Zugehörig ist das Nomen نِقَاش [*NiQ**A**SCH*] „Diskussion“.

⑧ مِنْ بَيْنِهِمْ [*MiN B**a**YNiHiM*] „unter/zwischen ihnen“ ist ein Synonym für بَيْنَهُمْ [*B**a**YNaHuM*], allerdings verstärkt.

⑨ تُهَاجِمُ [*TuH**A**ĴiMu*]: 2. Pers. Sg. Mask. des UA eines Verbs des III. Stamms, ausgehend von ***H-Ĵ-M***: هَاجَمَ [*H**A**ĴaMa*] und يُهَاجِمُ [*YuH**A**ĴiMu*] „angreifen“.

LEKTION 59

١٥ هَذَا غَرِيبٌ!

١٦ - لِأَنَّكَ فِي كِتَابِكَ ٱلْأَخِيرِ، لاَ تَتَحَدَّثُ إِلاَّ عَنْ نَفْسِكَ،

١٧ وَلَنْ أُطِيلَ ٱلْحَدِيثَ فِي ٱلْمَوْضُوعِ، ⑩

١٨ مَخَافَةَ أَنْ أَكُونَ قَلِيلَ ٱلْأَدَبِ... ⑪

AUSSPRACHE

[**15** ... *ṘaRIB(un)*] [**16** *Li'aNNaKa ... KiTABiKa (A)L-ACHIRi ... TaTaḤaDDafßu ... NaFßiK(a)*] [**17** *...-LaN UṬILa (A)L-ḤaDIfß(a) ... (A)L-MaUḌUᶜ(i)*] [**18** *MaCHAFaTa ... AKUNa QaLILa (A)L-ADaB(i) ...*]

Übung 1: Verstehen Sie diese Sätze?

❶ لَمَّا كُنْتُ مُشَارِكاً فِي مَأْدُبَةِ عَشَاءٍ، كَثِيراً مَا كَانَ يُهَاجِمُنِي أَحَدُ ٱلْكُتَّابِ

❷ كَانَ عُمْدَةُ ٱلْمَدِينَةِ يَسْتَقْبِلُ ٱلْكُتَّابَ فِي دَارِ ٱلْبَلَدِيَّةِ

❸ كُنَّا نَتَنَاقَشُ مَرَّةً حَوْلَ أَشْخَاصِ كُتُبِنَا وَإِنْتَهَى ٱلنِّقَاشُ بِشِجَارٍ عَنِيفٍ بَيْنَنَا

❹ كَانَتْ مِنْ بَيْنِهِنَّ ثَلاَثُ نِسَاءٍ كُنَّ قَدْ كَتَبْنَ ٱلْعَدِيدَ مِنَ ٱلْكُتُبِ

Das ist seltsam! 15
Weil du in deinem letzten Buch nur von dir selbst – sprichst (nicht du-sprichst außer über Seele-deine), 16
und ich werde dieses Thema nicht in die Länge ziehen (und-nicht ich-würde-verlängern der-Wort in der-Thema), 17
aus Angst, unhöflich zu sein (Angst dass ich-würde-sein wenig der-Höflichkeit) ... 18

ANMERKUNGEN

⑩ لَنْ أُطِيلَ [*LaN UṬILa*]: Verneinung in der Zukunft durch لَنْ [*LaN*] „nicht" + Konjunktiv. In Verbindung mit [*LaN*] sollten nie die affirmativen Zukunftspartikel ـسَ [*ßa-*] oder سَوْفَ [*ß**a**UFa*] stehen, auch wenn man dies ab und zu in Veröffentlichungen liest.

⑪ أَكُونَ [*AK**U**Na*] „ich wäre", „ich sei": Nach مَخَافَةَ أَنْ [*MaCH**A**Fa-Ta AN*] steht der Konjunktiv, der sich bekanntlich nur durch den letzten Vokal vom UA أَكُونُ [*AK**U**Nu*] unterscheidet.

Lösung 1: Haben Sie verstanden?

❶ Als ich an einem Abendessen teilgenommen habe, hat es oftmals einen Schriftsteller gegeben, der mich angriff (als war-ich teilnehmend♂ in Bankett Abendessen viel was war-er er-greift-an-mich einer der-Schriftsteller).
❷ Der Bürgermeister der Stadt empfing die Schriftsteller im Rathaus (in Haus die-Stadtverwaltung).
❸ Wir diskutierten einmal über die Charaktere unserer Bücher, und die Diskussion hat in einem heftigen Streit zwischen uns geendet.
❹ Es gab unter ihnen drei Frauen, die bereits eine Menge Bücher geschrieben hatten.

5 كَانُوا جَالِسِينَ فِي قَاعَةٍ وَاسِعَةٍ يَأْكُلُونَ جَمِيعَ ٱلْأَلْوَانِ ٱلْمُتَعَاقِبَةِ عَلَى ٱلْمَائِدَةِ

6 لَا بُدَّ لَكُمْ مِنْ قِرَاءَةِ هَذَا ٱلْكِتَابِ ٱلَّذِي صَدَرَ حَدِيثًا

7 أُرِيدُ أَنْ أَتَحَدَّثَ عَنْ ذَلِكَ مَعَ كُلِّ وَاحِدٍ مِنْكُمْ عَلَى حِدَةٍ

Übung 2: Setzen Sie die fehlenden Wörter ein!

1 Der Bürgermeister der Stadt hat eine Gruppe von Schriftstellern anlässlich der Verleihung eines Literaturpreises empfangen.

______ عُمْدَةُ ٱلْمَدِينَةِ ______ مِنَ ٱلْكُتَّابِ بِمُنَاسَبَةِ مَنْحِ جَائِزَةٍ لِلْآدَابِ

2 Ich habe mich an einen langen Tisch gesetzt, auf dem leckere Speisen aufgereiht waren.

أَنَا جَلَسْتُ عَلَى مَائِدَةٍ طَوِيلَةٍ ______ تَعَاقَبَتِ ٱلْأَلْوَانُ ٱللَّذِيذَةُ

Sie haben in einem großen Raum gesessen und haben alle Speisen gegessen, die auf dem Tisch aufgereiht waren. ⑤

Ihr müsst dieses Buch lesen, das kürzlich veröffentlicht wurde. ⑥

Ich möchte mit jedem Einzelnen von euch gesondert darüber sprechen. ⑦

Diskutiert ihr über die letzten Bücher, die kürzlich veröffentlicht wurden? ③

هَلْ تَتَنَاقَشُونَ ____ آخِرِ اَلْكُتُبِ اَلَّتِي صَدَرَتْ حَدِيثاً ؟

Warum greifst du mich heute nicht an? Das ist seltsam! ④

لِمَاذَا لاَ ____ اَلْيَوْمَ؟ هَذَا غَرِيبٌ!

Lösung 2: Die fehlenden Wörter.

① إِسْتَقْبَلَ [*IßT**a**QBaLa*] مَجْمُوعَةً [*MaĴM**U**ᶜa(Tan)*]

② حَيْثُ [*Ḥ**a**Yfßu*] ③ حَوْلَ [*Ḥ**a**ULa*]

④ تُهَاجِمُنِي [*TuHAĴiM**u**NI*]

Leseübung

شجار بين كاتبين

١ كانت مجموعة من الكتّاب
٢ تشارك في مأدبة عشاء رسميّة
٣ أقامتها رئاسة البلديّة
٤ بمناسبة منح جائزة للآداب
٥ إستقبلهم عمدة المدينة على باب قاعة الإستقبال
٦ وصافحهم
٧ متحاوراً مع كلّ واحد منهم على حدة
٨ ثمّ جلس الجميع على مائدة طويلة
٩ حيث تعاقبت الألوان اللّذيذة
١٠ كان بعضهم يتناقشون حول آخر الكتب
١١ الّتي صدرت حديثاً
١٢ وكان من بينهم رجلان
١٣ احتدم بينهما شجار عنيف كعادتهما
١٤ - لماذا لا تهاجم اليوم أشخاص كتبي كعادتك؟

١٥ هذا غريب!

١٦ - لأنّك في كتابك الأخير، لا تتحدّث إلاّ عن نفسك،

١٧ ولن أطيل الحديث في الموضوع،

١٨ مخافة أن أكون قليل الأدب

شِجَارٌ بَيْنَ كَاتِبَيْنِ

صَدِيقُكَ مَنْ صَدَقَكَ لاَ مَنْ صَدَّقَكَ!

„Ein Freund ist der, der dir die Wahrheit sagt,
nicht der, der dir glaubt!“
(Freund-dein wer sagte-Wahrheit-er-dir nicht wer glaubte-er-dir)
[ßaDIQuKa MaN ßaDaQaKa LA MaN ßaDDaQaKa]

Arabische Literatur

Mit dem Ende der Abbasiden-Herrschaft أَلْعَبَّاسِيُّون [*AL-ᶜaBBAßi-YYUN*] im Jahre 1258 gerät das Arabische als Kultursprache immer mehr in den Schatten des Persischen und später des Osmanischen. Im Nahen Osten entsteht erst ab dem Ende des 19. Jh. wieder ein arabisch geprägtes Kulturbewusstsein. Diese als أَلنَّهْضَة [*AN-N**a**HḎaT*] oder „Renaissance" bezeichnete Epoche hatte ihre Wurzeln in Ägypten und zeigte sich über den arabischen Raum hinaus auch in einem verstärkten Interesse an arabischer Literatur in Europa. Zu den wichtigsten Schriftstellern

٦٠ أَلدَّرْسُ ٱلسِّتُّونَ

فِي ٱلْمَكْتَبِ

١ يَصِلُ ٱلسَّيِّدُ عَبْدُ ٱلْقَادِرِ ٱلنَّجَّارِ إِلَى مَكْتَبِهِ فِي ٱلسَّاعَةِ ٱلثَّامِنَةِ صَبَاحاً ①

٢ يَقُولُ لَهُ صَدِيقٌ كَانَ قَدْ رَافَقَهُ إِلَى هُنَاكَ: ②

٣ – أَنَا أَذْهَبُ إِلَى ٱلْمَقْهَى لِلَّعْبِ بِٱلْأَوْرَاقِ

AUSSPRACHE

[*AD-D**a**RRßu (A)ß-ßiTT**U**N(a)*] [*... (A)L-M**a**KTaB(i)*] [**1** *... (A)ß-ß**a**YYiDu ᶜ**a**BDu (A)L-Q**A**DiRi (A)N-NaĴĴ**A**Ri ... MaKT**a**BiHi ... (A)ß-ß**A**ᶜaTi (A)fß-fß**A**M**i**NaTi ßaB**A**ḤAn*] [**2** *... ßaD**I**Q(un) ... R**A**FaQaHu ... HuN**A**K(a)*] [**3** ***A**NA ... (A)L-M**a**QHA LiL-L**a**ᶜBi BiL-AUR**A**Q(i) ...*]

dieser neuen Epoche zählen Gibran Khalil Gibran (1883-1931) im Libanon und in Ägypten Taha Hussein (1889-1973), Taufiq Al-Hakim (1898-1987) und Nagib Mahfuz, der 1988 den Literaturnobelpreis erhielt.

أَلْقِسْمُ ٱلثَّانِي:
أُنْظُرْ مَرَّةً ثَانِيَةً إِلَى ٱلدَّرْسِ ٱلرَّابِعِ وَٱلْعِشْرِينَ

[AL-Qi**ß**Mu (A)fß-fß**A**NI **U**NṢuR Ma**R**Ra(Tan) fßANi**Y**Ya(Tan) **I**LA AD-Da**R**ßi (A)R-R**A**Bi^c^i Wa-(A)L-^c^iSCHR**I**Na]

60. Lektion

Im Büro

Herr Abdelkader An-Nadschdschar (Diener der-Allmächtige der-Schreiner) kommt um acht Uhr morgens in seinem Büro an. **1**

Ein Freund, der ihn dorthin begleitet hatte, sagt zu ihm: **2**

Ich gehe ins Café zum Kartenspielen, – **3**

ANMERKUNGEN

① اَلسَّاعَةَ ٱلثَّامِنَةَ [Aß-ß**A**^c^aTi Afß-fß**A**Mi**N**aTi]: Die Uhrzeit wird durch die weiblichen Formen der Ordinalzahlen ausgedrückt.

② كَانَ قَدْ رَافَقَهُ [**KA**Na QaD **RA**FaQaHu] ist ein weiteres Beispiel für die Anwendung der Vorvergangenheit (Plusquamperfekt): كَانَ قَدْ [**KA**Na QaD] + VA.

٤ وَأَنْتَ تَذْهَبُ إِلَى ٱلْعَمَلِ!

٥ أَعَانَكَ ٱللّٰهُ! ③

٦ يَعْمَلُ ٱلسَّيِّدُ ٱلنَّجَّارُ فِي شَرِكَةِ تَأْمِينٍ

٧ قَبْلَ كُلِّ شَيْءٍ، يَفْتَحُ حَاسُوبَهُ

٨ وَيَنْظُرُ فِي بَرِيدِهِ ٱلْإِلِكْتْرُونِيّ

٩ ثُمَّ يُهَاتِفُ ٱلزَّبَائِنَ وَهُوَ يَتَعَامَلُ مَعَ ٱلْأَشْخَاصِ وَٱلشَّرِكَاتِ فِي آنٍ وَاحِدٍ ④

١٠ لِهَذَا يَجِبُ عَلَيْهِ أَنْ يُرَاسِلَ هَؤُلَاءِ ٱلنَّاسَ جَمِيعاً ⑤⑥

AUSSPRACHE

[**4** ... ***A****NTa* ... *(A)L-^c**a**MaLi*] [**5** *A^c**A**NaKa ALL**a**H(u)*] [**6** ... *(A)ß-ß**a**YYiDu (A)N-NaĴĴ**A**R(u)* ... *SCHaR**i**KaTi TA'M**I**N(in)*] [**7** ... *K**u**LLi SCH**a**Y'(in)* ... *ḤAß**U**BaHu*] [**8** ... *BaR**I**DiHi (A)L-ILiKTRUN**i**YYi*] [**9** ... *YuH**A**TiFu (A)S-SaB**A**'iN(a)* ... *H(u)Wa* ... *(A)L-ASCHCH**A**B̲(i)* ...-*(A)SCH-SCHaRiK**A**Ti* ... ***Ā****Nin W**A**ḤiD(in)*] [**10** *Li-H**a**fsA* ... *Ha'UL**A**'i (A)N-N**a**ß(a) ĴaM**I**^cAn*]

und du gehst zur Arbeit! 4
Möge Gott dir helfen (half-er-dir Gott)! 5
Herr An-Nadschdschar arbeitet bei einer Versicherung (in Firma Versicherung). 6
Zu allererst schaltet er seinen Computer ein (vor alles Sache er-öffnet Computer-sein) 7
und schaut in seinen Email-Posteingang (und-schaut in Post-sein der-elektronisch). 8
Dann ruft er die Kunden an, (denn) er arbeitet sowohl mit [Privat-]personen als auch mit Firmen (in einem Moment). 9
Deshalb muss er mit all diesen Leuten korrespondieren (für-dieser er-muss über-er dass er-korrespondiert diese die-Leute Gesamtheit). 10

ANMERKUNGEN

أَعَانَ [*A^cANa*], يُعِينُ [*Yu^cINu*] „helfen“: Verb des IV. Stamms, abgeleitet von ***^c-W-N***. Diese Wurzel kennen Sie bereits vom VI. Stamm تَعَاوَنَ [*Ta^cAWaNa*], يَتَعَاوَنُ [*YaTa^cAWaNu*] „sich zusammen tun“. ③

هَاتَفَ [*HATaFa*], يُهَاتِفُ [*YuHATiFu*]: Vergleichen Sie dieses Verb des III. Stamms mit dem Ihnen bereits bekannten Nomen ٱلْهَاتِفُ [*AL-HATiFu*] „das Telefon“. ④

Nach يَجِبُ عَلَيْهِ أَنْ [*YaĴiBu ^caLaYHi AN*] „er muss“ steht das Verb im Konjunktiv und die Ergänzung im Akkusativ: ٱلنَّاسَ [*AN-NAßa*] „den Leuten“. ⑤

هَؤُلَاءِ [*Ha'ULA'i*]. Plural der Demonstrativpronomen هَذَا [*HafsA*] und هَذِهِ [*HafsiHi*]. Er wird gleichermaßen für (belebte) männliche und weibliche Substantive verwendet und steht häufig hinter dem entsprechenden Substantiv. ⑥

١١ فِي ٱلسَّاعَةِ ٱلْحَادِيَةَ عَشْرَةَ، فِي مُنْتَصَفِ ٱلصَّيْفِ يَكُونُ ٱلْحَرُّ فِي مَكْتَبِهِ شَدِيداً ⑦

١٢ يَغْرَقُ ٱلرَّجُلُ فِي نَوْمٍ عَمِيقٍ

١٣ فِي نَوْمِهِ تَظْهَرُ لَهُ ٱلْجَنَّةُ

١٤ ٱلَّتِي فِيهَا عُيُونُ ٱلْمِيَاهِ ٱلْبَارِدَةِ ⑧

١٥ وَوُجُوهُ حُورِ ٱلْعَيْنِ ٱلْبَاهِرَةِ ⑨⑩

١٦ فَجْأَةً، يَفْتَحُ عُيُونَهُ وَيَجِدُ نَفْسَهُ

١٧ أَمَامَ وَجْهِ مُدِيرَتِهِ ٱلْقَبِيحِ ٱلْقَطُوبِ!

AUSSPRACHE

[**11** ... *(A)ß-ß**A**ᶜaTi (A)L-ḤADiYa(Ta) ᶜ**a**SCHRaTa ... MuNT**a**ß̲a-Fi (A)ß̲-ß̲**a**YF(i) ... (A)L-Ḥ**a**RR(u) ... MaKT**a**BiHi SCHaD**I**D(An)*] [**12** *Ya**Ṙ**RaQu (A)R-Ra**Ĵ**uL(u) ... N**a**UMin ᶜaM**I**Q(in)*] [**13** ... *N**a**UMi-Hi Ta**Ṣ**HaR(u) ... (A)L-Ĵ**a**NNaTu*] [**14** *ᶜuY**U**Nu (A)L-MiY**A**Hi (A)L-B**A**RiDa(Ti)*] [**15** *...-WuĴ**U**Hu Ḥ**U**Ri (A)L-ᶜ**a**YNi (A)L-B**A**HiRa(Ti)*] [**16** *F**a**Ĵ'ATan ... ᶜuY**U**NaHu ... N**a**FßaHu*] [**17** *AM**A**Ma W**a**ĴHi MuD**I**-R**a**TiHi (A)L-QaB**I**Ḥi (A)L-QaṬ**U**B(i)*]

ANMERKUNGEN

⑦ يَكُونُ ٱلْحَرُّ شَدِيداً [*YaK**U**Nu AL-Ḥ**a**RRu SCHaD**I**DAn*] „es ist heiß“: Grundsätzlich ist das unvollendete Verb يَكُونُ [*YaK**U**Nu*] an dieser Stelle nicht zwingend, es wird aber im Präsens ab und zu verwendet, um die Satzaussage zu verstärken.

⑧ مِيَاه [*MiY**A**H*] „Wasser“ ist der innere Plural von مَاء [*M**A**'*] „Wasser“.

Um elf Uhr, mitten im Sommer, ist es in seinem Büro **11**
sehr heiß (er-ist der-Hitze in Büro-sein stark).
Der Mann fällt in einen tiefen Schlaf (er-taucht der- **12**
Mann in Schlaf tief).
In seinem Traum sieht er das Paradies (in Schlaf-sein **13**
sie-erscheint für-ihn die-Paradies),
in dem es Quellen mit kühlem Wasser gibt (welche in- **14**
sie Quellen die-Wasser die-kühle)
und die Gesichter der Huri mit ihren blendenden **15**
Augen (und-Gesichter Huri die-Auge die-blendende)
Plötzlich öffnet er die Augen und findet sich (selbst) **16**
vor dem hässlichen, mürrischen Gesicht seiner **17**
Direktorin wieder!

ANMERKUNGEN

⑨ وَجْه [*WaĴH*] „Gesicht, Stirn" hat den inneren Plural وُجُوه [*WuĴ**U**H*].

⑩ عَيْن [*ᶜ**a**YN*] hat die Doppelbedeutung „Auge" und „Quelle, Ursprung". Der innere Plural von عَيْن [*ᶜ**a**YN*] lautet عُيُون [*ᶜuY**U**N*].

Übung 1: Verstehen Sie diese Sätze?

1. زَارَهُ زَبُونٌ كَانَ قَدْ هَاتَفَهُ لِتَأْمِينِ بَيْتِهِ
2. لَمَّا فَتَحْتُ ٱلْحَاسُوبَ، وَجَدْتُ فِي بَرِيدِي ٱلْإِلِكْتِرُونِيِّ خبَراً غَرِيباً
3. يَشْتَغِلُ رِجَالُ ٱلْأَعْمَالِ هٰؤُلَاءِ مَعَ شَرِكَتِنَا
4. يَجِبُ عَلَيْكُمْ أَنْ لَا تَدْخُلُوا ٱلْمَكْتَبَ لِأَنَّ ٱلْمُوَظَّفَةَ غَارِقَةٌ فِي نَوْمٍ عَمِيقٍ!
5. لَمَّا فَتَحْتُ عُيُونِي، وَجَدْتُ نَفْسِي أَمَامَ وَجْهٍ قَبِيحٍ قَطُوبٍ مَا كُنْتُ أَعْرِفُهُ

Übung 2: Setzen Sie die fehlenden Wörter ein!

1. Herr An-Nadschdschar arbeitet bei einer Versicherung, und sein Freund geht ins Café zum Kartenspielen.

______ ٱلسَّيِّدُ ٱلنَّجَّارُ فِي

______ تَأْمِينٍ وَ يَذْهَبُ صَدِيقُهُ

إِلَى ٱلْمَقْهَى لِلَّعْبِ بِٱلْأَوْرَاقِ

6 فِي مُنْتَصَفِ ٱلصَّيْفِ، أَلْحَرُّ شَدِيدٌ فِي ٱلْمَكْتَبِ إِذْ أَنَّهُ لاَ يَكُونُ فِيهِ تَكْيِيفٌ لِلْهَوَاءِ

7 فِي نَوْمِهِ ٱلْعَمِيقِ، ظَهَرَتْ لَهُ ٱلْجَنَّةُ وَلَٰكِنْ دُونَ وُجُوهِ حُورِ ٱلْعَيْنِ ٱلْبَاهِرَةِ

Lösung 1: Haben Sie verstanden?

1 Ein Kunde, der ihn angerufen hatte, ist zu ihm gekommen, um sein Haus zu versichern (besuchte-er Kunde war-er schon angerufen-er-ihn für-Versicherung Haus-sein).

2 Als ich den Computer eingeschaltet habe, habe ich eine seltsame Nachricht in meinem Email-Posteingang gefunden.

3 Diese Geschäftsleute arbeiten mit unserer Firma.

4 Sie dürfen das Büro nicht betreten, weil die Beamtin in einen tiefen Schlaf gefallen ist (er-muss über-euch dass nicht ihr-betretet der-Büro weil die-Beamtin fallend in Schlaf tief)!

5 Als ich meine Augen geöffnet habe, befand ich mich (selbst) vor einem hässlichen und mürrischen Gesicht, das ich nicht kannte.

6 Mitten im Sommer ist es sehr heiß im Büro, da es in ihm keine Klimaanlage gibt.

7 In seinem tiefen Schlaf ist ihm das Paradies erschienen, aber ohne die blendenden Gesichter der Huri.

2 Ich arbeite sowohl mit Privatpersonen als auch mit Firmen.

أَنَا أَتَعَامَلُ مَعَ ٱلْأَشْخَاصِ وَٱلشَّرِكَاتِ فِي ___ ___ وَاحِدٍ

LEKTION 60

③ Ich muss mit den Kunden das Abendessen einnehmen.

لَا بُدَّ لِي مِنْ تَنَاوُلِ ٱلْعَشَاءِ
مَعَ ______

④ Deshalb muss ich diese Leute um fünf Uhr nachmittags anrufen.

لِهَذَا يَجِبُ ______ أَنْ أُهَاتِفَ
هَؤُلَاءِ ٱلنَّاسَ فِي ٱلسَّاعَةِ
______ بَعْدَ ٱلظُّهْرِ

Leseübung

في المكتب

١ يصل السّيّد عبد القادر النّجّار إلى مكتبه في السّاعة الثّامنة صباحاً

٢ يقول له صديق كان قد رافقه إلى هناك:

٣ – أنا أذهب إلى المقهى للّعب بالأوراق

٤ وأنت تذهب إلى العمل!

٥ أعانك الله!

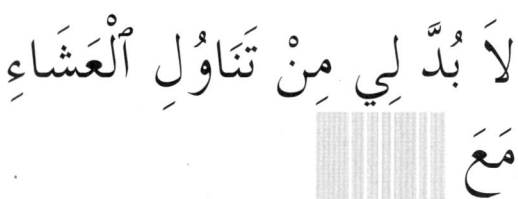

Lösung 2: Die fehlenden Wörter.

❶ يَعْمَلُ [Ya^cMaLu] شَرِكَةِ [SCHaR**i**KaTi] ❷ آنٍ [**Ā**Nin]

❸ ٱلزَّبَائِنَ [AS-SaB**A**'iNa] ❹ عَلَيَّ [^caL**a**YYa]

❺ ٱلْخَامِسَةِ [AL-CHAM**i**ßaTi]

٦ يعمل السّيّد النّجّار في شركة تأمين

٧ قبل كلّ شيء، يفتح حاسوبه

٨ وينظر في بريده الإلكترونيّ

٩ ثمّ يهاتف الزّبائن وهو يتعامل مع الأشخاص والشّركات في آن واحد

١٠ لهذا يجب عليه أن يراسل هؤلاء النّاس جميعاً

١١ في السّاعة الحادية عشرة، في منتصف الصّيف يكون الحرّ في مكتبه شديداً

١٢ يغرق الرّجل في نوم عميق

١٣ في نومه تظهر له الجنّة

١٤ الّتي فيها عيون المياه الباردة

١٥ ووجوه حور العين الباهرة

١٦ فجأة، يفتح عيونه ويجد نفسه

١٧ أمام وجه مديرته القبيح القطوب!

أَلْعَيْنُ تُظْهِرُ مَا فِي ٱلْقَلْبِ

„Das Auge ist das Sprachrohr des Herzens."
(die-Auge sie-zeigt was in der-Herz)
*[AL-ᶜ**a**YNu Tu**Ṣ**HiRu MA FI (A)L-Q**a**LBi]*

٦١ أَلدَّرْسُ ٱلْحَادِي وَٱلسِّتُّونَ

فِي عِيَادَةِ ٱلطَّبِيبِ

١ كَانَ رَجُلٌ شَائِبٌ مُتَقَاعِدٌ قَد تَزَوَّجَ فَتَاةً جَمِيلَةً جِدّاً

AUSSPRACHE

*[AD-D**a**RßU (A)L-Ḥ**A**DI Wa-(A)ß-ßiTTUN(a)]* *[... ᶜiY**A**DaTi (A)ṬṬaB**I**B(i)]*
*[**1** ... SCH**A**'iB(un) MuTaQ**A**ᶜiD(un) ... TaS**a**WWaĴa FaT**A**Tan ...]*

Huris

Als Huris (حُورِ [ḤURi]) oder حُورِيَة [ḤURiYaT] „die Blendendweißen" bezeichnet man die Jungfrauen im Paradies, die nach islamischem Glauben die Seligen belohnen. Genaueren Aufschluss über sie gibt der Koran قُرآن [QuR'AN] in Sure 55, wo sie als Wesen von blendender Schönheit – „wie Rubine und Perlen, mit herrlichen schwarzen Augen" (daher auch der Ausdruck حُورِ ٱلْعَيْنِ [ḤURi AL-ᶜaYNi]) – beschrieben werden, die „in immer frischen und reich bewässerten Gärten auf grünen Kissen, deren Futter dicker Brokat ist, und den schönsten Teppichen unter Lauben und wohlbehütet in Zelten ruhen".

أَلْقِسْمُ ٱلثَّانِي:
أُنْظُرْ مَرَّةً ثَانِيَّةً إِلَى ٱلدَّرْسِ ٱلْخَامِسِ وَٱلْعِشْرِينَ

[AL-QißMu (A)fß-fßANI UNṢuR MaRRa(Tan) fßANiYYa(Tan) ILA AD-DaRßi (A)L-CHAMißi Wa-(A)L-ᶜiSCHRINa]

61. Lektion

In der Arztpraxis

1 Ein älterer pensionierter Herr (war Mann weißhaariger pensionierter) hatte ein junges, sehr hübsches Mädchen geheiratet.

٢ كَانَ غَيُوراً

٣ حَتَّى أَصْبَحَ ٱلْجَمِيعُ يَضْحَكُونَ مِنْهُ ①②

٤ ذَاتَ يَوْمٍ، ذَهَبَ لِزِيَارَةِ طَبِيبٍ ③

٥ – مِمَّا تَشْكُو؟ ④

٦ – يَا دُكْتُور!

٧ مُنْذُ ثَلَاثَةِ أَشْهُرٍ عِنْدِي وَجَعٌ فِي ٱلظَّهْرِ
وَفِي ٱلرُّكْبَتَيْنِ ⑤

٨ وَقْتَ صُعُودِي لِلدَّرَجِ ⑥⑦

٩ وَيَخْفِقُ قَلْبِي بِسُرْعَةٍ فَائِقَةٍ

AUSSPRACHE

[**2** ... *ṘaYURAn*] [**3** ... *AßBaḤa* ... *YaḌḤaKUNa* ...] [**4** *fsATa* ... *Li-SiYARaTi ṬaBIB(in)*] [**5** *MiMMA TaSCHKU*] [**6** *YA DuKTUR*] [**7** *MuNfsu fßaLAfßaTi ASCHHuR(in)* ... *WaĴaᶜ(un)* ... *(A)Ṣ-ṢaHR(i)* ... *(A)R-RuKBaTaYN(i)*] [**8** *WaQTa ßuᶜUDI Li-(A)D-DaRaĴ(i)*] [**9** ... *YaCHFiQu QaLBI Bi-ßuRᶜaTin FA'iQa(Tin)*]

ANMERKUNGEN

① حَتَّى [*ḤaTTA*] „bis, sogar“ leitet eine Nebeninformation zur Zeit, einem Ziel oder einer Auswirkung ein, hier mit „(so ...), dass ...“ übersetzt. Danach steht das Verb im VA (wie hier) oder UA bzw. im Konjunktiv.

Er war so eifersüchtig, **2**
dass alle begonnen haben, über ihn zu lachen. **3**
Eines Tages ist er zum Arzt gegangen (bestimmter Tag ging-er für-Besuch Arzt). **4**
Was fehlt Ihnen (von-was du-beschwerst)? – **5**
Herr Doktor! – **6**
Seit drei Monaten habe ich Schmerzen im Rücken und in den beiden Knien, **7**
wenn ich die Treppen hinaufgehe (Zeit Hinaufgehen-mein für-die-Treppen); **8**
und mein Herz schlägt sehr schnell (und-er-schlägt Herz-mein mit-Geschwindigkeit höher). **9**

ANMERKUNGEN

② أَصْبَحَ [*AßBaḤa*] „er hat begonnen“: Dieses Verb des IV. Stamms bedeutet „beginnen, aufwachen, werden“. Meist folgt darauf ein weiteres Verb im UA.

③ ذَاتَ يَوم [*fsATa YaUMin*]: Nach ذَاتَ [*fsATa*] „gewisser, bestimmter“ steht ein Nomen im Genitiv. Sie kennen dieses Phänomen bereits von بَعْض [*Ba*ᶜ*Ḍ*] „einige“.

④ تَشْكُو [*TaSCHKU*] „du beschwerst dich“: Bei شَكَا, يَشْكُو [*SCHaKA*], [*YaSCHKU*] handelt es sich um ein defektives Verb (L. 56). Es wird mit der Präposition مِنْ [*MiN*] verwendet.

⑤ ثَلَاثَة أَشْهُر [*fßaLAfßaTi ASCHHuRin*]: Kardinalzahlen kennen jeweils eine männliche und eine weibliche Form: ثَلَاثَة [*fßaLAfßaT*] und ثَلَاث [*fßaLAfß*], deren Anwendung sich nach dem Geschlecht des Nomens richtet.

⑥ وَقْت [*WaQT*] „Zeit“ kann auch „wenn“ bedeuten. In diesem Fall steht es im Akkusativ – wie eine Zeitangabe – und geht eine Genitivverbindung mit einem weiteren Nomen ein.

⑦ صُعُود [*SSu*ᶜ*UD*] „Hinaufgehen, Aufsteigen“ ist das Verbalnomen zu صَعِدَ [*SSa*ᶜ*iDa*], يَصْعَدُ [*YaßᶜaDu*] „hinaufgehen, -steigen“.

١٠ وَلاَ أَسْتَطِيعُ ٱلأَكْلَ ⑧

١١ دُونَ أَنْ تُوجِعَنِي ٱلْمَعِدَةُ ⑨

١٢ – طَيِّبٌ!

١٣ إِخْلَعْ ثِيَابَكَ!

١٤ سَوْفَ أَفْحَصُكَ...

١٥ هَذِهِ وَصْفَةٌ ⑩

١٦ لِإِجْرَاءِ تَحْلِيلٍ لِلدَّمِ وَٱلْبَوْلِ ⑪

١٧ وَتَصْوِيرٍ إِشْعَاعِيٍّ لِلظَّهْرِ

١٨ سَتَعُودُ إِلَيَّ بَعْدَ خَمْسَةَ عَشَرَ يَوْماً ⑫

١٩ لِأَفْحَصَكَ مِنْ جَدِيدٍ ⑬

AUSSPRACHE

[**10** ... *AßTaṬI^c^u AL-**A**KL(a)*] [**11** *D**U**Na AN TUĴ**i**^c^aNI (A)L-Ma^c^**i**Da(Tu)*] [**12** *Ṭ**a**YYiB(un)*] [**13** ***I**CHLa^c^ fßiY**A**BaK(a)*] [**14** ... *AFḤ**a**ẖuK(a)* ...] [**15** ... *Wa**ẖ**Fa(Tun)*] [**16** *Li-IĴR**A**'i TaḤL**I**Lin Li-(A)D-D**a**M(i) ... (A)L-B**a**UL(i)*] [**17** ... *Ta**ẖ**W**I**Rin ISCH^c^**A**^c^iYY(in) Li-(A)Ṣ-Ṣ**a**HR(i)*] [**18** ... *CH**a**MßaTa ^c^**a**SCHaRa Y**a**UMAn*] [**19** *Li-AFḤ**a**ẖaK(a)* ...]

Und ich kann nicht essen, **10**
ohne dass mir der Magen weh tut. **11**
Gut! – **12**
Ziehen Sie sich aus (zieh-aus Kleidung-deine)! **13**
Ich werde Sie untersuchen ... **14**
Hier ist eine Überweisung (diese Überweisung), **15**
um eine Blut- und Urinuntersuchung machen zu lassen (für-Machen-lassen Untersuchung für-der-Blut und-der-Urin) **16**
sowie eine Röntgenaufnahme des Rückens (und-Aufnahme radioaktiv für-der-Rücken). **17**
Kommen Sie in 15 Tagen wieder zu mir, **18**
damit ich Sie erneut untersuche. **19**

ANMERKUNGEN

⑧ لَا أَسْتَطِيعُ ٱلْأَكْلَ [LA AßTaṬIᶜu AL-AKLa]: Nach إِسْتَطَاعَ [IßTaṬAᶜa], يَسْتَطِيعُ [YaßTaṬIᶜu] – das Verb „können" des X. Stamms, abgeleitet von **Ṭ-W-ᶜ** – steht ein **maßdar** im Akkusativ oder أَنْ [AN] + Konjunktiv.

⑨ دُونَ أَنْ تُوجِعَنِي ٱلْمَعِدَةُ [DUNa AN TUĴIᶜaNI AL-MaᶜiDa-Tu]: Das Verb steht nach „ohne dass" دُونَ أَنْ [DUNa AN] im Konjunktiv.

⑩ وَصْفَة [WaßFaT] bezeichnet sowohl die „ärztliche Überweisung" z.B. zu einem Spezialisten oder in ein Labor, als auch das „Rezept".

⑪ إِجْرَاء [IĴRA'] „Machenlassen" ist ein Nomen, das auf die Ausführung einer Handlung hinweist. Es wird häufig in Verbindung mit einem weiteren Nomen – oftmals einem **maßdar** – verwendet.

⑫ خَمسَة عَشَرَ يَوماً [CHaMßaTa ᶜaSCHaRa YaUMAn]: Nach Zahlen über „zehn" steht das Nomen im Singular und Akkusativ.

⑬ لِأَفْحَصَكَ [Li-AFḤaßaKa]: Steht nach لِـ [Li-] ein Verb im Konjunktiv, erhält [Li-] die Bedeutung „damit, um zu", z.B. لِأَلْعَبُ بِكُرَة [Li-ALᶜaB(u) Bi-KuRaTin] „damit ich Ball spiele". Alternativ könnte auch ein **maßdar** stehen: لِفَحْصِكَ [Li-FaḤßiKa].

Übung 1: Verstehen Sie diese Sätze?

1. لَا أَسْتَطِيعُ صُعُودَ ٱلدَّرَجِ لِأَنَّنِي مُتَقَاعِدٌ كَبِيرُ ٱلسِّنِّ
2. مِمَّا تَشْكُو؟ عِنْدِي وَجَعٌ شَدِيدٌ فِي ٱلظَّهْرِ كُلَّ يَوْم صَبَاحاً
3. أُرِيدُ أَنْ تَفْحَصَنِي لِأَنَّ قَلْبِي خَفَقَ بِسُرْعَةٍ فَائِقَةٍ وَأَنَا أَلْعَبُ بِكُرَةِ ٱلْقَدَمِ
4. يُرِيدُ ٱلطَّبِيبُ أَنْ يَخْلَعَ ٱلرَّجُلُ ٱلْمَرِيضُ ثِيَابَهُ
5. أَعْطِنِي وَصْفَةً لِإِجْرَاءِ تَحْلِيلٍ لِلدَّمِ لِأَنِّي مَرِضْتُ دُونَ أَنْ أَعْرِفَ ٱلسَّبَبَ
6. يَجِبُ أَنْ نَذْهَبَ إِلَى زِيَارَةِ طَبِيبٍ لِيَفْحَصَ بِنْتَنَا

Übung 2: Setzen Sie die fehlenden Wörter ein!

1. Ein älterer pensionierter Herr betritt die Arztpraxis.

يَدْخُلُ رَجُلٌ شَائِبٌ مُتَقَاعِدٌ ______ ٱلطَّبِيبِ

⑦ ذَاتَ يَوْمٍ مَا ٱسْتَطَاعَ ٱلْأَكْلَ وَلَا ٱلشُّرْبَ حَتَّى
مَكَثْنَا فِي بَيْتِهِ لِمُسَاعَدَتِهِ فِي كُلِّ مَا يَحْتَاجُ إِلَيْهِ

Lösung 1: Haben Sie verstanden?

1. Ich kann die Treppen nicht hinaufgehen, weil ich ein alter Pensionär bin.
2. – Was fehlt Ihnen? – Ich habe jeden Tag am Morgen einen starken Schmerz im Rücken.
3. Ich möchte, dass Sie mich untersuchen, denn mein Herz hat sehr schnell geschlagen, als ich Fußball gespielt habe (und-ich ich-spiele mit-Ball der-Fuß).
4. Der Arzt möchte, dass der kranke Mann seine Kleidung auszieht.
5. Geben Sie mir eine Überweisung, um eine Blutuntersuchung machen zu lassen, denn ich bin erkrankt, ohne den Grund zu kennen.
6. Wir müssen zum Arzt gehen, damit er unsere Tochter untersucht.
7. Eines Tages konnte er nichts essen und nichts trinken, so dass wir bei ihm zu Hause geblieben sind, um ihm bei allem zu helfen, was er benötigte.

② Er hatte ein junges, hübsches Mädchen geheiratet und war sehr eifersüchtig.

هُوَ تَزَوَّجَ فَتَاةً جَمِيلَةً وَكَانَ ___ جِدّاً

③ Seit wie vielen Monaten haben Sie♂ Schmerzen im Rücken und in den beiden Knien, wenn Sie die Treppen hinaufgehen?

مُنْذُ ___ شَهْراً عِنْدَكَ وَجَعٌ فِي ٱلظَّهْرِ وَفِي ٱلرُّكْبَتَيْنِ ___ صُعُودِكَ لِلدَّرَجِ؟

Leseübung

في عيادة الطّبيب

١ كان رجل شائب متقاعد قد تزوّج فتاة جميلة جدّاً

٢ كان غيوراً

٣ حتّى أصبح الجميع يضحكون منه

٤ ذات يوم، ذهب لزيارة طبيب

٥ – ممّا تشكو؟

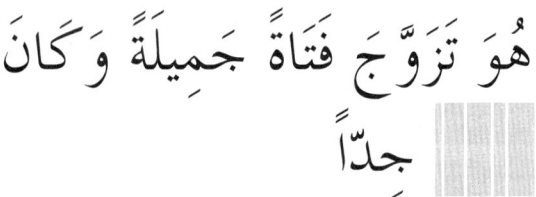

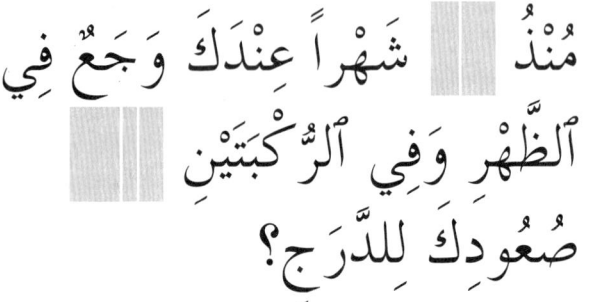

❹ Ich werde in 15 Tagen wieder zu Ihnen kommen, damit Sie mich erneut untersuchen.

سَأَعُودُ بَعْدَ خَمْسَةَ
عَشَرَ لِتَفْحَصَنِي مِنْ جَدِيدٍ

Lösung 2: Die fehlenden Wörter.

❶ عِيَادَةَ [ᶜiY**A**DaTa] ❷ غَيُوراً [ṘaY**U**RAn] ❸ كَمْ [KaM]
وَقْتَ [W**a**QTa] ❹ إِلَيكَ [ILaYKa] يَوْماً [Y**a**UMAn]

٦ – يا دكتور!
٧ منذ ثلاثة أشهر عندي وجع في الظّهر
وفي الرّكبتين
٨ وقت صعودي للدّرج
٩ ويخفق قلبي بسرعة فائقة
١٠ ولا أستطيع الأكل
١١ دون أن توجعني المعدة
١٢ – طيّب!

١٣ إخلع ثيابك!

١٤ سوف أفحصك...

١٥ هذه وصفة

١٦ لإجراء تحليل للدّم والبول

١٧ وتصوير إشعاعيّ للظّهر

١٨ ستعود إليّ بعد خمسة عشر يوماً

١٩ لأفحصك من جديد

٦٢ أَلدَّرْسُ ٱلثَّانِي وَٱلسِّتُّونَ

زَوْجٌ غَيُورٌ

١ بَعْدَ فَتْرَةٍ، رَجَعَ ٱلرَّجُلُ إِلَى عِيَادَةِ ٱلطَّبِيبِ

AUSSPRACHE

[*AD-DaRßu (A)fß-fßANI Wa-(A)ß-ßiTTUN(a)*] [... *ṘaYUR(un)*]
[**1** ... *FaTRa(Tin) RaĴa^c a* ...]

مَا شَيْبُ ٱلْمَرْءِ إِلاَّ غُبَارٌ أَثَارَهُ رَكْضُ عُمْرِهِ

„Die weißen Haare eines Mannes sind nur der Staub, den der Galopp seines Lebens hinterlässt."
(nicht weiß-Haarigkeit der-Mann außer Staub hervorrief-er-ihn Galopp Leben-sein)
[*MA SCHaYBu (A)L-MaR'i ILLA ĠuBARun AfßARaHu RaKḌu ᶜuMRiHi*]

أَلْقِسْمُ ٱلثَّانِي:
أُنْظُرْ مَرَّةً ثَانِيَّةً إِلَى ٱلدَّرْسِ ٱلسَّادِسِ وَٱلْعِشْرِينَ

[*AL-QißMu (A)fß-fßANI UNẒuR MaRRa(Tan) fßANiYYa(Tan) ILA AD-DaRßi (A)ß-ßADißi Wa-(A)L-ᶜiSCHRINa*]

62. Lektion

Ein eifersüchtiger Ehemann

Nach einer (gewissen) Zeit ist der Mann in die Praxis des Arztes zurück gekommen, 1

LEKTION 62

٢ ٱلَّذِي قَالَ لَهُ بَعْدَ ٱطِّلَاعِهِ عَلَى نَتَائِجِ ٱلْفُحُوصَاتِ: ①②③

٣ – كُلُّ شَيْءٍ عَلَى مَا يُرَامُ وَٱلْحَمْدُ لِلّٰهِ!

٤ مَعَ ذَلِكَ خُذْ هَذِهِ ٱلْحُبُوبَ يَوْمِيّاً ④⑤

٥ وَلَكِنْ مِنْ حَدِّ ٱلْآنِ، عَلَيْكَ تَفَادِي ⑥

٦ ٱلصُّعُودِ دَائِماً إِلَى سَطْحِ ٱلدَّارِ

٧ لِلتَّجَسُّسِ عَلَى زَوْجَتِكَ مَخَافَةَ ⑦

٨ أَنْ تَتَحَدَّثَ مَعَ جَارٍ مِنَ ٱلْجِيرَانِ ⑧

AUSSPRACHE

[**2** ... *(I)ṬṬiL**A**ᶜiHi ... NaT**A**'iĴi (A)L-FuḤUẞ**A**T(i)*] [**3** ... *(A)L-Ḥ**a**MDu Li-LL**a**H(i)*] [**4** *Maᶜa fs**a**LiK(a) ... (A)L-ḤuBUB(a) Y**a**UM**i**YYAn*] [**5** ... *MiN ḤaDDi (A)L-ĀN(i) ... TaFADI*] [**6** *(A)ẞ-ẞuᶜ**UD**(i) D**A**'iMAn ... ß**a**ṬHi ...*] [**7** *Li-(A)T-TaĴ**a**ßßuß(i) ... MaCH**A**FaTa*] [**8** ... *TaTaḤ**a**DDafßa ... Ĵ**A**Rin M**i**N-a (A)L-ĴIR**A**N(i)*]

ANMERKUNGEN

① ٱلَّذِي [*ALL**a**fsI*] „der, welcher" kennen Sie aus L. 46. Der Plural lautet ٱلَّذِينَ [*ALLafsINa*] „die, welche": أَلرِّجَالُ ٱلَّذِينَ جَاؤُوا [*(A)R-RiĴ**A**L (A)LLafsINa Ĵ**A**'U*] „die Männer, die gekommen waren".

der ihn nach dem Durchlesen der Untersuchungsergebnisse [folgendermaßen] informiert hat (welcher sagte-er für-ihn nach Prüfung-ihn über Ergebnisse die-Untersuchungen): **2**

Es ist alles in Ordnung, gelobt sei Gott! – **3**

Dennoch, nehmen Sie jeden Tag diese Tabletten. **4**

Aber von jetzt an müssen Sie vermeiden (und-aber von Grenze der-Augenblick über-dich Vermeidung), **5**

immer auf die Terrasse des Hauses hinaufzusteigen (der-Hinaufsteigen immer nach Terrasse die-Haus), **6**

um Ihrer Frau nachzuspionieren, aus Angst, **7**

dass sie mit einem der Nachbarn (mit Nachbar von die-Nachbarn) plaudern könnte. **8**

ANMERKUNGEN

② ٱطِّلاع [IṬṬiLAᶜ] kann „Prüfung, Inspektion“ oder „gründliches Durchlesen“ heißen. Das Verb lautet ٱطَّلَعَ [IṬṬaLaᶜa], يَطَّلِعُ [YaṬṬaLiᶜu] „prüfen, inspizieren, studieren, durchlesen“.

③ نَتيجَة [NaTIĴaT] „Ergebnis“ bildet den inneren Plural نَتائِج [NaTA'iĴ].

④ حُبوب [ḤuBUB] „Tabletten“ (auch „Körner“) ist die innere Pluralform zu حَبّ [ḤaBB].

⑤ يَوْمِيّاً [YaUMiYYAn] „täglich/alltäglich, jeden Tag“: Wie gewöhnlich steht auch diese Zeitangabe im Akkusativ.

⑥ تَفادٍ [TaFADin] ist das Verbalnomen eines defektiven Verbs im VI. Stamm: تَفادَى [TaFADA], يَتَفادَى [YaTaFADA] „vermeiden“. تَفادٍ [TaFADin] wird wie ماضٍ [MAḌin] gebeugt (L. 35).

⑦ تَجَسَّسَ [TaĴaßßaßa], يَتَجَسَّسُ [YaTaĴaßßaßu] „spionieren“: Dieses Verb des V. Stamms bildet das **maßdar** regelmäßig: تَجَسُّس [TaĴaßßuß].

⑧ مَعَ جارٍ مِنَ ٱلْجيران [Maᶜa ĴARin MiN-a (A)L-ĴIRANi]. Diese Konstruktion ist typisch, um „eine/r von ...“ auszudrücken.

٩ لاَتَتَسَتَّرْ دَائِماً وَرَاءَ خِزَانَةِ ٱلْمَطْبَخِ ⑨

١٠ لِمُرَاقَبَتِهَا

١١ وَحَاوِلْ تَنَاوُلَ ٱلطَّعَامِ مَعَهَا كُلَّ يَوْمٍ فِي هُدُوءٍ وَ طُمَأْنِينَةٍ

١٢ سَوْفَ تَزُولُ أَوْجَاعُكَ بِسُرْعَةٍ!

١٣ – شُكْراً عَلَى هَذِهِ ٱلنَّصِيحَةِ يَا دُكْتُور!

١٤ وَخَرَجَ ٱلرَّجُلُ قَائِلاً لِنَفْسِهِ:

١٥ – وَٱللهِ!

١٦ مَا أَذْكَى هَذَا ٱلطَّبِيبَ! ⑩

AUSSPRACHE

[**9** *LA TaTaßaTTaR DA'iMAn WaRA'a CHiSANaTi (A)L-MaṬBaCH(i)*] [**10** *Li-MuRAQaBaTiHA*] [**11** ... *ḤAWiL TaNAWuLa (A)Ṭ-ṬaᶜAM(i)* ... *HuDU'(in)* ... *ṬuMa'NINa(Tin)*] [**12** *ßaUFa TaSULu AUĴAᶜuK(a) Bi-ßuRᶜa(Tin)*] [**13** ... *(A)N-Naß̱IḤa(Ti)* ...] [**14** ... *QA'iLAn Li-NaFßiHi*] [**15** *Wa-(A)LLaHi*] [**16** *MA AfsKA* ...]

Verstecken Sie sich nicht immer hinter dem Küchenschrank, 9
um sie zu überwachen (für-Überwachung-sie). 10
Und versuchen Sie, jeden Tag mit ihr das Essen in Ruhe und Ausgeglichenheit einzunehmen. 11
Ihre Schmerzen werden schnell verschwinden! 12
Danke für diesen Ratschlag, Herr Doktor! – 13
Und der Mann ist hinaus gegangen und hat zu sich selbst gesagt: 14
Bei Gott! – 15
Wie intelligent dieser Arzt ist (was wurde-intelligent-er dieser der-Arzt)! 16

زَوْجٌ غَيُورٌ

ANMERKUNGEN

LEKTION 62

⑨ لَا تَتَسَتَّر [*LA TaTaß**a**TTaR*]: Die Verneinung der Befehlsform wird mit لَا [*LA*] + Apokopat gebildet.

⑩ أَذْكَى [***A**fsKA*], يُذْكِي [*Y**u**fsKI*] „intelligent sein/werden" ist abgeleitet von ذَكِيّ [*fs**a**KiYY*] „intelligent, schlau".

Übung 1: Verstehen Sie diese Sätze?

1. لاَ تَأْخُذْ هَذِهِ ٱلْحُبُوبَ ٱلّتِي هِيَ غَيْرُ مُنَاسِبَةٍ لِوَجَعِ ٱلظَّهْر
2. يَا أُخْتِي! شُكْراً عَلَى مُرَاقَبَتِكِ لِزَوْجَتِي وَقْتَ وُجُودِهَا فَوْقَ ٱلسَّطْح
3. لَمْ يَنْظُرْ فِي نَتَائِجِ ٱلْفُحُوصَاتِ، وَلَكِنَّهُ أَعْطَاهُ نَصِيحَةً طَيِّبَةً
4. لاَتَتَجَسَّسْ عَلَى زَوْجَتِكَ دَائِماً مَخَافَةَ أَنْ تَصْعَدَ ٱلسَّطْحَ حَتَّى تَتَكَلَّمَ مَعَ جَارَاتِهَا
5. يَا بِنْتِي! لاَ تَتَحَدَّثِي فَوْقَ ٱلسَّطْحِ مَعَ ٱلْجِيرَانِ! هَذَا غَيْرُ مُنَاسِبٍ لِلْمُتَزَوِّجَاتِ!

Übung 2: Setzen Sie die fehlenden Wörter ein!

1. Der Arzt hat nach der Überprüfung der Untersuchungsergebnisse gesagt:

قَالَ ______ بَعْدَ ٱطِّلاَعِهِ عَلَى نَتَائِجِ ٱلْفُحُوصَاتِ:

6 مِنْ حَدِّ ٱلْآنِ، يَجِبُ عَلَيْكَ أَنْ تَتَنَاوَلَ ٱلطَّعَامَ فِي هُدُوءٍ

7 يُرَاقِبُ زَوْجَتَهُ مِنَ ٱلْمَطْبَخِ مَخَافَةَ أَنْ تَفْتَحَ ٱلْبَابَ لِبَائِعٍ مُتَجَوِّلٍ!

Lösung 1: Haben Sie verstanden?

1 Nimm diese Tabletten nicht, da sie bei Rückenschmerzen nicht geeignet sind (welche sie nicht geeignet für-Schmerz der-Rücken).

2 Schwester! Danke, dass du meine Frau beobachtest, während sie sich auf der Terrasse aufhält (danke über Beobachtung-dein für-Ehefrau-meine Zeit Befinden-ihr auf der-Terrasse).

3 Er hat sich die Ergebnisse der Untersuchungen nicht angesehen, aber er hat ihm einen guten Ratschlag gegeben.

4 Spionier nicht immer deiner Frau nach, aus Angst, dass sie auf die Terrasse hinaufgeht, um mit den Nachbarinnen zu plaudern.

5 Tochter! Sprich nicht auf der Terrasse mit den Nachbarn! Das gehört sich nicht für verheiratete Frauen (dieser nicht geeignet für-die-Verheirateten)!

6 Von jetzt an musst du das Essen in Ruhe einnehmen.

7 Er überwacht seine Ehefrau von der Küche aus, aus Angst, dass sie einem ambulanten Händler die Tür öffnet.

2 Nehmen Sie♀ jeden Tag diese Tabletten, und Sie müssen vermeiden, immer auf die Terrasse des Hauses hinaufzusteigen.

______ هَذِهِ ٱلْحُبُوبَ يَوْمِيًّا وَ

عَلَيْكِ تَفَادِي ٱلصُّعُودِ دَائِماً

إِلَى ______ ٱلدَّارِ

③ Da ist die verärgerte Mutter! Versteck dich♂ hinter dem Küchenschrank!

هَا هِيَ ٱلْأُمُّ غَضْبَانَةُ!

وَرَاءَ خِزَانَةِ ٱلْمَطْبَخِ!

Leseübung

زوج غيور

١ بعد فترة، رجع الرّجل إلى عيادة الطّبيب
٢ الّذي قال له بعد اطّلاعه على نتائج الفحوصات:
٣ – كلّ شيء على ما يرام والحمد لله!
٤ مع ذلك خذ هذه الحبوب يوميّاً
٥ ولكن من حدّ الآن، عليك تفادي
٦ الصّعود دائماً إلى سطح الدّار
٧ للتّجسّس على زوجتك مخافة
٨ أن تتحدّث مع جار من الجيران

Bei Gott! Wie intelligent Sie sind, mein Herr! ④

وَٱللّٰهِ! مَا ______ أَنْتَ يَا سَيِّدِي!

Lösung 2: Die fehlenden Wörter.

① ٱلطَّبِيبُ [AṬ-ṬaBIBu] ② خُذِي [CHufsI]

③ سَطْحِ [ßaṬḤi] ③ تَسَتَّرْ [Taß**a**TTaR] ④ أَذْكَىْ [**A**fsKA]

٩ لاتتستّر دائماً وراء خزانة المطبخ

١٠ لمراقبتها

١١ وحاول تناول الطّعام معها كلّ يوم في هدوء و طمأنينة

١٢ سوف تزول أوجاعك بسرعة!

١٣ – شكراً على هذه النّصيحة يا دكتور!

١٤ وخرج الرّجل قائلا لنفسه:

١٥ – والله!

١٦ ما أذكى هذا الطّبيب!

هُمَا كَرُكْبَتَيْ بَعِيرٍ

„Sie gleichen sich wie ein Ei dem anderen."
(sie-beide wie-zwei-Knie Kamel)
[*HuMA Ka-RuKBaTaY BaᶜIR(in)*]

أَلدُّنْيَا صُعُودٌ وَٱنْحِدَارٌ

„Das Leben besteht aus Auf und Ab."
(die-Welt Hinaufsteigen und-Abstieg)
[*AD-DuNYA ßuᶜUDun Wa-(I)NḤiDAR(un)*]

٦٣ أَلدَّرْسُ ٱلثَّالِثُ وَٱلسِّتُّونَ

[*AD-DaRßu (A)fß-fßALifßu Wa-(A)ß-ßiTTUN(a)*]

مُرَاجَعَةٌ وَمُلَاحَظَاتٌ

Zuletzt haben wir uns ausführlich mit dem III. und VI. Ableitungsstamm befasst. Sie haben damit einen Großteil der Grammatik verinnerlicht. Das Wenige, was noch fehlt, werden Sie in der nächsten Lektionseinheit kennen lernen, bevor Sie – mit diesen neuen „Flügeln" – in den Himmel der arabischen Sprache und Kultur fliegen!

Verhaltensregeln in arabischen Ländern
Als Nicht-Moslem sollte man in arabischen Ländern eine gewisse Distanz zum anderen Geschlecht wahren und grundsätzlich nur Personen des eigenen Geschlechts um eine Auskunft ersuchen. Falls man als Mann bei einer Familie eingeladen ist, begrüßt man alle anwesenden Männer. Es ist allerdings nicht gesagt, dass man auch den Frauen des Hauses vorgestellt wird. Als Frau sollte man Männern gegenüber eine bescheidene und diskrete Haltung einnehmen. Äußerst wichtig ist dabei ein seriöses Auftreten, d.h. dass man sich „anständig“ kleiden sollte, ohne zu viel Figur zu zeigen oder gar einen tiefen Ausschnitt zur Schau zu stellen. Ausländische Frauen sind gut beraten, keinen Mini-Rock oder eng anliegende Kleider zu tragen, da sie sonst Gefahr laufen, als provokant oder „leicht zu haben“ zu gelten.

أَلْقِسْمُ ٱلثَّانِي:
أُنْظُرْ مَرَّةً ثَانِيَّةً إِلَى ٱلدَّرْسِ ٱلسَّابِعِ وَٱلْعِشْرِينَ

[AL-QißMu (A)fß-fßANI UNṢuR MaRRa(Tan) fßANiYYa(Tan) ILA AD-DaRßi (A)ß-ßABiᶜi Wa-(A)L-ᶜiSCHRINa]

63. Lektion

1. Abgeleitete Verben: III. und VI. Stamm

• **III. Stamm** فَاعَلَ / يُفَاعِلُ

Der III. Stamm wird durch Hinzufügen eines **alif** nach dem ersten Konsonanten gebildet und drückt aus, dass das Subjekt auf eine Person oder eine Sache einwirkt. Nach Verben des III. Stamms steht gewöhnlich eine Ergänzung in Form eines Nomens im Akkusativ oder ein angehängtes Personalpronomen:

يُهَاتِفُ ٱلزَّبَائِنَ „Er ruft die Kunden an“ [*YuHATiFu AS-SaBA'iNa*]
يُوَاجِهُ مُشْكِلَةً „Er steht vor einem Problem“ [*YuWAĴiHu MuSCHKiLaTan*]
صَافَحَهُم „Er hat ihnen die Hand geschüttelt“ [*ßAFaḤaHuM*]

Der III. Stamm kennt zwei Bildungsmuster für das **maßdar**:

- nach فِعَال [*Fi^cAL*], wie z.B.:

جَاوَرَ يُجَاوِرُ „in der Nachbarschaft sein“ [*YuĴAWiRu*] [*ĴAWaRa*] ← جِوَار „Nachbarschaft“ [*ĴiWAR*]

- oder nach مُفَاعَلَة [*MuFA^caLaT*]:

وَاصَلَ يُوَاصِلُ „fortsetzen, weitermachen“ [*WAßaLa*] [*YuWAßiLu*] ← مُوَاصَلَة „Fortsetzung“ [*MuWAßaLaT*]

نَاسَبَ يُنَاسِبُ „sich gehören, richtig sein“ [*NAßaBa*] [*YuNAßiBu*] ← مُنَاسَبَة „Anlass, Gelegenheit“ [*MuNAßaBaT*]

رَاقَبَ يُرَاقِبُ „überwachen“ [*RAQaBa*] [*YuRAQiBu*] ← مُرَاقَبَة „Überwachung“ [*MuRAQaBaT*]

هَاجَمَ يُهَاجِمُ „angreifen“ [*HAĴaMa*] [*YuHAĴiMu*] ← هُجُوم „Angriff“ [*HuĴUM*]

Wenige Verben bilden das **maßdar** nach beiden Bildungsmustern:

نَاقَشَ يُنَاقِشُ „diskutieren“ [*NAQaSCHa*] [*YuNAQiSCHu*] ← نِقَاش مُنَاقَشَة „Diskussion“ [*NiQASCH*] [*MuNAQaSCHaT*]

Das Muster für das Aktiv-Partizip ist مُفَاعِل [MuFA^ciL] (und für das Passiv-Partizip مُفَاعَل [MuFA^caL]):

سَافَرَ „reisen“ [ßAFaRa]
يُسَافِرُ [YußAFiRu]
← مُسَافِر „Reisender, reisend“ [MußAFiR]

Der Imperativ wird nach dem Muster فَاعِلْ [FA^ciL] gebildet:

سَاعَدَ „helfen“ [ßA^caDa]
يُسَاعِدُ [YußA^ciDu]
← سَاعِدْهُ! „hilf ihm!“ [ßA^ciD-Hu]

حَاوَلَ „versuchen“ [ḤAWaLa]
يُحَاوِلُ [YuḤAWiLu]
← حَاوِلْ! „Versuchen Sie, ...!“ [ḤAWiL]

• **VI. Stamm** تَفَاعَلَ / يَتَفَاعَلُ [TaFA^caLa/ YaTaFA^caLu]

Er ist in der Regel die rückbezügliche Form des III. Stamms und beinhaltet folglich immer eine gewisse Gegenseitigkeit. Gebildet wird er durch ein [Ta-] vor dem ersten Wurzelkonsonanten:

نَاقَشَ / يُنَاقِشُ **III. Stamm**: „mit **jmdm.** diskutieren“ [NAQaSCHa] [YuNAQiSCHu]

↓ ↓

تَنَاقَشَ / يَتَنَاقَشُ **VI. Stamm**: „mit **mehreren** diskutieren“ [TaNAQaSCHa] [YaTaNAQaSCHu]

Das **maßdar** wird nach dem Muster تَفَاعُل [TaFA^cuL] und die Partizipien werden nach den Mustern مُفَاعِل [MuFA^ciL], مُفَاعَل [MuFA^caL] gebildet:

تَنَاوَلَ „einnehmen“ [TaNAWaLa]
يَتَنَاوَلُ [YaTaNAWaLu]
← تَنَاوُل „Einnehmen“ [TaNAWuL]

تَعَاوَنَ „kooperieren“ [Ta^cAWaNa]
يَتَعَاوَنُ [YaTa^cAWaNu]
← تَعَاوُن „Zusammenarbeit“ [Ta^cAWun]

مُتَعَاوَن	„geholfen" [MuTaᶜAWan]	←	مُتَعَاوِن „(Entwicklungs-) Helfer" [MuTaᶜAWin]
تَوَاضَعَ يَتَوَاضَعُ	„geholfen" [TaWADaᶜa] [YaTaWADaᶜu]	←	مُتَوَاضِع „bescheiden" [MuTaWADiᶜ]
تَحَاوَرَ يَتَحَاوَرُ	„sich unterhalten" [TaHAWaRa] [YaTaHAWaRu]	←	مُتَحَاوِر „sich unterhaltend" [MuTaHAWiR]
تَقَاعَدَ يَتَقَاعَدُ	„in Rente gehen" [TaQAᶜaDa] [YaTaQAᶜaDu]	←	مُتَقَاعِد „pensioniert" [MuTaQAᶜiD]

Der Imperativ wird nach dem Modell تَفَاعَلْ [TaFAᶜaL] gebildet:

تَقَاسَمُوهَا بَيْنَكُم! „Teilt sie unter euch auf!" [TaQAßaMU-Ha BaYNaKuM]

von تَقَاسَمَ [TaQAßaMa], يَتَقَاسَمُ [YaTaQAßaMu] „sich etw. teilen"

In Verbindung mit einem Personalpronomensuffix entfällt das **alif** im Imperativ der 2. Person Plural: [TaQAßaMU] + [Ha] = [TaQAßaMU-Ha]

تَقَاسَمُوا + هَا = تَقَاسَمُوهَا „teilt sie auf"

2. Imperfekt und Plusquamperfekt

• Imperfekt

Das Imperfekt beschreibt eine andauernde Handlung bzw. einen wiederholt stattfindenden oder gewohnheitsmäßigen Vorgang in der Vergangenheit. Dennoch kann das Imperfekt meist gleichermaßen für das Perfekt – also den VA – verwendet werden. Das Imperfekt wird durch das im VA gebeugte Verb كَانَ [KANa] „sein" und den UA eines weiteren Verbs gebildet:

[*KANA YuFaKKiRANi*] „sie dachten beide" كَانَا يُفَكِّرَانِ

[*KuNTu USCHARiKu*] „ich nahm teil" كُنْتُ أُشَارِكُ

Das Subjekt steht – falls es ausgedrückt wird – gewöhnlich zwischen [*KANa*] und dem Verb im UA:

[*KANa TAĴiRun YußAFiRu*] „ein Händler reiste" كَانَ تَاجِرٌ يُسَافِرُ

• Plusquamperfekt

Das Plusquamperfekt - auch „vollendete Vergangenheit" oder „Vorvergangenheit" genannt - beschreibt eine abgeschlossene Handlung, deren Ablauf vor einem zeitlichen Bezugspunkt in der Vergangenheit liegt. Das Plusquamperfekt wird mit كَانَ قَدْ [*KANa QaD*] und dem VA gebildet:

فَتَقَاسَمَا فَطَائِرَ وَفَوَاكِهَ كَانَتْ قَدْ حَضَّرَتْهَا زَوْجَتَاهُمَا

„Also haben sie sich Kuchen und Obst geteilt, die ihnen ihre beiden Ehefrauen zubereitet hatten." [*Fa-TaQAßaMA FaṬA'iRa Wa-FaWAKiHa KANaT QaD ḤaḌḌaRaT-HA SaUĴaTAHuMA*]

„ein Freund, der ihn begleitet hatte" [*ßaDIQun KANa QaD RAFaQaHu*] صَدِيقٌ كَانَ قَدْ رَافَقَهُ

3. Anwendungen des Konjunktivs

Der Konjunktiv steht nach bestimmten Wendungen und Verben, z. B. nach Wendungen, die einen Wunsch oder eine Möglichkeit ausdrücken, aber auch in Verbindung mit verschiedenen Partikeln:

a) Verneinte Zukunft: لَنْ [*LaN*] + Konjunktiv

لَنْ أُطِيلَ ٱلْحَدِيثَ فِي ٱلْمَوْضُوعِ

„Ich werde dieses Thema nicht in die Länge ziehen ..." [*LaN UṬILa AL-ḤaDIfßa FI (A)L-MaUḌU^ci*]

b) „damit", „um zu": لِـ [*Li*] + Konjunktiv

[*Li-AFḤaßaKa*] „damit ich Sie untersuche" لِأَفْحَصَكَ

c) „ohne dass": دُونَ أَنْ [*D**U**Na AN*] + Konjunktiv

لاَ أَسْتَطِيعُ ٱلأَكْلَ دُونَ أَنْ تُوجِعَنِي ٱلْمَعِدَةُ

„Ich kann nicht essen, ohne dass mir der Magen weh tut"
[*LA AßTaṬ**I**ᶜu AL-**A**KLa D**U**Na AN TUĴ**i**ᶜaNI AL-Ma*ᶜ***i**DaTu*]

d.) „man muss": يَجِبُ أَنْ [*Y**a**ĴiBu AN*] + Konjunktiv

Es handelt sich um das Verb وَجَبَ [*WaĴaBa*], يَجِبُ [*Y**a**ĴiBu*] „müssen", nach dem meistens عَلَى [ᶜ*aLA*] + ein Personalpronomensuffix steht.

يَجِبُ عَلَيْهِ أَنْ يُرَاسِلَ هَؤُلاَءِ ٱلنَّاسَ جَمِيعاً

„Er muss mit all diesen Leuten korrespondieren"
[*Y**a**ĴiBu* ᶜ*aL**a**YHi AN YuR**A**ßiLa Ha'UL**A**'i AN-N**A**ßa ĴaM**I**ᶜAn*]

Wir kennen drei Möglichkeiten, das Verb „müssen" wiederzugeben. Ein Satz wie „du musst eintreten" kann so übersetzt werden:

- عَلَى [ᶜ*aLA*] + Personalpronomensuffix أَنْ [*AN*] + Konjunktiv:

  عَلَيْكَ أَنْ تَدْخُلَ [ᶜ*aL**a**YKa AN T**a**DCHuLa*]

- يَجِبُ أَنْ [*Y**a**ĴiBu AN*] + Konjunktiv:

  يَجِبُ أَنْ تَدْخُلَ [*Y**a**ĴiBu AN T**a**DCHuLa*]

- يَجِبُ [*Y**a**ĴiBu*] + عَلَى [ᶜ*aLA*] + Pers.-pronomensuffix + Konjunktiv:

  يَجِبُ عَلَيْكَ أَنْ تَدْخُلَ [*Y**a**ĴiBu* ᶜ*aL**a**YKa AN T**a**DCHuLa*]

e.) „damit" حَتَّى [*Ḥ**a**TTA*] + Konjunktiv:

حَتَّى تَتَكَلَّمَ مَعَ جَارَاتِهَا „um mit ihren Nachbarinnen zu plaudern"
[*Ḥ**a**TTA TaTaK**a**LLaMa M**a**ᶜa ĴAR**A**TiHA*]

حَتَّى [*Ḥ**a**TTA*] kann auch eine Nebeninformation zur Zeit, zu einem Ziel oder zu einer Auswirkung geben. Hier wird es mit „(so ...), dass ..." übersetzt.

4. Apokopat

Der Apokopat ist eine neue Zeitform, die sowohl dem UA als auch dem Konjunktiv sehr ähnlich ist.

• **Bildung:** Er wird gekennzeichnet:

a) durch die Ersetzung der kurzen Endvokale des UA (oder des Konjunktivs) durch ein **ßukun** : **Apokopat** **UA**

[YaKTuBu] ← [YaKTuB] يَكْتُبْ ← يَكْتُبُ

[AKTuBu] ← [AKTuB] أَكْتُبْ ← أَكْتُبُ

usw.

b) durch den Wegfall – wie beim Konjunktiv – des **nun** am Wortende der 2. Pers. Sg. Fem., 2. Pers. Pl. Mask., 3. Pers. Pl. Mask. und 2. und 3. Pers. Dual des UA. Dies gilt nicht für die 2. und 3. Pers. Pl. Fem.: **Apokopat** **UA**

2. Pers. Sing. Fem. [TaKTuBI] ← [TaKTuBINa] تَكْتُبِينَ ← تَكْتُبِي

Dual [YaKTuBA] ← [YaKTuBANi] يَكْتُبَانِ ← يَكْتُبَا

usw.

Sie sehen, dass der Apokopat und der Konjunktiv – außer bei den Personen, die auf [-a] enden und bei denen dieses durch ein **ßukun** ersetzt wird – identisch sind.

• **Anwendung:** Er steht nach einer Reihe von Konjunktionen:

a) Verneinte Vergangenheit: لَمْ [LaM] + Apokopat:

لَمْ يَكُنْ عِنْدَهُ شَيْءٌ لِلأَكْلِ

„Er hat nichts zum Essen gehabt"
[LaM YaKuN °iNDaHu SCHaY'un LiL-AKLi]

Diese Konstruktion kann als austauschbares Synonym zu مَا [MA] + VA verwendet werden لَمْ يَكُنْ: [LaM YaKuN] entspricht also folglich مَا كَانَ [MA KANa].

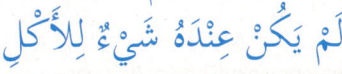

b) Verneinter Imperativ: لَا [*LA*] + Apokopat:

لَا تَتَسَتَّرْ دَائِماً وَرَاءَ خِزَانَةِ ٱلْمَطْبَخِ!

„Verstecken Sie sich nicht immer hinter dem Küchenschrank!"
[*LA TaTaß**a**TTaR D**A**'iMAn WaR**A**'a CHiS**A**NaTi AL-M**a**ṬBaCHi*]

5. Demonstrativpronomen

هَؤُلَاءِ [*Ha'UL**A**'i*] ist der Plural der Demonstrativpronomen هَذَا [*H**a**fsA*] und هَذِهِ [*H**a**fsiHi*]. Er wird gleichermaßen für (belebte) männliche und weibliche Substantive verwendet:

هَؤُلَاءِ ٱلنَّاسَ جَمِيعاً

„... all diese Leute"
[*... Ha'UL**A**'i AN-N**A**ßa ĴaM**I**cAn*]

6. Verstärkung durch إِنَّ ... لَـ [*INNa ... La-*]

إِنَّ ٱلزَّوْجَاتِ لَكَنْزٌ وَذَخِيرَةٌ!

„Ehefrauen sind wirklich Goldschätze!"
[***I**NNa AS-SaUĴ**A**Ti La-K**a**NSun Wa-fsaCH**I**RaTun*]

Die Konstruktion إِنَّ ... لَـ [*INNa ... La-*] wird normalerweise mit „sicher ..." oder „wirklich ..." übersetzt und verstärkt eine Aussage.

7. Verschiedene Anmerkungen

- كُلّ [*KuLL*] „alle" hat die Dualform كِلَا [*KiL**A***]: كِلَاهُمَا [*KiL**A**HuMA*] „alle beide".

- بَيْنَ [*B**a**YNa*] „zwischen" wird in Verbindung mit den Personalpronomensuffixen gebraucht:
بَيْنَهُم [*B**a**YNa-HuM*] „zwischen ihnen". مِنْ بَيْنِهِمْ [*MiN B**a**YNiHiM*] „unter/zwischen ihnen" hat die synonyme, wenn auch leicht verstärkte Bedeutung. Anstelle der Präposition بَيْنَ [*B**a**YNa*] verwendet man hier مِن [*MiN*] in Verbindung mit بَيْن [*B**a**YN*] „Trennung".

• „Jeder" übersetzt man in den meisten Fällen mit كُلُّ وَاحِدٍ [*KuL-Lu WAḤiDin*]:

مَعَ كُلِّ وَاحِدٍ مِنْهُمْ عَلَى حِدَةٍ

„... mit jedem von ihnen gesondert"
[... *Ma^ca KuLLi WAḤiDin MiNHuM ^caLA ḤiDaTin*]

• Die Präposition مِنْ [*MiN*] „von" und das Fragewort مَا [*MA*] „was?" werden zu مِمَّا؟ [*MiMMA*] „wovon?" zusammengezogen. Dieses Phänomen kommt auch im folgenden Fall vor: عَمَّنْ [*^caMMaN*] = عَنْ [*^caN*] + مَنْ [*MaN*] „über wen?".

• Nach ذَاتَ [*ṯsATa*] „gewisser, bestimmter" steht das Nomen im Genitiv. Sie kennen dieses Phänomen auch von بَعْض [*Ba^cḌ*] „einige". ذَاتَ kann mit verschiedensten Zeitangaben stehen:

ذَاتَ يَوْمٍ [... *YaUMin*] ذَاتَ صَبَاحٍ [... *ßaBAḤin*]

ذَاتَ مَرَّةٍ [... *MaRRaTin*] ذَاتَ مَسَاءٍ [... *MaßA'in*]

„eines Tages", „eines Morgens", „ein Mal", „eines Abends".

• وَقْت [*WaQT*] „Zeit" kann auch „wenn" bedeuten. In diesem Fall steht es im Akkusativ – wie eine Zeitangabe – und geht eine Genitivverbindung mit einem weiteren Nomen (**maßdar**) ein:

وَقْتَ صُعُودِي لِلدَّرَجِ

„wenn ich die Treppen hinaufgehe..."
[*WaQTa ßu^cUDI Li-AD-DaRaĴi*]

• Wegfall von وَ [*Wa-*]:

أَمَامَ وَجْهِ مُدِيرَتِهِ ٱلْقَبِيحِ ٱلْقَطُوبِ

„... vor dem hässlichen, mürrischen Gesicht seiner Direktorin"
[... *AMAMa WaĴHi MuDIRaTiHi AL-QaBIḤi AL-QaṬUBi*]

Das Schriftarabische vermeidet aus stilistischen Gründen häufig وَ „und" zwischen zwei Adjektiven, wodurch diese verstärkt werden.

8. Verständnis- / Formulierungsübung

1 عَائِلَةُ ٱلسَّيِّدِ ٱلنَّجَّار

2 فِي ٱلثَّامنَةِ صَبَاحاً، كَانَ ٱلسَّيِّدُ ٱلنَّجَّارُ يَتَنَاوَلُ ٱلْفُطُورَ ٱلَّذِي كَانَتْ زَوْجَتُهُ قَدْ حَضَّرَتْهُ

3 كَانَ يَتَحَدَّثُ قَلِيلاً مَعَ أَطْفَالِهِ قَبْلَ مُغَادَرَتِهِمْ إِلَى ٱلْمَدْرَسَةِ، قَائِلاً لَهُم:

4 لاَ شِجَارَ بَيْنَكُمْ وَ بَيْنَ ٱلأَطْفَالِ ٱلآخَرِينَ!

5 وَعَلَيْكُمْ أَنْ تَكُونُوا مُؤَدَّبِينَ مَعَ ٱلْمُعَلِّمِ!

6 إِلَى ٱلْمَسَاءِ يَا أَوْلاَدُ!

7 ثُمَّ كَانَ يَذْهَبُ إِلَى مَكْتَبِهِ حَيْثُ كَانَ يُهَاتِفُ بَعْضَ ٱلشَّرِكَاتِ لِلتَّأْمِين

8 كَانَ يَشْرَبُ شَاياً أَو قَهْوَةً مَعَ ٱلزَّبَائِنِ ٱلَّذِينَ جَاؤُوا لِزِيَارَتِه

9 فِي ٱلْمَسَاءِ، كَانَ يَعُودُ إِلَى بَيْتِهِ لِتَنَاوُلِ ٱلْعَشَاءِ وَكَانَ يَجِدُ زَوْجَتَهُ فِي ٱلْمَطْبَخِ

⑩ ذَاتَ يَوْمٍ، لَمْ يَجِدْهَا، لاَ فِي ٱلْمَطْبَخِ وَ لاَ فِي غُرْفَةِ ٱلإِسْتِقْبَالِ وَلاَ فِي غُرْفَتِهَا

⑪ لَمَّا كَانَ غَيُوراً، صَعِدَ بِسُرْعَةٍ فَائِقَةٍ إِلَى ٱلسَّطْحِ

⑫ حَيْثُ وَجَدَ جَمِيعَ ٱلجَارَاتِ يَتَحَدَّثْنَ وَيَضْحَكْنَ

⑬ لَمْ يَغْضَبْ لِأَنَّهُ كَانَ يَوْمَ عِيدِ مِيلاَدِ زَوْجَتِهِ، وَكَانَ قَدْ نَسِيَ ذَلِكَ!

⑭ جَاءَ ٱلأَطْفَالُ أُمَّهُمْ بِهَدِيَّةٍ جَمِيلَةٍ وَٱنْتَهَتِ ٱلسَّهْرَةُ فِي سَلاَمٍ وَطُمَأْنِينَةٍ

⑮ وَكَانَ كُلُّ شَيْءٍ عَلَى مَا يُرَامُ!

⑯ لَنْ يَنْسَى ٱلسَّيِّدُ ٱلنَّجَّارُ عِيدَ مِيلاَدِ زَوْجَتِهِ فِي ٱلْمُسْتَقْبَلِ!

Aussprache der Übungssätze

[**1** *^c^**A**'iLaTu (A)ß-ß**a**YYiDi (A)N-NaĴĴ**A**R(i)*] [**2** *FI (A)fß-fß**A**MiNa(Ti) ßaB**A**ḤAn KANa (A)ß-ß**a**YYiDu (A)N-NaĴĴ**A**R(u) YaTaN**A**WaLu (A)L-FuṬ**U**Ra (A)LL**a**fsI K**A**NaT SaUĴ**a**TuHu QaD ḤaḌḌ**a**RaT-Hu*] [**3** *K**A**Na YaTaḤ**a**DDafßu QaL**I**LAn M**a**^c^a AṬF**A**LiHi Q**a**BLa MuṘADaR**a**TiHiM **I**LA (A)L-M**a**DRaßa(Ti) Q**A**'iLAn L**a**Hum*] [**4** *LA SCHiĴ**A**Ra B**a**YNaKuM Wa-B**a**YNa (A)L-AṬF**A**Li (A)L-ĀCHaR**I**N(a)*] [**5** *Wa-^c^aL**a**YKuM AN TaK**U**NU MU'aDDaB**I**Na M**a**^c^a (A)L-Mu^c^**a**LLiM(i)*] [**6** ***I**LA (A)L-Maß**A**'(i) YA AUL**A**D(u)*] [**7** *fß**u**MMa K**A**Na Y**a**fsHaB(u) **I**LA MaKT**a**BiHi Ḥ**a**Yfßu K**A**Na YuH**A**TiFu B**a**^c^Ḍa (A)SCH-SCHaRiK**A**TiLi-(A)T-TA'M**I**N(i)*][**8** *K**A**Na Y**a**SCHRaB(u) SCH**A**Y(An) **A**U Q**a**HWa(Tan) M**a**^c^a (A)S-SaB**A**'iNi (A)LLafs**I**Na Ĵ**A**'U Li-SiYAR**a**-TiHi*] [**9** *FI (A)L-Maß**A**'(i) K**A**Na Ya^c^**U**Du **I**LA B**a**YTiHi Li-TaN**A**WuLi (A)L-^c^aSCH**A**'i Wa-K**A**Na Y**a**ĴiDu SaUĴ**a**TaHu FI (A)L-M**a**ṬBaCH(i)*] [**10** *fs**A**Ta Y**a**UM(in) LaM Y**a**ĴiD-HA LA FI (A)L-M**a**ṬBaCH(i) Wa-LA FI Ṙ**u**RFaTi (A)L-IßTiQB**A**L(i) Wa-LA FI Ṙ**u**RF**a**TiHA*] [**11** *L**a**MMA K**A**Na ṘaY**U**RAn ß**a**^c^iDa Bi-ß**u**R^c^aTin F**A**'iQa(Tin) **I**LA (A)ß-ß**a**ṬḤ(i)*] [**12** *Ḥ**a**Yfßu W**a**ĴaDa ĴaM**I**^c^a (A)L-ĴAR**A**T(i) YaTaḤ**a**DDafßNa Wa-YaḌḤ**a**KNa*] [**13** *LaM Y**a**ṘḌaB Li'**A**NNaHu K**A**Na Y**a**UMa ^c^**I**Di MIL**A**Di SaUĴ**a**TiHi Wa-K**A**Na QaD N**a**ßiYa fs**a**LiK(a)*] [**14** *Ĵ**A**'a (A)L-AṬF**A**L(u) UMM**a**HuM Bi-HaD**i**YaTin ĴaM**I**La(Tin) Wa-(I)NT**a**HaT-i (A)ß-ß**a**HRaT(u) FI ßaL**A**Min Wa-ṬuM**A**'NiNa(Tin)*] [**15** *Wa-K**A**Na K**u**LLu SCH**a**Y'(in) ^c^**a**LA MA YuR**A**M(u)*] [**16** *LaN Y**a**NßA (A)ß-ß**a**YYiDu (A)N-NaĴĴ**A**R(u) ^c^**I**Da MIL**A**Di SaUĴ**a**TiHi FI (A)L-MußT**a**QBaL(i)*]

Übersetzung der Übungssätze

❶ Die Familie von Herrn An-Nadschdschar ❷ Um acht Uhr morgens nahm Herr An-Nadschdschar das Frühstück ein, das ihm seine Frau zubereitet hatte. ❸ Er sprach ein bisschen mit seinen Kindern, bevor sie in die Schule gingen (und) hat zu ihnen gesagt: ❹ Keinen Streit zwischen euch und den anderen Kindern! ❺ Ihr müsst höflich gegenüber (mit) dem Lehrer sein! ❻ Bis (heute) Abend Kinder! ❼ Dann ging er in sein Büro, wo er mit einigen Versicherungsgesellschaften telefonierte. ❽ Er trank Tee oder Kaffee mit den Kunden, die gekommen waren, ihn zu besuchen. ❾ Am Abend kam er nach Hause, um das Abendessen einzunehmen, und er fand seine Frau in der Küche. ❿ Eines Tages hat er sie weder in der Küche, noch im Wohnzimmer, noch in ihrem Zimmer gefunden. ⓫ Da er eifersüchtig war, ist er sehr schnell auf die Terrasse gestiegen, ⓬ wo er alle Nachbarinnen beim Plaudern und Lachen vorgefunden hat. ⓭ Er hat sich nicht geärgert, weil es der Geburtstag seiner Frau war und er das vergessen hatte!

⑭ Die Kinder sind mit einem schönen Geschenk zu ihrer Mutter gekommen, und der Abend hat in Frieden und Ausgeglichenheit geendet, ⑮ und alles ist in Ordnung gewesen! ⑯ Herr An-Nadschdschar wird den Geburtstag seiner Frau in Zukunft nicht (mehr) vergessen!

لَا يَضُرُّ ٱلسَّحَابَ نُبَاحُ ٱلْكِلَابِ!

„Das Bellen der Hunde tut den Wolken keinen Schaden!"
(nicht er-tut-weh die-Wolken Bellen die-Hunde)
[*LA YaḌaRRu (A)ß-ßaḤAB(a) NuBAḤu (A)L-KiLAB(i)*]

„Beim Fotografieren – und besonders beim Filmen – […] sind Höflichkeit und Einfühlungsvermögen oberstes Gebot. Die Würde der Menschen sollte gewahrt bleiben, niemand sollte zum „Motiv" degradiert werden […]. Aus Respekt sollte man keine Nahaufnahmen machen, ohne Zustimmung zu erfragen. Absagen sollten akzeptiert werden […]."
(aus *KulturSchock Jemen*, Reise Know-How Verlag)

أَلْقِسْمُ ٱلثَّانِي:
أُنْظُرْ مَرَّةً ثَانِيَةً إِلَى ٱلدَّرْسِ ٱلثَّامِنِ وَٱلْعِشْرِينَ

[*AL-QißMu (A)fß-fßANI UNṢuR MaRRa(Tan) fßANiYYa(Tan) ILA AD-DaRßi (A)fß-fßAMiNi Wa-(A)L-°iSCHRINa*]

In diesem nächsten Abschnitt werden Sie nur noch wenig Neues entdecken, denn im Prinzip kennen Sie bereits die wichtigsten Grundlagen der Grammatik, und es fehlen nur noch einige wenige Ergänzungen. Der Schwerpunkt der folgenden Lektionen liegt auf den abgeleiteten Verben des VII. und X. Stamms, und auch

٦٤ أَلدَّرْسُ ٱلرَّابِعُ وَٱلسِّتُّونَ

فِي مَرْكَزِ ٱلشُّرْطَةِ

١ – يَا سَيِّدِي ٱلشُّرْطِيُّ، عِنْدَمَا نَزَلْتُ مَعَ رِفَاقٍ ①②

٢ مِنَ ٱلْبَاصِ رَقْم ثَمَانُونَ ٱلَّذِي يَنْطَلِقُ مِنْ مَلْعَبِ ٱلْمَدِينَةِ ③

٣ لاَحَظْتُ غِيَابَ شَنْطَتِي ٱلرِّيَاضِيَّةِ ٱلَّتِي ④

AUSSPRACHE

[*AD-DaRßu (A)R-RABi^c u Wa-(A)ß-ßiTTUN(a)*] [... *(A)SCH-SCHuRṬa(Ti)*] [**1** ... *(A)SCH-SCHuRṬiYY(u)* *^c iNDaMA* ... *RiFAQ(in)*] [**2** ... *(A)L-BAẞi RaQM fßaMANUN(a)* ... *YaNṬaLiQu* ... *MaL^c aBi* ...] [**3** *LAḤaṢTu ṘiYABa SCHaNṬaTI (A)R-RiYADiYYa(Ti)* ...]

den sehr selten verwendeten IX. Stamm werden wir streifen. In den Texten verzichten wir erneut auf viele Endvokale, wie z.B. bei der Steigerungsstufe, bei den unregelmäßigen Verben und abgeleiteten Formen im UA – speziell bei häufig gebrauchten wie den Zahlen.

64. Lektion

Auf der Polizeiwache (in Zentrum die-Polizei)

1 Herr Polizist, als ich mit meinen Kameraden ausgestiegen bin, –

2 aus dem Bus Nummer 80 der am Stadion abfährt (er-abfährt von Stadion die-Stadt),

3 habe ich festgestellt, dass meine Sporttasche weg war (stelite-fest-ich Abwesenheit Tasche-meine die-sportliche),

ANMERKUNGEN

① Nach عِنْدَمَا [ᶜiNDaMA] „als, wenn" kann sowohl der vollendete – wie hier – als auch der unvollendete Aspekt stehen.

② رَفِيق [RaFIQ] „Freund, Kumpel, Kamerad" bildet den inneren Plural رِفَاق [RiFAQ].

③ إِنْطَلَق [INṬaLaQa], يَنْطَلِقُ [YaNṬaLiQu] „losgelassen/befreit werden, abfahren, losfahren" ist ein Verb des VII. Stamms. Hierbei wird إِنْ [IN-] vor das Grundverb gestellt.

④ غِيَاب [ṘiYAB] ist das Verbalnomen zu غَابَ [ṘABa], يَغِيبُ [YaṘIBu] „weg, abwesend sein".

٤ فِيهَا نُقُودٌ وَ آلَةُ تَصْوِير ⑤

٥ هَلْ يَجِبُ عَلَيَّ ٱلْإِعْلَانُ عَنْ سَرِقَةٍ أَمْ فُقْدَانٍ؟ ⑥

٦ – أَوَّلاً، أَرْجُو مِنْكَ ٱلْكَشْفَ عَنْ هُوِيَّتِكَ

٧ وَمَلْءَ هَذِهِ ٱلْإِسْتِمَارَةِ

٨ عِنْدَئِذٍ، يَقُولُ شُرْطِيٌّ آخَرُ: ⑦

٩ – قُلْ لِأَصْدِقَائِكَ ٱلْوَاقِفِينَ عَلَى ٱلْبَابِ

١٠ أَنْ يَدْخُلُوا لِتَقْدِيمِ شِنَطِهِمْ! ⑧⑨

١١ – يَا شَبَابُ! ⑩

١٢ كَمْ أَنْتُمْ، وَكَمْ شَنْطَةً لَدَيْكُمْ؟

AUSSPRACHE

[**4** ... *Wa-**Ā**LaTu Ta<u>ß</u>WIR(in)*] [**5** ... *AL-I^cL**A**N(u)* ... *ß**a**RiQa(Tin) AM FuQD**A**N(in)*] [**6** ***A**WWaLAn* ... *(A)L-K**a**SCHF(a)* ... *HuWiYY**a**TiK(a)*] [**7** *Wa-M**a**L'a* ... *(A)L-IßTiM**A**Ra(Ti)*] [**8** *^ciND**a**'ifsiN* **...** *SCHuRṬ**i**YYun* ***Ā**CHaR(u)*] [**9** ... *(A)L-WAQiF**I**N(a)* ...] [**10** ... *Li-TaQD**I**Mi SCHiN**a**ṬiHiM*] [**11** *YA SCHaB**A**B(u)*] [**12** ... *Wa-KaM SCH**a**NṬaT(an) LaD**a**YKuM*]

in der Geld und ein Fotoapparat gewesen sind (welche in-sie Gelder und-Instrument Fotografieren). 4
Muss ich (|Frage| er-muss auf-mich der-Meldung) eine Diebstahl- oder Verlustmeldung machen? 5
Zuerst bitte ich Sie, sich auszuweisen (Enthüllung über Identität-deine) – 6
und dieses Formular auszufüllen. 7
In diesem Moment sagt ein anderer Polizist: 8
Sagen Sie Ihren Freunden (sag für-Freunde-deine), die [dort] an der Tür stehen, – 9
dass sie eintreten sollen, um ihre Taschen zu zeigen (dass sie-würden-eintreten für-Präsentation Taschen-ihre). 10
Freunde! – 11
Wie viele seid ihr, und wie viele Taschen habt ihr? 12

ANMERKUNGEN

تَصْوِير [*TaßW**I**R*]: **maßdar** zu صَوَّرَ [*ß**a**WWaRa*], يُصَوِّرُ [*Yuß**a**WWiRu*] „fotografieren". In Verbindung mit آلَة [***Ā**LaT*] „Instrument, Werkzeug" bezeichnet es den „Fotoapparat". ⑤

أَمْ [***A**M*] „oder" verwendet man im Unterschied zu أَوْ [***A**U*] „oder" nur in einem Fragesatz, nicht bei einer Aussage. ⑥

عِنْدَئِذٍ [*ᶜiND**a**'ifsiN*] „als, in diesem Moment" findet sich häufig als Satzeinleitung, um eine neu eintretende Begebenheit zu beschreiben. ⑦

„sagen dass ..." kann entweder wie hier durch قَالَ أَنْ [*Q**A**La AN*] + Konjunktiv oder قَالَ إِنَّ [*Q**A**La **I**NNa*] + Personalpronomensuffix oder ein Nomen im Akkusativ übersetzt werden. ⑧

شَنْطَة [*SCH**a**NṬaT*] „Tasche" bildet den inneren Plural شِنَط [*SCH**i**NaṬ*]. ⑨

شَابّ [*SCH**A**BB*] „junger Mann" bildet den inneren Plural شُبَّان [*SCHuBB**A**N*], abgeleitet davon ist شَبَاب [*SCHaB**A**B*] „Jugend". Dieser Ausdruck wird auch unter Freunden als Anrede benutzt. ⑩

LEKTION 64

١٣ – نَحْنُ خَمْسَةٌ وَفِي أَيْدِينَا خَمْسُ شِنَطٍ ⑪ ⑫

١٤ – وَهٰذِهِ ٱلشَّنْطَةُ عَلَى ظَهْرِكَ؟

١٥ هٰذِهِ هِيَ ٱلسَّادِسَةُ!

١٦ فَٱنْفَجَرَ ٱلشُّرْطِيَّانِ ضَحْكاً

١٧ وَمَعَهُمَا ٱلشُّبَّانُ ٱلَّذِينَ قَالُوا: ⑬

١٨ – هٰذِهِ هَفْوَةٌ جَدِيدَةٌ مِنْ أَحْمَدِنَا ٱلْغَافِلِ!

AUSSPRACHE

[**13** ... *AYDINA CHaMßu SCHiNaṬ(in)*] [**14** ... *(A)SCH-SCHaNṬa(Tu)* ... *ṢaHRiK(a)*] [**15** ... *(A)ß-ßADißa(Tu)*] [**16** *Fa-(I)NFaĴaRa (A)SCH-SCHuRṬiYYANi ḌaḤKAn*] [**17** ... *(A)SCH-SCHuBBANu (A)LLafsINa* ...] [**18** ... *HaFWaTun* ... *(A)L-ṘAfiL(i)*]

Übung 1: Verstehen Sie diese Sätze?

❶ عِنْدَمَا كُنْتُ أَعُودُ مِنَ ٱلْمَلْعَبِ، هَاجَمَنِي ثَلاَثَةُ شُبَّانٍ وَأَخَذُوا شَنْطَتِي

❷ يَجِبُ عَلَيَّ ٱلإِعْلاَنُ عَنْ فُقْدَانِ آلَتِي لِلتَّصْوِيرِ

❸ قُلْ لِرِفَاقِكَ إِنَّ عَلَيْهِمْ أَنْ يُقَدِّمُوا شِنَطَهُم فِي مَرْكَزِ ٱلشُّرْطَةِ

Wir sind fünf, und in unseren Händen sind fünf – Taschen. 13
Und diese Tasche auf deinem Rücken? – 14
Das ist sie, die sechste! 15
Und die zwei Polizisten haben laut aufgelacht 16
und mit ihnen die beiden jungen Männer, die gesagt haben: 17
Ein neues Missgeschick von unserem verwirrten – Achmed! 18

ANMERKUNGEN

Zahlen haben jeweils zwei Formen, wie hier: خَمْسَةٌ [*CHaMßaTun*] / خَمْسٌ [*CHaMßun*]. Die Form auf **ta marbuṭa** steht vor männlichen Nomen und neutralen Sachen, die andere steht nur vor weiblichen Nomen. ⑪

يَد [*YaD*] „Hand“ bildet den Plural unregelmäßig auf أَيْدٍ [*AYDin*] bzw. أَلأَيْدِي [*AL-AYDI*]. Beachten Sie auch den Dual: يَدَاي [*YaDAYa*] „meine [beiden] Hände“. ⑫

Die weibliche Pluralform zu ٱلَّذِينَ [*ALLafsINa*] lautet: أَلَّوَاتِي [*ALLaWATI*]. ⑬

Lösung 1: Haben Sie verstanden?

Als ich vom Stadion zurückkam, haben mich drei junge Männer angegriffen und meine Tasche genommen. ❶
Ich muss den Verlust meines Fotoapparats melden (er-muss auf-mich der-Meldung über Verlust Instrument-meine für-der-Fotografieren). ❷
Sag deinen Freunden, dass sie auf der Polizeiwache ihre Taschen herzeigen müssen. ❸

LEKTION 64

4 أُعْطِيكَ هَٰذِهِ ٱلْإِسْتِمَارَةَ لِمَلْئِهَا وَسَجِّلْ هُوِيَّتَكَ وَعُنْوَانَكَ

5 كَانَتِ ٱلْبَنَاتُ يَضْحَكْنَ لِأَنَّهُ كَانَتْ فِي يَدِ إِحْدَاهُنَّ شَنْطَةٌ وَعَلَى ظَهْرِهَا شَنْطَةٌ أُخْرَى

6 أَيُّهَا ٱلْغَافِلُ! لَا تَقُلْ لَنَا إِنَّ ذَٰلِكَ هَفْوَةٌ جَدِيدَةٌ مِنْكَ!

7 هَلْ هَٰذِهِ ٱلشَّنْطَةُ ٱلْخَامِسَةُ أَمِ ٱلسَّادِسَةُ؟

Übung 2: Setzen Sie die fehlenden Wörter ein!

1 Als er aus dem Bus ausgestiegen ist, hast du♂ festgestellt, dass meine Tasche weg ist.

عِنْدَمَا نَزَلَ مِنَ ٱلْبَاصِ،

____ ____ شَنْطَتِي

2 Ich muss auf der Polizeiwache eine Diebstahlmeldung machen.

____ ____ ٱلْإِعْلَانُ عَنْ سَرِقَةٍ

فِي مَرْكَزِ ٱلشُّرْطَةِ

Ich gebe dir dieses Formular, damit du es ausfüllst (für-Ausfüllen-sie) und deine Identität und Adresse einträgst. 4
Die Mädchen lachten, weil eine von ihnen eine Tasche in der Hand hatte und eine andere Tasche auf dem Rücken. 5
O du Verwirrter! Sag uns nicht, dass das ein neues Missgeschick von dir ist! 6
Ist das die fünfte oder sechste Tasche? 7

فِي مَرْكَزِ ٱلشُّرْطَةِ

Müssen wir uns ausweisen? 3

هَلْ يَجِبُ عَلَيْنَا ____ عَنْ هُوِيَّتِنَا؟

Vergiss♂ nicht, diese Tasche auf deinem Rücken zu zeigen! 4

لاَ ____ تَقْدِيمَ هَذِهِ ٱلشَّنْطَةِ ٱلَّتِي عَلَى ظَهْرِكَ!

Leseübung

في مركز الشّرطة

١ – يا سيّدي الشّرطيّ، عندما نزلت مع رفاق

٢ من الباص رقم ثمانون الّذي ينطلق من ملعب المدينة

٣ لاحظت غياب شنطتي الرّياضيّة الّتي

٤ فيها نقود و آلة تصوير

٥ هل يجب عليّ الإعلان عن سرقة أم فقدان؟

٦ – أوّلاً، أرجو منك الكشف عن هويّتك

٧ وملء هذه الإستمارة

٨ عندئذ، يقول شرطيّ آخر:

٩ – قل لأصدقائك الواقفين على الباب

١٠ أن يدخلوا لتقديم شنطهم!

مَنْ يَضْحَكُ أَخِيراً يَضْحَكُ كَثِيراً!

„Wer zuletzt lacht, lacht am besten!"
(wer er-lacht letzten er-lacht viel)
[*MaN YaḌḤaKu ACHIRAn YaḌḤaKu KafßIRAn*]

Lösung 2: Die fehlenden Wörter.

❶ لاَ حَظْتُ غِيَابَ [LAḤaṢTu ṘiYABa]
❷ يَجِبُ عَلَيَّ [YaĴiBu ᶜaLaYYa] ❸ ٱلْكَشْفُ [AL-KaSCHFu]
❹ تَنْسَ [TaNßa]

١١ – يا شباب!
١٢ كم أنتم، وكم شنطة لديكم؟
١٣ – نحن خمسة وفي أيدينا خمس شنط
١٤ – وهذه الشّنطة على ظهرك؟
١٥ هذه هي السّادسة!
١٦ فانفجر الشّرطيّان ضحكاً
١٧ ومعهما الشّبّان الّذين قالوا:
١٨ – هذه هفوة جديدة من أحمدنا الغافل!

أَلْقِسْمُ ٱلثَّانِي:
أُنْظُرْ مَرَّةً ثَانِيَّةً إِلَى ٱلدَّرْسِ ٱلتَّاسِعِ وَٱلْعِشْرِينَ
[AL-QißMi (A)fß-fßANI UNṢuR MaRRa(Tan) fßANiYYa(Tan) ILA AD-DaRßi (A)T-TAßiᶜi Wa-(A)L-ᶜiSCHRINa]

٦٥ أَلدَّرْسُ ٱلْخَامِسُ وَٱلسِّتُّونَ

فِي ٱلْمَصْرِفِ

١ – أَنَا سَائِحٌ...

٢ هَلْ يُمْكِنُ أَنْ تُسَاعِدَنِي؟ ①

٣ لَمْ أَجِدْ صَرَّافاً فِي ٱلْمَطَارِ ②③

٤ – عَلَى ٱلرَّأْسِ وَ ٱلْعَيْنِ، يَا سَيِّدِي!

٥ مَاذَا تُرِيدُ؟

٦ – بِوُدِّي ٱلْحُصُولُ عَلَى مَبْلَغِ هَذَا ٱلشِّيكِ ٱلَّذِي قِيمَتُهُ خَمْسُمِئَةِ دُولَارٍ، نَقْداً ④⑤

AUSSPRACHE

[AD-DaRßu (A)L-CHAMißu Wa-(A)ß-ßiTTUN(a)] [... AL-MaßRiF(i)] [1 ... ßA'iḤ(un) ...] [2 ... TußAᶜiDaNI] [3 LaM AĴiD ßaRRAF(An) ... (A)L-MaṬAR(i)] [4 ᶜaLA (A)R-RA'ßi Wa-(A)L-ᶜaYN(i) ...] [6 Bi-WuDDI (A)L-ḤußUL(u) ... MaBLaṘi ... (A)SCH-SCHIK(i) ... QIMaTuHu CHaMßuMi'aTi DULAR NaQDAn]

65. Lektion

In der Bank

Ich bin Tourist ... – 1
Können Sie mir helfen? 2
Ich habe am Flughafen keine Wechselstube gefunden (nicht ich-finde Geldwechsler in der-Flughafen). 3
Sehr gerne (auf der-Kopf und-der-Auge), mein Herr! – 4
Was wünschen Sie? 5
Ich würde gerne (mit-Wunsch-mein) diesen Scheck – über 500 Dollar (dieser der-Scheck welcher Wert-sein fünf-hundert Dollar) in Bargeld einlösen. 6

ANMERKUNGEN

① تُسَاعِدَنِي [*TußA*ᶜ*iDaNI*] ist der Konjunktiv. In der 2. und 3. Pers. Pl. Mask. entfällt das **alif** vor einem Personalpronomensuffix: تُسَاعِدُونَا [*TußA*ᶜ*iDUNA*] „ihr würdet uns helfen".

② Nach لَمْ [*LaM*] steht der Apokopat. Das entsprechende Verb bezieht sich dabei auf eine Handlung in der Vergangenheit.

③ صَرَّاف [*ßaRRAF*] „Geldwechsler": Das Bildungsmuster فَعَّال [*Fa*ᶜᶜ*AL*] wird häufig auch bei Berufsbezeichnungen benutzt, z.B. نَجَّار [*NaĴĴAR*] „Schreiner, Tischler".

④ Zu حُصُول [*ḤußUL*] „Erhalten" gehört das Verb حَصَلَ [*Ḥaßala*], يَحْصُلُ [*YaḤßuLu*] „erhalten, erlangen", das in Verbindung mit dem Wort عَلَى [ᶜ*aLA*] steht.

⑤ Nichtarabische Währungen werden im Gegensatz zu arabischen Währungen nicht gebeugt.

٧ وَكَذَلِكَ أَحْتَاجُ إِلَى تَغْيِيرِ هَذِهِ ٱلْيُورُو
إِلَى عُمْلَةٍ مَحَلِّيَّةٍ ⑥

٨ – كَمْ وَرَقَةً عِنْدَكَ مِنْهَا فِي يَدِكَ؟ ⑦

٩ – عِشْرُونَ، أَيْ مَا يُعَادِلُ أَلْفَيْ يُورُو ⑧

١٠ – جَيِّدٌ! وَلَكِنْ هَذَا مَبْلَغٌ كَبِيرٌ...

١١ مَا عِنْدِي نُقُودٌ كَافِيَةٌ

١٢ وَيُغْلِقُ ٱلْبَنْكُ أَبْوَابَهُ ٱلْآنَ ⑨

١٣ وَأَضَافَ ٱلْمُوَظَّفُ قَائِلاً، بِشَيْءٍ مِنَ
ٱلْإِنْفِعَالِ: ⑩⑪

AUSSPRACHE

[**7** ... *AḤTAĴu* ... *TaṘYIRi* ... *(A)L-YURU* ... *ᶜuMLaTin MaḤaLLiYYa(Tin)*] [**8** ... *WaRaQa(Tan)* ... *YaDiK(a)*] [**9** *ᶜiSCHRUN(a) AY MA YuᶜADiLu ALFaY YURU*] [**10** ... *MaBLaṘ(un)* ...] [**11** ... *NuQUDun KAFiYa(Tun)*] [**12** *Wa-YuṘLiQu (A)L-BaNKu ABWABaHu* ...] [**13** *Wa-AḌAFa* ... *QA'iLAn Bi-SCHaY'in MiN-a (A)L-INFiᶜAL(i)*]

ANMERKUNGEN

⑥ تَغْيِير [*TaṘYIR*] ist das **maßdar** zu غَيَّرَ [*ṘaYYaRa*], يُغَيِّرُ [*YuṘaYYiRu*] „verändern, wechseln". Anders als صَرَّفَ [*ßaRRaFa*] „(Geld) wechseln" bezieht es sich nicht nur auf Geld.

Außerdem muss ich (und-wie-jener ich-brauche nach Wechseln) diese Euro in eine lokale Währung umtauschen. 7

Wie viele Scheine haben Sie (wie-viel Schein bei-dir von-ihr in Hand-dein)? – 8

Zwanzig, das heißt, das entspricht (welcher was er-entspricht) 2.000 Euro. – 9

Gut! Aber das ist eine große Summe ... – 10

Ich habe nicht genug Geld [hier]. 11

Und die Bank schließt jetzt (und-er-schließt der-Bank Türen-seine der-Moment). 12

Und der Angestellte hat etwas launisch hinzugefügt (und-fügte-hinzu-er der-Beamte sagend mit-Sache von der-Laune): 13

ANMERKUNGEN

وَرَقَة [*W**a**RaQaT*] „Blatt, Schein" bildet den inneren Plural أَوْرَاق [*AUR**A**Q*]. Möchte man betonen, dass es sich um „Geldscheine" handelt, sagt man ألأَوْرَاقِ ٱلنَّقْدِيَّةِ [*AL-AUR**A**Qi AN-NaQD**i**YYaTi*]. ⑦

أَلْفَانِ [*ALF**A**Ni*]: Das 1. Element einer Genitivverbindung verliert in Dual und Plural das End-**nun**. Nom.: أَلْفَا يُورُو [*ALFA Y**U**RU*]; Gen. und Akk.: أَلْفَيْ يُورُو [*ALF**a**Y Y**U**RU*]. Vergleichen Sie auch ثَلَاثَةُ آلَافِ دُولَار [*fßaL**A**fßaTu AL**A**Fi D**U**LAR*] „3000 Dollar" oder مِئَةُ دِرْهَم [*M**i**'aTu D**i**RHaMin*] „100 Dirham". ⑧

بَنْك [*BaNK*] hat das Synonym مَصْرِف [*Ma**ß**RiF*]. Von *ß-R-F* bildet man صَرَفَ [*ß**a**RaFa*], يَصْرِفُ [*Ya**ß**RiFu*] „(Geld) ausgeben" und im II. Stamm صَرَّفَ [*ß**a**RRaFa*], يُصَرِّفُ [*Yu**ß**aRRiFu*] „(Geld) wechseln". ⑨

Sie kennen مُوَظَّف [*MuW**a**ṢṢaF*] als „Beamter", es kann aber auch allgemein den „Angestellten" bezeichnen. ⑩

Die Bedeutung von شَيْء [*SCH**a**Y'*] „Sache" variiert je nach Zusammenhang: بِدُونَ شَيْءٍ مِنَ ٱلْجَهْدِ [*Bi-D**U**Na SCH**a**Y'in M**i**N-a AL-Ĵ**a**HDi*] „ohne jegliche Anstrengung". ⑪

١٤ – تَفَضَّلْ غَداً صَبَاحاً! ⑫

١٥ – أَلْمُشْكِلَةُ أَنَّنِي فِي حَاجَةٍ مَاسَّةٍ إِلَى هَذِهِ ٱلنُّقُودِ

١٦ لِأَنِّي عَثَرْتُ عَلَى بِسَاطٍ إِسْتِثْنَائِيٍّ وَبِسِعْرٍ مُغْرٍ

١٧ وَلَكِنْ، عَلَيَّ أَنْ أَشْتَرِيَهُ فَوْراً

١٨ – عِنْدِي لَكَ نَصِيحَةٌ وُدِّيَّةٌ:

١٩ دَعِ ٱلْبَائِعَ يَنْتَظِرُ قَلِيلاً ⑬

٢٠ حَتَّى تَسْتَفِيدَ غَداً مِنْ سِعْرٍ أَكْثَرَ إِغْرَاءً! ⑭

AUSSPRACHE

[**14** *TaFaḌḌaL ṘaDAn ß̲aBAḤAn*] [**15** ... *MAßßa(Tin) ... (A)N-NuQUD(i)*] [**16** ... *ᶜafßaRTu ... BißAṬin IßTifßNA'iYY(in) Wa-Bi-ßiᶜRin MuṘRin*] [**17** ... *ASCHTaRiYaHu FaURAn*] [**18** ... *Naß̲IḤa(Tun) WuDDiYYa(Tun)*] [**19** *Daᶜ-i AL-BA'iᶜ(a) YaNTaṢiR(u)* ...] [**20** ... *TaßTaFIDa ṘaDAn ... ßiᶜRin AKfßaRa IṘRA'an*]

Bitte [kommen Sie] morgen früh [wieder]! – 14

Das Problem ist, dass ich dieses Geld dringend – 15
benötige (die-Problem dass-ich in Notwendigkeit dringende nach diese Gelder),

denn ich habe einen außergewöhnlichen Teppich 16
zu einem interessanten Preis gefunden (weil-ich stolperte-ich auf Teppich außergewöhnlich und-mit-Preis anregend),

aber ich muss ihn gleich kaufen. 17

Ich habe einen freundschaftlichen Ratschlag für Sie: – 18

Lassen Sie den Verkäufer etwas warten, 19

damit Sie morgen von einem noch interessanteren 20
Preis profitieren werden (damit du-profitierst morgen von Preis mehr anregender)!

فِي ٱلْمَصْرِفِ

ANMERKUNGEN

⑫ Auch hier wird der Akkusativ als Adverbialbestimmung der Zeit verwendet غَداً [*Ṙ**a**DAn*] „morgen" und صَبَاحاً [*ẞaBAḤAn*] „morgens, früh".

⑬ دَعْ [*Da[c]*] ist die Befehlsform von وَدَعَ [*WaDa[c]a*], يَدَعُ [*YaDa[c]u*] „lassen". Das [-*i*] ist ein Stützvokal.

⑭ حَتَّى تَسْتَفِيدَ مِنْ [*Ḥ**a**TTA TaßTaF**I**Da MiN...*] ist ein weiteres Beispiel für die Anwendung des Konjunktivs nach der Konjunktion حَتَّى [*Ḥ**a**TTA*].

Übung 1: Verstehen Sie diese Sätze?

❶ هَلْ يُمْكِنُ أَنْ تُسَاعِدُونَا لِأَنَّنَا لاَ نَسْتَطِيعُ تَغْيِيرَ ٱلْيُورُو فِي ٱلْمَطَارِ

❷ هَذِهِ ٱلْبِنْتُ سَائِحَةٌ، بِوُدِّهَا أَنْ تُغَيِّرَ أَلْفَ يُورُو إِلَى ٱلْعُمْلَةِ ٱلْمَحَلِّيَّةِ

❸ عِنْدِي ثَلاَثَةُ آلاَفِ دُولاَرٍ: كَمْ تُرِيدُ مِنَ ٱلْأَوْرَاقِ ٱلنَّقْدِيَّةِ؟

❹ بِوُدِّي أَنْ أَعْرِفَ كَمْ يُورُو تُعَادِلُ مِئَةُ دِرْهَمٍ

❺ لاَ تَشْتَرِ بِسَاطاً بِٱلسِّعْرِ ٱلْأَوَّلِ ٱلَّذِي طَلَبَهُ مِنْكَ ٱلْبَائِعُ!

Übung 2: Setzen Sie die fehlenden Wörter ein!

❶ Ich würde gerne diesen Scheck (Summe dieser der-Scheck) in Bargeld einlösen.

بِوُدِّي ______ عَلى مَبْلَغِ هَذَا ٱلشِّيكِ نَقْداً

❻ إِذَا بَقِيَ بَائِعُ ٱلْأَبْسِطَةِ فِي ٱنْتِظَارِنَا مَسَاءَ ٱلْيَوْمِ يُمْكِنُ أَنْ نَسْتَفِيدَ غَداً مِنْ سِعْرٍ أَرْخَص

❼ لَمْ أَحْصُلْ عَلَى ٱلْمَبْلَغِ بِٱلْيُورُو ٱلَّذِي كُنْتُ أَحْتَاجُ إِلَيْهِ

Lösung 1: Haben Sie verstanden?

❶ Könnt ihr uns helfen, denn wir können am Flughafen keine Euros wechseln?

❷ Dieses Mädchen ist eine Touristin, sie würde gerne 1.000 Euro in die lokale Währung umtauschen.

❸ Ich habe 3.000 Dollar: Wie viele Scheine möchtest du?

❹ Ich würde gerne wissen, wie viele Euro 100 Dirham entsprechen.

❺ Kauf einen Teppich nicht zum ersten Preis, den der Verkäufer von dir für ihn verlangt hat!

❻ Wenn der Teppichverkäufer heute Abend [noch] auf uns wartet, ist es möglich, dass wir morgen von einem billigeren Preis profitieren werden (wenn blieb-er Verkäufer die-Teppiche in Erwartung-uns Abend der-Tag, er-ist-möglich dass wir-würden-profitieren morgen von Preis billiger).

❼ Ich habe nicht die Summe in Euro erhalten, die ich dafür gebraucht habe.

❷ Wir müssen diese Euro in Dirham umtauschen.

نَحْتَاجُ إِلَى ..... هَذِهِ ٱلْيُورُو إِلَى دَرَاهِمَ

❸ Ihr benötigt dringend eine lokale Währung.

أَنْتُمْ فِي حَاجَةٍ ماسَّةٍ إِلَى

Leseübung

في المصرف

١ – أنا سائح...

٢ هل يمكن أن تساعدني؟

٣ لم أجد صرّافاً في المطار

٤ – على الرّأس و العين، يا سيّدي!

٥ ماذا تريد؟

٦ – بودّي الحصول على مبلغ هذا الشّيك الّذي قيمته خمسمئة دولار، نقداً

٧ وكذلك أحتاج إلى تغيير هذه اليورو إلى عملة محلّيّة

٨ – كم ورقة عندك منها في يدك؟

٩ – عشرون، أي ما يعادل ألفي يورو

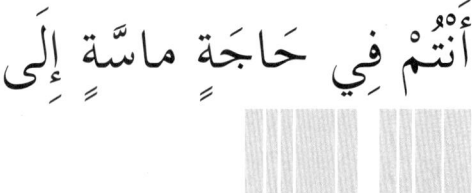

❹ Ich habe einen freundschaftlichen Ratschlag für dich♂: Wechsle keine große Summe in dieser Bank!

عِنْدِي لَكَ ...... وُدِّيَّةٌ: لاَ ...... مَبْلَغاً كَبِيراً فِي هَذَا ٱلْمَصْرِفِ!

Lösung 2: Die fehlenden Wörter.

❶ ٱلْحُصُولُ [AL-ḤußULu] ❷ تَغْيِير [TaṘYIRi] ❸ عُمْلَةٍ مَحَلِّيَّةٍ [ᶜuMLaTin MaḤaLLiYYaTin] ❹ نَصِيحَةٌ [NaßIḤaTun] تُصَرِّفْ [TußaRRiF]

١٠ – جيّد! ولكن هذا مبلغ كبير...

١١ ما عندي نقود كافية

١٢ ويغلق البنك أبوابه الآن

١٣ وأضاف الموظّف قائلاً، بشيء من الإنفعال:

١٤ – تفضّل غداً صباحاً!

١٥ – ألمشكلة أنّني في حاجة ماسّة إلى هذه النّقود

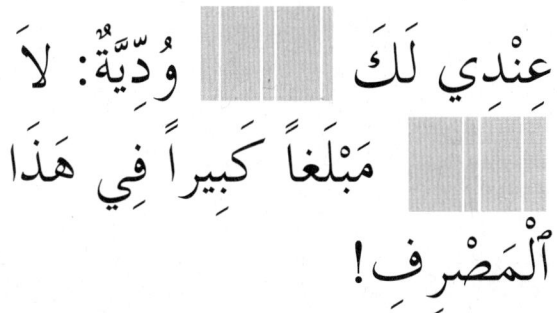

١٦ لأنّي عثرت على بساط إستثنائيّ وبسعر مغر

١٧ ولكن، عليّ أن أشتريه فوراً

١٨ – عندي لك نصيحة وديّة:

١٩ دع ٱلبائع ينتظر قليلاً

٢٠ حتّى تستفيد غداً من سعر أكثر إغراء!

مَنْ نَظَرَ فِي ٱلْعَوَاقِبِ سَلِمَ مِنَ ٱلنَّوَائِبِ

„Wer an alles im Vorfeld denkt, wird keine bösen Überraschungen erleben."

(wer schaute-er in die-Auswirkungen wurde-gerettet-er von die-Unglücke)

[*MaN Na**Ṣ**aRa FI (A)L-^caWAQiB(i) ßaLiMa MiN-a (A)N-NaWA'iB(i)*]

٦٦ أَلدَّرْسُ السَّادِسُ وَ ٱلسِّتُّونَ

أَلْمُسَاوَمَةُ ①

١ – بِكَمْ هَذَا ٱلْبِسَاطُ؟

AUSSPRACHE

[*AD-DaRßu (A)ß-ßADißu Wa-(A)ß-ßiTTUN(a)*] [*AL-MußAWaMa(Tu)*]
[**1** *Bi-KaM ...*]

Währungen

Die Währungsbezeichnungen in der Arabischen Welt sind:

• der **Dinar** [*DINAR*]: in Algerien, Bahrain, Irak, Jordanien, Kuwait, Libyen, Tunesien.

• der **Dirham** [*DiRHaM*]: in Marokko und den Vereinigten Arabischen Emiraten.

• der **Riyal** [*RiYAL*]: in Jemen, Katar, Oman, Saudi Arabien.

• das **Pfund** [*LIRaT*]: in Ägypten, Libanon, Sudan, Syrien.

• der **Franken** [*FRaNK*]: in Djibuti und auf den Komoren.

Darüber hinaus: Die [*UQiYaT*] in Mauretanien, der Schekel in den Palästinensischen Autonomiegebieten und der Shilling in Somalia.

أَلْقِسْمُ ٱلثَّانِي:
أُنْظُرْ مَرَّةً ثَانِيَّةً إِلَى ٱلدَّرْسِ ٱلثَّلَاثِين

[*AL-QißMu (A)fß-fßANI UNṢuR MaRRa(Tan) fßANiYYa(Tan) ILA AD-DaRßi (A)fß-fßaLAfßINa*]

66. Lektion

(Das) Feilschen

Wie viel [kostet] dieser Teppich? – 1

ANMERKUNGEN

① يُسَاوِمُ [*YußAWiMu*] „feilschen, handeln" im III. Stamm. Genauso wird مُسَاوَمَة [*MußAWaMaT*]: **maßdar** zu سَاوَمَ [*ßAWaMa*], مَسَافَة [*MaßAFaT*] „Entfernung" gebildet.

LEKTION 66

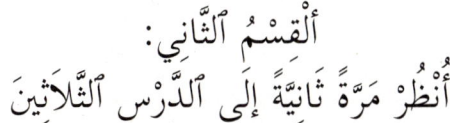

٢ – ٱلْأَحْمَرُ أَمِ ٱلْأَبْيَضُ؟ ②

٣ – هَذَا ٱلْأَحْمَرُ ٱلَّذِي فِيهِ أَشْكَالٌ مُنْسَجِمَةٌ ③

٤ وَرُسُومٌ مُلَوَّنَةٌ ④⑤

٥ – هَذَا رَخِيصٌ...

٦ ثَمَنُهُ سِتَّةُ آلَافِ دِرْهَمٍ

٧ – هَذَا لَا شَيْءَ بِٱلنِّسْبَةِ لَكَ يَا أَيُّهَا ٱلتَّاجِرُ ٱلْغَنِيُّ! ⑥⑦

٨ وَلَكِنْ بِٱلنِّسْبَةِ لِي يُمَثِّلُ

٩ هَذَا ٱلْمَبْلَغُ عَشَرَةَ أَشْهُرٍ مِنَ ٱلْعَمَلِ... ⑧

AUSSPRACHE

[**2** *AL-**A**ḤMaR(u) … (A)L-**A**BYaḌ(u)*] [**3** *… (A)L-**A**ḤMaR(u) … ASCHK**A**Lun MuNßaĴiMa(Tun) …*] [**4** *Wa-Ruß**U**Mun MuL**a**WWaNa(Tun)*] [**6** *fßaM**a**NuHu ßiTTaTu ĀL**A**Fi D**i**RHaM(in)*] [**7** *… LA SCHaY'(a) Bi-(A)N-NißBa(Ti) … (A)L-ṘaN**i**YY(u)*] [**8** *… Bi-(A)N-NißBa(Ti) LI YuM**a**fßfßiLu*] [**9** *… (A)L-M**a**BLaṘ(u) ᶜ**a**SCHRaTa **A**SCHHuR(in) … (A)L-ᶜ**a**MaL(i) …*]

Der rote oder der weiße? – 2
Dieser rote hier, der mit den harmonischen Formen – 3
und den bunten Mustern (Zeichnungen). 4
Der ist billig ... – 5
Sein Preis beträgt 6.000 Dirham. 6
Für Sie, einen reichen Händler, ist das nichts (dieser – nein Sache mit-die-Beziehung für-dich oh oh der-Händler der-reiche)! 7
Aber für mich (aber mit-die-Beziehung für-mich) 8
bedeutet diese Summe zehn Monate Arbeit (er-darstellt dieser der-Summe zehn Monate von der-Arbeit) ... 9

ANMERKUNGEN

② أَحْمَر [*AḤMaR*] „rot" und أَبْيَض [*ABYaḌ*] „weiß" sind – wie die meisten Farbadjektive – diptotisch und entsprechen von der Form her einem Elativ: أَفْعَل [*AFᶜaL*] im Maskulinum und فَعْلَاء [*FaᶜLA'*] im Femininum.

③ شَكْل [*SCHaKL*] „Form, Gestalt, Figur" bildet den inneren Plural أَشْكَال [*ASCHKAL*].

④ رُسُوم [*RußUM*] ist der innere Plural von رَسْم [*RaßM*] „Zeichnung, Design, Muster", aber auch „Gebühr".

⑤ Vergleichen Sie مُلَوَّن [*MuLaWWaN*] „bunt" mit لَوْن [*LaUN*] „Farbe" und dessen Plural أَلْوَان [*ALWAN*]. Erkennen Sie die gemeinsame Wurzel *L-W-N*?

⑥ Vergleichen Sie zu لَا شَيْء [*LA SCHaY'a*] „nichts" لَا أَعْرِفُ شَيْئًا [*LA AᶜRiFu SCHaY'An*] „ich weiß nichts".

⑦ بِٱلنِّسْبَة لِـ [*Bi-AN-NißBaTi Li-*] bedeutet „in Bezug auf ..." oder „was ... betrifft"; es steht oft dort, wo man im Deutschen nur „für ..." sagen würde.

⑧ مَثَّلَ [*MafßfßaLa*], يُمَثِّلُ [*YuMafßfßiLu*] „darstellen, vergleichen" gehört zum II. Stamm, ausgehend von *M-fß-L*. Die gleiche Wurzel haben auch مِثْل [*MifßL*] „wie" und مَثَلًا [*MafßaLAn*] „zum Beispiel".

١٠ آسِفٌ! لاَ أَسْتَطِيعُ أَنْ أَشْتَرِيَهُ... ⑨

١١ مَعَ ٱلسَّلاَمَةِ!

١٢ - إِنْتَظِرْ! سَأَعْمَلُ لَكَ تَخْفِيضاً وَهَذِهِ تَضْحِيَةٌ...

١٣ أَتْرُكُهُ لَكَ بِخَمْسَةِ آلاَفٍ!

١٤ - لاَ... لاَ أُرِيدُ مِنْكَ تَضْحِيَةً

١٥ إِنِّي وَفَّرْتُ ثَلاَثَةَ آلاَفِ دِرْهَمٍ فَقَطْ لِشِرَاءِ بِسَاطٍ لِإِبْنَتِي ٱلَّتِي تَتَزَوَّجُ قَرِيباً ⑩

١٦ مَعَ ٱلسَّلاَمَةِ!

١٧ - لاَ تَنْصَرِفْ! ⑪

١٨ لَمَّا كَانَتْ هَذِهِ هَدِيَّةً لِبِنْتِكَ، يَا أَيُّهَا ٱلْأَبُ ٱلْكَرِيمُ ⑫

AUSSPRACHE

[**10** *ĀßiF(un)* ...] [**11** *Maᶜa (A)ß-ßaLAMa(Ti)*] [**12** *INTaṢiR ßa-Aᶜ-MaLu LaK(a) TaCHFIḌ(An) ... TaḌḤiYa(Tun)* ...] [**13** ... *Bi-CHaMßaTi ĀLAF(in)*] [**14** ... *TaḌḤiYa(Tan)*] [**15** *INNI WaFFaRTu fßaLAfßaTa ĀLAFi DiRHaM(in)* ...] [**16** *Maᶜa (A)ß-ßaLAMa(Ti)*] [**17** *LA TaNßaRiF*] [**18** *LaMMA ... HaDiYYa(Tan) ... YA AYYuHA (A)L-ABu (A)L-KaRIM(u)*]

Tut mir leid! Ich kann ihn nicht kaufen ... **10**
Auf Wiedersehen (mit die-Sicherheit)! **11**
Warten Sie! Ich werde Ihnen einen Rabatt geben, und – **12**
das ist ein [echtes] Opfer ...
Ich überlasse ihn Ihnen für 5.000! **13**
Nein ... Ich möchte kein Opfer von Ihnen. – **14**
Ich habe nur 3.000 Dirham gespart, um meiner Toch- **15**
ter, die bald heiraten wird, einen Teppich zu kaufen.
Auf Wiedersehen! **16**
Gehen Sie nicht weg! – **17**
Da er ein Geschenk sein soll, Sie großzügiger Vater **18**
(als war-sie diese Geschenk für-Tochter-deine, oh oh
der-Vater der-großzügig),

ANMERKUNGEN

⑨ Hier ein Beispiel für die Verwendung von إِسْتَطَاعَ [*IßTaṬ***A**^c^*a*] „können" mit أَنْ [*AN*] + Konjunktiv. Bis jetzt kannten wir dieses Verb nur in Verbindung mit einem **maßdar**.

⑩ Zahlenangaben gelten als Genitivverbindungen, weshalb hier auch das Nomen دِرْهَم [*D***i***RHaM*] im unbestimmten Genitiv steht. Vergleichen Sie: أَلْفَا رَجُلٍ [***A****LFA R***a***ĴuLin*] „2.000 Männer".

⑪ لَا تَنْصَرِفْ [*LA TaNß***a***RiF*] ist der verneinte Imperativ mit لَا [*LA*] + Apokopat eines Verbs des VII. Stamms: إِنْصَرَفَ [*INß***a***RaFa*], يَنْصَرِفُ [*YaNß***a***RiFu*] „weggehen".

⑫ Nach der Konjunktion لَمَّا [*L***a***MMA*] „da, als" steht das Verb im VA.

LEKTION 66

١٩ فَخُذْهُ بِثَلاَثَةِ آلاَفِ دِرْهَمٍ...

٢٠ دُونَ أَيِّ رِبْحٍ لِي! ⑬

٢١ – بَارَكَ ٱللّٰهُ فِيكَ لِكَرَمِكَ غَيْرِ ٱلْمَحْدُودِ، يَا حَاجُّ! ⑭⑮

AUSSPRACHE

[**19** *Fa-CHufs-Hu Bi-fßaLAfßaTi ĀLAFi DiRHaM(in) ...*] [**20** *DUNa AYYi RiBḤin LI*] [**21** *BARaKa (A)LLaHu FIK(a) Li-KaRaMiKa ṘaYRi (A)L-MaḤDUD(i) YA ḤAĴĴ(u)*]

Übung 1: Verstehen Sie diese Sätze?

❶ بِكَمْ هَذِهِ ٱلْأَبْسِطَةُ، مِنْ فَضْلِكَ؟ وَ مَا هُوَ ٱلْأَرْخَصُ؟

❷ بِوُدِّي أَنْ أَشْتَرِيَ بِسَاطاً أَحْمَرَ أَوْ أَبْيَضَ. هَلْ هَذَا مَوْجُودٌ عِنْدَكَ؟

❸ هَذَا غَالٍ جِدّاً! مَا وَفَّرْتُ مَا يَكْفِي لِشِرَاءِ مِثْلِ هَذَا ٱلْبِسَاطِ!

❹ لَمْ يَسْتَطِعِ ٱلزَّبُونُ أَنْ يَشْتَرِيَهَا لِأَنَّ هَذَا ٱلْمَبْلَغَ يُمَثِّلُ بِٱلنِّسْبَةِ لَهُ سَنَةً كَامِلَةً مِنَ ٱلْعَمَلِ

so nehmen Sie ihn [eben] für 3.000 Dirham, 19
ohne dass ich dabei irgendetwas verdiene (ohne welcher Gewinn für-mich)! 20
Möge Gott Sie für Ihre grenzenlose Großzügigkeit – segnen, Sie [edler] Pilger (segnete-er Gott in-dir für-Großzügigkeit nicht der-begrenzt oh Pilger)! 21

ANMERKUNGEN

⑬ Steht أَيّ [AYY] als Teil einer Genitivverbindung, bedeutet es in einem Fragesatz „was für ein ...?" und in einem verneinten Satz „irgendetwas; gar kein ...".

⑭ بَارَكَ اَللهُ فِيكَ [BARaKa ALLaHu FIKa] ist eine sehr höfliche Art, sich zu bedanken. Es wird vor allem bei außergewöhnlichen Freundschaftsdiensten verwendet.

⑮ يَا حَاجُّ [YA ḤAĴĴu] ist die respektvolle Anrede für einen Mann, der die Pilgerreise nach Mekka durchgeführt hat. Zu erkennen ist dies bei vielen gläubigen Muslimen am Bart und der traditionellen Kleidung.

Lösung 1: Haben Sie verstanden?

❶ Wie viel [kosten] bitte diese Teppiche? Welcher ist der billigste?
❷ Ich würde gerne einen roten oder weißen Teppich kaufen. Haben Sie [so] einen (|Frage| dieser bestehend bei-dir)?
❸ Das ist sehr teuer! Ich habe nicht genug gespart, um einen solchen Teppich zu kaufen (nicht sparte-ich was er-reicht für-Kauf wie dieser der-Teppich)!
❹ Der Kunde hat sie nicht kaufen können, weil diese Summe für ihn (mit-die-Beziehung für-ihn) ein ganzes Jahr Arbeit bedeutet.

5 إِنْتَظِرَا! سَأَعْمَلُ لَكُمَا تَخْفِيضاً: أَتْرُكُ لَكُمَا هَذَا ٱلْبِسَاطَ مُقَابِلَ أَلْفِ دِينَارٍ فَقَطْ!

6 لَنْ أَنْصَرِفَ مِنْ هُنَا حَتَّى تَعْمَلَ لِي تَخْفِيضاً!

7 لِي كَرَمٌ غَيْرُ مَحْدُودٍ... أُعْطِيكَ ٱلْبِسَاطَ دُونَ أَيِّ رِبْحٍ لِي!

Übung 2: Setzen Sie die fehlenden Wörter ein!

1 Dieser rote Teppich mit den harmonischen Formen und den bunten Mustern ist sehr billig.

هَذَا ٱلْبِسَاطُ ٱلْأَحْمَرُ ٱلَّذِي ____ ____ فِيهِ وَرُسُومٌ مُلَوَّنَةٌ، رَخِيصٌ جِدّاً

2 Du bist ein reicher Händler und deine Großzügigkeit ist grenzenlos.

أَنْتَ تَاجِرٌ غَنِيٌّ وَ لَكَ ____ غَيْرَ مَحْدُودٍ

Wartet! Ich werde euch beiden einen Rabatt geben: Ich überlasse euch diesen Teppich für nur 1.000 Dinar (ich-lasse für-euch-beide dieser der-Teppich gegen tausend Dinar nur)! ❺

Ich werde nicht von hier weggehen, bis du mir einen Rabatt gibst! ❻

Meine Großzügigkeit ist grenzenlos ... Ich gebe dir den Teppich, ohne dass ich dabei etwas verdiene! ❼

Wir können sie nicht kaufen, weil wir kein Opfer von dir♀ möchten. ❸

لاَ نَسْتَطِيعُ أَنْ …… ، لِأَنَّنَا لاَ نُرِيدُ مِنْكِ تَضْحِيَةً

Hast du♂ Geld gespart, um deiner Tochter ein Geschenk zu kaufen? ❹

هَلْ وَفَّرْتَ نُقُوداً لِشِرَاءِ …… لِبِنْتِكَ؟

Lösung 2: Die fehlenden Wörter.

❶ أَشْكَالٌ مُنْسَجِمَةٌ [*ASCHKALun MuNßaĴiMaTun*]

❷ كَرَمٌ [*KaRaMun*] ❸ نَشْتَرِيَه [*NaSCHTaRiYaHA*]

❹ هَدِيَّةً [*HaDiYYaTan*]

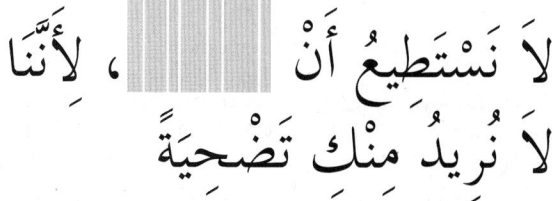

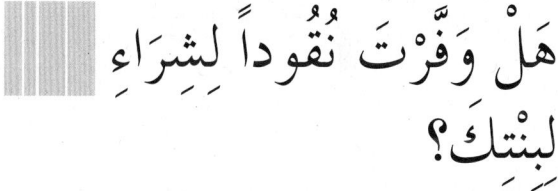

Leseübung

ألمساومة

١ – بكم هذا البساط؟

٢ – الأحمر أم الأبيض؟

٣ – هذا الأحمر الّذي فيه أشكال منسجمة

٤ و رسوم ملوّنة

٥ – هذا رخيص...

٦ ثمنه ستّة آلاف درهم

٧ – هذا لا شيء بالنّسبة لك يا أيّها التّاجر الغنيّ!

٨ ولكن بالنّسبة لي يمثّل

٩ هذا المبلغ عشرة أشهر من العمل...

١٠ آسف! لا أستطيع أن أشتريه...

١١ مع السّلامة!

١٢ – إنتظر! سأعمل لك تخفيضاً وهذه تضحية...

١٣ أتركه لك بخمسة آلاف!

١٤ – لا... لا اريد منك تضحية

أَلْمُسَاوَمَةُ

١٥ إنّي وفّرت ثلاثة آلاف درهم فقط لشراء بساط لإبنتي الّتي تتزوّج قريباً

١٦ مع السّلامة!

١٧ – لا تنصرف!

١٨ لمّا كانت هذه هديّة لبنتك، يا أيّها الأب الكريم

١٩ فخذه بثلاثة آلاف درهم...

٢٠ دون أيّ ربح لي!

٢١ – بارك الله فيك لكرمك غير المحدود، يا حاجّ!

أَصْدِقَاؤُكَ ثَلاَثَةٌ:
صَدِيقُكَ وَ صَدِيقُ صَدِيقِكَ وَعَدُوُّ عَدُوِّكَ

„Du hast drei [Arten von] Freunden: deinen Freund,
den Freund deines Freundes und den Feind deines Feindes!"
(Freunde-deine drei: Freund-dein
und-Freund Freund-dein und-Feind Feind-dein)
[AßDiQA'uKa fßaLAfßa(Tun):
ßaDIQuKa Wa-ßaDIQu ßaDIQiKa Wa-ᶜaDuWWu ᶜaDuWWiK(a)]

٦٧ أَلدَّرْسُ ٱلسَّابِعُ وَ ٱلسِّتُّونَ

رَاعِيَانِ فِي جَبَلِ لُبْنَان ①

١ – أَلْبَرْدُ قَارِسٌ ٱلْيَوْمَ وَقَدْ يُثْلِجُ! ②

٢ – بِٱلتَّأْكِيدِ! وَ لَكِنْ لَوْ كُنَّا فِي ٱلرَّبِيعِ

AUSSPRACHE

*[AD-DaRßu (A)ß-ßABiᶜu Wa-(A)ß-ßiTTUN(a)] [RAᶜiYAN(i) ... ĴaBaLi LuBNAN] [**1** AL-BaRDu QARiß(un) ... Wa-QaD YufßLiĴu] [**2** Bi-(A)T-Ta'KID(i) Wa-LaKiN LaU KuNNA ... (A)R-RaBIᶜ(i)]*

Pilgerfahrt nach Mekka

حَجّ [*ḤaĴĴ*] bezeichnet die Pilgerfahrt nach Mekka, die jeder volljährige Muslim, der finanziell dazu in der Lage ist, mindestens einmal in seinem Leben durchführen sollte. Der [*ḤaĴĴ*] ist somit ein zentraler Bestandteil der religiösen Pflichten eines jeden Gläubigen und zählt zu den fünf Säulen des Islam. Er kann nur vom 8.-12. des Monats ذُو ٱلْحِجَّة [*fsU AL-ḤiĴĴaT*] des Mondkalenders durchgeführt werden.

أَلْقِسْمُ ٱلثَّانِي:
أُنْظُرْ مَرَّةً ثَانِيَّةً إِلَى ٱلدَّرْسِ ٱلْحَادِي وَٱلثَّلَاثِينَ

[*AL-QißMu (A)fß-fßANI UNṢuR MaRRa(Tan) fßANiYYa(Tan) ILA (A)D-DaRßi (A)L-ḤADI Wa-(A)fß-fßaLAfßINa*]

67. Lektion

Zwei Schäfer im Gebirge des Libanon

Es ist sehr kalt (der-Kälte hart) heute, vielleicht – **1**
[wird es] schneien!

Sicherlich (mit-der-Sicherheit)! Aber wenn wir im Früh- – **2**
ling wären, (aber wenn waren-wir in der-Frühling)

ANMERKUNGEN

① جَبَل [*ĴaBaL*] „Berg" hat zwei Pluralformen: جِبَال [*ĴiBAL*] und أَجْبَال [*AĴBAL*]. جَبَل [*ĴaBaL*] kann als Kollektiv verstanden und ebenso wie جِبَال [*ĴiBAL*] mit „Gebirge" übersetzt werden.

② Steht nach قَدْ [*QaD*] ein Verb im UA, hat es die Bedeutung „vielleicht, möglicherweise".

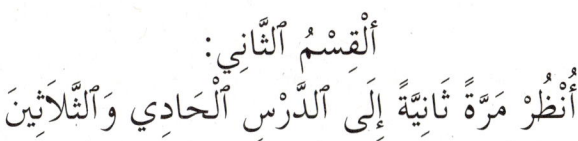

٣ لَذَهَبْنَا نَتَجَوَّلُ فِي ٱلسَّهْلِ ③

٤ مُتَفَرِّجَيْنِ عَلَى ٱلطَّبِيعَةِ وَهِيَ تَخْضَرُّ! ④

٥ – نَعَمْ! وَلَكِنَّنَا فِي ٱلشِّتَاءِ وَأَيْدِي مُجَمَّدَةٌ! ⑤

٦ لِنَقْتَرِبْ مِنَ ٱلنَّارِ! ⑥

٧ – آه! لَوْ كُنَّا فِي ٱلصَّيْفِ

٨ لَنَصَبْتُ خَيْمَتِي فِي قَلْبِ بُسْتَانٍ وَاسِعٍ عَلَى ضِفَّةِ جَدْوَلٍ

٩ أَصْطَادُ ٱلسَّمَكَ فِي مَائِهِ ٱلْبَارِدِ ٱلْأَزْرَقِ وَأَسْتَرِيحُ! ⑦

AUSSPRACHE

[**3** *La-fsaHaBNA NaTaĴaWWaLu ... (A)ß-ßaHLi*] [**4** *MuTaFaRRiĴaYNi ... (A)Ṭ-ṬaBIᶜa(Ti) ... TaCHḌaRRu*] [**5** *... Wa-LaKiNNaNA ... (A)SCH-SCHiTA'(i) Wa-AYDI MuĴaMMaDa(Tun)*] [**6** *Li-NaQTaRiB ... (A)N-NAR(i)*] [**7** *ĀH LaU KuNNA FI (A)ẞ-ẞaYFi*] [**8** *La-NaẞaBTu CHaYMaTI ... QaLBi BußTANin WAßiᶜ(in) ... ḌiFFaTi ĴaDWaL(in)*] [**9** *AẞṬADu (A)ß-ßaMaK(a) ... MA'iHi (A)L-BARiDi (A)L-ASRaQ(i) Wa-AßTaRIḤu*] wären wir in der Ebene spazieren gegangen (für-gingen-wir wir-spazieren in der-Ebene) 3

[und] hätten die ergrünende Natur betrachtet (betrachtende-beide auf die-Natur und-sie sie-ergrünt)! 4

Ja! Aber wir sind im Winter, und meine Hände sind – gefroren! 5

Lass uns näher ans Feuer gehen! 6

Ah! Wenn wir im Sommer wären, (wenn waren-wir in – der-Sommer) 7

hätte ich mein Zelt im Herzen eines weitläufigen Gartens aufgestellt, am Ufer eines Bachs (für-errichtete-ich Zelt-mein in Herz Garten geräumig auf Ufer Bach), 8

ich [würde] im kühlen, blauen Wasser fischen und mich ausruhen (ich-fange der-Fisch in Wasser der-kalt der-blau und-ich-ausruhe). 9

ANMERKUNGEN

Der irreale Bedingungssatz wird nach folgendem Schema gebildet: لَوْ [*La**U***] + vollendetes Verb - لَـ [*La-*] + vollendetes Verb. ③

إِخْضَرَّ [*ICHḌ**a**RRa*], يَخْضَرُّ [***Ya**CHḌaRRu*] „grün werden, ergrünen“: IX. Stamm, der sich durch Voranstellen eines [*I-*] und die Verdopplung des dritten Wurzelkonsonanten auszeichnet; es ist die seltenste Ableitungsform. ④

Natürlich hat der Sprecher nur zwei Hände, aber gerade in der Umgangssprache wird häufig anstelle des Duals der Plural أَيْدِي [*AYD**I***] „Hände“ benutzt. ⑤

لِنَقْتَرِبْ [*Li-N**a**QTaRiB*]: Die Konstruktion لِـ [*Li-*] + Apokopat steht für eine abgeschwächte Befehlsform bzw. eine höfliche Aufforderung (Injunktiv), die man auch an sich selbst richten kann. ⑥

إِصْطَادَ [*I<u>ß</u>Ṭ**A**Da*], يَصْطَادُ [*Ya<u>ß</u>Ṭ**A**Du*] „fangen, fischen“ ist eine unregelmäßige Form eines Verbs des VIII. Stamms. ⑦

١٠ – لَا تَكُنْ مُتَعَنِّتاً فَأُتْرُكْ هَذَا ٱلْكَلَامَ ٱلْفَارِغَ ⑧

١١ إِذْ أَنَّنَا فِي ٱلشِّتَاءِ

١٢ – آه! لَوْ كُنَّا فِي بِدَايَةِ ٱلْخَرِيفِ

١٣ لَذَهَبْنَا إِلَى ٱلْغَابَةِ

١٤ نَتَفَرَّجُ عَلَى ٱلْأَشْجَارِ ٱلْمُتَلَوِّنَةِ! ⑨⑩

١٥ – نَعَمْ! وَلَكِنَّنَا فِي ٱلشِّتَاءِ...

١٦ وَٱلْيَوْمَ كُلُّ شَيْءٍ رَمَادِيٌّ

١٧ وَٱلسَّمَاءُ عَلَى وَشْكِ ٱلْإِسْوِدَادِ!

١٨ – لِنُسَلِّمْ قَطِيعَ ٱلْغَنَمِ إِلَى جَدِّنَا ⑪

١٩ فَلْنُغَادِرِ ٱلْمَكَانَ إِلَى ٱلْمَنَاطِقِ ⑫⑬

AUSSPRACHE

[**10** *LA TaKuN MuTaᶜaNNiTAn Fa-'UTRuK ... (A)L-KaLAMa (A)L-FARiṘ(a)*] [**11** *Ifs ANNaNA ... (A)SCH-SCHiTA'(i)*] [**12** *ĀH LaU KuNNA FI BiDAYaTi (A)L-CHaRIF(i)*] [**13** *La-fsaHaBNA ILA (A)L-ṘABa(Ti)*] [**14** *NaTaFaRRaĴu ... (A)L-ASCHĴARi (A)L-MuTaLaWWiNa(Ti)*] [**15** *... Wa-LaKiNNaNA FI (A)SCH-SCHiTA'(i) ...*] [**16** *... RaMADiYY(un)*] [**17** *Wa-(A)ß-ßaMA'(u) ... WaSCHKi (A)L-IßWiDAD(i)*] [**18** *Li-NußaL-LiM QaṬIᶜa (A)L-ṘaNaMi ... ĴaDDiNA*] [**19** *FaL-NuṘADiR-i (A)L-MaKAN(a) ... ... (A)L-MaNAṬiQ(i)*]

Sei nicht so eigensinnig (nein du-bist eigensinnig), und – lass diese unnötigen Bemerkungen (dieser der-Rede der-leere), **10**
denn wir haben Winter. **11**
Ah! Wenn wir am Beginn des Herbstes wären, – **12**
wären wir in den Wald gegangen, **13**
um uns die vielfarbigen Bäume anzusehen! **14**
Ja! Aber wir sind im Winter ... – **15**
und heute ist alles (alles Sache) grau, **16**
und der Himmel verdunkelt sich (und-der-Himmel auf Schnelligkeit der-Schwarzwerden)! **17**
[Also gut!] Lass uns die Schafherde unserem – Großvater anvertrauen, **18**
und lass uns diesen Ort verlassen, um in Gegenden zu gehen (zu die-Gegenden), **19**

ANMERKUNGEN

Die Verneinung des Imperativs erfolgt durch لَا [*LA*] + Apokopat, dabei entfällt das **waw** von تَكُونُ [*TaKUNu*]. Bei der weiblichen Form verhält es sich anders لَا تَكُونِي [*LA TaKUNI*] „sei nicht“. ⑧

أَشْجَار [*ASCHĴAR*] „Bäume“ Pluralform des Kollektivs شَجَر [*SCHaĴaR*]. Ein einzelner „Baum“ heißt شَجَرَة [*SCHaĴaRaT*]. ⑨

Unterscheiden Sie zwischen مُتَلَوِّن [*MuTaLaWWiNi*] „vielfarbig, mehrfarbig“ und مُلَوَّن [*MuLaWWaN*] „bunt“ (L. 66). ⑩

In der Überschrift haben Sie bereits رَاعٍ [*RAᶜin*] „Schäfer“ kennen gelernt, es bildet den inneren Plural رُعَاة [*RuᶜAT*] . ⑪

Hier noch ein Beispiel für die Konstruktion لِـ [*Li-*] + Apokopat. فَلْـ [*FaL-*] ist dabei die zusammengezogene Form von فَـ [*Fa-*] + لِـ [*Li-*]. ⑫

مِنْطَقَة [*MiNṬaQaT*] bildet den inneren Plural مَنَاطِق [*MaNAṬiQ*]. ⑬

٢٠ ٱلَّتِي لاَ يُوجَدُ فِيهَا إِلاَّ ٱلصَّيْفُ وَٱلرَّبِيعُ فَقَطْ! ⑭

AUSSPRACHE

[**20** ... YUĴaDu ... ILLA (A)ß-ßaYF(u) Wa-(A)R-RaBIᶜ(u) ...]

Übung 1: Verstehen Sie diese Sätze?

1 إِذَا كَانَ ٱلْبَرْدُ قَارِساً لَنْ نَذْهَبَ إِلَى ٱلْجَبَلِ

2 أَلْبَرْدُ قَارِسٌ ٱلْيَوْمَ وَيُثْلِجُ خَارِجَ ٱلْبَيْتِ، لاَتَخْلَعْ ثِيَابَكَ!

3 إِذَا سَلَّمْتَ قَطِيعَ ٱلْغَنَمِ إِلَى جَدِّكَ، إِسْتَطَعْتَ أَنْ تَذْهَبَ إِلَى مِنْطَقَةٍ رَبِيعِيَّةٍ

4 لَوْ ذَهَبْنَا يَوْمَ أَمْسِ إِلَى ٱلْغَابَةِ لَرَأَيْنَا أَشْجَاراً مُتَلَوِّنَةً

5 لاَ تَكُونِي مُتَعَنِّتَةً فَٱلسَّمَاءُ عَلَى وَشْكِ ٱلإِسْوِدَادِ. لِنَعُدْ إِلَى ٱلْمَنْزِلِ!

6 لِنَتَفَرَّجْ عَلَى ٱلطَّبِيعَةِ فِي بِدَايَةِ ٱلرَّبِيعِ فِي جَبَلِ لُبْنَانَ ٱلْجَمِيلِ!

7 لَوْ لَمْ تَكُنْ مَرِيضاً لاَسْتَطَعْنَا أَنْ نَنْزِلَ إِلَى ٱلسَّهْلِ مَعَ ٱلْغَنَمِ

wo es nichts außer Herbst und Frühling gibt (welche nein er-ist-anzutreffen in-sie außer der-Sommer und-der-Frühling nur)! 20

ANMERKUNGEN

⑭ Von den Jahreszeiten lassen sich Adjektive ableiten, z.B. رَبِيعِيّ [RaBIᶜiYY] „frühlingshaft" von رَبِيع [RaBIᶜ] „Frühling".

Lösung 1: Haben Sie verstanden?

❶ Wenn es kalt ist, werden wir nicht in die Berge fahren (wenn war-er der-Kälte hart nicht wir-gehen nach der-Berg).

❷ Heute ist es sehr kalt (der-Kälte hart der-Tag), und es schneit draußen (er-schneit außerhalb der-Haus), zieh deine Kleidung nicht aus!

❸ Wenn du die Schafherde deinem Großvater anvertrauen würdest, könntest du in eine frühlingshafte Gegend fahren.

❹ Wären wir gestern in den Wald gegangen, hätten wir vielfarbige Bäume gesehen.

❺ Sei♀ nicht so eigensinnig, denn der Himmel verdunkelt sich. Lass uns ins Haus zurückgehen!

❻ Lass uns die Natur zu Beginn des Frühlings im schönen Gebirge des Libanon betrachten!

❼ Wenn du nicht krank gewesen wärst, hätten wir mit den Schafen hinunter in die Ebene gehen können.

Übung 2: Setzen Sie die fehlenden Wörter ein!

1. Im Gebirge des Libanon ist es im Winter sehr kalt, und es schneit.

فِي ٱلشِّتَاءِ فِي ______ ______

أَلْبَرْدُ قَارِسٌ وَيُثْلِجُ

2. Wärst du♂ gestern in den Wald gegangen, hättest du die Natur zu Beginn des Frühlings betrachten (können).

لَوْ ذَهَبْتَ يَوْمَ أَمْسِ إِلَى

ٱلْغَابَةِ، ______ عَلَى ٱلطَّبِيعَةِ

فِي بِدَايَةِ ٱلرَّبِيعِ

Leseübung

راعيان في جبل لبنان

١ – ألبرد قارس أليوم وقد يثلج!

٢ – بالتّأكيد! و لكن لو كنّا في الرّبيع

٣ لذهبنا نتجوّل في السّهل

٤ متفرّجين على الطّبيعة وهي تخضرّ!

٥ – نعم! ولكنّنا في الشّتاء وأيدي مجمّدة!

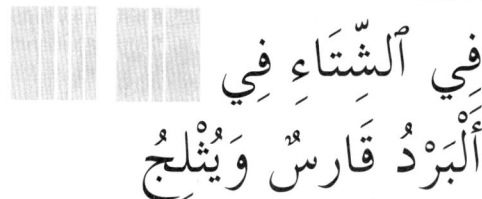

❸ Lass uns näher ans Feuer gehen, meine (beiden) Hände sind gefroren!

لِنَقْتَرِبْ مِنَ ٱلنَّارِ، يَدَايَ ____ !

❹ Der Himmel verdunkelt sich, und deshalb werden wir nicht in die Berge gehen.

ٱلسَّمَاءُ عَلَى وَشْكِ ٱلْإِسْوِدَادِ وَلِذَٰلِكَ لَنْ ____ إِلَى ٱلْجَبَلِ

Lösung 2: Die fehlenden Wörter.

❶ جَبَلِ لُبْنَانِ [*Ĵ**a**BaLi LuBN**AN**-i*] ❷ لَتَفَرَّجْتَ [*La-TaF**a**RRaĴTa*] ❸ مُجَمَّدَتَانِ [*MuĴaMMaDaT**A**Ni*] ❹ نَذْهَبَ [*N**a**fsHaBa*]

٦ لنقترب من النّار!

٧ – آه! لو كنّا في الصّيف

٨ لنصبت خيمتي في قلب بستان واسع على ضفّة جدول

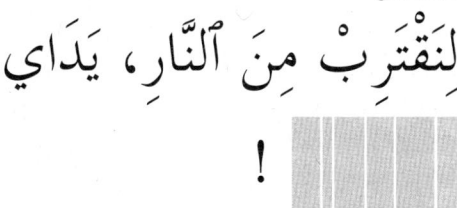

٩ أصطاد السّمك في مائه البارد الأزرق
وأستريح!
١٠ – لا تكن متعنّتاً فأترك هذا الكلام الفارغ
١١ إذ أنّنا في الشّتاء
١٢ – آه! لو كنّا في بداية الخريف
١٣ لذهبنا إلى الغابة
١٤ نتفرّج على الأشجار المتلوّنة!
١٥ – نعم! ولكنّنا في الشّتاء...
١٦ واليوم كلّ شيء رماديّ
١٧ والسّماء على وشك الإسوداد!
١٨ – لنسلّم قطيع الغنم إلى جدّنا
١٩ فلنغادر المكان إلى المناطق
٢٠ الّتي لايوجد فيها إلاّ الصّيف والرّبيع
فقط!

Die Republik Libanon

Die Republik Libanon أَلْجُمْهُورِيَّةُ ٱللُّبْنَانِيَّةُ [*AL-ĴuMHURiYYaTu AL-LuBNANiYYaTu*] wird im allgemeinen Sprachgebrauch meist nur als Libanon لُبْنَان [*LuBNAN*] bezeichnet. Wie viele Ländernamen steht auch لُبْنَان [*LuBNAN*] immer ohne Artikel (kann allerdings einen Stützvokal tragen wie in فِي جَبَلِ لُبْنَانِ ٱلْجَمِيلِ [*FI ĴaBaLi LuBNAN-i AL-ĴaMILi*]). Ihren Namen hat der Libanon von dem gleichnamigen Berg, an dessen Westflanke sich der mystische Zedernwald حُرْشُ أَرْضِ ٱلرَّبِّ [*ḤuRSCHu ARḌi AR-RaBBi*] befindet. Seine Bäume sollen – glaubt man der Legende – teilweise bis zu 3.000 Jahre alt sein.

سَحَابَةُ صَيْفٍ عَنْ قَلِيلٍ تَتَقَشَّعُ

„Eine Sommerwolke ist nur von kurzer Dauer."
(Wolke Sommer über wenig sie-zerstreut-sich)
[*ßaḤABaTu ßaYFin ᶜaN QaLILin TaTaQaSCHSCHaᶜu*]

„Etwa die Hälfte der Marokkaner lebt heute noch von und in der Landwirtschaft. Das ist vergleichsweise viel! Die meisten darunter betreiben sowohl Viehzucht als auch Ackerbau, welche in Nordafrika die beiden Haupttypen der ländlichen Wirtschaftsweise ausmachen. […] Gezüchtet werden Kamele, Ziegen und Schafe. […] Die wenigen noch existierenden Vollnomaden Marokkos leben am Rand der Sahara." (aus *KulturSchock Marokko*, Reise Know-How Verlag)

أَلْقِسْمُ ٱلثَّانِي:

أُنْظُرْ مَرَّةً ثَانِيَةً إِلَى ٱلدَّرْسِ ٱلثَّانِي وَٱلثَّلَاثِينَ

[*AL-QißMu (A)fß-fßANI UNṢuR MaRRa(Tan) fßANiYYa(Tan) ILA AD-DaRßi (A)fß-fßANI Wa-(A)fß-fßaLAfßINa*]

٦٨ أَلدَّرْسُ ٱلثَّامِنُ وَٱلسِّتُّونَ

مُقْتَطَفَاتٌ مِنَ ٱلصَّحَافَةِ

١ – أَوَّلَ أَمْسِ، إِنْعَقَدَ فِي صَنْعَاء، مُؤْتَمَرٌ دُوَلِيٌّ حَوْلَ حِمَايَةِ ٱلْبِيئَةِ ①②

٢ – عَلَى ٱلسَّاحَةِ ٱلْكُبْرَى، أَمَامَ مَبْنَى مَجْلِسِ ٱلنُّوَّابِ

٣ تَمَّ تَنْظِيمُ مُظَاهَرَةٍ مِنْ أَجْلِ ٱلسَّلَامِ ③

٤ وَٱلتَّنْمِيَةِ فِي بُلْدَانِ ٱلْبَحْرِ ٱلْأَبْيَضِ ٱلْمُتَوَسِّطِ ④

Wie bereits in der letzten Lektion finden sich auch hier verhältnismäßig viele neue Wörter, von denen Sie sich wie immer in erster Linie diejenigen genauer ansehen sollten, die Ihnen wichtig erscheinen. Lernen Sie nicht auswendig! Die Aussprache der Sprecher auf den Tonaufnahmen ist die, die Sie in Radio oder Fernsehen hören.

AUSSPRACHE

[*AD-D**a**RßU (A)fß-fß**A**MiNu Wa-(A)ß-ßiTT**U**N(a)*] [*MuQTaṬaF**A**T(un)* ... *Aß̱-ß̱aḤ**A**fa(Ti)*] [**1** ***A**WWaLa **A**Mß(i) INᶜ**a**QaDa* ... *ß̱aNᶜ**A**' M**u**'TaMaR(un) DuW**a**LiYY(un) ḤaULa ḤiM**A**YaTi (A)L-B**I**'a(Ti)*] [**2** ... *(A)ß-ß**A**ḤaTi* ... *M**a**BNA M**a**ĴLißi (A)N-NuWW**A**B(i)*] [**3** *T**a**MMa TaNṢ**I**Mu MuṢ**A**haRa(Tin)* ... ***A**ĴLi (A)ß-ßaL**A**M(i)*] [**4** *Wa-(A)T-TaNM**i**Ya(Ti)* ... *BuLD**A**Ni (A)L-B**a**ḤRi (A)L-**A**BYaḌi (A)L-MuTaW**a**ßßiṬ(i)*]

68. Lektion

Auszüge aus der Presse

Vorgestern wurde in Sanaa eine internationale Konferenz zum Umweltschutz abgehalten (im-Bezug Schutz die-Umwelt). – 1

Auf dem Großen Platz vor dem Abgeordnetenhaus (Versammlung die-Abgeordneten) – 2

fand eine Demonstration statt für den Frieden (stattfand-er Organisation Demonstration von Abwarten der-Friede) 3

und die Entwicklung in den [Anrainer-]Staaten des Mittelmeeres (und-die-Entwicklung in Länder der-Meer der-weiß der-mittlere). 4

ANMERKUNGEN

إِنْعَقَدَ [*IN^c^**a**QaDa*], يَنْعَقِدُ [*YaN^c^**a**QiDu*] „abhalten" ist der VII. Stamm von عَقَدَ [*^c^**a**QaDa*], يَعْقِدُ [*Ya^c^QiDu*] „halten". ①

Sie kennen دَوْلَة [*D**a**ULaT*] „Staat", Plural دُوَل [*DuW**a**L*]. Hiervon werden دَوْلِيّ [*D**a**ULiYY*] „staatlich" und دُوَلِيّ [*DuW**a**LiYY*] „international" abgeleitet. ②

مِنْ أَجْلِ [*MiN **AĴ**Li*] „für, um ... zu" zeigt an, dass ein Ziel (hier: Frieden und Entwicklung) durch eine entsprechende Handlung (hier: die Demonstration) erreicht werden soll. ③

بِلَاد [*BiL**A**D*] „Land" – innerer Plural بُلْدَان [*BuLD**A**N*] ist nicht zu verwechseln mit بَلَد [*B**a**LaD*] „Land, Stadt, Ortschaft", Pl.: بِلَاد [*BiL**A**D*]. ④

٥ – بَعْدَ ظُهْرِ ٱلْيَوْمِ،

٦ قَامَ وَزِيرُ ٱلثَّقَافَةِ بِتَدْشِينِ مُتْحَفِ ٱلْفُنُونِ ٱلْمُعَاصِرَةِ ⑤⑥

٧ – لَمْ تَتَّخِذِ ٱلْحُكُومَةُ بَعْدُ ٱلْإِجْرَاءَاتِ ٱللَّازِمَةَ ⑦⑧

٨ لِتَخْفِيضِ مُسْتَوَى ٱلْبَطَالَةِ فِي ٱلْبَلَدِ ⑨

٩ – رَغْمَ ٱلْمُؤَشِّرَاتِ ٱلْكَثِيرَةِ ٱلْمُتَوَفِّرَةِ لَدَيْهَا

١٠ لَمْ تَسْتَطِعِ ٱلشُّرْطَةُ، إِلَى ٱلْآنِ، إِعْتِقَالَ ٱللُّصُوصِ ⑩⑪

١١ ٱلَّذِينَ هَاجَمُوا ٱلْبَنْكَ ٱلْمَرْكَزِيَّ أَخِيراً

AUSSPRACHE

[**5** ... *ṢuHRi* ...] [**6** *QAMa WaSIRu (A)fß-fßaQAFa(Ti) Bi-TaDSCHINi MuTḤaFi (A)L-FuNUNi (A)L-Mu^c^AßiRa(Ti)*] [**7** ... *TaTTaCHifs-i (A)L-ḤuKUMa(Tu) ... (A)L-IĴRA'ATi (A)L-LASiMa(Ta)*] [**8** *Li-TaCHFIḌi MußTaWA (A)L-BiṬALa(Ti) ... (A)L-BaLaD(i)*] [**9** *RaṘMa (A)L-MU'aSCHSCHiRATi...(A)L-MuTaWaFFiRa(Ti) ...*][**10**... *TaßTaṬi^c^-i(A)SCH-SCHuRṬa(Tu) ... I^c^TiQALa (A)L-LußUßi*] [**11** *(A)LLafsINa HAĴaMU ... (A)L-MaRKaSiYY(a) ACHIRAn*]

Heute Nachmittag (nach der-Mittag der-Tag) – 5
hat der Kultusminister das Museum für zeitgenössische Kunst eingeweiht (unternahm-er Minister die-Kultur mit-Einweihung Museum die-Künste die-zeitgenössische). 6
Die Regierung hat noch nicht die notwendigen Maßnahmen ergriffen (nicht sie-ergreift die-Regierung nach die-Maßnahmen die-notwendige), – 7
um die Arbeitslosenquote im Land zu senken (für-Senkung Niveau die-Arbeitslosigkeit in der-Land). 8
Trotz der zahlreichen Indizien, über die sie verfügt (verfügbare bei-sie), – 9
konnte die Polizei bis jetzt nicht die Diebe verhaften (nicht sie-kann die-Polizei zu der-Moment Verhaftung die-Diebe), 10
die kürzlich die Zentralbank überfallen haben (welche überfielen-sie die-Bank die-zentrale kürzlich). 11

ANMERKUNGEN

⑤ قَامَ [*QAMa*], يَقُومُ [*YaQUMu*] „aufstehen" hat in Verbindung mit der Präposition بـ [*Bi-*] die Bedeutung „etw. unternehmen". Das dazugehörige Verbalnomen ist قِيَام [*QiYAM*].

⑥ فُنُون [*FuNUN*] ist der innere Plural von فَنّ [*FaNN*] „Kunst".

⑦ „Noch nicht" wird durch die Konstruktion لَمْ [*LaM*] + Apokopat + بَعْدُ [*Ba^cDu*] wiedergegeben.

⑧ إِتَّخَذَ [*ITTaCHafsa*], يَتَّخِذُ [*YaTTaCHifsu*] „ergreifen" VIII. Stamm vom Verb أَخَذَ [*ACHafsa*] „nehmen", hier im Apokopat mit angehängtem Stützvokal [-*i*], da der Artikel ٱلـ [*AL-*] folgt.

⑨ بِطَالَة [*BiṬALaT*] „Arbeitslosigkeit" ist verwandt mit بَطَّال [*BaṬṬAL*] „Arbeitsloser".

⑩ إِعْتِقَال [*I^cTiQAL*] Verbalnomen zu إِعْتَقَلَ [*I^cTaQaLa*], يَعْتَقِلُ [*Ya^cTaQiLu*] (VIII. Stamm) „verhaften".

⑪ لِصّ [*Liẞẞ*] „Dieb, Räuber" – innerer Plural لُصُوص [*LuẞUẞ*].

١٢ – أَسْفَرَ إِنْفِجَارٌ لِلْغَازِ فِي بِنَايَةٍ سَكَنِيَّةٍ ⑫

١٣ عَنْ خَمْسَةِ قَتْلَى وَعَشْرَةِ جَرْحَى تَقْرِيباً

١٤ – نَشْرَةُ ٱلْأَحْوَالِ ٱلْجَوِّيَّةِ: ⑬

١٥ غَداً، يَكُونُ ٱلْجَوُّ حَارّاً جِدّاً

١٦ مَعَ تَهْدِيدَاتٍ لِحُدُوثِ عَوَاصِفَ فِي ٱلْمَسَاءِ ⑭

AUSSPRACHE

[**12** ***A***ßFaRa INFiĴ***A***Run LiL-Ṙ***A***S(i) ... BiN***A***YaTin ßaKaN***i***YYa(Tin)] [**13** ... CH***a***MßaTi Q***a***TLA Wa-ᶜ***a***SCHRaTi Ĵ***a***RḤA TaQR***I***BAn] [**14** N***a***SCHRaTu (A)L-AḤW***A***Li (A)L-ĴaWW***i***YYa(Ti)] [**15** Ṙ***a***DAn ... (A)L-Ĵ***a***WW(u) Ḥ***A***RR(An) ...] [**16** TaHD***I***DAT(in) Li-ḤuD***U***fßi ᶜaW***A***ẞiF(a) ... (A)L-Maß***A***'(i)]

Übung 1: Verstehen Sie diese Sätze?

❶ أَلْيَوْمَ عَقَدَ ٱلْوُزَرَاءُ مُؤْتَمَراً حَوْلَ مُشْكِلَةِ ٱلْبَطَالَةِ

❷ فِي مُقْتَطَفَاتٍ صَحَافِيَّةٍ، قَرَأْنَا أَنَّ مُظَاهَرَةً مِنْ أَجْلِ ٱلسَّلَامِ تَمَّتْ فِي ٱلْعَدِيدِ مِنَ ٱلدُّوَلِ

❸ لَوْ كَانَ هُنَاكَ ٱهْتِمَامٌ أَكْبَرُ بِتَنْمِيَةِ ٱلْبُلْدَانِ ٱلْفَقِيرَةِ لَكَانَ ٱلسَّلَامُ مُؤَمَّناً فِي ٱلْمِنْطَقَةِ كُلِّهَا

Eine Gasexplosion forderte in einem Wohnhaus fünf – Tote (forderte-er Explosion für-der-Gas in Gebäude bewohnte über fünf Tote) 12

und ungefähr zehn Verletzte (und-zehn Verletzte ungefähr). 13

Die Wettervorhersage (Bericht die-Zustände – die-wettermäßige): 14

Morgen wird es sehr heiß werden (er-ist der-Wetter heiß sehr), 15

mit Sturmwarnungen (mit Bedrohungen für-Eintreten Stürme) für den Abend. 16

ANMERKUNGEN

⑫ قَتِيل [*QaTIL*] „Toter" und جَرِيح [*ĴaRIḤ*] „Verletzter" – innerer Plural قَتْلَى [*QaTLA*] bzw. جَرْحَى [*ĴaRḤA*]. Beide sind nicht deklinierbar und verhalten sich wie مَرِيض [*MaRIḌ*], مَرْضَى [*MaRḌA*].

⑬ Der innere Plural von حَال [*ḤAL*] „Zustand" ist أَحْوَال [*AḤWAL*]. Bestimmt erinnern Sie sich an كَيفَ حَالُكَ [*KaYFa ḤAluKa*] „Wie geht es dir?".

⑭ عَوَاصِف [*ᶜaWAßiF*] – innerer Plural: عَاصِفَة [*ᶜAßiFaT*].

Lösung 1: Haben Sie verstanden?

❶ Die Minister haben heute eine Konferenz über das Problem der Arbeitslosigkeit abgehalten.

❷ In Presseauszügen haben wir gelesen, dass in einer Vielzahl von Staaten eine Demonstration für den Frieden statt gefunden hat.

❸ Wenn es dort ein größeres Interesse an der Entwicklung der armen Länder gäbe, wäre der Frieden in der gesamten Region gesichert.

4 لَوْ كَانَتْ لَدَى ٱلشُّرْطَةِ مُؤَشِّرَاتٌ كَافِيَةٌ لَاعْتَقَلَتِ ٱللُّصُوصَ ٱلَّذِينَ سَرَقُوا مَبْلَغاً كَبِيراً مِنْ مَكْتَبِ ٱلصَّرْفِ

5 أَسْفَرَ إِنْفِجَارُ ٱلْغَازِ ٱلَّذِي حَدَثَ أَوَّلَ أَمْسِ عَنْ ثَلَاثَةِ قَتْلَى وَسِتَّةِ جَرْحَى

6 إِذَا كَانَتْ هُنَاكَ تَهْدِيدَاتٌ بِحُدُوثِ عَوَاصِفَ، لَنْ نَسْتَطِيعَ أَنْ نُسَافِرَ مَسَاءَ ٱلْيَوْمِ

7 غَداً يَعْقِدُ ٱلنُّوَّابُ، فِي ٱلْعَاصِمَةِ، مُؤْتَمَراً صَحَفِيّاً عَنِ ٱلْإِجْرَاءَاتِ ٱللَّازِمَةِ لِحِمَايَةِ ٱلْبِيئَةِ

Übung 2: Setzen Sie die fehlenden Wörter ein!

1 Die Regierung hat kürzlich die notwendigen Maßnahmen ergriffen, um die Arbeitslosenquote im Land zu senken.

تَتَّخِذ ______ أَخِيراً ٱلْإِجْرَاءَاتِ ٱللَّازِمَةَ لِتَخْفِيضِ مُسْتَوَى ٱلْبِطَالَةِ

Wenn die Polizei genügend Indizien gehabt hätte, hätte sie die Diebe verhaftet, die eine große Summe aus der Wechselstube gestohlen haben. ④

Die Gasexplosion, die sich vorgestern ereignet hat, hat drei Tote und sechs Verletzte gefordert. ⑤

Wenn es dort Sturmwarnungen gibt, werden wir heute Abend nicht verreisen können. ⑥

Morgen halten die Abgeordneten in der Hauptstadt eine Pressekonferenz über die notwendigen Maßnahmen zum Umweltschutz ab. ⑦

مُقْتَطَفَاتٌ مِنَ ٱلصَّحَافَةِ

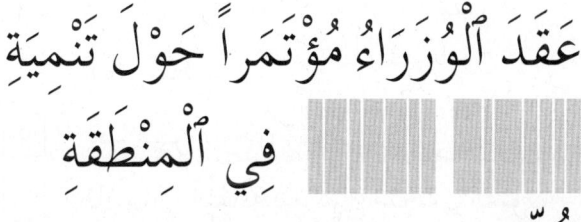

Lass uns die Wettervorhersage ansehen! ②

____ نَشْرَةَ ٱلْأَحْوَالِ ٱلْجَوِّيَّةِ!

Die Minister haben eine Konferenz über die Entwicklung der armen Länder in der gesamten Region abgehalten. ③

عَقَدَ ٱلْوُزَرَاءُ مُؤْتَمَراً حَوْلَ تَنْمِيَةِ ____ ____ فِي ٱلْمِنْطَقَةِ كُلِّهَا

4 Eine Gasexplosion in einem Hotel hat ungefähr fünf Verletzte gefordert.

أَسْفَرَ إِنْفِجَارٌ لِلْغَازِ فِي فُنْدُقٍ عَنْ خَمْسَةِ ____ تَقْرِيباً

Leseübung

مقتطفات من الصّحافة

١ – أوّل أمس، إنعقد في صنعاء، مؤتمر دوليّ حول حماية البيئة

٢ – على السّاحة الكبرى، أمام مبنى مجلس النّوّاب

٣ تمّ تنظيم مظاهرة من أجل السّلام

٤ والتّنمية في بلدان البحر الأبيض المتوسّط

٥ – بعد ظهر اليوم،

٦ قام وزير الثّقافة بتدشين متحف الفنون المعاصرة

Lösung 2: Die fehlenden Wörter.

❶ ٱلْحُكُومَةُ [AL-ḤuKUMaTu] ❷ لِنُشَاهِدَ [Li-NuSCHAHiD] ❸ ٱلْبُلْدَانِ ٱلْفَقِيرَةِ [AL-BuLDANi AL-FaQIRaTi] ❹ جَرْحَى [ĴaRḤA]

٧ – لم تتّخذ الحكومة بعد الإجراءات اللاّزمة

٨ لتخفيض مستوى البطالة في البلد

٩ – رغم المؤشّرات الكثيرة المتوفّرة لديها

١٠ لم تستطع الشّرطة، إلى الآن، إعتقال اللّصوص

١١ الّذين هاجموا البنك المركزيّ أخيراً

١٢ – أسفر إنفجار للغاز في بناية سكنيّة

١٣ عن خمسة قتلى وعشرة جرحى تقريباً

١٤ – نشرة الأحوال الجوّيّة:

١٥ غداً، يكون الجوّ حارّاً جدّاً

١٦ مع تهديدات لحدوث عواصف في المساء

Sanaa

صَنْعَاء [ßaN^cA'] ist die Hauptstadt des Jemen und mit zwei Millionen Einwohnern auch das politische, wirtschaftliche und kulturelle Zentrum des Landes. 2.200 Meter hoch gelegen, ist die Stadt aufgrund ihrer einzigartigen Architektur weltberühmt. Besonders sehenswert ist die von einer Stadtmauer umgebene Altstadt, in der sich zahlreiche Wohnhäuser befinden, die bis zu acht Stockwerke hoch sind.

٦٩ أَلدَّرْسُ ٱلتَّاسِعُ وَٱلسِّتُّونَ

تَظَاهُرَاتٌ ثَقَافِيَّةٌ ①

١ – أَقْتَرِحُ عَلَيْكِ مُشَاهَدَةَ فِيلْمٍ نَسِيتُ إِسْمَهُ ②

٢ يَتَعَلَّقُ بِتَرْبِيَةِ ٱلْخُيُولِ ٱلْعَرَبِيَّةِ ③

AUSSPRACHE

*[AD-DaRßu (A)T-TAßi^cu Wa-(A)ß-ßiTTUN(a)] [TaṢAHuRAT(un) fßaQAFiYYa(Tun)] [**1** AQTaRiḤu ... MuSCHAHaDaTa FILM(in) NaßITu ...] [**2** YaTa^caLLaQu Bi-TaRBiYaTi (A)L-CHuYULi (A)L-^caRaBiYYa(T)i]*

لِكُلِّ حَادِثٍ حَدِيثٌ

„Alles zur rechten Zeit."/ „Für alles gibt es eine Zeit".
(für-alles Ereignis Gespräch)
[*Li-KuLLi ḤADifßin ḤaDIfß(un)*]

أَلْقِسْمُ ٱلثَّانِي:
أُنْظُرْ مَرَّةً ثَانِيَةً إِلَى ٱلدَّرْسِ ٱلثَّالِثِ وَٱلثَّلَاثِينَ

[*AL-QißMu (A)fß-fßANI UNṢuR MaRRa(Tan) fßANiYYa(Tan) ILA AD-DaRßi (A)fß-fßALifßi Wa-(A)fß-fßaLAfßINa*]

69. Lektion

Kulturelle Veranstaltungen

1 Ich schlage dir vor, dass wir einen Film ansehen, – dessen Titel ich vergessen habe (ich-schlage-vor auf-dich Ansehen Film vergaß-ich Name-sein),

2 [und] in dem es um die Zucht von arabischen Pferden geht (er-hängt-ab mit-Erziehung die-Pferde die-arabische),

ANMERKUNGEN

① تَظَاهُرَة [*TaṢAHuRaT*] „Veranstaltung" und مُظَاهَرَة [*MuṢAHaRaT*] „(polit.) Demonstration" sind Ableitungen (des VI. bzw. III. Stamms) von ظَهَرَ [*ṢaHaRa*], يَظْهَرُ [*YaṢHaRu*] „erscheinen".

② مُشَاهَدَة [*MuSCHAHaDaT*] ist das **maßdar** eines Verbs des III. Stamms: شَاهَدَ [*SCHAHaDa*], يُشَاهِدُ [*YuSCHAHiDu*] „sehen, anschauen".

③ Der innere Plural von خَيْل [*CHaYL*] „Pferd" lautet خُيُول [*CHuYUL*].

LEKTION 69

٣ وَهُوَ مُشَوِّقٌ جِدّاً حَسَبَ مَا سَمِعْتُ ④

٤ يُعْرَضُ هَذَا ٱلشَّرِيطُ فِي سِينَمَا «ٱلْحُرِّيَّةِ» ⑤⑥

٥ هَلْ يُعْجِبُكِ أَنْ نَذْهَبَ لِمُشَاهَدَتِهِ؟

٦ – نَعَمْ!... مَتَى؟

٧ – بَعْدَ غَدٍ مَسَاءً، بَعْدَ ٱلدُّرُوسِ،

٨ وَقَدْ نَلْتَقِي فِي مَقْهَى «ٱلْقُبَّةِ ٱلذَّهَبِيَّةِ»

٩ هَلْ يُرْضِيكِ ذَلِكَ؟

١٠ – تَمَاماً! خَاصَّةً وَإِنِّي أَتَطَلَّعُ إِلَى بَعْضِ ٱلْإِسْتِرَاحَةِ

١١ ٱلْآنَ بَعْدَ ٱلْإِنْتِهَاءِ مِنَ ٱلْإِمْتِحَانَاتِ...

AUSSPRACHE

[**3** ... *MuSCHaWWiQun* ... *ḤaßaBa* ... *ßaMi^{c}Tu*] [**4** *Yu^{c}RaḌu* ... *ASCH-SCHaRIṬ(u)* ... *ßINaMA (A)L-ḤuRRiYYa(Ti)*] [**5** ... *Yu^{c}ĴiBuKi* ... *Li-MuSCHAHaDaTiHi*] [**6** ... *MaTA*] [**7** ... *(A)D-DuRUß(i)*] [**8** ... *NaLTaQI* ... *MaQHA (A)L-QuBBa(Ti) (A)fs-fsaHaBiYYa(Ti)*] [**9** ... *YuRḌIKi* ...] [**10** *TaMAMAn CHAßßaTan* ... *ATaṬaLLa^{c}u* ... *Ba^{c}Ḍi (A)L-IßTiRAḤa(Ti)*] [**11** ... *(A)L-INTiHA'(i)* ... *(A)L-IMTiḤANAT(i)* ...]

und der, nachdem, was ich gehört habe, sehr spannend ist. 3

Dieser Film wird im „Freiheit"-Kino aufgeführt (er-wird-vorgeführt dieser der-Streifen in Kino „die-Freiheit"). 4

Möchtest du ihn [gerne] sehen (|Frage| er-gefällt-dir dass wir-gehen für-Sehen-ihn)? 5

Ja ... Wann? – 6

Übermorgen am Abend nach dem Unterricht – (die-Lektionen); 7

vielleicht treffen wir uns im Café „Goldkuppel" (und-vielleicht-wir-treffen in Café „die-Kuppel die-goldene"). 8

Ist dir das recht (|Frage| er-zufrieden-stellt-dich jener)? 9

Auf jeden Fall! Vor allem, weil ich etwas Ruhe – benötige (spezielle und-dass-ich ich-trachte nach einige die-Ruhe), 10

jetzt, nachdem ich die Prüfungen beendet habe (der-Moment nach die-Beendigung von die-Prüfungen) ... 11

ANMERKUNGEN

④ حَسَبَ [*ḤaßaBa*] „nach, gemäß" ist hilfreich in Konstruktionen wie حَسَبَ مَا قُلْتَ [*ḤaßaBa MA QuLTa*] „gemäß dem, was du gesagt hast".

⑤ عُرِضَ [ᶜ*uRiḌa*], يُعْرَضُ [*YuᶜRaḌu*] sind Passivformen von عَرَضَ [ᶜ*aRaḌa*], يَعْرِضُ [*YaᶜRiḌu*] „anbieten, vorführen". Vergleichen Sie dazu مَعْرِض [*MaᶜRiḌ*] „Messe, Ausstellung".

⑥ شَرِيط [*SCHaRIṬ*] kann als „Streifen" oder „Band" übersetzt werden. Es bezeichnet auch die Kassette, das Video-, Audio- oder Filmband.

١٢ آه! هَلْ تَعْرِفُ أَنَّ هُنَاكَ حَفْلَةً مُوسِيقِيَّةً مُخَصَّصَةً لِلطَّرَبِ ٱلْأَنْدَلُسِيِّ فِي ٱلْمَسْرَحِ ٱلْبَلَدِيِّ؟ ⑦

١٣ يَجِبُ أَنْ لَا تَفُوتَنَا هَذِهِ ٱلْفُرْصَةُ ⑧

١٤ لِأَنَّ ٱلْفَنَّانِينَ يَقُومُونَ بِجَوْلَةٍ دُوَلِيَّةٍ قَرِيباً

١٥ وَلَنْ يَعُودُوا إِلَيْنَا إِلاَّ بَعْدَ عَامَيْنِ أَوْ ثَلَاثَةِ أَعْوَامٍ! ⑨

١٦ – طَيِّبٌ! سَوْفَ أَحْجِزُ ٱلتَّذَاكِرَ لِحُضُورِ ٱلْحَفْلَةِ

١٧ – إِذَنْ فَإِلَى ٱللِّقَاءِ!

١٨ ... لَا تَنْسَ مَوْعِدَنَا! ⑩

AUSSPRACHE

[**12** *ĀH ... ḤaFLaTan MußIQiYYa(Tan) MuCHaßßaßa(Tan) Li-(A)Ṭ-ṬaRaBi (A)L-ANDaLußiYY(i) ... (A)L-MaßRaḤi (A)L-BaLaDiYY(i)*] [**13** *... TaFUTaNA ... (A)L-FuRßa(Tu)*] [**14** *... (A)L-FaNNANIN(a) YaQUMUNa Bi-ĴaULa(Tin) ... QaRIBAn*] [**15** *... YaᶜUDU ... ᶜAMaYN(i) AU fßaLAfßaTi AᶜWAM(in)*] [**16** *ṬaYYIB(un) ... AḤĴiSu (A)T-TafsAKiR(a) Li-ḤuDURi (A)L-ḤaFLa(Ti)*] [**17** *... (A)L-LiQA'(i)*] [**18** *... LA TaNßa MaUᶜiDaNA*]

Ah! Weißt du, dass es ein Konzert [mit] andalusischer Musik im Stadttheater gibt (|Frage| du-weißt dass dort Fest musikalische spezialisierte für-der-Unterhaltung der-andalusische in der-Theater der-örtliche)? 12
Wir dürfen diesen Anlass nicht verpassen (er-muss dass nein sie-entgeht-uns diese die-Anlass), 13
denn die Künstler werden bald auf eine internationale Tournee gehen, 14
und sie werden in den nächsten zwei oder drei Jahren nicht wieder zu uns zurück kommen! 15
Gut! Ich werde die Karten für das Konzert reservieren – (werden ich-reserviere die-Karten für-Anwesenheit die-Fest). 16
Also dann bis bald! – 17
... Vergiss nicht unsere Verabredung! 18

ANMERKUNGEN

⑦ حَفْلَة [ḤaFLaT] heißt „Feier" oder „Party"; حَفْلَة مُوسِيقِيَّة [ḤaFLaT MUßIQiYYaT] dagegen „Konzert".

⑧ تَفُوتَ [TaFUTa]: Konjunktiv von فَاتَ [FATa], يَفُوتُ [YaFUTu] „entgehen". Der Konjunktiv steht immer nach den Konstruktionen أَنْ لَا [AN LA] und وَلَا [Wa-LA].

⑨ عَام [ᶜAM] „Jahr" bildet den inneren Plural أَعْوَام [AᶜWAM]. Als Alternative kennen Sie auch سَنَة [ßaNaT], سَنَوَات [ßaNaWAT] „Jahr".

⑩ مَوْعِد [MaUᶜiD] „Verabredung" basiert auf der gleichen Konsonantenwurzel wie وَعَدَ [WaᶜaDa], يَعِدُ [YaᶜiDu] „versprechen".

١٩ – أَبَداً! كَيْفَ أَنْسَاهُ، يَا صَاحِبَةَ عُيُونِ ٱلْغَزَالِ وَيَا رَفِيعَةَ ٱلذَّوْقِ وَٱلثَّقَافَةِ! ⑪

AUSSPRACHE

[19 **A**BaDAn ... ANß**A**Hu ... ßAḤiBaTa ᶜuYUNi (A)L-ṘaSAL(i) ... RaFIᶜaTa (A)fs-fs**a**UQ(i) Wa-(A)fß-fßaQAFa(Ti)]

Übung 1: Verstehen Sie diese Sätze?

❶ إِذَا رَغِبْتِ فِي مُشَاهَدَةِ هَذَا ٱلْفِيلْمِ، يُمْكِنُ أَنْ نَذْهَبَ إِلَى ٱلسِّينَمَا بَعْدَ غَدٍ وَبَعْدَ ٱلدُّرُوس

❷ بِوُدِّي ٱلْحُضُورُ إِلَى حَفْلَةِ ٱلطَّرَبِ ٱلأَنْدَلُسِيّ وَلَكِنْ، عَلَيْنَا أَنْ نَحجزَ ٱلتَّذَاكِرَ قَبْلَ شَهْرٍ مِنْهَا

❸ يَجِبُ أَنْ لاَ تَفُوتَكُمْ هَذِهِ ٱلْفُرْصَةُ لِأَنَّ هَذِهِ ٱلتَّظَاهُرَاتِ ٱلثَّقَافِيَّةَ سَتَكُونُ ٱسْتِثْنَائِيَّةً

❹ سَمِعْتُ بِأَنَّ هَذَا ٱلْفِيلْمَ ٱلْخَاصَّ بِتَرْبِيَةِ ٱلأَطْفَالِ بِدُونِ عَائِلاَتٍ مُشَوِّقٌ

❺ لاَ تَنْسَيْ مَوْعِدَكِ أَمَامَ مَسْرَحِ ٱلْمَدِينَةِ مَعَ صَدِيقَتِكِ يَاسْمِينَة

Auf keinen Fall! Wie könnte ich sie vergessen, oh du – meine gazellenäugige Freundin mit diesem erlesenen Kulturgeschmack (wie ich-vergesse-ihn oh Besitzerin Augen der-Gazelle und-oh erhabene der-Geschmack und-die-Kultur)! **19**

ANMERKUNGEN

⑪ Die Gazelle غَزَال [*ṘaS**A**L*], mit ihren großen, dunklen Augen symbolisiert die weibliche Schönheit. Merken Sie sich auch غَازَلَ [*Ṙ**A**SaLa*], يُغَازِلُ [*YuṘ**A**SiLu*] „(einer Frau) den Hof machen, flirten".

❻ أَنَا عَطْشَانَةٌ! لِنَذْهَبْ إِلَى ٱلْقُبَّةِ ٱلذَّهَبِيَّةِ نَشْرَبُ شَيْئاً. هَلْ يُرْضِيكَ ذَلِكَ ؟

❼ أَقْتَرِحُ عَلَيْكَ أَنْ نَسْتَرِيحَ قَلِيلاً بَعْدَ أَنْ ٱنْتَهَيْنَا مِنَ ٱلْإِمْتِحَانَاتِ

Lösung 1: Haben Sie verstanden?

❶ Wenn du♀ diesen Film zu sehen wünschst, können wir übermorgen nach dem Unterricht ins Kino gehen.
❷ Ich würde gerne auf das andalusische Konzert/Kulturfest gehen (mit-Wunsch-mein der-Anwesenheit nach Fest der-Unterhaltung der-andalusisch), aber wir müssen die Karten einen Monat vorher reservieren.
❸ Du darfst diesen Anlass nicht verpassen, denn diese kulturellen Veranstaltungen werden außergewöhnlich sein.
❹ Ich habe gehört, dass dieser Film über die Erziehung von Kindern ohne Familien spannend ist.
❺ Vergiss nicht deine♀ Verabredung mit deiner Freundin Jasmin vor dem Stadttheater.
❻ Ich habe Durst! Lass uns in die „Goldene Kuppel" gehen, um etwas zu trinken. Ist dir♂ das recht?
❼ Ich schlage dir vor, dass wir uns etwas ausruhen, nachdem wir die Prüfungen beendet haben.

Übung 2: Setzen Sie die fehlenden Wörter ein!

1. Lass uns übermorgen am Abend nach dem Unterricht ins Kino gehen!

لِنَذْهَبْ إِلَى ٱلسِّينَمَا بَعْدَ غَدٍ ____ بَعْدَ ٱلدُّرُوسِ!

2. Ich würde gerne in das Konzert gehen, denn ich habe gehört, dass es außergewöhnlich ist.

____ ٱلْحُضُورُ إِلَى حَفْلَةِ مُوسِيقِيَّةِ لِأَنِّي سَمِعْتُ بِأَنَّهَا ٱسْتِثْنَائِيَّةٌ

Leseübung

تظاهرات ثقافيّة

١ – أقترح عليك مشاهدة فيلم نسيت إسمه

٢ يتعلّق بتربية الخيول العربيّة

٣ وهو مشوّق جدّاً حسب ما سمعت

٤ يعرض هذا الشّريط في سينما «الحرّيّة»

٥ هل يعجبك أن نذهب لمشاهدته؟

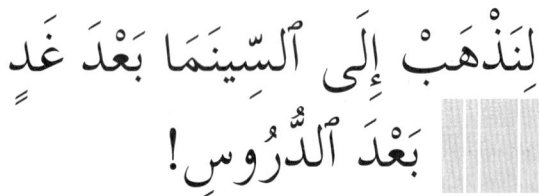

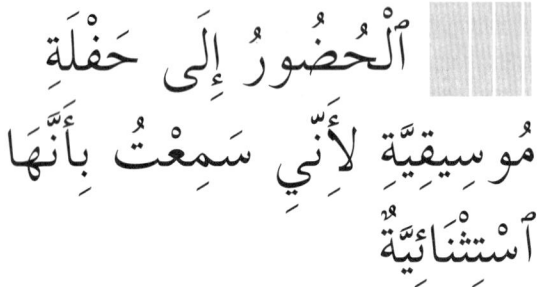

❸ Vergiss nicht unsere Verabredung, nachdem wir die Prüfungen beendet haben.

لَا ______ مَوْعِدَنَا بَعْدَ أَنْ إِنْتَهَيْنَا مِنَ ٱلْإِمْتِحَانَاتِ

❹ Ich schlage dir vor, dass wir in die „Goldene Kuppel" gehen, um etwas zu trinken.

أَقْتَرِحُ عَلَيْكَ أَنْ نَذْهَبَ إِلَى «ٱلْقُبَّةِ ٱلذَّهَبِيَّةِ» ______ شَيْئاً

Lösung 2: Die fehlenden Wörter.

❶ مَسَاءً [*MaßA'An*] ❷ بِوُدِّي [*Bi-WuDDI*] ❸ تَنْسَيْ [*TaNßaY*] ❹ لِنَشْرَبْ [*Li-NaSCHRaB*]

٦ – نعم!... متى؟

٧ – بعد غد مساء، بعد الدّروس،

٨ وقد نلتقي في مقهى «القبّة الذّهبيّة»

٩ هل يرضيك ذلك؟

١٠ – تماماً! خاصّة وإنّي أتطلّع إلى بعض الإستراحة

١١ الآن بعد الإنتهاء من الإمتحانات...

١٢ آه! هل تعرف أنّ هناك حفلة موسيقيّة مخصّصة للطّرب الأندلسيّ في المسرح البلديّ؟

١٣ يجب أن لا تفوتنا هذه الفرصة

١٤ لأنّ الفنّانين يقومون بجولة دوليّة قريباً

١٥ ولن يعودوا إلينا إلاّ بعد عامين أو ثلاثة أعوام!

١٦ – طيّب! سوف أحجز التّذاكر لحضور الحفلة

١٧ – إذن فإلى اللّقاء!

١٨ ... لا تنس موعدنا!

١٩ – أبداً! كيف أنساه، يا صاحبة عيون الغزال ويا رفيعة الذّوق والثّقافة!

هُدُوءُ ٱللَّيْلِ يُوحِي

„Die Nacht wird die Lösung bringen."/
„Etwas einmal überschlafen."
(Ruhe der-Nacht er-inspiriert)
[*HuD**U**'u (A)L-L**a**YLi **YU**ḤI*]

„Der absolute Favorit unter den Medien ist [...] zweifellos das Fernsehen. Die weite Verbreitung erstaunte [...] auch zahlreiche Entwicklungsexperten, die sich darüber wunderten, dass sogar in den abgelegensten Dörfern oder Beduinencamps Fernsehgeräte betrieben wurden – zum Teil mit Autobatterien." (aus *KulturSchock Ägypten*, Reise Know-How Verlag)

ألْقِسْمُ ٱلثَّانِي:
أُنْظُرْ مَرَّةً ثَانِيَّةً إِلَى ٱلدَّرْسِ ٱلرَّابِعِ وَٱلثَّلاَثِينَ

[*AL-Qi**ß**Mu (A)fß-fß**A**NI **UNṢ**uR M**a**RRa(Tan) fß**A**N**i**YYa(Tan) **I**LA AD-D**a**Rßi (A)R-R**A**Biᶜi Wa-(A)fß-fßaLAfß**I**Na*]

٧٠ أَلدَّرْسُ ٱلسَّبْعُونَ

[AD-DaRßu (A)ß-ßaB^{c}UN(a)]

مُرَاجَعَةٌ وَمُلَاحَظَاتٌ

Sie haben nun gute Grundkenntnisse der Grammatik, verfügen über einen Mindestwortschatz und lesen fließend vokalisierte Texte. Die bereits bekannten Wörter in unvokalisierter Form bereiten Ihnen keine Schwierigkeiten mehr. Sie haben das Prinzip der Wortbildung verstanden und können neue Wörter meist einer Wurzel zuordnen. Sie besitzen also das Handwerkszeug, um Ihre Kenntnisse mühelos zu vertiefen und Ihr Vokabular auszuweiten.

1. Abgeleitete Verben: VII., IX. und X. Stamm

• VII. Stamm إِنْفَعَلَ [INFa^{c}aLa] / يَنْفَعِلُ [YaNFa^{c}iLu]

Der VII. Stamm wird mit dem Präfix [IN-] vor dem 1. Konsonanten gebildet. Verben dieses Stamms sind entweder:

a) intransitive Formen (Verb ohne Akkusativobjekt) eines transitiven Verbs (Verb mit Akkusativobjekt) des I. Stamms,

oder – allerdings seltener –

b) (wie der VIII. Stamm) eine reflexive Form zum I. Stamm:

„zerbrechen, kaputt gehen“ [INKaßaRa] [YaNKaßiRu]	إِنْكَسَرَ يَنْكَسِرُ	**VII. Stamm**	←	„etw. zerbrechen“ [KaßaRa] [YaKßiRu]	كَسَرَ يَكْسِرُ	**I. Stamm**

Wir haben kennen gelernt:

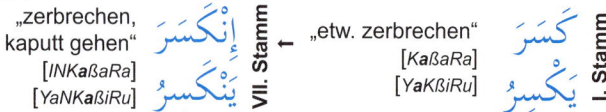

70. Lektion

I. Stamm				VII. Stamm		
I. Stamm	طَلَقَ يَطْلُقُ	„loslassen, befreien" [*ṬaLaQa*] [*YaṬLuQu*]	→	VII. Stamm	إِنْطَلَقَ يَنْطَلِقُ	„losgelassen/ befreit werden" [*INṬaLaQa*] [*YaNṬaLiQu*]
I. Stamm	فَجَرَ يَفْجُرُ	„(Wasser) sprudeln lassen" [*FaĴaRa*] [*YaFĴuRu*]	→	VII. Stamm	إِنْفَجَرَ يَنْفَجِرُ	„explodieren, erschallen" [*INFaĴaRa*] [*YaNFaĴiRu*]

Der VII. Stamm kennt das Bildungsmuster [*INFi^cAL*] für das **maßdar**:

إِنْفِعَال „Laune" [*INFi^cAL*] → إِنْفِجَار „Explosion" [*INFiĴAR*]

Die Aktiv-/Passiv-Partizipien sind مُنْفَعِل [*MuNFa^ciL*] مُنْفَاعَل [*MuNFA^caL*]:

إِنْسَجَمَ
يَنْسَجِمُ + مَعَ „harmonisieren mit" [*INßaĴaMa*] [*YaNßaĴiMu + Ma^ca*] → مُنْسَجِم „harmonisch" [*MuNßaĴiM*]

In Lektion 66 sind Sie dem verneinten Imperativ begegnet:

إِنْصَرَفَ
يَنْصَرِفُ „weggehen" [*INßaRaFa*] [*YaNßaRiFu*] → لَا تَنْصَرِفْ! „Geh nicht weg!" [*LA TaNßaRiF*]

• IX. Stamm إِفْعَلَّ [*IF^caLLa*] / يَفْعَلُّ [*YaF^caLLu*]

Der IX. Stamm wird durch das Präfix [*I-*] vor dem 1. Konsonanten und die Verdopplung des 3. Wurzelkonsonanten gebildet. Er wird sehr selten verwendet, da er im Wesentlichen nur dazu dient, Farbadjektive oder körperliche und geistige Besonderheiten auszudrücken, die mit dem Verb „werden" verbunden sind, wie: „rot werden", „erröten" usw.:

„grün werden / ergrünen"
[*Ya*CHḌaRRu] < [*I*CHḌaRRa] يَخْضَرُّ < إِخْضَرَّ

„schwarz werden"
[*I*ßWaDDa] < [*Ya*ßWaDDu] إِسْوَدَّ < يَسْوَدُّ

Das Muster für das **maßdar** des IX. Stamms ist إِفْعِلَال [IFᶜiLAL]:

„Schwarzwerden, Verdunkeln"
[IßWiD**A**D] إِسْوِدَاد

Dieser Stamm kennt nur das Passiv-Partizip مُفْعَلّ [MuFᶜaLL]:

„schwarz geworden"
[M**u**ßWaDD] مُسْوَدّ

• **X. Stamm** إِسْتَفْعَلَ [IßTaFᶜaLa] / يَسْتَفْعِلُ [YaßTaFᶜiLu]

Er wird mit dem Präfix [IßT-] vor dem 1. Konsonanten gebildet. Dieser Stamm kann – genau wie der I. Stamm – in seiner Bedeutung meist nicht näher eingegrenzt werden, wenn auch sehr häufig im Unterton eine Bitte mitschwingt:

X. Stamm			I. Stamm	
„empfangen" [IßT**a**QBaLa] [YaßT**a**QBiLu]	إِسْتَقْبَلَ يَسْتَقْبِلُ	←	„annehmen, akzeptieren" [QaBiLa] [Y**a**QBaLu]	قَبِلَ يَقْبَلُ

Ein Beispiel für diesen Stamm haben Sie in Lekt. 61 gesehen:

„können"
[IßTaṬ**A**ᶜa]
[YaßTaṬ**I**ᶜu]
إِسْتَطَاعَ
يَسْتَطِيعُ

Vorsicht: Dieses häufig verwendete Verb ist – durch das **waw** in der Wurzel (***Ṭ-W-ᶜ***) – unregelmäßig. Die wichtigsten Formen sind:

[TaßTaṬI^{c}u] „du kannst" تَسْتَطِيعُ ;[AßTaṬI^{c}u] „ich kann" أَسْتَطِيعُ

[NaßTaṬI^{c}u] „wir können" نَسْتَطِيعُ ;[YaßTaṬI^{c}u] „er kann" يَسْتَطِيعُ

usw.

Ebenfalls unregelmäßig ist „profitieren von, Profit ziehen aus...":

[MiN] مِن + [YaßTaFIDu] يَسْتَفِيدُ ;[IßTaFADa] إِسْتَفَادَ

und „sich ausruhen":

[YaßTaRIḤu] يَسْتَرِيحُ ;[IßTaRAḤa] إِسْتَرَاحَ

In einigen Fällen ist der X. Stamm das rückbezügliche Gegenstück zum IV. Stamm:

X. Stamm		←	IV. Stamm	
„sich informieren" [IßTaCHBaRa]	إِسْتَخْبَرَ	←	„(jemanden) benachrichtigen" [ACHBaRa]	أَخْبَرَ
[YaßTaCHBiRu]	يَسْتَخْبِرُ		[YuCHBiRu]	يُخْبِرُ

Sein **maßdar** ist إِسْتِفْعَال [IßTiF^{c}AL], und die Aktiv- und Passiv-Partizipien werden nach den Mustern مُسْتَفْعِل [MußTaF^{c}iL] und مُسْتَفْعَل [MußTaF^{c}aL] gebildet:

„Formular" [IßTiMARaT]	إِسْتِمَارَة	„Empfang" [IßTiQBAL]	إِسْتِقْبَال
„Ruhe" [IßTiRAḤaT]	إِسْتِرَاحَة	„Ausnahme" [IßTifßNA']	إِسْتِثْنَاء

2. Bedingungssätze

Bedingungssätze werden mit den Konjunktionen إِذَا [IfsA], إِنْ [IN] und لَوْ [LaU] gebildet. Die Arabisten unterteilen Bedingungssätze in „Vordersatz" und „Nachsatz"; allerdings ist dies nicht 100%ig mit unserem Muster von Haupt- und Nebensatz vergleichbar. Nach diesen Konjunktionen steht das Verb meistens im VA, wobei es auch im UA vorkommen kann. Im Vordersatz dagegen steht – je nach Aussage – auch das Futur, der Imperativ oder

der Apokopat. Hier einige Regeln zur Bildung der verschiedenen Bedingungssätze:

• Möglichkeiten beschreibender Bedingungssatz

Bezeichnet der Bedingungssatz eine Handlung, deren Eintreten als möglich bzw. realisierbar angesehen werden kann, wird er nach diesem Schema konstruiert: إِذَا [*IfsA*] + VA, فَـ [*Fa-*] + VA / UA / Futur / Imperativ usw. (wobei [*Fa-*] nicht zwingend stehen muss):

إِذَا بَقِيَ بَائِعُ ٱلْأَبْسِطَةِ فِي ٱنْتِظَارِنَا مَسَاءَ ٱلْيَوْمِ يُمْكِنُ أَنْ نَسْتَفِيدَ غَداً مِن سِعْرٍ أَرْخَص

„Wenn der Teppichverkäufer heute Abend [noch] auf uns wartet, ist es möglich, dass wir morgen von einem billigeren Preis profitieren werden."

[*IfsA BaQiYa BA'i^cu AL-ABßiṬaTi FI INTiṢARiNA MaßA'a AL-YaUMi YuMKiNu AN NaßTaFIDa ṘaDAn MiN ßi^cRin ARCHaßa*]

أَلْفُ دِينَارٍ مَعَ تَخْفِيضٍ بِنِسْبَةِ خَمْسَةٍ وَعِشْرِينَ فِي ٱلْمِئَةِ، إِذَا تَمَّ ٱلْحَجْزُ قَبْلَ ٱلرِّحْلَةِ بِخَمْسَةَ عَشَرَ يَوْماً

„Tausend Dinar mit einer Ermäßigung in Höhe von 25%, wenn die Reservierung 15 Tage vor der Reise getätigt wird."

[*ALFu DINARin Ma^ca TaCHFIḌin Bi-NißBaTi CHaMßaTin Wa-^ciSCHRINa FI AL-Mi'aTi IfsA TaMMa AL-ḤaĴSu QaBLa AR-RiḤLaTi Bi-CHaMßaTa ^caSCHaRa YaUMAn*]

• Realer Bedingungssatz

Hier wird – ähnlich wie beim Bedingungssatz, der eine Möglichkeit beschreibt – die Bedingung als realisierbar angesehen. Sein Bildungsschema ist إِنْ [*IN*] + VA, فَـ [*Fa-*] + VA / UA / Apokopat. Diese Form wird weit seltener als die vorherige benutzt, und Sie kennen bis jetzt nur إِنْ شَاءَ ٱللهُ [*IN SCHA'a ALLaHu*] „So Gott will!".

• Irrealer Bedingungssatz

Er bezeichnet eine Handlung, die nicht realisiert werden konnte oder deren Realisierung unmöglich ist. Das Konstruktionsschema ist لَوْ [*LaU*] + VA, لَـ [*La-*] + VA:

لَوْ كُنَّا فِي ٱلرَّبِيعِ، لَذَهَبْنَا نَتَجَوَّلُ فِي ٱلسَّهْلِ

„Wenn wir im Frühling wären, wären wir in der Ebene spazieren gegangen ..."

[*LaU KuNNA FI AR-RaBI^ci La-fsaHaBNA NaTaĴaWWaLu FI Aß-ßaHLi*]

لَوْ كُنَّا فِي بِدَايَةِ ٱلْخَرِيفِ لَذَهَبْنَا إِلَى ٱلْغَابَةِ نَتَفَرَّجُ عَلَى ٱلْأَشْجَارِ ٱلْمُتَلَوِّنَةِ!

„Wenn wir am Beginn des Herbstes wären, wären wir in den Wald gegangen, um uns die vielfarbigen Bäume anzusehen!"

[*LaU KuNNA FI BiDAYaTi AL-CHaRIFi La-fsaHaBNA ILA AL-ṘABaTi NaTaFaRRaĴu ^caLA AL-ASCHĴARi AL-MuTaLaWWiNaTi*]

3. Anwendungen des Konjunktivs im Nebensatz

Der Konjunktiv wird nicht nur nach bestimmten Wendungen und Verben angewandt, aber auch nach gewissen Konjunktionen:

• قَالَ لِـــ... أَنْ ... [*QALa Li-... AN*]: **„sagen"**:

قُلْ لِأَصْدِقَائِكَ... أَنْ يَدْخُلُوا

„Sagen Sie Ihren Freunden ..., dass sie eintreten sollen ..."

[*QuL Li-AßDiQA'iKa... AN YaDCHuLU*]

Aussagen mit قَالَ لِـ [*QALa Li-*] haben einen befehlenden Unterton, während قَالَ إِنَّ [*QALa INNa*] nur „sagen" im eigentlichen Sinne bedeutet.

هُوَ يَقُولُ إِنَّ ٱلْجَوَّ حَارٌّ جِدّاً

„Er sagt, dass es sehr heiß ist (dass der-Wetter heiß sehr)."

[*HuWa YaQULu INNa AL-ĴaWWa ḤARRun ĴiDDAn*]

• إِسْتَطَاعَ أَنْ [IßTaṬAᶜa AN]: „**können**":

لاَ أَسْتَطِيعُ أَنْ أَشْتَرِيَهُ

„Ich kann ihn nicht kaufen".
[*LA AßTaṬIᶜu AN ASCHTaRiYaHu*]

Als Alternative kann man auch das **maßdar** verwenden.

• حَتَّى [*ḤaTTA*] + Konjunktiv: „**damit, um zu**":

دَعِ ٱلْبَائِعَ يَنْتَظِرُ قَلِيلاً حَتَّى تَسْتَفِيدَ غَداً مِنْ سِعْرٍ أَكْثَرَ إِغْرَاءً!

„Lassen Sie den Verkäufer etwas warten, damit Sie morgen von einem noch interessanteren Preis profitieren werden!"
[*Daᶜ-i AL-BA'iᶜa YaNTaṢiRu QaLILAn ḤaTTA TaßTaFIDa ṘaDAn MiN ßiᶜRin AKfßaRa IṘRA'an*]

• أَنْ لاَ [*AN LA*] „dass nicht":

Nach أَنْ + لاَ, steht das Folgeverb ebenfalls im Konjunktiv:

يَجِبُ أَنْ لاَ تَفُوتَنَا هَذِهِ ٱلْفُرْصَةُ

„Wir dürfen diesen Anlass nicht verpassen."
[*YaĴiBu AN LA TaFUTaNA HafsiHi AL-FuRßaTu*]

4. Weitere Anwendungen des Apokopat

• **Injunktiv**: لِـــ [*Li-*] + Apokopat

Diese Konstruktion bezeichnet in erster Linie eine abgeschwächte Befehlsform der 1. Pers. Pl., kann sich aber auch auf alle anderen Personen beziehen. Man übersetzt den Injunktiv am besten mit „sollen" oder „lassen":

لِنَقْتَرِبْ مِنَ ٱلنَّارِ!

„Lass uns näher ans Feuer gehen!"
[*Li-NaQTaRiB MiN AN-NARi*]

لِنُسَلِّمْ قَطِيعَ ٱلْغَنَمِ إِلَى جَدِّنَا فَلْنُغَادِرِ ٱلْمَكَانَ إِلَى ٱلْمَنَاطِقِ...

„Lass uns die Schafherde unserem Großvater anvertrauen, und lass uns diesen Ort verlassen, um in Gegenden zu gehen ...".
[*Li-NußaLLiM QaṬIᶜa AL-ṘaNaMi ILA ĴaDDiNA FaL-NuṘADiR-i AL-MaKANa ILA AL-MaNAṬiQi*]

Beachten Sie, dass ـفـ [*Fa-*] + لـ [*Li-*] als فلـ [*FaL-*] geschrieben wird.

„Er soll ins Büro gehen!"
[*Li-YafsHaB ILA AL-MaKTaBi*]

لِيَذْهَبْ إِلَى ٱلْمَكْتَبِ!

„Ich sollte ins Büro gehen!"
[*Li-AfsHaB ILA AL-MaKTaBi*]

لِأَذْهَبْ إِلَى ٱلْمَكْتَبِ!

• لَمْ [*LaM*] + Apokopat + بَعْدُ [*BaᶜDu*]: „noch nicht...":

لَمْ تَتَّخِذِ ٱلْحُكُومَةُ بَعْدُ ٱلإِجْرَاءَاتِ ٱللَّازِمَةَ لِتَخْفِيضِ مُسْتَوَى ٱلْبِطَالَةِ فِي ٱلْبَلَدِ

„Die Regierung hat noch nicht die notwendigen Maßnahmen ergriffen, um die Arbeitslosenquote im Land zu senken."
[*LaM TaTTaCHifs-i AL-ḤuKUMaTu BaᶜDu AL-IĴRA'ATi AL-LASiMaTa Li-TaCHFIḌi MußTaWA AL-BiṬALaTi FI AL-BaLaDi*]

Merken Sie sich in diesem Zusammenhang auch die Kombination aus لَمْ [*LaM*] + Apokopat und قَطّ [*QaṬṬ*], die „(noch) nie" bedeutet.

LEKTION 70

5. Relativpronomen

Sie verbinden einen Relativsatz mit einem vorhergehenden Satzteil. Bis jetzt kannten Sie nur die Pronomen des Singulars, hier sind nun auch die Pluralformen:

Singular	أَلَّذِي	„welcher, der“ **Mask.** *[ALL**a**fs**I**]*	**Plural** →	أَلَّذِينَ „welche, die“ *[ALLafs**I**Na]*
	أَلَّتِي	„welche, die“ **Fem.** *[ALL**a**T**I**]*	→	أَلَّتِي < أَللَّوَاتِي *[ALLaW**A**T**I** < ALL**a**T**I**]*

لَمْ تَسْتَطِعِ ٱلشُّرْطَةُ إِلَى ٱلآنَ ٱعْتِقَالَ ٱللُّصُوصِ ٱلَّذِينَ هَاجَمُوا ٱلْبَنْكَ ٱلْمَرْكَزِيَّ أَخِيراً

„Die Polizei konnte bis jetzt nicht die Diebe verhaften, die kürzlich die Zentralbank überfallen haben.“
*[LaM TaßTaṬ**I**ᶜ-i ASCH-SCH**u**RṬaTu **I**LA AL-**Ā**Ni IᶜTiQ**A**La AL-Lu<u>ß</u>**U**<u>ß</u>i ALLafs**I**Na H**A**ĴaMU AL-B**a**NKa AL-M**a**RKaSiYYa ACH**I**RAn]*

6. Akkusativ als Adverbialbestimmung der Zeit oder des Zwecks

• Nach كَانَ *[K**A**Na]*:

لاَ تَكُنْ مُتَعَنِّتاً

„Sei nicht so eigensinnig/ein Dickschädel!“
*[LA TaK**u**N MuTaᶜ**a**NNiTan]*

غَداً يَكُونُ ٱلْجَوُّ حَارّاً جِدّاً

„Morgen wird es sehr heiß werden.“
*[Ṙ**a**DAn YaK**U**Nu AL-Ĵ**a**WWu Ḥ**A**RRAn Ĵ**i**DDAn]*

• Nach لِأَنَّ *[Li'**A**NNa]*, أَنَّ *[**A**NNa]*, إِنَّ *[**I**NNa]* und كَمْ *[KaM]*:

كَمْ شَنْطَةً؟ „Wie viele Taschen?“
*[KaM SCH**a**NṬaTan]*

كَمْ وَرَقَةً؟ „Wie viele Taschen?“
*[KaM W**a**RaQaTan]*

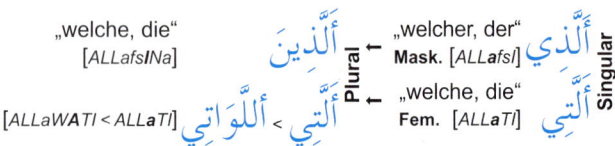

• Als Adverbialbestimmung der Zeit:

„heute" [*AL-Y**a**UMa*]	أَلْيَوْمَ
„kürzlich" [*ACH**I**RAn*]	أَخِيراً
„gleich, sofort" [*F**a**URAn*]	فَوْراً
„bald" [*QaR**I**BAn*]	قَرِيباً
„morgen früh" [*Ṙ**a**DAn ßaB**A**ḤAn*]	غَداً صَبَاحاً

usw.

• Als Adverbialbestimmung der Zwecks:

„auf jeden Fall, ganz und gar" [*TaM**A**MAn*]	تَمَاماً
„etwa, ungefähr" [*TaQR**I**BAn*]	تَقْرِيباً
„speziell, besonders" [*CH**A**ßßaTan*]	خَاصَّةً
„auf keinen Fall" [***A**BaDAn*]	أَبَداً
„sehr" [*Ĵ**i**DDAn*]	جِدّاً
„wenig" [*QaL**I**LAn*]	قَلِيلاً
„viel" [*Kafß**I**RAn*]	كَثِيراً

Außerdem:

„in bar, Bargeld, cash" [*N**a**QDAn*]	نَقْداً
„laut auflachen" [*INF**a**ĴaRa Ḍ**a**ḤKAn*]	إِنْفَجَرَ ضَحْكاً

7. أَوْ [AM] und أَمْ [AU] „oder"

In einem Aussagesatz verwendet man أَوْ [*AU*], in einem Fragesatz dagegen أَمْ [*AM*]:

هُوَ فِي دِمَشْق أَوْ حَلَب
„Er ist in Damaskus oder Aleppo."
[HuWa FI DiMaSCHQ AU ḤaLaB]

أَلْأَحْمَرُ أَمِ ٱلْأَبْيَضُ؟
„Der rote oder der weiße?"
[AL-AḤMaRu AM-i AL-ABYaḌu]

هَلْ يَجِبُ عَلَيَّ ٱلإِعْلَانُ عَنْ سَرِقَةٍ أَمْ فُقْدَانٍ؟
„Muss ich eine Diebstahl- oder Verlustmeldung machen?"
[HaL YaĴiBu ᶜaLaYYa AL-IᶜLANu ᶜaN ßaRiQaTin AM FuQDANin]

أَمْ [AM] wird nur verwendet, wenn es direkt zwischen zwei Wörtern steht, die gleichwertig sind und den Inhalt der Frage bilden; andernfalls verwendet man auch hier أَوْ [AU].

هَلْ تَدْفَعُ بِٱلْيُورُو أَوْ بِٱلدُّولَارَاتِ؟
„Zahlst du mit Euro oder mit Dollar?"
[HaL TaDFaᶜu BiL-YURU AU Bi-AD-DULARATi]

8. Verschiedene Anwendungen der Stützvokale

• **[-a] steht mit** مِنْ **[MiN]**

لِنَقْتَرِبْ مِنَ ٱلنَّارِ!
„Lass uns näher ans Feuer gehen!"
[Li-NaQTaRiB MiN-a AN-NARi]

Sehen Sie sich dazu die Lektionen 12 und 56 nochmals an.

• **[-i] steht mit** أَمْ **[AM],** عَنْ **[ᶜaN], nach einem Nomen oder Verb**

An Nomen oder Verbformen, die auf einen Konsonanten enden (z.B. 3. Person Fem., Apokopat, Imperativ usw.) sowie an أَوْ [AM] und عَنْ [ᶜaN] wird in der Regel der Stützvokal [-i] angehängt, wenn darauf der Artikel [AL-] folgt.

أَلْأَحْمَرُ أَمِ ٱلْأَبْيَضُ؟
„Der rote oder der weiße?"
[AL-AḤMaRu AM-i AL-ABYaḌu]

فِي جَبَلِ لُبْنَانِ ٱلْجَمِيلِ
„im schönen Gebirge des Libanon"
[FI ĴaBaLi LuBNAN-i AL-ĴaMILi]

فَتَحَتِ ٱلْبَابَ
„Sie hat die Tür geöffnet."
[FaTaḤaT-i AL-BABa]

لَمْ تَتَّخِذِ ٱلْحُكُومَةُ بَعْدُ „Die Regierung hat noch nicht ... ergriffen"
[LaM TaTTaCHifs-i AL-ḤuKUMaTu BacDu]

فَلْنُغَادِرِ ٱلْمَكَانَ... „... und lass uns diesen Ort verlassen"
[FaL-NuṘADiR-i AL-MaKANa]

9. Farbadjektive

Als Farbadjektive kamen أَحْمَر [AḤMaR] „rot" und أَبْيَض [ABYaḌ] „weiß" vor. Die meisten Farbadjektive sind diptotisch und entsprechen dem Schema أَفْعَل [AFcaL] – das identisch mit dem des Elativs ist. Sie bilden das Femininum auf [FacLA']. Hier die wichtigsten Farbadjektive (Mask./ Fem.):

أَحْمَر > حَمْرَاء „rot" [ḤaMRA'] < [AḤMaR]

أَبْيَض > بَيْضَاء „weiß" [BaYḌA'] < [ABYaḌ]

أَصْفَر > صَفْرَاء „gelb" [ẞaFRA'] < [AẞFaR]

أَخْضَر > خَضْرَاء „grün" [CHaḌRA'] < [ACHḌaR]

أَزْرَق > زَرْقَاء „blau" [SaRQA'] < [ASRaQ]

أَسْوَد > سَوْدَاء „schwarz" [ßaUDA'] < [AßWaD]

أَسْمَر > سَمْرَاء „braun" [ßaMRA'] < [AßMaR]

Farbadjektive, die **nicht** diesem Muster folgen, sind:

رَمَادِيّ „grau" [RaMADiYY]

بُنِّيّ „kaffeebraun" [BuNNiYY]

لَيْلَكِيّ „lila" [LaYLaKiYY]

وَرْدِيّ „rosarot" [WaRDiYY]

بُرْتُقَالِيّ „orange" [BuRTuQALiYY]

LEKTION 70

10. Verständnis- / Formulierungsübung

1 أَلصَّدِيقَتَانِ

2 أَلسَّلَامُ عَلَيْكِ! مَاذَا تَعْمَلِينَ هُنَا أَمَامَ ٱلْمَسْرَحِ؟

3 أَنْتَظِرُ خَطِيبِي لِلذَّهَابِ مَعَهُ إِلَى سِينَمَا «ٱلْحُرِّيَةِ» ٱلَّتِي تُوجَدُ فِي ٱلشَّارِعِ ٱلْمُجَاوِرِ

4 لَمْ يَصِلْ بَعْدُ... هُوَ مُتَأَخِّرٌ بِرُبْعِ سَاعَةٍ فَإِنِّي قَلِقَةٌ

5 لاتَقْلَقِي! لَوْ لَمْ يَسْتَطِعْ أَنْ يَحْضُرَ لَهَاتَفَكِ عَلَى جَوَّالِهِ. أَلَيْسَ كَذَلِكَ؟

6 حَرَكَةُ ٱلْمُرُورِ شَدِيدَةٌ هَذَا ٱلْمَسَاءَ

7 وَأَنْتِ؟ إِلَى أَيْنَ تَذْهَبِينَ؟

8 أَنَا أَذْهَبُ لِشِرَاءِ أَجْهِزَةٍ مَنْزِلِيَّةً جَدِيدَةٍ فِي هَذَا ٱلدُّكَّانِ ٱلَّذِي يَعْمَلُ فِيهِ إِبْنُ عَمِّي

9 وَلَكِنْ يَجِبُ عَلَيَّ أَنْ أُسَاوِمَ، وَٱلْحَمْدُ لِلهِ

سَيَحْضُرُ زَوْجِي لِمُسَاعَدَتِي

10 لَوْ ذَهَبْتِ إِلَى ٱلْمَرْكَزِ ٱلتِّجَارِيِّ لَحَصَلْتِ عَلَى أَسْعَارٍ أَكْثَرَ إِغْرَاءً

11 نَعَمْ، وَلَكِنَّ ٱلْمَسَافَةَ بَعِيدَةٌ وَهُنَا ٱلْأَجْهِزَةُ حَدِيثَةٌ وَجَمِيلَةٌ فِي نَفْسِ ٱلْوَقْتِ

12 آه! هَا هُوَ كَرِيم! مَعَ ٱلسَّلَامَةِ!

13 لِنَتَهَاتَفْ غَداً حَتَّى نَتَّفِقَ عَلَى مَوْعِدٍ لِلْحُضُورِ إِلَى حَفْلَةٍ لِلطَّرَبِ ٱلْأَنْدَلُسِيِّ. إِلَى ٱللِّقَاءِ!

Aussprache der Übungssätze

[**1** *Aß-ßaDIQaTAN(i)*] [**2** *Aß-ßaLAMu ᶜaLaYKi MafsA TaᶜMaLINa HuNA AMAMa (A)L-MaßRaḤ(i)*] [**3** *ANTaṢiR(u) CHaṬIBI Li-(A)fs-fsaHAB(i) MaᶜaHu ILA ßINaMA (A)L-ḤuRRiYYa(Ti) (A)LLaTI TuĴaDu FI (A)SCH-SCHARiᶜi (A)L-MuĴAWiR(i)*] [**4** *LaM YaßiL BaᶜD(u) HuWa MuTa'ACHCHiR(un) Bi-RuBᶜi ßAᶜa(Tin) Fa-INNi QaLiQa(Tun)*] [**5** *LA TaQLaQI LaU LaM YaßTaṬIᶜ AN YaḤḌuRa La-HATaFaKi ᶜaLA ĴaWWALiHi A LaYßa Ka-fsaLiK(a)*] [**6** *ḤaRaKaTu (A)L-MuRUR(i) SCHaDIDa(Tun) HafsA (A)L-MaßA'(a)*] [**7** *Wa-ANTi ILA AYNa TafsHaBIN(a)*] [**8** *ANA AfsHaB(u) Li-SCHiRA'i AĴHiSa(Tin) MaNSiLiYYa(Tan) ĴaDIDa(Tin) FI HafsA (A)D-DuKKANi (A)LLafsI YaᶜMaL(u) FIHi IBNu ᶜaMMI*] [**9** *WaLaKiN YaĴiB(u) ᶜaLaYYa AN UßAWiMa Wa-(A)L-ḤaMDu Li-(A)LLaHi ßa-YaḤḌuRu SaUĴI Li-*

*Mußᶜ**A**ᶜDaT**I***] [**10** *La**U** fsaH**a**BTi **I**LA (A)L-M**a**RKaSi (A)Ṭ-TiĴ**A**RiYY(i) La-Ḥaß̲**a**LTi ᶜ**a**LA Aßᶜ**A**Rin **A**kfßaR(a) IṘR**A**'(An)*] [**11** *N**a**ᶜaM Wa-LaK**i**NNa (A)L-Maß**A**Fa(Ta) Baᶜ**I**da(Tun) Wa-HuN**A** (A)L-**A**ĴHiSa(Tu) ḤaD**I**fßa(Tun) Wa-ĴaM**I**La(Tun) F**I** N**a**Fßi (A)L-W**a**QT(i)*] [**12** *ĀH HA H**u**Wa KaR**I**M M**a**ᶜa (A)ß-ßaL**A**Ma(Ti)*] [**13** *Li-NaTaH**A**TaF Ṙ**a**DAn Ḥ**a**TTA NaTT**a**FiQa ᶜ**a**LA M**a**Uᶜ iDin LiL-ḤuḌ**U**R(i) **I**LA Ḥ**a**FLa(Tin) Li-(A)Ṭ-Ṭ**a**RaB(i) (A)L-ANDaLuß**i**YY(i) **I**LA (A)L-LiQ**A**'(i)*]

Übersetzung der Übungssätze

❶ Die beiden Freundinnen ❷ – Guten Tag! Was machst du (Fem.) hier vor dem Theater? ❸ – Ich warte auf meinen Verlobten, um mit ihm ins „Freiheit"-Kino zu gehen (für der-Gehen), das sich in der benachbarten Straße befindet. ❹ Er ist noch nicht angekommen. Er ist eine Viertel Stunde zu spät, und ich bin besorgt. ❺ – Mach dir (Fem.) keine Sorgen! Wenn er nicht hätte kommen können, hätte er dich auf dem Handy angerufen. Nicht wahr? ❻ Der Verkehr (Bewegung der-Verkehr) ist stark heute Abend. ❼ – Und du, wo gehst du hin? ❽ – Ich gehe neue Haushaltsgeräte kaufen in dem Geschäft, in dem mein Cousin arbeitet. ❾ Aber ich muss handeln, und Gott sei Dank wird mein Mann dort anwesend sein, um mir zu helfen. ❿ – Wenn du (Fem.) ins Einkaufszentrum gefahren wärst, hättest du interessantere Preise gefunden (erhalten). ⓫ – Ja, aber das ist weit (die-Entfernung weite), und hier sind die Geräte gleichzeitig modern und schön. ⓬ – Ah, hier ist [ja] Karim! Auf Wiedersehen! ⓭ – Lass uns morgen telefonieren, um eine Verabredung auszumachen (auf Verabredung für-der-Anwesenheit), in ein andalusisches Konzert zu gehen. Auf Wiedersehen!

إِذَا أَتَتْنِي مَذَمَّتِي مِنْ نَاقِصٍ
فَهْيَ ٱلشَّهَادَةُ لِي بِأَنِّي كَامِلُ

„Wenn ein Unperfekter mich verleumdet,
ist das das beste Zeugnis für meine Perfektion."
(wenn kam-sie-mir Verleumdung-mein von unperfekt
also-sie die-Zeugnis für-mich mit-dass-ich perfekt)
[*IfsA ATaTNI MafsaMMaTI MiN NAQißin*
Fa-H(i)Ya (A)SCH-SCHaHADaTu LI Bi-ANNI KAMiLu(n)]

In der letzten Kurseinheit werden Sie grammatisch kaum Neues entdecken. Schwerpunkt ist hier vor allem die Vertiefung Ihrer Wortschatzkenntnisse und deren Erweiterung. Sie „jonglieren" bereits mit der arabischen Sprache, und viele alltägliche Situationen lassen sich mit dem bekannten Vokabular nun problemlos meistern. Jetzt wird es darum gehen, Ihren Kenntnissen das i-Tüpfelchen aufzusetzen: Sie werden lernen, sich dem jeweiligen Gesprächsanlass entsprechend auszudrücken, neue Texte zu lesen und sich das notwendige Vokabular abzuleiten.

أَلْقِسْمُ ٱلثَّانِي:
أُنْظُرْ مَرَّةً ثَانِيَةً إِلَى ٱلدَّرْسِ ٱلْخَامِسِ وَٱلثَّلَاثِينَ

[*AL-QißMu (A)fß-fßANI UNṢuR MaRRa(Tan) fßANiYYa(Tan) ILA AD-DaRßi (A)L-CHAMißi Wa-(A)fß-fßaLAfßINa*]

*Nach der Bearbeitung dieses Kurses werden Sie sicherlich bei unbekannten arabischen Texten hin und wieder zum Wörterbuch greifen müssen. Dessen Gebrauch erfordert allerdings etwas Übung, denn die einzelnen Wörter sind in fast allen Werken unter den Wurzelkonsonanten angegeben (so findet sich z.B. ein Wort wie [M**a**KTaB] „Büro" unter **K-T-B**). Dies bedeutet, dass man bei einem unbekannten Wort zuerst die Wortwurzel erschließen muss, bevor man es im Wörterbuch nachschlagen kann.*

Verschiedene grammatische Phänomene erschweren den Umgang mit dem Wörterbuch, da sie die Stammkonsonanten „verschleiern" können: Prä-, In- und Suffixe von Ableitungsstämmen oder Verbalnomen, angehängte Personalpronomen, Verkürzun-

٧١ أَلدَّرْسُ ٱلْحَادِي وَٱلسَّبْعُونَ

أَلأَدَبُ

١ هَلْ تَحَسَّنَتْ صِحَّةُ أُمِّكَ؟ ①

٢ أَرْجُو مِنْكَ أَنْ تُبَلِّغَهَا تَحِيَّاتِي مَعَ كُلِّ تَقْدِيرِي وَٱحْتِرَامِي ②③④

ANMERKUNGEN

① تَحَسَّنَ [TaḤ**a**ßßaNa], يَتَحَسَّنُ [YaTaḤ**a**ßßaNu]: Verb des V. Stamms, abgeleitet von **Ḥ-ß-N**: حَسَن [Ḥ**a**ßaN] „gut, schön".

② بَلَّغَ [B**a**LLaṘa], يُبَلِّغُ [YuB**a**LLiṘu] II. Stamm von **B-L-Ṙ**: بَلَغ [B**a**LaṘa], يَبْلُغُ [Y**a**BLuṘu] „betragen".

gen in Genitivkonstruktionen, im Konjunktiv, Apokopat oder Imperativ.
Wir wollen Ihnen also in den folgenden sieben Lektionen das nötige Grundwissen vermitteln, um neue Wörter mit Hilfe des Wörterbuchs zu finden und zu übersetzen. In diesem Abschnitt verzichten wir auf die phonetische Umschrift, denn der vokalisierte arabische Text bereitet Ihnen nun sicher keine Schwierigkeiten mehr.

In den folgenden Lektionen werden gelegentlich Sätze und Wendungen in zwei Varianten angegeben, wobei die Alternativausdrücke jeweils in Klammern stehen, ebenso die entsprechenden Übersetzungen.

71. Lektion

Die Höflichkeit

Geht es Ihrer Mutter besser (|Frage| verbesserte-sie Gesundheit Mutter-deine)? 1

Ich bitte Sie, ihr meine allerbesten Grüße zu übermitteln (dass du-übermittelst-ihr Grüße-meine mit alles Wertschätzung-mein und Respekt-mein). 2

ANMERKUNGEN

③ تَقْدِير [*TaQDIR*] ist das **maßdar** zu قَدَّرَ [*QaDDaRa*], يُقَدِّرُ [*YuQaDDiRu*] „schätzen", abgeleitet von ***Q-D-R***. Der Buchstabe **ta** ist übrigens fast nie Stammkonsonant, sondern meist Prä-, In- oder Suffix.

④ اِحْتِرَام [*IḤTiRAM*] wird nach dem Muster اِفْتِعَال [*IFTIᶜAL*] des VIII. Stamms gebildet: اِحْتَرَمَ [*IḤTaRaMa*], يَحْتَرِمُ [*YaḤTaRiMu*] „hochachten, schätzen, verehren". Die Wortwurzel ist ***Ḥ-R-M***.

٣	أُعْذُرْنِي عَلَى تَأَخُّرِي عَنِ ٱلْمَوْعِدِ... ⑤
٤	وَلَكِنْ، فَاجَأَنِي أَمْرٌ خَارِجٌ عَنْ إِرَادَتِي (غَيْرُ مُتَوَقَّعٍ) ⑥
٥	يُسْعِدُنِي أَنْ أَتَعَرَّفَ إِلَيْكَ
٦	يُشَرِّفُنِي ٱلتَّعَرُّفُ إِلَيْكَ
٧	أَرْجُوكَ!
٨	تَفَضَّلْ لِلْمُشَارَكَةِ فِي عَشَائِنَا بِكُلِّ بَسَاطَةٍ وَأُخُوَّةٍ! ⑦⑧
٩	شُكْراً عَلَى إِكْرَامِكَ! ⑨
١٠	وَلَكِنْ، مَعَ ٱلْأَسَفِ، لَا أَسْتَطِيعُ أَنْ أَقْبَلَ دَعْوَتَكَ
١١	أَلْفُ شُكْرٍ عَلَى هَذِهِ ٱلْإِقَامَةِ ٱلَّتِي كَانَتْ مُمْتِعَةً لِلْغَايَةِ فِي بَيْتِكُمْ

ANMERKUNGEN

⑤ يَتَأَخَّرُ [YaTa'ACHCHaRu] „sich verspäten" (V. Stamm) ist abgeleitet von تَأَخَّرَ [Ta'ACHCHaRa], تَأَخُّر [Ta'ACHCHuR] **maßdar** zu ... *A-CH-R*.

Entschuldigen Sie mein Zuspätkommen zu dem Termin (auf Verspätung über der-Termin), **3**
aber ich war gegen meinen Willen/unvorhergesehen verhindert (und-aber überraschte-mich Angelegenheit außerhalb über Wunsch-mein/nicht vorgesehen). **4**
Ich freue mich, Sie kennen zu lernen (er-freut-mich dass ich-lerne-kennen zu-dir). **5**
Ich fühle mich geehrt, Ihre Bekanntschaft zu machen (er-beehrt-mich der-Kennenlernen zu-dir). **6**
Ich bitte Sie! **7**
Kommen Sie, und nehmen Sie ganz ungezwungen an unserem Abendessen teil (für-die-Teilnahme in Abendessen-unser mit-alles Einfachheit und-Brüderlichkeit)! **8**
Danke, Sie sind zu freundlich (danke auf Ehre-dein)! **9**
Aber ich kann Ihre Einladung leider (mit der-Betrübnis) nicht annehmen. **10**
Tausend Dank für diesen Aufenthalt in eurem Haus, der äußerst angenehm gewesen ist (welche war-sie angenehm für-die-Extreme in Haus-euer). **11**

ANMERKUNGEN

⑥ فَاجَأَ [*F**A**Ĵa'A*], يُفَاجِئُ [*YuF**A**ĴI'u*] (III. Stamm) ist abgeleitet von ***F-Ĵ-'A***. Verben, die auf **alif** und **hamsa** enden, weisen im UA häufig Unregelmäßigkeiten auf. Vergleichen Sie: فَجْأَةً [*F**a**Ĵ'ATan*] „plötzlich, unerwartet".

⑦ بَسَاطَة [*Baß**A**ṬaT*] „Einfachheit" findet sich unter ***B-ß-Ṭ***. Merken Sie sich dazu auch بَسِيط [*BaßIṬ*] „einfach".

⑧ أُخُوَّة [*UCH**u**WWaT*] mit der Wurzel ***A-CH-W***. Bei dieser Wortgruppe, die mit **alif** beginnt und/oder mit **waw** endet, treten häufig Unregelmäßigkeiten auf. Sie kennen bereits أَخ [*ACH*] „Bruder", أَخَوِيّ [*ACHaWiYY*] „brüderlich" und أُخْت [*UCHT*] „Schwester".

⑨ Das **maßdar** des IV. Stamms إِكْرَام [*IKR**A**M*] „Ehre" ist wie كَرِيم [*KaR**I**M*] „edel, großzügig" von ***K-R-M*** abgeleitet. Dazu gehören auch تَكَرَّمَ [*TaK**a**RRaMa*], يَتَكَرَّمُ [*YaTaK**a**RRaMu*] (V. Stamm) „die Ehre haben, sich die Ehre geben".

١٢ لاَ أُرِيدُ إِزْعَاجَكَ (أَنْ أُزْعِجَكَ) فِي مِثْلِ هَذِهِ ٱلسَّاعَةِ ⑩

١٣ هَلْ مِنَ ٱلْمُمْكِنِ أَنْ تُنَاوِلَنِي ٱلْمِلْحَ، مِنْ فَضْلِكَ؟

١٤ هَلْ يُمْكِنُ أَنْ أَسْتَعِيرَ مِنْكَ قَلَمَكَ؟

١٥ هَلْ يُمْكِنُ أَنْ تُقَدِّمَ لِي خِدْمَةً؟ ⑪

١٦ أَنَا آسِفٌ!

١٧ لاَ أَسْتَطِيعُ أَنْ أُرَافِقَكَ إِلَى ٱلْمَقْهَى لِأَنَّنِي مُسْتَعْجِلٌ

Für die letzten sieben Lektionen des Kurses haben wir als Verständnisübung sogenannte „Hikayats" ausgewählt. Als حِكَايَة [ḤiKAYaT] bezeichnet das Arabische meist volkstümliche Geschichten, Erzählungen oder Märchen. Eine der vielleicht berühmtesten Sammlungen dieser hintergründigen Anekdoten sind die Geschichten aus „Tausendundeiner Nacht", zu denen – wenn auch nicht in ihrer Ursprungsversion – solch bekannte Erzählungen wie „Sindbad der Seefahrer", „Aladin und die Wunderlampe" oder „Ali Baba und die 40 Räuber" gehören. Abgeleitet wird das Wort حِكَايَة [ḤiKAYaT] von حَكَى [ḤaKA], يَحْكِي [YaḤKI] „erzählen".

Ich möchte Sie nicht gerne zu dieser Stunde stören **12**
(nicht ich-will Störung-dein (dass ich-störe-dich) in wie
diese die-Stunde).

Können Sie mir das Salz geben (|Frage| von **13**
der-Mögliche dass du-gibst-mir der-Salz), bitte?

Könnte ich mir Ihren Stift ausleihen (|Frage| **14**
er-ist-möglich dass ich-ausleihe von-dir Stift-dein)?

Können Sie mir einen Gefallen tun (|Frage| **15**
er-ist-möglich dass du-stellst-vor für-mich Dienst)?

Es tut mir leid! **16**

Ich kann dich nicht ins Café begleiten, denn ich bin **17**
in Eile.

$(\overline{\text{ANMERKUNGEN}})$

إِزْعَاج / يُزْعِجُ [IS°Aʃ] ist das **maßdar** des IV. Stamms von أَزْعَجَ / يُزْعِجُ ⑩
[AS°aʃa] / [YuS°iʃu] „stören".

قَدَّمَ [QaDDaMa], يُقَدِّمُ [YuQaDDiMu] „vorstellen" (II. Stamm). ⑪
Mit der Wurzel **Q-D-M** haben Sie bereits قَدَّمَ نَفْسَهُ [QaDDaMa
NaFßaHu] „sich vorstellen" kennen gelernt.

هَلْ يُمْكِنُ أَنْ أَسْتَعِيرَ مِنْكَ قَلَمَكَ؟

Da in diesen Anekdoten teilweise neues Vokabular vorkommt,
haben wir an diesen Stellen auch wieder eine wörtliche Übersetzung ergänzt, die es Ihnen erleichtern wird, die arabischen Sätze
nachzuvollziehen.

Übung 1: Verstehen Sie diese Sätze?

1. حِكَايَة
2. جُحَا
3. كَانَ جُحَا قَدْ إِشْتَرَى ثَلَاثَ تُفَّاحَاتٍ فَذَهَبَ إِلَى مَنْزِلِهِ
4. وَكَسَرَ إِحْدَاهَا فَوَجَدَ فِيهَا دُودَةً
5. ثُمَّ كَسَرَ ٱلثَّانِيَةَ فَوَجَدَ فِيهَا دُودَةً أَيْضاً
6. فَأَطْفَأَ ٱلشَّمْعَةَ وَأَكَلَ ٱلثَّالِثَةَ فِي ٱلظَّلَامِ!

Übung 2: Setzen Sie die fehlenden Wörter ein!

1. Geht es deinem♀ Mann besser?

هَلْ تَحَسَّنَتْ صِحَّةُ ؟

2. Entschuldige mein Zuspätkommen zu dem Termin, aber ich erhielt überraschend einen Einschreibebrief.

أُعْذُرْنِي عَلَى تَأَخُّرِي عَنِ ٱلْمَوْعِدِ، وَلَكِنْ، فَاجَأَتْنِي

Lösung 1: Haben Sie verstanden?

Anekdote 1

Dschuha 2

Dschuha kaufte drei Äpfel und kehrte nach Hause zurück (war-er Dschuha schon kaufte-er drei Äpfel also-ging-er nach Haus-sein); 3

er schnitt einen von ihnen auf und fand darin einen Wurm (und-schnitt-er eine-ihr also-fand-er in-ihr Wurm); 4

er schnitt den zweiten auf und fand darin auch einen Wurm. 5

Da löschte er die Kerze und aß den Dritten im Dunkeln (also-auslöschte-er die-Kerze und-aß-er die-dritte in der-Dunkelheit)! 6

Danke, du♂ bist zu freundlich! Ich nehme deine Einladung sehr gerne an. 3

إِكْرَامِكَ! أَقْبَلُ دَعْوَتَكَ مَعَ كُلِّ سُرُورٍ

Lösung 2: Die fehlenden Wörter.

1 زَوْجِكِ [*SaUĴiKi*]

2 رِسَالَةٌ مُسَجَّلَةٌ [*RißALaTun MußaĴĴaLaTun*]

3 شُكْراً عَلَى [*SCHuKRAn ᶜaLA*]

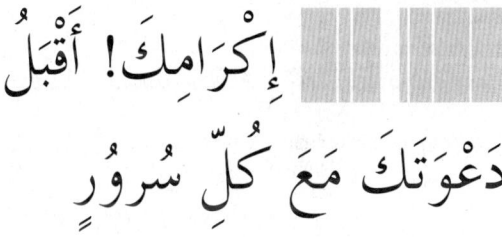

Leseübung

ألأدب

١ هل تحسّنت صحّة أمّك؟

٢ أرجو منك أن تبلّغها تحيّاتي مع كلّ تقديري واحترامي

٣ أعذرني على تأخّري عن الموعد...

٤ ولكن، فاجأني أمر خارج عن إرادتي (غير متوقّع)

٥ يسعدني أن أتعرّف إليك

٦ يشرّفني التّعرّف إليك

٧ أرجوك!

٨ تفضّل للمشاركة في عشائنا بكلّ بساطة وأخوّة!

٩ شكراً على إكرامك!

١٠ ولكن، مع الأسف، لا أستطيع أن أقبل دعوتك

١١ ألف شكر على هذه الإقامة الّتي كانت ممتعة للغاية في بيتكم

١٢ لا أريد إزعاجك (أن أزعجك) في مثل هذه السّاعة

١٣ هل من الممكن أن تناولني الملح، من فضلك؟

١٤ هل يمكن أن أستعير منك قلمك؟

١٥ هل يمكن أن تقدّم لي خدمة؟

١٦ أنا آسف!

١٧ لا أستطيع أن أرافقك إلى المقهى لأنّني مستعجل

Dschuha

Dschuha جُحَا [*ĴuḤA*] ist eine legendäre Figur der arabischen Volksliteratur, die oftmals als Weiser, Narr, Meister, Bettler, Richter, Lehrer oder Arzt auftritt. Meistens jedoch genießt er den Ruf des weisen Schalks, der gleichzeitig gutmütig, naiv, schlau und durchtrieben ist und dessen Schwänke sowohl oberflächlich als Witz wahrgenommen werden können als auch durch ihre versteckte, spitzfindige Aussage häufig belehrend wirken. Dschuha, der bei den Persern als Mullah Nasreddin und bei den Türken als Nasreddin Hodscha bekannt ist, ist Kindern und Erwachsenen in gleichem Maße in der gesamten islamischen Welt – von Marokko bis Tadschikistan – ein Begriff.

ٱلْقِسْمُ ٱلثَّانِي:

أُنْظُرْ مَرَّةً ثَانِيَةً إِلَى ٱلدَّرْسِ ٱلسَّادِسِ وَٱلثَّلَاثِين

[AL-QißMu (A)fß-fßANI UNṢuR MaRRa(Tan) fßANiYYa(Tan) ILA (A)D-DaRßi (A)ß-ßADißi Wa-(A)fß-fßaLAfßINa]

*Ab sofort geben wir die Stammwurzeln neuer Wörter in den Anmerkungen in Klammern an, z. B. (**K-T-B**). Beachten Sie speziell die abgeleiteten Stämme der Verben und die dazugehörigen Verbalnomen.*

٧٢ أَلدَّرْسُ ٱلثَّانِي وَٱلسَّبْعُون

فِي ٱلْمَدِينَةِ

١ أُدْعُ (نَادِ) لِي تَاكْسِي مِنْ فَضْلِكَ! هَلْ هُوَ حُرٌّ؟ ①②

٢ كَمْ وَقْتاً تَسْتَغْرِقُ ٱلرِّحْلَةُ؟ ③

٣ قِفْ هُنَا مِنْ فَضْلِكَ! ④

٤ حَرَكَةُ ٱلْمُرُورِ صَعْبَةٌ جِدّاً وَهُنَاكَ زِحَامٌ جُنُونِيٌّ

٥ هَلْ يُمْكِنُكَ إِنْزَالِي، لَحْظَةً، أَمَامَ مُوَزِّعٍ آلِيٍّ لِلنُّقُودِ؟ ⑤

ANMERKUNGEN

① أُدْعُ [UD^cu] (**D-^c-W**) „Ruf!"♂ Imperativ zu دَعَا [Da^cA], يَدْعُو [YaD^cU] „rufen, einladen". Ein Alternativausdruck ist نَادَى [NADA], يُنَادِي [YuNADI] „rufen", ein Verb des III. Stammes.

Auch geben wir Ihnen zunehmend Vokabular an, das grammatisch (z.B. aufgrund einer identischen Wortwurzel) oder inhaltlich in Verbindung mit neuen Begriffen aus dem Lektionstext steht.

72. Lektion

In der Stadt

Ruf mir bitte ein Taxi! Ist es frei? **1**

Wie lange dauert die Fahrt? **2**

Bitte bleib hier stehen! **3**

Es ist zu viel Verkehr (Bewegung der-Verkehr schwierige sehr), und es gibt dort einen Riesenstau (Stau verrückt). **4**

Kannst du mich einen Moment bei einem Geldautomaten rauslassen (er-ist-möglich Rauslassen-ich Moment vor Verteiler automatisch für-die-Gelder)? **5**

ANMERKUNGEN

تَاكْسِي [*TAKßI*] „Taxi" bleibt – wie alle nicht-arabischen Lehnwörter – ungebeugt. ②

إِسْتَغْرَقَ [*IßTaṘRaQa*], يَسْتَغْرِقُ [*YaßTaṘRiQu*] (***Ṙ-R-Q***) ist ein Verb des X. Stamms. ③

قِفْ [*QiF*] „Bleib stehen!"♂ ist die Befehlsform von وَقَفَ [*WaQaFa*], يَقِفُ [*YaQiFu*] (***W-Q-F***) „stehen bleiben, anhalten". ④

إِنْزَال [*INSAL*] **maßdar** zum Verb أَنْزَلَ [*ANSaLa*], يُنْزِلُ [*YuNSiLu*] (***N-S-L***) „hinunter-/rauslassen", „aussteigen lassen" (IV Stamm). Der IV. Stamm ist der Kausativ zu نَزَلَ [*NaSaLa*], يَنْزِلُ [*YaNSiLu*] „absteigen, aussteigen". ⑤

LEKTION 72

٦ مِنْ أَيْنَ يَنْطَلِقُ ٱلتَّاكْسِي ٱلْجَمَاعِيُّ
ٱلْمُتَوَجِّهُ إِلَى بَابِ ٱلنَّصْرِ؟ ⑥

٧ كَمْ تُسَاوِي ٱلرِّحْلَةُ مِنْ تُونِس إِلَى سَيِّدِي
بُوسَعِيد؟ ⑦

٨ هٰذَا هُوَ ٱلْمَبْلَغُ مُقَابِلَ مَقْعَدَيْنِ...

٩ هَلْ هُوَ مَضْبُوطٌ؟

١٠ مَا هُوَ أَقْصَرُ طَرِيق إِلَى ٱلْبَنْكِ ٱلْوَطَنِيِّ؟

١١ أَيْنَ يُوجَدُ ٱلْمُتْحَفُ ٱلْوَطَنِيُّ؟

١٢ هَلْ هُوَ مَفْتُوحٌ أَمْ مُغْلَقٌ ٱلْيَوْمَ؟

١٣ هَلْ يُمْكِنُ أَنْ تَدُلَّنَا عَلَى مَطْعَمٍ جَيِّدٍ
وَرَخِيص نِسْبِيًّا يُقَدِّمُونَ ⑧

١٤ فِيهِ طَعَاماً مَحَلِّيًّا؟

١٥ هَلِ ٱلْخِدْمَةُ مَحْسُوبَةٌ؟ ⑨

١٦ هَلْ تَقْبَلُونَ بِطَاقَةَ ٱلْإِئْتِمَانِ؟

ANMERKUNGEN

⑥ Als بَابِ ٱلنَّصْرِ [BABi AN-NaßRi] „Siegestor" wird der Haupteingang in die Altstadt des fatimidischen Kairos bezeichnet.

Von wo fährt das Sammeltaxi (Taxi der-gemeinschaftlich) zum Bab An-Nasri (Tür der-Sieg) ab? **6**

Wie viel kostet die Fahrt von Tunis nach Sidi Bou Said? **7**

Hier hast du das Geld (Summe gegen Sitzplätze-zwei) für zwei Plätze ... **8**

Stimmt das? **9**

Welcher ist der kürzeste Weg zur Nationalbank? **10**

Wo befindet sich das Nationalmuseum? **11**

Ist es heute geöffnet oder geschlossen? **12**

Kannst du uns ein gutes, relativ billiges (und-billig relativ) Restaurant zeigen, **13**

in dem es lokale Spezialitäten gibt (sie-bieten-an in-ihm Nahrung lokale)? **14**

Ist der Service inbegriffen? **15**

Akzeptieren Sie Kreditkarten? **16**

هَلْ تَقْبَلُونَ بِطَاقَةَ ٱلْإِئْتِمَانِ؟

ANMERKUNGEN

⑦ سَيِّدِي بُو سَعِيد [ßaYYiDI BU ßa^cID] ist eine touristisch erschlossene Kleinstadt, etwa 20 Kilometer von Tunis entfernt.

⑧ نِسْبِيًّا [NißBiYYAn] schwächt Adjektive ab. Sie kennen den dazugehörigen Stamm (***N-ß-B***) bereits von نِسْبَة [NißBaT] „Beziehung, Verhältnis".

⑨ هَلِ [HaL-i]: Folgt auf die Fragepartikel هَلْ [HaL] der bestimmte Artikel ـــ ٱلْ [AL-], muss der Stützvokal [-i] angehängt werden.

Übung 1: Verstehen Sie diese Sätze?

1 حِكَايَة

2 قَالَ ٱلْحَجَّاجُ لِمُؤَدِّبِ بَنِيهِ:

3 ‹‹عَلِّمْهُمُ ٱلسِّبَاحَةَ قَبْلَ ٱلْكِتَابَةِ

4 فَإِنَّهُمْ يَجِدُونَ مَنْ يَكْتُبُ عَنْهُمْ

5 وَلاَ يَجِدُونَ مَنْ يَسْبَحُ عَنْهُمْ!››

6 سَأَلَ رَجُلٌ آخَرَ عَنْ دَرْبِ ٱلْحَمِيرِ

7 قَالَ:

8 هُوَ أَيُّ دَرْبٍ دَخَلْتَهُ!

Übung 2: Setzen Sie die fehlenden Wörter ein!

1 In Damaskus ist heute zu viel Verkehr!

فِي دِمَشْق ____ ____

صَعْبَةٌ جِدّاً ٱلْيَوْمَ!

2 Kannst du uns einen Moment vor der Nationalbank rauslassen?

هَلْ يُمْكِنُ أَنْ تُنْزِلَنَا لَحْظَةً،

____ ٱلْبَنْكِ ٱلْوَطَنِيِّ؟

Lösung 1: Haben Sie verstanden?

Anekdote ❶
Al-Hajjaj* sagte zum Privatlehrer seiner Söhne (sagte-er Al-Hajjaj für-Erzieher Söhne-sein): ❷
„Bringen Sie ihnen das Schwimmen vor dem Schreiben bei, ❸
denn sie werden [immer] jemanden finden, der für sie schreibt (also-sicher-sie sie-finden wer er-schreibt über-sie), ❹
aber sie werden niemanden finden, der für sie schwimmt (und-nicht sie-finden wer schwimmt-er über-sie)!" ❺
Ein Mann fragte einen anderen, wo die Eselsgasse ist (fragte-er Mann anderer über Gasse der-Esel). ❻
Darauf antwortete dieser (sagte-er): ❼
Welche Straße du auch immer betreten magst (er welche Gasse betratst-du-ihn)! ❽

* *Al-Hajjaj war im 8. Jahrhundert Gouverneur des Irak unter dem Umayyadenkalifen Abdel Malik Ben Marwan.*

In diesem Restaurant akzeptieren sie keine Kreditkarten. ❸

فِي هَذَا ٱلْمَطْعَمِ لَا ____
بِطَاقَةَ ٱلْإِئْتِمَانِ

Lösung 2: Die fehlenden Wörter.

❶ حَرَكَةُ ٱلْمُرُورِ [*ḤaRaKaTu AL-MuRURi*]
❷ أَمَامَ [*AMAMa*] ❸ يَقْبَلُونَ [*YaQBaLUNa*]

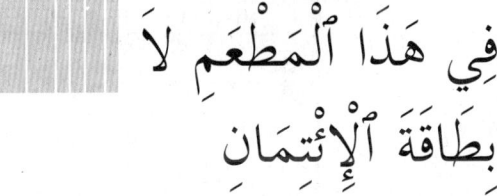

Leseübung

في المدينة

١ أدع (ناد) تاكسي من فضلك! هل هو حرّ؟

٢ كم وقتاً تستغرق الرّحلة؟

٣ قف هنا من فضلك!

٤ حركة المرور صعبة جدّاً وهناك زحام جنونيّ

٥ هل يمكنك إنزالي، لحظة، أمام موزّع آليّ للنّقود؟

٦ من أين ينطلق التّاكسي الجماعيّ المتوجّه إلى باب النّصر؟

Die arabische Handschrift

Das Lesen und Schreiben des arabischen Alphabets fällt Ihnen bestimmt nicht mehr schwer. Im Laufe der 72 Lektionen haben Sie die Schönheit, aber auch die Tücken dieser Schrift kennen gelernt, und wahrscheinlich haben Sie bereits Ihren persönlichen Schreibstil gefunden. Da Sie auch bei der Lektüre arabischer Texte auf die unterschiedlichsten Schreibstile stoßen werden, wollen wir in unserer heutigen landeskundlichen Anmerkung auf die arabische Handschrift eingehen. Grundsätzlich unterschei-

٧ كم تساوي الرّحلة من تونس إلى سيّدي بوسعيد؟

٨ هذا هو المبلغ مقابل مقعدين...

٩ هل هو مضبوط؟

١٠ ما هو أقصر طريق إلى البنك الوطنيّ؟

١١ أين يوجد المتحف الوطنيّ؟

١٢ هل هو مفتوح أم مغلق اليوم؟

١٣ هل يمكن أن تدلّنا على مطعم جيّد ورخيص نسبيّاً يقدّمون

١٤ فيه طعاماً محلّيّاً؟

١٥ هل الخدمة محسوبة؟

١٦ هل تقبلون بطاقة الإئتمان؟

det sich diese nur geringfügig von der gedruckten Variante, die Sie bisher kennen gelernt haben. Dennoch gibt es hier Einiges zu beachten.

a) Vokalisierung: Araber verzichten handschriftlich in der Regel auf die Schreibung von Vokalisierungszeichen (**fatḥa**, **kaßra**, **ḍamma**, aber auch **ßukun**, **schadda** und **wa<u>ß</u>la**), es sei denn, man möchte dadurch die Bedeutung eines Wortes unmissverständlich ausdrücken. So kann das unvokalisierte كتب entweder كَتَبَ [*KaTaBa*] „er schrieb“, كُتِبَ [*KuTiBa*] „er wurde geschrieben" oder كُتُب [*KuTuB*] „Bücher" ausgesprochen werden. (Muttersprachler oder Personen mit sehr guten Arabischkenntnissen können die jeweilige Bedeutung aus dem Satzzusammenhang erschließen.)

b) Vereinfachungen: Zwei Punkte werden meist als waagrechter Strich geschrieben (bei **ta**, **qaf**, **ya** und **ta marbuṭa**) und drei Punkte als umgedrehtes ***v*** (bei **fßa** und **schin**). Die Buchstaben **ßin** und **schin** werden meist nicht gewellt, sondern einfach als langer Strich geschrieben, wobei am Anfang oft ein kleines Häkchen gemacht wird. Dieser Strich kann übrigens aus optischen Gründen beliebig lang sein.

٧٣ أَلدَّرْسُ ٱلثَّالِثُ وَٱلسَّبْعُونَ

أَلسَّفَرُ

١ قَامَتْ وِكَالَةُ «ٱلْوَاحَةِ» بِتَنْظِيمِ سَفْرَتِنَا ①

٢ أَيْنَ مُمَثِّلُهَا؟

Sie sind nun an einem Punkt angelangt, an dem Sie wahrscheinlich alleine Ihr Arabisch-Studium fortsetzen können. Als Werkzeug dazu sollten Sie immer wieder den grammatischen Anhang dieses Buches konsultieren und sich früher oder später ein umfassendes Wörterbuch der arabischen Sprache zulegen. Achten Sie dabei darauf, dass die Wörter nach dem Wurzelprinzip, also nach den Stammkonsonanten, angeordnet sind.

c) Sonstiges: **qaf** hat sowohl als isolierter Buchstabe als auch am Wortende ein kleines Häkchen, dafür lässt man die beiden Punkte weg. Bei **ka** wird ebenfalls am Ende und in der isolierten Stellung das **hamsa** nicht geschrieben, sondern durch einen Bogen ersetzt. Etwas gewöhnungsbedürftig ist außerdem die Mittelstellung von **ha**. Bei **ya** werden in der isolierten wie auch in der Endstellung oft die Punkte weggelassen.

أَلْقِسْمُ ٱلثَّانِي:
أُنْظُرْ مَرَّةً ثَانِيَّةً إِلَى ٱلدَّرْسِ ٱلسَّابِعِ وَٱلثَّلاَثِينَ

[AL-QißMu (A)fß-fßANI UNṢuR MaRRa(Tan) fßANiYYa(Tan) ILA AD-DaRßi (A)ß-ßABiᶜi Wa-(A)fß-fßaLAfßINa]

73. Lektion

Die Reise

Unsere Reise wurde von der Agentur „Oase" organisiert (durchführte-sie Agentur die-Oase mit-Organisation Reise-unsere). **1**

Wo ist ihr Vertreter? **2**

ANMERKUNGEN

① تَنْظِيم *[TaNṢIM]* (N-Ṣ-M) „Organisation, Ordnung" ist das **maßdar** des II. Stamms: نَظَّمَ *[NaṢṢaMa]*, يُنَظِّمُ *[YuNaṢṢiMu]* „organisieren, ordnen" und نِظَام *[NiṢAM]* „System".

٣ هَلْ يُمْكِنُ أَنْ تَنْقُلَنَا إِلَى ٱلْمَطَارِ مَعَ أَمْتِعَتِنَا ②

٤ وَكَمْ يَكُونُ ٱلسِّعْرُ؟

٥ مَاهُوَ رَقْمُ ٱلرِّحْلَةِ، وَفِي أَيَّةِ سَاعَةٍ تُقْلِعُ ٱلطَّائِرَةُ؟

٦ هَلْ تَبْقَى مَقَاعِدُ شَاغِرَةٌ عَلَى ٱلرِّحْلَةِ بَيْنَ دِمَشْق وَ ٱلْقَاهِرَةِ؟

٧ أَنَا مُسْتَعْجِلٌ جِدّاً

٨ لاَ يَبْقَى مَقْعَدٌ وَاحِدٌ!

٩ وَلَكِنْ قِيلَ لِي إِنَّ ٱلطَّائِرَةَ غَيْرُ مُكْتَظَّةٍ بَلْ إِنَّهَا فَارِغَةٌ تَقْرِيباً! ③④

١٠ هَلْ يَحْتَاجُ ٱلرَّعَايَا ٱلْأُورُوبِّيُّونَ إِلَى تَأْشِيرَةٍ لِدُخُولِ (لِزِيَارَةِ) ذَلِكَ ٱلْبَلَدِ؟ ⑤

١١ مَا عِنْدِي مَا أُعْلِنُ عَنْهُ إِلاَّ هَذَا ٱلْبِسَاطُ ٱلصَّغِيرُ ⑥

Können Sie uns mit unserem Gepäck zum Flughafen bringen, (|Frage| er-ist-möglich dass du-transportierst-uns zu der-Flughafen mit Gepäck-unser), 3
und was wird das kosten (und-wie-viel er-ist der-Preis)? 4
Was ist die Flugnummer, und um wie viel Uhr startet das Flugzeug? 5
Gibt es (|Frage| sie-bleibt) freie Sitzplätze auf dem Flug (zwischen) Damaskus und Kairo? 6
Ich bin sehr in Eile. 7
Es gibt keinen einzigen Sitzplatz mehr! 8
Man hat mir jedoch gesagt, dass das Flugzeug nicht voll ist, sondern im Gegenteil, fast leer! 9
Brauchen europäische Staatsangehörige ein Visum (zum Besuch) jenes Landes (|Frage| er-braucht die-Staatsangehörigen die-europäischen nach Erlaubnis für-Eintritt (für-Besuch) jener der-Land)? 10
Ich habe nichts zu verzollen, außer diesem kleinen Teppich (nicht bei-mir was ich-gebe-an über-er außer dieser der-Teppich der-klein) 11

ANMERKUNGEN

② Bei نَقَلَ [N**a**QaLa], يَنْقُلُ [Y**a**NQuLu] (***N-Q-L***) „transportieren" kommt der Buchstabe **nun** gleichermaßen als Stammvokal wie auch als Infix (z.B. des VII. Stamms) vor.

③ Bei قِيلَ [Q**I**La] „es wurde gesagt" handelt es sich um eine Passivkonstruktion. Mehr dazu im grammatischen Anhang dieses Buches.

④ مُكْتَظّ بِـ [*M**u**KTaṢṢ Bi-*] (***K-Ṣ-Ṣ***) „voll von" ist das Passiv-Partizip im VIII. Stamm. Die Verdopplung von Stammkonsonanten kommt häufig vor.

⑤ رَعِيَّة [*Ra*ᶜ***i****YYaT*] „Staatsangehöriger" bildet den inneren Pl. رَعَايَا [*Ra*ᶜ***A****YA*].

⑥ أَعْلَنَ [***A***ᶜ*LaNa*], يُعْلِنُ [*Y**u***ᶜ*LiNu*] (*ᶜ**-L-N***) „bekannt geben", hier: „verzollen" ist ein Verb des IV. Stamms. Vergleichen Sie: إِعْلَان [*I*ᶜ***LAN***] „Bekanntmachung".

١٢ وَهٰذِهِ ٱلْهَدَايَا ٱلتَّذْكَارِيَّةُ لِلْأَصْدِقَاءِ ⑦

١٣ مَا هُوَ هَدَفُ سَفَرَتِكَ؟

١٤ إِنَّهَا سَفْرَةُ أَعْمَالٍ

١٥ بِوُدِّي أَنْ أَسْتَأْجِرَ سَيَّارَةً

١٦ لِلْقِيَامِ بِجَوْلَةٍ سِيَاحِيَّةٍ عَبْرَ ٱلْمِنْطَقَةِ ⑧

١٧ أَحْتَاجُ إِلَى مُرْشِدٍ خَبِيرٍ يُسَاعِدُنِي عَلَى ٱخْتِرَاقِ ٱلصَّحْرَاءِ ⑨

١٨ مَا هُوَ ٱلِإتِّجَاهُ ٱلسَّلِيمُ لِلذَّهَابِ إِلَى ٱلْبَتْرَاءِ؟ ⑩

Übung 1: Verstehen Sie diese Sätze?

❶ **حِكَايَة**

❷ حَبِلَتْ إِمْرَأَةُ يَزِيد فَقَالَت لَهُ

❸ وَكَانَ قَبِيحَ ٱلصُّورَةِ:

❹ «أَلْوَيْلُ لَكَ إِنْ كَانَ يُشْبِهُكَ!»

❺ فَقَالَ لَهَا:

❻ «أَلْوَيْلُ لَكِ إِنْ لَمْ يُشْبِهْنِي!»

und diesen Souvenirgeschenken für Freunde (und-diese die-Geschenke die-erinnernde für-die-Freunde). 12

Was ist der Grund Ihrer Reise (was er Ziel Reise-deine)? 13

Es ist eine Geschäftsreise. 14

Ich würde gerne ein Auto mieten (mit-Wunsch-mein dass ich-miete), 15

um eine touristische Rundreise (mit-Rundfahrt touristische) durch diese Region zu unternehmen. 16

Ich brauche einen erfahrenen Führer, der mir hilft, die Wüste zu durchqueren. 17

Welche ist die richtige Richtung, um nach Petra zu fahren? 18

ANMERKUNGEN

⑦ Das Adjektiv تَذْكَارِيّ [*TafsK***A***RiYY*] „erinnernd" ist abgeleitet von تَذْكَار [*TafsK***A***R*] „Souvenir". Die Wortwurzel (***fs-K-R***) impliziert immer die Idee der Erinnerung.

⑧ قِيَام [*QiY***A***M*] (***Q-W-M***) „Unternehmung, Aufstehen": **maßdar** zu قَامَ [*Q***A***Ma*], يَقُومُ [*YaQ***U***Mu*] „aufstehen, aufbrechen" oder mit der Präposition بِـ [*Bi-*] „etw. unternehmen". Das **waw** wird bei Verben dieser Art häufig durch **alif** oder **ya** ersetzt.

⑨ مُرْشِد [*M***u***RSCHiD*] (***R-SCH-D***) ist das Aktiv-Partizip des IV. Stamms von أَرْشَدَ [***A***RSCHaDa], يُرْشِدُ [*Y***u***RSCHiDu*] „führen".

⑩ إِتِّجَاه [*ITTiĴAH*] (***W-Ĵ-H***) „Richtung": **maßdar** des VIII. Stamms.

Lösung 1: Haben Sie verstanden?

❶ **Anekdote**

❷ Die Frau von Yazid wurde schwanger und sagte zu ihm, (schwanger-wurde-sie Frau Zayid also-sagte-sie für-ihn)

❸ da er hässlich war (und-war-er hässlich die-Bild):

❹ – Wehe dir, falls es dir ähnlich sieht (Unglück für-dich wenn war-er er-ähnelt-dir)!

❺ Und er antwortete ihr:

❻ – Und wehe dir, falls es mir nicht ähnlich sieht!

Übung 2: Setzen Sie die fehlenden Wörter ein!

❶ Gibt es auf diesem Flug [noch] einen freien Sitzplatz für meine Ehefrau?

هَلْ يَبْقَى مَقْعَدٌ شَاغِرٌ عَلَى
هَذِهِ ٱلرِّحْلَةِ ______ ؟

❷ Um die Wüste zu durchqueren braucht ihr einen erfahrenen Führer.

لِإِخْتِرَاقِ ٱلصَّحْرَاءِ ______
إِلَى مُرْشِدٍ خَبِيرٍ

Leseübung

ألسّفر

١ قامت وكالة «الواحة» بتنظيم سفرتنا

٢ أين ممثّلها؟

٣ هل يمكن أن تنقلنا إلى المطار مع أمتعتنا

٤ وكم يكون السّعر؟

٥ ما هو رقم الرّحلة، وفي أيّة ساعة تقلع الطّائرة؟

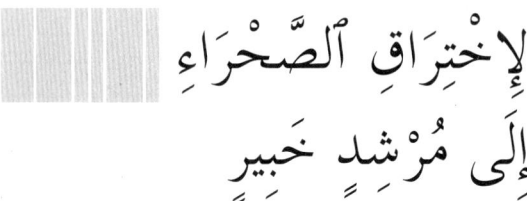

Das Ziel unserer Reise ist es eine touristische Rundfahrt durch die Region zu machen. ❸

سَفْرَتِنَا أَلْقِيَامُ بِجَوْلَةٍ
سِيَاحِيَّةٍ عَبْرَ ٱلْمِنْطَقَةِ

Lösung 2: Die fehlenden Wörter.

❶ لِزَوْجَتِي [Li-S**a**UĴaTI] ❷ تَحْتَاجُونَ [TaḤTAĴ**U**Na]

❸ هَدَفُ [HaD**a**Fu]

٦ هل تبقى مقاعد شاغرة على الرّحلة بين دمشق و القاهرة؟

٧ أنا مستعجل جدّاً

٨ لايبقى مقعد واحد!

٩ ولكن قيل لي إنّ الطّائرة غير مكتظّة بل إنّها فارغة تقريباً!

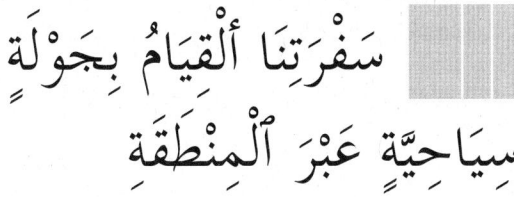

١٠ هل يحتاج الرّعايا الأوروبّيّون إلى تأشيرة لدخول (لزيارة) ذلك البلد؟

١١ ما عندي ما أعلن عنه إلاّ هذا البساط الصّغير

١٢ وهذه الهدايا التّذكاريّة للأصدقاء

١٣ ما هو هدف سفرتك؟

١٤ - إنّها سفرة أعمال

١٥ بودّي أن أستأجر سيّارة

١٦ للقيام بجولة سياحيّة عبر المنطقة

١٧ أحتاج إلى مرشد خبير يساعدني على اختراق الصّحراء

١٨ ماهو الإتّجاه السّليم للذّهاب إلى البتراء؟

مَا هُوَ ٱلإِتِّجَاهُ ٱلسَّلِيمُ لِلذَّهَابِ إِلَى ٱلْبَتْرَاء؟

Petra

Das antike Petra أَلْبَتْرَاء (*AL-BaTR**A**'*) war die Hauptstadt des Nabatäer-Reiches (Blütezeit 168 v. Chr. – 62 v. Chr.). In Jordanien gelegen, ist es heute eine verlassene Felsenstadt, in der zahlreiche Grabtempel mit eindrucksvollen, riesigen Monumentalfassaden direkt aus dem Fels gemeißelt wurden. Angeblich geriet die Stadt seit den Kreuzzügen in Vergessenheit, und erst 1812 entdeckte der Schweizer Forschungsreisende Jean Louis Burckhardt Petra neu. Auch in Thomas Edward Lawrences (Autor von „Lawrence von Arabien") „Die sieben Säulen der Weisheit", erschienen 1926, findet Petra Erwähnung. Heute ist es eine der wichtigsten Touristenattraktionen des Nahen Ostens und seit 1985 in die Liste des UNESCO-Weltkulturerbes aufgenommen.

أَلْقِسْمُ ٱلثَّانِي:
أُنْظُرْ مَرَّةً ثَانِيَةً إِلَى ٱلدَّرْسِ ٱلثَّامِنِ وَٱلثَّلَاثِينَ

[*AL-QißMu (A)fß-fß**A**NI **UNṢuR** M**a**RRa(Tan) fßAN**i**YYa(Tan) **ILA** AD-D**a**Rßi (A)fß-fß**A**MiNi Wa-(A)fß-fßaLAfß**I**Na*]

٧٤ أَلدَّرْسُ ٱلرَّابِعُ وَٱلسَّبْعُونَ

أَلشِّرَاءُ

١ كَمْ لِهَذَا ٱلْقَمِيصِ؟ / كَمْ يُسَاوِي هَذَا ٱلْقَمِيصُ؟ ①

٢ هَلْ عِنْدَكُمْ نَفْسُ ٱلْقَمِيصِ

٣ وَلَكِنْ أَكْبَرُ وَ بِٱللَّوْنِ ٱلأَخْضَرِ؟

٤ أُرِيدُ قِيَاساً أَكْبَرَ مِنْ هَذَا ②

٥ أُرِيدُ قِيَاساً أَصْغَرَ مِنْهُ

٦ هَلْ يُمْكِنُ أَنْ تَعْمَلَ لِي تَخْفِيضاً إِذَا ٱشْتَرَيْتُ هَذِهِ ٱلْمَنَادِيلَ ٱلثَّلاَثَةَ أَوْ هَذِهِ ٱلْمَجْمُوعَةَ مِنَ ٱلأَطْبَاقِ ٱلنُّحَاسِيَّةِ؟

٧ كَمْ يُسَاوِي (يُعَادِلُ) ذَلِكَ بِٱلْيُورُو أَوْ بِٱلدُّولاَرَاتِ؟

74. Lektion

Einkäufe (der-Einkauf)

Wie viel kostet dieser Umhang? / (wie-viel er-gleicht dieser der-Hemd?) 1
Haben Sie den gleichen Umhang, 2
aber größer und in Grün (mit-der-Farbe der-grün)? 3
Ich möchte eine größere Größe als diese. 4
Ich möchte eine kleinere Größe als diese. 5
Können Sie mir einen Preisnachlass geben, falls ich diese drei Tücher oder diesen Satz Kupferteller kaufe (|Frage| er-ist-möglich dass du-machst für-mich Ermäßigung wenn kaufte-ich diese die-Tücher die-drei oder diese die-Set von die-Teller die-verkupferte)? 6
Wie viel macht (er-entspricht) das in Euro oder in Dollar? 7

أَلشِّرَاءُ

ANMERKUNGEN

① قَمِيص [*QaMIẞ*] kann sowohl die orientalischen Umhänge mit dem Schnitt einer Tunika als auch ein „Hemd" im westlichen Stil bezeichnen.

② قِيَاس [*QiYAß*] „Größe" ist abgeleitet von قَاسَ [*QAßa*], يَقِيسُ [*YaQIßu*] (***Q-Y-ß***) „ausmessen".

٨ أَبْحَثُ عَنْ خَيَّاطٍ مَاهِرٍ ③

٩ يُفَصِّلُ لِي قَمِيصاً مِنْ هَذَا ٱلْقُمَاشِ

١٠ هَلْ يُمْكِنُ أَنْ أُجَرِّبَ هَذَا ٱلسِّرْوَالَ (ٱلْبَنْطَلُونَ)؟ ④

١١ هَذَا غَالٍ أَكْثَرَ مِنَ ٱللاَّزِمِ! ⑤

١٢ لاَ أُرِيدُ إِنْفَاقَ كُلِّ ٱلنُّقُودِ ٱلْمَوْجُودَةِ مَعِي ⑥

١٣ هَلْ يُمْكِنُ أَنْ تَرُدَّ لِي ٱلصَّرْفَ عَنْ وَرَقَةٍ نَقْدِيَّةٍ قِيمَتُهَا مِئَةُ دِرْهَمٍ؟

١٤ هَلْ عِنْدَكُمْ فَوَاكِهُ طَازَجَةٌ

١٥ وَأَيْنَ يُمْكِنُ شِرَاءُ دَجَاجٍ مَقْلِيٍّ؟

١٦ هَلْ هُنَاكَ حَانُوتٌ يَبِيعُونَ فِيهِ تَوَابِلَ وَحُبُوباً؟ ⑦⑧

ANMERKUNGEN

بَحَثَ [*BaḤafßa*], يَبْحَثُ [*YaBḤafßu*] steht grundsätzlich mit der Präposition عَنْ [*ᶜaN*] „über“. ③

Ich suche einen geschickten Schneider, 8
der mir einen Umhang aus diesem Stoff schneidert. 9
Kann ich diese Pumphose (Hose) anprobieren? 10
Das ist zu teuer (dieser teuer mehr von der-notwendig)! 11
Ich möchte nicht das ganze Geld ausgeben, das ich bei mir habe (alles die-Gelder die-vorhandene mit-mir). 12
Können Sie mir auf einhundert Dirham rausgeben (|Frage| er-ist-möglich dass du-gibst-zurück für-mich der-Kleingeld über Schein geldlich Summe-ihr hundert Dirham)? 13
Haben Sie frisches Obst, 14
und wo kann man ein Brathähnchen kaufen? 15
Gibt es dort einen Laden, in dem man Gewürze und Getreide verkauft? 16

ANMERKUNGEN

④ Während سِرْوَال [*ßiRWAL*] für die traditionelle arabische Pumphose verwendet wird, hat sich بَنْطَلُون [*BaNṬaLUN*] für das westlich geschnittene Kleidungsstück durchgesetzt.

⑤ غَالٍ [*ṘALin*] verhält sich wie مَاضٍ [*MAḌin*] „vergangen" oder عَالٍ [*ᶜALin*] „hoch".

⑥ إِنْفَاق [*INFAQ*] „Ausgeben" **maßdar** von أَنْفَقَ [*ANFaQa*], يُنْفِقُ [*YuNFiQu*] „ausgeben". Dieses Verb des IV. Stamms leitet sich von (***N-F-Q***) ab.

⑦ حَانُوت [*ḤANUT*] bezeichnet einen kleinen Laden, in dem Gewürze, getrocknetes Obst und die notwendigsten Lebensmittel verkauft werden. دُكَّان [*DuKKAN*] „Geschäft" ist dagegen der Oberbegriff.

⑧ حَبَّة [*ḤaBBaT*] „Getreidekorn, Korn, Tablette" bildet den inneren Plural حُبُوب [*ḤuBUB*].

Übung 1: Verstehen Sie diese Sätze?

1. حِكَايَة
2. تَزَوَّجَ رَجُلٌ إِمْرَأَةً قَصِيرَةً
3. فَقِيلَ لَهُ فِي ذَلِكَ فَقَالَ:
4. إِنَّ ٱلْمَرْأَةَ شَرٌّ،
5. وَقَصِيرُ ٱلشَّرِّ خَيْرٌ مِنْ طَوِيلِهِ!

Übung 2: Setzen Sie die fehlenden Wörter ein!

1. Wenn ich diesen Umhang kaufe, wird er mir einen Preisnachlass geben.

▒▒ ٱشْتَرَيْتُ هَذَا ٱلْقَمِيصَ،
فَيَعْمَلُ لِي تَخْفِيضاً

Leseübung

ألشّراء

١ كم لهذا القميص؟ / كم يساوي هذا القميص؟

٢ هل عندكم نفس القميص

٣ ولكن أكبر و باللّون الأخضر؟

Lösung 1: Haben Sie verstanden?

Anekdote ①
Ein Mann heiratete eine kleine Frau (heiratete-er Mann Frau kurz). ②
Man machte darüber viele Bemerkungen, worauf er sagte (und-wurde-er-gesagt für-er in jener und-sagte-er): ③
– Die Frau ist zwar ein Übel (sicher die-Frau Übel), ④
aber ein kleines Übel ist besser als ein großes (und-kurz der-Übel Güte/besser von lange-sein)! ⑤

Wie viel kosten diese drei Tücher? ②

كَمْ تُسَاوِي هَذِهِ ...... ٱلثَّلَاثَةُ؟

Probier diese Hose an! Ist die Größe richtig? ③

...... هَذَا ٱلْبَنْطَلُونَ! هَلِ ٱلْقِيَاسُ مُنَاسِبٌ؟

Lösung 2: Die fehlenden Wörter.

① إِذَا [IfsA] ② ٱلْمَنَادِيلُ [AL-MaNADILu]

③ أُجَرِّبْ [UĴaRRiB]

٤ أريد قياساً أكبر من هذا

٥ أريد قياساً أصغر منه

٦ هل يمكن أن تعمل لي تخفيضاً إذا اشتريت هذه المناديل الثّلاثة أو هذه المجموعة من الأطباق النّحاسيّة؟

٧ كم يساوي (يعادل) ذلك باليورو أو بالدّولارات؟

٨ أبحث عن خيّاط ماهر

٩ يفصّل لي قميصاً من هذا القماش

١٠ هل يمكن أن أجرّب هذا السّروال (البنطلون)؟

١١ هذا غال أكثر من اللاّزم!

١٢ لا أريد إنفاق كلّ النّقود الموجودة معي

١٣ هل يمكن أن تردّ لي الصّرف عن ورقة نقديّة قيمتها مئة درهم؟

١٤ هل عندكم فواكه طازجة؟

١٥ وأين يمكن شراء دجاج مقليّ؟

١٦ هل هناك حانوت يبيعون فيه توابل وحبوباً؟

„Man sollte grundsätzlich immer Kleingeld bei sich haben, um kleinere Dienstleistungen und Käufe problemlos bezahlen zu können. Darüber hinaus sollte man wissen, dass es in Ägypten üblich ist, *nicht* zu feilschen. So bezahlt man in Geschäften und Restaurants den Festpreis, Ausnahmen bestehen lediglich im Bereich der Tourismusmärkte und -geschäfte, wo das Feilschen mit zum Kaufritual gehört (ebenfalls ausgehandelt werden müssen Taxipreise).“ (aus *KulturSchock Ägypten*, Reise Know-How Verlag)

أَلْقِسْمُ ٱلثَّانِي:

أُنْظُرْ مَرَّةً ثَانِيَّةً إِلَى ٱلدَّرْسِ ٱلتَّاسِعِ وَٱلثَّلاَثِينَ

[*AL-Q**i**ßMu (A)fß-fß**A**NI **U**NṢuR M**a**RRa(Tan) fßAN**i**YYa(Tan) **I**LA AD-D**a**Rßi (A)T-T**A**ßiᶜi Wa-(A)fß-fßaLAfß**I**Na*]

٧٥ أَلدَّرْسُ ٱلْخَامِسُ وَٱلسَّبْعُونَ

أَلسِّيَاحَةُ

١ نَحْنُ سُيَّاحٌ ①

٢ نَحْنُ فِي عُطْلَةٍ

٣ مَا هِيَ ٱلْمَوَاقِعُ ٱلْمُثِيرَةُ لِلْإِهْتِمَامِ، ②

٤ وَ مَا هِيَ ٱلْآثَارُ ٱلرَّئِيسِيَّةُ ٱلَّتِي يَجِبُ ٱلتَّفَرُّجُ عَلَيْهَا فِي ٱلْمِنْطَقَةِ؟ ③

٥ مَا هُوَ ٱلْمَوْسِمُ ٱلْأَفْضَلُ ④

٦ لِزِيَارَةِ ٱلْمِنْطَقَةِ ٱلْجَبَلِيَّةِ فِي جَنُوبِ ٱلْبَلَدِ؟

٧ هَلْ يُسْمَحُ لَنَا بِنَصْبِ خَيْمَتِنَا وَبِإِيقَافِ سَيَّارَتِنَا هُنَا؟ ⑤⑥⑦

ANMERKUNGEN

① سَائِح [ßA'iḤ] (ß-Y-Ḥ) – innerer Plural سُيَّاح [ßuYYAḤ]. Vergleichen Sie: سِيَاحَة [ßiYAḤaT] „Tourismus“.

② Vergleichen Sie zu مَوْقِع [MaUQi^c] (W-Q-^c) und dessen innerem Plural مَوَاقِع [MaWAQi^c] auch وَقَعَ [WaQa^ca], يَقَعُ [YaQa^cu] „fallen, liegen, sich ereignen“ und وَاقِع [WAQi^c] „Tatsache“.

75. Lektion

Der Tourismus

Wir sind Touristen. **1**
Wir sind im Urlaub. **2**
Welches sind die interessanten Orte (die-Stätten die-hervorgerufene für-der-Interesse), **3**
und was sind die wichtigsten Monumente, die man in dieser Region ansehen sollte (und-was sie die-Altertümer die-hauptsächliche welche er-muss der-Betrachtung über-sie in die-Region)? **4**
Was ist die beste Jahreszeit, **5**
um das Berggebiet im Süden des Landes zu besuchen? **6**
Ist es uns erlaubt, hier unser Zelt aufzubauen und unser Auto zu parken (|Frage| er-wird-erlaubt für-uns mit-Errichten Zelt-unser und-mit-Parken Auto-unser hier)? **7**

ANMERKUNGEN

③ آثَار [*Ā*fß**A**R] (**A-fß-R**) ist der Plural von أَثَر [**A**fßaR] „Eindruck, Spur".

④ أَفْضَل [**A**FḌaL] „besser, beste, -er, -es", Synonym für أَحْسَن [**A**ḤßaN], ist ein diptotischer Elativ, ausgehend von فَضِيل [FaḌ**I**L] „ausgezeichnet, sehr gut".

⑤ سَمَحَ [ß**a**MaḤa], يَسْمَحُ [Y**a**ßMaḤu] „erlauben" steht hier im Passiv سُمِحَ [ß**u**MiḤa], يُسْمَحُ [Y**u**ßMaḤu] „erlaubt werden". Dieses Verb steht in Verbindung mit der Präposition بِـ [Bi-].

⑥ نَصْب [Na<u>ß</u>B] ist das **ma<u>ß</u>dar** zu نَصَبَ [N**a**<u>ß</u>aBa], يَنْصُبُ [Y**a**N<u>ß</u>uBu] „errichten, aufbauen".

⑦ إِيقَاف [IQ**A**F] (**W-Q-F**), **ma<u>ß</u>dar** abgeleitet vom IV. Stamm: أَوْقَفَ [A**U**QaFa], يُوقِفُ [Y**U**QiFu] „anhalten, zum Stehen bringen, parken". Beachten Sie die Schreibweise mit **alif** und **ya**.

٨ هَذِهِ رُخْصَةُ ٱلسِّيَاقَةِ

٩ وَلَكِنْ، مَا وَجَدْتُ بِطَاقَةَ ٱلتَّأْمِينِ ٱلدُّوَلِيَّة

١٠ هَلْ يَجُوزُ أَنْ أُوقِفَ سَيَّارَتِي هُنَا؟ ⑧

١١ بِوُدِّي أَنْ لاَ أَدْفَعَ غَرَامَةً

١٢ هَلِ ٱلتَّصْوِيرُ مَسْمُوحٌ بِهِ أَمْ لاَ؟ ⑨

١٣ – لاَ، هَذَا مَمْنُوعٌ

١٤ عَلَيَّ أَنْ أُرْسِلَ بِطَاقَاتٍ بَرِيدِيَّةً إِلَى جَمِيعِ أَقَارِبِي وَ أَصْدِقَائِي ⑩

١٥ نَحْنُ فِي حَاجَةٍ إِلَى إِجْرَاءِ مَسَاعٍ إِدَارِيَّةٍ لَدَى قُنْصُلِيَّةِ بَلَدِنَا

١٦ هَلْ يُمْكِنُكَ مُرَافَقَتُنَا إِلَيْهِ؟ ⑪

١٧ هَلْ لَكَ أَنْ تَتَفَضَّلَ بِمُرَافَقَتِنَا إِلَى هُنَاكَ؟

١٨ أَيْنَ يُوجَدُ ٱلْمِرْحَاضُ، مِنْ فَضْلِكَ؟ ⑫

١٩ – فِي نِهَايَةِ ٱلْمَمَرِّ، إِلَى ٱلْيَسَارِ / ٱلْيَمِينِ

Hier ist mein Führerschein, 8
aber ich habe die internationale Versicherungskarte nicht gefunden. 9
Kann ich mein Auto hier parken? 10
Ich möchte nicht gerne eine Strafe bezahlen. 11
Ist das Fotografieren erlaubt oder nicht? 12
Nein, das ist verboten! – 13
Ich muss Postkarten schicken an all meine Verwandten (der-Gesamtheit Angehörige-meine) und meine Freunde. 14
Wir müssen beim Konsulat unseres Landes Verwaltungsangelegenheiten (Gang behördliche) erledigen. 15
Kannst du uns dorthin begleiten (|Frage| er-ist-möglich-dir Begleitung-unsere nach-ihm)? 16
Würden Sie die Liebenswürdigkeit haben, uns dorthin zu begleiten? 17
Wo bitte ist die Toilette? 18
Am Ende des Gangs, nach links (nach rechts). – 19

ANMERKUNGEN

⑧ أُوقِفُ [*__U__QiFu*] „ich parke“. Auf der Wurzel (***W-Q-F***) basieren verwandte Wörter wie وَقَفَ [*__Wa__QaFa*], يَقِفُ [*__Ya__QiFu*] „stehen (bleiben), halten“ oder مَوْقِف [*__Ma__WQiF*] „Haltestelle“.

⑨ مَسْمُوح [*MaßM__U__Ḥ*] Passiv-Partizip zu سَمَحَ [*__ßa__MaḤa*], يَسْمَحُ [*__Ya__ßMaḤu*] „erlauben“.

⑩ قَرِيب [*QaR__I__B*] hat zwei innere Pluralformen أَقَارِب [*AQ__A__RiB*] und أَقْرِبَاء [*AQRiB__A’__*]. (***Q-R-B***) impliziert oft die Idee der Nähe: قَرِيب [*QaR__I__B*] „nahe“, قَرِيباً [*QaR__I__BAn*] „bald“, قَرَابَة [*QaR__A__BaT*] „Verwandtschaft“.

⑪ مُرَافَقَة [*MuR__A__FaQaT*] **maßdar** zu رَافَقَ [*R__A__FaQa*], يُرَافِقُ [*YuR__A__FiQu*] „begleiten“ (***R-F-Q***), einem Verb des III. Stamms.

⑫ Neben مِرْحَاض [*MiRḤ__A__Ḍ*] kennt das Arabische mehrere gleichbedeutende Ausdrücke, vor allem دَوْرَةُ ٱلْمِيَاهِ [*__Da__URaTu AL-Mi__YA__Hi*] „WC“ und كَنِيف [*KaN__I__F*] „Latrine“.

LEKTION 75

Übung 1: Verstehen Sie diese Sätze?

1 حِكَايَة

2 قَالَ رَجُلٌ لِرَجُلٍ:

3 «بِحَقِّ ٱلْقَرَابَةِ ٱلَّتِي بَيْنِي وَبَيْنَكَ!»

4 فَقَالَ لَهُ:

5 «وَأَيَّةُ قَرَابَةٍ بَيْنِي وَبَيْنَكَ؟»

6 قَالَ:

7 «أَبُوكَ خَطَبَ أُمِّي فَلَوْ أَنَّهُ تَزَوَّجَهَا لَكُنْتَ أَخِي!»

Übung 2: Setzen Sie die fehlenden Wörter ein!

1 Die Toilette ist am Ende des Gangs, aber sie ist jetzt besetzt!

..... فِي نِهَايَةِ ٱلْمَمَرِّ وَلَكِنَّهُ مَشْغُولٌ ٱلْآنَ!

2 Würdest du♀ die Liebenswürdigkeit haben, uns zu fotografieren?

هَلْ .. أَنْ تَتَفَضَّلِي بِتَصْوِيرِنَا؟

Lösung 1: Haben Sie verstanden?

Anekdote 1
Ein Mann sagte zu einem anderen Mann: 2
– Kraft unserer Verwandtschaft (sagte-er Mann für-Mann mit-Recht die-Verwandtschaft welche zwischen-mir und zwischen-dir)! 3
Darauf sagte jener: 4
– [Aber] welche Verwandtschaft besteht denn zwischen dir und mir (also-sagte-er für-ihn und-welche Verwandtschaft zwischen-mir und zwischen-dir)? 5
Er antwortete: 6
– Dein Vater hat um [die Hand] meiner Mutter angehalten, und hätte er sie geheiratet, wärst du [jetzt] mein Bruder (sagte-er Vater-dein hielt-um-Hand-an-er Mutter-mein also-wenn dass-er heiratete-er-sie für-warst-du Bruder-mein)! 7

Wenn du♂ im Urlaub bist, musst du uns eine Postkarte schicken! 3

عِنْدَمَا تَكُونُ فِي عُطْلَةٍ عَلَيْكَ

أَنْ ____ بِطَاقَةً بَرِيدِيَّةً إِلَيْنَا!

Lösung 2: Die fehlenden Wörter.

1 أَلْمِرْحَاضُ [AL-MiRḤAḌu] 2 لَكِ [LaKi]

3 تُرْسِلَ [TuRßiLa]

Leseübung

ألسّياحة

١ نحن سياح

٢ نحن في عطلة

٣ ما هي المواقع المثيرة للإهتمام،

٤ و ماهي الآثار الرّئيسيّة الّتي يجب التّفرّج عليها في المنطقة؟

٥ ماهو الموسم الأفضل

٦ لزيارة المنطقة الجبليّة في جنوب البلد؟

٧ هل يسمح لنا بنصب خيمتنا و بإيقاف سيّارتنا هنا؟

٨ هذه رخصة السّياقة

٩ ولكن، ما وجدت بطاقة التّأمين الدّوليّة

١٠ هل يجوز أن أوقف سيّارتي هنا؟

١١ بودّي أن لا أدفع غرامة

١٢ هل التّصوير مسموح به أم لا؟

١٣ - لا، هذا ممنوع!

١٤ عليّ أن أرسل بطاقات بريديّة إلى جميع أقاربي و أصدقائي

١٥ نحن في حاجة إلى إجراء مساع إداريّة لدى قنصليّة بلدنا

١٦ هل يمكنك مرافقتنا إليه؟

١٧ هل لك أن تتفضّل بمرافقتنا إلى هناك؟

١٨ أين يوجد المرحاض، من فضلك؟

١٩ - في نهاية الممرّ، إلى اليسار / اليمين

أَلْقِسْمُ ٱلثَّانِي:
أُنْظُرْ مَرَّةً ثَانِيَّةً إِلَى ٱلدَّرْسِ ٱلأَرْبَعِينَ

[*AL-QißMu (A)fß-fß**A**NI **U**NṢuR M**a**RRa(Tan) fßANi**Y**Ya(Tan) **I**LA AD-D**a**Rßi (A)L-ARBaᶜ**I**Na*]

٧٦ أَلدَّرْسُ ٱلسَّادِسُ وَٱلسَّبْعُونَ

أَلطَّوَارِئُ

١ أَجِدُ نَفْسِي فِي حَالَةٍ سَيِّئَةٍ جِدّاً

٢ هَلْ يُمْكِنُ دَعْوَةُ ٱلطَّبِيبِ؟ ①

٣ أَنَا مَحْمُومٌ... أُحِسُّ بِتَقَزُّزٍ ②

٤ أَدْخِلْنِي ٱلْمُسْتَشْفَى (ٱلْعِيَادَةَ)! ③

٥ تُوجِعُنِي ٱلْأَسْنَانُ...

٦ عَلَيَّ أَنْ أَزُورَ طَبِيباً لِلأَسْنَانِ لِيَخْلَعَ مِنِّي ضِرْساً

٧ أَيْنَ صَيْدَلِيَّةُ ٱلْخِفَارَةِ؟ ④

٨ عَلَيَّ أَنْ أَشْتَرِيَ دَوَاءً بِشَكْلٍ عَاجِلٍ

٩ هَلْ هُنَاكَ مُسْتَوْصَفٌ، قَرِيباً مِنْ هُنَا، لِتَنَاوُلِ حُقْنَةٍ (إِبْرَةٍ)؟

١٠ لاَبُدَّ مِنْ دَعْوَةِ سَيَّارَةِ نَجْدَةٍ...

76. Lektion

(Die) Notfälle

1 Ich befinde mich in einem sehr schlechten Zustand (ich-finde Seele-mein in Zustand schlecht sehr).

2 Kann man einen Arzt rufen?

3 Ich habe Fieber ... ich muss mich übergeben (ich-fühle mit-Übelkeit).

4 Bringen Sie mich ins Krankenhaus (in die Klinik)!

5 Ich habe Zahnschmerzen (sie-wehtut-mir die-Zähne) ...

6 Ich muss einen Zahnarzt aufsuchen, damit er mir einen Backenzahn zieht (auf-mich dass ich-besuche Arzt für-die-Zähne für-er-herauszieht von-mir Backenzahn).

7 Wo ist die Notdienstapotheke (Apotheke die-Wache)?

8 Ich muss dringend ein Medikament kaufen (mit-Form dringend).

9 Gibt es hier in der Nähe eine Ambulanz, wo man sich eine Injektion (Spritze) geben lassen kann?

10 Es muss unbedingt die Pannenhilfe (Auto Hilfe) gerufen werden ...

ANMERKUNGEN

① دَعْوَة [*Da*^{c}*WaT*] (***D-***^{c}***-W***) „Rufen, Einladung" ist abgeleitet von دَعَا [*Da*^{c}*A*], يَدْعُو [*YaD*^{c}*U*] „rufen, einladen".

② مَحْمُوم [*MaḤMUM*] (***Ḥ-M-M***) „fiebrig, Fieber habend" ist das Partizip der Passivform حُمَّ [*ḤuMMa*], يُحَمُّ [*YuḤaMMu*] „Fieber haben". Analog hierzu: حُمَّى [*ḤuMMA*] „Fieber".

③ أَدْخَلَ [*ADCHaLa*], يُدْخِلُ [*YuDCHiLu*] (***D-CH-L***) „einliefern", hier: „bringen", ist der IV. Ableitungsstamm. Wie bei دَخَلَ [*DaCHaLa*] steht danach der Akkusativ.

④ خِفَارَة [*CHiFARaT*] (***CH-F-R***): Vergleichen Sie auch خَفِير [*CHaFIR*] „Wächter".

١١ تَرْفُضُ سَيَّارَتِي ٱلْإِنْطِلَاقَ/ لاَ تُرِيدُ سَيَّارَتِي أَنْ تَنْطَلِقَ ⑤

١٢ كَانَ هُنَاكَ حَادِثُ سَيَّارَةٍ...

١٣ لاَ بُدَّ مِنْ إِخْطَارِ ٱلشُّرْطَةِ ⑥

١٤ تَعَرَّضْتُ لِاعْتِدَاءٍ (لِهُجُومٍ) قَبْلَ قَلِيلٍ...؛ ⑦

١٥ إِتَّصِلُوا بِٱلشُّرْطَةِ! ⑧

١٦ لاَ بُدَّ مِنْ إِخْلاَءِ ٱلمَكَانِ بِسُرْعَةٍ فَهُنَاكَ إِنْذَارٌ بِٱنْفِجَارِ قُنْبُلَةٍ ⑨

١٧ أَلْغَوْثُ! أَلْغَوْثُ! أَنَا فِي خَطَرٍ!

mein Auto startet nicht (sie-ablehnt Auto-mein der-Start / nicht sie-will Auto-mein dass sie-startet). 11
Es hat dort einen Autounfall gegeben ... 12
man muss unbedingt die Polizei benachrichtigen. 13
Man hat mich gerade angegriffen (überfallen) (wurde-ausgesetzt-ich für-Aggression (für-Überfall) vor wenig); 14
rufen Sie die Polizei! 15
Dieser Ort muss unbedingt sofort geräumt werden (Evakuierung der-Ort mit Geschwindigkeit), denn es gibt einen Bombenalarm (Alarm mit-Explosion Bombe). 16
Hilfe! Hilfe! Ich bin in Gefahr. 17

ANMERKUNGEN

⑤ إِنْطِلَاق [*INṬiLAQ*] (***Ṭ-L-Q***) **maßdar** zu إِنْطَلَقَ [*INṬaLaQa*], يَنْطَلِقُ [*YaNṬaLiQu*] „starten, anlassen, abfahren", einem Verb des VII. Stamms.

⑥ إِخْطَار [*ICHṬAR*] (***CH-Ṭ-R***) „Benachrichtigung, Warnung": Vgl. خَطَر [*CHaṬaR*] „Gefahr" und خَطِر [*CHaṬiR*] „gefährlich".

⑦ إِعْتِدَاء [*IᶜTiDA'*] (***ᶜ-D-W***) ist ein **maßdar** im VIII. Stamm, abgeleitet von إِعْتَدَى [*IᶜTaDA'a*], يَعْتَدِي [*YaᶜTaDI*] „(aggressiv) angreifen": عَدُوّ [*ᶜaDUWW*] „Feind".

⑧ إِتَّصِلُوا [*ITTaßiLU*] (***W-ß-L***) „Ruft!, Rufen Sie!" kommt von إِتَّصَلَ [*ITTaßaLa*], يَتَّصِلُ [*YaTTaßiLu*] „(an)rufen, in Kontakt treten". Dieses Verb des VIII. Stamms ist unregelmäßig, da sich das تـ **ta** verdoppelt.

⑨ إِخْلَاء [*ICHLA'*] (***CH-L-W***) **maßdar** zu أَخْلَى [*ACHLA'a*], يُخْلِي [*YuCHLI*] „evakuieren" im IV. Stamm.

Übung 1: Verstehen Sie diese Sätze?

1. حِكَايَة
2. قَالَ عَمْرُو لِمُعَاوِيَة:
3. «لَمْ أَدْخُلْ فِي شَيْءٍ قَطُّ إِلاَّ خَرَجْتُ مِنْهُ»
4. قَالَ مُعَاوِيَة:
5. «لَكِنَّنِي لاَ أَدْخُلُ فِي شَيْءٍ أُرِيدُ ٱلْخُرُوجَ مِنْهُ!»

Übung 2: Setzen Sie die fehlenden Wörter ein!

1. Bring mich schnell in die Klinik, damit ich eine Spritze bekomme.

أَدْخِلْنِي ___ ٱلْعِيَادَةَ لِتَنَاوُلِ إِبْرَةٍ

Leseübung

ألطّوارئ

١ أجد نفسي في حالة سيّئة جدّاً،

٢ هل يمكن دعوة الطّبيب؟

٣ أنا محموم... أحسّ بتقزّز

Lösung 1: Haben Sie verstanden?

Anekdote ❶
Amru sagte zu Muawiya: ❷
– Ich war noch nie in einer Situation, aus der ich nicht [glimpflich] herausgekommen bin (nicht ich-betrete in Sache nie außer ging-hinaus-ich von-ihm). ❸
Muawiya sagte [darauf]: ❹
– Ich jedoch versetze mich [gar] nicht [erst] in eine Situation, aus der ich [glimpflich] herauskommen möchte (aber-ich nicht ich-betrete in Sache ich-möchte der-Hinausgehen von-ihm)! ❺

Ruf dringend einen Arzt! ❷

أُدْعُ طَبِيباً بِشَكْلٍ ____ !

Es scheint, als seid ihr in einem sehr schlechten Zustand. ❸

يَبْدُو أَنَّكُم فِي ____ ____ جِدّاً

Lösung 2: Die fehlenden Wörter.

❶ بِسُرْعَةٍ [Bi-ßuR^caTin] ❷ عَاجِلٍ [^cAĴiLin]

❸ حَالَةٍ سَيِّئَةٍ [ḤALaTin ßaYYi'aTin]

٤ أدخلني المستشفى (العيادة)!

٥ توجعني الأسنان...

٦ عليّ أن أزور طبيباً للأسنان ليخلع منّي ضرساً

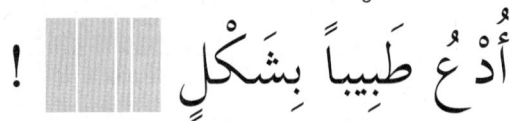

٧ أين صيدليّة الخفارة؟

٨ عليّ أن أشتري دواء بشكلٍ عاجل

٩ هل هناك مستوصف، قريباً من هنا، لتناول حقنة (إبرة)؟

١٠ لابدّ من دعوة سيّارة نجدة...

١١ ترفض سيّارتي الإنطلاق / لا تريد سيّارتي أن تنطلق

١٢ كان هناك حادث سيّارة...

١٣ لابدّ من إخطار الشّرطة

١٤ تعرّضت لاعتداء (لهجوم) قبل قليل..؛

١٥ إتّصلوا بالشّرطة!

١٦ لا بدّ من إخلاء المكان بسرعة فهناك إنذار بانفجار قنبلة

١٧ ألغوث! ألغوث! أنا في خطر!

Amru Ibn Al-As und Muawiya I.

عَمْرُو بِن ٱلعَاص [ᶜ*a*MRU BiN AL-ᶜ**A**ẞ], im Volksmund als Amru bekannt, war ein bedeutender arabischer Feldherr, der im Jahre 641 Ägypten eroberte und daraufhin zum Gouverneur des Landes wurde. Muawiya I. مُعَاوِيَة بِن أَبِي سُفْيَان [*Mu*ᶜ*AWiYaT BiN ABI ßuFYAN*] dagegen war der Begründer und erste Kalif der Umayyadendynastie in Damaskus (661-680). Er gilt bis heute als einer der herausragendsten Herrscher der arabischen Geschichte.

أَلْقِسْمُ ٱلثَّانِي: أُنْظُرْ مَرَّةً ثَانِيَّةً إِلَى ٱلدَّرْسِ ٱلْحَادِي وَٱلأَرْبَعِينَ

[*AL-QißMu (A)fß-fßANI UNṢuR MaRRa(Tan) fßANiYYa(Tan) ILA AD-DaRßi (A)L-ḤADI Wa-(A)L-ARBa*ᶜ*IN(a)*]

٧٧ أَلدَّرْسُ ٱلسَّابِعُ وَٱلسَّبْعُونَ

أَيُّهَا ٱلْمُتَعَلِّمُ ٱلصَّبُورُ!

١ تَفْتَحُ لَكَ ٱللُّغَةُ ٱلْعَرَبِيَّةُ أَبْوَابَ عَالَمٍ سَاحِرٍ جَذَّابٍ

٢ وَهُوَ بَعِيدٌ وَقَرِيبٌ مِنْكَ فِي نَفْسِ ٱلْوَقْتِ

٣ هَذَا ٱلْعَالَمُ ٱلْعَرَبِيُّ، ٱلإِسْلامِيُّ بِمُعْظَمِهِ، مُتَجَانِسٌ ①

٤ عَلَى ٱلرَّغْمِ مِنْ كُلِّ مَا يَظْهَرُ فِيهِ مِنْ إِخْتِلافٍ بَشَرِيٍّ وَجُغْرَافِيٍّ وَحَضَارِيٍّ ②

٥ إِنَّهُ تَأَثَّرَ فِي ٱلشَّرْقِ بِتَأْرِيخِ وَحَضَارَةِ آسِيَا ③

٦ كَمَا تَطَوَّرَ فِي ٱلْغَرْبِ فِي جَنُوبِ ٱلْبَحْرِ ٱلأَبْيَضِ ٱلْمُتَوَسِّطِ ④

ANMERKUNGEN

① مُعْظَم [*MuᶜṢaM*] (*ᶜ-Ṣ-M*): Ableitung von عَظِيم [*ᶜaṢIM*] „großartig, herrlich“.

77. Lektion

Oh Sie geduldiger Lernender!

Die arabische Sprache öffnet Ihnen die Türen zu einer faszinierenden und anziehenden Welt, 1

die Ihnen gleichzeitig fern und nahe ist. 2

Diese arabisch-islamische Welt ist größtenteils (mit-Großteil-sein) einheitlich, 3

trotz all ihrer (von alles was er-scheint in-ihm) menschlichen, geografischen und kulturellen Unterschiede. 4

Sie wurde im Osten durch die Geschichte und Zivilisation Asiens beeinflusst 5

und entwickelte sich ebenso im Westen und Süden des Mittelmeers, 6

Da dies unsere Abschiedslektion ist, bemühen wir uns um eine feierliche Ausdrucksweise. Aus diesem Grund werden bei vielen Wörtern die Endvokale auf den Tonaufnahmen mitgesprochen.

ANMERKUNGEN

② إِخْتِلاَف [*ICHTiLAF*] steht im Singular, in der Übersetzung wird der Plural verwendet. Die Wurzel (***CH-L-F***) kennen wir auch aus مُخْتَلِف [*MuCHTaLiF*] „unterschiedlich".

③ Der V. Stamm der Wurzel (***A-fß-R***) lautet تَأَثَّرَ [*Ta'AfßfßaRa*], يَتَأَثَّرُ [*YaTa'AfßfßaRu*] und entspricht der deutschen Passivkonstruktion „beeinflusst werden".

④ تَطَوَّرَ [*TaṬaWWaRa*], يَتَطَوَّرُ [*YaTaṬaWWaRu*] ist ein weiteres Verb des V. Stamms. Vergleichen Sie تَطَوُّر [*TaṬaWWuR*] „Entwicklung".

٧ حَتَّى صَارَ قَرِيباً مِنَّا

٨ وَقَامَتْ بَيْنَنَا عَلاَقَاتٌ أَخَوِيَّةٌ مُثْمِرَةٌ مُنْذُ
زَمَنٍ طَوِيلٍ

٩ سَوْفَ يُمْكِنُكَ قِرَاءَةُ شَيْءٍ مِنْ شِعْرِ
ٱلْعَرَبِ قَبْلَ ٱلإِسْلاَمِ

١٠ وَٱلإِسْتِفَادَةُ مِنَ ٱلنُّصُوصِ ٱلْقَدِيمَةِ وَ مِنَ
ٱلْحِكَمِ ⑤⑥⑦

١١ وَٱلأَمْثَالِ وَأَبْيَاتِ شُعَرَاءِ ٱلْقُرُونِ
ٱلْوُسْطَى ⑧

١٢ كَمَا يَكُونُ بِٱسْتِطَاعَتِكَ ٱلإِطِّلاَعُ عَلَى
تُحَفِ ٱلأَدَبِ ٱلْعَرَبِيِّ ٱلْمُعَاصِرِ

١٣ وَمُطَالَعَةُ ٱلصُّحُفِ ٱلْعَرَبِيَّةِ ٱلْيَوْمِيَّةِ ⑨⑩

١٤ مِنَ ٱلآنَ فَفِي أَيِّ بَلَدٍ عَرَبِيٍّ تَزُورُهُ

ANMERKUNGEN

⑤ إِسْتَفَادَ [*IßTiF**A**DaT*] (***F-Y-D***) das unregelmäßige **maßdar** zu إِسْتَفَادَ [*IßTaF**A**Da*], يَسْتَفِيدُ [*YaßTaF**I**Du*] „profitieren“ (Verb des X. Stamms).

wodurch sie auch uns nahe steht (bis wurde-er nahe von-uns), 7
und daher haben sich seit langer Zeit brüderliche, fruchtbare Beziehungen zwischen uns gebildet. 8
Sie werden in der Lage sein, ein wenig von der vorislamischen Dichtkunst der Araber zu lesen 9
und von den alten Texten und deren Weisheiten zu profitieren, 10
sowie von den Sprichwörtern und Versen der Dichter des Mittelalters. 11
Sie werden auch die Meisterwerke der zeitgenössischen arabischen Literatur kennen lernen können (wie er-ist mit-Können-dein der-Kennenlernen auf Meisterwerke der-Literatur der-arabisch der-zeitgenössisch) 12
und arabische Tageszeitungen lesen. 13
Von jetzt an, gleich welches arabische Land Sie [auch] besuchen werden, 14

ANMERKUNGEN

⑥ نَصّ [*Na<u>ßß</u>*] – innerer Plural نُصُوص [*Nu<u>ß</u>**U**<u>ß</u>*] „Texte".

⑦ Der innere Plural von حِكْمَة [*ḤiKMaT*] (*Ḥ-K-M*) ist حِكَم [*ḤiKaM*]. Vergleichen Sie auch حَكِيم [*ḤaKIM*] „weise".

⑧ أَلْقُرُونُ ٱلْوُسْطَى [*AL-QuRUNu AL-WußṬA*] heißt wörtlich die „mittleren Jahrhunderte". قُرُون [*QuRUN*] ist der innere Plural von قَرْن [*QaRN*] „Jahrhundert".

⑨ Das **ma<u>ß</u>dar** مُطَالَعَة [*MuṬALaᶜaT*] (III. Stamm) bezeichnet im Unterschied zu قِرَاءَة [*QiRA'aT*] „lautes Lesen" eher „aufmerksames Studieren". (*Ṭ-L-ᶜ*) hat meist etwas mit „gründlicher Kenntnis" zu tun.

⑩ Das Wort صَحِيفَة [*<u>ß</u>aḤIFaT*] „Tageszeitung" bildet den inneren Plural صُحُف [*<u>ß</u>uḤuF*].

١٥ يُمْكِنُكَ أَنْ تُقَدِّرَ حَفَاوَةَ ٱسْتِقْبَالِ ٱلْعَرَبِ وَضِيَافَتِهِمْ

١٦ خَاصَّةً إِذَا ٱحْتَرَمْتَ عَادَاتِهِمْ وَتَقَالِيدَهُمْ

١٧ وَكَذَلِكَ مَبَادِئَهُمُ ٱلدِّينِيَّةَ ⑪

١٨ خِتَاماً، نَتَمَنَّى لَكَ كُلَّ ٱلنَّجَاحِ وَٱلتَّوْفِيقِ فِي جَوْلَتِكَ ⑫

١٩ عَبْرَ ٱلْعَالَمِ ٱلْعَرَبِيِّ وَلُغَتِهِ!

Übung 1: Verstehen Sie diese Sätze?

❶ **حِكَايَة**

❷ كَانَ ٱلْمُتَوَكِّلُ قَدْ أَلْزَمَ ٱبْنَ ٱلسِّكِّيتِ تَأْدِيبَ وَلَدِهِ ٱلْمُعْتَزِّ بِٱللّٰهِ

❸ فَلَمَّا جَلَسَ عِنْدَهُ قَالَ لَهُ:

❹ «بِأَيِّ شَيْءٍ يُحِبُّ ٱلأَمِيرُ أَنْ نَبْدَأَ؟»

❺ فَقَالَ ٱلْمُعْتَزُّ: «بِٱلإِنْصِرَافِ!» *

wird es Ihnen möglich sein, die Wärme, mit der die Araber [Sie] empfangen, und ihre Gastfreundlichkeit zu schätzen, 15
vor allem dann, wenn Sie ihre Gewohnheiten und Bräuche 16
sowie ihre religiösen Prinzipien (Prinzipien-ihre die-religiöse) respektieren. 17
Abschließend wünschen wir Ihnen viel (alles) Gelingen und Erfolg auf Ihrer Rundreise 18
durch die arabische Welt und ihre Sprache. 19

ANMERKUNGEN

⑪ اِحْتَرَمَ [*IḤTaRaMa*], يَحْتَرِمُ [*YaḤTaRiMu*] (***Ḥ-R-M***) gehört zum VIII. Stamm. Vergleichen Sie: اِحْتِرَام [*IḤTiRAM*] „Respekt", حَرَام [*ḤaRAM*] „verboten (durch den Islam)" oder حَرِيم [*ḤaRIM*] „Harem".

⑫ خِتَاماً [*CHiTAMAn*] (***CH-T-M***) „abschließend" wird abgeleitet von خَتْم [*CHaTM*] „Siegel" bzw. خِتَام [*CHiTAM*] „Abschluss, Ende".

Lösung 1: Haben Sie verstanden?

Anekdote ❶
Al-Mutawakkil hatte Ibn As-Sikkit mit der Erziehung seines Sohns Al-Mu'tazz Billah beauftragt (war-er Al-Mutawakkil schon befahl-er Ibn As-Sikkit Erziehung Sohn-sein Al-Mu'tazz Billah). ❷
Und als er (Ibn As-Sikkit) sich neben ihn gesetzt hat, sagte er zu ihm (Al-Mu'tazz Billah): ❸
– Mit was möchte der Prinz Mu'tazz, dass wir beginnen (mit-welcher Sache er-liebt der-Prinz dass wir-beginnen)? ❹
Und Mu'tazz antwortete: – Damit, dass ich weggehe (also-sagt-er Al-Mu'tazz mit-der-Weggehen/Deklinierung*)! ❺

* Die Pointe bei dieser Anekdote ergibt sich daraus, dass اِنْصِرَاف [*INẞiRAF*] die Doppelbedeutung „Deklinierung" und „Weggehen, Verlassen" hat. Es handelt sich um ein Verb des VII. Stamms: اِنْصَرَفَ [*INẞaRaFa*], يَنْصَرِفُ [*YaNẞaRiFu*] „weggehen" und „deklinieren, beugen".

Übung 2: Setzen Sie die fehlenden Wörter ein!

1. Auf unserer Rundreise durch die arabische Welt haben wir die Wärme, mit der die Araber [uns] empfingen, geschätzt.

فِي ___ عَبْرَ ٱلْعَالَم ٱلْعَرَبِيِّ
قَدَّرْنَا حَفَاوَةَ ٱسْتِقْبَالِ ٱلْعَرَبِ

2. Abschließend wünschen wir euch gutes Gelingen und Erfolg für euer Studium der arabischen Sprache.

خِتَاماً، نَتَمَنَّى لَكُمْ كُلَّ
ٱلنَّجَاحِ وَٱلتَّوْفِيقِ فِي
___ ٱللُّغَةِ ٱلْعَرَبِيَّةِ

Leseübung

أيّها المتعلّم الصّبور!

١ تفتح لك اللّغة العربيّة أبواب عالم ساحر جذّاب

٢ وهو بعيد وقريب منك في نفس الوقت

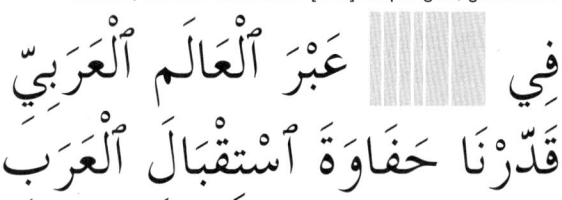

Von jetzt an kannst du♂ arabische Tageszeitungen lesen. ❸

مِنْ ٱلآنِ ____ أَنْ تُطَالِعَ ٱلصُّحُفَ ٱلْيَوْمِيَّةَ

Lösung 2: Die fehlenden Wörter.

❶ جَوْلَتِنَا [*ĵaULaTiNA*] ❷ دِرَاسَتِكُمْ [*DiRAßaTiKuM*]

❸ يُمْكِنُكَ [*YuMKiNuKa*]

٣ هذا العالم العربيّ، الإسلاميّ بمعظمه، متجانس

٤ على الرّغم من كلّ ما يظهر فيه من إختلاف بشريّ وجغرافيّ وحضاريّ

٥ إنّه تأثّر في الشّرق بتأريخ وحضارة آسيا

٦ كما تطوّر في الغرب في جنوب البحر الأبيض المتوسّط

٧ حتّى صار قريباً منّا

٨ وقامت بيننا علاقات أخويّة مثمرة منذ زمن طويل

٩ سوف يمكنك قراءة شيء من شعر العرب قبل الإسلام

١٠ والإستفادة من النّصوص القديمة ومن الحكم

١١ والأمثال وأبيات شعراء القرون الوسطى

١٢ كما يكون باستطاعتك الإطّلاع على تحف الأدب العربيّ المعاصر

١٣ ومطالعة الصّحف العربيّة اليوميّة

١٤ من الآن ففي أيّ بلد عربيّ تزوره

١٥ يمكنك أن تقدّر حفاوة استقبال العرب وضيافتهم

١٦ خاصّة إذا احترمت عاداتهم وتقاليدهم
١٧ وكذلك مبادئهم الدّينيّة
١٨ ختاماً، نتمنّى لك كلّ النّجاح والتّوفيق
في جولتك
١٩ عبر العالم العربيّ ولغته!

Al-Mutawakkil

أَلْمُتَوَكِّل عَلَى ٱللّٰه جَعْفَر بِن ٱلْمُعْتَصِم [*AL-MuTaWaKKiL ᶜaLA ALLaH ĴaᶜFaR BiN AL-MuᶜTaẞiM*] war der zehnte Abbasidenkalif (821-861). Aufgrund politischer Unruhen verlegten bereits seine Vorgänger im Jahre 836 die Hauptstadt des Reiches von Bagdad nach Samarra und machten es zu einem der damals blühendsten Orte des Nahen Ostens, mit herrlichen Moscheen, üppigen Parks und prächtigen Palästen.

أَلْقِسْمُ ٱلثَّانِي:
أُنْظُرْ مَرَّةً ثَانِيَّةً إِلَى ٱلدَّرْسِ ٱلثَّانِي وَٱلأَرْبَعِينَ

[*AL-QißMu (A)fß-fßANI UNṢuR MaRRa(Tan) fßANiYYa(Tan) ILA AD-DaRßi (A)fß-fßANI Wa-(A)L-ARBaᶜIN(a)*]

GRAMMATISCHER ANHANG

Inhalt

1 Nomen und Adjektive

▪ Der Artikel أَلـ [AL-] „der, die, das“

Der bestimmte Artikel أَلـ [*AL*-] ist unveränderlich und wird stets mit dem nachfolgenden Wort zusammengeschrieben. Er kann dabei vor einem Nomen und einem Adjektiv stehen und bestimmt dieses näher:

„das schöne Haus“ (der-Haus der-schöner) — أَلْبَيْتُ ٱلْجَمِيلُ

Beginnt das dem Artikel folgende Wort mit einem der sog. Sonnenbuchstaben – die Position innerhalb des Satzes ist dabei unwichtig –, so wird das ل **lam** des Artikels zwar geschrieben, aber nicht ausgesprochen, sondern lautlich durch den nachfolgenden Sonnenbuchstaben ersetzt.

„der Mann“ [*AR-R**a**ĴuLu*] أَلرَّجُلُ ← [*AL* + *R**a**ĴuLu*] أَلـ + رَجُلُ

Die 14 Sonnenbuchstaben sind **ta**, **fßa**, **dal**, **fsal**, **ra**, **sa**, **ßin**, **schin**, **ßad**, **ḍad**, **ṭa**, **ṣa**, **lam** und **nun** (die verbleibenden werden Mondbuchstaben genannt).

Besonderheiten bei den Präpositionen لِـ [*Li*-] und بِـ [*Bi*-] in Verbindung mit dem Artikel: Steht لِـ [*Li*-] „für“ vor einem bestimmten Nomen, entfällt beim Artikel das **alif**:

„für das Kind“ [*LiL-W**a**LaDi*] لِلْوَلَدِ [*LiL*-] ← [*Li*-] + [(*A*)*L*] لِـ + أَلـ = لِلْ

Steht بِـ [*Bi*-] „mit“ vor einem bestimmten Nomen, entfällt beim Artikel das **alif** zwar nicht, wird aber nicht gesprochen:

„mit dem Stift“ [*BiL-Q**a**LaMi*] بِٱلْقَلَمِ [*BiL*] ← [*Bi*-] + [(*A*)*L*] بِـ + أَلـ = بِٱلـ

▪ Fälle

Die drei grammatischen Fälle sind Nominativ, Genitiv und Akkusativ. Diese finden bei Nomen, Adjektiven und Partizipien Anwendung. Der Akkusativ wird ähnlich wie im Deutschen gebraucht, steht dabei aber auch häufig als temporale oder modale Ergänzung. Der Genitiv steht nach Präpositionen und bei einer Wortergänzung innerhalb einer sog. Genitivverbindung. Der Fall sowie die Tatsache, ob ein Nomen determiniert (bestimmt) oder indeterminiert (unbestimmt) ist, zeigt sich an der Wortendung; die Wortendungen lauten:

indeterminierte Form		**determinierte Form**		
„ein Kind“ وَلَدٌ [*WaLaDun*]	[*-un*] ـٌ	„das Kind“ أَلْوَلَدُ [*AL-WaLaDu*]	[*-u*] ـُ	**Nom.**
„in einem Haus“ فِي بَيْتٍ [*FI BaYTin*]	[*-in*] ـٍ	„im Haus“ فِي ٱلْبَيْتِ [*FI AL-BaYTi*]	[*-i*] ـِ	**Gen.**
„einen Stift“ قَلَماً [*QaLaMAn*]	[*-An*] [*-tan*]* اً	„den Stift“ أَلْقَلَمَ [*AL-QaLaMa*]	[*-a*] ـَ	**Akk.**

Einige Nomen kennen, wenn sie unbestimmt sind, nur zwei Fälle. Sie werden „diptotisch“ (zwei-endig) genannt (s. auch „Innerer Plural“).

▪ Bestimmte und unbestimmte Nomen und Adjektive

Nomen und Adjektive kommen bestimmt oder unbestimmt vor. Sie werden bestimmt durch:

a) den Artikel: أَلْوَلَدُ [*AL-WaLaDu*] „das Kind“

b) ein suffigiertes (angehängtes) Pronomen: وَلَدُهُ [*WaLaDuHu*] „sein Kind“

c) die Ergänzung eines weiteren Nomens innerhalb einer Genitivverbindung: وَلَدُ ٱلْجَارِ [*WaLaDu AL-ĴARi*] „das Kind des Nachbarn“.

▪ Genitivverbindung

Als Genitivverbindung bezeichnet man die Konstruktion aus zwei, drei oder mehr unmittelbar aufeinander folgenden Nomen, deren Ergänzung immer im Genitiv steht. Ein nachfolgender Genitiv hat immer den Effekt, dass er das unmittelbar davor stehende Nomen so näher bestimmt, dass dieses zwar keinen Artikel annehmen darf, trotzdem aber die determinierten Endungen [-*u*], [-*i*] oder [-*a*] aufweist.

Eine einfache Genitivverbindung ist z. B.:

وَسَطُ ٱلْبُسْتَانِ / وَسَطُ بُسْتَانِهَا

„die Mitte des Gartens / die Mitte ihres Gartens“
[*WaßaṬu AL-BußTANi / WaßaṬu BußTANiHA*]

Eine zweifache Genitivverbindung wäre:

وَسَطُ بُسْتَانِ ٱلْجَارِ

„die Mitte des Gartens des Nachbarn“
[*WaßaṬu BußTANi AL-ĴARi*]

▪ Grammatisches Geschlecht von Nomen, Adjektiven und Partizipien

Arabische Nomen sind entweder männlich oder weiblich, wobei das grammatische Geschlecht normalerweise an der Endung erkennbar ist.

Weibliche Nomen erkennt man an der Endung [*-aT*] (**ta marbuṭa**). Nomen, die nicht die Endung [*-aT*] (**ta marbuṭa**) tragen, sind im Allgemeinen männlich:

„Haus“ [*BaYT*]	بَيْت	„Versammlung“ [*IĴTiMA*ᶜ] usw.	إِجْتِمَاع

Vorsicht: Das grammatische Geschlecht eines arabischen Nomens unterscheidet sich häufig von dem seines deutschen Pendants.

Einige Nomen ohne die Endung [*-aT*] (**ta marbuṭa**) sind jedoch weiblich. Dazu gehören all jene, deren natürliches Geschlecht weiblich ist, wie بِنْت [*BiNT*] „Mädchen, Tochter“ oder أُمّ [*UMM*] „Mutter“, aber auch andere Begriffe wie: شَمْس [*SCHaMß*] „Sonne“, نَار [*NAR*] „Feuer“, رِيح [*RIḤ*] „Wind“, دَار [*DAR*] „Haus“, نَفْس [*NAFß*] „Seele“ usw.

Außerdem sind alle doppelt vorkommenden Körperteile weiblich: يَد [*YaD*] „Hand“, سَاق [*ßAQ*] „Bein“, عَيْن [ᶜ*aYN*] „Auge“ usw.

Die Endung [*-aT*] (**ta marbuṭa**) dient auch dazu, das Femininum von Adjektiven und Partizipien zu bilden:

„alter“ (♂) [*QaDIM*]	قَدِيم	„alte“ (♀) [*QaDIMaT*]	قَدِيمَة
„aufgeräumter“ (♂) [*MuRaTTaB*]	مُرَتَّب	„aufgeräumte“ (♀) [*MuRaTTaBaT*]	مُرَتَّبَة

▪ Plural von Nomen, Adjektiven und Partizipien

Beim Numerus (=Zahl) von Nomen, Adjektiven und Partizipien unterscheidet man Singular (=Einzahl), Dual (=Zweizahl) und Plural (=Mehrzahl). Der Plural wird auf zwei Arten gebildet: der „äußere“

Plural, der durch Anfügen einer speziellen Pluralendung an den Singular entsteht, und der „innere“ Plural, bei dem sich das Wortbildungsmuster verändert.

▪ Der äußere Plural

Femininum (♀) unbestimmt	**Femininum (♀) bestimmt**	**Maskulinum (♂) bestimmt/unbestimmt**	
[*-ATun*] ـــاتٌ	[*-ATu*] ـــاتُ	[*-UNa*] ـــُونَ	**Nominativ**
[*-ATin*] ـــاتٍ	[*-ATi*] ـــاتِ	[*-INa*] ـــِينَ	**Gen., Akk.**

„die Reisenden“ [*AL-MußAFiR**U**na*] أَلْمُسَافِرُونَ

„für die Reisenden“ [*LiL-MußAFiR**I**Na*] لِلْمُسَافِرِينَ

وَجَدْتُ ٱلْمُسَافِرِينَ ٱلْقَادِمِينَ مِنْ مِصْر

„Ich habe die Reisenden gefunden, die aus Ägypten gekommen sind.“
[*WaĴ**a**DTu AL-MußAFiR**I**Na AL-QADiM**I**Na MiN MiߌR*]

Weibliche Nomen auf ة **ta marbuṭa**, die einen äußeren Plural bilden, sind im Nominativ an der Pluralendung ات [*-AT*] zu erkennen. Diese Pluralform kennt nur zwei Beugungen – auf [*-un/-u*] und [*-in/-i*] – unabhängig davon, ob das Nomen mit oder ohne den bestimmten Artikel ألـــ [*AL-*] steht.

مُعَلِّمَة „Lehrerin“ [*Mu^c**a**LLiMaT*] ← مُعَلِّمَات „Lehrerinnen“ [*Mu^{c}aLLiM**A**T*]

Nominativ:

مُعَلِّمَاتٌ „Lehrerinnen“ [*Mu^{c}aLLiM**A**Tun*] ← أَلْمُعَلِّمَاتُ „die Lehrerinnen“ [*AL-Mu^{c}aLLiM**A**Tu*]

Genitiv/Akkusativ:

مُعَلِّمَاتٍ „Lehrerinnen“ [*Mu^{c}aLLiM**A**Tin*] ← أَلْمُعَلِّمَاتِ „der/den Lehrerinnen“ [*AL-Mu^{c}aLLiM**A**Ti*]

▪ Innerer Plural

Der innere Plural wird durch Veränderungen in der Lautgestalt des Wortes gebildet, wobei Buchstaben – häufig ا **alif** am Wortanfang oder Halbkonsonanten wie **waw** oder **ya** – ergänzt werden können. Aufgrund dieser Veränderungen ist es oft schwierig, ein Wort, das man im Singular kennt, auch im Plural wieder zu erkennen. Oft sind die Konsonanten der Wortwurzel der einzige Orientierungspunkt, denn sie bleiben stets in ihrer Reihenfolge erhalten.

[*ḌuYUF*]	„Gäste"	ضُيُوف	←	[*ḌaYF*]	„Gast"	ضَيْف
[*AṬFAL*]	„Kinder"	أَطْفَال	←	[*ṬiFL*]	„Kind"	طِفْل
[*AẞDiQA'*]	„Freunde" (diptot.)	أَصْدِقَاء	←	[*ẞaDIQ*]	„Freund"	صَدِيق
[*UMaRA'*]	„Prinzen" (diptot.)	أُمَرَاء	←	[*AMIR*]	„Prinz"	أَمِير

Einige Pluralformen – wie die auf vier oder mehr Silben – sind diptotisch (zwei-endig). (Achtung: Die Tanwin-Endungen werden als Silbe mitgezählt, aber meist nicht gesprochen). Das bedeutet, dass sie in Verbindung mit dem Artikel regelmäßig gebeugt werden; stehen sie dagegen ohne Artikel, haben sie nur zwei Fallendungen: den Nominativ auf [*-u*] und in den anderen Fällen [*-a*]. Ihr Merkmal ist folglich das Wegfallen des auslautenden **tanwin** sowie das Zusammenfallen der Genitiv- und Akkusativendung.

▪ Dual

Neben dem Singular und dem Plural gibt es noch den Dual (Zweizahl). Es handelt sich dabei um eine Sonderform des Plurals, die nur für die Anzahl „zwei" steht (der Plural steht demnach immer ab der Anzahl „drei"). Der Dual ist stets regelmäßig und hat eigene Formen für Nomen, Adjektive, Partizipien, Demonstrativ- und Relativpronomen usw. Die spezielle Dualendung für Nomen (und Adjektive) ist im Nominativ [*-ANi*] und im Akkusativ und Genitiv [*-aYNi*]:

[*Aẞ-ẞaDIQANi*]	„die zwei Freunde"	أَلصَّدِيقَان
[*Aẞ-ẞaDIQaTANi*]	„die zwei Freundinnen"	أَلصَّدِيقَتَان
[*Ma^ca Aß-ßaDIQaYNi*]	„mit den zwei Freunden"	مَعَ ٱلصَّدِيقَيْن
[*Ma^ca Aß-ẞaDIQaTaYNi*]	„mit den zwei Freundinnen"	مَعَ ٱلصَّدِيقَتَيْن

▪ Unregelmäßige Nomen und Adjektive

Es gibt einige unregelmäßige Nomen und Adjektive, bei denen der Nominativ mit dem Genitiv identisch ist und nur der Akkusativ eigene Formen bildet:

„teuer“ [*ṘALin*]	غَالٍ	„hoch“ [*ᶜALin*]	عَالٍ
„(islam.) Richter, Kadi“ [*QAḌin*]	قَاضٍ	„Vergangenheit“ [*MAḌin*]	مَاضٍ

Sehen Sie sich hierzu die unregelmäßige Beugung von مَاضٍ [*MAḌin*] „Vergangenheit“ an:

bestimmt		unbestimmt		
[*AL-MAḌI*]	أَلْمَاضِي	[*MAḌin*]	مَاضٍ	**Nom. und Gen.**
[*AL-MAḌiYa*]	أَلْمَاضِيَ	[*MAḌiYAn*]	مَاضِياً	**Akk.**

Andere Nomen wie حَلْوىً [*ḤaLWAn*] „Süßspeise“, مَقْهىً [*MaQHAn*] „Café“ oder مَبْنىً [*MaBNAn*] „Gebäude“ weisen dagegen nur eine Form für alle drei Fälle auf:

bestimmt		unbestimmt		
[*AL-ḤaLWA*]	أَلْحَلْوَى	[*ḤaLWAn*]	حَلْوىً	**Nom., Gen. und Akk.**
[*AL-MaQHA*]	أَلْمَقْهَى	[*MaQHAn*]	مَقْهىً	
[*AL-MaBNA*]	أَلْمَبْنىً	[*MaBNAn*]	مَبْنىً	

▪ Adjektive

▪ Das attributive Adjektiv

Als Attribut (Beifügung) steht das Adjektiv immer nach dem Nomen, auf das es sich bezieht, und es stimmt mit diesem in Kasus (Fall), Numerus (Zahl) und Genus (Geschlecht) überein, z.B.:

„eine alte Stadt“ [*MaDINaTun QaDIMaTun*]	مَدِينَةٌ قَدِيمَةٌ	„ein schöner Kater“ [*QiṬṬun ĴaMILun*]	قِطٌّ جَمِيلٌ

Wird ein Nomen mit Artikel durch ein Adjektiv näher beschrieben, so erhält das Adjektiv ebenfalls einen Artikel:

„der schöne Kater“ [*AL-QiṬṬu AL-ĴaMILu*] أَلْقِطُّ ٱلْجَمِيلُ

GRAMMATISCHER ANHANG

Grundsätzlich bilden Adjektive den Plural äußerlich. Nur einige weisen in ihrer männlichen Pluralform eine innere Pluralbildung auf:

„lange" (♂ Pl.) [*ṬiWAL*]	طِوَال	←	„langer" (♂) [*ṬaWIL*]	طَوِيل
„große" (♂ Pl.) [*KiBAR*]	كِبَار	←	„großer" (♂) [*KaBIR*]	كَبِير

Setzt man ein Nomen, das etwas Unbelebtes oder Abstraktes bezeichnet, in den Plural, so wird ein solcher Plural im grammatischen Sinne wie ein weiblicher Singular behandelt, und das sich darauf beziehende Adjektiv steht folglich in seiner weiblichen Singularform:

„die schönen Orte" [*AL-AMAKiNu AL-ĴaMILaTu*] أَلْأَمَاكِنُ ٱلْجَمِيلَةُ

▪ Das prädikative Adjektiv

Steht das Adjektiv in prädikativer Stellung, d.h. als Bestandteil des Prädikats (= Satzaussage), muss es sich in Geschlecht und Zahl nach dem Bezugswort richten. In einem Nominalsatz steht es gewöhnlich ohne Artikel:

„Der Reisende [ist] arabisch." [*AL-MußAFiRu ᶜaRaBiYYun*] أَلْمُسَافِرُ عَرَبِيٌّ

Nach كَانَ [*KANa*] „sein", أَصْبَحَ [*AẞBaḤa*] „am Morgen sein", أَمْسَى [*AMßA*] „am Abend sein" und صَارَ [*ẞARa*] „werden" steht das Adjektiv stets im Akkusativ und ist unbestimmt:

„Die Versammlung war perfekt." [*KANa AL-IĴTiMAᶜu MuMTASAn*] كَانَ ٱلْإِجْتِمَاعُ مُمْتَازاً

▪ Adjektiv + Nomen als Genitivverbindung

Neben der Konstruktion Nomen + Nomen kann man auch Genitivverbindungen aus Adjektiv + Nomen bilden:

„schwerhörig" [*fßaQILu Aß-ßaMᶜi*] ثَقِيلُ ٱلسَّمْعِ

„schön aussehend" (schöne der-Gesicht) [*ĴaMILaTu AL-WaĴHi*] جَمِيلَةُ ٱلْوَجْهِ

▪ Elativ

Als Elativ bezeichnet man die Steigerungsstufe eines Adjektivs. Die beiden Bildungsmuster des Elativs werden üblicherweise durch zwei bedeutungsleere Musteradjektive charakterisiert: [*AF^c^aL*] für das Maskulinum und [*Fu^c^LA*] für das Femininum. Diese Formen werden sowohl für den Komparativ (1. Steigerungsstufe) als auch für den Superlativ (2. Steigerungsstufe) gebraucht, wobei die weibliche Form nicht mehr für alle Adjektive verwendet wird. Der Elativ ist grundsätzlich diptotisch (zwei-endig):

Fem. ♀	**Mask.** ♂	
„größer" [*K**u**BRA*] كُبْرَى	„größer" [***A**KBaR*] أَكْبَر	„groß" [*KaB**I**R*] كَبِير
„kleiner" [*ß**u**ṘRA*] صُغْرَى	„kleiner" [***A**ßṘaR*] أَصْغَر	„klein" [*ßaṘ**I**R*] صَغِير

Hier nun Beispiele für die Anwendung des Elativs als Superlativ:

„der größte Platz" [*AL-MaYD**A**Nu AL-**A**KBaRu*] أَلْمَيْدَانُ ٱلْأَكْبَرُ

„der größte Markt" (سُوق [*ßUQ*] ist meist weiblich) [*Aß-ß**U**Qu AL-K**u**BRA*] أَلسُّوقُ ٱلْكُبْرَى

▪ Vokativ und Ausrufe

Vokativ

Es gibt drei Vokativpartikel, die zum Rufen oder zur Anrede von Gesprächspartnern verwendet werden: يَا [*YA*] und أَيُّهَا [***A**YYuHA*] bzw. أَيَّتُهَا [*AYY**a**TuHA*]. Alle bedeuten in etwa „oh" und bewirken, dass darauf folgende Personennamen oder Nomen die Endung **tanwin** verlieren und stets ohne Artikel stehen:

„(Oh) Kinder!" [*YA AṬF**A**Lu*] يَا أَطْفَالُ!

„(Oh) Ahmed!" [*YA **A**ḤMaDu*] يَا أَحْمَدُ!

Nach dem feierlichen يَا أَيُّهَا [*(YA)* ***A**YYuHA*] bzw. يَا أَيَّتُهَا [*(YA) AYY**a**TuHA*], steht gewöhnlich ein bestimmtes Nomen im Nominativ:

„(Oh) Abgeordneter!" / „(Oh) Abgeordnete!" [*(YA)* ***A**YYuHA AN-N**A**'iBu / AN-NuWW**A**Bu*] يَا أَيُّهَا ٱلنَّائِبُ / ٱلنُّوَّابُ

Nach يَا أَيُّهَا [*(YA)* ***A**YYuHA*] bzw. يَا أَيَّتُهَا [*(YA) AYY**a**TuHA*] steht außerdem häufig ein Nomen in Verbindung mit einem attributiven Adjektiv:

„Oh (du) schöner Prinz!" [*(YA)* ***A**YYuHA AL-AM**I**Ru AL-ĵaM**I**Lu*] يَا أَيُّهَا ٱلْأَمِيرُ ٱلْجَمِيلُ

Ausrufe

Das Arabische kennt auch verschiedene Konstruktionen für Ausrufe.

a) !...أَفْعَلَ + مَا [*MA*] + [*AF^c^aLa*] ... (IV. Stamm)! „Was für ein/-e ...!"

„Was für ein intelligenter Arzt!" (was hat-gemacht-intelligent-er dieser der-Arzt) [*MA* ***A****fsKA H****a****fsA AṬ-ṬaB****I****Ba*]	مَا أَذْكَى هَذَا ٱلطَّبِيبَ!
„Wie intelligent er ist!" [*MA AfsK****A****Hu*]	مَا أَذْكَاهُ!

b) !لَـ يَا [*YA La-...*] + Nomen (ohne Artikel im Akkusativ)! „Welch ein/-e ...!"

„Welch ein Glück!" [*YA La-Ḥ****a****ṢṢa*]	يَا لَحَظَّ!

c) لَـ يَا [*YA La-*] + Personalpronomensuffix + مِنْ [*MiN*] + Nomen (ohne Artikel im Genitiv)! „Welch ein/-e ...!"

„Welch ein Idiot!" [*YA L****a****Hu MiN* ***A****ḤMaQa*]	يَا لَهُ مِنْ أَحْمَقَ
„Welch eine Idiotin!" [*YA L****a****HA MiN ḤaMQ****A****'a*]	يَا لَهَا مِنْ حَمْقَاءَ!

▪ Diminutiv

Das am häufigsten anzutreffende Bildungsmuster des Diminutivs (Verkleinerungs- oder Verniedlichungsform) ist فُعَيْل [*Fu^c^aYL*]:

„kleines Schloss" [*Qu<u>ß</u>****a****YR*]	قُصَيْر	←	„Schloss" [*Qa<u>ß</u>R*]	قَصْر
„See" („kleines Meer") [*BuḤ****a****YRaT*]	بُحَيْرَة	←	„Meer" [*BaḤR*]	بَحْر

2 Demonstrativ- und Relativpronomen

▪ Demonstrativpronomen

Die Demonstrativpronomen (hinweisende Fürwörter) lauten:

„diese hier" [*H****a****fsiHi*]	هَذِهِ	„dieser hier" [*H****a****fsA*]	هَذَا
„jene hier" [*T****i****LKa*]	تِلْكَ	„jener dort" [*fs****a****LiKa*]	ذَلِكَ

Die Demonstrativpronomen werden prinzipiell wie Adjektive benutzt und stehen in ihrer hinweisenden Funktion vor dem Nomen, auf das sie sich beziehen. Das Nomen trägt dabei den bestimmten Artikel أَلـ [*AL*-]:

هَذَا ٱلْبَلَدُ „dieses Land" [*HafsA AL-BaLaDu*]

فِي هَذِهِ ٱلْمَدِينَةِ „in dieser Stadt" [*FI HafsiHi AL-MaDINaTi*]

Bezieht sich das Demonstrativpronomen auf ein Nomen, dem ein angehängtes Personalpronomen oder eine Genitivverbindung folgt, steht es stets hinter diesem:

فِي مَرْكَزِ ٱلْمَدِينَةِ هَذَا „in diesem Stadtzentrum" [*FI MaRKaSi AL-MaDINaTi HafsA*]

Nur vor Lebewesen stehen die Mehrzahlformen هَؤُلَاءِ [*HaULA'i*] „diese" und أُولَائِكَ [*ULA'iKa*] „jene":

هَؤُلَاءِ ٱلرِّجَالُ „diese Männer (hier)" [*HaULA'i AR-RiĴALu*]

هَؤُلَاءِ ٱلْمُعَلِّمَاتُ „diese Lehrerinnen (hier)" [*HaULA'i AL-MuᶜaLLiMATu*]

Hier eine komplette Liste der Formen von [*HafsA*] und [*fsaLiKa*]:

Dual ♀♀ Akk./Gen.	Dual ♀♀ Nom.	Dual ♂♂ Akk./Gen.	Dual ♂♂ Nom.	Plural ♀♀♀... / ♂♂♂... / *	Singular ♀	Singular ♂
هَتَيْنِ [*HaTaYNi*]	هَتَانِ [*HaTANi*]	هَذَيْنِ [*HafsaYNi*]	هَذَانِ [*HafsANi*]	هَؤُلَاءِ [*Ha'ULA'i*]	هَذِهِ [*HafsiHi*]	هَذَا [*HafsA*]
تَيْنَكَ [*TaYNaKa*]	تَانِكَ [*TANiKa*]	ذَيْنَكَ [*fsaYNaKa*]	ذَانِكَ [*fsANiKa*]	أُولَائِكَ [*ULA'iKa*]	تِلْكَ [*TiLKa*]	ذَلِكَ [*fsaLiKa*]

* auch für gemischte Gruppen (♂♀♀... oder ♂♂♀...) ab drei Personen.

هَذَا [*HafsA*] und هَذِهِ [*HafsiHi*] können auch als Pronomen verwendet werden:

هَذَا فِرَاشٌ „Dieses ist ein Bett." [*HafsA FiRASCHun*]

Allerdings wird „das ist ...“ in den allermeisten Fällen mithilfe der Personalpronomen übersetzt:

„Das sind deine Briefe.“ هِيَ رَسَائِلُكَ [HiYa RaßA'iLuKa] — „Das ist der Arzt.“ هُوَ ٱلطَّبِيبُ [HuWa AṬ-ṬaBIBu]

▪ Relativpronomen

Relativpronomen – wie ٱلَّذِي [ALLafsI], ٱلَّتِي [ALLaTI] „der, welcher ... / die, welche ...“ dienen dazu, einen Relativsatz mit einem vorhergehenden Satzteil zu verbinden. Sie stehen gewöhnlich nur nach einem durch einen Artikel bestimmten Nomen:

إِشْتَرَيْتُ ٱلْفَسَاتِينَ ٱلَّتِي رَأَيْتُهَا أَمْسِ فِي دُكَّانِهِ

„Ich habe die Kleider gekauft, die ich gestern in seinem Laden gesehen habe.“
[ISCHTaRaYTu AL-FaßATINa ALLaTI Ra'AYTuHA AMßi FI DuKKANiHi]

Die Relativpronomen heißen:

	Singular	Plural	Dual Nom.	Dual Akk./Gen.
♂	ٱلَّذِي [ALLafsI]	ٱلَّذِينَ [ALLafsINa]	ٱللَّذَانِ [ALLafsANi]	ٱللَّذَيْنِ [ALLafsaYNi]
♀	ٱلَّتِي [ALLaTI]	ٱللَّوَاتِي [ALLaWATI]	ٱللَّتَانِ [ALLaTANi]	ٱللَّتَيْنِ [ALLaTANi]

3 Die Verben „sein“ und „haben“

▪ Das Verb „sein“

▪ In der Vergangenheit

„Sein“ in der Vergangenheit heißt كَانَ [KANa]. Danach steht die prädikative Ergänzung immer im Akkusativ:

كَانَ ٱلسَّفَرُ مُتْعِباً „Die Reise war anstrengend/ermüdend.“ [KANa Aß-ßaFaRu MuTᶜiBAn]

كُنْتُ فِي ٱلْقِطَارِ „Ich war im Zug.“ [KuNTu FiL-QiṬARi]

▪ In der Gegenwart

Die unvollendete Entsprechung zu كَانَ [*K**A**Na*] heißt يَكُونُ [*YaK**U**Nu*], wird aber in erster Linie für das Futur von „sein“ verwendet. In der Gegenwart dagegen steht die Nominalsatzkonstruktion ohne Verb:

„Der Kater [ist] im Garten.“ [*AL-Q**i**ṬṬu FI AL-BußT**A**Ni*] — أَلْقِطُّ فِي ٱلْبُسْتَانِ

„Mein Name [ist] Mohammed.“ [***I**ßMI MuḤ**a**MMaDun*] — إِسْمِي مُحَمَّدٌ

▪ Das Verb „nicht sein“: لَيْسَ [*LaY**ßa*]**

Da das Arabische keine Entsprechung für „sein“ im Präsens kennt, wird „nicht sein“ mit einem eigenen Verb und nicht durch eine Kombination mit der Verneinungspartikel „nicht“ ausgedrückt. „Nicht sein“ heißt لَيْسَ [***La**Yßa*] und wird wie ein Verb im vollendeten Aspekt konjugiert, steht dabei aber für die Gegenwart. Wie nach كَانَ [*K**A**Na*] steht das Bezugswort nach لَيْسَ [***La**Yßa*] immer im Akkusativ:

„Ich bin nicht müde.“ [***La**ßTu MuTᶜ**a**BAn*] — لَسْتُ مُتْعَباً

Steht nach لَيْسَ [***La**Yßa*] jedoch ein Nomen und danach ein beigefügtes Adjektiv, steht dieses Nomen im Nominativ, während das Adjektiv in den Akkusativ gesetzt wird:

„Das Essen hier ist nicht gut.“ [***La**Yßa AṬ-Ṭaᶜ**A**Mu Ṭ**a**YYiBAn H**u**NA*] — لَيْسَ ٱلطَّعَامُ طَيِّباً هُنَا

Im Fragesatz steht vor لَيْسَ [***La**Yßa*] die Fragepartikel أَ [*A*] nicht هَلْ [*HaL*]: أَ لَيْسَ...؟ [*A-**La**Yßa* ... ?] „Ist nicht ...?“

▪ Das Verb „haben“

„Haben“ wird in der Regel durch die Präpositionen لِـــ / لَـــ [*Li-*]/[*La-*] „für“, عِنْدَ [*ᶜ**i**NDa*] „bei“ oder لَدَى [*LaDA*] „bei“ und selten مَعَ [***Ma**ᶜa*] „mit“ in Verbindung mit den angehängten Personalpronomen übersetzt:

„Er hat ein schönes Auto.“ [***La**Hu ßaYY**A**RaTun ĴaM**I**LaTun*] — لَهُ سَيَّارَةٌ جَمِيلَةٌ

„Ihr habt Geld bei euch.“ [*ᶜ**i**NDaKuM NuQ**U**Dun*] — عِنْدَكُمْ نُقُودٌ

Während لَـ [*La*] / لِـ [*Li-*] ein grundsätzliches Besitzverhältnis ausdrückt, implizieren عِنْدَ [*ᶜiNDa*], لَدَى [*LaDA*] oder مَعَ [*Maᶜa*] eher, dass man etwas bei sich hat, also im Moment gerade etwas mit sich führt.

4 Verneinung

▪ Verneinung des Verbs

Die Verneinungsmuster für das Verb in seinen verschiedenen Formen sind:

Deutsche Entsprechung	Arabische Verneinungsmuster
„nicht" + Vergangenheit	مَا [*MA*] + vollendeter Aspekt
„nicht" + Vergangenheit	لَمْ [*LaM*] + Apokopat
„nicht" + Gegenwart	لَا [*LA*] + unvollendeter Aspekt
„nicht" + Zukunft	لَنْ [*LaN*] + Konjunktiv
„nicht ... außer/als"	لَا ... إِلَّا [*LA ... ILLA*]
„noch nicht" + Vergangenheit	لَمَّا [*LaMMA*] + vollendeter Aspekt
„noch nicht" + Vergangenheit	لَمْ...بَعْدُ [*LaM ... BaᶜDu*] + vollendeter Aspekt
„noch nie" + Vergangenheit	مَا ... قَطُّ [*MA*] + vollendeter Aspekt + [*QaṬṬu*]
„noch nie" + Vergangenheit	لَمْ قَطُّ ... [*LaM*] + Apokopat + [*QaṬṬu*]
„nie" + Gegenwart	لَا ... أَبَداً [*LA*] + unvollend. Aspekt + [*ABaDAn*]
„nie" + Zukunft	لَنْ ... أَبَداً [*LaN*] + Konjunktiv + [*ABaDAn*]

▪ Die Wörter „kein“, „nicht“ und „außer“

Das deutsche „kein“ oder „nicht“ vor einem Nomen wird im Arabischen durch die Konstruktion لاَ [*LA*] + bestimmtes Nomen (jedoch ohne Artikel) im Akkusativ ausgedrückt. Man bezeichnet dies auch als absolute Verneinung:

لاَ مُشْكِلَةَ — „Kein Problem!“ [*LA MuSCHKiLaTa*]

لاَ بَأْسَ (فِي ذَلِكَ) — „Nicht schlecht!“; „Alles in Ordnung!“ [*LA BA’ßa (FI fsaLiKa)*]

لاَ شَكَّ أَنَّ... — „Kein Zweifel, dass ...“ [*LA SCHaKKa ANNa ...*]

Erwähnenswert ist außerdem لاَ بُدَّ أَنْ... [*LA BuDDa AN ...*] „man muss unbedingt ...“, der wörtlich „es gibt keinen Ausweg, außer ...“ bedeutet. Das deutsche „außer“ wird sonst durch die Konstruktion إِلَّا [*ILLA*] + Nomen im Nominativ umschrieben.

▪ Weitere Verneinungswörter

Daneben gibt es einige Wörter, die mit durch مَا [*MA*], لاَ [*LA*], لَمْ [*LaM*], لَنْ [*LaN*] oder لَيْسَ [*LaYßa*] verneinten Verben stehen und so die Begriffe „nichts“, „niemand“, „kein“ oder „niemals“ ausdrücken.

▪ شَيْءٌ [*SCHaY’un*] „Sache“ bzw. „nichts“

مَا رَأَى شَيْئاً — „Er hat nichts gesehen.“ (eigentlich: „Er hat nicht eine Sache gesehen.“) [*MA RA’A SCHaY’An*]

لاَ يَفْهَمُ شَيْئاً — „Er versteht nichts.“ [*LA YaFHaMu SCHaY’An*]

لَيْسَ (هُنَاكَ) شَيْءٌ فِي ٱلْبُسْتَانِ — „Es ist (dort) nichts im Garten.“ [*LaYßa (HuNAKa) SCHaY’un FiL-BußTANi*]

▪ أَحَدٌ [*AḤaDun*] „jemand“ bzw. „niemand“

لاَ أَحَدَ فِي ٱلْمَيْدَانِ — „Es gibt niemanden auf dem Platz.“ [*LA AḤaDa FI AL-MaYDANi*]

لَمْ يَصِلْ أَحَدٌ — „Niemand ist angekommen.“ [*LaM YaßiL AḤaDun*]

لاَ يَتَكَلَّمُ أَحَدٌ — „Niemand spricht.“ [*LA YaTaKaLLaMu AḤaDun*]

▪ أَيٌّ [AYYun] + unbestimmtes Nomen im Genitiv „welcher?/ irgendein“ bzw. „kein“

„Heute gibt es nirgendwo (in keinem Ort) Fleisch.“ [*LA YUĴaDu LaḤMun FI AYYi MaKANin AL-YaUMa*]	لاَ يُوجَدُ لَحْمٌ فِي أَيِّ مَكَانٍ ٱلْيَوْمَ

▪ يَوْماً [*YaUMAn*] „eines Tages“ bzw. „nie(-mals)“

„Er hat mir so etwas (jenes) nie gesagt.“ [*MA QALa LI fsaLiKa YaUMAn*]	مَا قَالَ لِي ذَلِكَ يَوْماً

▪ Verneinung von Adjektiven und Nomen

Adjektive werden durch die folgende Konstruktion verneint:
غَيْر [*ṘaYR*] + unbestimmtes Adjektiv im Genitiv:

„Dein Bett ist nicht gemacht (aufgeräumt).“ [*FiRASCHuKa ṘaYRu MuRaTTaBin*]	فِرَاشُكَ غَيْرُ مُرَتَّبٍ

Das Wort غَيْر [*ṘaYR*] kann die Endungen [-*u*], [-*i*] oder [-*a*] tragen, verändert sich aber weder vor einem weiblichen Nomen noch im Plural oder Dual:

„Dieses Zimmer ist nicht sauber.“ [*HafsiHi AL-ṘuRFaTu ṘaYRu NaṢIFaTin*]	هَذِهِ ٱلْغُرْفَةُ غَيْرُ نَظِيفَةٍ
„Wir sind damit nicht einverstanden.“ [*NaḤNu ṘaYRu MuWAFiQINa ᶜaLA fsaLiKa*]	نَحْنُ غَيْرُ مُوَافِقِينَ عَلَى ذَلِكَ

5 Indefinitpronomen

Im Arabischen gibt es Nomen, die den deutschen Indefinitpronomen „alle“, „alles“, „ganz“, „jeder“ usw. entsprechen. Nach ihnen steht gewöhnlich ein Nomen mit oder ohne Artikel bzw. ein Personalpronomensuffix:

„jeder, -e, -es“	كُلّ [*KuLL*] + unbest. Nomen im Sg. und Genitiv

„alle ..."	[*KuLL*] + best. Nomen im Plural und Genitiv	كُلّ
„ganzer, -e, -es ...", „gesamter, -e, -es ..."	Nomen + [*KuLL*] + Personalpronomensuffix	كُلّ
„irgendein, -e, -s", „egal welcher, -e, -es"	[*AYY* / ***A****YYaT*]	أَيّ / أَيَّة
„jeder, -e, -es"	[*KuLLu WA**Ḥ**iDin* / *WA**Ḥ**iDaTin*]	كُلُّ وَاحِدٍ / وَاحِدَةٍ

[***A****YYaT*] wird ausschließlich vor weiblichen Nomen verwendet, dennoch neigt die moderne Umgangssprache dazu, es durch die männliche Form [*AYY*] zu ersetzen.

„kein" (siehe dazu Punkt 4.3)	[*AYY* / ***A****YYaT*] + Verneinung	أَيّ / أَيَّة
„alle ..."	[*ĴaMIᶜ*] + best. Nomen im Plural und Genitiv	جَمِيع
„einige ..."	[*BaᶜḌ*] + best. Nomen im Singular oder Plural	بَعْض
„einer, -e, -es von ..."	[***A****ḤaD* / *IḤD**A***] + best. Nomen im Plural und Genitiv	أَحَد / إِحْدَى
„jeder, -e, -es von ..." oder „einer, -e, -es von ..."	[*WA**Ḥ**iD* / *WA**Ḥ**iDaT MiN*] + Nomen oder Pronomen	وَاحِد / وَاحِدَة مِنْ
„der Rest/die Verbleibenden von ...", „alle anderen ..."	[*ß**A**'iR*]	سَائِر

6 Nützliche Wörter und Ausdrücke

▪ Bejahung und Verneinung

[*NaᶜaM*]	„ja"	نَعَمْ
[*AY NaᶜaM*]	„aber ja", „natürlich", „selbstverständlich"	أَيْ نَعَمْ

[*BaLA*]	„doch“ (nach einer verneinten Frage)	بَلَى
[*LA*]	„nein“	لاَ
[*KaLLA*]	„nein“ (nachdrücklich)	كَلاَّ
[*ABaDAn*]	„gar nicht“, „auf keinen Fall“ (eigentl. „niemals“)	أَبَداً

▪ Die Verwendung von نَفْس + [*NaFß*]

Das Wort نَفْس + [*NaFß*] „Seele, Wesen, Essenz“ und sein Plural أَنْفُس [*ANFuß*] werden auch im Sinne von „selber, -e, -es“, „dasselbe“ bzw. „gleicher, -e, -es“ verwendet, und zwar in Verbindung mit den Personalpronomensuffixen:

▪ Nomen + نَفْس [*NaFß*] + Personalpronomensuffix und نَفْس [*NaFß*] + bestimmtes Nomen

„Der gleiche Mann ist zurückgekommen.“ [*ᶜADa AR-RaĴuLu NaFßuHu*]	عَادَ ٱلرَّجُلُ نَفْسُهُ
„Der gleiche Mann ist zurückgekommen.“ [*ᶜADa NaFßu AR-RaĴuLi*]	عَادَ نَفْسُ ٱلرَّجُلِ

▪ Nomen + بِنَفْس [*Bi-NaFßi*] + Personalpronomensuffix: „selbst“

„Der Minister selbst hat mich empfangen.“ [*IßTaQBaLaNI AL-WaSIRu Bi-NaFßiHi*]	إِسْتَقْبَلَنِي ٱلْوَزِيرُ بِنَفْسِهِ

▪ Verb + نَفْس [*NaFß*] + Personalpronomensuffix = rückbezügliches Verb

Diese Konstruktion ermöglicht durch die Verbindung von نَفْس [*NaFß*] und den Personalpronomensuffixen die Bildung der Reflexivpronomen („mich selbst“, „dich selbst“, „sich selbst“ usw.). Sie wiederum lassen sich mit gewissen Verben verbinden und bilden dadurch die rückbezüglichen Verben:

„er hat sich gewaschen“ (eigentl.: „er hat seine Seele gewaschen“) [*ṘaßaLa NaFßaHu*]	غَسَلَ نَفْسَهُ

▪ Präpositionen

Nach allen Präpositionen (Verhältniswörtern) steht generell der Genitiv. Man unterscheidet solche, die mit dem nachfolgenden Wort verbunden werden und solche, die alleine stehen:

▪ Mit dem Folgewort verbundene Präpositionen

„wie“ [*Ka-*]*	كَـ	„für“ [*Li-*] / [*La-*]*	لِـ / لَـ	„mit“ [*Bi-*]	بِـ

▪ Separat stehende Präpositionen

„über“ [^{c}*aN*]	عَنْ	„in“ [*FI*]	فِي
„bis“ [*Ḥ**a**TTA*]*	حَتَّى	„nach, zu“ (örtlich) [*ILA*]	إِلَى
„mit“ [*M**a**^{c}a*]	مَعَ	„aus, von“ [*MiN*]	مِنْ
usw.		„auf“ [^{c}*aLA*]	عَلَى

* An die Präpositionen حَتَّى [*Ḥ**a**TTA*] und مُنْذُ [*M**u**Nfsu*] kann kein Personalpronomensuffix angefügt werden.

Besonderheiten der Schreibung: Vor einem Personalpronomensuffix wird das lange End-[*A*] in عَلَى [^{c}***a**LA*], إِلَى [***I**LA*], لَدَى [*L**a**DA*] zu ي **ya**:

„bei dir“ (♀) [*LaD**a**YKi*]	لَدَيْكِ	„zu dir“ (♂) [*IL**a**YKa*]	إِلَيْكَ	„auf euch“ [^{c}*aL**a**YKuM*]	عَلَيْكُمْ

Mit dem Pronomensuffix der 1. Person Singular („ich“) wird dieses ي **ya** verdoppelt:

„bei mir“ [*LaD**a**YYa*]	لَدَيَّ	„zu mir“ [*IL**a**YYa*]	إِلَيَّ	„auf mir/mich“ [^{c}*aL**a**YYa*]	عَلَيَّ

▪ Verbindung mehrerer Präpositionen

Einige Präpositionen sind eigentlich Nomen im Akkusativ. Man kann diese auch mit einer „echten Präposition“ kombinieren, dabei stehen sie allerdings im Genitiv.

قُرْب	„nahe von" [*Q**u**RBa*]	عِنْدَ	„bei" [*ᶜ**i**NDa*]
بِالْقُرْبِ مِنْ	„in der Nähe von" [*BiL-Q**u**RBi MiN*]	مِنْ عِنْدِ	„von (bei)" [*MiN ᶜ**i**NDi*]

▪ Adverbien (Umstandswörter) und adverbiale Konstruktionen

Adverbien sind nähere Bestimmungen, die bei Verben, Adjektiven und anderen Adverbien stehen können. Sie werden nach unterschiedlichen Mustern gebildet, sehr häufig mit der Akkusativendung [*-An*], die gleichermaßen an Nomen, Partizipien oder Adjektive angehängt werden kann. Daneben kommt auch oft die Kombination aus einer Präposition und einem Nomen vor.

▪ Ortsadverbien

يَمِيناً	„rechts" [*YaM**I**NAn*]	تَحْتَ	„unten" [*T**a**ḤTa*]
يَسَاراً	„links" [*Yaß**A**RAn*]	فَوْقَ	„oben" [*F**a**UQa*]
هُنَا	„hier" [*H**u**NA*]	قَرِيباً (مِنْ)	„nahe (von)" [*QaR**I**BAn (MiN)*]
هُنَاكَ	„da, dort" [*HuN**A**Ka*]	بَعِيداً	„fern, weit" [*Baᶜ**I**DAn*]
هُنَالِكَ	„dort" [*HuN**A**LiKa*]	بَعِيداً عَنْ	„fern, weit (von)" [*Baᶜ**I**DAn (ᶜaN)*]

▪ Zeitadverbien

أَمْسِ	„gestern" [***A**MßI*]	كَثِيراً مَا	„oft" [*Kafß**I**RAn MA*]
يَوْمَ أَمْسِ	„gestern" [*Y**a**UMa **A**Mßi*]	حَالاً	„sofort, gleich" [*Ḥ**A**LAn*]
أَوَّلَ أَمْسِ	„vorgestern" [***A**WWaLa **A**Mßi*]	أَلْآنَ	„jetzt" [*AL-**Ā**N*]
أَلْيَوْمَ	„heute" [*AL-Y**a**UMa*]	بَعْدَ ٱلظُّهْرِ	„nachmittags" [*B**a**ᶜDa AṢ-Ṣ**u**HRi*]
صَبَاحاً	„morgens" [*ẞaB**A**ḤAn*]	دَائِماً	„immer" [*D**A**'iMAn*]
مَسَاءً	„abends" [*Maß**A**'An*]	أَبَداً	„nie, niemals" [***A**BaDAn*]

„gleich, sofort“ [F**a**URAn]	فَوْراً	„morgen“ [Ṙ**a**DAn]	غَداً
„(zu) früh“ [B**A**KiRAn]	بَاكِراً	„bald“ [QaR**I**BAn]	قَرِيباً
„(zu) spät“ [MuTa’**A**CHCHiRAn]	مُتَأَخِّراً	„oft“ [Ṙ**A**LiBAn]	غَالِباً

▪ **Modaladverbien**

Modaladverbien geben Auskunft über die Art und Weise, auf die eine Handlung oder ein Ereignis stattfindet.

„komplett, völlig“ [K**A**MiLAn]	كَامِلاً	„zu Fuß“ [M**a**SCHYAn]	مَشْياً
„so, auch“ [Ka-fs**a**LiKa]	كَذَلِكَ	„in bar (Geld), cash“ [N**a**QDAn]	نَقْداً
„genau, total“ [TaM**A**MAn]	تَمَاماً	„zusammen“ [M**a**^{c}An]	مَعاً
„insbesondere, speziell“ [CH**A**ßßaTan]	خَاصَّةً	„schnell“ [Bi-ß**u**R^{c}aTin]	بِسُرْعَةٍ
„natürlich, sicherlich“ [Ṭ**a**B^{c}An]	طَبْعاً	„langsam“ [^{c}**a**LA M**a**HLin]	عَلَى مَهْلٍ

Erwähnt sei an dieser Stelle, dass es möglich ist, aus Adjektiven, die auf [-*iYY*] enden, Adverbien zu bilden.

Weitere Modaladverbien sind solche, die das Ausmaß oder den Grad bzw. die Menge von etwas näher bestimmen:

„auch“ [**A**YḌAn]	أَيْضاً	„(ein) wenig“ [QaL**I**LAn]	قَلِيلاً
„sehr“ [Ĵ**i**DDAn]	جِدّاً	„weniger“ [**A**QaLLu]	أَقَلُّ
„ungefähr“ [TaQR**I**BAn]	تَقْرِيباً	„viel“ [Kaſß**I**RAn]	كَثِيراً
		„mehr“ [**A**KſßaRu]	أَكْثَرُ

Weitere, der Form nach adverbial gebrauchte Ausdrücke sind u. a.:

„Bravo!, Gut gemacht!“ [ḤaßaNAn]	حَسَناً!	„Willkommen!“ [M**a**RḤaBAn]	مَرْحَباً!

▪ Bestimmungen der Zeit und der Art und Weise

▪ Zeit

Zeitbestimmungen stehen generell im Akkusativ. Handelt es sich um Genitivverbindungen, steht gemäß der Regel grundsätzlich das erste Wort im Akkusativ:

أَلْيَوْمَ	„heute" [AL-Y**a**UMa]	صَبَاحَ ٱلْيَوْمِ	„heute Morgen" [ßaB**A**Ḥa AL-Y**a**UMi]

بَقِيَ سَنَةً كَامِلَةً „Er ist ein ganzes Jahr geblieben." [**Ba**QiYa ß**a**NaTan K**A**MiLaTan]

▪ Art und Weise

Auch diese Bestimmung steht im Allgemeinen im Akkusativ und kann durch mehrere Konstruktionen wiedergegeben werden:

• Alleine durch ein **maßdar**:

صَاحَ غَضَباً „Er schrie vor Wut." [ß**A**Ḥa Ṙ**a**ḌaBAn]

• Durch die Verbindung eines Verbs und seines **maßdar** + einem Adjektiv:

يَمْشِي مَشْياً سَرِيعاً „Er geht schnell". [Y**a**MSCHI M**a**SCHYAn ßaR**I**ᶜAn]

كَانَ يَنْزِلُ ٱلْمَطَرُ نُزُولاً شَدِيداً „Es regnete stark." [K**A**Na Y**a**NSiLu AL-M**a**ṬaRu NuS**U**LAn SCHaD**I**DAn]

• Durch ein Aktiv-Partizip im Akkusativ:

قَالَ ضَاحِكاً „er hat lachend gesagt" [Q**A**La Ḍ**A**ḤiKAn]

8 Interrogativpronomen (Fragepronomen)

مَا / مَاذَا؟	„was?" [MA] / [M**A**fsA] (1) (2)	لِمَ؟ / لِمَاذَا؟	„warum?", „wieso?" [L**i**-Ma]/ [Li-M**A**fsA]
مَنْ؟	„wer?" (3) [MaN]	أَيْنَ؟	„wo?" [**A**YNa]
كَيْفَ؟	„wie?" [K**a**YFa]	إِلَى أَيْنَ؟	„wohin?" [**I**LA **A**YNa]
مَتَى؟	„wann?" [M**a**TA]	مِنْ أَيْنَ؟	„woher?", „von wo?" [MiN **A**YNa]

+ unbestimmtes Nomen im Singular und Akkusativ	„wie viel?“ [*KaM*]	كَمْ؟
+ bestimmtes Nomen im Singular oder Plural und Genitiv	„wie viel?“ [*KaM MiN*] (4)	كَمْ مِنْ؟
	„wie viel (kostet das)?“ [*Bi-Ka**M***]	بِكَمْ؟
	„welcher?“ (♂)/„welche?“ (♀) [*AYY*]/[***A**YYaT*]	أَيّ / أَيَّة؟
	„nicht wahr?“ [*A-L**a**YßA (Ka-fs**a**LiKa)*]	أَلَيْسَ (كَذَلِكَ)؟
	„gibt es nicht ... ?“ [*A-L**a**YßA (HuN**A**Ka)* ... ?]	أَلَيْسَ (هُنَاكَ)...؟

Einige Anmerkungen zu den Interrogativpronomen:

(1) Die beiden Interrogativpronomen مَا؟ [*MA*] „was?“ und مَاذَا؟ [*M**A**fsA*] „was?“ werden grundsätzlich gleich verwendet, jedoch gibt مَاذَا؟ [*M**A**fsA*] der gestellten Frage mehr Ausdruck: مَاذَا فَعَلْتَ؟ [*M**A**fsA Fa-ᶜaLTa*] „Was hast du (denn da) gemacht?“.

(2) Wenn مَا؟ [*MA*] „was?“ direkt an eine Präposition angehängt wird, entfällt das **alif**.

(3) Die Präpositionen مِنْ [*MiN*] „aus, von“ und عَنْ [*ᶜaN*] „über“ verlieren das **nun** und assimilieren es durch **mim**, wenn sie mit مَا؟ [*MA*] „was?“ und مَنْ؟ [*MaN*] „wer?“ verbunden werden.

(4) Man verwendet كَمْ مِنْ؟ [*KaM MiN*] „wie viel?“ nur in Bezug auf eine schwer zu ermittelnde oder extrem große Menge einer Sache.

Daneben kennt das Arabische zwei Fragepartikel: erstens هَلْ؟ [*HaL*], das einen Aussagesatz in eine Frage verwandelt und zweitens [*A*], das einen verneinten Aussagesatz in eine Frage verwandelt.

9 Konjunktionen

Im Arabischen werden Konjunktionen (Bindewörter) prinzipiell genau wie im Deutschen verwendet. Ihre Aufgabe ist es, Satzteile und Sätze miteinander zu verbinden.

▪ Konjunktionen für gleichwertige Satzteile

Die folgenden Konjunktionen verbinden im grammatischen Sinne gleichwertige Satzglieder miteinander:

وَ	„und" [*Wa-*]	لِأَنَّ	„weil" [*Li'ANNa*]*
ثُمَّ	„dann" [*fßuMMa*]	وَلَكِنَّ	„aber" [*Wa-LaKiNNa*]*
فَـ	„also, und dann" [*Fa-*]	وَلَكِنْ	„aber" + Verb (auch in Verbindung mit [*LA*]/[*MA*] „nicht") [*WaLaKiN*]
أَمَّا ... فَـ	„was ... betrifft, so ..." [*AMMA ... Fa- ...*]	وَ قَدْ	„andererseits, während" (nicht zeitl.) [*Wa-QaD*]
أَمْ؟	„oder" (nur in einem Fragesatz) [*AM*]	قَدْ	„vielleicht (dass)" + unvollendetes Verb [*QaD*]
أَوْ	„oder" (nur in einem Aussagesatz) [*AU*]	إِذَنْ / إِذاً	„also" [*IfsaN / IfsAn*]
إِنَّ	„sicher, sicherlich" (als Satzeinleitung) [*INNa*]*		

▪ Konjunktionen für untergeordnete Satzteile

Unterordnende Konjunktionen verbinden Haupt- mit Nebensätzen, verstärken Aussagen oder leiten untergeordnete Satzglieder ein.

أَنَّ	„dass" [*ANNa*]	حَتَّى	„bis dass, um zu, damit" + Verb im Konjunktiv/VA [*ḤaTTA*]
قَالَ إِنَّ	„sagen dass" [*QALa INNa*]	دُونَ أَنْ	„ohne dass" + Konjunktiv [*DUNa AN*]
أَنْ	„dass" [*AN*]	إِلَى أَنْ	„bis dass" + Konjunktiv [*ILA AN*]
لَمَّا	„als" + vollend. Verb [*LaMMA*]	لِـ	„damit, um zu" [*Li-*] + Konjunktiv

„wenn, falls“ (in einem realen Bedingungssatz) + Verb im VA [*IN*]	إِنْ	„als, immer wenn“ [*ᶜiNDaMA*]	عِنْدَمَا
„wenn, falls“ (in einem eine Möglichkeit beschreibenden Bedingungssatz) + Verb im VA [*IfsA*]	إِذَا	„während“ (nicht zeitl.) [*BaYNaMA*]	بَيْنَمَا
„wenn, falls“ (in einem irrealen Bedingungssatz) [*LaU...La*]	لَوْ... لَـ	„jedes Mal wenn“ [*KuLLaMA*]	كُلَّمَا
„selbst wenn“ [*ḤaTTA Wa-LaU*]	حَتَّى وَلَو	„seit (dass)“ [*MuNfsu AN*]	مُنْذُ أَنْ
		„schon, bereits“ (verstärkt die Vergangenheit) [*QaD / LaQaD*]	قَدْ / لَقَدْ

„Man muss“ oder „es ist notwendig, dass“ umschreibt man mit: (يَجِبُ) عَلَى... [(*YaĴiBu*) *ᶜaLA*] + Pronomen + أَنْ... [*AN*] + Konjunktiv.

10 Zahlen und Zahlwörter

Die Bildung der Zahlwörter ist ein komplexes Thema, über das wir Ihnen hier einen Überblick geben möchten. Für detailliertere Informationen sollten Sie eine ausführliche Grammatik der arabischen Sprache konsultieren.

▪ Ordinalzahlen (Ordnungszahlen)

Eine Übersicht über die Ordinalzahlen von 1-12 in ihrer männlichen und weiblichen Form finden Sie in Lektion 42. Für alle männlichen Ordinalzahlen von 1-77 sehen Sie sich außerdem die Lektionsnummern an.

Beachten Sie, dass die Ordinalzahlen zwischen 11 und 19 im Akkusativ stehen.

Femininum (♀)	Maskulinum (♂)	
أَلْحَادِيَةَ عَشْرَةَ [AL-ḤADiYaTa ᶜaSCHRaTa]	أَلْحَادِي عَشَرَ [AL-ḤADI ᶜaSCHaRa]	11.
أَلثَّانِيَةَ عَشْرَةَ [Afß-fßANiYaTa ᶜaSCHRaTa]	أَلثَّانِي عَشَرَ [Afß-fßANI(a) ᶜaSCHaRa]	12.
أَلثَّالِثَةَ عَشْرَةَ [Afß-fßALifßaTa ᶜaSCHRaTa]	أَلثَّالِثَ عَشَرَ [Afß-fßALifßa ᶜaSCHaRa]	13.
أَلرَّابِعَةَ عَشْرَةَ [AR-RABiᶜaTa ᶜaSCHRaTa]	أَلرَّابِعَ عَشَرَ [AR-RABiᶜa ᶜaSCHaRa]	14.
أَلْخَامِسَةَ عَشْرَةَ [AL-CHAMißaTa ᶜaSCHRaTa]	أَلْخَامِسَ عَشَرَ [AL-CHAMißa ᶜaSCHaRa]	15.
أَلسَّادِسَةَ عَشْرَةَ [Aß-ßADißaTa ᶜaSCHRaTa]	أَلسَّادِسَ عَشَرَ [Aß-ßADißa ᶜaSCHaRa]	16.
أَلسَّابِعَةَ عَشْرَةَ [Aß-ßABiᶜaTa ᶜaSCHRaTa]	أَلسَّابِعَ عَشَرَ [Aß-ßABiᶜa ᶜaSCHaRa]	17.
أَلثَّامِنَةَ عَشْرَةَ [Afß-fßAMiNaTa ᶜaSCHRaTa]	أَلثَّامِنَ عَشَرَ [Afß-fßAMiNa ᶜaSCHaRa]	18.
أَلتَّاسِعَةَ عَشْرَةَ [AT-TAßiᶜaTa ᶜaSCHRaTa]	أَلتَّاسِعَ عَشَرَ [AT-TAßiᶜa ᶜaSCHaRa]	19.

Ab 20 entsprechen die Zehnerzahlen den Kardinalzahlen und weisen sowohl im Maskulinum als auch im Femininum nur eine Form auf: „20.“ عِشْرُونَ [*ᶜiSCHR**U**Na*], „30.“ ثَلاثُونَ [*fßaLAfß**U**Na*], „40.“ أَرْبَعُونَ [*ARBaᶜ**U**Na*] usw.

Für Kombinationen aus Einer- und Zehnerzahlen werden die Ordinalzahlen von 1 bis 9 mit den Kardinalzahlen der Zehnerzahlen verbunden; eine Ausnahme bildet nur die „1“, die dann im Maskulinum حَادِي [*Ḥ**A**DI*] bzw. im Femininum حَادِيَةُ [*Ḥ**A**D**i**YaTu*] heißt:

Femininum (♀)	Maskulinum (♂)	
أَلْحَادِيَة وَالْعِشْرُونَ [*AL-Ḥ**A**DiYaTu Wa-ᶜiSCHR**U**Na*]	أَلْحَادِي وَالْعِشْرُونَ [*AL-Ḥ**A**DI Wa-ᶜiSCHR**U**Na*]	**21.**
أَلثَّانِية وَالْعِشْرُونَ [*Afß-fß**A**NiYaTu Wa-ᶜiSCHR**U**Na*]	أَلثَّانِي وَالْعِشْرُونَ [*Afß-fß**A**Ni Wa-ᶜiSCHR**U**Na*]	**22.**
أَلثَّالِثَة وَالْعِشْرُونَ [*Afß-fß**A**Lifßa Tu Wa-ᶜiSCHR**U**Na*]	أَلثَّالِث وَالْعِشْرُونَ [*Afß-fß**A**Lifß Wa-ᶜiSCHR**U**Na*]	**23.**

Abgeleitet von den Ordinalzahlen werden außerdem die Zahladverbien, die – wie bei Adverbien üblich – im Akkusativ stehen:

أَوَّلاً	erstens [***A**WWaLAn*]	رَابِعاً	viertens [*R**A**BiᶜAn*]
ثَانِياً	zweitens [*fß**A**NiYAn*]	خَامِساً	fünftes [*CH**A**MißAn*]
ثَالِثاً	drittens [*fß**A**LifßAn*]		usw.

▪ Kardinalzahlen

Die Kardinalzahlen von 1-19 haben eine männliche und eine weibliche Form. Bei der abstrakten Zählung verwendet man für „eins" und „zwei" die Formen des Maskulinums, danach die des Femininums (siehe dazu die Seitenzahlen dieses Buches und Lektion 42). Hier ergänzend die Zahlen ab 11.

Beachten Sie, dass die Reihenfolge bei der Nennung der Zehner- und Einerzahlen der des Deutschen entspricht: „ein-und-zwanzig".

Femininum (♀)	Maskulinum (♂)	
أَحَدَ عَشَرَ [***A**ḤaDa ᶜ**a**SCHaRa*]	إِحْدَى عَشْرَةَ [***I**ḤDA ᶜ**a**SCHRaTa*]	١١ **11**
إِثْنَا عَشَرَ [***I**fßNA ᶜ**a**SCHaRa*]	إِثْنَتَا عَشْرَةَ [***I**fßNaTa ᶜ**a**SCHRaTa*]	١٢ **12**

ثَلاَثَةَ عَشَرَ [fßaL**A**fßaTa ᶜ**a**SCHaRa]	ثَلاَثَ عَشْرَةَ [fßaL**A**fßa ᶜ**a**SCHRaTa]	١٣ **13**
أَرْبَعَةَ عَشَرَ [**A**RBᶜaTa ᶜ**a**SCHaRa]	أَرْبَعَ عَشْرَةَ [**A**RBaᶜa ᶜ**a**SCHRaTa]	١٤ **14**
خَمْسَةَ عَشَرَ [CH**a**MßaTa ᶜ**a**SCHaRa]	خَمْسَ عَشْرَةَ [CH**a**Mßa ᶜ**a**SCHRaTa]	١٥ **15**
سِتَّةَ عَشَرَ [ß**i**TTaTa ᶜ**a**SCHaRa]	سِتَّ عَشْرَةَ [ß**i**TTa ᶜ**a**SCHRaTa]	١٦ **16**
سَبْعَةَ عَشَرَ [ß**a**BᶜaTa ᶜ**a**SCHaRa]	سَبْعَ عَشْرَةَ [ß**a**Bᶜa ᶜ**a**SCHRaTa]	١٧ **17**
ثَمَانِيَةَ عَشَرَ [fßaM**A**NiYaTa ᶜ**a**SCHaRa]	ثَمَانِيَ عَشْرَةَ [fßaM**A**NiYa ᶜ**a**SCHRaTa]	١٨ **18**
تَسْعَةَ عَشَرَ [T**a**ßᶜaTa ᶜ**a**SCHaRa]	تِسْعَ عَشْرَةَ [T**i**ßᶜa ᶜ**a**SCHRaTa]	١٩ **19**

Hierbei gilt „paradoxerweise“, dass man die weiblichen Zahlen zum Zählen männlicher Hauptwörter verwendet und die männlichen Zahlen zum Zählen weiblicher Hauptwörter. Das Zählwort وَاحِدٌ [*W**A**ḤiDun*] bzw. وَاحِدَةٌ [*W**A**ḤiDaTun*] steht hinter dem zu zählenden Nomen, während ab „drei“ die Zahlen davor stehen. Bei „zwei“ kann das Zählwort in der Regel weggelassen werden, da der Dual bereits über die Zweizahl Auskunft gibt. Andernfalls steht auch die „Zwei“ nach dem zu zählenden Nomen. Hier nun einige Beispiele:

▪ **Mit einem männlichen Nomen**:

بَيْتٌ [*B**a**YTun*] „Haus“, بُيُوتٌ [*BuY**U**Tun*] „Häuser“

- بَيْتٌ وَاحِدٌ „ein Haus“ [*B**a**YTun W**A**ḤiDun*]
- بَيْتَانِ إِثْنَانِ „zwei Häuser“ [*BaYT**A**Ni (Ifß**NA**Ni)*]
- ثَلاَثَةُ بُيُوتٍ „drei Häuser“ [*fßaL**A**fßaTu BuY**U**Tin*]
- سِتَّةُ بُيُوتٍ „sechs Häuser“ [*ß**i**TTaTu BuY**U**Tin*]

▪ **Mit einem weiblichen Nomen**:
مَدِينَةٌ [*MaDINaTun*] „Stadt", مُدُنٌ [*MuDuNun*] „Städte"

مَدِينَةٌ وَاحِدَةٌ	„eine Stadt" [*MaDINaTun WAḤiDaTun*]	ثَلَاثُ مُدُنٍ	„drei Städte" [*fßaLAfßu MuDuNin*]
مَدِينَتَانِ إِثْنَتَانِ	„zwei Städte" [*MaDINaTANi (IfßNaTANi)*]	تِسْعُ مُدُنٍ	„neun Städte" [*Tißᶜu MuDuNin*]

Wie man erkennen kann, stehen die Nomen bei den Mengen „drei" bis „zehn" im Plural und Genitiv. Bei „11" bis „19" stehen ebenfalls die weiblichen Einerzahlen bei männlichen Nomen und umgekehrt; dafür ist die „zehn" عَشَرَ [*ᶜaSCHaRa*] bzw. عَشْرَةَ [*ᶜaSCHRaTa*] jeweils kongruent, d.h. hier steht die männliche Form von „zehn" mit männlichen Nomen und die weibliche Form von „zehn" mit weiblichen Nomen. Das Nomen steht dagegen im Singular und Akkusativ:

أَرْبَعَةَ عَشَرَ كِتَاباً „vierzehn Bücher"
[*ARBaᶜaTa ᶜaSCHaRa KiTABAn*]

Für die weiblichen Zahlen ab „20" sehen Sie sich bitte die Seitenzahlen des Buches an. Hierbei ist zu beachten, dass die Zehnerzahlen – z.B. عِشْرُونَ [*ᶜiSCHRUNa*] „20", ثَّلاَثُونَ [*fßaLAfßUNa*] „30", أَرْبَعُونَ [*ARBaᶜUNa*] „40" usw. – jeweils nur eine Form kennen, die Einerzahlen dagegen sich nach dem dazugehörigen Nomen richten, d.h. wieder zwei Formen haben. Ausnahmen sind hier die „Eins" und die „Zwei":

Femininum (♀)	Maskulinum (♂)	
وَاحِدٌ وَعِشْرُونَ [*WAḤiDun Wa-ᶜiSCHRUNa*]	إِحْدَى وَعِشْرُونَ [*IḤDA Wa-ᶜiSCHRUNa*]*	**21**
إِثْنَانِ وَعِشْرُونَ [*IfßNANi Wa-ᶜiSCHRUNa*]	إِثْنَتَانِ وَعِشْرُونَ [*IfßNaTANi Wa-ᶜiSCHRUNa*]	**22**
ثَلاَثَةٌ وَعِشْرُونَ [*fßaLAfßaTun Wa-ᶜiSCHRUNa*]	ثَلاَثٌ وَعِشْرُونَ [*fßaLAfßun Wa-ᶜiSCHRUNa*]	**23**

Für „21" kommt auch أَحَدٌ وَعِشْرُونَ [*AḤaDun Wa-ᶜiSCHRUNa*] vor. Zwischen 20-99 gilt, dass auch hier das Nomen im Singular und Akkusativ steht:

„zweiundzwanzig Stifte"
[*IfßN**A**Ni Wa-ᶜiSCHR**U**Na Q**a**LaMAn*]
إِثْنَانِ وَعِشْرُونَ قَلَماً

Die vollen Zahlen ab „100" weisen jeweils wieder nur eine Form auf:

100	مِئَةٌ	[*M**i**'aTun*]
1.000	أَلْفٌ (آلَاف / أُلُوف)	[***A**LFun*] (Plural: [*ALAF/ULUF*])
2.000	أَلْفَانِ	[*ALF**A**Ni*]
10.000	عَشْرَةُ آلَافٍ	[*ᶜ**a**SCHRaTu AL**A**Fin*]
11.000	أَحَدَ عَشَرَ أَلْف(ـاً)	[***A**ḤaDa ᶜ**a**SCHaRa **A**LF(An)*]
100.000	مِئَةُ أَلْفٍ	[*M**i**'aTu **A**LFin*]
200.000	مِئَتَا أَلْفٍ	[*M**i**'aTA **A**LFin*]
1.000.000	مَلْيُون (مَلَايِينُ)	[*MaLY**U**N*] (Pl.: [*MaLAY**I**Nu*])
1.000.000.000	مِلْيَار (مِلْيَارَات)	[*MiLY**A**R*] (Pl.: [*MiLYAR**A**T*])

Nach ihnen steht das Nomen im Singular und Genitiv:

„siebenhundert Köpfe (Vieh)"
[*ßaBᶜuM**i**'aTi R**A**'ßin*]
سَبْعُمِئَةِ رَأْسٍ

Bei den zusammengesetzten Zahlen über „99" richtet sich allerdings das Nomen immer nach dem letzten Zahlenglied.
Hier zwei Jahresangaben:

فِي سَنَةِ أَلْفٍ وَ تِسْعِمِئَةٍ وَ تِسْعَةٍ وَ تِسْعِينَ
„im Jahre 1999 (eintausendneunhundertneunundneunzig)"
[*FI ß**a**NaTi **A**LFin Wa-Tißᶜ**i**M**i**'aTin Wa-T**i**ßᶜaTin Wa-Tißᶜ**I**Na*]

فِي سَنَةِ أَلْفَيْنِ وَ خَمْسَةٍ
„im Jahre 2005 (zweitausendfünf)"
[*FI ß**a**NaTi ALF**a**YNi Wa-CH**a**MßaTin*]

Abschließend sei darauf hingewiesen, dass alle Zahlwörter – außer denen von „11" bis „19" – je nach Stellung innerhalb des Satzes in allen drei grammatischen Fällen stehen können.

▪ Aspekte und Zeitformen

Grundsätzlich unterscheidet man im Arabischen nur zwei Haupttempora: den vollendeten und den unvollendeten Aspekt. Daneben sind die folgenden Punkte von Bedeutung: das Passiv, die Partizipien und die Verbalnomen.

▪ Vollendeter Aspekt

Dieser Aspekt wird vor allem zum Ausdruck vollendeter (d.h. als abgeschlossen betrachteter) Handlungen oder Ereignisse verwendet. Im Deutschen lässt er sich entweder mit dem Perfekt oder mit dem Imperfekt übersetzen. Ausgehend von ihm bildet man auch das „echte" Imperfekt sowie das Plusquamperfekt (Vorvergangenheit).

• Imperfekt

Das Imperfekt wird verwendet, um eine andauernde Handlung bzw. einen wiederholt statt findenden oder gewohnheitsmäßigen Vorgang in der Vergangenheit zu beschreiben. Das Imperfekt wird durch das im vollendeten Aspekt gebeugte Verb كَانَ [*KANa*] „sein" und den unvollendeten Aspekt eines weiteren Verbs gebildet:

كَانَ يَعُودُ إِلَى ٱلْبَيْتِ فِي ٱلسَّاعَةِ ٱلسَّادِسَةِ مَسَاءً

„Er ging um sechs Uhr abends zurück nach Hause."
[*KANa Ya^{c}UDu ILA AL-BaYTi FI Aß-ßA^{c}aTi Aß-ßADißaTi MaßA'An*]

• Plusquamperfekt

Das Plusquamperfekt, auch „vollendete Vergangenheit" oder „Vorvergangenheit" genannt, beschreibt eine Handlung, die abgeschlossen ist und deren Ablauf vor einem zeitlichen Bezugspunkt in der Vergangenheit liegt. Das Plusquamperfekt wird mit Hilfe von كَانَ قَدْ [*KANa QaD*] und dem vollendeten Aspekt des Verbs gebildet:

أَكَلَ فَطِيرَةً كَانَتْ قَدْ حَضَّرَتْهَا زَوْجَتُهُ

„Er hat einen Kuchen gegessen, den seine Ehefrau vorbereitet hatte."
[*AKaLa FaṬIRaTan KANaT QaD ḤaḌḌaRaTHA SaUĴaTuHu*]

GRAMMATISCHER ANHANG

▪ Unvollendeter Aspekt

Diese auch als Präfix-Konjugation bezeichnete Form wird vor allem zum Ausdruck unvollendeter (d.h. als unabgeschlossen betrachteter) Handlungen oder Ereignisse verwendet. Im Deutschen lässt sie sich entweder mit dem Präsens (= Gegenwart) oder mit dem Futur (= Zukunft) übersetzen. Ausgehend vom unvollendeten Aspekt bildet man das „echte“ Futur, den Konjunktiv, den Apokopat, sowie den Imperativ.

• Zukunft

Zur Beschreibung einer Handlung in der Zukunft stellt man سَوْفَ [*ßaUFa*] oder سَـ [*ßa-*] vor das Verb im unvollendeten Aspekt:

سَنَرْجِعُ بَعْدَ أُسْبُوع / سَوْفَ نَرْجِعُ بَعْدَ أُسْبُوع

„Wir werden in einer Woche zurückkommen.“
[*ßa-N**a**RĴi*^c*u Ba*^c*Da UßBU*^c*in / ß**a**UFa N**a**RĴi*^c*u Ba*^c*Da UßBU*^c*in*]

• Konjunktiv

Die Bildung des Konjunktivs ist einfach. Es handelt sich um den unvollendeten Aspekt, allerdings ändern Formen, deren Endvokal ein [-*u*] ist, diesen zu [-*a*]. Bei allen anderen Personen – außer der 2. und 3. Person Plural Femininum – fällt das End-**nun** weg, in der 2. und 3. Person Plural Maskulinum wird es durch ein stummes **alif** ersetzt:

أُرِيدُ أَنْ تَخْرُجَ مِنْ هُنَا

„Ich möchte, dass du von hier weggehst.“
[*URIDu AN T**a**CHRuĴa MiN H**u**NA*]

• Apokopat

Der Apokopat ist weitestgehend mit dem Konjunktiv identisch, nur dass bei den Personen, die auf [-*a*] enden, dieses durch ein **ßukun** ersetzt wird:

„Mach das nicht so!“
[*LA T**a**F*^c*aL Ka-fs**a**LiKa*] — لاَ تَفْعَلْ كَذَلِكَ!

„Er hat sich nicht gesetzt.“
[*LaM Y**a**ĴLiß*] — لَمْ يَجْلِسْ

• Imperativ

Der Imperativ (Befehlsform) kann nach drei unterschiedlichen Schemata gebildet werden, ausgehend von der entsprechenden Vokalstruktur des unvollendeten Grundverbs:

[*UF^{c}uL*] أُفْعُلْ !	[*IF^{c}iL*] إِفْعِلْ !	[*IF^{c}aL*] إِفْعَلْ !	**Schema**
[*a-u-u*]	[*a-i-u*]	[*a-a-u*]	**Vokalstruktur des UA**

Hier nun drei Beispiele:

„Sieh!/Schau!"	„Setz dich!"	„Hör zu!"	
نَظَرَ [*NaSaRa*]	جَلَسَ [*ĴaLaßa*]	سَمِعَ [*ßaMi^{c}a*]	**Vollendeter Aspekt**
يَنْظُرُ [*YaNSuRu*]	يَجْلِسُ [*YaĴLißu*]	يَسْمَعُ [*YaßMa^{c}u*]	**Unvollendeter Aspekt**
أُنْظُرْ! [***U**NSuR*]	إِجْلِسْ! [***I**ĴLiß*]	إِسْمَعْ! [***I**ßMa^c*]	**Imperativ**

▪ Passiv

Man bildet das Passiv, indem man die Vokalstruktur des Verbs verändert. Passive Grundverben bestehen immer aus den gleichen Vokalmustern:

Unvollendeter Aspekt	**Vollendeter Aspekt**	
[*u-a-u*] يُكْتَبُ [*YuKTaBu*] „er wird geschrieben"	[*u-i-a*] كُتِبَ [*KuTiBa*] „er wurde geschrieben"	**Dreisilbiges Verb**
[*u-a-a-u*] يُسْتُخْدَمُ [*YußTuCHDaMu*] „er wird beschäftigt/ angestellt"	[*u-u-i-a*] أُسْتُخْدِمَ [*UßTuCHDiMa*] „er wurde beschäftigt/ angestellt"	**Viersilbiges Verb**
[*u-a-a-a-u*] يُتَسَلَّمُ [*YuTaßaLLaMu*] „er wird empfangen"	[*(u)-u-u-i-a*] تُسُلِّمَ [*TußuLLiMa*] „er wurde empfangen"	**Fünfsilbiges Verb**

▪ Partizipien

Man kann von jedem Grundverb wie auch von den abgeleiteten Verbstämmen aktive und passive Partizipien bilden. Diese auch Mittelworte genannten Formen lassen sich im Prinzip wie Adjektive benutzen. In der Grundform folgt die Partizipbildung dem Muster [*FA*ᶜ*iL*] für die Aktiva und [*MaF*ᶜ*UL*] für die Passiva:

„schreibend, Schreiber, Schriftsteller" [***KA****TiB*] كَاتِب ← „schreiben" [*K****a****TaBa*] كَتَبَ

„geschrieben" [*MaKT****UB***] مَكْتُوب ←

▪ Verbalnomen [*maßdar*]

Als Verbalnomen wird ein direkt vom Verb abgeleitetes Hauptwort bezeichnet, das in etwa dem substantivierten Infinitiv im Deutschen entspricht, z.B. das Schreiben, das Essen, das Hören usw. Es gibt keine einheitliche Bildungsregel, dennoch hier die 4 häufigsten Muster:

Verbal-nomen	Vollendeter Aspekt	Bildungs-muster
„Essen" [***A****KL*] أَكْل	„essen" [***A****KaLa*] (*u*)* أَكَلَ	فَعْل [*Fa*ᶜ*L*]
„Arbeiten, Arbeit" [ᶜ***a****MaL*] عَمَل	„arbeiten" [ᶜ***a****MiLa*] (*a*)* عَمِلَ	فَعَل [*Fa*ᶜ*aL*]
„Hinausgehen, Ausgang" [*CHuR****UĴ***] خُرُوج	„hinausgehen" [*CH****a****RaĴa*] (*u*)* خَرَجَ	فُعُول [*Fu*ᶜ*UL*]
„Handeln, Handel" [*TiĴ****A****RaT*] تِجَارَة	„handeln" [*T****a****ĴaRa*] (*u*)* تَجَرَ	فِعَالَة [*Fi*ᶜ*ALaT*]

* Die Buchstaben in Klammern geben den zweiten Vokal des unvollendeten Aspekts an z.B. أَكَلَ [***A****KaLa*] → يَأْكُلُ [*Y****A****'KuLu*], der variieren kann, während der 1. immer gleich bleibt.

▪ Grundstamm (1. Stamm) der Verben

Wenn Sie sich die im folgenden gezeigte regelmäßige Konjugation eines Verbs des Grundstamms ansehen, so ist hierbei zu beachten, dass sich die Vokale der Präsens-Konjugation verändern, je nachdem, welche Vokale im Perfekt hinter dem ersten und zweiten Konsonanten stehen. Dazu lässt sich folgendes Schema erstellen:

a) Perfekt auf [*a-a-a*] ➞ Präsens auf [*a-a-u*] / [*a-i-u*] / [*a-u-u*]
b) Perfekt auf [*a-i-a*] ➞ Präsens auf [*a-a-u*] (mit wenigen Ausnahmen)
c) Perfekt auf [*a-u-a*] ➞ Präsens auf [*a-u-u*] (ohne Ausnahmen)

Die Vokalstruktur der Verben ist dabei nicht zufällig, sondern sie beinhaltet eine gewisse Logik. Mehr dazu in Lektion 35.
Im Folgenden nun eine Tabelle, in der die Ihnen bereits bekannten Formen der Perfekt- und Präsens-Konjugation anhand des Verbs جَلَسَ [*ĴaLaßa*], يَجْلِسُ [*YaĴLißu*] „sitzen, sich setzen" gegenübergestellt werden:

Imperativ	Apokopat	Konjunktiv	UA	VA	
	أَجْلِسْ [*AĴLiß*]	أَجْلِسَ [*AĴLißa*]	أَجْلِسُ [*AĴLißu*]	جَلَسْتُ [*ĴaLaßTu*]	1. Sg. ♂ / ♀.
إِجْلِسْ [*IĴLiß*]	تَجْلِسْ [*TaĴLiß*]	تَجْلِسَ [*TaĴLißa*]	تَجْلِسُ [*TaĴLißu*]	جَلَسْتَ [*ĴaLaßTa*]	2. Sg. ♂
إِجْلِسِي [*IĴLißI*]	تَجْلِسِي [*TaĴLißI*]	تَجْلِسِي [*TaĴLißI*]	تَجْلِسِينَ [*TaĴLißINa*]	جَلَسْتِ [*ĴaLaßTi*]	2. Sg. ♀
	يَجْلِسْ [*YaĴLiß*]	يَجْلِسَ [*YaĴLißa*]	يَجْلِسُ [*YaĴLißu*]	جَلَسَ [*ĴaLaßa*]	3. Sg. ♂
	تَجْلِسْ [*TaĴLiß*]	تَجْلِسَ [*TaĴLißa*]	تَجْلِسُ [*TaĴLißu*]	جَلَسَتْ [*ĴaLaßaT*]	3. Sg. ♀
إِجْلِسَا [*IĴLißA*]	تَجْلِسَا [*TaĴLißA*]	تَجْلِسَا [*TaĴLißA*]	تَجْلِسَانِ [*TaĴLißANi*]	جَلَسْتُمَا [*ĴaLaßTuMA*]	2. Dual ♂♂/♀♀ /♂♀
	يَجْلِسَا [*YaĴLißA*]	يَجْلِسَا [*YaĴLißA*]	يَجْلِسَانِ [*YaĴLißANi*]	جَلَسَا [*ĴaLaßA*]	3. Dual ♂♂

	تَجْلِسَا [T**a**ĴLißA]	تَجْلِسَا [T**a**ĴLißA]	تَجْلِسَانِ [TaĴLiß**A**Ni]	جَلَسَتَا [ĴaL**a**ßaTA]	3. Dual ♀♀
	نَجْلِسْ [N**a**ĴLiß]	نَجْلِسَ [N**a**ĴLißa]	نَجْلِسُ [N**a**ĴLißu]	جَلَسْنَا [ĴaL**a**ßNA]	1. Pl. * ♂♂♂.../ ♀♀♀...
إِجْلِسُوا [**I**ĴLißU]	تَجْلِسُوا [T**a**ĴLißU]	تَجْلِسُوا [T**a**ĴLißU]	تَجْلِسُونَ [TaĴLiß**U**Na]	جَلَسْتُمْ [ĴaL**a**ßTuM]	2. Pl. * ♂♂♂.../ ♀♀♀...
إِجْلِسْنَ [**I**ĴLißNa]	تَجْلِسْنَ [T**a**ĴLißNa]	تَجْلِسْنَ [T**a**ĴLißNa]	تَجْلِسْنَ [T**a**ĴLißNa]	جَلَسْتُنَّ [ĴaL**a**ßTuNNa]	2. Pl. ♀♀♀...
	يَجْلِسُوا [Y**a**ĴLißU]	يَجْلِسُوا [Y**a**ĴLißU]	يَجْلِسُونَ [YaĴLiß**U**Na]	جَلَسُوا [Ĵ**a**LaßU]	3. Pl. ♂♂♂...
	يَجْلِسْنَ [Y**a**ĴLißNa]	يَجْلِسْنَ [Y**a**ĴLißNa]	يَجْلِسْنَ [Y**a**ĴLißNa]	جَلَسْنَ [Ĵ**a**LaßNa]	3. Pl. ♀♀♀...

* auch für gemischte Gruppen (♂♀♀... oder ♂♂♀...) ab drei Personen.

▪ Pronomen und Verbalendungen

Die folgende Tabelle zeigt die Ihnen bereits bekannten Formen der Perfekt-Konjugation anhand des Verbs كَتَبَ [K**a**TaBa], die Personalpronomen, sowie die Personalpronomensuffixe. Wie man erkennen kann, gibt es hierbei oftmals Ähnlichkeiten (hier durch Unterstreichung gekennzeichnet) zwischen den einzelnen Formen.

Personal-pronomensuffix	**Personal-pronomen**	**Verbendung des VA**	
			Singular
ـــي / ـــني [-I] / [-NI]	أَنَا [**A**NA]	كَتَبْتُ [KaT**a**B-Tu]	ich
ـــكَ [-Ka]	أَنْتَ [**A**NTa]	كَتَبْتَ [KaT**a**B-Ta]	du (♂)
ـــكِ [-Ki]	أَنْتِ [**A**NTi]	كَتَبْتِ [KaT**a**B-Ti]	du (♀)

ـــهُ / ـــهِ *[-Hu/-Hi]*	هُوَ *[**Hu**Wa]*	كَتَبَ *[**Ka**TaBa]*	er (♂)
ـــهَا *[-HA]*	هِيَ *[H**i**Ya]*	كَتَبَتْ *[**Ka**TaB-aT]*	sie (♀)
			Dual
ـــهُمَا / ـــهِمَا *[-H**ú**MA] / [-H**i**MA]*	هُمَا *[H**u**MA]*	كَتَبَا *[**Ka**TaB-A]*	sie beide (♂♂)
ـــهُمَا / ـــهِمَا *[-H**ú**MA] / [-H**i**MA]*	هُمَا *[H**u**MA]*	كَتَبَتَا *[KaT**a**Ba-TA]*	sie beide (♀♀)
ـــكُمَا *[-K**u**MA]*	أَنْتُمَا *[**A**NTuMA]*	كَتَبْتُمَا *[KaT**a**B-TuMA]*	ihr beide
			Plural
ـــنَا *[-NA]*	نَحْنُ *[N**a**ḤNu]*	كَتَبْنَا *[KaT**a**B-NA]*	wir
ـــكُمْ *[-KuM]*	أَنْتُمْ *[**A**NTuM]*	كَتَبْتُمْ *[KaT**a**B-TuM]*	ihr (♂♂♂...)
ـــكُنَّ *[-KuNNa]*	أَنْتُنَّ *[**A**NTuNNa]*	كَتَبْتُنَّ *[KaT**a**B-TuNNa]*	ihr (♀♀♀...)
ـــهُمْ / ـــهِمْ *[-HuM] / [-HiM]*	هُمْ *[HuM]*	كَتَبُوا *[**Ka**TaB-U]*	sie (♂♂♂...)
ـــهُنَّ / ـــهِنَّ *[-HuNNa] / [-HiNNa]*	هُنَّ *[H**u**NNa]*	كَتَبْنَ *[KaT**a**B-Na]*	sie (♀♀♀...)

▪ Übereinstimmung zwischen Verb und Subjekt

▪ Im Singular

Hierbei besteht Übereinstimmung im Genus:

„Der Junge hat geschrieben." *[**Ka**TaBa AL-W**a**LaDu]* — كَتَبَ ٱلْوَلَدُ

„Das Mädchen hat geschrieben." *[KaT**a**BaT-i AL-B**i**NTu]* — كَتَبَتِ ٱلْبِنْتُ

▪ Im Plural (bei Lebewesen)

Steht das Verb vor dem Subjekt, stimmt es im Genus mit diesem überein, steht dabei aber im Singular:

„Die Mädchen sind angekommen." [*WaßaLaT-i AL-BaN**A**Tu*]	وَصَلَتِ ٱلْبَنَاتُ
„Die Reisenden sind angekommen." [*WaßaLa AL-MußAFiR**U**Na*]	وَصَلَ ٱلْمُسَافِرُونَ
	aber:
„Die Reisenden sind angekommen." [*AL-MußAFiR**U**Na WaßaLU*]	أَلْمُسَافِرُونَ وَصَلُوا

Jedoch tendiert das Standardarabische dazu, das Verb vor das Subjekt zu setzen; daher findet sich die letzte Variante äußerst selten.

▪ Im Plural (bei Sachen)

Hierbei steht das Verb in der 3. Person Singular Femininum:

„Die Orte waren schön." [*K**A**NaT-i AL-AM**A**KiNu ĵaM**I**LaTan*]	كَانَتِ ٱلْأَمَاكِنُ جَمِيلَةً

▪ Anwendung der Akkusativergänzung beim Objekt

Bei Verben wie „jemandem etwas geben, anbieten" oder „jemanden etwas lehren, jemanden in etwas unterrichten" steht nicht nur das Objekt, sondern auch die dazugehörige Ergänzung im Akkusativ:

يُعْطِي يَاسْمِنَةً / ٱلْبِنْتَ هَدِيَّةً نَفِيسَةً

„Er gibt Jasmin / dem jungen Mädchen ein wertvolles Geschenk."
[*Yu*ᶜ*ṬI YAßM**I**NaTan / AL-BiNTa HaD**i**YYaTan NaF**I**ßaTan*]

▪ Ableitungsstämme

Im Unterschied zum Grundstamm haben die abgeleiteten Verbstämme ein regelmäßiges Konsonanten- und Vokalschema. Hier eine Tabelle mit Beispielen, wobei wir der Vollständigkeit halber auch ein Verb des Grundstamms mit berücksichtigen. Zur Bildung der Partizipien und Verbalnomen sehen Sie die Lektionen 35, 42, 49, 56, 63 und 70.

Verbal-nomen	Imperativ	Aktiv-Partizip	UA	VA
				I. Stamm: „schreiben“
كِتَابَة *[KiT**A**BaT]*	أُكْتُبْ! *[**U**KTuB]*	كَاتِب *[K**A**TiB]*	يَكْتُبُ *[Y**a**KTuBu]*	كَتَبَ *[K**a**TaBa]*
				II. Stamm: „unterrichten“
تَدْرِيس *[TaDR**I**ß]*	دَرِّسْ! *[D**a**RRiß]*	مُدَرِّس *[MuD**a**RRiß]*	يُدَرِّسُ *[YuD**a**RRißu]*	دَرَّسَ *[D**a**RRaßa]*
				III. Stamm: „teilnehmen“
مُشَاهَدَة *[MuSCH**A**HaDaT]*	شَاهِدْ! *[SCH**A**HiD]*	مُشَاهِد *[MuSCH**A**HiD]*	يُشَاهِدُ *[YuSCH**A**HiDu]*	شَاهَدَ *[SCH**A**HaDa]*
				IV. Stamm: „schicken“
إِرْسَال *[IRß**A**L]*	أَرْسِلْ! *[**A**RßiL]*	مُرْسِل *[M**u**RßiL]*	يُرْسِلُ *[Y**u**RßiLu]*	أَرْسَلَ *[**A**RßaLa]*
				V. Stamm: „betrachten“
تَفَرُّج *[TaF**a**RRuĴ]*	تَفَرَّجْ! *[TaF**a**RRaĴ]*	مُتَفَرِّج *[MuTaF**a**RRiĴ]*	يَتَفَرَّجُ *[YaTaF**a**RRaĴu]*	تَفَرَّجَ *[TaF**a**RRaĴa]*
				VI. Stamm: „diskutieren“
تَنَاقُش *[TaN**A**QuSCH]*	تَنَاقَشْ! *[TaN**A**QaSCH]*	مُتَنَاقِش *[MuTaN**A**QiSCH]*	يَتَنَاقَشُ *[YaTaN**A**QaSCHu]*	تَنَاقَشَ *[TaN**A**QaSCHa]*
				VII. Stamm: „explodieren“
إِنْفِجَار *[INFiĴ**A**R]*	إِنْفَجِرْ! *[INF**a**ĴiR]*	مُنْفَجِر *[MuNF**a**ĴiR]*	يَنْفَجِرُ *[YaNF**a**ĴiRu]*	إِنْفَجَرَ *[INF**a**ĴaRa]*
				VIII. Stamm: „funktionieren“
إِشْتِغَال *[ISCHTiṘ**A**L]*	إِشْتَغِلْ! *[ISCHT**a**ṘiL]*	مُشْتَغِل *[MuSCHT**a**ṘiL]*	يَشْتَغِلُ *[YaSCHT**a**ṘiLu]*	إِشْتَغَلَ *[ISCHT**a**ṘaLa]*
				IX. Stamm: „ergrünen, grün werden“
إِخْضِرَار *[ICHḌiR**A**R]*	إِخْضَرَّ *[ICHḌ**a**RRa]*	مُخْضَرّ *[M**u**CHḌaRR]*	يَخْضَرُّ *[Y**a**CHḌaRRu]*	إِخْضَرَّ *[ICHḌ**a**RRa]*
				X. Stamm: „bekommen, erhalten“
إِسْتِقْبَال *[IßTiQB**A**L]*	إِسْتَقْبِلْ! *[IßT**a**QBiL]*	مُسْتَقْبِل *[MußT**a**QBiL]*	يَسْتَقْبِلُ *[YaßT**a**QBiLu]*	إِسْتَقْبَلَ *[IßT**a**QBaLa]*

▪ Verben mit vier Wurzelkonsonanten (vierradikalige Verben)

Die Mehrheit der Verben besteht aus 3 Wurzelkonsonanten. Einekleine Zahl besteht jedoch aus 2 oder 4 Konsonanten. Das am häufigsten vorkommende Verb dieser Gruppe ist تَرْجَمَ [*TaRĴaMa*], يُتَرْجِمُ [*YuTaRĴiMu*] (T-*R*-*Ĵ*-*M*) „übersetzen“, davon abgeleitet تُرْجُمَان [*TuRĴuMAN*] „Übersetzer, Dolmetscher“ und تَرْجَمَة [*TaRĴaMaT*] „Übersetzung“.

▪ Unregelmäßige Verben

Man unterscheidet grundsätzlich zwischen regelmäßige – „gesunde“ – Verben und unregelmäßige – „kranke“ – Verben.

▪ „Gesunde“ Verben mit orthographischen Besonderheiten

„Taube“ Verben (mit einem verdoppelten Konsonanten):
مَرَّ [*MaRRa*], يَمُرُّ [*YaMuRRu*] „vorbeigehen an“

Verben mit hamsa: أَخَذَ [*ACHafsa*], يَأْخُذُ [*YA'CHufsu*] „nehmen“

▪ „Kranke“ oder unregelmäßige Verben

Defektive Verben: Endbuchstabe...	**Konkave Verben:** Mittelbuchstabe...	**Assimilierte Verben:** Anfangsbuchstabe...
	...ist ein **waw**!	
(*D-c-W*) دَعَا / يَدْعُو [*YaD^{c}U*] / [*Da^{c}A*]	(*K-W-N*) كَانَ / يَكُونُ [*WaKUNu*] / [*KaNa*]	(*D-c-W*) وَجَدَ / يَجِدُ [*YaĴiDu*] / [*WaĴaDa*]
	(*Q-W-L*) قَالَ / يَقُولُ [*YaQULu*] / [*QALa*]	
	...ist ein **ya**!	
(*M-SCH-Y*) مَشَى / يَمْشِي [*YaMSCHI*] / [*MaSCHA*]	(*B-Y-c*) بَاعَ / يَبِيعُ [*YaBI^{c}u*] / [*BA^{c}a*]	(*Y-B-ß*) يَبِسَ / يَيْبَسُ [*YaYBaßu*] / [*YaBißa*]** (keine Besonderheiten und nur wenige Beispiele)
(*B-Q-Y*) بَقِيَ / يَبْقَي [*YaBQA*] / [*BaQiYa*]		

** يَبِسَ [*YaBißa*], يَيْبَسُ [*YaYBaßu*] „trocken sein/werden“

Die Wurzeln einiger Verben haben zwei Halbkonsonanten:
z.B. رَأَى [*Ra'A*], يَرَى [*YaRA*] „sehen"; جَاء [*ĴA'a*], يَجِيءُ [*YaĴI'u*] „kommen".

- **Assimiliertes Verb:** وَجَدَ [*WaĴaDa*], يَجِدُ [*YaĴiDu*] **„finden"**

Imperativ	Apokopat	Konjunktiv	UA	VA	
	أَجِدْ [**A**ĴiD]	أَجِدَ [**A**ĴiDa]	أَجِدُ [**A**ĴiDu]	وَجَدْتُ [WaĴ**a**DTu]	1. Sg. ♂/♀
جِدْ! [ĴiD]	تَجِدْ [**Ta**ĴiD]	تَجِدَ [**Ta**ĴiDa]	تَجِدُ [**Ta**ĴiDu]	وَجَدْتَ [WaĴ**a**DTa]	2. Sg. ♂
جِدِي! [ĴiDI]	تَجِدِي [**Ta**ĴiDI]	تَجِدِي [**Ta**ĴiDI]	تَجِدِينَ [TaĴiDINa]	وَجَدْتِ [WaĴ**a**DTi]	2. Sg. ♀
	يَجِدْ [**Ya**ĴiD]	يَجِدَ [**Ya**ĴiDa]	يَجِدُ [**Ya**ĴiDu]	وَجَدَ [**Wa**ĴaDa]	3. Sg. ♂
	تَجِدْ [**Ta**ĴiD]	تَجِدَ [**Ta**ĴiDa]	تَجِدُ [**Ta**ĴiDu]	وَجَدَتْ [**Wa**ĴaDaT]	3. Sg. ♀
جِدَا! [ĴiDA]	تَجِدَا [**Ta**ĴiDA]	تَجِدَا [**Ta**ĴiDA]	تَجِدَانِ [TaĴiD**A**Ni]	وَجَدْتُمَا [WaĴ**a**DTuMA]	2. Dual* ♂♂♂.../♀♀♀...
	يَجِدَا [**Ya**ĴiDA]	يَجِدَا [**Ya**ĴiDA]	يَجِدَانِ [YaĴiD**A**Ni]	وَجَدَا [**Wa**ĴaDA]	3. Dual ♂♂
	تَجِدَا [**Ta**ĴiDA]	تَجِدَا [**Ta**ĴiDA]	تَجِدَانِ [TaĴiD**A**Ni]	وَجَدَتَا [WaĴ**a**DaTA]	3. Dual ♀♀
	نَجِدْ [**Na**ĴiD]	نَجِدَ [**Na**ĴiDa]	نَجِدُ [**Na**ĴiDu]	وَجَدْنَا [WaĴ**a**DNA]	1. Pl.* ♂♂♂.../♀♀♀...
جِدُوا! [ĴiDU]	تَجِدُوا [**Ta**ĴiDU]	تَجِدُوا [**Ta**ĴiDU]	تَجِدُونَ [TaĴiD**U**Na]	وَجَدْتُمْ [WaĴ**a**DTuM]	2. Pl. ♂♂♂...
جِدْنَ! [ĴiDNa]	تَجِدْنَ [**Ta**ĴiDNa]	تَجِدْنَ [**Ta**ĴiDNa]	تَجِدْنَ [**Ta**ĴiDNa]	وَجَدْتُنَّ [WaĴ**a**DTuNNa]	2. Pl. ♀♀♀...
	يَجِدُوا [**Ya**ĴiDU]	يَجِدُوا [**Ya**ĴiDU]	يَجِدُونَ [YaĴiD**U**Na]	وَجَدُوا [**Wa**ĴaDU]	3. Pl. ♂♂♂...
	يَجِدْنَ [**Ya**ĴiDNa]	يَجِدْنَ [**Ya**ĴiDNa]	يَجِدْنَ [**Ya**ĴiDNa]	وَجَدْنَ [**Wa**ĴaDNa]	3. Pl. ♀♀♀...

* auch für gemischte Gruppen (♂♀♀... oder ♂♂♀...) ab drei Personen.

▪ **Konkaves Verb Teil 1:** كَانَ [*K**A**Na*], يَكُونُ [*YaK**U**Nu*] **„sein“**

Imperativ	Apokopat	Konjunktiv	UA	VA	
	أَكُنْ [*AKuN*]	أَكُونَ [*AKUNa*]	أَكُونُ [*AKUNu*]	كُنْتُ [*KuNTu*]	1. Sg. ♂ / ♀.
كُنْ! [*KUN*]	تَكُنْ [*TaKuN*]	تَكُونَ [*TaKUNa*]	تَكُونُ [*TaKUNu*]	كُنْتَ [*KuNTa*]	2. Sg. ♂
كُونِي! [*KUNI*]	تَكُونِي [*TaKUNI*]	تَكُونِي [*TaKUNI*]	تَكُونِينَ [*TaKUNINa*]	كُنْتِ [*KuNTi*]	2. Sg. ♀
	يَكُنْ [*YaKuN*]	يَكُونَ [*YaKUNa*]	يَكُونُ [*YaKUNu*]	كَانَ [*KANa*]	3. Sg. ♂
	تَكُنْ [*TaKuN*]	تَكُونَ [*TaKUNa*]	تَكُونُ [*TaKUNu*]	كَانَتْ [*KANaT*]	3. Sg. ♀
كُونَا! [*KUNA*]	تَكُونَا [*TaKUNA*]	تَكُونَا [*TaKUNA*]	تَكُونَانِ [*TaKUNANi*]	كُنْتُمَا [*KuNTuMA*]	2. Dual ♂♂ / ♀♀ / ♂♀
	يَكُونَا [*YaKUNA*]	يَكُونَا [*YaKUNA*]	يَكُونَانِ [*YaKUNANi*]	كَانَا [*KANA*]	3. Dual ♂♂
	تَكُونَا [*TaKUNA*]	تَكُونَا [*TaKUNA*]	تَكُونَانِ [*TaKUNANi*]	كَانَتَا [*KANaTA*]	3. Dual ♀♀
	نَكُنْ [*NaKuN*]	نَكُونَ [*NaKUNa*]	نَكُونُ [*NaKUNu*]	كُنَّا [*KuNNA*]	1. Pl.* ♂♂♂.../ ♀♀♀...
كُونُوا! [*KUNU*]	تَكُونُوا [*TaKUNU*]	تَكُونُوا [*TaKUNU*]	تَكُونُونَ [*TaKUNUNa*]	كُنْتُمْ [*KuNTuM*]	2. Pl. ♂♂♂...
كُنَّ! [*KUNNa*]	تَكُنَّ [*TaKuNNa*]	تَكُنَّ [*TaKUNNa*]	تَكُنَّ [*TaKUNNa*]	كُنْتُنَّ [*KuNTuNNa*]	2. Pl. ♀♀♀...
	يَكُونُوا [*YaKUNU*]	يَكُونُوا [*YaKUNU*]	يَكُونُونَ [*YaKUNUNa*]	كَانُوا [*KANU*]	3. Pl. ♂♂♂...
	يَكُنَّ [*YaKuNNa*]	يَكُنَّ [*YaKUNNa*]	يَكُنَّ [*YaKUNNa*]	كُنَّ [*KuNNa*]	3. Pl. ♀♀♀

* auch für gemischte Gruppen (♂♀♀... oder ♂♂♀...) ab drei Personen.

▪ **Konkaves Verb Teil 2:** بَاعَ [BA^{c}a], يَبِيعُ [YaBI^{c}u] **„verkaufen“**

Imperativ	Apokopat	Konjunktiv	UA	VA	
	أَبِعْ [ABi^c]	أَبِيعَ [ABI^{c}a]	أَبِيعُ [ABI^{c}u]	بِعْتُ [Bi^{c}Tu]	1. Sg. ♂ / ♀
بِعْ! [Bi^c]	تَبِعْ [TaBi^c]	تَبِيعَ [TaBI^{c}a]	تَبِيعُ [TaBI^{c}u]	بِعْتَ [Bi^{c}Ta]	2. Sg. ♂
بِيعِي! [BI^{c}I]	تَبِيعِي [TaBI^{c}I]	تَبِيعِي [TaBI^{c}I]	تَبِيعِينَ [TaBI^{c}INa]	بِعْتِ [Bi^{c}Ti]	2. Sg. ♀
	يَبِعْ [YaBi^c]	يَبِيعَ [YaBI^{c}a]	يَبِيعُ [YaBI^{c}u]	بَاعَ [BA^{c}a]	3. Sg. ♂
	تَبِعْ [TaBi^c]	تَبِيعَ [TaBI^{c}a]	تَبِيعُ [TaBI^{c}u]	بَاعَتْ [BA^{c}aT]	3. Sg. ♀
بِيعَا! [BI^{c}A]	تَبِيعَا [TaBI^{c}A]	تَبِيعَا [TaBI^{c}A]	تَبِيعَانِ [TaBI^{c}ANi]	بِعْتُمَا [Bi^{c}TuMA]	2. Dual ♂♂/♀♀ /♂♀
	يَبِيعَا [YaBI^{c}A]	يَبِيعَا [YaBI^{c}A]	يَبِيعَانِ [YaBI^{c}ANi]	بَاعَا [BA^{c}A]	3. Dual ♂♂
	تَبِيعَا [TaBI^{c}A]	تَبِيعَا [TaBI^{c}A]	تَبِيعَانِ [TaBI^{c}ANi]	بَاعَتَا [BA^{c}aTA]	3. Dual ♀♀
	نَبِعْ [NaBi^c]	نَبِيعَ [NaBI^{c}a]	نَبِيعُ [NaBI^{c}u]	بِعْنَا [Bi^{c}NA]	1. Pl.* ♂♂♂.../ ♀♀♀...
بِيعُوا! [BI^{c}U]	تَبِيعُوا [TaBI^{c}U]	تَبِيعُوا [TaBI^{c}U]	تَبِيعُونَ [TaBI^{c}UNa]	بِعْتُمْ [Bi^{c}TuM]	2. Pl. ♂♂♂...
بِعْنَ! [Bi^{c}Na]	تَبِعْنَ [TaBi^{c}Na]	تَبِعْنَ [TaBi^{c}Na]	تَبِعْنَ [TaBi^{c}Na]	بِعْتُنَّ [Bi^{c}TuNNa]	2. Pl. ♀♀♀...
	يَبِيعُوا [YaBI^{c}U]	يَبِيعُوا [YaBI^{c}U]	يَبِيعُونَ [YaBI^{c}UNa]	بَاعُوا [BA^{c}U]	3. Pl. ♂♂♂...
	يَبِعْنَ [YaBi^{c}Na]	يَبِعْنَ [YaBi^{c}Na]	يَبِعْنَ [YaBi^{c}Na]	بِعْنَ [Bi^{c}Na]	3. Pl. ♀♀♀...

* auch für gemischte Gruppen (♂♀♀... oder ♂♂♀...) ab drei Personen.

▪ Defekt. Verb Teil 1: دَعَا [*Da^{c}A*], يَدْعُو [*YaD^{c}U*] „rufen, einladen“

Imperativ	Apokopat	Konjunktiv	UA	VA	
	أَدْعُ [**AD**^{c}u]	أَدْعُوَ [AD^c**u**Wa]	أَدْعُو [**AD**^{c}U]	دَعَوْتُ [Da^c**a**UTu]	1. Sg. ♂ / ♀
أُدْعُ! [**UD**^{c}u]	تَدْعُ [**Ta**D^{c}u]	تَدْعُوَ [TaD^c**u**Wa]	تَدْعُو [**Ta**D^{c}U]	دَعَوْتَ [Da^c**a**UTa]	2. Sg. ♂
أُدْعِي! [UD^c**I**]	تَدْعِي [**Ta**D^{c}I]	تَدْعِي [**Ta**D^{c}I]	تَدْعِينَ [TaD^c**I**Na]	دَعَوْتِ [Da^c**a**UTi]	2. Sg. ♀
	يَدْعُ [**Ya**D^{c}u]	يَدْعُوَ [YaD^c**u**Wa]	يَدْعُو [**Ya**D^{c}U]	دَعَا [Da^{c}A]	3. Sg. ♂
	تَدْعُ [**Ta**D^{c}u]	تَدْعُوَ [TaD^c**u**Wa]	تَدْعُو [**Ta**D^{c}U]	دَعَتْ [**Da**^{c}aT]	3. Sg. ♀
أُدْعُوَا! [UD^c**u**WA]	تَدْعُوا [**Ta**D^{c}U]	تَدْعُوَا [TaD^c**u**WA]	تَدْعُوَانِ [TaD^{c}uW**A**Ni]	دَعَوْتُمَا [Da^c**a**UTuMA]	2. Dual ♂♂/♀♀ /♂♀
	يَدْعُوَا [YaD^c**u**WA]	يَدْعُوَا [YaD^c**u**WA]	يَدْعُوَانِ [YaD^{c}uW**A**Ni]	دَعَوَا [Da^{c}aWA]	3. Dual ♂♂
	تَدْعُوَا [TaD^c**u**WA]	تَدْعُوَا [TaD^c**u**WA]	تَدْعُوَانِ [TaD^{c}uW**A**Ni]	دَعَتَا [Da^c**a**TA]	3. Dual ♀♀
	نَدْعُ [**Na**D^{c}u]	نَدْعُوَ [NaD^c**u**Wa]	نَدْعُو [**Na**D^{c}U]	دَعَوْنَا [Da^c**a**UNA]	1. Pl.* ♂♂♂.../ ♀♀♀...
أُدْعُوا! [UD^c**U**]	تَدْعُوا [**Ta**D^{c}U]	تَدْعُوا [**Ta**D^{c}U]	تَدْعُونَ [TaD^c**U**Na]	دَعَوْتُمْ [Da^c**a**UTuM]	2. Pl. ♂♂♂...
أُدْعُونَ! [UD^c**U**Na]	تَدْعُونَ [TaD^c**U**Na]	تَدْعُونَ [TaD^c**U**Na]	تَدْعُونَ [TaD^c**U**Na]	دَعَوْتُنَّ [Da^c**a**UTuNNa]	2. Pl. ♀♀♀...
	يَدْعُوا [**Ya**D^{c}U]	يَدْعُوا [**Ya**D^{c}U]	يَدْعُونَ [YaD^c**U**Na]	دَعَوْا [Da^c**a**U]	3. Pl. ♂♂♂...
	يَدْعُونَ [YaD^c**U**Na]	يَدْعُونَ [YaD^c**U**Na]	يَدْعُونَ [YaD^c**U**Na]	دَعَوْنَ [Da^c**a**UNa]	3. Pl. ♀♀♀...

* auch für gemischte Gruppen (♂♀♀... oder ♂♂♀...) ab drei Personen.

▪ Defekt. Verb Teil 2: مَشَى [*MaSCHA*], يَمْشِي [*YaMSCHI*]
„laufen, zu Fuß gehen"

Imperativ	Apokopat	Konjunktiv	UA	VA	
	أَمْشِ [*__A__MSCHi*]	أَمْشِيَ [*__A__MSCHiYa*]	أَمْشِي [*__A__MSCHI*]	مَشَيْتُ [*MaSCH__a__YTu*]	1. Sg. ♂ / ♀
إِمْشِ [*__I__MSCHi*]	تَمْشِ [*__Ta__MSCHi*]	تَمْشِيَ [*__Ta__MSCHiYa*]	تَمْشِي [*__Ta__MSCHI*]	مَشَيْتَ [*MaSCH__a__YTa*]	2. Sg. ♂
إِمْشِي ! [*IMSCH__I__*]	تَمْشِي [*__Ta__MSCHI*]	تَمْشِي [*__Ta__MSCHI*]	تَمْشِينَ [*TaMSCH__I__Na*]	مَشَيْتِ [*MaSCH__a__YTi*]	2. Sg. ♀
	يَمْشِ [*__Ya__MSCHi*]	يَمْشِيَ [*__Ya__MSCHiYa*]	يَمْشِي [*__Ya__MSCHI*]	مَشَى [*__Ma__SCHA*]	3. Sg. ♂
	تَمْشِ [*__Ta__MSCHi*]	تَمْشِيَ [*__Ta__MSCHiYa*]	تَمْشِي [*__Ta__MSCHI*]	مَشَتْ [*__Ma__SCHaT*]	3. Sg. ♀
إِمْشِيَا! [*IMSCH__i__YA*]	تَمْشِيَا [*__Ta__MSCHiYA*]	تَمْشِيَا [*TaMSCH__i__YA*]	تَمْشِيَانِ [*TaMSCHiY__A__Ni*]	مَشَيْتُمَا [*MaSCH__a__YTuMA*]	2. Dual ♂♂/♀♀ /♂♀
	يَمْشِيَا [*__Ya__MSCHiYA*]	يَمْشِيَا [*YaMSCH__i__YA*]	يَمْشِيَانِ [*YaMSCHiY__A__Ni*]	مَشَيَا [*MaSCH__a__YA*]	3. Dual ♂♂
	تَمْشِيَا [*TaMSCH__i__YA*]	تَمْشِيَا [*TaMSCH__i__YA*]	تَمْشِيَانِ [*TaMSCHiY__A__Ni*]	مَشَتَا [*__Ma__SCHaTA*]	3. Dual ♀♀
	نَمْشِ [*__Na__MSCHi*]	نَمْشِيَ [*__Na__MSCHiYa*]	نَمْشِي [*__Na__MSCHI*]	مَشَيْنَا [*MaSCH__a__YNA*]	1. Pl.* ♂♂♂.../ ♀♀♀...
إِمْشُوا! [*__I__MSCHU*]	تَمْشُوا [*__Ta__MSCHU*]	تَمْشُوا [*__Ta__MSCHU*]	تَمْشُونَ [*TaMSCH__U__Na*]	مَشَيْتُمْ [*MaSCH__a__YTuM*]	2. Pl. ♂♂♂...
إِمْشِينَ! [*IMSCH__I__Na*]	تَمْشِينَ [*TaMSCH__I__Na*]	تَمْشِينَ [*TaMSCH__I__Na*]	تَمْشِينَ [*TaMSCH__I__Na*]	مَشَيْتُنَّ [*MaSCH__a__YTuNNa*]	2. Pl. ♀♀♀...
	يَمْشُوا [*__Ya__SCHU*]	يَمْشُوا [*__Ya__MSCHU*]	يَمْشُونَ [*YaMSCH__U__Na*]	مَشَوْا [*MaSCH__a__U*]	3. Pl. ♂♂♂...
	يَمْشِينَ [*YaMSCH__I__Na*]	يَمْشِينَ [*YaMSCH__I__Na*]	يَمْشِينَ [*YaMSCH__I__Na*]	مَشَيْنَ [*MaSCH__a__YNa*]	3. Pl. ♀♀♀...

▪ Das defektive Verb Teil 3: بَقِيَ [BaQiYa], يَبْقَى [YaBQA] „bleiben“

Imperativ	Apokopat	Konjunktiv	UA	VA	
	أَبْقَ [**A**BQa]	أَبْقَى [**A**BQA]	أَبْقَى [**A**BQA]	بَقِيتُ [BaQ**I**Tu]	1. Sg. ♂ / ♀
إِبْقَ! [**I**BQa]	تَبْقَ [T**a**BQa]	تَبْقَى [T**a**BQA]	تَبْقَى [T**a**BQA]	بَقِيتَ [BaQ**I**Ta]	2. Sg. ♂
إِبْقَيْ! [**I**BQ**a**Y]	تَبْقَيْ [T**a**BQaY]	تَبْقَيْ [T**a**BQaY]	تَبْقَيْنَ [TaBQ**a**YNa]	بَقِيتِ [BaQ**I**Ti]	2. Sg. ♀
	يَبْقَ [Y**a**BQa]	يَبْقَى [Y**a**BQA]	يَبْقَى [Y**a**BQA]	بَقِيَ [BaQ**i**Ya]	3. Sg. ♂
	تَبْقَ [T**a**BQa]	تَبْقَى [T**a**BQA]	تَبْقَى [T**a**BQA]	بَقِيَتْ [BaQ**i**YaT]	3. Sg. ♀
إِبْقَيَا! [**I**BQ**a**YA]	تَبْقَيَا [T**a**BQaYA]	تَبْقَيَا [T**a**BQaYA]	تَبْقَيَانِ [TaBQaY**A**Ni]	بَقِيتُمَا [BaQ**I**TuMA]	2. Dual ♂♂/♀♀ /♂♀
	يَبْقَيَا [Y**a**BQaYA]	يَبْقَيَا [Y**a**BQaYA]	يَبْقَيَانِ [YaBQaY**A**Ni]	بَقِيَا [BaQ**i**YA]	3. Dual ♂♂
	تَبْقَيَا [T**a**BQaYA]	تَبْقَيَا [T**a**BQaYA]	تَبْقَيَانِ [TaBQaY**A**Ni]	بَقِيَتَا [BaQ**i**YaTA]	3. Dual ♀♀
	نَبْقَ [N**a**BQa]	نَبْقَى [N**a**BQA]	نَبْقَى [N**a**BQA]	بَقِينَا [BaQ**I**NA]	1. Pl.* ♂♂♂.../ ♀♀♀...
إِبْقَوْا! [**I**BQaU]	تَبْقَوْا [T**a**BQaU]	تَبْقَوْا [T**a**BQaU]	تَبْقَوْنَ [TaBQ**a**UNa]	بَقِيتُمْ [BaQ**I**TuM]	2. Pl. ♂♂♂...
إِبْقَيْنَ! [**I**BQ**a**YNa]	تَبْقَيْنَ [TaBQ**a**YNa]	تَبْقَيْنَ [TaBQ**a**YNa]	تَبْقَيْنَ [TaBQ**a**YNa]	بَقِيتُنَّ [BaQ**I**TuNNa]	2. Pl. ♀♀♀...
	يَبْقَوْا [Y**a**BQaU]	يَبْقَوْا [Y**a**BQaU]	يَبْقَوْنَ [YaBQ**a**UNa]	بَقُوا [B**a**QU]	3. Pl. ♂♂♂...
	يَبْقَيْنَ [YaBQ**a**YNa]	يَبْقَيْنَ [YaBQ**a**YNa]	يَبْقَيْنَ [YaBQ**a**YNa]	بَقِينَ [BaQ**I**Na]	3. Pl. ♀♀♀...

* auch für gemischte Gruppen (♂♀♀... oder ♂♂♀...) ab drei Personen.

GRAMMATISCHER INDEX

Dieser grammatische Index führt alle in den Wiederholungslektionen von „Arabisch ohne Mühe heute“ behandelten Grammatikthemen auf. Mit seiner Hilfe können Sie sich auf die Schnelle Informationen über ein bestimmtes Thema heraussuchen. Ausführlichere Informationen zu allen Themen finden Sie außerdem im grammatischen Anhang.

LITERATURHINWEISE

Sie möchten mehr über die arabische Sprache, über Land und Leute erfahren?

Dann finden Sie hierfür in der folgenden Literaturliste bestimmt das Richtige!

Lexika und Nachschlagewerke

Wolfdietrich Fischer: **Grammatik des Klassischen Arabisch**. 4. Auflage. Harrassowitz Verlag Wiesbaden 2006, ISBN 978-3447052658

Eckehard Schulz: **Modernes Hocharabisch, Grammatik**. 1. Auflage. Reichert Verlag Wiesbaden 2004, ISBN 978-3895003813

Ernst Harder, Annemarie Schimmel: **Arabische Sprachlehre**. Groos Verlag Heidelberg/Tübingen 1997, ISBN 978-3872760012

Götz Schregle: **Deutsch-Arabisches Wörterbuch**. Harrassowitz Verlag Wiesbaden 1977, ISBN 978-3447016230

Hans Wehr: **Arabisches Wörterbuch für die Schriftsprache der Gegenwart**. Arabisch-Deutsch. 5. Auflage. Harrassowitz Verlag Wiesbaden 1985, ISBN 978-3447019989

Ingelore Goldmann: **Lernwortschatz Arabisch**. 1. Auflage. Reichert Verlag Wiesbaden 2004, ISBN 978-3895003844

Leichte zweisprachige Lektüre auf Deutsch und Arabisch

Salah Abd as-Sabur: **Der Nachtreisende**. Edition Orient Berlin 1982, ISBN 978-3922825012

Mohamed Abdel Aziz: **Reise durch die Welt der arabischen Poesie**. Band I und II. 1. Auflage. Diwan Verlag Zürich 2004, ISBN 978-3908547006

Suleman Taufiq: **Im Schatten der Gasse**. 2. Auflage. Edition Orient Berlin 1992, ISBN 978-3922825487

Mourad Kusserow: **Ärmer als eine Moschee-Maus**. 1. Auflage. Kinzelbach Verlag Mainz 2004, ISBN 978-3927069756

Majid al-Rubaie: **Solange die Sonne noch scheint**. 1. Auflage. Edition Orient Berlin 2004, ISBN 978-3922825654

Tarek Eltayeb: **Ein mit Tauben und Gurren gefüllter Koffer**. 1. Auflage edition selene Wien 1999, ISBN 978-3852661162

Literatur zu Dialekten

Wolfdietrich Fischer und Otto Jastrow: **Handbuch der arabischen Dialekte**. 1. Auflage. Harrassowitz Verlag Wiesbaden 1980, ISBN 978-3447020398

Im **Reise Know-How Verlag** Bielefeld sind in der Reihe „Kauderwelsch" außerdem Bücher zu den einzelnen Dialekten erschienen, die sich am typischen Reisealltag orientieren und auf anregende Weise das nötige Rüstzeug vermitteln, um ohne lästige Büffelei möglichst schnell mit dem Sprechen beginnen zu können.

Daniel Krasa: **Arabisch für die Golfstaaten**. 3. Auflage. RKH-Verlag Bielefeld 2007, ISBN 978-3894164966

Hans-Günther Semsek: **Ägyptisch-Arabisch**. 14. Auflage. RKH-Verlag Bielefeld 2007, ISBN 978-3894160098

Daniel Krasa: **Algerisch-Arabisch**. 2. Auflage. RKH-Verlag Bielefeld 2006, ISBN 978-3894163266

Heiner Walther: **Jemenitisch-Arabisch**. 1. Auflage. RKH-Verlag Bielefeld 1998, ISBN 978-3894163129

Heiner Walther: **Irakisch-Arabisch**. 1. Auflage. RKH-Verlag Bielefeld 1999, ISBN 978-3894163372

Heiner Walther: **Libysch-Arabisch**. 1. Auflage. RKH-Verlag Bielefeld 2008, ISBN 978-3894163877

Wahid Ben Alaya: **Marokkanisch-Arabisch**. 7. Auflage. RKH-Verlag Bielefeld 2008, ISBN 978-3894162689

Randolph Galla: **Sudanesisch-Arabisch**. 1. Auflage. RKH-Verlag Bielefeld 1997, ISBN 978-3894163020

Hans Leu, Iyad al-Ghafari: **Syrisch-Palästinensisch-Arabisch**. 5. Auflage. RKH-Verlag Bielefeld 2008, ISBN 978-3894162658

Wahid Ben Alaya: **Tunesisch-Arabisch**. 7. Auflage. RKH-Verlag Bielefeld 2007, ISBN 978-3894162634

Andere Länder, andere Sitten ...

Weiterhin bietet der **Reise Know-How Verlag** die Reihe „Kultur-Schock“ an, die Hintergründe und Entwicklungen des fremden Landes skizziert, um die heutigen Denk- und Lebensweisen zu erklären und eine Orientierungshilfe im fremden Alltag zu sein.

Dörte Jödicke, Karin Werner: **KulturSchock „Ägypten“**. 4. Auflage. RKH-Verlag Bielefeld 2006, ISBN 978-3831712236

Kirstin Kabasci: **KulturSchock „Jemen“**. 2. Auflage. RKH-Verlag Bielefeld 2008, ISBN 978-3831711703.

Kirstin Kabasci: **KulturSchock „Kleine Golfstaaten/Oman“**. 2. Auflage. RKH-Verlag Bielefeld 2006, ISBN 978-3831710652.

Muriel Brunswig-Ibrahim: **KulturSchock „Marokko“**. 4. Auflage. RKH-Verlag Bielefeld 2007, ISBN 978-3831716289.

Muriel Brunswig-Ibrahim: **KulturSchock „Vorderer Orient“**. 1. Auflage. RKH-Verlag Bielefeld 2007, ISBN 978-3831715213.

Raum für persönliche Notizen:

Raum für persönliche Notizen:

VORWORT

Sie haben sich entschlossen, Arabisch zu lernen? Gratulation! Durch die Kenntnis dieser Sprache öffnen sich Ihnen die Türen zu einem der größten und womöglich faszinierendsten Kulturkreise unserer Welt.

Die heute noch rekonstruierbaren Anfänge des Arabischen liegen knapp 3.000 Jahre zurück. Arabisch ist – ebenso wie Hebräisch und mehrere Sprachen Ostafrikas, z.B. Amharisch, Tigrinya usw. – eine semitische Sprache, die sich sowohl in Grammatik und Lautstruktur als auch im Aufbau erheblich vom Deutschen oder anderen europäischen Sprachen unterscheidet, schon allein dadurch, dass von rechts nach links geschrieben wird.

Das Arabische hat sich im Laufe der Jahrhunderte immer wieder ein wenig verändert, und so kann man es grob in mehrere sprachliche Epochen unterteilen: Alt-Arabisch (ca. 800 v. Chr. – 600 n. Chr.), das bereits in vorislamischer Zeit existierte und auf der arabischen Halbinsel eine reichhaltige Dichtersprache darstellte; Klassisches Arabisch (etwa ab dem 6. Jh. n. Chr.), das insbesondere die Sprache des Korans ist, die sich im Zuge der islamischen Eroberungen aus dem Zentrum Arabiens schnell über den ganzen Vorderen Orient verbreitete und Ende des 7. Jahrhunderts zur offiziellen Verwaltungssprache des islamischen Reiches wurde und zu guter Letzt das moderne Hocharabisch, das auf dem Koran-Arabisch basiert, aber an die Anforderungen der Moderne angepasst ist. Die Veränderungen seit dem

klassischen Arabisch sind dabei übrigens weitaus geringer als dies beispielsweise zwischen dem Mittelhochdeutschen und dem modernen Hochdeutsch der Fall ist, und dadurch werden Sie nach Beendigung dieses Kurses auch in der Lage sein, die Sprache des Korans oder gar vorislamische Gedichte – ggf. mit Hilfe eines Wörterbuchs – zu verstehen.

Es wird geschätzt, dass Arabisch von mehr als 240 Millionen Menschen als Muttersprache und von weiteren 50 Millionen als Zweitsprache gesprochen wird. Es ist Amtssprache in Ägypten, Algerien, Bahrain, Dschibuti, Eritrea, Israel, Irak, Jemen, Jordanien, auf den Komoren, in Katar, Kuwait, Libanon, Libyen, Marokko, Mauretanien, Oman, in den Palästinensischen Autonomiegebieten, Saudi-Arabien, Somalia, Sudan, Syrien, Tschad, Tunesien, in den Vereinigten Arabischen Emiraten und in der Westsahara. Darüber hinaus ist es eine der sechs offiziellen Sprachen der Vereinten Nationen und die Sprache des Islams. Mehr als 1,3 Milliarden Muslime beten weltweit auf Arabisch und lesen den Koran in dieser Sprache. So gilt das Idiom Mohammeds und seiner Jünger als eine der wichtigsten Weltsprachen.

Aufgrund dieser Tatsache, aber auch wegen der jahrhundertealten Verbindungen zwischen Orient und Okzident, erstaunt es nicht, dass die europäischen Sprachen durch das Arabische beeinflusst wurden, und dass selbst das Deutsche über zahlreiche Lehnwörter aus dem Arabischen verfügt.

Wir möchten uns an dieser Stelle bei unseren Lektorinnen Deborah Frantzen, Sabrina Mehler und Magdalena Zborowski bedanken, die mit Engagement, Ideenreichtum und großer Ausdauer an der Entstehung dieses Kurses mitgewirkt haben. Unser besonderer Dank gilt unserer Layouterin Claudia Schmidt für ihre Geduld und Kooperationsfreude. Ein Dankeschön geht ebenfalls an Herrn Heiner Walther in Halle/Saale für seine wertvollen Kommentare.

Inhaltliche und sachliche Fehler sind trotz größter Sorgfalt leider nie auszuschließen. Sollten Sie solche Fehler feststellen, so würden wir uns freuen, wenn Sie uns diese mitteilen. Auch Kommentare und Verbesserungsvorschläge, selbst Kritik, nehmen wir gerne entgegen.

INHALT

Anhänge

ARABISCH OHNE MÜHE HEUTE MIT ASSIMIL

Hocharabisch oder Dialekt?

Im Laufe Ihres Studiums wird man Sie vielleicht fragen, welche Variante des Arabischen Sie mit unserem Kurs lernen. Es handelt sich um das oben angesprochene Moderne Hocharabisch, das in allen Ländern der arabischen Welt weitgehend identisch ist und von fast allen Arabern als Schriftsprache – in Büchern, Zeitschriften, Zeitungen und in allen anderen Schriftstücken des Alltags – aber auch als Bildungs-, Kultur- Medien- und offizielle Amtssprache verwendet wird.

Daneben existieren verschiedene gesprochene Dialekte des Arabischen, die in alltäglichen Situationen gebraucht werden und die sich nicht nur von Land zu Land, sondern selbst von Region zu Region unterscheiden. Dies erstaunt nicht, wirft man einen Blick auf die Weltkarte, denn das arabische Sprachgebiet erstreckt sich vom Atlantik bis zum Indischen Ozean über mehr als 6.000 Kilometer. Diese Dialekte sind zwar die eigentlichen Muttersprachen der Arabischsprecher, aber sie werden – ähnlich wie im Deutschen – nur umgangssprachlich, ab und zu in Filmen oder Musiktexten, jedoch nur sehr selten geschrieben verwendet, und weisen dabei keine standardisierte Form auf. Bei Ansprachen und Vorträgen, in Interviews, Diskussionen, aber auch im Fernsehen und Rundfunk, in Moscheen zur Predigt und überall dort, wo ein gehobenes Sprachniveau gefragt ist, wird dagegen Hocharabisch gesprochen.

Der Lernende sollte daher stets zuerst Hocharabisch lernen, da dieses im Übrigen auch die Basis der einzelnen Dialekte darstellt und übergreifend von allen Arabern, selbst denen, die nur über eine geringe Schulbildung verfügen, nicht zuletzt durch das immer populärer werdende Satellitenfernsehen zumindest verstanden wird. Dies bedeutet: Ein Marokkaner und ein Iraker könnten einander nicht verstehen, sprächen sie beide in ihrem jeweiligen Dialekt; durch das gemeinsame Hocharabische ist eine Verständigung jedoch möglich.

Haben Sie vor, sich längere Zeit in einem bestimmten arabischen Land aufzuhalten, so mag es früher oder später dennoch sinnvoll sein, sich mit dem jeweiligen Dialekt zu beschäftigen, doch auch

hier gilt, dass Ihnen Ihre Kenntnisse des Hocharabischen gute Dienste leisten werden, und überdies ist es unentbehrlich, um die Tageszeitung zu lesen oder den Nachrichten des Rundfunks bzw. Fernsehens zu folgen.

Man unterscheidet im gesprochenen Arabisch fünf große Dialektgruppen:

1. Irakisch bzw. Mesopotamisch
2. das Arabisch der Arabischen Halbinsel
3. Levantinisch (Jordanisch, Libanesisch, Palästinensisch und Syrisch)
4. Ägyptisch und Sudanisch
5. Maghrebinisch (Algerisch, Libysch, Marokkanisch und Tunesisch).

Mit diesem Kurs werden Sie es ganz ohne Mühe schaffen, einen interessanten Einblick in die Standardform der arabischen Sprache zu bekommen, und Sie werden aufgrund Ihrer Kenntnisse von Arabern größten Respekt und Anerkennung erfahren.

PASSIVE UND AKTIVE PHASE

Wie alle Assimil-Kurse gliedert sich auch dieser Kurs in eine passive und eine aktive Phase (auch „2. Welle“ genannt). Bis Lektion 35 lernen Sie zunächst passiv, d.h. Sie sollen nur verstehen, was Sie lesen und hören. Sie sollen möglichst oft die Aufnahmen anhören, sich mit der Aussprache vertraut machen, die Anmerkungen lesen und die Übungen absolvieren. In dieser Phase bilden Sie noch keine eigenen Sätze, sondern sammeln lediglich passive Kenntnisse an.

Mit Lektion 36 beginnt die „aktive Phase“ oder auch „2. Welle” (für die Sie dann täglich etwa 5-10 Minuten mehr einplanen müssen). Sie finden hierfür am Ende jeder Lektion den Hinweis „Zweite Welle“, gefolgt von einer Lektionsnummer. Das bedeutet: Nachdem Sie Ihre aktuelle Lektion wie gewohnt passiv studiert haben, gehen Sie zurück zu der angegebenen Lektion und arbeiten diese aktiv durch, d.h. Sie versuchen, den deutschen Dialog auf der linken Buchseite – wie ein Dolmetscher – auf Arabisch wiederzugeben, wobei Sie die rechte Buchseite zudecken. Dies

üben und wiederholen Sie so lange, bis Sie den Text korrekt in die Fremdsprache übersetzen können. Sie können (und sollten) ebenso mit der Verständnisübung der jeweiligen Lektion verfahren, d.h. auch hier versuchen, die deutschen Sätze auf Arabisch wiederzugeben. Zur Kontrolle finden Sie jedes Mal die fremdsprachigen Sätze auf der gegenüberliegenden Buchseite.

Im Laufe dieser „Aktivierung" werden Sie angenehm überrascht sein, wie viele Kenntnisse Sie – ohne Mühe und intuitiv – erwerben, und dass Sie schon eine Menge Wortschatz und Strukturen passiv „assimilieren". Darüber hinaus werden Sie feststellen, dass Sie Ihre bislang erworbenen Kenntnisse vertiefen und festigen und gleichzeitig Ihren Wortschatz erweitern. Zusätzlich zeigt Ihnen die 2. Welle aber auch ihre eventuellen Schwierigkeiten auf, und Sie werden so herausfinden, was Sie noch einmal wiederholen müssen.

AUFBAU DER LEKTIONEN

Die Lese- und Schreibrichtung des Arabischen verläuft von rechts nach links. Das bringt es mit sich, dass arabischsprachige Veröffentlichungen, seien es Zeitungen, Zeitschriften oder Bücher, „anders herum" gedruckt sind, also für unsere Begriffe „am Ende" beginnen. Analog hierzu und damit Sie von Anfang an in die Denkweise des Arabischen eintauchen können, haben wir dies auch bei dem vorliegenden Lehrbuch umgesetzt. Sie finden zwar „vorne" im Buch diese Einleitung, Lektion 1 jedoch beginnt „hinten". Die einzelnen Elemente der Lektionen sind:

1. Lektionstext

Auf der rechten Seite steht der vokalisierte, also mit Vokalisationszeichen (s. Absatz „Besonderheiten bei der Aussprache") versehene arabische Lektionstext, auf der linken Buchseite die deutsche sinngemäße und darunter in runden Klammern (...) die wörtliche Übersetzung, die Ihnen vor allem zu Beginn das Verständnis erleichtern soll. Satzteile oder Ausdrücke im Deutschen, die im arabischen Text nicht vorhanden sind, jedoch für das Verständnis oder für die Syntax des Deutschen wichtig sind, sind mit eckigen Klammern versehen [...].

Bis Lektion 34 sind im arabischen Lektionstext die einzelnen Buchstaben abwechselnd **schwarz** und **blau** eingefärbt. Das hilft Ihnen, die Buchstaben voneinander zu unterscheiden und zu erkennen, wo ein Buchstabe beginnt und wo er aufhört.

In den ersten 27 Lektionen finden Sie den Lektionstext zweimal vor. Beim ersten Mal werden in den dazugehörigen Anmerkungen grammatische und strukturelle Phänomene erklärt, beim zweiten Mal geht es um Aussprache und Schrift. In diesem Teil finden Sie zusätzlich eine spiegelverkehrt dargestellte und analog zum Lektionstext **schwarz** und **blau** eingefärbte Transkription der arabischen Sätze, aus der genau ersichtlich ist, welcher arabische Buchstabe welchem Transkriptionsbuchstaben entspricht.

Im arabischen Dialog verweisen eingekreiste Zahlen am Satzende auf die Anmerkungen (siehe Punkt 3.).

2. Vereinfachte Lautschrift/Aussprache

Unter dem arabischen Lektionstext finden Sie die dazu gehörige vereinfachte Lautschrift. Diese wird ab Lektion 57 schrittweise eingeschränkt, d.h. es werden nur noch neue und komplizierte Wörter in phonetischer Umschrift dargestellt.

Bei der Lautschrift handelt es sich nicht um die sog. „internationale Lautschrift“, sondern eine speziell von ASSIMIL entwickelte Phonetik, die Sie spontan lesen können und die Ihnen die Aussprache des Arabischen erleichtern soll. Wie Sie die phonetische Umschrift lesen, wird in der vorliegenden Einleitung im Absatz „Die Aussprache des Arabischen“ bzw. unter „Tabelle der Laute des Arabischen“ erläutert.

3. Anmerkungen

Eingekreiste Zahlen im arabischen Lektionstext verweisen auf die Anmerkungen, die immer auf der gleichen Buchdoppelseite zu finden sind; das erspart Ihnen umständliches Hin- und Herblättern. Die Anmerkungen enthalten in aller Kürze wichtige Informationen zum Verständnis des jeweiligen Satzes, eines Satzteils oder eines Wortes bzw. deren Grammatik, ergänzenden Wortschatz, Synonyme und Antonyme zu bestimmten Wörtern.

In den Lektionen, in denen der Lektionstext zweimal dargestellt ist, beschäftigen sich die Anmerkungen beim ersten Mal mit Grammatik und Struktur des Arabischen, beim zweiten Mal stehen Aussprache und Schrift im Vordergrund.

4. Übung 1: Verständnisübung mit Lösung

Ab Lektion 2 ist die 1. Übung jeder Lektion eine aus wenigen arabischen Sätzen bestehende Verständnisübung, in der das Vokabular der aktuellen Lektion und auch der letzten Lektionen wieder aufgegriffen und in einen anderen Kontext eingebettet wird.

Anhand dieser Übung können Sie feststellen, ob Sie den bisher kennen gelernten Wortschatz verstanden und assimiliert haben. Die deutsche Übersetzung der Übungssätze finden Sie auf der gegenüberliegenden Buchseite.

5. Übung 2: Lückentextübung mit Lösung

Die 2. Übung jeder Lektion ist eine Lückentextübung, die ebenfalls auf dem bislang kennen gelernten Vokabular basiert. Hier sind auf der Grundlage der angegebenen deutschen Sätze fehlende Wörter in die darunter stehenden arabischen Sätze einzusetzen. Diese „Lücken" werden durch graue Felder dargestellt, deren Breite sich nach der Breite des jeweils zu ergänzenden arabischen Buchstabens richtet. Die Lösung zu dieser Übung, d.h. die Wörter, die Sie einsetzen müssen, finden Sie auf der gleichen Buchdoppelseite in arabischer Schrift und in Lautschrift.

6. Übung 3: Schreibübung

Bestimmt möchten Sie auch das Schreiben der arabischen Buchstaben und Wörter lernen. Hierbei hilft Ihnen die Schreibübung, die genauestens die Schreibweise und Strichführung der arabischen Buchstaben, jeweils in ganzen Wörtern, demonstriert. Sie können die Buchstaben zunächst in die Luft „malen"; für weitere Übungen sollten Sie sich einen weichen Bleistift und ein Übungsheft zulegen, am besten mit kariertem Papier.

7. Übung 4: Leseübung

Hier ist noch einmal der aktuelle arabische Lektionstext abgedruckt, diesmal in der unvokalisierten Form, also ohne Vokalisationszeichen. Bei dieser Übung können Sie versuchen, die Ihnen in der vokalisierten Variante bekannten Sätze ohne die Vokalisationszeichen zu lesen.

8. Wiederholungslektionen

Jede 7. Lektion ist eine Wiederholungslektion. Hier wird in systematischer Form die Grammatik der sechs vorausgehenden Lektionen wiederholt, vertieft und anhand von Beispielen erläutert. In diesen Lektionen finden Sie u.a. auch Konjugations-, Deklinations- und Wörterlisten, die Sie vielleicht in den Lektionen vermisst haben. Jede Wiederholungslektion schließt mit einer Verständnisübung ab, wie Sie sie aus den normalen Lektionen kennen; diese befindet sich auch auf den Tonaufnahmen.

9. Landeskundliche Anmerkungen

Zur Auflockerung des Lernstoffes und als Zusatzinformation zu bestimmten landeskundlichen Gegebenheiten finden Sie am Ende einiger Lektionen eine kurze Anmerkung, die Hintergrundwissen zum arabischen Kulturkreis vermittelt.

10. Illustrationen

Schenken Sie auch unseren liebevoll gestalteten Illustrationen ein wenig Aufmerksamkeit. Jede Zeichnung bezieht sich auf einen Satz aus der jeweiligen Lektion. Vielleicht helfen Ihnen diese Illustrationen, sich bestimmte Ausdrücke und Wendungen besser zu merken, weil Sie sie mit einem Bild bzw. einer Situation verbinden können.

11. Tonaufnahmen

Sie können nur mit dem Buch lernen, wir empfehlen Ihnen dennoch dringend, die vier zugehörigen Audio-CDs oder die MP3-CD zu erwerben. Sie enthalten sämtliche arabischen Lektions- und Verständnisübungstexte. Professionelle Sprecherinnen und Sprecher gewährleisten eine hohe Authentizität in Aussprache,

Betonung und Satzmelodie. Zu Beginn werden die Lektionstexte langsam und bis Lektion 14 zweimal gesprochen. Im Laufe der Lektionen steigert sich das Sprechtempo, bis hin zu dem Arabisch, das Sie in arabophonen Ländern hören.

ARBEITSWEISE

1. Lesen Sie zunächst die vorliegende Einleitung, vor allem die Lautbeschreibungen, aufmerksam durch.

2. Hören Sie sich Ihre aktuelle Lektion auf den Tonaufnahmen mehrmals hintereinander an, und vergleichen Sie die Aussprache mit der vereinfachten Lautschrift unter dem Lektionstext.

3. Vergleichen Sie jeden arabischen Satz mit seiner Übersetzung auf der gegenüberliegenden Seite, und versuchen Sie anhand der wörtlichen Übersetzung, den arabischen Satzbau nachzuvollziehen.

4. Wenn es zu einem Satz eine Anmerkung gibt, so lesen Sie diese.

5. Hören Sie sich dann die Lektion erneut an. Sie können versuchen, den arabischen Text Satz für Satz laut mitzulesen, aber beachten Sie: Als Anfänger sollten Sie sich auf keinen Fall wegen der Aussprache unter Druck setzen. Akzeptieren Sie, dass

Ihr Ohr in diesem Stadium noch nicht an die typisch arabischen Laute gewöhnt ist und dass Sie einige Zeit brauchen werden, um sie auszusprechen.

6. Versuchen Sie, jeden Satz so oft laut zu lesen, bis Sie ihn wiederholen können, ohne ins Buch zu sehen. Lassen Sie sich nicht dadurch beirren, dass Ihre Aussprache nicht 100%ig mit der der Sprecher übereinstimmt.

7. Hören Sie sich die Lektion noch einmal komplett an.

8. Wenn Sie den gesamten Lektionstext verstanden, sich mit der Aussprache vertraut gemacht und die Anmerkungen gelesen haben, absolvieren Sie die Verständnisübung.

9. Arbeiten Sie anschließend die Lückentextübung durch, am besten schriftlich und natürlich ohne zwischendurch auf die Lösung zu sehen!

10. Wenn Sie auch das Schreiben der arabischen Buchstaben und Wörter erlernen möchten, so können Sie dies in der Schreibübung trainieren.

11. Sehen Sie sich den unvokalisierten Lektionstext in der Leseübung an, und vergleichen Sie ihn mit dem vokalisierten Text. Versuchen Sie dann, die unvokalisierte Variante zu lesen.

12. Gehen Sie erst dann zur nächsten Lektion über, wenn Ihnen die aktuelle Lektion keine Schwierigkeiten mehr bereitet!

DIE AUSSPRACHE DES ARABISCHEN

Das arabische Alphabet besteht aus 29 Buchstaben: 25 Konsonanten (Mitlaute), drei Vokale (Selbstlaute) und dem **hamsa** genannten Stimmabsatz. Es sind heute noch genau dieselben Buchstaben, in denen – gemäß dem Glauben der Muslime – der Prophet Mohammed das Wort Gottes in Form des Korans übermittelt bekam. Die arabischen Buchstaben geben – wie unsere lateinischen – die Laute der Sprache wieder, und obwohl sie anfangs exotisch und kompliziert aussehen mag, ist die arabische Schrift ohne Probleme zu erlernen.

Auch das Einüben der arabischen Aussprache wird Ihnen mit der Assimil-Methode ohne große Mühe gelingen. Es ist unser Ziel, Ihnen die Aussprache des Arabischen mit den Mitteln der intuitiven Assimilierung auf eine natürliche Weise, spontan und ohne übermäßigen zeitlichen Aufwand näher zu bringen. Hierzu stehen Ihnen zwei wichtige Hilfsmittel zur Verfügung: zum einen die vereinfachte Lautschrift, zum anderen die Tonaufnahmen, die Sie von Lektion zu Lektion bei Ihrem Arabischstudium begleiten werden.

Die speziell auf den deutschsprachigen Lerner abgestimmte Assimil-Lautschrift stellt eine ausgezeichnete Hilfe auf dem Weg zur problemlosen Artikulation des Arabischen dar. Mit unseren Erklärungen und durch häufiges und aufmerksames Anhören der Tonaufnahmen werden Ihnen auch die noch fremden Laute schon nach kurzer Zeit problemlos über die Lippen kommen.

Die speziell entwickelte Lautschrift enthält neben einigen Sonderzeichen zur Darstellung der typisch arabischen Laute in erster Linie Buchstaben aus dem Ihnen vertrauten Sprachbereich und bringt Ihnen so über das bekannte Lautspektrum die Lautpalette der arabischen Sprache ganz leicht näher.

Die vereinfachte Lautschrift

Wie bereits erwähnt, geben wir Ihnen bis einschließlich Lektion 70 dieses Kurses zusätzlich zum arabischen Originaltext eine lateinische Umschrift an, die Ihnen einerseits helfen soll, die arabische Schrift zu entziffern, andererseits aber besonders dafür gedacht ist, Ihnen eine Hilfestellung für die Aussprache des Arabi-

schen anzubieten. Diese Umschrift ist durchgehend durch kursiv gedruckten Text in eckigen Klammern ([*Laut*]) gekennzeichnet.

Beachten Sie, dass wir ganz bewusst nicht die internationale Lautschrift (IPA) benutzen, da diese schwer zu lesen und überdies vielen Lernern nicht bekannt ist. Auch verzichten wir auf die Lautschrift der Deutschen Morgenländischen Gesellschaft (DMG), die zwar in zahlreichen Veröffentlichungen verwendet wird, uns aber für den deutschsprachigen Anfänger zu komplex und wissenschaftlich erscheint. Wir verwenden stattdessen eine speziell an „deutschsprachige Zungen" angepasste Assimil-Lautschrift, die v.a. – wenn auch nicht ausschließlich – die Buchstaben und Buchstabenkombinationen des lateinischen Alphabets benutzt und weitgehend ohne komplizierte Sonderzeichen auskommt. Wir haben uns bemüht, diese Lautschrift so einfach wie möglich zu gestalten, damit Sie sie ohne große Anstrengung und vor allem spontan lesen können.

TABELLE DER LAUTE DES ARABISCHEN

Wir geben Ihnen hier nun eine Übersicht über die in diesem Kurs verwendeten Lautschriftzeichen mit jeweiliger Ausspracheanleitung. Für die Laute, die auch im Deutschen existieren, finden Sie deutsche Beispielwörter. Für einige Laute gibt es keine deutschen Beispielwörter; halten Sie sich in diesen Fällen an die Lautbeschreibung.

Besonderheiten bei der Aussprache

Beachten Sie bitte die im folgenden genannten Besonderheiten bei der Aussprache der arabischen Laute. Es sei vorweg genommen, dass auch das Arabische Konsonanten und Vokale unterscheidet, wobei vor allem auf die richtige Aussprache der 26 Konsonanten großer Wert gelegt wird, da diese die Grundbedeutung eines Wortes bestimmen. Die drei Vokale [*a*], [*i*] und [*u*] können sowohl lang als auch kurz ausgesprochen werden und gelten als lautliche Ergänzung zu den Konsonanten.

Die meisten Wörter bestehen aus drei – selten vier – Grundkonsonanten, die Auskunft über die Wortwurzel geben und auf deren

Grundlage man häufig Wortgruppen erstellen kann, die es dem Lerner durch ihre verblüffende Logik meist ermöglichen, auch unbekannte Begriffe annähernd zu erraten. Die Konsonanten werden dabei nur durch sog. „Vokalisationszeichen" und lange Vokalträger ergänzt. Diese Vokalisationszeichen stehen über oder unter dem dazugehörigen Konsonanten, gelten dabei aber nicht als eigenständige Buchstaben.

ـَ **fatḥa** steht über dem Konsonanten und bezeichnet ein nachfolgendes [*a*];

ـِ **kasra** steht unter dem Konsonanten und bezeichnet ein nachfolgendes [*i*];

ـُ **ḍamma** steht über dem Konsonanten und bezeichnet ein nachfolgendes [*u*].

Zum besseren Verständnis erklären wir einige der in der Tabelle enthaltenen wichtigen Ausdrücke hier kurz.

• stimmlos/stimmhaft

Ein Laut ist stimmlos, wenn er nur durch Luftausstoß hervorgebracht wird und die Stimmbänder nicht vibrieren; er ist stimmhaft, wenn er unter Einsatz der Stimmbänder erzeugt wird und fast kein Luftausstoß erfolgt. Sie können dies gut nachvollziehen, wenn Sie laut und ganz langsam das Wort „Loch" sprechen und sich dabei mit zwei Fingern an den Kehlkopf fassen. Halten Sie den ersten Buchstaben **L** lang an, und Sie werden merken, dass Ihr Kehlkopf vibriert. Dieser Laut ist also stimmhaft. Halten Sie auch beim **ch** den Laut lang an, und Sie werden merken, dass Ihr Kehlkopf nicht vibriert. Dieser Laut ist folglich stimmlos.

• dumpf

Die arabische Sprache verfügt über vier dumpfe oder „verdumpfte" – in der Fachsprache auch als „emphatisch" bezeichnete – Konsonanten (von denen jeder eine Entsprechung in Form eines nichtemphatischen Konsonanten hat). Die emphatischen Laute haben die gleichen Artikulationsstellen wie die ihnen entsprechenden nichtemphatischen Laute. Bei der Aussprache wird der gesamte Sprechapparat leicht angespannt und der hintere Teil

der Zunge zum weichen Gaumen hin angehoben. Dies bewirkt, dass der jeweils nachfolgende Vokal durch eine Verengung im Rachenraum leicht verfärbt wird. Folgt auf einen dumpfen Laut ein **a**, klingt dieses oftmals eher wie [*o*], folgt ihm ein **i**, wird dieses meist zu einem kurzen, dumpfen [*ü*], und **u** klingt eher wie ein gepresstes [*o*].

• Reibelaut

Ein Reibelaut ist ein Konsonant, bei dessen Bildung die Zunge und die Schneidezähne eine Art Engstelle bilden, durch die die ausströmende Luft verwirbelt wird. Bei den im Arabischen vorkommenden Reibelauten handelt es sich vor allem um so genannte Zischlaute. Reibelaute können sowohl stimmhaft als auch stimmlos sein.

• Schwinglaut

Schwinglaute zeichnen sich dadurch aus, dass die Zungenspitze und/oder das Gaumenzäpfchen durch einen erhöhten Luftstrom im Mund zum Flattern gebracht werden. Durch die entstehenden Luftverwirbelungen vibriert die Zunge leicht. Im Arabischen ist besonders der vibrierende **r**-Laut wichtig, den man bei uns oftmals als „gerolltes r" bezeichnet.

Sehen Sie sich die folgende Liste sehr gründlich an, bevor Sie mit Lektion 1 beginnen, und benutzen Sie sie vor allem in der ersten Zeit immer wieder zum Nachschlagen. Lesen Sie auch anfangs immer wieder die hier aufgeführten Aussprachebeschreibungen, und versuchen Sie, die Erklärungen beim Anhören der Tonaufnahmen nachzuvollziehen.

Arab. Buchstabe	Lautschrift	Name d. Buchstabens	Aussprache
ء	'	**hamsa**	Stimmabsatz (wie z.B. in „be'inhalten), bei dem eine kleine Pause gemacht wird, um zwei Silben klar voneinander zu trennen. Das **hamsa** kann auch vor anlautenden Vokalen gesprochen werden, etwa wie in „Er isst ein Ei".
َ	[*a*]		Kurzes [*a*] wie in „dann".
ا	[*A*]	**alif**	Langes [*a*] wie in „Mal" oder „Pfahl".
ِ	[*i*]		Kurzes [*i*] wie in „bitte".
ي	[*I*]		Langes [*i*] wie in „biete".
ب	[*B*]	**ba**	Stimmhaftes [*b*] wie in „Bad".
ت	[*T*]	**ta**	Stimmloses [*t*] wie in „Teig" oder „Tante".
ث	[*fß*]	**fßa**	Sprechen Sie ein [*f*] ohne Stimmeinsatz, und schieben Sie dann die Zungenspitze etwas zwischen die Schneidezähne; es entsteht ein gelispeltes [*ß*].

ج	[*Ĵ*]	**ĵim**	Ähnlich [*dsch*] wie in „Dschun-gel“ oder in „Jeans“, aber mit weniger Betonung auf dem [*d*]. In Ägypten wird dieser Laut immer wie das deutsche [*g*] in „Gans“ gesprochen.
ح	[*Ḥ*]	**ḥa**	Gehauchtes [*h*], stärker betont als in „Haus“, aber schwächer als in „mach“. Wenn man das Wort „Schach“ ganz laut flüstert, hört man in etwa, wie **ḥa** klingen muss.
خ	[*CH*]	**cha**	Deutsches Rachen-[ch] wie in „Krach“ oder „Dach“.
د	[*D*]	**dal**	Stimmhaftes [*d*] wie in „Donau“.
ذ	[*fs*]	**fsal**	Sprechen Sie ein [*f*] mit Stimmeinsatz, und schieben Sie dann die Zungenspitze etwas zwischen die Schneide-zähne; es entsteht ein gelispel-tes [*s*].
ر	[*R*]	**ra**	Mit der Zungenspitze gerolltes [*r*] (sog. „Schwinglaut“). Dieser Laut wird erzeugt, indem die Zungenspitze an den vorderen Gaumen gelegt und durch einen verstärkten Luftstrom im Mund zum Flattern bzw. Vibrie-ren gebracht wird.
ز	[*S*]	**sa**	Stimmhaft gesprochenes [*s*] wie in „Senf“ oder „Rose“.
س	[*ß*]	**ßin**	Stimmlos gesprochenes [*ß*] bzw. [*ss*] wie in „Straße“ oder „Gasse“.

ش	[*SCH*]	**schin**	Deutsches [*sch*] wie in „Schule“.
ص	[*ß*]	**ßad**	Stimmloses, dumpfes [*ß*], nach dem der nachfolgende Vokal nur angedeutet bzw. fast verschluckt wird.
ض	[*Ḍ*]	**ḍad**	Emphatisches [*d*], das den nachfolgenden Vokal dumpf färbt. Die Zunge liegt hierbei breit an den oberen Schneidezähnen, während man [*d*] spricht.
ط	[*Ṭ*]	**ṭa**	Dumpfes [*t*], das im hinteren Teil der Mundhöhle gesprochen wird, so, als wolle man es fast verschlucken. Die Zunge liegt hierbei breit an den oberen Schneidezähnen, während man [*t*] spricht.
ظ	[*Ṣ*]	**ṣa**	Dumpfes, stimmhaftes [*s*], das die nachfolgenden Vokale dumpf färbt. Die Zunge liegt hierbei an den oberen Schneidezähnen, während man [*s*] spricht.
ع	[ᶜ]	**ᶜayn**	Kurzes, in der zusammengepressten Kehle gebildetes, fast „gewürgtes“ [*ä*].
غ	[*Ṙ*]	**ṙayn**	Dumpfes, in der Kehle erzeugtes [*r*]. Es klingt etwa so, als wolle man ein nicht gerolltes [*r*] und ein [*CH*] gleichzeitig sprechen. Wenn Sie mit diesem Laut Schwierigkeiten haben, sollten Sie ihn vorerst wie ein deutsches, nicht gerolltes Zäpfchen-[*r*] sprechen.
ف	[*F*]	**fa**	Wie [*f*] in „Feuer“.

ق	[*Q*]	**qaf**	Dumpfes, weit hinten im Rachen gesprochenes [*k*], bei dem die Zunge so weit wie möglich zurückgeführt wird und mit dem hinteren Teil des Gaumens einen Verschluss bildet. **qaf** wird prinzipiell an der gleichen Stelle wie ein deutsches [*g*] gesprochen, jedoch stark gepresst.
ك	[*K*]	**ka**	Wie [*k*] in „Kino".
ل	[*L*]	**lam**	Wie [*l*] in „laut".
م	[*M*]	**mim**	Wie [*m*] in „Mann".
ن	[*N*]	**nun**	Wie [*n*] in „Nuss".
ه	[*H*]	**ha**	Deutsches [*h*] wie in „Hand".
و	[*W*]	**waw**	Stimmhafter Reibelaut, jedoch nicht wie das deutsche [*w*] in „Wald", sondern eher wie das lange [*u*] z.B. in „Ufer" (auch als „Halbkonsonant" bzw. „Halbvokal" bezeichnet).
و	[*U*]	**waw**	Wie [*u*] in „Uhr".
ُ	[*u*]		Kurzes [*u*] wie in „Ulm".
ي	[*Y*]	**ya**	Wie [*j*] in „Jahr" (auch als „Halbkonsonant" bzw. „Halbvokal" bezeichnet).

Betonung und Satzmelodie (Intonation)

Die Betonung der arabischen Sprache ist ein komplexes, wenn auch nicht ausgesprochen kompliziertes Kapitel. Zunächst muss erwähnt werden, dass nach der gängigen Auffassung der meisten Arabisten die Wortbetonung nicht die Bedeutung eines Wortes beeinträchtigt, und sie andererseits auch nicht genau festgelegt ist. So kann bei der تَجْوِيد [*TaĴW**I**D*] genannten Rezitierung des Korans aus lautlichen Gründen die Betonung einzelner Wörter variieren. Die allgemein gültigen Betonungsgrundregeln umfassen die folgenden zwei Punkte:

• Grundsätzlich kommen für die Betonung nur die drei letzten Silben eines Wortes in Betracht (ein arabisches Wort kann aus maximal fünf Silben bestehen), wobei die zu betonende Silbe immer vom Wortende aus ermittelt wird. Generell ziehen lange Silben – also jene, die einen langen Vokal beinhalten – die Betonung auf sich. Zum Beispiel ist dies bei كِتَابٌ [*KiT**A**Bun*] „Buch“ die vorletzte Silbe; kommen in einem Wort zwei lange Vokale vor, wird normalerweise der letztere der beiden betont: طَابُورٌ [*ṬAB**U**Run*] „Schlange“, allerdings nicht, wenn dieser am Wortende steht: هُنَا [***Hu**NA*] „hier“ oder أَنَا [***A**NA*] „ich“. Dennoch sei gerade am Anfang Ihres Arabischstudiums darauf hingewiesen, dass die betonten Vokale deutlich und lang ausgesprochen werden müssen, während die unbetonten Vokale dagegen kurz und weniger deutlich ausgesprochen werden.

• Enthält keine Silbe eines Wortes einen langen Vokal, so gilt, dass in der Regel die Betonung auf der vor- oder drittletzten Silbe liegen kann. Die vorletzte Silbe wird betont, wenn sie geschlossen ist (also Konsonant – kurzer Vokal – Konsonant), z.B. كَتَبْتُ [*KaT**a**BTu*] „ich schrieb“, ansonsten wird die drittletzte Silbe betont: كَتَبَ [***Ka**TaBa*] „er schrieb“. Ausnahmen sind hierbei zweisilbige Wörter, die die Betonung immer auf der ersten Silbe tragen: تَحْتَ [***Ta**ḤTa*] „unter“.

Einen besonderen Einfluss auf die Betonung hat auch die Tatsache, dass speziell in der gesprochenen Sprache (auch beim Lesen unvokalisierter Texte, und das sind fast alle außer den Koransuren) das Phänomen auftritt, dass die Fallendungen (Kasussuffixe) eines Wortes nicht mitgesprochen werden (das Wort wird in der sog. Pausalform gesprochen) und sich daher die Silbenzahl verändert (sog. „Nunation"). Das Wort مَكْتَبَةٌ [*MaKT**a**BaTun*] „Bibliothek" trägt „nunisiert" regelmäßig die Betonung auf der drittletzten Silbe; entfällt dagegen in der Umgangssprache das End-**nun**, so verlagert sich die Betonung zu مَكْتَبَة [***Ma**KTaBa(T)*]. In einem Satz kann dies zu erheblichen Unterschieden führen. Hinzu kommt, dass diese umgangssprachliche Betonung nicht in der ganzen arabischen Welt gleich ist und man z.B. in Marokko oder Algerien durchaus auch [*MaKTaB**a**(T)*] oder in Ägypten [*MaKT**a**Ba(T)*] hören kann.

Wir wollen Sie damit nicht zu sehr verwirren. Aufgrund der Tatsache, dass wir Ihnen das im Alltag gesprochene Arabisch vermitteln möchten, geben wir die betonten Silben durchgehend in Fettdruck an, verweisen aber an dieser Stelle darauf, dass die markierten Betonungssilben in erster Linie denen auf den Tonaufnahmen entsprechen, jedoch je nach Sprecher und Region hiervon abweichen können.

Äußerst wichtig im Arabischen ist außerdem die Satzmelodie, mit der man beim Sprechen bestimmte Teile des Satzes hervorhebt. Dies ist zum Beispiel in Fragesätzen der Fall, denn oftmals kann man den Unterschied zwischen Frage- und Aussagesatz nur anhand der Intonation feststellen. Im Fragesatz steigt bei dem Wort, nach dem gefragt wird, die Stimme deutlich an. Wir kennen dieses Phänomen auch aus dem Deutschen.
Fazit: Hören Sie sich in jeder Phase Ihres Studiums sehr sorgfältig die Tonaufnahmen an. Scheuen Sie sich nicht, die Sprecher zu imitieren und dabei auch betonte Satzteile mit gegebenem Nachdruck zu artikulieren.

ÜBERSICHT ÜBER DIE BUCHSTABEN DES ARABISCHEN ALPHABETS

Zu Übersichtszwecken finden Sie in der folgenden Tabelle 28 Buchstaben des arabischen Alphabets, jeweils in der isolierten sowie in der Anfangs-, Mittel- und Schlussstellung. Hinzu kommt das ء **hamsa**, das zwar grundsätzlich als der erste Buchstabe des Alphabets gilt – daher 29 Buchstaben – das jedoch sehr häufig auf **alif** steht und deshalb generell mit diesem zusammengefasst wird. Beachten Sie, dass es prinzipiell ausreicht, wenn Sie sich für jeden Buchstaben die Anfangs- und die Schlussform merken, denn die Mittelform ist in den meisten Fällen mit der Anfangsform identisch, nur dass rechts jeweils ein Verbindungshäkchen angefügt wird (Ausnahmen hierzu bilden **ᶜayn**, **ṙayn**, **fa**, **qaf** und **ha**!). Die Buchstaben **alif**, **dal**, **fsal**, **ra**, **sa** und **waw** werden nach links hin nicht verbunden, weshalb sie folglich keine Mittelform kennen. Die isolierte Form ist nur eine Hilfsform, die sich in arabischen Texten selten findet, da Wörter immer aus mindestens zwei Buchstaben bestehen; daher wird die isolierte Form nur bei Abkürzungen verwendet. Außerdem entspricht die isolierte Form in fast allen Fällen der Schlussform, sieht man wieder von dem kleinen Verbindungshäkchen rechts ab.

Ende	Mitte	Anfang	isoliert	Name und Lautwert
ء	ء	ء	ء	**hamsa**
ـا	ـا	آ/أُ/أ/ا	آ/أُ/أ/ا	**alif** [*a*]
ـب	ـبـ	بـ	ب	**ba** [*B*]
ـت	ـتـ	تـ	ت	**ta** [*T*]
ـث	ـثـ	ثـ	ث	**fßa** [*fß*]

Ende	Mitte	Anfang	isoliert	Name und Lautwert
ـج	ـجـ	جـ	ج	**ĵîm** [*ĵ*]
ـح	ـحـ	حـ	ح	**ḥa** [*Ḥ*]
ـخ	ـخـ	خـ	خ	**cha** [*CH*]
ـد	ـد	د	د	**dal** [*D*]
ـذ	ـذ	ذ	ذ	**fsal** [*fs*]
ـر	ـر	ر	ر	**ra** [*R*]
ـز	ـز	ز	ز	**sa** [*S*]
ـس	ـسـ	سـ	س	**ßin** [*ß*]
ـش	ـشـ	شـ	ش	**schin** [*SCH*]
ـص	ـصـ	صـ	ص	**ß̲ad** [*ß̲*]
ـض	ـضـ	ضـ	ض	**ḍad** [*Ḍ*]
ـط	ـطـ	طـ	ط	**ṭa** [*Ṭ*]

Ende	Mitte	Anfang	isoliert	Name und Lautwert
ـظ	ـظـ	ظـ	ظ	**ṣa** [*Ṣ*]
ـع	ـعـ	عـ	ع	**ᶜayn** [*ᶜ*]
ـغ	ـغـ	غـ	غ	**ṙayn** [*Ṙ*]
ـف	ـفـ	فـ	ف	**fa** [*F*]
ـق	ـقـ	قـ	ق	**qaf** [*Q*]
ـك	ـکـ	کـ	ک / ك	**ka** [*K*]
ـل	ـلـ	لـ	ل	**lam** [*L*]
ـم	ـمـ	مـ	م	**mim** [*M*]
ـن	ـنـ	نـ	ن	**nun** [*N*]
ـه	ـهـ	هـ	ه	**ha** [*H*]
ـو	ـو	و	و	**waw** [*W*] / [*U*]
ـي	ـيـ	يـ	ي	**ya** [*Y*]

Passend zum Alphabet möchten wir Ihnen an dieser Stelle die Schreibweise der Zahlen zusammenfassend vorstellen. Sie finden diese auch in den Lektionsüberschriften, bei den arabischen Lektionssätzen sowie bei den Seitenzahlen. Anders als die Buchstaben werden die Zahlen im Arabischen von links nach rechts geschrieben.

١	٢	٣	٤	٥
1	2	3	4	5
٦	٧	٨	٩	٠
6	7	8	9	0

Es mag den einen oder anderen Leser verwirren, dass die arabischen Zahlen sich von unseren unterscheiden, obwohl unsere Ziffern doch generell als „arabische Ziffern" bezeichnet werden. Das Dezimalsystem, auf dem unsere Zählweise aufbaut, kam ursprünglich aus Indien, doch das Abendland – vertreten vor allem durch den Italiener Leonardo Fibonacci – wurde erst über den Kontakt zu den Arabern und Persern auf diesen Grundpfeiler der modernen Mathematik aufmerksam.
An dieser Stelle sei auch erwähnt, dass die oben aufgeführten arabischen Zahlen nicht in Algerien, Libyen, Mauretanien, Marokko und Tunesien verwendet werden; in diesen Staaten gebraucht man unsere „abendländischen" Zahlen.
Sie möchten beginnen? Gut! Aber lesen Sie die Erklärungen in dieser Einleitung besonders in der Anfangszeit häufig durch. Vor allem die Tabelle der Laute sollte in der Anfangsphase Ihr ständiger Begleiter sein.
Und machen Sie sich keinen Stress mit der Aussprache! Akzeptieren Sie, dass Ihr Gehör anfangs noch nicht auf die fremden Laute eingestimmt ist und dass Sie einige Zeit brauchen werden, um die arabischen Laute zu erzeugen.
Lernen Sie vor allem nicht auswendig! Seien Sie am Anfang zufrieden, wenn Sie die Texte beim Lesen und Hören verstehen, und nehmen Sie sich hierfür Zeit.
So, und nun schlagen Sie Ihr Buch „hinten" auf, und beginnen Sie mit Lektion 1. Viel Spaß!